청허당집
清虛堂集

동국대학교 불교기록문화유산아카이브사업단(ABC)
본서는 문화체육관광부 지원으로 동국대학교 불교학술원에서 간행하였습니다.

한글본 한국불교전서 조선 27
청허당집

2016년 3월 10일 초판 1쇄 인쇄
2016년 3월 21일 초판 1쇄 발행

지은이 청허 휴정
옮긴이 이상현
펴낸이 한태식
펴낸곳 동국대학교출판부

주소 100-715 서울시 중구 필동로 1길 30
전화 02-2260-3483~4
팩스 02-2268-7851
Homepage http://www.dgpress.co.kr
E-mail book@dongguk.edu
출판등록 제2-163(1973. 6. 28)
편집디자인 꽃살무늬
인쇄처 (주)타라티피에스

ⓒ 2016, 동국대학교(불교학술원)

ISBN 978-89-7801-462-5 93220

값 47,000원

이 책의 무단 전재나 복제 행위는 저작권법 제98조에 따라 처벌받게 됩니다.

한글본 한국불교전서 조선 27

청허당집
清虛堂集

청허 휴정 清虛休靜
이상현 옮김

동국대학교출판부

청허당집淸虛堂集 해제

김승호
동국대학교 국어교육과 교수

1. 개요

『청허당집淸虛堂集』(『한국불교전서』의 표제는 『淸虛集』)은 조선 중후기 불교계의 태두로 일컬어지는 청허 휴정淸虛休靜(1520~1604)의 문집이다. 이 문집은 청허 대사의 사상적 위상을 살펴볼 수 있는 다양한 글과 개인적 감성이 반영된 문학 작품이 풍부하게 수록되어 있어 조선 시대 불교사상사와 문학 연구의 필독서로 자리 잡고 있다.

2. 생애

대사의 생애를 가장 자세히 소개하고 있는 글은 7권본에 수록된 「완산 노 부윤에게 올린 글(上完山盧府尹書)」이다. 대사가 완산 부윤의 청으로 자신의 이력을 자세히 소개하고 있는 이 글을 기본으로 삼고, 문집의 내용을 참고삼아 생애를 소개하면 다음과 같다.

청허 휴정은 1520년(중종 15)에 태어났다. 속성은 최씨崔氏로 본관은 완산完山, 자字는 현응玄應, 이름은 여신汝信, 자호自號는 청허淸虛, 법명法名은 휴정休靜이며, 묘향산妙香山에 머물렀다 하여 서산西山 대사로 널리 불렸다. 대사의 일가는 현윤縣尹을 지낸 외조부 김우金禹가 연산군 때 죄를 받아 안릉安陵으로 귀양하게 된 것을 계기로 안주安州에 정착하였다. 아버지의 이름은 세창世昌, 어머니는 김씨金氏로 50세가 되도록 자식을 얻지 못하고 있었다. 그러던 어느 날 꿈에 한 노파로부터 아이를 임신했다는 말을 전해 들은 뒤 대사를 낳게 된다. 세 살 되던 4월 초파일날 아버지도 한 꿈을 얻는데, 어떤 노인이 나타나 아이의 이름을 운학雲鶴으로 부르라는 말을 전하고 사라졌다. 어릴 때 운학이라 불린 것은 이런 연유 때문이다. 대사는 집안의 기대와 귀여움을 독차지하며 자라났으나 아홉 살 때 어머니가 세상을 떠나고, 이듬해에 아버지마저 세상을 뜨는 바람에 고아가 되었다. 이때 그 비범함을 눈여겨 보았던 고을 원 이사증李思曾의 도움으로 성균관에 들어가 문예를 익혔다. 그리고 선친과 교분이 있던 학사學士를 만나 그 수하에서 3년 동안 과거 공부에 진력하였으나 급제하지 못하였다. 그 후 호남으로 내려가는 스승을 따라나서 지리산 내 여러 사찰을 탐방하였다. 하루는 숭인崇仁 장로가 말하기를, "그대를 보니 기골이 맑고 빼어나 결코 보통 사람이 아니다. 심공급제心空及第에 뜻을 두고 세상의 명리를 아주 끊으라. 선비의 일이란 아무리 온종일 애쓴다 해도 백 년 동안의 소득은 다만 하나의 빈이름뿐이니 참으로 애석한 일이다." 하였다. 그러면서 심공급제의 궁금증을 스스로 풀어 보라며 『전등록傳燈錄』・『선문염송禪門拈頌』・『화엄경華嚴經』・『원각경圓覺經』・『능엄경楞嚴經』・『법화경法華經』・『유마경維摩經』・『반야경般若經』 등 수십 본本의 경론經論을 주는 것은 물론 영관靈觀 대사의 문하에 들 수 있도록 해주었다. 대사는 친구들이 서울로 떠난 뒤에도 홀로 지리산에 남아 수행에 힘썼다. 대사가 이때 부른 〈오도송〉 두 편은 다음과 같다.

창 밖에서 우는 두견이 소리 홀연히 들으니
눈 가득 봄 산이 모두 고향이로세.

물 길어 돌아오며 문득 고개 돌리니
청산이 백운 속에 무수하도다.

대사가 수계를 받은 때는 21세로, 일선 대사一禪大師가 수계사受戒師, 석희釋熙 법사·육공六空 장로·각원覺圓 스님이 증계사證戒師, 숭인 노사崇仁老師가 양육 은사養育恩師였으며, 고려 태고太古 이래 임제 종풍臨濟宗風을 계승한 부용 영관芙蓉靈觀을 전법사傳法師로 모셨다. 이후 도솔산의 묵默 대사에게 인가印可를 받고, 대승사大乘寺를 비롯하여 원통圓通·의신義神·원적圓寂·은신隱神 등의 암자에 머물며 수행에 전념하였다. 30세 되던 1550년(명종 5) 승과에 응시한 이래 대사는 승과의 첫 관문이라 할 중선과中選科에 합격하고, 대선과大選科를 거쳐 선교양종판사禪敎兩宗判事에까지 올랐다. 하지만 37세에 이르자 판사의 직이 선종의 본분이 아니라며 인수印綬를 반납하고, 다시 운수행각에 나섰다. 금강산 미륵봉에 이르러서 읊은 시를 소개한다. 제목은 〈삼몽사三夢詞〉이다.

주인은 객에게 꿈 이야기하고
객은 주인에게 꿈 이야기하네.
지금 두 꿈을 이야기하는 객도
역시 꿈속의 사람이로세.

예로부터 인생을 일장춘몽이라 했으나 인간의 존재적 의미를 이처럼 절실하게 노래한 경우는 드물다 하겠는데, 대사의 시문에는 꿈을 차용한 작품이 유독 많다. 금강산에 머무는 동안 대사는 선지禪智를 구하는 납자들을 따뜻하게 맞이하며 가르침을 마다하지 않았다. 1589년(선조 22)에는 정여립鄭汝立 사건에 몰려 구속되었다. 정여립은 문벌 탓에 입신출세가 막히자 『정감록鄭鑑錄』 속의 정씨란 바로 자신을 일컫는다는 말로 사람들을 현혹시키며 역모를 꾀했는데 대사도 공모자로 몰린 것이다. 그러나 대사의 인품을 익히 알고 있던 선조는 대사를 곧바로 방면시켰음은 물론 위로하는 의미로 손수 그린 묵죽 한 폭을 하사하기까지 했다.

1592년(선조 25)에 발발한 임진왜란으로 조선은 급박한 상황을 맞이하였다. 왜구들의 급습에 대응할 겨를이 없는 데다 도성에까지 화가 미치자 왕은 하는 수 없이 피란길에 오를 수밖에 없었다. 정규군에 기대를 걸 수 없다고 판단한 선조宣祖는 승군의 참전을 타진했다. 의주義州 용만龍灣에 머물던 선조는 곧 묘향산에 있던 대사에게 승병僧兵의 규합을 청하게 되는데, 대사는 임금의 마음을 헤아리고 있었던 것처럼, "나라 안의 승려로서 늙고 병들어 싸움에 나가지 못할 자는 신의 도움을 기원하고, 나머지는 신이 통솔하여 싸움에 나아가 충성을 다하겠나이다."라는 말로 호응했다. 이때부터 산문山門에는 구국의 깃발이 나부끼게 되었다. 제자 처영處英은 지리산에서 일어나 권율權慄의 휘하에 들었으며, 사명四溟은 금강산에서 1천여 명의 승군을 이끌고 평양으로 진군하였다. 대사 또한 순안 법흥사法興寺로 1,500명의 승려를 집결시킨 뒤 명明의 군사와 합세하여 평양을 탈환하는 전과를 올렸다. 일련의 소식을 전해 들은 선조는 휴정에게 팔도선교도총섭八道禪敎都摠攝이란 최고의 승직을 내렸다. 하지만 칠십 고령에 이른 그는 사명, 처영에게 군직軍職을 물려주기로 결심하고는 다음과 같이 말했다.

"나라를 위하는 내 마음은 화살이나 돌에 맞아 죽더라도 한이 될 것이 없다. 다만 나이 장차 80인데 어찌 장군의 직책을 감당할 수 있겠는가? 그대들이 장군의 직을 대신하게 하려고 하니, 부디 힘을 합해 나아가라."

전장에서 승군의 활약이 얼마나 두드러졌는지는 명나라 장수 이여송李

汝松의 편지가 잘 확인시켜 주거니와 그는 서산 대사와 승군의 기개에 감탄을 아끼지 않았다.

전황이 호전되어 선조가 서울로 돌아갈 즈음 휴정은 묘향산으로 올라가 유유자적 수도하며 말년을 보냈다. 대사는 1604년(선조 37) 1월 23일 가마를 타고 산내 암자를 두루 찾아다니며 부처님께 절한 뒤 방장실로 돌아와 목욕재계 한 후 설법을 끝냈다. 그리고 자신의 영정을 꺼내 그 뒷면에 "80년 전에는 그가 나이더니 80년 후에는 내가 그로구나.(八十年前渠是我。八十年後我是渠。)"라는 시를 적어 처영處英에게 준 다음 가부좌한 채로 입적했다. 그때 대사의 나이는 85세, 법랍은 67세였다.

대사는 벽송 지엄碧松智嚴(1464~1534)-부용 영관芙蓉靈觀(1485~1571)의 법맥을 이었다. 부용 영관의 법맥은 청허 휴정과 부휴 선수浮休善修(1543~1615)가 계승하였는데, 이에 따라 조선 후기의 양대 계파는 '청허계淸虛系'와 '부휴계浮休系'로 나뉘며, 이 중에서도 청허계가 단연 최대의 계파를 형성하였다. 청허 휴정의 제자는 1천여 명에 이르렀다 하는데, 대표적인 인물은 청허계의 4대 문파를 형성하고 있는 사명 유정四溟惟政(1544~1610), 편양 언기鞭羊彦機(1581~1644), 소요 태능逍遙太能(1562~1649), 정관 일선靜觀一禪(1533~1608) 등이다.(김용태, 『조선 후기 불교사 연구』, 2010, p.112)

대사가 남긴 저서로는 『청허당집』 이외에 『선교석禪敎釋』・『선교결禪敎訣』・『운수단가사雲水壇歌詞』・『삼가귀감三家龜鑑』・『선가귀감禪家龜鑑』・『심법요초心法要抄』・『설선의說禪儀』 등이 전한다. 대사는 이들 저술을 통해 조선 후기 불교의 수행 방향을 정립한 것으로 평가받고 있다. 대사는 사교입선捨敎入禪을 제시하면서도 교敎의 필요성을 친절하게 밝혔고, 교외소식敎外消息을 몸소 보이면서도 때로는 염불을 권하고, 때로는 송주誦呪와 예불과 일상행의日常行儀의 뜻을 풀이했으며, 언제나 사중은四重恩을 잊지 않는 삶을 가르쳤다. 이는 곧 그의 가풍家風이요, 서산 선禪의 세계라 평가되고 있다.(김영태, 『한국 불교사 개설』, 1986, p.194)

3. 서지 사항

『청허당집』은 2권본, 4권본, 7권본의 세 종류가 있다. 최초의 판본은 2권본으로, 1612년(광해군 4) 사명 대사四溟大師 종봉 유정鍾峰惟政이 허균許筠의 서문을 받아 간행하였다. 이는 분량은 가장 적으나 청허와 가장 가까운 시기에 제자들에 의해 간행되었기 때문에 제자들 사이에 통용되었던 법통과 청허계 사상의 추이를 비교적 명확하게 살펴볼 수 있다는 특징이 있다.(정병삼, 2007)

7권본은 1630년(인조 8)에 경기도 삭녕朔寧 용복사龍腹寺에서 간행하였다. 이는 1630년 제자인 보진葆眞·언기彦機·쌍흘雙仡 등이 허균의 서문 대신 이식李植과 낙옹樂翁의 서문을 붙여 펴낸 것이다. 지금까지 전해지는 『청허당집』 중 가장 방대한 분량으로, 앞서 간행된 2권본에 대한 언급이 전혀 없이 훨씬 많은 시문을 모아 체계적으로 분류하여 편찬하였다.

4권본은 1794년(정조 18)에 평안도 묘향산 묘향사妙香寺에서 간행하였다. 선조가 청허당에게 하사한 〈묵주시墨竹詩〉와 「정종대왕이 지은 서산대사 화상당의 명문西山大師畵像堂銘」, 초상화, 임종게 친필, 수충사酬忠祠 제문 등이 권수卷首에 수록되었다. 현재 가장 많이 남아 전한다.

『한국불교전서』의 『청허집』은 1630년(인조 8) 간행된 7권본을 저본으로 삼았다. 이 가운데 1~3권은 규장각 소장본, 4~7권은 동국대 소장본을 대상으로 하였다. 앞부분에는 이식李植과 낙옹樂翁의 서문 외에 2권본에 들어 있는 허균許筠의 서문을 보입해 놓았다. 1권에는 사辭와 시詩, 2권과 3권에는 시, 4권에는 게偈와 잡저雜著, 5권에는 기記와 명銘, 6권에는 서序·기記·소疏, 7권에는 서書를 수록하였다. 여기에 더해서 『한국불교전서』에는 2권본과 4권본에만 있는 내용을 모두 수합하여 「보유補遺」편에 수록해 놓았다. 2권본과 4권본에 있는 시 6편, 2권본에만 있는 시 1편, 4권본에만 있는 시문 9편 등 총 16편의 시문을 수록하였다.

또 같은 작품이라 하더라도 2권본(갑본, 을본, 병본, 정본)과 4권본(무본, 기본, 경본, 신본)의 목차가 크게 다른데, 『한국불교전서』에는 이를 고려하여 목차의 '참조'란에 자세히 나열해 놓아 편의를 도모하였다.

4. 내용과 성격

대사의 문집은 역사, 사상, 문학 등 다양한 측면에서 고구될 수 있다. 7권본에 들어 있는 이식李植(1584~1647)과 낙옹樂翁(任眞怤, 1586~1657)의 서문은 서산 대사의 문학적 특성을 파악하는 데 우선 참조할 대상이다. 이식은 휴정의 문학에 대해 "자성自性을 보고 마음을 밝히고 오해悟解한 점에서 그 시적 정채가 빛난다."라는 말로 간략하게 평했을 뿐이며, 오히려 서문을 의뢰한 보진葆眞 등의 말을 빌려 대사의 법맥을 확인하는 데 관심을 두고 있다. 그에 따르면 대사는 석옥石屋-태고太古-환암幻庵-귀곡龜谷-정심正心-지엄智嚴-영관靈觀으로 이어지는 법통을 승계한 임제종臨濟宗의 적종嫡宗이라는 것이다.

다른 서문을 쓴 낙옹樂翁은 '불가의 적멸寂滅을 종지로 삼고 간이簡易함을 법도로 삼고 있음'을 서산 대사 시의 장점으로 꼽았다. 아울러 "속이 가득 차 있으며 밖으로 드러날 수밖에 없는 것(積於中發於外)"이라는 말로 대사의 깨달음이 시에 저절로 드러나 있다고 평했다. 또 생멸을 꿈으로 빗대고 있는 것도 독특한 착상과 형상적 결과로 보고 있다.

허균許筠(1569~1618)은 서문에서 이 땅의 선종사禪宗史의 맥이 어떻게 흘러왔는지를 서산 대사를 중심으로 적시해 놓았다. 대사의 문장에 대해서는 "그 글이 퍽 진실하고 쇄탈하다."라는 말로 간단히 평하는 대신, 승단 내 대사의 위상, 문집 간행의 전후 사정, 허씨許氏 집안과 대사와의 인연

등을 구체적으로 밝혔다.

1권은 사辭 7수, 사언시四言詩 3수, 오언고시五言古詩 16수, 칠언고시 8수, 오언율시 24수, 칠언율시 23수, 오언배율五言排律 6수 등으로 형식이 다양하다.

1권의 첫 작품인 〈산중사山中辭〉는 대사의 탈속한 취미를 잘 보여 주는 작품이다. "산인의 남쪽은 백운산과 두류산/ 산인의 북쪽은 묘향산과 풍악산/ 한 사미는 차를 달여 오고/ 한 사미는 누더기를 빨아 주네./ ……(중략)……아 청산수와 백운자가 만약 없다면/ 내가 누구와 세상 밖 우정을 나눌까."에서 보듯 대사는 출가 이래 하염없이 행각의 길에 올랐으며, 유유자적하게 노닐거나 뜻에 맞는 상대를 만나면 격의 없이 현담을 나누었다. 그러나 영원한 동반으로 그가 지목하고 있는 것은 푸른 물과 흰 구름이다. 이는 무심하게 보이면서도 언제나 동행해 주는 도반이라고 해도 좋다. 그것은 화자話者에게 집착의 대상이 아니라 우정까지 나눌 만한 무심의 도반으로 여겨진다.

대사는 승단의 종장으로 이름이 높았으면서도 세속적 정리情裡는 여전히 대사의 시에서 중요한 정서가 된다. 〈망향望鄕〉의 일부를 소개하면 다음과 같다.

"천 리를 가는 흰 구름/ 만 리를 비추는 밝은 달/ 앞뜰이나 뒤뜰이나/ 그리워라 고향 생각/……(중략)……저 흰 구름 바라보니/ 하늘 끝에 멀리 있네./ 집 떠난 타향의 아들이/ 속절없이 바라보며 탄식하네."

고향에 대한 그리움과 부모에 대한 죄책감을 떨치지 못하고 있는 이 시는 세간 인연을 바탕으로 한 시작詩作에 해당한다.

2권에는 오언 절구 317수가 들어 있다. 7권본의 시가 총 559수이므로 전체 시의 반 이상이 2권에 들어 있는 셈인데, 시적 화자로서 대사는 산하대지를 유유하게 지나는 도인으로 곧잘 등장한다. 〈도중 즉사途中卽事〉에서 대사는, "멀고 멀리 물은 동쪽으로 흘러가고/ 길고 길게 산은 북쪽에서 내려오네./ 망망하도다 천하의 나그네여/ 누가 도인의 마음을 알겠는가."라고 하였다. 선승도 길 위에서는 여느 나그네와 같은 심정이 될 수밖에 없으며, 객수에 흔들리게 마련이다. 하지만 심상의 귀착점이 본심本心 찾기에 있음을 잊지 않는다. 동행하는 산과 물조차도 구도의 길에 동행하고 자성을 깨우쳐 주는 대상으로 남게 되며, 도를 찾아 가없는 길에 오른 선승의 발길처럼 하염없이 동행하는 대상으로 그려진다.

서산 대사의 시는 인간적 관계망이 시 창작의 동력으로 작용한 것처럼 제자·문도·도반·유자 등이 시적 대상자로 떠오르며, 그들에 대한 훈계와 설법 등이 적지 않게 들어 있다. 상대가 누가 되었든 선지를 드러내는 것을 기저에 깔고 있음을 어렵지 않게 확인해 볼 수 있다. 〈일 선자에게 주다(贈一禪子)〉라는 시의 첫 수에서는 문장에 공력을 들이는 일을 나무라고 있으며, 다음 수에서는 헤아리고 따지며 문자에 매달리는 것을 깨달음으로 착각하는 것이야말로 폐악이라고 단정하고 있다. 이는 사교입선捨敎入禪을 시로 표현한 작품이다.

또한 때에 따라서는 상대의 물음에 직설적으로 답을 내놓는 경우도 있다. 〈좌주의 물음에 답하다(答座主問)〉라는 시에서 대사는 잡다한 앎이란 진실에 다가가는 데 오히려 장애가 될 뿐이며, 모든 것을 잊어버리는 것이 오히려 필요하다는 점, 그리고 온갖 망식을 단칼로 베어 버리지 않는 한 바른 길에 이를 수 없다는 내용을 직서적으로 표현하였다.

서산 대사가 시를 계도적 수단으로 수용하는 것은 자기 체험과 무관한 일은 아닐 터이다. 그만큼 그는 오도의 체험으로 그치지 않고 자주 시로 그 희열을 드러냈다.

    머리가 희지 마음이 희지 않다고
    옛사람이 일찍이 누설하였지.
    지금 닭소리 한번 듣고서

장부의 할 일을 모두 마쳤도다.

홀연히 나의 집 소식을 얻고 보니
모든 일이 단지 이러할 따름
천개 만개 금보장金寶藏이 있어도
원래 하나의 빈 종이일 뿐.

〈봉성을 지나며 한낮의 닭소리를 듣고(過鳳城聞午雞)〉라는 시다. 깨우침은 누가 인가해야 할 일만은 아니다. 한순간 다가온 활연한 경지, 그것이 얼마나 벅찬 것인지는 망상과 번뇌에 가려 암울했던 세계를 벗어난 자가 먼저 알 것이다. 시적 상징이자 인간사, 생멸의 대응체로 휴정의 문학에서 가장 빈번히 등장하는 것은 꿈이다.

한단의 베개를 높이 베고서
110성을 돌아다니다가
하나의 꿈에서 벌떡 깨어 일어나니
지는 달이 다락을 반쯤 비추네.

〈꿈에서 깨어(夢覺)〉라는 시다. 꿈이 전통적 상징과 궤를 같이하지만 이 시에서 꿈을 깨는 것은 아상我相·집착執着·망념妄念이라는 장애로부터의 초탈을 말하는 것이다. 수행자답게 몽중에서도 사방으로 선지禪智를 찾아 나섰던 화자는 깨어나 중천에 뜬 달을 보고서야 진리에 눈을 뜬다. 깨우침은 결코 멀리 있는 것이 아니라 일상에 깃들어 있음을 우회적으로 일러 주는 것이기도 한다.

내용·제재·주제를 다양하게 포괄하는 서산 대사의 시를 요령껏 분류하기가 쉽지 않으나 화법의 기준을 적용하면 일단 구분이 가능해진다. 즉 독백시獨白詩와 대화시對話詩의 분류가 그것이다. 독백화법은 오도시·산수시·기행시 등에 많이 보이고, 대화화법은 특정인을 대상으로 한 수증시·이별시·훈계시 등에서 찾아볼 수 있다. 독백시들은 전통적 한시와 유사한데, 주로 사친思親·사향思鄕·우국憂國·객수客愁 등이 주제로 부각되는 것을 본다. 이에 비해 대화시에서는 전교傳敎·계고戒告·조언助言 등 기능적 주제가 두드러지는 것으로 나타난다. 그러나 전체적으로 그의 시를 관통하는 특징이란, 미망에 사로잡힌 사람들이 간취하지 못하고 있는 묘오의 세계를 들추어내 보여 줌으로써 오해悟解의 길로 견인하는 것이라 하겠다.

3권에는 육언절구 2수, 칠언절구 135수가 수록되어 있는데, 앞서 소개한 시적 주제나 제재 면에서 큰 차이는 없다.

4권에는 게偈 1편과 잡저 11편이 수록되어 있다. 이 글들은 도반이나 제자에 대한 안부, 권고, 전법의 기능을 수행하고 있되, 상대의 입장이나 처지를 십분 감안한 수기설법隨機說法에 속한다.

5권은 「청허초淸虛草」 96수, 기記 8편, 명銘 1편, 발跋 1편을 수록하고 있다.

6권도 5권에서와 마찬가지로 양식적 구별 없이 26편의 시詩, 서序, 소疏, 기記, 모연문募緣文을 수록하고 있다.

7권은 서書만 수록해 놓고 있다. 60편에 이르는 서간문 가운데 가장 주목할 작품은 대사의 자서전에 속하는 「완산 노 부윤에게 올린 글(上完山盧府尹書)」이다. 이는 조선 후기 불가佛家 문학에서 '자전自傳' 양식이 출현하는 최초의 사례로 평가된다. 대사는 이 편지글에서 가계와 어린 시절, 성균관 시절, 출가의 계기부터 운수승으로 행각하는 과정까지 매우 자세하게 소개하고 있다. 이 글은 비록 노 부윤에게 보내는 서찰의 형식을 지니고 있지만, 휴정의 글 안에서 자신의 글을 '삼몽록三夢錄'이라고 밝히고 있음을 유의해야 한다. 따라서 이 글은 조선 시대 불가 자전의 전통을 확립해 놓은 첫 사례로 꼽을 만하다.(김승호, 2008) 한편 「완산 노 부윤에게 올린 글」은 지금까지는 대사가 50대나 60대에 노수신盧守愼(1515~1590)에게 쓴 편지로 알려져 있었으나, 사실은 48세~51세경에 당시 완산 부윤이던 노진盧禛(1518~1578)에게 쓴 것으로 비정한 견해도 제기되어 있다.(안득용, 2013) 다른 서간문들도 휴정의 행적과 사상, 당대 승단의 정황 등을 살피는 데 소중한 자료임은 물론이다.

　부록은 앞서 소개한 바와 같이 한국불교전서편집부에서 7권본에 없는 시문을 보완하여 수록한 것이다. 2권본과 4권본에 보이는 작품으로는, 〈김 거사의 딸을 곡하다(哭金居士女)〉·〈천옥 선자天玉禪子〉·〈성운 장로에게 보이다(示性雲長老)〉·〈벽천 선자에게 보이다(示碧泉禪子)〉·〈성눌 선자에게 주다(贈性訥禪子)〉·〈낙산의 회해 선자에게 주다(贈洛山懷海禪子)〉가 있고, 2권본에만 보이는 작품으로는 〈감호대에 제하다(題鑑湖臺)〉, 4권본에만 보이는 작품으로는 〈선조대왕이 서산 대사에게 하사한 묵죽시(宣祖大王賜西山大師墨竹詩)〉·〈휘원 부천 도인輝遠扶天道人〉·〈장벽송墻壁頌〉·〈가정을 지나며 느낌을 적다(過柯亭有感)〉·「사바교주 석가세존 금골사리 부도비娑婆敎主釋迦世尊金骨舍利浮圖碑」·「금강산 퇴은 국일도대선사 선교도총섭 사자 부종수교 겸 등계보제대사 청허당 행장金剛山退隱國一都大禪師禪敎都摠攝 賜紫 扶宗樹敎 兼 登階普濟大師淸虛堂行狀」·「정종대왕이 지은 서산 대사 화상당의 명문(正宗大王御製西山大師畵像堂銘)」·「수충사 사제문酬忠祠賜祭文」·〈자찬自贊〉 등이 있다.

5. 가치

　『청허당집』은 서산 대사의 문학적 역량뿐 아니라 그의 선교관禪敎觀, 교유交遊, 법통法統, 승군僧軍 통솔 등의 행적을 폭넓게 살펴볼 수 있는 자료이다. 현전 『청허당집』은 2권본, 4권본, 7권본으로 나뉘는데, 체제, 구성, 작품 수에서 상당한 차이를 보이고 있다. 이 가운데 본 번역서의 저본인 『한국불교전서』에 수록된 용복사간 7권본은 그동안 발굴된 『청허당집』 가운데 가장 많은 작품을 수록하고 있을 뿐 아니라 간기를 갖추고 있어 선본으로 꼽힌다. 그러나 2권본과 4권본에만 전하는 글도 다수 있다. 『한국불교전서』에서는 「보유」편을 마련해 2권본과 4권본에는 실려 있으나 7권본에는 실려 있지 않은 시문 자료를 덧붙여 놓았다. 또한 「삼로행적三老行蹟」·「선교결禪敎訣」·「심법요초心法要抄」 등의 주요 산문들은 독립시켜 별도의 문헌으로 수록함으로써 자료 이용에 편의를 도모하고 있다. 『한국불교전서』에 실린 7권본은 이제껏 온전하게 번역된 일이 없었던 터라 이번 번역이 지닌 의의는 퍽 크다 하겠거니와 서산 대사에 대한 연구는 물론 조선의 불교사상과 불교문학 연구에도 기여하는 바가 클 것으로 본다. 한편 『한국불교전서』 편찬 당시 편집부에서는 저본과 여덟 종류의 이본을 모두 교감하고 상세한 교감주를 달아 놓아 이본의 상황을 파악하는 데 큰 도움을 주고 있다. 본 번역서는 이들 교감주를 모두 반영하여 번역과 함께 각주로 제시하였다. 앞으로는 이를 토대로 하여 이본 간의 비교 연구나, 정본화 작업의 과제를 수행할 필요가 있을 것으로 판단된다.

6. 참고 자료

박경훈 역, 『청허당집』, 동국역경원, 1987.
배규범 역, 『청허당집』, 지만지, 2008.
이상현 역, 『사명당대사집』, 동국대출판부, 2014.
김동화, 『한국역대고승전』, 삼성문화재단, 1974.

김승호, 「불가佛家 자전自傳의 성격과 서술유형의 고찰 : 유일有一, 초엄草广, 범해梵海의 자전自傳을 중심으로」, 『한국문학연구』 35집, 동국대학교 한국문학연구소, 2008.

김승호, 「승가 문학에 있어 자아 표출과 그 문학사적 의의」, 『불교학연구』 20호, 불교학연구회, 2008.

김영태, 『한국불교사개설』, 경서원, 1986.

김용태, 『조선후기불교사연구』, 신구문화사, 2010.

김형중, 『서산대사 휴정의 선시 연구』, 아름다운세상, 2000.

서규태, 『조선전기 선가문학의 연구』, 고려대 박사논문, 1992.

신정화, 『서산대사 휴정의 시문학론』, 동국대 석사논문, 1986.

안득용, 「16세기 후반~17세기 전반 자전적自傳的 서사敍事의 창작 경향과 그 의미」, 『한국한문학연구』 51집, 한국한문학회, 2013.

이종찬, 『한국불가시문학사론』, 불광출판사, 1993.

정병삼, 「청허당대사집(해제)」, 『한국불교문학고서 해제 · 1』, 동국대 한국문학연구소, 2007.

차례

청허당집淸虛堂集 해제 / 5
일러두기 / 44
청허당집淸虛堂集 서문 / 45

주 / 57

청허집 제1권 淸虛集 卷之一

사辭 7편

청야사淸夜辭 61
임하사林下辭 62
산중사山中辭 63
송죽헌 주인에게 기증하다 寄松竹軒主人 64
청허가淸虛歌 65
백운자의 내방을 사례하며 작별시 세 수를~(3수) 謝白雲子來訪戲別 66
창해에게 올리다 上滄海 68

사언시 詩四言 3편

백운자에게 답하다 答白雲子 69
남산에 올라 도성을 바라보며 노래하다 登南山望都歌 70
망향(2수) 望鄕 71

오언고시 五言古 16편

관동행關東行 72
향로봉에서 노닐며 遊香峯 73
천왕봉에 올라 登天王峯 74
응 선자에게 부치면서 겸하여 신수 사미에게도 보이다 寄應禪子兼示神秀沙彌 75
대성 선자에게 주다 贈大成禪子 78

백련 선화자에게 주다 贈白蓮禪和子 79
의천 선자에게 보이다 示義天禪子 80
영회詠懷 81
두류산 내은적암에서 頭流內隱寂 82
망해정에 올라 登望海亭 83
도중에 느껴지는 점이 있어서 途中有感 84
환향곡還鄕曲 85
보 대사에게 보이다 示寶大師 86
풍악산楓嶽山 87
내은적암 內隱寂 88
철성의 성루에 올라 느낌이 있기에 登鐵城城樓有感 89

칠언고시 七言古 8편

천왕봉에 올라 登天王峯 90
보원 상인을 보내며 送普願上人 91
옥 대사가 풍악에 가는 것을 전송하며 送玉大師之楓岳 92
전장행戰場行 93
오대산 요의 장로五臺山了義長老 94
가야산 도행 대사에게 주다 贈伽耶山道行大師 95
백의의 승려에게 장난삼아 지어 주다 戱贈白衣僧 96
달마가 서쪽에서 온 것을 놀리다 嘲達摩西來 97

오언율시 五言律 24편

봄날의 회포를 노래하다 春日詠懷 98
현산 화촌을 지나며 過峴山花村 99
달을 노래하다 詠月 100
약산의 모정 藥山茅亭 101
추회秋懷 102
이 방백과 헤어지며 그의 시에 차운하다 次李方伯韻別 103
입춘立春 104
여동빈이 동정호를 지나는 그림 呂洞賓過洞庭圖 105

민 선자에게 주다 贈敏禪子 106
이 감사 식의 시에 차운하다(2수) 次李監司拭韻 107
낙산사 방장에 제하다 題洛山寺方丈 108
벽천 선화자에게 주다 贈碧泉禪和子 109
행각하는 선자에게 주다 贈行脚禪子 110
유정 대사에게 주다(2수) 贈惟政大師 111
지휘가 게송을 구하기에 답하다 賽志徽求頌 112
유방하는 선자에게 주다 贈遊方禪子 113
지웅 선자에게 주다(2수) 贈志雄禪子 114
현 장로에게 주다 贈玄長老 115
또 진기에게 주다 又贈眞機 116
찬불讚佛 118
장안을 지나며 느낌이 있기에 過長安有感 119
황 진사의 시에 차운하다(2수) 次黃進士韻 120
봉래 선자의 죽음을 애도하다 哭蓬萊禪子 123
사선정에서 노닐며 遊四仙亭 124

칠언율시 七言律 23편

감흥집고시 感興集古詩 125
마도에서 배를 타고 청평산으로 들어가다 泛舟麻渡入淸平山 126
정 고인의 글에 사례하다 謝鄭故人書 127
풍악 구정봉에 올라 登楓岳九井峯 128
감흥感興 129
욱 선자에게 주다 贈昱禪子 130
감호의 주인에게 올리다(2수) 上鑑湖主人 131
인수 선자와 헤어지며 시를 지어 주다 贈別獜壽禪子 132
차군루此君樓 133
두류산 능파각에 제하다 題頭流山凌波閣 134
금강산 산영루 현판의 시에 차운하다 次金剛山山映樓板上韻 135
표훈사表訓寺 136
두류산 능 장로에게 주다 贈頭流山能長老 137

희천 읍재에게 올리다 上熙川邑宰 138
김 방백의 시에 차운하다 次金方伯韻 139
의현 선자가 한마디 말을 청하기에 답하다 賽義玄禪子求語 140
이 방백의 시에 차운하다 次李方伯韻 141
금강산 미륵봉에서 우연히 읊다 金剛山彌勒峰偶吟 142
경인 법사에게 주다 贈敬仁法師 143
풍악산 능 장로에게 주다 贈楓岳山能長老 144
매 대사에게 주다(2수) 贈梅大師 145
박 학관의 시에 차운하다 次朴學官韻 146
현욱 선화에게 주다 贈玄昱禪和 147

오언배율五言批律 6편

대웅에게 기증하다 寄贈大雄 148
유인을 보내며 送流人 149
명감과 상주와 언화 등 여러 문도에게 보이다(2수) 示明鑑尙珠彦和諸門輩 150
천감 선자가 나에게 매우 은근하고 간절하게~ 天鑑禪子 求我於一言~ 152
인오 선자가 게송을 청하기에 답하다 賽印悟禪子求偈 153
원효사에서 묵다 宿元曉寺 154

칠언배율七言批律 1편

원교송圓教頌 155

주 / 156

청허집 제2권 清虛集 卷之二

오언절구五言絕句 317편

사선정四仙亭 171
서도 회고(2수) 西都懷古 172
동호 야박東湖夜泊 173

남명 야박(4수) 南溟夜泊 174

여강 만박驪江晚泊 176

초옥草屋 177

동도를 지나가며 過東都 178

두견이 杜鵑 179

북방을 정벌한 장수의 죽음을 애도함(2수) 哭征北將 180

왕 장군의 묘를 지나며(2수) 過王將軍墓 181

가평탄에서 묵으며 宿加平灘 182

옛집을 지나며 過故宅 183

청학동靑鶴洞 184

감흥感興 185

벗을 생각하며 憶友 186

피리 소리 들으며 聞笛 187

관동의 회포 關東有所思 188

서호西湖 189

숭의 선자가 청허를 찾아왔기에 崇義禪子訪淸虛 190

감흥感興 191

진 기자의 죽음을 애도하다(2수) 哭陳碁子 192

죽원竹院 193

강호 도인에게 주다 贈江湖道人 194

풍암에서 묵으며 宿楓嵒 195

준 선자에게 俊禪子 196

요천을 지나며 過蓼川 197

역사책을 읽다가(3수) 讀史 198

어옹漁翁 199

북쪽 변방에서 노닐며(2수) 遊塞北 200

화개동花開洞 201

옛 절을 지나며(2수) 過古寺 202

옥계에게 올리다 上玉溪 203

벗을 만나 會友 204

영회詠懷 205

일암一巖 206
원 선자가 관동으로 가는 것을 전송하며 送願禪子之關東 207
길을 가다가 느낌이 있기에 途中有感 208
김 장군의 묘를 지나며 過金將軍墓 209
누대에 올라 登樓 210
동원의 원님에게 東原倅 211
채옹정에서 묵으며 宿蔡邕亭 212
관서로 떠나는 사람을 전송하며 送人關西 213
동경을 지나며 過東京 214
단군대에 올라 登檀君臺 215
청해의 흰 모래밭을 거닐며 靑海白沙行 216
부휴자浮休子 217
행주 선자에게 보이다(3수) 示行珠禪子 218
남화권에 쓰다 書南華卷 219
가는 세월을 탄식하며 歎逝 220
고택에 제하다 題古宅 221
봄 경치를 구경하며 賞春 222
불정암에 올라 登佛頂嵓 223
산 남쪽으로 가서 山南行 224
도중 즉사 途中即事 225
상춘傷春 226
어미 잃은 까마귀 失母烏 227
만추晩秋 228
강릉에서 곡하다 哭康陵 229
높은 누대에서 바라보며 望高臺 230
달을 노래하다 咏月 231
불일암佛日庵 232
가야에서 노닐며 遊伽耶 233
처사정處士亭 234
『대혜록』에 쓰다 書大慧錄 235
조실을 방문하다 訪祖室 236

풍악 추회 楓岳秋懷 237
청학동 폭포(2수) 靑鶴洞瀑布 238
영성 북촌 榮城北村 239
서산에서 노닐며 遊西山 240
여름날에 회포를 읊다 夏日咏懷 241
부여를 지나며 過扶餘 242
늙고 병든 것을 읊다 老病吟 243
봉래자에게 부치다(2수) 寄蓬萊子 244
일 선자에게 주다(2수) 贈一禪子 245
여름을 노래함 咏夏 246
대보름날 밤 元夕 247
법왕봉 法王峯 248
가을날 강변에서 벗과 헤어지며 秋江別友 249
소동파 蘇東坡의 시에 차운하다 次蘇仙韻 250
나그네 시름 旅思 251
홍류동(2수) 紅流洞 252
철봉 鐵峯 253
밀운 선자에게 주다(2수) 贈密雲禪子 254
목암에 제하다 題牧庵 255
고운의 글자를 모아서 시를 짓다 集孤雲字 256
이 죽마의 시에 차운하여 장난으로 짓다 戱次李竹馬韻 257
중양절에 남루에 오르다 重陽上南樓 258
탐밀봉 探密峯 259
양양 가는 도중에 襄陽途中 260
남해옹에게 답하다 答南海翁 261
이 방백의 시에 차운하다 次李方伯 262
이 수재에게 주다 贈李秀才 263
무릉동에서 노닐며 遊武陵洞 264
관탄 즉사 冠灘即事 265
봄을 아쉬워하며 惜春 266
혜은 선자에게 주다 惠誾禪子 267

낙산의 불사 洛山佛事 268
천옥 산인에게 주다 贈天玉山人 269
성곽을 돌아보는 도중에 省塢途中 270
윤 방백의 시에 차운하다 次尹方伯 271
두견이 소리를 듣고 聞鵑 272
산거山居 273
법광사를 지나며 過法光寺 274
처영 선자가 산을 나가는 것을 전송하며 送處英禪子出山 275
이 죽마에게 주다 贈李竹馬 276
통결通決 277
명 선자를 보내며 送明禪子 278
행원杏院 279
귀양살이하는 사람을 찾아가서 訪謫客 280
혜기 장로와 헤어지며 기증하다(2수) 贈別慧機長老 281
형초도荊楚圖 282
산에 올라 가을을 감상하다 登高賞秋 283
세상을 탄식함 嘆世 284
우연히 읊다 偶吟 285
하씨의 죽음을 애도하며(2수) 哭河氏 286
봉래 즉사蓬萊卽事 287
저택을 지나며 거문고 소리를 듣고 過邸舍聞琴 288
달홀의 모정에서 達忽茅亭 289
허 학사가 석문에서 노닌 시에 차운하다 次許學士遊石門韻 290
호사를 지나며 過湖寺 291
청량의 영첩에 제하다 題淸凉影帖 292
유회有懷 293
곽 융수에게 올리다 上郭戎帥 294
옛 싸움터를 지나며 過古戰場 295
조 학사와 함께 청학동에서 노닐며 與趙學士遊靑鶴洞 296
백아도에 제하다 題伯牙圖 297
윤 상사의 옛집에 들러 過尹上舍舊宅 298

도원도에 제하다 題桃源圖 299

숨어 사는 사람 隱夫 300

하서의 묘를 지나며 過河西墓 301

초당 草堂 302

송암 도인에게(2수) 松嵓道人 303

운유하는 감 선자를 보내며(4수) 送鑑禪子之雲遊 304

남행 즉사 南行即事 306

덕천의 저사에서 德川邸舍 307

강월헌에서 江月軒 308

회구 懷舊 309

초옥 草屋 310

귀양살이하는 사람을 찾아가서 訪謫客 311

무상 거사에게 주다 贈無相居士 312

향호 송석정에서 香湖松石亭 313

세상을 탄식하다 嘆世 314

고개에 올라 두류산을 생각하다(2수) 登嶺憶頭流 315

부휴자(2수) 浮休子 316

아이의 죽음을 슬퍼하며 哭兒 317

회포를 읊어 영정 선자에게 보이다 咏懷示永貞禪子 318

재송 도자를 기리며 讚栽松道者 319

회암 방장에 제하다 題檜嵓方丈 320

세상을 탄식함 嘆世 321

청야 즉사 淸夜即事 322

태안 선자에게 주다 贈泰安禪子 323

일암 도인에게 주다(2수) 贈一庵道人 324

인경구탈 人境俱奪 325

인경불탈 人境不奪 326

사야정 四也亭 327

염불승 念佛僧 328

강을 마치는 날에 행 대사에게 보이다 罷講日示行大師 329

각 선자 覺禪子 330

차례 • 27

희 장로에게 주다 贈熙長老 …… 331
봉성을 지나며 한낮의 닭소리를 듣고(2수) 過鳳城聞午雞 …… 332
연화 도인에게 주다 贈蓮華道人 …… 333
덕의 선자에게 주다 贈德義禪子 …… 334
법장 대사 法藏大師 …… 335
『원각경』을 강하며(2수) 講圓覺 …… 336
천민 선자에게 답하다 酬天敏禪子 …… 337
초당에서 잣나무를 읊다 草堂咏栢 …… 338
내은적암 內隱寂 …… 339
고의 古意 …… 340
썰렁한 숲 寒林 …… 341
영지 선자 靈芝禪子 …… 342
심 선자가 행각하기에(2수) 心禪子行脚 …… 343
도운 선자 道雲禪子 …… 344
응화 선자 應和禪子 …… 345
약속한 그대는 오지 않고 有約君不來 …… 346
낙중 즉사 洛中即事 …… 347
어버이를 뵈러 가는 지언 대선에게 주다(2수) 贈志彦大選之歸寧 …… 348
심경암 心鏡庵 …… 349
지 대사를 전송하며 送芝大師 …… 350
화암사를 지나며 過華嵒寺 …… 351
고도를 지나며 過古都 …… 352
환암(2수) 幻庵 …… 353
행 선자에게 답하다 答行禪子 …… 354
태희 사미가 어버이를 뵈러 가기에 太熙沙彌歸寧 …… 355
태상 선자(2수) 太常禪子 …… 356
원철 대사(2수) 圓徹大師 …… 357
원혜 장로 元惠長老 …… 358
고승의 지팡이 高僧杖 …… 359
화정 도인에게 주다 贈華亭道人 …… 360
원과 밀 두 선자에게 보이다(2수) 示圓密二禪子 …… 361

좌주의 물음에 답하다(2수) 答座主問 362
낙산 회해 선자에게 주다 贈洛山懷海禪子 363
(제목 미상) 364
감 선자가 오대에 가는 것을 전송하며 送鑑禪子之五臺 365
도능 선자에게 주다 贈道能禪子 366
인 선자가 게송을 구하기에 답하다 賽仁禪子求偈 367
신 상사의 시에 차운하다(2수) 次申上舍韻 368
진각 선화에게 주다 贈眞覺禪和 369
도홍을 구하는 선자를 경책하다 警求陶泓之禪子 370
찬불讚佛 371
유교와 도교를 찬하다 讚儒道 372
달마의 진영에 찬하다 贊達摩眞 373
달마도강도(2수) 達摩渡江圖 374
선사의 진영에 찬하다 贊先師眞 375
무위(2수) 無位 376
백운산에 올라가 읊다(2수) 登白雲山吟 377
선화의 물음에 답하다 答禪和問 378
승려의 죽음을 슬퍼하며 哭亡僧 379
『능엄경』일장 楞嚴一章 380
일선암의 벽에 제하다 題一禪庵壁 381
장 만호를 송별하며(2수) 送別張萬戶 382
계축년 가을에 명사에서 노닐다 癸丑秋遊鳴沙 383
회포를 읊다 咏懷 384
가도賈島 385
관동행關東行 386
거처를 옮기다 移居 387
남쪽으로 귀양 가는 객을 전송하며 送南遷客 388
영주에서 묵다 宿瀛洲 389
소나무 숲 속의 은사를 찾아서 訪松間隱士 390
남해로 가는 사람을 전송하며 送人之南海 391
쌍계사 방장 雙溪方丈 392

가을을 노래하다 詠秋 ……… 393

화산의 은자 花山隱者 ……… 394

안분당 安分堂 ……… 395

고성의 김 처사 古城金處士 ……… 396

운계동을 찾다 尋雲溪洞 ……… 397

도인 의경에게 주다 贈道人義冏 ……… 398

봄을 아쉬워하며 惜春 ……… 399

산중의 벗과 헤어지며 別山友 ……… 400

용성 김 악사를 만나 성원에서 묵다 遇龍城金樂士宿星院 ……… 401

선 장로에게 주다 贈禪長老 ……… 402

우청 집구 雨晴集句 ……… 403

동해를 바라보며 觀東海 ……… 404

밤에 앉아서 夜坐 ……… 405

백전에서 묵다 宿栢巓 ……… 406

경천 선자에게 부치다 寄敬天禪子 ……… 407

원민 선자에게 주다 贈元敏禪子 ……… 408

초당에 제하다 題草堂 ……… 409

조실 유감 祖室有感 ……… 410

병암초당 屛嵓草堂 ……… 411

천희 선자(2수) 天熙禪子 ……… 412

삭발 削髮 ……… 413

이 충의의 시에 차운하여 희학하다 戲次李忠義韻 ……… 414

환향곡 還鄕曲 ……… 415

선수 선자에게 답하다 賽善修禪子 ……… 416

일정 선자를 보내며 送一晶禪子 ……… 417

청해백사행(2수) 靑海白沙行 ……… 418

쌍계사 방장에서 묵으며 고인의 시를 보고 宿雙溪方丈見故人詩 ……… 419

금강산 백탑동에서 金剛山百塔洞 ……… 420

교산에서 곡하다(2수) 哭喬山 ……… 421

관동에서 장안을 바라보며 在關東望長安 ……… 422

꿈에서 깨어 夢覺 ……… 423

옥계 주인에게 보이다 示玉溪主人 424

여름날 夏日 425

오이를 보내 준 것을 감사하며 謝送瓜 426

어옹(2수) 漁翁 427

이 수재의 시에 차운하다 次李秀才韻 428

박 학록에게 주다 贈朴學錄 429

감호대에 제하다 題鑑湖臺 430

상춘賞春 431

허 좨주와 도중에 헤어지며 別許祭酒途中 432

눈을 노래한 시에 차운하여 붓을 달리다 走次詠雪韻 433

죽은 벗을 생각하며 탄식하다 亡友嘆 434

순사의 시권에 제하다 題淳師卷 435

감호로 가는 섬 선자를 전송하며 送蟾禪子之鑑湖 436

진 선화에게 주다(2수) 贈眞禪和 437

은계의 시에 차운하다 次隱溪韻 438

윤 방백의 시에 차운하다(2수) 次尹方伯韻 439

가을 밤 秋夜 440

원암 역에서 묵으며 宿圓嵒驛 441

청간정淸澗亭 442

송경찬誦經贊 443

왕사국王師菊 444

홍류동紅流洞 445

그림자를 돌아보고 느낌이 있기에 顧影有感 446

바둑 구경을 하며 看棊 447

삼몽사三夢詞 448

장 대사가 게송을 구하기에 답하다 賽藏大師求偈 449

새 암자의 주인 경선 선자에게 부치다 寄新庵主人敬先禪子 450

곡식을 안 먹는 중을 조롱하며 朝休粮僧 451

풍악산楓岳山 452

상춘賞春 453

여름 구름 夏雲 454

지 스님을 보내며 送芝師 455

잡영(3수) 雜詠 456

백련사 처민 선자와 헤어지며 주다(3수) 贈別白蓮社處敏禪子 457

곡지(2수) 曲池 458

영 암주가 산을 나가는 것을 전송하며 送英庵主出山 459

내은적암의 각 선화가 산을 나가기에 글을 써서~ 內隱寂覺禪和出山因書警之 460

박 학사와 함께 한사 매화당에서 묵으며 與朴學士宿漢寺梅花堂 461

김 신사의 내방을 감사하며(2수) 謝金信士來訪 462

행운 선자의 내방을 사례하며 謝行雲禪子之訪 463

양인 대작(2수) 兩人對酌 464

이 수재에게 주다 贈李秀才 465

은부隱夫 466

최고운도崔孤雲圖 467

뜰의 오동나무 庭梧 468

잡흥(3수) 雜興 469

산중에서 벗에게 주다 山中贈友 470

옛 절을 지나며 過古寺 471

어떤 일에 대한 소감 因事有感 472

일 선자一禪子 473

송헌松軒 474

유선遊仙 475

소회를 읊다 咏懷 476

서래곡西來曲 477

북쪽으로 떠나는 도경 선자를 전송하며 送別道冏禪子之北 478

동해에서 노닐며 遊東海 479

성묵性默 480

염불승에게 주다 贈念佛僧 481

원 선자에게 주다 贈圓禪子 482

묘봉(2수) 妙峯 483

일령 선자에게 주다 贈一靈禪子 484

달을 읊다 咏月 485

김 악사의 내방을 감사하며 謝金樂士來訪 486
자조自嘲 487
반첩에 쓰다 書潘帖 488
유감有感 489
영랑령永郞嶺 490

주 / 491

청허집 제3권 淸虛集 卷之三

육언절구六言絶句 2편

망향望鄕 509
만사挽詞 510

칠언절구七言絶句 135편

이 죽마가 서울에 가는 것을 전송하며 送李竹馬之京洛 511
한강에서 노닐며 遊漢江 512
청련 선자가 풍악으로 가는 것을 전송하며 送靑蓮禪子之楓岳 513
화개동花開洞 514
금릉 가는 도중에(2수) 金陵途中 515
최고운의 바위에 제하다 題崔孤雲石 516
풍악 만경대에 오르다 登楓岳萬景臺 517
강릉진에서 묵으며 宿江陵鎭 518
솔과 국화를 심다 栽松菊 519
설악산 화암사雪岳山花品寺 520
꿈에 이백의 묘소를 지나다 夢過李白墓 521
호선에게 부치다 寄湖仙 522
유자와 헤어지며 別柳子 523
환향(2수) 還鄕 524
머리 깎는 날에 소회를 적다(2수) 斷髮日書懷 525

봉래초당蓬萊草堂 526
천우가 봉래에 가는 것을 전송하며 送天雨之蓬萊 527
호독조呼犢鳥 528
병든 감회 病懷 529
낙산 동헌에 제하다 題洛山東軒 530
청허당(2수) 淸虛堂 531
통 장로通長老 532
혜총 선자를 보내며 送慧聰禪子 533
행각승行脚僧 534
이 죽마와 헤어지며 주다 贈別李竹馬 535
응 사미가 풍악에 가는 것을 전송하며 送應沙彌之楓岳 536
서울로 가는 사람을 전송하며 送人赴京 537
노 수재의 시에 차운하여 희학하다 戱次老秀才韻 538
천후산의 연형에게 부치다 寄天吼山年兄 539
성 안으로 들어가는 심 선자를 경계하며 誠心禪子入城 540
응 선자와 헤어지며 別應禪子 541
이 죽마의 내방을 감사하며 謝李竹馬來訪 542
태백산太白山 543
중양절에 왕반산의 시에 차운하다 重陽次王半山韻 544
소사와 헤어지며 別小師 545
화촌에서 낮에 쉬며 花村午憩 546
임석천의 시에 차운하다(2수) 次林石泉韻 547
박 상사의 죽음을 애도하며(2수) 哭朴上舍 548
풍악에 오르다 登楓岳 549
한강 가에서 박 학사를 보내며 漢濱送朴學士 550
이 죽은의 시에 차운하다 次李竹隱韻 551
자조自嘲 552
성 방백이 시를 청하기에 답하다 賽成方伯求韻 553
감 선자의 내방을 감사하며 謝鑑禪子來訪 554
용문에서 노닐다가 저녁에 여강에 정박하다 遊龍門晩泊驪江 555
해송대에 올라 登海松臺 556

임 상인이 풍악에 가는 것을 전송하며 送琳上人之楓岳 557

백운 처사에게 주다 贈白雲處士 558

무상 거사에게 주다 贈無相居士 559

청간 淸澗 560

가을 감상 賞秋 561

박 상사의 초당 朴上舍草堂 562

조 보진에게 부치다 寄趙葆眞 563

강 수재와 헤어지며 주다 贈別姜秀才 564

원추과해도에 제하다 題鶢鶋過海圖 565

어떤 일로 느껴지는 점이 있어서 因事有感 566

산남행 山南行 567

조 상사의 시에 차운하다 次趙上舍韻 568

감호대에 제하다(2수) 題鑑湖臺 569

붓을 달려 박 운경의 시에 차운하다 走次朴雲卿韻 570

가정을 지나며 느낌이 있기에 過柯亭有感 571

천왕령에 올라 登天王嶺 572

남루에 올라 바다를 바라보며 登南樓望海 573

임신년 가을에 정 동경을 생각하며 壬申秋憶鄭同庚 574

태안 선자에게 주다 贈泰安禪子 575

덕의 선자에게 주다 贈德義禪子 576

환향곡 還鄕曲 577

영지 선자 靈芝禪子 578

쌍인 소사를 훈계하다 誡雙印小師 579

원혜 장로 元惠長老 580

삼가 부용 존숙의 시에 차운하다 敬次芙蓉尊宿韻 581

초윤 선덕 草允禪德 582

각행 대사(2수) 覺行大師 583

이환 선자에게 보이다(3수) 示離幻禪子 584

공 장로의 진영에 찬하다 贊空長老眞 585

높이 올라 바다를 바라보다 登高望海 586

윤 대사의 시에 차운하다(2수) 次允大師韻 587

동해 비선정에 올라 소감을 적다 登東海秘仙亭有感 588

역려 逆旅 589

퇴계의 책에 쓰다 書退溪卷 590

교사에게 올리다 上敎師 591

두류산으로 가는 수 선사와 헤어지며 주다(3수) 贈別壽禪師之頭流 592

일위도강 一葦渡江 595

현 선자에게 부치다 寄玄禪子 596

자조 自嘲 597

봄이 저물 적에 용성의 야사에서 묵으며~ 春暮宿龍城野寺戱贈鄭秀才 598

이 봉성 늙은 원의 시에 차운하여 붓을 달리다(2수) 走次李鳳城老倅韻 599

역사책을 읽다 讀史 600

우연히 읊다 偶吟 601

정 취선에게 부치다 寄鄭醉仙 602

감호대에 제하다 題鑑湖臺 603

만사 挽詞 604

원 상인과 헤어지며 주다 贈別圓上人 605

변방의 장수에게 부치다 寄邊帥 606

섬 선자가 감호로 가는 것을 전송하며(2수) 送蟾禪子之鑑湖 607

매 대선이 산으로 돌아가는 것을 전송하며 送梅大選歸山 608

정 학사의 시에 차운하다 次鄭學士韻 609

호남으로 중을 보내며 送僧湖南 610

담희 선자에게 부치다 寄湛熙禪子 611

휴운 선자에게 주다 贈休雲禪子 612

순천 원님 운강의 시에 차운하다 次順天倅雲江韻 613

장·유 두 유자와 헤어지며 차운하다(3수) 次別張柳二遊子 614

만폭동에서 고백 시에 차운하다 萬瀑洞次古栢韻 615

회포를 쓰다 書懷 616

옥 산인에게 주다 贈玉山人 617

두견이(2수) 杜鵑 618

백운자를 부르며 招白雲子 619

장 대사가 게송을 청하기에 답하다 賽藏大師求偈 620

신암의 주인인 경선 선자에게 부치다 寄新庵主人敬先禪子 621
선인봉仙人峯 622
도인을 찾아가 만나지 못하고 訪道人不遇 623
어떤 일로 느낌이 있어서(2수) 因事有感 624
술회述懷 625
지 스님이 오이를 보내 준 것을 감사하며 謝芝師送瓜 626
염불승에게 주다 贈念佛僧 627
이용면이 그린 석왕사의 천불탱에 제하다 題釋王寺李龍眠所畵千佛幀 628
창해에게 올리다(2수) 上滄海 629
회암사 방장에 제하다 題檜岩方丈 630
박 학사 계현 조 처사 욱과 함께 저자도에서~ 朴學士啓賢趙處士昱同遊楮子島 631
이 방백 헌국의 시에 차운하다 次李方伯憲國韻 632
덕준 선자德峻禪子 633
의천 선자에게 보이다(2수) 示義天禪子 634
전도음傳道吟 635
서산 노인이 회포를 구하기에 답하다 賽西山老人求懷 636
향로봉에 오르다 登香爐峯 637
희 장로에게 주다 贈熙長老 638
제자가 병으로 일어나지 못하는 것을 보고 느낌이~ 弟子以病不起有感而作 639
호랑이 사냥하는 것을 보고 見虎擒獵 640
행각하는 사람에게 주다 贈行脚人 641
봉래자에게 올린 글 上蓬萊子書 642
선조대왕이 어필의 묵죽을 하사하며~ 宣祖大王賜御筆墨竹仍命製詩 立進一絶 645
임종게臨終偈 646
인영 대사에게 주다 贈印英大師 647
『조사심요』를 지어서 원준 대사에게 주다 祖師心要贈圓俊大師 648
사미에게 주다 贈沙彌 653

주 / 654

청허집 제4권 淸虛集 卷之四

게송 1편
경술년 가을에 풍악산 향로봉에 머물~ 庚戌秋 住楓岳山香爐峯 有一禪子~ 665

잡저雜著 11편
또 별지로 보이다 又示別紙 667
법현 선자에게 보이다 示法玄禪子 669
인휘 선자에게 주다 贈印徽禪子 670
혜안 선자慧安禪子 671
지해 선자가 선게를 청하기에 단두화로 답하다 智海禪子索禪偈以斷頭話報之 672
덕인 선자德仁禪子 673
태전 선자太顚禪子 674
성종 선자性宗禪子 675
의정 선자義正禪子 676
성희 선자性熙禪子 677
재상 소세양의 시에 차운하여 진기 대사에게~(3수) 次蘇相世讓韻贈眞機大師 678

주 / 682

청허집 제5권 淸虛集 卷之五

청허초淸虛草 96편(제5권, 제6권, 제7권의 합계)
두류산 신흥사 능파각의 기문 頭流山神興寺凌波閣記 685
지리산 쌍계사 중창 기문 智異山雙磎寺重創記 689
봉은사기奉恩寺記 694
금강산 도솔암기金剛山兜率庵記 697
또 又 700
풍악산 돈도암기楓岳山頓道庵記 703
용두산 용수사 극락전기龍頭山龍壽寺極樂殿記 705

묘향산 원효암기 妙香山元曉庵記 707
금강산 장안사에서 새로 만든 종의 명 金剛山長安寺新鑄鍾銘 709
신간 『연경』의 발문 新刊蓮經跋 714

주 / 716

청허집 제6권 清虛集 卷之六

칠불암 기와 낙성시 七佛庵盖瓦落成詩 723
채씨가 남편을 천도하는 게송 蔡氏薦夫伽陁 725
『원각경』 중간 모연게 圓覺經重刊募緣偈 726
묘향산 보현사에서 새로 만든 종의 명문 妙香山普賢寺新鑄鍾銘 728
『선문귀감』 서문 禪門龜鑑序 729
염불문 念佛門 731
참선문 叅禪門 733
보현사 경찬소 普賢寺慶讚疏 735
보현사 보광전의 기와를 바꾸고 경찬한 글 普賢寺普光殿改瓦慶讚疏 740
스승을 천도한 글 薦師疏 743
채씨를 대신해서 남편을 천도한 글 代蔡氏薦夫疏 745
심 대비를 대신하여 대왕을 천도한 글 代沈大妃薦大王疏 747
『원각경』 경찬소 圓覺經慶讚疏 750
명적암 경찬소 明寂庵慶讚疏 752
모연문 募緣文 754
두류산 내은적암을 새로 짓기 위해 모연한 글 頭流山內隱寂新構募緣文 755
태백산 본적암을 수장하기 위해 모연한 글 太白山本寂庵修粧募緣文 757
지리산 황령암기 智異山黃嶺庵記 759
금강산 장안사의 새로 만든 종의 명 金剛山長安寺新鑄鍾銘 763
내은적 청허당 상량문 內隱寂淸虛堂上樑文 767
자락가 自樂歌 770
묘향산의 법왕대와 금선대 두 암자의 기문 妙香山法王臺金仙臺二庵記 772

태백산 상선암기 太白山上禪庵記 774
탱화 뒤에 쓰다 幀跋 777
쌍계사 중창을 경찬한 글 雙磎寺重刱慶讚疏 778
만덕산 백련사 중창 모연문 萬德山白蓮社重刱募緣文 780
내은적 기와 모연문 內隱寂盖瓦募緣文 781

주 / 783

청허집 제7권 淸虛集 卷之七

완산 노 부윤에게 올린 글 上完山盧府尹書 793
완산 노 부윤에게 재차 답한 글 再答完山盧府尹書 804
부모를 제사 지낸 글 祭父母文 806
박 좌상 순에게 올린 글 上朴左相 809
박 판서 계현에게 올린 글 上朴判書啓賢 810
문인 이 수재에게 답한 글 答門人李秀才書 811
산해정에 부친 글 寄山海亭 812
노 대헌 대효의 여소에 올린 글 上盧大憲大孝廬所 814
노 상사에게 올린 글 上盧上舍 816
학 선자를 부른 글 招學禪子 817
철옹 윤에게 올린 글 上鐵瓮尹書 818
김 안렴에게 올린 글 上金按廉 819
이 성재에게 답한 글 答李誠齋書 820
봉래 선자에게 답한 글 答蓬萊仙子書 821
경희 장로를 부른 글 招敬熙長老 824
불일 장로에게 올린 글 上佛日老 825
채송자에게 올린 글 上采松子 826
전사에게 부친 글 寄全師 827
교사에게 답한 글 答敎師書 828
정 상사의 점차에 올린 글 上鄭上舍苫次 829

도인을 부른 글 招道人 830
태상 선자에게 부친 글 寄太常禪子書 831
법운 선자에게 부친 글 寄法雲禪子書 832
벽천 도인에게 부친 글 寄碧泉道人書 833
동호 선자에게 부친 글 寄東湖禪子書 834
병암 주인에게 감사드린 글 謝屛巖主人書 836
신 우관에게 답한 글 答愼郵官書 837
퇴휴 상국에게 올린 글 上退休相國書 838
옥천자에게 올린 글 上玉川子書 839
이 유부에게 올린 글 上李兪拊書 841
행 선자에게 답한 글 答行禪子書 843
두류의 여러 스님들에게 답한 글 答頭流諸師書 844
윤 상사 언성에게 답한 글 答尹上舍彦誠書 845
지헌 참학을 대신해서 올린 계문 代智軒叅學啓 847
묵년 시자에게 부친 글 寄默年侍 850
오대산 일학 장로에게 부친 글 寄五臺山一學長老 851
백운과 두류의 법제들에게 양해를 구한 글 謝白雲頭流諸法弟書 854
희 선자에게 답한 글 答熙禪子書 856
민 선자에게 답한 글 答敏禪子書 857
퇴계 상국에게 올린 글 上退溪相國書 858
남명 처사에게 올린 글 上南溟處士書 859
정 옥계에게 올린 글 上鄭玉溪書 860
사형에게 답한 글 答師兄書 862
주 산인에게 부친 글 寄珠山人 863
선자를 부른 글 招禪子 864
또 又 865
이환 선자에게 답한 글 答離幻禪子書 866
인오 선자에게 답한 글 答印悟禪子書 867
두류자에게 답한 글 答頭流子 868
멀리 노 찰방의 영궤에 제사한 글 遠奠盧察訪靈几文 869
옥계에게 답한 글 答玉溪書 870

신 도우에게 답한 글 答信道友書 ……… 871
이암에게 올린 글 上頤庵書 ……… 872
박 학관에게 답한 글 答朴學官書 ……… 873
박 수재에게 답한 글 答朴秀才書 ……… 876
양 창해에게 답한 글 答楊滄海書 ……… 880
옥계자에게 올린 글 上玉溪子 ……… 885
이암에게 올린 글 上頤庵 ……… 887
행 대사에게 답한 글 答行大師 ……… 888
융 선자에게 답한 글 答融禪子 ……… 889

주 / 893

청허집 보유 淸虛集補遺

시詩 16편

2권본과 4권본(갑본·을본·병본·정본·무본·기본·경본·신본)
김 거사의 딸을 곡하다 哭金居士女 ……… 905
천옥 선자 天玉禪子 ……… 906
성운 장로에게 보이다 示性雲長老 ……… 907
벽천 선자에게 보이다(3수) 示碧泉禪子 ……… 908
성눌 선자에게 주다(3수) 贈性訥禪子 ……… 909
낙산의 회해 선자에게 주다 贈洛山懷海禪子 ……… 910

2권본(갑본·을본·병본·정본)
감호대에 제하다 題鑑湖臺 ……… 911

4권본(무본·기본·경본·신본)
선조대왕이 서산 대사에게 하사한 묵죽시 宣祖大王賜西山大師墨竹詩 ……… 912
휘원 부천 도인 輝遠扶天道人 ……… 913

장벽송牆壁頌 914
가정을 지나며 느낌을 적다 過柯亭有感 915
사바교주 석가세존 금골사리 부도비娑婆敎主釋迦世尊金骨舍利浮圖碑 916
금강산 퇴은 국일도대선사 선교도총섭~ 金剛山退隱國一都大禪師禪敎都摠攝賜紫扶宗
　　樹敎兼登階普濟大師淸虛堂行狀 923
정종대왕이 지은 서산 대사 화상당의 명문 正宗大王御製西山大師畵像堂銘 928
수충사 사제문酬忠祠賜祭文 933
자찬自贊 937

주 / 938

부록

2권본 목차 943
4권본 목차 946

찾아보기 / 951

차례 • 43

일러두기

1 '한글본 한국불교전서'는 문화체육관광부의 지원을 받아 동국대학교 불교학술원에서 수행하고 있는 '불교기록문화유산아카이브(ABC)사업'의 결과물을 출간한 것이다.
2 이 책은 『한국불교전서』(동국대학교출판부) 제7책의 『청허집淸虛集』을 번역하였다.
3 기존의 『청허당집』은 2권본, 4권본, 7권본이 전하는데, 『한국불교전서』의 편자는 7권본을 저본으로 하고, 2권본(갑본~정본)과 4권본(무본~신본) 등 8종의 이본을 엄밀하게 대교하여 교감하고 주석을 달았다.
4 7권본의 표제는 '청허집'으로 『한국불교전서』도 이를 따랐다. 그런데 책의 서문에서 '청허당집'이라 한 것을 보면, '청허집'과 '청허당집'이 통용된 것을 알 수 있다. 2권본과 4권본의 표제도 '청허당집'이다. 본 서는 대표성을 고려하여 표제를 '청허당집'으로 제시하였다.
5 이 책의 번역은 『한국불교전서』의 저본을 따르되, 일부는 이본의 글자를 택하여 번역한 경우도 있다. 이 경우 이본의 글자에 따른다는 사실을 명시하였다.
6 번역문에 이어 원문을 수록하고 간단한 표점 부호를 삽입하였다.
7 원문은 『한국불교전서』를 기본으로 하되, 그 저본이 되는 목판본을 대교하여 제시하였다. 역자의 교감 내용에서 '저본'이라 함은 『한국불교전서』의 저본(목판본)을 말한다.
8 원문의 교감 사항은 번역문의 미주와 별도로 원문 아래 부분에 제시하였다.
　　㋻은 『한국불교전서』 편찬자가 교감한 내용이다.
　　㋖은 번역자가 교감한 내용이다.
9 약물은 다음과 같다.
　　『　』: 서명
　　「　」: 편명, 산문 작품
　　〈　〉: 시 작품, 노래(歌), 편 안의 소제목
　　【　】: 원문 협주
　　T : 대정신수대장경
　　X : 만속장경
　　H : 한국불교전서

청허당집淸虛堂集 서문

청허당淸虛堂이 시적示寂한 지 20여 년 뒤에 그의 문도인 보진葆眞과 언기彦機와 쌍흘雙仡 등 여러 사문들이 그의 시문詩文 약간 질帙을 판각하여 장차 인행印行하려 하면서 그 서문을 써 달라고 나에게 찾아왔다. 이에 내가 그냥 입에서 나오는 대로 응대하였다.

"청허자淸虛子는 석가釋迦의 교도敎徒이다. 그런데 나는 바야흐로 향촌鄕村의 학당學堂에서 골몰하고 있어 언어와 문자가 서로 같지 않다. 그러니 어떻게 그 문집에 서문을 쓸 수 있겠는가. 만약 청허의 신령이 밝게 내려다본다면, 필시 그대들에게 호통을 치면서 '제자들이 내 마음을 찍지는 않고 내 말만 찍는가? 이것은 눈물과 가래의 찌꺼기일 뿐인데 어찌하여 찍는 것인가? 또 어찌하여 오줌과 같은 것을 가져다가 나의 금속정金粟頂[1]을 더럽히려고 하는가?'라고 할 것이다. 이렇게 말한다면 어떻게 하겠는가?"

보진葆眞 등이 말하였다.

"우리 스님은 임제臨濟의 적종嫡宗이시다. 원元나라 말기에 석옥 화상石屋和尙이 고려의 태고 선사太古禪師에게 전하였고, 태고는 환암幻庵에게 전하였고, 환암은 귀곡龜谷에게 전하였고, 귀곡은 정심正心에게 전하였고, 정심은 지엄智嚴에게 전하였고, 지엄은 영관靈觀에게 전하였고, 영관은 우리 스님에게 전하였다. 지금 화두話頭를 참구參究하며 읊은 선송禪頌이 모두 있으니, 이것을 가지고 문집의 서문을 쓸 수 있지 않겠는가?"

내가 말하였다.

"나는 그쪽의 학술을 배우지 않았으니, 어떻게 전해진 것을 알 수 있겠는가? 이것으로는 감히 서문을 쓸 수가 없다."

보진 등이 말하였다.

"우리 스님은 일찍이 양종兩宗의 판사判事를 겸하고 팔방의 총림叢林을 총령總領하며 도량을 크게 열었다. 그런데 얼마 지나지 않아서 하나의 병석甁錫[2]을 들고 남쪽으로 두류산頭流山에 들어가 돌아오지 않았으므로, 온 나라의 현경賢卿과 석유碩儒들이 모두 그 뜻을 높이 평가하였다. 그러다가 임진왜란壬辰倭亂을 당하자 우리 스님이 비로소 서산西山에서 나와 군문軍門에 나아가서 승려들을 소집하고, 고제高弟인 유정惟政 등에게 당부하여 왜적을 막는 일을 돕게 하였으므로, 온 나라의 장상將相과 군민軍民들이 모두 그 공을 추앙하였다. 이것을 가지고 문집의 서문을 쓸 수 있지 않겠는가?"

내가 말하였다.

"이것은 대략적인 자취일 따름이니, 어떻게 정밀한 내용을 모두 알 수 있겠는가. 이것으로는 서문을 쓰기에 부족하다."

보진 등이 말하였다.

"옛날에 우리 선조宣祖께서 유학儒學을 숭상하고 내교內敎(불교)를 억압하셨으므로, 우리들이 근근이 살아가며 청금靑衿(儒生)의 노역에 종사하였다. 그러나 선묘宣廟께서 유독 우리 스님만은 돌보아주셨으니, 이는 일찍이 스님의 저술을 열람하고 그 정성을 가상히 여기셨기 때문이다. 그리하여 원통한 죄를 씻어 주고 후하게 대우하시는 한편, 친히 어필御筆을 내려 빛나게 장식해 주시면서 시를 지어 올리라고 명하셨고, 또 특별히 선호禪號를 하사하며 홍자가사紅紫袈裟를 갖추어 착용하게 하셨다. 이는 세상에 드문 특별한 은혜이니, 우리 임금님께서 무엇 때문에 그렇게 하셨겠는가. 이것을 가지고 문집의 서문을 쓸 수 있지 않겠는가?"

내가 이 말을 듣고는 자리에서 일어나 다음과 같이 말하였다.

"아, 선묘宣廟께서 어찌 취한 바 없이 그렇게 하셨겠는가. 나도 일찍이 이 문집을 한번 보았는데, 마음속으로 느껴지는 바가 있었다. 그의 말은 은연중에 현묘한 뜻에 계합되는 가운데, 성률聲律에 구애받지도 않고 배비排比(對句) 역시 잡되지 않으면서 의취意趣가 고매하고 기봉機鋒이 예리하였다. 요컨대 수불염퇴竪拂拈搥[3]하는 그 위에서 얻은 것이니, 관휴貫休[4]나 광선廣宣[5]의 무리가 아침에 신음하고 저녁에 탄식하면서 소인騷人 묵객墨客의 시와 비교하여 자구字句나 뜯어고치는 것과는 같지 않았다.

옛사람은 반드시 먼저 실제 내용을 갖추고 나서 이것을 글로 발표하였다. 가령 풍아風雅(『詩經』)·전모典謨(『書經』)나 공맹孔孟(공자와 맹자)의 훈계와 같은 것은 더 말할 것도 없거니와, 아래로 구류九流 제자諸子나 소장蘇張(蘇秦과 張儀)의 변론과 신한申韓(申不害와 韓非子)의 논술 같은 것도 비록 성인聖人의 그것과 한가지로 비교할 수는 없지만 모두 실제 내용이 있는 글이라고 해야 할 것이다. 그런데 더구나 청허자淸虛子로 말하면 한 시대 선문禪門의 종장宗匠으로서 자성自性을 보고 마음을 밝혀 오해悟解한 점이 있으니, 그 정영精英의 발로가 이와 같은 것도 당연하다고 하겠다.

옛날 우리 주 부자朱夫子(朱熹)가 일찍이 고사古寺에서 노닐다가 여러 조사祖師들의 전기傳記를 보고는 그 괴위魁偉하고 웅걸雄傑한 것을 찬미하는 한편, 당시에 도학道學이 없는 관계로 불씨佛氏에게 끌려 다닌다고 애석하게 여겼으니, 이는 쇠세衰世를 탄식한 것이다. 그러고 보면 선묘宣廟께서 청허자에게 각별히 관심을 기울인 것도 그 은미隱微한 뜻이 바로 여기에서 나온 것이 아닌 줄 어떻게 알겠는가. 그래서 우선 이렇게 써서 서론에 갈음하는 바이다.

숭정崇禎 경오년(1630) 7월 15일에 덕수德水 이식李植 여고보汝固父는 쓰다.

淸虛堂集序[1),2)]

淸虛堂示寂之二十餘年。其徒葆眞彥機霅[3)]仡等。諸沙門。刻其詩文若干帙。將印布而徵其序。引於植。植漫應之曰。淸虛子釋迦徒也。余方汨沒村學。言語文字不類。若何而序其集。設若淸虛一靈昭昭。必喝爾等。曰弟子不印吾心而印吾言。且是涕沫之餘也。奚其印。又奚取溲勃而汚吾金粟頂。云爾則何以哉。眞等曰。吾師臨濟之嫡宗也。元季有石屋和尙。傳之高麗太古禪師。太古傳之幻庵。幻庵傳之龜谷。龜谷傳之正心。正心傳之智嚴。智嚴傳之靈觀。靈觀傳之吾師。今其叅話禪頌具在。以是而序其集可乎。曰余不叅其學。焉知其傳。是不敢以序矣。眞等曰。吾師嘗兼兩宗判事。捴領八方叢林。大開道場。旣而提一瓶錫。南入頭流不返。由是一國賢卿碩儒。皆高其志。及壬辰之難。吾師始出西山。詣軍門召集緇流。以付高弟惟政等。助捍大冠。由是一國將相兵民。咸推其功。以是而序其集可乎。曰此其粗迹。焉能盡其精。不足以序矣。眞等曰。昔我宣祖崇儒。統抑內敎。吾徒厪厪。從靑衿之隷役。然宣廟獨眷顧吾師。蓋嘗覽其著述。而嘉其誠。旣湔祓寃累。而厚賚之矣。又親灑翰墨。而加賁飾。仍命賦詩而進之矣。又特賜禪號。兼用紅紫袈裟具副焉。此曠世異數。卽我聖人奚取焉。以是而序其集可乎。植起而曰。噫。宣廟豈無所取而然也。吾嘗一閱是集。而有所感矣。是其言也。冥着玄契。不拘聲律。不裸排比。而意趣超邁。機鋒迅利。要於竪拂拈搥上得之。非若貫休廣宣輩。朝吟暮唶。以與騷人墨客較敲推而已也。古之人。必先有實而後。發之爲文。卽如風雅典謨孔孟訓戒無論已。下至九流諸方蘇張之辯申韓之術。雖不足以一槩諸聖。然皆所謂有實之文也。矧惟淸虛子。旣爲一代禪宗。見性明心。有所悟解。卽其精英之發。固如是矣。昔吾朱夫子嘗遊古寺。見諸祖師傳。神羨其魁偉雄傑。而惜其時無道學。便被佛氏收拾去。此衰世之歎也。然則宣廟之眷眷於淸虛子。安知其微旨不出於此歟。姑書此弁其首。

崇禎庚午中元。德水李植汝固父書。

1) ㉘ 『한국불교전서』 제7책에 수록된 『청허집』의 저본은 숭정崇禎 3년(1630) 경기도 삭녕朔寧 용복사龍腹寺에서 간행한 7권본이다. 7권본 가운데 1권~3권은 서울대학교 소장, 4권~7권은 동국대학교 소장, 5권~7권은 이병주李丙疇 소장이다.
    갑본甲本 : 간행 연도 미상, 2권본(이병주 소장).
    을본乙本 : 간행 연도 미상, 2권본(고려대학교 소장).
    병본丙本 : 간행 연도 미상, 2권본(동국대학교 소장).
    정본丁本 : 강희康熙 5년(1666) 동리산桐裡山 태안사泰安寺 개판開板, 2권본(동국대학교 소장).
    무본戊本 : 간행 연도 미상, 묘향장판妙香藏板, 4권본(국립도서관 소장).
    기본己本 : 간행 연도 미상, 묘향장판, 4권본(정신문화연구원도서관 소장).
    경본庚本 : 간행 연도 미상, 묘향장판, 4권본(동국대학교 소장).
    신본辛本 : 간행 연도 미상, 묘향장판, 4권본(국립도서관 소장).
2) ㉘ 이식李植의 서문은 갑본·을본·병본·정본·무본·기본·경본·신본에는 없다.
3) ㉠ '䨇'은 '雙'과 동일하다.

내가 일찍부터 외람되나마 족적足跡을 남기는 것을 어렵게 여겨 시가지市街地에 출입하지 않았는데, 산인山人 납자衲子들이 그런 괴벽스러운 소문을 듣고서 왕왕 나를 찾아오곤 하였다. 내가 미상불 그들을 맞아 함께 이야기하면서 그들이 스승으로 모시는 사람을 물어보면, 그들은 문득 서산西山이라고 대답하곤 하였다. 그들은 서산이 죽은 지 수십 년이 지나서 얼굴도 접하지 못했을 텐데 그렇게 말하는 것이었다. 그리고 도道를 입으로만 읊조릴 뿐 제대로 논하지 못하면서도 그 도를 일컬을 때에는 또한 서산이야말로 우리 동방의 대종사라고 말하곤 하였다. 그래서 내가 마음속으로 기망冀望하고 있던 차에, 하루는 그의 문도門徒인 보진葆眞과 언기彦機가 나를 찾아와서 서산의 유고遺稿라고 하며 간단히 서론 한마디를 써 달라고 청하였다.

대저 석씨釋氏의 도는 적멸寂滅을 종지로 삼고 간이簡易함을 법도로 삼는다. 그런데 그의 유문遺文을 모아서 서문을 쓰고 후세에 전한다면, 그 자취를 너무 드러내는 것이니, 서산에게 누를 끼치는 일이 되지 않겠는가. 하지만 질質이 있으면 문文이 있는 것이고, 실實이 있으면 명名이 있는 법이다. 질과 문, 명과 실이 있으면 자취가 드러나지 않을 수 없으니, 이것이 이른바 '속에 차 있으면 밖으로 드러나게 되는 것(積於中。發於外。)'[6]이라고 하겠다. 그렇다면 유문을 모아 서문을 써서 후세에 전하는 것이 어찌 서산에게 누를 끼치는 일이 되겠는가.

유고遺稿 중에 삼몽록三夢錄이 있는데, 이는 대개 생멸生滅을 꿈으로 여긴 것이다. 서산이 저술한 것은 바로 꿈속의 말이요, 이것을 모아 서론을 써서 전하는 것도 결국에는 꿈과 허깨비로 돌아가는 것이다. 그리고 보면 내가 꿈속에서 또 그 자취를 논하는 것이니, 이것이 어찌 꿈속의 꿈이 아니겠는가. 서산 같은 이는 태어나기를 기다려서 있게 되는 것도 아니요,

죽었다고 해서 없어지는 것도 아니다. 서산의 혼령이 있다면 나의 이 말에 대해서 어떻게 생각할지 모르겠다. 이로써 서문에 갈음한다.

숭정崇禎 경오년(1630) 9월에 낙옹樂翁은 쓰다.

余早叩貴足跡。不出闡闠。而山人衲子。徃徃逐臭而至。未甞不引與之談。問其所宗師。輒曰西山。西山亡數十載。不接其顔以命者哉。誦其有道。難之不能。名其道而亦輒曰西山。吾東方之大宗師也。余心冀之。一日其徒葆眞彥機。謂余以西山遺稿。乞一言弁其簡淨。夫釋氏之道。以寂滅爲宗。簡易爲律。集其遺文。序而傳之。其迹太著。無乃爲西山之累乎。有其質。斯有其文。有其實。斯有其名。質文名實存。而跡不得不著。所謂積於中發於外也。集而序而傳之者。何累於西山也。稿中有三夢錄。蓋以生滅爲夢也。其所著。即夢中語。集而序而傳之者。亦終歸於夢幻爾。余從夢中。論其迹者。庸非夢中夢耶。若西山者。不待生而存。不隨死而亡。西山有知。余之斯言。無亦當其意否。是爲序。

崇禎庚午抄[1]秋。樂翁書。[2]

---

1) ㉠ '抄'는 '秒'의 오자인 듯하다. 2) ㉫ 낙옹樂翁의 서문은 갑본·을본·병본·정본·무본·기본·경본·신본에는 없다.

청허당집 서문

불법佛法이 동쪽으로 삼한三韓에 전래된 것은 대개 신라 시대 중엽부터라고 칭해진다. 그 사이에 치문緇門에 저명하게 일컬어진 자가 어찌 한限이 있겠는가마는, 대부분 교敎와 율律 두 부문을 벗어나지 못한 채 탑묘塔廟를 높이고 과보果報를 내세우며 한 세상의 이목을 끄는 데에 그쳤을 뿐이었다. 그리고 염화拈花의 은밀한 소식과 면벽面壁의 미묘한 뜻에 대해서는 하나의 도리도 깨닫지 못했으면서 그저 모사某師가 모전某傳을 얻고, 모조某祖가 모법某法을 전했다고 말을 하면, 그 문도가 또 따라서 끝없이 찬송하며 비석을 높이 세우고 종을 크게 만들어 공덕을 자랑하곤 하였다. 이처럼 연궁蓮宮을 화려하게 꾸미고 총림叢林을 눈부시게 장식하면서 수천 년을 하루같이 행해 왔으니, 이 어찌 너무도 참람된 일이 아니겠는가.

그런 와중에 도봉 영소道峰靈炤 국사國師가 중원中原에 들어가서 법안法眼과 영명永明의 법을 전수하고, 송宋나라 건륭建隆 연간에 본국에 돌아와 현풍玄風을 크게 떨치며 말법을 구제하였다. 그리하여 조사서래祖師西來의 뜻이 비로소 선양되는 가운데 동토東土에서 가리伽黎(袈裟)를 걸친 자들이 임제臨濟와 조동曹洞의 가풍을 이을 수 있게 되었으니, 선종禪宗에 공을 끼친 것이 어찌 적다고 하겠는가.

국사의 정법안장正法眼藏은 도장 신범道藏神範에게 전해졌고, 그 뒤에 청량 도국清凉道國·용문 천은龍門天隱·평산 숭신平山崇信·묘향 회해妙香懷澄·현감 각조玄鑑覺照·두류 신수頭流信修의 6세를 거쳐 보제 나옹普濟懶翁에게 전해졌다. 나옹은 오랫동안 상국上國에 있으면서 여러 선지식善知識들을 널리 참알參謁하고 선지禪旨를 두루 통하여 우뚝 선림禪林의 사표師表가 되었다. 그의 법을 전수한 자 중에 남봉 수능南峰修能이 적사嫡嗣가 되는데, 정심 등계正心登階가 실로 그 법을 이었으니, 그가 바로 벽송 지엄碧松智嚴의 스승이다. 벽송은 부용 영관芙蓉靈觀에게 전하였는데, 부용의 도를 얻은 자 중에는 오직 청허 노사淸虛老師가 가장 걸출했다고 칭해진다.

노사의 휘諱는 휴정休靜이다. 집은 본디 평안도 안주로, 어려서부터 유가儒家의 말을 익혀서 대의大義를 이미 통했고, 사장辭章 실력이 뛰어났으므로 과거에 급제하는 것은 마치 매미를 잡는 것[7]처럼 여겼다. 그런데 두류산頭流山을 유람하다가 홀연히 대원大願을 발하여 부용芙蓉의 문하에 들어가서 삭발하고 수계受戒하였다. 팔교八敎를 두루 통하고 삼관三觀을 철저히 밝혀 도道는 기미機微를 미리 알고 생각은 언사言辭의 밖에 뛰어났다. 노사의 융명融明하고 간조簡造함은 곧바로 달마達磨와 노능盧能(慧能)의 맥을 이었고, 심心을 설하고 성性을 설하는 묘함은 남양南陽과 영가永嘉와 백장百丈과 남전南泉의 어깨를 두드리며 함께 노닐었다. 이처럼 혜일慧日이 거듭 빛나고 지등智燈이 더욱 밝아졌는데도, 세상에서 그림자만을 보고 귀로만 먹는 자[8]들은 눈을 휘둥그렇게 뜨고 멀찍이 뒤로 물러났으며, 참되고 바른 법을 헐뜯고 비방하는 자들은 왕개미가 큰 나무를 흔들어대듯 하면서[9] 아비지옥阿鼻地獄의 죄업을 스스로 지었으니, 이른바 하등의 인물이 도를 들으면 크게 비웃는다[10]는 말이 어찌 거짓말이겠는가.

노사가 대법大法을 견지하며 명산名山을 편력한 지 어느덧 70년의 세월이 흘렀다. 그동안 보방寶坊에 은고銀鼓를 울리고, 향지香地에 금륜金輪을 굴려 모든 미혹을 모조리 깨뜨리고 현묘한 도리를 홀로 세웠으므로 도봉道峯과 보제普濟의 가르침이 이에 이르러 더욱 밝아졌다. 그러니 교敎와

율律에 얽매이고 과보果報만을 맹신하는 자들과 비교해 볼 때, 그 차이가 어찌 백만 유순由旬 정도일 뿐이겠는가. 아, 그런데 금언金言이 부서지고, 옥첩玉牒이 재로 변하면서 기수祇樹의 그늘이 사라지고 자항慈航의 노를 잃었으니, 인천人天의 비통함이 어찌 한이 있겠는가.

종봉鍾峰[11] 정 공政公은 노사의 가르침을 듣고 흥기한 자이다. 지혜의 당간幢竿이 이미 꺾인 것을 슬퍼하고, 계법戒法의 보전寶殿이 오래도록 침몰한 것을 애도하면서 유문遺文을 수집하여 영모永慕하는 마음을 부쳤다. 그런데 판각하기도 전에 공이 그만 세상을 떠나게 되었는데, 열반하던 저녁에 문인을 불러 당부하였다.

"우리 스님의 유초遺草를 내가 간행하지 못하고 갑자기 세상을 떠나게 되어 초심初心을 저버리게 되었다. 그대들이 나의 정성을 잊지 않고 이 일을 끝내게 해준다면, 내가 구원九原에서 편히 눈을 감을 것이다."

또 말하였다.

"거사가 우리 불교와 수승殊勝한 인연을 조금 지니고 있으니, 그에게 서문을 부탁하라."

그래서 그의 문인인 혜구惠球가 거사의 집을 찾아와서 망사亡師의 말을 전하며 서문을 청하였는데, 이 말을 듣고는 거사가 말하였다.

"그렇다. 거기에는 실로 그럴 만한 이유가 있다. 나의 선친은 청허淸虛를 뜻이 맞는 친구처럼 대하였는데, 불초不肖가 어렸을 때 간찰을 통해서 이 사실을 확인한 적이 있다. 그리고 왕년에 관서關西를 유람할 적에 역려逆旅에서 노사를 뵙고는 직접 가르침을 듣고서 꽉 막힌 마음이 뚫리기도 하였는데, 그 노사가 사후死後의 비문碑文을 나에게 부탁했었다. 나는 도포를 입은 선비라서 불교와는 서로 어긋나는 사이이니, 어떻게 그 행적을 본뜰 수야 있겠는가. 그대의 스승이 부탁한 것은 아마도 이런 사연을 들었기 때문일 것인데, 선친과의 인연을 생각하면 감히 사양만 할 수가 없다."

그리고는 그 사법師法이 전해진 내력을 서술하고 노사의 행적을 대략 적어서 돌려주면서 석가釋迦가 머리 위에 오물汚物을 뒤집어쓰지 못하게 하였으니, 이는 발설지옥拔舌地獄에 떨어질까 두려워해서였다. 그 글이 얼마나 진실하고 쇄탈한지는 보는 자들이 스스로 알 것이기에 여기서는 다시 평하지 않는다.

황명皇明 만력萬曆 40년【임자년】(1612, 광해군 4) 7일에 맹양천孟陽川 비야거사毗耶居士 허단보 씨許端甫氏는 쓰다.

淸虛堂集序[1)]

佛法之東被三韓也。蓋自羅代之中葉云。其間著稱於緇門者何限。率不出敎律二儀。而崇塔廟炫果報。以聳動一世耳目而止。其於拈花密傳。面壁微意。卽不能覷得一竅。乃曰某師得某傳。某祖傳某法。其徒又從而頌義無窮。豊碑洪鍾。矜侈功烈。寶構蓮宮。煥飾叢林。數千季猶一日焉。豈非[2)]僣踰之甚歟。唯道峰靈炤[3)]國師。入中原。得法眼永明之傳。宋建隆[4)]間。返本國。大闡玄風。以救末法。祖師西[5)]來之旨。始有所宣揚。而東土蒙伽黎者。乃獲襲臨濟曹洞之風。其有功於禪宗也。詎淺尠哉。師之正法眼藏。傳于道藏神範。歷淸凉道國。龍門天隱。平山崇信。妙香懷瀅。玄鑑覺照。頭流信修。凡六世而得普濟懶翁。翁久在上國。博參諸善知識。圓通卽詣。蔚爲禪林之師表。傳其法者。南峰修能爲嫡嗣。而正心登階寔繼之。卽碧松智嚴之師也。碧松傳于芙蓉靈觀。得其道者。唯稱淸虛老師爲最杰云。師諱休靜。家本安西。少習儒家言。已通大義。辭章彬彬然。視決科若承蜩者。逮遊頭流。忽發大願。投芙蓉門下。披剃受法。流通八敎。透徹三觀。道照機前。思超繫表。其融明簡造。直接達磨盧能之脉。而說心說性之妙。拍南陽永嘉百丈南泉之肩。而等夷之。慧日重輝。智燈增耀。世之影觀耳食者。瞠乎退三舍矣。而謗眞毀正。蚍蜉撼樹。自造阿鼻之業。所謂下士聞道大笑之者。豈虛語哉。師莊持大法。遍栖名山。臘已屆七十矣。宣銀皷於寶坊。轉金輪於

香地。盡破羣迷。獨竪玄拂。道峰普濟之敎。至此而益弘明矣。其較諸區區
於敎律。而唯果報是信者。相去奚啻百萬由旬哉。噫。金言將剖。玉氎俄灰。
秖樹息隂。慈航尖欋。人天之慟。曷有極耶。鍾峰政公。聞師之訓而興起者。
傷智幢之已折。悼戒寶之久沉。哀集遺文。以寓永慕。未灾木。而公大恒化
人。涅槃之夕。招囑門人曰。吾師之遺艸。吾不獲綉梓。而遽爾淪逝。將負
初心。爾等母忘我誡。俾卒其事。則吾大瞑目於九原矣。且謂居士於此敎。
有微勝因。以弁文爲托。其門人惠球。來踵居士之門。道亡師言爲請。居士
曰。果哉。良有由焉。吾先子視淸虛猶執友。不肯在少日。蓋甞於簡札覩之
矣。頃歲西遊。獲見老師於逆旅。親聆妙諦。頓割蓬心。師以身後碑文屬於
僕。僕袎裾士也。於竺敎衲[6]鑿焉。何足模其行乎。你師之托。其聞乎是歟。
感念先故。不敢固辭。因叙其師法相傳之迹。而略述師之梗槩。以逯[7]之。
釋迦頭上。不堪著糞。恐犂吾舌也。其文之玄著脫洒。覽者當自得之。故不
復評焉。
峕皇明萬曆紀元之四十載【壬子】七日。孟陽川毗耶居士許端甫氏書。[8]

---
1) ㉤ 허단보許端甫(허균)의 서문은 갑본·을본·병본·정본에만 있다. 편자가 병
본에 의거하여 보입하였다. 2) ㉤ '千季猶一日焉豈非' 8자가 결락되어 있다.(을본)
3) ㉤ '唯道峰靈炤' 5자가 결락되어 있다.(을본) 4) ㉤ '之傳宋建隆'이 결락되어 있
다.(을본) 5) ㉤ '法祖師西' 4자가 결락되어 있다.(을본) 6) ㉤ '衲'은 '枘'의 오자인
듯하다. 7) ㉤ '逯'는 '歸'와 같다. 8) ㉤ '孟陽川毗耶居士許端甫氏書' 12자가 마멸되
어 있다.(갑본)

주

1 금속정金粟頂 : 불정佛頂, 즉 불정대佛頂臺를 가리킨다. 금속은 유마 거사維摩居士의 전신前身이었다는 금속여래金粟如來의 준말로, 불佛을 뜻한다.
2 병석瓶錫 : 승려의 필수품인 병발瓶鉢과 석장錫杖을 가리킨다.
3 수불염퇴竪拂拈搥 : 불자拂子, 즉 총채를 곧추세우고 몽둥이질을 한다는 말로, 선문禪門에서 학인學人을 제접提接할 때 방편으로 쓰는 일종의 선기禪機이다.
4 관휴貫休 : 오대五代 전촉前蜀의 승려로, 시詩·서書·화畵에 능했다. 그의 필체를 세상에서 강체姜體라고 불렀다. 그는 속성이 강씨姜氏이다. 선월 대사禪月大師와 득득 화상得得和尙이라는 별호別號가 있으며, 『서옥집西嶽集』과 『선월집禪月集』이 전한다. 『고문진보古文眞寶』 전집前集 7권에 〈고의古意〉라는 제목의 시가 수록되어 있다.
5 광선廣宣 : 당唐 헌종憲宗 원화元和 연간(806~820)에 장안長安의 안국사安國寺 홍루원紅樓院에 거하면서 활약한 시승詩僧이다. 문집에 『홍루집紅樓集』이 있다. 참고로 백거이白居易의 『백낙천시집白樂天詩集』 권15에 〈광선 스님이 나에게 응제시를 보여주기에(廣宣上人以應制詩見示)〉가 있고, 한유韓愈의 『한창려집韓昌黎集』 권10에 〈광선 스님이 자주 찾아오기에(廣宣上人頻見過)〉가 있다.
6 속에 차~되는 것 : 참고로 『대학장구大學章句』 6장에 같은 뜻의 "誠於中。形於外。"라는 말이 나온다.
7 매미를 잡는 것 : 손쉽게 뜻을 이루는 것을 말한다. 『장자莊子』 「달생達生」의 "꼽추가 매미를 잡는데 마치 주워 담듯 하였다.(痀僂者承蜩。猶掇之也。)"라는 말에서 연유한 것이다.
8 귀로만 먹는 자 : 눈으로 자세히 살피지 않고 귀로 전해 들은 것만 맹신하는 자라는 뜻으로, 견식이 천박한 자를 말한다. 『사기史記』 「육국연표서六國年表序」에 "이것은 귀로 먹는 것과 다를 것이 없다.(此與以耳食無異)"라는 말이 나오는데, 사마정司馬貞의 〈색은索隱〉에서 "이것은 귀로 먹어서 맛을 알지 못하는 것과 같다는 말이다.(此猶耳食不能知味也)"라고 해설하였다.
9 왕개미가 큰 나무를 흔들어대듯 하면서 : 분수를 모르고 덤벼드는 것을 비유한 말이다. 한유韓愈의 시에 "왕개미가 큰 나무를 흔들어대다니, 자기 분수를 모르는 것이 가소롭도다.(蚍蜉撼大樹。可笑不自量。)"라는 구절이 나온다.(『韓昌黎集』 권5 「調張籍」 참조)
10 하등의 인물이~크게 비웃는다 : 『노자老子』 42장에 "상등의 인물은 도를 들으면 부지런히 실천한다. 중등의 인물은 도를 들으면 긴가민가하게 반응한다. 하등의 인물은 도를 들으면 크게 비웃는다.(上士聞道。勤而行之。中士聞道。若存若亡。下士聞道。大笑之。)"라는 말이 나온다.

11 종봉鍾峰 : 사명당四溟堂 유정惟政의 별호이다.

청허집 제1권
清虛集 卷之一

사
辭

청야사
淸夜辭

10주[1]에서 신선을 찾음이여	尋仙兮十洲
푸른 바다가 아득하도다	靑海兮茫茫
산천을 달이고 세계를 간직하며[2]	煮山川兮藏世界
육기를 먹고 삼광을 능가하도다[3]	食六氣兮凌三光
단대와 벽동[4]이여	丹臺兮碧洞
흰 국화가 향기를 내뿜는도다	白菊動兮生香
바람과 서리 맑고 이슬은 찬데	風霜淸兮露冷
옥 비파 소리가 하늘에서 울리도다	玉瑟鳴兮天之中
아 창진[5]이 고요하니 한 자리가 천년	噫窓塵至寂兮一坐千秋
구름 옷 학의 뼈에 달그림자 솔바람 소리	雲衣鶴骨兮月影松聲

임하사
林下辭

청빈을 즐기는 도인의 생활이여	淸貧兮道人
안개와 노을 속에 나래를 친다	皷翼兮烟霞
칡 베옷으로 추위와 더위 견디고	葛衲兮度寒暑
송화주松花酒로 한 생애를 보낸다	松花兮送生涯
하늘이 높아서 머리를 곧추세우고	天高兮直頭
대지가 넓어서 다리를 쭉 뻗는다	地廣兮伸膝
푸른 이끼로 담요를 삼고	氈兮綠苔
돌덩어리를 베고 눕는다	枕兮塊石
등덩굴이 해를 가리고 시내가 길게 흐르는 곳	藤蘿蔽日兮碧澗長流
생이 이와 같거늘 죽음이 또 무슨 걱정이랴	生旣如是兮死亦何憂
푸른 바다 삼신산 흰 구름 속의 황학[6]	靑海三峯兮白雲黃鶴
달 밝은 텅 빈 산에 두견이 울음소리	子規一聲兮明月空山
아 줄 없는 거문고와 구멍 없는 피리가 아니면	吁若非無絃琴無孔笛兮
내가 누구와 더불어 태평가를 부르리오	吾誰與唱大[1]平之曲也哉

---

1) ㉘ '大'는 '太'로 되어 있다.(무본·기본·경본·신본)

산중사
山中辭

산인의 남쪽은 백운산과 두류산	山人之南兮白雲頭流
산인의 북쪽은 묘향산과 풍악산	山人之北兮妙香楓嶽
한 사미는 차를 달여 오고	一沙彌進茶
한 사미는 누더기를 빨아 주네	一沙彌洗衲
신선의 호리병 속의 천지도 아니요	不是神仙之壺裏乾坤
신승의 손바닥 위의 인물도 아니라오	亦不是神僧之掌上人物
옛날 소 학사는 동림으로 나를 찾아왔고[7]	昔者蘇學士訪余於東林
이 처사는 죽원에서 나와 이야기했지[8]	李處士話余於竹院
그들 이전 천백 세는 이미 지났고	前乎蘇李千百世之已往
그들 이후 천백 세는 아직 안 왔네	後乎蘇李千百世之未來
아 청산수와 백운자가 만약 없다면	吁若非靑山叟白雲子兮
내가 누구와 세상 밖 우정을 나눌까	吾誰與爲出世之交也哉

송죽헌 주인에게 기증하다
寄松竹軒主人

처음에는 과객을 통해서 주인의 명성을 들었고, 다음에는 사미를 통해서 주인의 행실을 알았다. 아, 주인이 누대를 세우고 송죽을 심은 것은 세상을 피해 절의를 지키는 사람과 비슷하고, 강산에 누워 풍월을 읊는 것은 진대晉代 당대唐代의 고사高士와 흡사하며, 위로 솔개가 날고 아래로 물고기가 뛰는 것[9]을 관찰하는 것은 격물格物하는 군자君子와 방불하고, 거문고를 타고 피리를 불며 생을 잊고서 즐기는 것은 엄연히 하나의 태고시대太古時代의 사람이다. 주인이 많은 덕을 갖추었음을 내가 알고는 감흥이 일어나기에 다음과 같이 노래하였다.

初因過客。聞主人之名。再因沙彌。知主人之行也。吁。主人營臺樹植松竹。如遺世節義人也。臥江山咏[1]風月。依俙晉唐高士也。上察鳶飛。俯觀魚躍。髣髴格物君子也。鳴琴橫笛。樂而忘生。儼然一太古人也。吾知主人之備衆德。感興而爲之歌曰。

하늘과 땅을 옮겨 가슴속에 집어넣고	移天地兮納胸中
【다른 판본에는 "천지에 통하여 흉중이 트인다."로 되어 있다. 一云。通天地兮豁胷中。】	
해와 달은 동쪽 서쪽 오가도록 놔둔다네	任日月兮西復東
한잔 들고 유유히 태고 시대로	一杯悠悠萬萬古
영웅들이 끝없이 바람 지나듯	無盡英雄如過風
고요히 홀로 서서 누구와 벗하는가	寥寥獨立誰與伴
고금을 관통하여 무극옹[10]과 함께	貫古今兮無極翁

---

1) ㉮ '咏'은 '詠'으로 되어 있다.(갑본·을본·병본·정본·무본·기본·경본·신본)

청허가
淸虛歌

그대는 거문고 안고 장송에 기댔나니	君抱琴兮倚長松
장송의 마음 변함없어라	長松兮不改心
나는 노래하며 녹수에 앉았나니	我長歌兮坐綠水
녹수의 마음 청허하여라	綠水兮淸虛心
마음과 마음이 맞는 것은	心兮心兮
오직 그대와 나뿐이로다	我與君兮

백운자의 내방을 사례하며 작별시 세 수를 우스개로 짓다
謝白雲子來訪戲別【三章】[1)]

[1]
산중의 사람 밤중에 앉았나니	山中人兮夜坐
희부연 달 떠오르며 원숭이 슬퍼하네	淡月出兮猿哀
텅 빈 섬돌의 대나무 그림자도	空階兮竹影
서글퍼서 말없이 먼지를 쓰는구나	悄無言兮掃塵埃
덧없는 인간 세상 물거품 같다마는	悵人世兮浮漚
무생의 도리 깨달아서 얼마나 통쾌한지	悟無生兮快哉

[2]
겹겹이 둘러싸인 산속의 저녁	萬疊兮群山暮
누가 혼자 외롭게 찾아오셨나	隻影兮爲誰來
대숲 창가에서 서로 마주하고	相對兮竹窓
달그림자 속에서 배회하였네	月影兮徘徊
눈빛 마주치며 아무 말 없는 속에[11]	目擊兮無言
냇물이 비파 타며 풍뢰를 일으키네	澗琴兮生風雷[2)]

[3]
푸른 솔 아래 하얀 돌 위에서	靑松兮[3)]白石

---

1) 劉 '三章'은 갑본·을본·병본·정본·무본·기본·경본·신본에는 없다.
2) 劉 '山中人兮……生風雷' 69자는 갑본·을본·병본·정본·무본·기본·경본·신본에는 없다.
3) 劉 '兮'는 '子'로 되어 있다.(갑본·을본·병본·정본·무본·기본·경본·신본)

눈썹이 하얀 중이 차를 달이네	煮茶兮厖眉僧
하룻밤 묵고 헤어지다니	一宿兮告別
맨발이 차갑기가 얼음 같아라	赤脚兮如氷
툭 터진 하늘에 구름 홀로 유유하고	長天寥[1]廓兮雲悠悠
먼 산은 끝없이 겹겹이 푸르구나	遠山無限兮碧層層

---

1) 원 '寥'는 '寥'으로 되어 있다.(갑본·을본·병본·정본)

창해[12]에게 올리다
上滄海

봉래의 오래된 절간	蓬萊兮古寺
빈 벽을 비춘 10년의 등불	照空壁兮十年燈
높이 올라 멀리 바라보면	登高兮望遠
산은 첩첩 구름은 층층	山疊疊兮雲層層
아 종소리 홀로 듣는 가을의 산속	噫秋山獨聽鍾
비 색깔이 푸른 바다에 이어지네	雨色連滄海
견성을 바라보는 해 지는 저녁	落日望堅城
고인은 지금 어디에 계시는지	故人何處在

백운자에게 답하다
答白雲子

그리워라 그리워라	我思我思
저 하늘 남쪽이여	天之南兮
마음으로 기약할 뿐	心之所期
함께하기 어렵고녀	難與人兮
흰 구름 마냥 바라보며	白雲白雲
나의 마음 쏟노매라	寫我心兮

남산에 올라 도성을 바라보며 노래하다
登南山望都歌

하늘은 검푸르고 땅은 누렇거니	天其玄兮地其黃兮
이 큰 도성이 천 읍을 거느렸네	維此大都統千邑兮
하늘은 낳아 주고 땅은 길러 주니	天其生兮地其邃兮
이 큰 성인이 만류를 보살피네	維此大聖囿萬類兮
하늘은 드높고 땅은 두텁거니	天其高兮地其厚兮
이 조선이 만년토록 이어지리	維此朝鮮齊萬壽兮
궐문 향해 예배하고 춤추며 돌아가네	望拜闕門舞蹈而還

망향
望鄉[1)]

[1]
천 리를 가는 흰 구름	白雲千里
만 리를 비추는 밝은 달	萬里明月
앞뜰이나 뒤뜰이나	前庭後庭
그리워라 고향 생각	惆悵鄉關
낙양을 가지 않아도	不去洛陽
버들잎은 푸르고 푸른데[13]	柳色青青

[2]
저 흰 구름 바라보니	瞻彼白雲
하늘 끝에 멀리 있네[14]	在天之涯
집 떠난 타향의 아들이	離家遊子
속절없이 바라보며 탄식하네	空望咨嗟

---

1) 劒 갑본·을본·병본·정본에는 2수 중 1수가 없으며, 무본·기본·경본·신본에는 이 시 전체가 없다.

관동행
關東行

가을도 깊은 벽해의 저녁	秋深碧海夕
세 명의 중이 함께 배를 탔네	三僧共一舡
남방의 구름 눈으로 보내고 나니	目送楚雲盡
한쪽만 오는 빗줄기가 강 머리에 걸렸네	片雨江頭懸
외로운 달은 바다 복판에 지고	孤月落海心
별들은 푸른 하늘에 펼쳐졌네	衆星羅靑天
맑은 새벽에 봉래로 들어가며	淸晨入蓬萊
만 리 장풍을 채찍질하네	萬里長風鞭
흰 구름 속에 앉아 있으니	共坐白雲裏
마음도 구름 따라 둥실 떠가네	心中與之然

향로봉에서 노닐며
遊香峯

걷고 걷고 또 계속 걸었나니	步步又步步
겹겹으로 쌓인 험준한 낭떠러지	層崖幾重重
흰 구름이 골짜기에서 일어나	白雲生洞壑
홀연히 향로봉을 잃어버렸네	忽失香爐峰
시냇물 길어오고 낙엽을 태워	汲澗燃秋葉
차 달여서 한 모금 목을 적셨네	烹茶一納胷
밤 되어 바위 아래 잠을 청하니	夜來嵒[1]下睡
영혼이 용을 몰고 날아다니네	魂也御飛龍
내일 아침 천하를 내려다보면	明朝俯天下
만국이 산처럼 줄지어 있으리라	萬國列如峯[2]

---

1) ㉜ '嵒'은 '巖'으로 되어 있다.(무본·기본·경본·신본)
2) ㉜ '峯'은 '蜂'으로 되어 있다.(갑본·을본·병본·정본·무본·기본·경본·신본)

천왕봉에 올라
登天王峯

중추에 한바탕 몰아친 바람	仲秋一陣風
구름 흩어지고 보름달 홀로 두둥실	雲散月輪孤
높이 올라가서 보고 또 보고	登高望復望
사방팔방 어디에도 짝이 없어라	八表元無隅
만국은 바글바글 마치 개미집	萬國如蟻垤
마구 뒤섞여 완전한 것이 없도다	混沌無完膚
남가의 커다란 꿈속[15]에서	南柯大夢裏
누가 꿈을 깬 대장부일까	誰是大丈夫

응 선자에게 부치면서 겸하여 신수 사미에게도 보이다
寄應禪子兼示神秀沙彌

요즘 건강은 어떠하냐	近日氣如何
보고 싶은 생각이 한이 없도다	懷想不可極
내가 저번에 여행하면서	我昔在途中
걸음마다 작액斫額을 많이 하였느니라[16]	步步多斫額
나를 마중하러 산문을 나오다니	邀我出山門
너의 정이 막역함을 느끼겠도다	感汝情莫逆
그런데 너의 운수가 좋지 않아서	然汝運不通
성촌 마을에 병들어 눕게 되었는데	病臥星村落
아픔을 호소한 육칠일 동안	呼痛六七日
음식을 권하는 이 아무도 없이	無人進飮食
쓸쓸히 길기만 한 가을밤에	寥寥秋夜長
하나의 등불만 먼지 낀 벽에 걸렸도다	一燈挂塵壁
어느 날 저녁 홀연히 나를 만나자	一夕忽見我
구슬픈 눈물이 방울져 흘렀는데	哀淚凝而滴
나도 애달픈 너의 모습 대하고서	我亦見汝哀
더더욱 가슴이 미어지는 듯하였도다	益增[1]情欝抑
그때 너는 신흥사로 떠나고	汝向神興寺
나는 내은적암으로 들어갔는데	我入內隱寂
그 뒤로 서로 소식이 끊어진 채	自此斷音信
돌길에는 구름만 항상 자욱했도다	石逕雲長碧

---

1) ㉨ '增'은 '曾'으로 되어 있다.(병본)

아 큰 꿈속인 이 세상에서	堪嗟大夢中
선지식은 과연 누구인가	誰是善知識
너와 내가 피대皮袋[17]뿐이라면	汝我在皮袋
일생이 모두 무익할 따름이다	一生俱無益
사대[18]는 참으로 괴로움 덩어리요	四大誠苦聚
삼계는 진실로 불난 집이로다[19]	三界眞火宅
너와 내가 실없이 출몰한다면	汝我俱出沒
겁해의 고난을 헤아릴 수 없으리라	劫海終難測
지금 다행히 사람의 몸을 얻어	今幸得人身
진리의 법석에 참여하게 되었나니	幸叅眞法席
과거의 인연을 돌이켜본다면	絇[1)]惟[2)]過去因
눈먼 거북이 나무를 만난 것이다[20]	盲龜實遇木
어찌 세월을 헛되이 보내면서	豈可虛消日
외물과 다투어 각축해야 되겠는가	與物爭馳逐
참선으로 번뇌를 떨쳐 버리고서	禪觀勤抖擻
무상이 신속함을 항상 생각할 것이요	長念無常速
배가 고프거든 아귀를 떠올리고	腹飢思餓鬼
몸이 편안하면 지옥을 생각할지어다	身安念地獄
신수야 너도 나태하지 말고	秀也亦懶者
염불을 열심히 하기 바란다	念佛宜付囑
항상 멋대로 굴지도 말고	莫使長放緩
정욕에 빠지지도 말 것이며	無慼恣情慾
모쪼록 부끄러워하는 마음을 내어	須生慙愧心

---

1) 㘵 '絇'은 '緬'과 같다.
2) 㘵 '惟'는 '思'로 되어 있다.(정본)

한 생각이 일어날 때 곧바로 깨달을지어다	念起勤卽覺
아침저녁으로 사은²¹을 생각하고	早暮¹⁾念四恩
나라 위해 성실히 복을 빌 것이요	爲國勤資福
상하의 무리와 원만하게 어울리며	和同上下輩
모나지 않게 처신해야 할 것이다	去就勿乖角
너의 스승이 여염에서 구걸하나니	汝師乞閭閻
애달프다 이 노승의 외로움이여	哀此老僧獨
너희가 은혜를 잊을 수 있겠느냐	汝輩豈忘恩
어려서부터 길러 주었느니라	自少曾養育
출가한 마음을 성실히 닦아	勤修出家心
고해에 빠진 구족을 구제할지어다²²	拔濟沉九族
바른 말은 귀에 거슬리고	逆耳在忠言
좋은 약은 입에 쓴 법이다	苦口在良藥
내가 어찌 입으로만 말하겠느냐	吾言豈在口
하나하나 속에서 모두 나왔느니라	一一俱出腹
뒷날 등을 문질러 주기를 바라며²³	揩背望他日
너희들을 위해 간절히 축원하는 바이다	爲汝今懇祝

---

1) ㉔ '暮'는 '春'으로 되어 있다.(무본·기본·경본·신본)

대성 선자에게 주다
贈大成禪子[1)]

다만 이것을 명심할지니	只這一着子
누구나 자기 안에 불성이 있음을	介介皮有血
만약 칠통을 깨뜨린다면	若也打漆桶
백억의 하늘과 땅이 찢어질 것이요	百億乾坤裂
세존이 설한 모든 법문도	世尊一代法
화로에 날리는 눈발이 될 것이다	盡作爐中雪
그대여 내 말을 믿고서	師乎信我言
조사의 관문을 깨뜨릴지니	祖關須透徹
조사의 관문을 깨뜨린다면	祖關如透徹
윤회도 당장에 멈출 것이다	輪回當下絶

---

1) ㉔ 이 시는 갑본·을본·병본·정본·무본·기본·경본·신본에는 없다.

백련 선화자에게 주다
贈白蓮禪和子

서방정토 염불하는 법을 통해서	西方念佛法
틀림없이 생사를 뛰어넘나니	決定超生死
마음과 입이 서로 응하면	心口若相應
왕생은 손가락 튀기는 그 사이에	徃生如彈指
한 생각으로 연화를 밟나니	一念踏蓮花
누가 8천 리라 말을 하는고	誰道八千里
공 이루고 명 다하기 기다리면	功成待命終
대성이 와서 그대를 영접하리라	大聖來迎爾

의천 선자에게 보이다
示義天禪子[1]

우리들이 말법 시대에 태어나서	吾徒生末運
가시덤불 속에 총림을 지었도다	荊棘作叢林
칼을 들고 진주를 찾으려 해도	求釖覓珠處
아득히 바다가 깊음을 알겠도다	茫茫識海深
황당하도다 실없는 행동이여	荒唐無實行
사량[24]은 날뛰는 원숭이 마음이로다	似量騰猿心
스님은 얼른 부끄러운 마음 내어	師可速慚愧
촌음을 아껴 조사의 관문 뚫을지어다	叅關惜寸陰

---

1) ㉪ 이 시는 갑본·을본·병본·정본·무본·기본·경본·신본에는 없다.

영회
咏[1)]懷

하늘과 땅의 여인숙 속에	乾坤逆旅中
이슬과 번개의 몸 잠깐 부쳤네[25]	露電身如寄
밝은 달 비치는 삼산의 대숲에서	明月三山竹
홀로 앉아 듣는 산 비취 소리	獨坐聞翡翠
봄비 내린 연못 속의 개구리가	春雨一池蛙
출입할 때마다 합주곡을 연주하네	出入當鼓吹
순식간에 1천 경문 읽어 주는데	念念轉千經
굳이 문자 읽을 필요 있으리오	何須讀文字
평생 그럴듯한 기량은 없고	平生沒伎倆
일찍 배운 것은 산속의 낮잠이라	早學林下睡
낮잠이 곤해져서 혼끼리 사귀면	睡熟漸交魂
나비 날개 달고 날아다니기도	變作蝴蝶翅
꿈속에선 매우 어수선하다가도	夢裏甚紛紜
깨고 나면 전혀 아무 일 없네	覺來寂無事
입 벌리고 껄껄 크게 웃나니	呵呵開大笑
만법이 실로 어린아이 장난일세	萬法眞兒戲

1) [원] '咏'은 '詠'으로 되어 있다.(갑본 · 을본 · 병본 · 정본 · 무본 · 기본 · 경본 · 신본)

두류산 내은적암에서
頭流內隱寂

승려 대여섯 사람이	有僧五六輩
내 암자 앞에 집을 지었네	築室吾庵前
새벽 쇠종 소리에 함께 일어나고	晨鍾卽同起
저녁 북소리에 함께 잠드네	暮鼓卽同眠
시내의 달빛 함께 길어다	共汲一澗月
차를 달이며 푸른 연기 나눈다네	煮茶分靑烟
날마다 무슨 일 의논하느냐면	日日論何事
염불 그리고 참선이라네	念佛及叅禪

망해정에 올라
登望海亭

길손이 망해정에 오르니	客登望海亭
큰 바람에 큰 물이 격동하네	大風激大水
큰 고래에 뒤집히는 하얀 물결[26]	白浪翻長鯨
무너졌다 솟구치는 은빛 산이로세	銀山摧復起
하늘이 놀라고 땅이 진동하는 소리	驚天動地聲
만고토록 시작도 끝도 없다네	萬古無終始
고개 돌려 남방을 바라다보니	回首望南中
태산이 마치 자그마한 숫돌인 양	泰山如一[1])砥
남쪽 하늘가로 기러기 사라지고	鴈沒楚天邊
거울 속에서 밝은 달이 떠오르네	皓月生鏡裏
대붕의 등을 타고 앉아서	疑坐大鵬背
구만리 창공을 소요하는 기분일세	逍遙九萬里
객에게 묻노니 객은 누구시오	問客客是誰
객은 바로 다름 아닌 청허자라오	客是淸虛子[2])

---

1) ㉮ '人'으로 표기되어 있으나 저본에 의거하여 정정한다.
2) ㉰ '問客……虛子'까지 10자는 갑본·을본·병본·정본·무본·기본·경본·신본에는 없다.

도중에 느껴지는 점이 있어서

途中有感

나그네 발길 장안에 들어서니	客在長安道
장안의 봄빛 이르기도 해라	長安春色早
갑순이는 낙화를 한탄하고	崔娘恨落花
갑돌이는 방초를 원망하누나	李子怨芳草
낙화는 낙화요	落花自落花
방초는 방초인 것을	芳草自芳草
우습고 우습도다	可咲人間苦
괴로워하는 인간이여	可笑人間苦[1]

1) [원] '落花……間苦'까지 20자는 갑본 · 을본 · 병본 · 정본 · 무본 · 기본 · 경본 · 신본에는 없다.

환향곡
還鄉曲[1)]

죽을 적에 누굴 위해 죽고	死也爲誰死
날 적에 누굴 위해 나는가	生也爲誰生
본래 오고 가는 상이 없건마는	本無去來相
오직 중생을 이롭게 함이로다	惟爲利群生
오는 것도 중생을 위해서 오고	來爲衆生來
가는 것도 중생을 위해서 간다 해도	去爲衆生去
오고 가는 하나의 주인공은	去來一主人
필경 어느 곳에 있는고	畢竟在何處

---

1) ㉔ 이 시는 갑본·을본·병본·정본·무본·기본·경본·신본에는 없다.

보 대사에게 보이다
示寶大師

이 마음은 붙잡을 수 없어도	有物沒巴鼻
언제 어디서나 활발발한데	常在動用中
불조도 설명하지 못하는 것을	佛祖說不及
어떻게 적묵寂默[27]으로 통한단 말가	何況寂默通
이 소식을 알고 싶다면	欲識這箇事
조사의 관문을 뚫어야 할 것이니	須參祖師關
바다처럼 신심을 크게 내고	發信大如海
산처럼 뜻을 우뚝 세울지니라	立志卓如山
밤낮으로 무슨 일을 하든지 간에	日夜四威儀
있는 힘껏 의단을 일으킬지니	盡力起疑團
심심하여 맛이 없어질수록	冷淡沒滋味
화두 하나가 더욱 오롯해지리라	話頭獨單單
의식이 가라앉고 마음 길이 끊어져서	識沉心路[1] 絶
장부의 뼛속이 청랭해지고	丈[2]夫骨應寒
화두가 절로 들리며 의심이 될 때	自擧自疑時
깊이 깨달아 힘을 얻으리라	當人得力處
이 경지에 올라서야만	得到這田地
생사의 불길을 끌 수 있거니와	可滅生死炬
만약 이 말을 따르지 않으면	若不從斯語
여년에야 비로소 나갈 수 있으리라[28]	驢年始得去

---

1) ㉭『한국불교전서』에는 '露'로 되어 있으나 저본에 따라 '路'로 정정한다.
2) ㉤ '丈'은 '文'으로 되어 있다.(을본·병본·정본)

풍악산
楓嶽山

장하다 풍악산이여	壯哉楓岳山
깎아지른 듯 높이 솟았네	截然高屹屹
바람과 비 숱하게 겪었으련만	幾經風與雨
지조를 언제나 굽히지 않고	脊梁長不屈
눈과 서리 수없이 맞았으련만	幾經雪與霜
하늘을 부지하며 우뚝 섰도다	落落扶天立
또 많은 늙은 소나무와 잣나무가	亦多老松杉
푸른 바다 구름에 축축이 젖듯	靑海通雲濕
무게 있고 점잖은 옛사람들도	珍重古之人
이 산과 서로 인사를 나누었지	與山猶相揖[1]
하늘이 대장부를 낳았으면	天生大丈夫
절의를 먼저 익혀야 하고말고	節義要先習
내가 올라와서 한번 굽어보니	我來一登臨
하늘가에 어느새 붉은 해 뉘엿뉘엿	天邊紅日入
텅 빈 탑사에 홀로 묵으니	獨宿塔寺空
용상[29]의 울음소리 들리는 듯하누나	如聞龍象泣

---

1) ㉡ '揖'은 '楫'으로 되어 있다.(정본)

내은적암
內隱寂[1)]

두류산에 암자 하나 있으니	頭流有一庵
암자의 이름은 내은적이라	庵名內隱寂
산 깊고 물 또한 깊어서	山深水亦深
노니는 객의 자취 찾기 어려워라	遊客難尋迹
동서에 각각 누대 있으니	東西各有臺
공간은 좁아도 마음은 좁지 않네	物窄心不窄
청허라는 하나의 주인이	淸虛一主人
천지를 장막과 자리로 삼아	天地爲幕席
여름날에 솔바람 소리 즐겨 들으며	夏日愛松風
구름이 푸르고 흰 것을 누워서 본다네[30]	臥看雲靑白

---

1) ㉮ '寂' 아래에 '五七言古風幷律'이 있다.(갑본·을본·병본·정본)

철성의 성루에 올라 느낌이 있기에
登鐵城城樓有感

남방의 구름 속 기러기 소리요	一聲楚雲鴈
먼 객지의 외로운 돛배로세	孤帆遠客舟
바다 빛은 하늘보다 푸르고	海色碧於天
흰 갈매기는 쌍쌍으로 나네	兩兩飛白鷗[1]
아득히 태고 시대부터	悠悠萬萬古
성 아래 속절없이 흐르는 물이여	城下水空流
누가 알까 영지 캐는 사람[31]이	誰知采芝人
오늘 홀로 누대에 오른 줄을	今日獨登樓

---

1) ㉔ '鷗'는 '鴎'로 되어 있다.(무본·기본·경본·신본)

칠언고시
七言古

천왕봉에 올라
登天王峯

4월에 곧장 오른 두류산 정상	四月直凌頭流頂
골짜기마다 꽃이 밝고 새소리 따스해라	萬壑花明鳥語溫
천왕봉은 하늘과 가까워 고조가 되고	一嶺近天作高祖
1천 산은 땅에 줄지어 자손이 되었어라	千峯列地爲兒孫
앉아서 보니 흰 해가 눈 밑에서 돋아나고	坐看白日生眼底
붉은 노을과 푸른 바다가 서로 삼키고 토하누나	紅霞碧海相呑吐
골짝 입구의 조각구름 심야처럼 깜깜하니	谷口片雲三夜黑
인간 세상 큰 장마가 질 것을 알겠도다	知是人間大霖雨
우스워라 지팡이 어깨에 걸쳐 메고	可笑栖梩橫擔客
티끌세상 돌아보니 화취지옥 같은 것을	顧眄塵喧如火聚

보원 상인을 보내며
送普願上人

태백산 속 초암의 주인은	太白山中草庵主
이름이 보원이요 자는 언택이라네	普願其名字彦澤
3년 동안 벽을 향해 공부하더니	三年向壁工已做
오늘 홀연히 신발 신고 떠나간다네	今日忽着¹⁾移山屐
주인이 떠나가면 초암은 텅 비고	主人去兮草庵空
초암이 텅 비면 흰 구름만 떠 있겠지	草庵空兮孤雲白
큰 들판 망망하고 하늘도 해 지는 때	大野茫茫天又暮
향산 일대가 마음 아프게 푸르구나	香山一帶傷心碧

---

1) ㉮ '着'은 '著'으로 되어 있다.(갑본·을본·병본·정본·무본·기본·경본·신본)

옥 대사가 풍악에 가는 것을 전송하며
送玉大師之楓岳

새벽 비 창 지나고 산새들 노래 소리	曉雨過窓山鳥語
버들과 매화가 다투어 봄소식 보내 주네	柳梅爭送春消息
노부도 지팡이 짚고 선상에서 내려와	老夫揩筇下禪床
남쪽 누대 향해서 병든 눈을 떠 보았네	試向南臺開病目
얼마 뒤에 누가 와서 고하는 작별	俄有何人來告別
함께 지낸 도인이 풍악으로 떠난다네	同榻道人歸楓岳
행장이야 단지 등나무 지팡이 하나	行裝只是一枝藤
외로운 학 하늘 멀리 나래 떨칠 듯	孤鶴欲拂連天翼
처연히 헤어지며 고개 돌려 바라보니	凄然分袂忽回首
1만 골 1천 산에 구름이 한 색깔일세	萬壑千峯雲一色

전장행
戰場行

생각하면 당일에 수전 벌일 때	憶曾當日水戰時
만 척의 배가 송골매처럼 바다를 날았지	萬艇飛海如天鶻
교전하는 양쪽 군사 도무지 분간할 수 없이	兩兵交攻杳莫分
고통 참는 큰 소리에 물결이 마를 듯했지	忍痛大聲波欲渴
수풀 같은 칼날이 햇빛에 번득이며	霜釰[1]如林翻日色
머리칼 베듯 천 개의 머리 모두 베었다오	斬盡千頭如一髮
망망한 푸른 바다엔 놀란 혼이 울고	茫茫碧海驚魂泣
밤 달은 찬 모래밭 백골을 비추었네	夜月寒沙照白骨
백 리의 봄 숲에는 제비만 날고	百里春林燕子飛
버들 마을엔 사람 없이 꾀꼬리 소리뿐	柳村無人鶯[2]語滑
그대 듣지 못했는가 태평세월 오래되면 인심이 완악해져	君不聞大平日久人心頑
방일하고 나태함에 하늘이 벌을 내린다는 것을	放逸懈怠天亦罰
과객이 추풍 속에 지팡이 짚고 지나는데	客過秋風一杖去
옛 절의 깨진 비가 잡초 속에 묻혀 있네	古寺斷碑荒草沒

---

1) ㉠ '釰'은 '劒'으로 되어 있다.(갑본·을본·병본·정본·무본·기본·경본·신본)
2) ㉠ '鶯'은 '鸎'으로 되어 있다.(갑본·을본·병본·정본·무본·기본·경본·신본)

오대산 요의 장로

五臺山了義長老[1]

진여암 속에 앉아서 하는 일 없이	眞如庵裏坐無爲
골짜기와 산을 보며 만사를 잊었다네	谷遠山長萬事遺
기러기 소리 다한 곳에서 뜻을 얻었고	得意飛鴻聲盡處
그림자 냇물 건널 적에 마음을 쉬었네[32]	歇心行影渡溪時
몸 잊은 세월 속에 어느새 흰 머리	忘身歲月霜侵髮
웃으며 맞는 춘풍 속에 꽃은 가지 가득	咲見春風花滿枝
날마다 송문에서 어슬렁 산보하고	日用松門三轉步
돌아와 발 씻으며 사미를 부른다네	歸來濯足喚沙彌

1) [원] 이 시는 갑본·을본·병본·정본·무본·기본·경본·신본에는 없다.

가야산 도행 대사에게 주다
贈伽耶山道行大師[1]

분분한 티끌세상 화취지옥 같은지라	塵世紛紛如火聚
가야산 언덕에 도사님이 숨었다네	伽耶道士棲山阿
누가 와서 이곳 소식 묻기라도 하면	有人來問此消息
웃으면서 하늘 한쪽 백운을 가리키네	笑指白雲天一涯
죽옥竹屋과 모재茅齋에서 혼자 즐겨도	竹屋茅齋雖獨樂
청풍과 명월이 이따금 찾는다네	淸風明月時相過
모르겠소만 날마다 하는 일이 무엇이오	不知日用是何事
시냇물 길어다가 손수 차 달이는 일	澗水分之自煎茶

---
1) ㉔ 이 시는 갑본·을본·병본·정본·무본·기본·경본·신본에는 없다.

백의의 승려에게 장난삼아 지어 주다
戲贈白衣僧[1]

석가여래가 처음 출세하여	釋迦如來初出世
설산에서 6년 동안 몽롱하게 속았고	雪山六年欺朦朧
달마 조사가 또 서쪽에서 와서	達摩祖師更西來
소림에서 9년 동안 헛공부 했네	九年虛做少林功
이로부터 비린내가 천하에 가득하여	自此腥膻滿天下
머리 깎은 어른들 구름 산 속에서 늙어 갔네	雲山多老落髮翁
그대 지금 한 손으로 한 번 소제하매	君今隻手一掃除
봉성의 성 머리에 아침 해가 붉어라	鳳城城頭朝日紅

---

1) ㉮ 이 시는 갑본에는 없다.

달마가 서쪽에서 온 것을 놀리다
嘲達摩西來[1)]

신독身毒[33]의 풍진이 일지도 않았는데	身毒風塵曾不起
누가 감히 얼굴에 홍분을 바르는가	誰將紅粉敢塗腮
두 눈썹은 본시 절로 멋지고	霟[2)]眉本自雙眉秀
두 눈은 예전부터 뜨고 있는 것을	兩眼依前兩眼開
총령을 백운이 어떻게 감출 수 있나	葱嶺白雲藏不得
우습구나야 서쪽에서 온 달마여	悔敎胡老出西來

---
1) ㉮ 이 시는 갑본·을본·병본·정본·무본·기본·경본·신본에는 없다.
2) ㉯ '霟'은 '雙'과 같다.

봄날의 회포를 노래하다
春日詠懷

봄바람이 어젯밤 건듯 불어와	東風昨夜至
병든 나그네 산속을 찾아왔네	病客來山中
숲 속의 새들은 벌써 봄을 노래하고	林鳥已新語
들판의 꽃들은 장차 붉어지려 하네	野花將欲紅
인간은 어릿광대처럼 재주 부리고	人間郭郞巧
세상일은 뜬구름처럼 무상할 따름	世事浮雲空
임제의 할³⁴ 한 소리에	臨濟¹⁾一聲喝
천 일 닫힌 귀가 곧장 뚫리네	直開千日聾

---

1) ㉋ '濟'는 '濟'로 되어 있다.(무본·기본·경본·신본)

현산 화촌을 지나며
過峴山花村

언제부터 밭 갈고 우물 팠을까	耕鑿何年代
세 채의 집이 일곱 봉우리 마주했네	三家對七峯
새는 창 밖 대숲에서 노래 부르고	鳥呼窓外竹
구름은 난간 앞 소나무에 잠들었네	雲宿檻前松
해가 굴러도 주렴은 여전히 고요하고	日轉簾猶靜
꽃그늘 깊으니 낮잠 역시 진해라	花深睡亦濃
저녁 닭소리 끊어진 곳에서	晚鷄聲斷處
동자의 『중용』 읽는 소리가 이어지네	童子讀中庸

달을 노래하다
詠月

푸른 하늘 얼굴에서 나온 달에게　　　月出靑天面
누가 고금을 묻는다면 옳겠는가[35]　　誰當問古今
영허盈虛를 통해 진퇴를 알고　　　　　盈虛知進退
현회顯晦를 통해 승침昇沉을 알아야지　顯晦學昇沉
시인이 얼마나 많이 읊었을까만　　　　幾入詩人句
먼 나그네 마음은 도리어 상하노라　　　還傷遠客心
산승이야 무슨 상관이 있으리오　　　　山僧都不管
높이 누워 솔바람 소리 들으면 그만　　高臥聽松琴

약산의 모정
藥山茅亭

우리 성품 본래 취하지 않건마는	吾性本非醉
나 홀로 깨었다고 누가 말하는고[36]	誰言我獨醒
달이 잠기니 서해가 캄캄하고	月沉西海黑
구름이 걷히니 북산이 푸르도다	雲盡北山青
큰 들판엔 오직 어화뿐이요	大野惟漁火
긴 하늘엔 단지 새벽 별이라	長空只曉星
망망하게 사람이 밤에 앉으니	茫茫人夜坐
천지가 하나의 모정이로다	天地一茅亭

추회
【묘향산에 있으면서 두류산의 사 옹이 생각나기에 이렇게 흥취를 부쳐 보다.】
秋懷【在妙香山。想頭流師翁。故寄興如此。】

아득히 그리워지는 이 마음이여	渺渺多懷思
하염없이 저 멀리 바라보도다	悠悠望不窮
새는 산 빛 속에 날아다니고	鳥飛山色裏
매미는 석양 속에 목메어 우네	蟬咽夕陽中
사람의 검은 머리 근심으로 희어지고	黑髮愁人白
푸른 숲 잎사귀도 병들어 붉어졌네	青林病葉紅
생이별도 사별과 다름없으니	生離同死別
어찌 다시 동쪽 서쪽을 물으리오	何更問西東

이 방백과 헤어지며 그의 시에 차운하다
次李方伯韻別

홍진의 그물 일찍 벗어나	早脫紅塵網
절간에서 홀로 문 닫고 있었는데	招提獨閉[1]門
오늘 천 리 길 먼 나그네가	今逢千里客
만산의 구름을 헤치고 찾아왔네	來破萬山雲
들에 나오면 고독한 기린	出野獜[2]無族
산에 돌아와도 짝 잃은 학의 신세	歸嵒[3]鶴失群
이정에서 이제 이별한 뒤로	梨亭從此別
달만 보면 다시 그대 생각하리라	對月更思君

---

1) 웹 '閉'는 '閒'로 되어 있다.(갑본·을본·병본·무본·기본·경본·신본) 정본에는 '閑'으로 되어 있다.
2) 웹 '獜'은 '麟'으로 되어 있다.(갑본·을본·병본·정본·무본·기본·경본·신본)
3) 웹 '嵒'은 '巖'으로 되어 있다.(갑본·을본·병본·정본·무본·기본·경본·신본)

입춘
【정사년에 판사判事의 사직을 허락받지 못하였으므로 이렇게 지었다.】
立春【丁巳未得解綬故云】

나이도 벌써 서른이 넘었으니	臘已過三十
잘못을 알았으면 본진으로 돌아가야지	知非返本眞
한 몸에 이해를 겸했으니	一身兼利害
무슨 좋은 계책이 달리 있겠는가	千計孰踈[1]親
구름 낀 산이 돌아갈 길이건만	雲岳[2]猶歸路
풍진을 아직도 벗어나지 못하였네	風塵未脫人
아련히 바야흐로 꿈속에 드는데	悠悠方入夢
새 봄을 알리는 종소리 북소리	鍾鼓報新春

---

1) ㉠ '踈'는 '踈'로 되어 있다.(정본)
2) ㉠ '岳'은 '嶽'으로 되어 있다.(갑본·을본·병본·정본·무본·기본·경본·신본)

여동빈이 동정호를 지나는 그림
呂洞賓過洞庭圖

인간 세상 훌훌 벗어나	卸却人間世
소매 속에는 청사가 꿈틀[37]	靑蛇活袖中
1천 산은 옥피리 불어 주고	千峯吹玉笛
1만 골은 장풍을 휘파람 부네	萬壑嘯長風
냄비 속은 산천이 조그맣고[38]	鐺裏山川小
호리병 속은 일월의 하늘이라[39]	壺中日月空
망망하여라 머나먼 동정으로	茫茫洞庭遠
돌아가는 기운이 무지개 같네	歸去氣如虹

민 선자에게 주다
贈敏禪子

오래 머문 한남사는	久住漢南寺
관서의 명승지 중 하나	關西一勝遊
언덕 단풍이 막 물드는 날이요	岸楓初染日
성근 비가 강을 건너는 가을이라	疎雨過江秋
그림자 하나 어디로 돌아가는고	隻影歸何處
1천 산에 멀리 떠다니려는 듯	千山遠欲浮
쏘다녀서 유익할 것이 없나니	周流無所益
여섯 마리 미후獼猴[40]를 단속하도록	須鎖六獼猴

이 감사 식의 시에 차운하다【2수】
次李監司拭韻【二首】[1)]

[1]
어제 봉래동에 들어왔더니	昨入蓬萊洞
봉우리마다 옥으로 성을 쌓았네	峯峯玉作城
송백에는 용호가 꿈틀거리고	松杉龍虎活
골짜기엔 풍뢰가 울려 퍼지네	澗壑風雷鳴
세상 밖에는 건곤이 광대하고	物外乾坤大
호로병 속에는 일월이 밝아라	壺中日月明
표연히 긴파람 부는 나그네	飄然長嘯客
편히 앉아 평생을 보내는도다	安坐度平生[2)]

[2]
황룡의 머리가 베개 배는 해변에	黃龍頭枕海
하늘이 중향성[41]을 만들었다네	天作衆香城
고요한 1천 산에 달이 떠오르고	月出千峯靜
깊은 산속에서 한 마리 새가 우네	山深一鳥鳴
대숲에는 푸른 연기 자욱하고	蒼烟迷竹色
맑은 시내에는 꽃이 밝게 비쳐라	淸澗照花明
우주 안의 한가로운 나그네	宇內爲閑客
임천에서 이 삶을 마치려 하오	林泉畢此生

---

1) ㉘ '二首'는 갑본·을본·병본·정본·무본·기본·경본·신본에는 없다.
2) ㉘ '昨入……平生'까지 40자는 갑본·을본·병본·정본·무본·기본·경본·신본에는 없다.

낙산사 방장에 제하다
題洛山寺方丈[1)]

임자년 초가을에	壬子初秋月
멀리 와서 이 방에 머물렀네	遠來住此房
산은 동쪽으로 달리다 멈추고	山當東地盡
바다는 북쪽에서 길게 벋었네	海自北天長
고을이 번성함은 물론이요	郡邑知多少
봉래蓬萊와 영주瀛洲가 또 아스라하네	蓬瀛又渺茫
창을 열고 시 읊지 않을 수 있나	開窓吟不耐
아침 해가 동해에 떠오르는걸	朝日出扶桑

---

1) ㉮ 이 시는 갑본·을본·병본·정본·무본·기본·경본·신본에는 없다.

벽천 선화자에게 주다
贈泉¹⁾禪和子

역력히 공안을 잡을 것이요	歷歷提公案
들뜨지도 가라앉지도 말지어다	莫浮亦莫沉
물 위의 달처럼 허명하고	虛明如水月
거문고 줄 고르듯 완급을 조절하라	緩急若調琴
뜻은 병자가 의원을 찾듯	病者求醫志
마음은 영아가 어미를 생각하듯	嬰兒憶母心
절실한 마음으로 공부를 하다 보면	做工親切處
붉은 해가 동쪽 산에 떠오르리라	紅日上東岑

---

1) ㉮ '泉' 앞에 '碧' 자가 있다.(갑본·을본·병본·정본·무본·기본·경본·신본) ㉯ 저본에는 공란으로 되어 있어 누락된 것이 분명하다.

행각하는 선자에게 주다
贈行脚禪子

일생 동안 행각하는 사나이	一生行脚漢
두 귀밑머리가 실처럼 희구나	雙鬢白如絲
지팡이가 닳으니 용도 따라 울고[42]	節短龍還泣
배가 침몰하니 칼도 슬퍼하네[43]	舟沉釖亦悲
현주玄珠는 적수赤水에 빠뜨리고[44]	玄珠遺赤水
지보至寶는 봄 못 속에 어두워라[45]	至寶晦春池[1)
어느 곳이 총령[46]인가	何處是葱嶺
가엾다 눈 푸른 스님이여	哀哀碧眼師

---

1) ㉠『한국불교전서』에는 '地'로 되어 있으나 저본에 의거 '池'로 정정한다.

유정 대사에게 주다【2수】
贈惟政大師【二首】¹⁾

[1]
사문의 일척안一隻眼⁴⁷이여	一隻沙門眼
그 광명이 온 누리를 비추도다	光明照八垓
우뚝함은 왕이 칼을 손에 쥔 듯	卓如王秉釾²⁾
허명虛明함은 거울이 누대에 걸린 듯	虛若鏡當臺
구름 밖으로 용을 잡고서 가고	雲外拏龍去
공중에서 봉의 나래를 치며 오네	空中打鳳來
살활의 수법이 능수능란하니	通方能殺活
천지도 하나의 티끌이로세	天地亦塵埃

[2]³⁾
오종吾宗이 땅에 떨어진 오늘	吾宗當落地
하늘이 종남終南⁴⁸을 하나 내었네	天出一終南
예전엔 군왕의 기호를 안타깝게 여겼고	曾憨君王嗜
지금은 석자의 탐욕을 가련하게 여긴다네	今憐釋子貪
풍뢰와 같은 비결을 발휘함은 물론이요	風雷生秘訣
주옥과 같은 청담을 토해낸다오	珠玉散淸談
만약 서래의 노래를 부른다면	若唱西來曲
어떤 사람이 초암에 와서 묵을고⁴⁹	何人宿草庵

---

1) ㋲ '二首'는 갑본·을본·병본·정본·무본·기본·경본·신본에는 없다.
2) ㋲ '釾'은 '劍'으로 되어 있다.(갑본·을본·병본·정본·무본·기본·경본·신본)
3) ㋲ 이 시는 갑본·을본·병본·정본·무본·기본·경본·신본에는 없다.

지휘가 게송을 구하기에 답하다
賽志徽求頌

승사繩蛇의 미혹⁵⁰을 일으키더니	繩蛇初起惑
올목杌木의 마음⁵¹을 또 내는구나	机¹⁾木又生情
뛰어난 의원의 솜씨가 아니라면	若非善醫手
누가 눈알을 제대로 긁어내겠는가⁵²	誰能刮眼睛
승침의 길을 엎드려 기고	匍匐昇沉路
취사의 마음에 얽혀 있도다	纏綿取捨心
마침 가을 달 아래 만났으니	適逢秋月下
베개 높이 찬 다듬이 소리나 듣자꾸나	高枕聽寒砧

---

1) ㉮ '机'는 '杌'로 되어 있다.(갑본·을본·병본·정본) ㉯ 번역은 갑본에 따른다.

유방하는 선자에게 주다
贈遊方禪子

우리 무리가 말법 시대에 태어나서	吾徒生末[1]運
총림에 헛되이 든 것이 몇 번이런가	虛入幾叢林
잘난 지식으로 양의 길[53]을 찾기만 하고	狂慧尋羊路
눈먼 선禪으로 바다 밑 바늘을 주우려 하네	盲禪拾海鍼
입 가죽으로 묘법을 구하는가 하면	口皮求妙法
해어진 종이로 진심을 찾으려 할 뿐일세[54]	瘡紙覓眞心
돌아갈 고향은 어디에 있나	何處家山在
갈등[55]이 깊고 또 깊도다	葛藤深復深[2]

---

1) ⑪ '末'은 '末'로 되어 있다.(무본·기본·경본·신본)
2) ⑪ '深'은 정본에는 '深'로 되어 있다.

지웅 선자에게 주다 [2수]
贈志雄禪子[1]【二首】

[1]

송문松門을 밤에도 닫지 않고서	松門夜不閉
바람이며 달과 서로 알고 지낸다오	風月共相知
인간 세상의 꿈을 이미 깨었으니	已覺人間夢
속세 벗어난 스승의 이름 마땅하도다	宜名出世師
구름이 이는 것 같은 종이 위의 필묵이요	雲興紙上墨
병의 물을 쏟는 것 같은 흉중의 시문일세	瓶瀉胸中詩
조사서래의 뜻을 묻기라도 하면	若問西來旨
고개 숙이고 눈썹을 찌푸린다네	低頭一攢眉

[2]

식식識으로는 인식할 수가 없고	以識不能識
지知로는 알 수가 없는 것	以知不能知
서천의 대법왕으로부터	西天大法王
서른세 분에게 골수가 전해졌네[56]	傳髓卌三師
금문이 도처에 있는데	金文到處在
잡시를 좋아할 것이 무엇인가	何用好雜詩
집안의 보배를 가지려거든	欲取家中寶
눈 위의 눈썹을 한번 보도록	須看眼上眉

---

1) ㉔ 이 시는 갑본·을본·병본·정본·무본·기본·경본·신본에는 없다.

현 장로에게 주다
贈玄長老[1)]

담판[57]한 사나이에게 한마디 이르노니	爲言擔板漢
거울을 밝게 다시 닦으시도록	明鏡更須磨
이씨의 넷째 아들은 원래 미륵이고	李四元彌勤[2)]
장씨의 셋째 아들은 예전의 석가로세	張三古釋迦
정신없이 불길에 뛰어드는 사슴이요	顚狂追燄鹿
이욕으로 등불에 부딪치는 나방이라	利欲撲燈蛾
끝내 지옥에 떨어진다면	終墜泥犁獄
부처와 같은 몸이 어떻게 되겠는가	其如佛若何

---

1) ㉮ 이 시는 갑본·을본·병본·정본·무본·기본·경본·신본에는 없다.
2) ㉮ '勤'은 '勒' 자로 보는 것이 타당하다. ㉣ 번역은 '勒'에 따랐다.

또 진기眞機에게 주다【병서】
又贈眞機【幷序】

변하지 않는 것을 진眞이라고 하고, 사事와 접촉하는 것을 기機라고 한다. 어떤 이는 "중생이 진眞에서 출현하여 진眞으로 사라진다."라고 하였고, 어떤 이는 "기機에서 나와 기機로 들어간다."라고 하였다. 이것이 비록 달인達人의 말이라고 하더라도, 모두 상대적인 관점에서 주장한 병폐를 면하지 못하니, 사람들로 하여금 더욱 관념에 얽매이게 할 따름이다. 나의 이 속에 본래 망妄이 없는데 무슨 진眞을 얻을 것이 있겠으며, 본래 사事가 없는데 무슨 기機를 세울 것이 있겠는가. 세간을 벗어난 고사高士가 되고 싶거든, 안목을 높이 세울지어다. 아, 대장부는 한마디 말과 하나의 행동으로 천지를 진동시키고 귀신을 감동시키며 춘추를 호흡하고 일월을 탄토吞吐할 수 있는 것이니, 함부로 해서는 안 될 일이다. 이에 우선 망기忘機라는 두 글자를 가지고 율시 한 수를 지어 보이는 바이다.

不變曰眞。觸事曰機。或曰羣生出於眞。沒於眞。或曰出於機。入於機。是雖達人之言。皆未免對待立名。而令人尤增法縛者也。我這裏本來無妄。何有眞而可得。本來無事。何有機而可立。欲作出世高士。請高着眼。呼。大丈夫一言一行。可以動天地。感鬼神。可以呼吸春秋。吞吐日月。不可徒然也。姑以忘機二字。因成一律以示之。

지금 나의 대원경[58]에는	今我大圓鏡
범부와 성인이 본래 없다네	本無凡與聖
기심機心을 잊으면 불도가 융성하고	忘機佛道隆
분별하면 마군이 성해지는 법	分別魔軍盛
눈 속의 허공 꽃을 없애려거든	欲去眼中花
마음의 병을 먼저 다스려야지	先除心上病

장풍이 홀연히 구름을 쓸어버리면   長風忽掃雲
하늘의 달이 창가에 와서 비추리라   天月當窓映

찬불
讚佛[1), 2)]

희유하고 또 희유한 일은	希有復希有
담화[59]처럼 반드시 때를 맞추는 것	曇花必應期
인간 세상에서는 공덕월이요	人間功德月
천상 세계에서는 복수미로세[60]	天上福須彌
천금의 정수리는 일산처럼 둥글고	偃蓋千金頂
팔채의 눈썹[61]은 광명을 발하네	交光八彩眉
헤아릴 수 없이 많은 세계에서	刹塵雲網海
세우신 그 비원 불가사의하여라	悲願極難思

---

1) ㉮ '讚佛' 제목 아래 2수가 있다.(갑본·을본·병본·정본) 저본에는 제1권(현재 면)과 제2권(본 서 371면)에 나뉘어 실려 있다.(편자)
2) ㉮ '佛' 아래에 '二'가 있다.(갑본·을본·병본·정본)

장안을 지나며 느낌이 있기에
過長安有感[1)]

고금은 여인숙이요	古今爲逆旅
천지 또한 한단이로세[62]	天地亦邯鄲
이슬에 젖은 오나라 화초라면	露濕吳花草
구름 이는 진나라 의관이라 할까[63]	雲生晉衣冠
달이 뜨니 신야가 환하고	月來莘野白
바람이 자니 위수가 차도다[64]	風去渭水寒
머리가 흰 홍진의 나그네가	皓首紅塵客
중을 만나 벼슬 관뒀다 얘기하누나	逢僧說休官

---

1) ㉮ 이 시는 갑본·을본·병본·정본·무본·기본·경본·신본에는 없다.

황 진사의 시에 차운하다【2수】
次黃進士¹⁾韻【二首²⁾】

[1]

하늘이 기걸한 남자를 내었으니	天産³⁾奇男子
사문에 어찌 등한하다 하리오	斯文豈等閑
가슴속에는 요임금의 우주요	胸中堯宇宙
붓 아래에는 우왕의 강산이라	筆⁴⁾下禹江山
노나라 들판에 기린이 처음 왔고	魯野獜⁵⁾初至
기산 남쪽에 봉황이 또 돌아왔네	歧陽鳳亦還
나라의 그물을 응당 짤 것이니	邦⁶⁾家應結網
성두를 비추는 밤의 광채가 차갑도다⁶⁵	星斗夜光寒

[2]

이름은 다르게 났어도 끝내 사실대로 되었고　違名終得實

【황공은 제나라 사람이다. 두 딸 모두 나라에서 으뜸가는 미인이었는데, 항상 겸양하면서 "내 딸은 추악하게 생겼다."라고 하였다. 그래서 추악하다는 이름이 원근에 퍼졌으므로 나이가 차도 혼인을 청하는 사람이 없었다. 그런데 위나라 홀아비가 소문을 무릅쓰고 장가를 들고 보니 실로 으뜸가는 미인이었다. 黃公齊人。有二女。皆國色。常謙讓云。我女醜惡。醜惡之名。播於遠近。年長而無婚。衛鰥夫冒。公聚⁷⁾之。乃國色也。⁸⁾】

---

1) 원 '士' 아래 '汝一'이 있다.(갑본·을본·병본·정본·무본·기본·경본·신본)
2) 원 '首'는 갑본·을본·병본·정본·무본·기본·경본·신본에는 없다.
3) 원 '産'은 '生'으로 되어 있다.(무본·기본·경본·신본)
4) 원 '筆'은 '筆'로 되어 있다.(무본·기본·경본·신본)
5) 원 '獜'은 '麟'으로 되어 있다.(갑본·을본·병본·정본·무본·기본·경본·신본)
6) 원 '邦'은 '那'로 되어 있다.(정본)
7) 원 '聚'는 '娶'로 되어 있다.(갑본·을본·병본·정본·무본·기본·경본·신본) 역 번역은 '娶'를 따랐다.
8) 원 '也' 아래 '此違名終得實'이 있다.(갑본·을본·병본·정본·무본·기본·경본·신본)

신정을 행하고서 고한한 일사가 되었으며　　　　　神政博高閑

【황패가 영천에 태수로 부임하여 천하제일의 정사를 펼쳤으므로 아전과 백성들이 모두 신정이라고 칭송하였다. 한나라 오봉 연간에 정승이 되었다가 마침내 물러나 고한한 일사가 되었다. 黃覇守潁川. 治爲天下第一. 吏民咸稱神政. 漢五鳳中爲相. 終退高閑逸士.】

돌을 꾸짖으니 형체가 나무와 같았고　　　　　叱石形如木

【황초평이 금화산에서 양을 길렀다. 그 뒤 40년이 지나 형인 초기가 찾아와서 양이 어디에 있느냐고 묻자 산의 동쪽에 있다고 대답하였는데, 초기가 가서 보니 단지 흰 돌들만 보일 뿐이었다. 이에 초평이 돌을 꾸짖으니 돌이 홀연히 양으로 변하였다. 초평의 호는 적송이다. 黃初平. 金華山牧羊. 四十年. 其兄初起尋之. 問羊所在. 曰在山東. 起徃視之. 但見白石. 平叱石. 石忽成羣羊. 號赤[1)]松.】

기둥에 우레가 치니 뜻은 태산과 같았으며　　　　　雷株志若山

【황상이 항상 천하제일의 뜻을 지니고서 태산처럼 높이 자부하였다. 송나라 원풍 연간에 검주 남문의 기둥 하나가 홀연히 벼락을 맞았다. 이에 황상이 시를 짓기를, "어젯밤 벼락이 쳐서 나무 기둥을 때렸으니, 물어보세. 천공의 뜻이 혹 있지 않은지. 어쩌면 와룡의 종적이 곤궁하다가 지붕이 열리며 구름 속으로 들어갔는지도."라고 하였는데, 그 뒤에 과연 천하제일의 성적으로 과거에 장원하였다. 黃裳常有魁天下之志. 嵬若泰山. 宋元豊中. 釰[2)]州南門一株. 忽爲雷擊. 裳詩云. 風雷作夜破枯株. 借問天公有意無. 若是臥龍蹤迹困. 放開頭角入雲衢. 果魁天下.】

군대를 거느리고 강표로 떠났고　　　　　將兵江表去

【황개가 주유의 부장으로 군대를 거느리고 적벽 전투에서 대첩을 거두어 책훈되었으며, 강표의 호신이라고 칭해졌다. 黃蓋爲周瑜部將. 將兵赤壁大捷[3)]策[4)]功. 稱江表虎臣.】

낚싯대 메고서 무릉으로 돌아왔네　　　　　攜釣武陵還

【황경진이 진나라 대원 연간에 벼슬을 그만두고 운계에 들어가 물고기를 낚았으며,

---

1) 원 '赤'은 '亦'으로 되어 있다.(정본)
2) 원 '釰'은 '劒'으로 되어 있다.(갑본·을본·병본·정본·무본·기본·경본·신본)
3) 영 저본에는 '建'으로 되어 있으나 '捷'으로 보는 것이 옳다. '建'은 '捷'의 오기인 듯하다. 정정하여 제시하였다.
4) 원 '策'은 갑본·을본·병본에는 '茉'으로 되어 있다. 정본에는 '英'으로 되어 있다. 무본·기본·경본·신본에는 '束'으로 되어 있다.

뒤에 무릉으로 들어가서 신선이 되었다. 黃敬眞。晉大元中辭祿。入雲溪釣魚。後入武陵爲仙。】

한 몸에 이 모두를 구비했기에 　　　　　　備在一身業[1]
창생이 눈이 뚫어지게 바라본다오 　　　　蒼生眼盡寒
【이상 여섯 명의 황씨의 일이 모두 곡봉의 한 몸에 있다. 곡봉이 나라에 명성을 떨치면서 민생을 안정시킬 경륜을 지니고 있으므로 백성들이 눈이 뚫어지게 바라보고 있다. 六黃事。都在鵠峯一身。峯振故[2]邦國。有安民策[3] 民望眼苦[4]也。】

---

1) ㉮ '備在一身業'은 '一身應擇六'으로 되어 있다.(갑본·을본·병본·정본·무본·기본·경본·신본)
2) ㉮ '故'는 '聲'으로 되어 있다.(갑본·을본·병본·정본·무본·기본·경본·신본) ㉯ 번역은 '聲'을 따랐다.
3) ㉮ '策'은 갑본·을본·병본에는 '茱'으로 되어 있다. 정본에는 '菓'으로 되어 있다. 무본·기본·경본·신본에는 '朿'으로 되어 있다.
4) ㉮ '苦'는 '若'으로 되어 있다.(무본·기본·경본·신본)

봉래 선자의 죽음을 애도하다
哭蓬萊禪子[1)]

나는 봉래객을 사랑했나니	我愛蓬萊客
웃는 가운데 마음이 절로 한가했어라	笑中心自閑
겹겹이 물은 물로 돌아가고	重重水歸水
첩첩이 산은 산에 이어졌네	疊疊山連山
머리 위에는 푸른 하늘이요	碧落在頭上
겨드랑이 사이에는 흰 구름이라	白雲生脇間
학을 타고 한번 떠나서	因悲乘鶴去
돌아올 줄 모름을 슬퍼하노라	一去不知還

1) [원] 이 시는 갑본·을본·병본·정본·무본·기본·경본·신본에는 없다.

사선정에서 노닐며 【고성 삼일포에 있다.】
遊四仙亭【在高城三日浦】[1]

배 타고 바다에서 노니는 것이	乘槎遊海上
어찌 꼭 영랑[66] 신선뿐이겠는가	何必永郎[2]仙
가랑비는 서쪽 산을 가리고	小雨藏西岳[3]
긴 물결은 북쪽 하늘에 접했네	長波接北天
하늘과 땅은 원래 한이 없지만	乾坤元不極
바람과 달 또한 끝이 없어라	風月亦無邊
문득 삼생의 일을 생각하니	却想三生事
신라 8백 년이로다	新羅八百年

---

1) ㉮ '在高城三日浦'는 무본·기본·경본·신본에는 없다.
2) ㉮ '郎'은 '鄕'으로 되어 있다.(무본·기본·경본·신본)
3) ㉮ '岳'은 '嶽'으로 되어 있다.(갑본·을본·병본·정본·무본·기본·경본·신본)

칠언율시
七言律

감흥집고시
感興集古詩

천도는 분명한데 사람 자신이 어두워서	天道分明人自昧
공명과 득실에 괜히 웃고 우는구나	功名得失謾欣悲
나이가 젊을 때에 노년을 생각하고	年當少日須思老
몸이 편안할 때 위태로움을 잊지 마오	身在安時莫忘危
고조의 집 안에는 꽃이 비단과 같고	高祖宅中花似錦
위왕의 방죽에는 버들이 실과 같네[67]	魏王堤畔柳如絲
좋은 시절 좋은 경치 차마 헛되이 보내리오	良辰美景忍虛負
소나기와 폭풍이 언제 닥칠지 모르는데	驟雨飄風無定期

---

1) ㉮ '七言律'은 갑본·을본·병본·정본·무본·기본·경본·신본에는 없다.

마도에서 배를 타고 청평산으로 들어가다

【병진년 봄】

泛舟麻渡入淸平山[1]【丙辰春】

청평 동쪽 바라보니 생각이 끝없나니	淸平東望思悠悠
백 리의 장강에 일엽편주로세	百里長江一葉舟
양안의 꽃은 날려 봄이 저물려 하고	兩岸花飛春欲暮
천산을 적신 구름은 이제 막 걷혔네	千岑雲濕而初收
수양버들 마을 밖에 개와 닭소리 시끄럽고	垂楊村外喧雞犬
사초의 연무 속에 소가 누워 있구나	沙草烟中臥犢牛
오늘 홀로 신선의 흥취를 이뤘으니	今日獨成仙子趣
세상 사람들과 어찌 함께 노닐겠나	人間人與肯同遊

1) [원] 이 시는 갑본·을본·병본·정본·무본·기본·경본·신본에는 없다.

정 고인의 글에 사례하다
謝鄭故人書[1)]

해질 녘 지팡이 짚고 초옥을 찾았나니	西日扶筇訪草廬
국화 향기 짙은 곳에 버들가지 성글었네	黃花濃處柳枝疎
붉은 강물에는 가을 산의 그림자가 지고	秋山影落紅江水
흰 태허에는 구름과 학의 모습 나뉘었네	雲鶴形分白太虛
방외의 10년 세월 병 많은 나그네요	方外十年多病客
천 리 멀리 서울에서 보내온 벗의 글이라	洛中千里故人書
장부의 행지는 하나의 천지이니	丈夫行止一天地
어찌 남쪽 북쪽 물고기를 따지리오	何用南鱗與北魚

---

1) ㉮ 이 시는 갑본·을본·병본·정본·무본·기본·경본·신본에는 없다.

풍악 구정봉에 올라
登楓岳九井峯[1)]

먼 나그네 가을 찾아 구정에 오르니	遠客尋秋上九井
겹겹의 나무는 잎이 져서 벌써 썰렁하네	層層木落已森森
뜬구름은 조석으로 번복함이 있건만	浮雲朝暮有翻覆
흐르는 물은 동서로 고금이 없도다	流水東西無古今
푸른 바다 위엔 백조가 뒤섞여 날고	白鳥亂飛靑海面
푸른 하늘 속엔 옥봉이 다투어 솟았네	玉峯爭出碧天心
등산소로[68]도 일찍이 이와 같았으리니	登山小魯曾如許
중원을 바라보는 감회가 끝이 없어라	一望中原思不禁

1) [원] 이 시는 갑본·을본·병본·정본·무본·기본·경본·신본에는 없다.

감흥
感興[1]

머리 깎고 청산에서 한 꿈을 깨니	斷髮靑山開一夢
베옷 잘못 입은 것을 비로소 깨닫겠네	方知曾誤着麻衣
혜고는 예로부터 봄여름을 다투고[69]	蟪蛄自古爭春夏
유불은 지금도 옳고 그름을 농한다네	儒佛如今謾是非
형영[70]이 다투어 달리매 도술이 분열하고	形影競馳分道術
기현[71]이 서로 비웃으매 천기가 찢어졌도다	夔蚿相笑裂天機
배를 타고 나루의 방향 물으려 하니	乘槎欲向津頭問
아득히 연하 속에 지는 해가 서글퍼라	杳杳烟霞悵落輝

---

1) ㉡ 이 시는 갑본·을본·병본·정본·무본·기본·경본·신본에는 없다.

욱 선자에게 주다
贈昱禪子

청년 때는 유가의 글에 열심이었고   靑年勤著唐虞典
장년에는 불교 경전을 깊이 궁구하였네   壯歲深窮貝葉書
만고의 건곤은 한 쌍의 허깨비요   萬古乾坤雙幻化
백 년의 신세는 하나의 여인숙일세   百年身世一蘧廬
잿마루 구름 이는 곳에서도 잠을 푹 자고   嶺雲起處眠猶熟
산새 우는 때에도 귀는 역시 열려 있네   山鳥啼時耳亦虛
홀로 앉아 고요히 흰 달을 대하면서   獨坐寥寥當白月
솔 이슬이 소매를 적시는 줄도 모른다오   不知松露滴襟裾

감호의 주인에게 올리다 【2수】
上鑑湖主人【二】

[1]

주인의 기개와 품성은 산과 바다를 삼키는데	主人氣宇吞山海
일찍 귀거래사 읊어 도가 더욱 높아라	早賦歸來道益尊
소매 속의 보검은 강한 초월을 진압하고	袖裏釖¹⁾衝强楚越
붓끝의 구름은 메마른 천지를 적셔 주네	筆²⁾端雲濕旱乾坤
가슴에는 이백의 시 천 수가 서려 있고	胸盤李白詩千首
입으로는 도잠의 술 한 단지를 마신다오	口吸陶潛酒一樽
『주역』 읽고 거문고 타며 누구와 벗하는고	讀易鳴琴誰與友
맑은 바람 밝은 달이 중문으로 들어온다네	淸風明月入重門

[2]

감호에서 하지장賀知章⁷²의 풍류를 추억하며	鑑湖追憶賀風流
풍암을 뚫어 마음대로 오가게 했네	開鑿豊嵒³⁾任去留
동해가 난간에 임해서 제일 먼저 달을 보고	東海臨軒先得月
서산이 창을 마주하여 가을을 쉽게 만난다오	西山當戶易逢秋
가까운 마을 피리 소리에 귀 많이 기울이고	近村聞笛多傾耳
먼 절간의 등불도 머리 자주 들고 보네	遠寺觀燈數擧頭
부귀야 본래 우리의 일이 아닌걸	富貴本非吾輩事
천명을 즐길 뿐 또 무엇을 구하리오	樂夫天命更何求

---

1) 원 '釖'은 '劒'으로 되어 있다.(갑본·을본·병본·정본·무본·기본·경본·신본)
2) 원 '筆'은 '筆'인 듯하다.(편자)
3) 원 '嵒'은 '巖'으로 되어 있다.(갑본·을본·병본·정본·무본·기본·경본·신본)

인수 선자와 헤어지며 시를 지어 주다
贈別獜[1]壽禪子

금강산 도사가 행장을 재촉해 돌아가니	金剛道士促裝歸
바람은 품에 가득 구름은 옷에 가득	風滿懷中雲滿衣
새 울고 꽃 지는 봄날은 적적한데	啼鳥落花春寂寂
석양의 산곽에 비는 부슬부슬	夕陽山郭雨霏霏
긴 피리 한 소리에 괴로운 이별의 정이요	一聲長笛離情苦
희미한 바다 빛에 천 리 외로운 돛배로세	千里孤帆海色微
오늘밤 고인은 어느 곳에서 묵을는지	今夜故人何處宿
반쪽 창문에 매화와 대가 달빛에 어른거리리	半囪[2]梅竹月依依

---

1) ㉚ '獜'은 '麟'으로 되어 있다.(갑본·을본·병본·정본·무본·기본·경본·신본)
2) ㉚ '囪'은 '窓'으로 되어 있다.(갑본·을본·병본·정본·무본·기본·경본·신본)

차군루[73]

此君樓[1)]

꽃그늘 짙은 봄 절간 그윽한 작은 연못	花濃春寺小池幽[2)]
흥에 겨워 표연히 옥루에 올랐다오	乘興飄然上玉樓
흰 해는 일정이 있어 하늘도 다하려 하고	白日有窮天欲盡
푸른 산은 셀 수 없어 땅이 머리 돌리네	靑峯無數地回頭
한산의 소객[74]은 어디론가 가고 없고	韓山騷客去何處
풍악의 도인이 멀리 와서 노니누나	楓岳[3)]道人來遠遊
지난 자취 아득히 달빛은 여전한데	陳迹杳茫餘月色
옛 담장에 찬 대만 절로 빽빽이 들어 찼네	古墻寒竹自成稠

1) [원] '樓' 아래 '次牧隱韻'이 있다.(갑본 · 을본 · 병본 · 정본 · 무본 · 기본 · 경본 · 신본)
2) [원] '幽'는 '㘅'로 되어 있다.(을본 · 병본)
3) [원] '岳'은 '嶽'으로 되어 있다.(갑본 · 을본 · 병본 · 정본 · 무본 · 기본 · 경본 · 신본)

두류산 능파각에 제하다
題頭流山凌波閣

구름 나는 화각의 다리 물 위에 누워 있어	畫閣飛雲橋[1]臥水
산승이 매일 긴 무지개를 밟는다오	山僧每日踐長虹
티끌세상 수도 없이 바뀌었지만	幾多塵世翻新局
언제 백성이 한가로이 늙을 수 있었던가	何代閑民作老翁
봄 저무는 선경에는 꽃비가 어지러운데	春暮仙間花雨亂
달 밝은 천상에는 옥루가 비었으리	月明天上玉樓空
시냇물과 솔바람의 끝없는 합주곡이여	澗琴松瑟無終曲
만고의 건곤이 한번 웃는 가운데에	萬古乾坤一笑中

---

1) ㉮ '槗'는 '橋'의 오자인 듯하다.

금강산 산영루 현판의 시에 차운하다
次金剛山山映樓板上韻

귀신이 응당 아낄 그림 같은 고루	高樓如畫鬼應慳
벽 위의 시문도 모두 유柳와 한韓이로세[75]	壁上風騷柳與韓
달빛 띤 구선[76]은 천 길 솟은 소나무요	帶月癯仙千丈檜
수풀 너머 울리는 비파는 여울물 한 소리	隔林鳴瑟一聲灘
산중의 낙이 세상의 낙보다 낫고	山間樂勝人間樂
세상길 험난함이 촉도[77]보다 더하도다	世道難於蜀道難
금강의 진면목을 알고 싶으신가	欲識金剛眞面目
흰 구름 무더기 속 줄지은 봉우리로세	白雲堆裏列峯巒

표훈사
表訓寺[1]

어제 봉래동에 봄바람이 불더니	春風昨入蓬萊洞
나그네 꿈 남았을 때 새소리 요란해라	客夢殘時鳥亂啼
모두 사찰인 80개의 누대요	八十樓臺皆寺刹
각기 높고 낮은 1만 2천 봉우리들	萬千峯嶺各高低
백운의 그림자 속에 푸른 학이 날고	白雲影裏飛靑鶴
밝은 달빛 속에 옥 시냇물 쏟아지네	明月光中瀉玉溪
하늘 밖 하늘이 있음을 그대 믿는가	天外有天君信否
낙화가 물에 흘러 사람을 헤매게 하는 곳[78]	落花流水使人迷

---

1) ㉱ 이 시는 갑본·을본·병본·정본·무본·기본·경본·신본에는 없다.

두류산 능 장로에게 주다
贈頭流山能長老[1]

몇 년이나 방장의 사립문 닫았던가	幾年方丈掩柴扉
인간 세상 시비는 꿈도 꾸지 않는다오	不夢人間是與非
선정에 들자 누더기 속에 반딧불이 숨어들고	壞衲藏螢緣入定
기심機心을 잊자 생대生臺[79]에 새들이 모여드네	生臺聚鳥爲忘機
목전의 성색에는 마음이 재처럼 차고	目前聲色心灰冷
두상의 광음은 전광석화처럼 날아가네	頭上光陰石火飛
나를 보고 빙그레 한번 웃고는	見我怡然開一笑
손 안의 털 총채를 세 번 휘두르네	手中毛拂只三揮

---

1) ㉘ 이 시는 갑본·을본·병본·정본·무본·기본·경본·신본에는 없다.

희천 읍재에게 올리다
上熙川邑宰

옛날 지나간 희천에서 오늘 묵게 되었나니	曾過熙川今一宿
금각[80]에 봄바람 불어 꽃 지는 시절일세	東風琴閣落花時
연하 속의 팔경은 왕유의 그림에 실릴 만하고	烟間八景王維畵
하늘 밖의 삼산은 이백의 시에 나올 듯하네	天外三山李白詩
마을의 개도 잠든 1천 거리의 달빛이요	村犬尙眠千巷月
행인도 암송하는 1만 가옥의 송덕비라	路人猶誦萬家碑
무성의 옛 노래를 그 누가 상상할까	武城古曲誰能想
이는 역시 유수 고산의 종자기라 하리[81]	流水高山亦子期

김 방백의 시에 차운하다【김억령이다.】

次金方伯韻[1]【億齡[2]】

이별 36년에 머리는 눈 덮인 듯　分離三紀雪吹頭
풍우 속의 교환을 얼마나 꾀했던가　風雨交歡幾作謀
도처에 두견이는 밤새도록 원망하고　處處蜀禽專夜怨
해마다 봄풀은 사람 향해 시름 짓네　年年春草向人愁
산천과의 약속을 내 어찌 어기겠소만　山川有約吾何負
천지와 같은 다정함을 그대는 쉬지 않는구려　天地多情子不休
병들어 누워 천 리의 붓 공연히 전하나니　病臥空傳千里葦[3]
흰 구름 나는 가을에 한 소리 긴파람일세　一聲長嘯白雲秋

1) [원] 이 시는 갑본·을본·병본·정본·무본·기본·경본·신본에는 없다.
2) [역] '齡'은 『한국불교전서』와 저본에는 '岭'으로 되어 있다.
3) [원] '葦'은 '筆'이다.(편자)

의현 선자가 한마디 말을 청하기에 답하다
賽義玄禪子求語

지묵을 생각할 때는 첫 꿈의 경계요	擬紙墨時初夢境
사량을 요하는 곳은 두 머리 기틀이라	要思量處兩頭機
꿈속에 꿈을 말함은 거듭된 망언이요	夢中說夢重重妄
머리 위에 머리 둠은 중첩된 잘못이라	頭上安頭疊疊非
사죽으로 마음 전하면 마음이 뒤엉키고	絲竹傳心心乃錯
풍운으로 법을 보이면 법이 어긋난다	風雲示法法之違
스님이여 나의 종지 알고 싶은가	師乎欲識吾宗旨
대낮의 맑은 하늘에 벼락이 치느니라	白日靑天霹靂威

이 방백의 시에 차운하다
次李方伯韻

생각하면 어릴 때 별명이 광동으로	緬惟丱歲號狂童
마음 가닥 분분하여 쑥대처럼 굴렀지	心緒紛紛轉若蓬
종유석鐘乳石을 늘 복용함은 미혹의 소치요	懸石離飢緣惑網
배사盃蛇[82]로 병을 얻음은 의심 때문이라	盃蛇得疾爲疑籠
유교와 불교를 허무 밖에서 깨뜨리고	碎儒碎釋虛無外
죽음과 삶을 적막 안으로 몰아넣는다	驅死驅生寂寞中
20년 동안 하나의 일도 없었나니	二十年來無一事
구름 가에서 주인공을 길게 부르노라	雲邊長喚主人公

금강산 미륵봉에서 우연히 읊다
金剛山彌勒峰偶吟

아무도 못 끊는 머리를 앉아서 끊나니[83]	坐斷諸人不斷頂
허다한 생멸이 결국 어디로 돌아가는고	許多生滅竟安歸
참선을 오래 하니 먼지가 문틈을 메우고	飛塵鎖隙安禪久
선방에서 드물게 나가니 잡초가 섬돌에 무성해라	碧草連階出院稀
천지가 어찌 대용을 포용하리오	天地豈能籠大用
귀신도 현기를 찾을 수 없도다	鬼神無處覓玄機
누가 알랴 누덕누덕 기운 납의 속에서	誰知一衲千瘡裏
세 발 달린 금오[84]가 한밤중에 날 줄을	三足金烏[1]半夜飛

---

1) ㉮ '烏'는 '鳥'로 되어 있다.(을본·병본·정본)

경인 법사에게 주다
贈敬仁法師[1]

20년 전 세상을 빠져나온 나그네	二十年前出世客
일찍 선지식 찾아 진여를 깨달았소	早叅知識悟眞如
산과 물 행각하며 무슨 집착 있으리오	山山水水行何着
절간과 암자에 자유롭게 거했다오	寺寺庵庵自在居
도를 즐겨 때때로 세 번 크게 웃고	樂道有時三大笑
사람 대하면 말없이 한 번 탄식할 따름	對人無語一聲噓
스님이여 서래의 굴 다시 두드려	師乎更打西來窟
윤회가 정녕 비었음을 깨달으시도록	始覺輪回定是虛

---

1) ㉠ 이 시는 갑본·을본·병본·정본·무본·기본·경본·신본에는 없다.

풍악산 능 장로에게 주다
贈楓岳山能長老[1)]

대숲 바람 소나무 달과 서로 벗하면서	竹風松月是相知
뜻 가는 대로 앉고 눕고 산보한다오	坐臥經行任意之
대각을 이룬 여래는 병든 길손 치유하고	覺滿如來差病客
자비행 원만한 보살은 우는 아이 달래네	行圓菩薩止啼兒
차 달이며 씀바귀도 뿌리까지 삶고	烹茶苦菜連根煮
밥 지으며 참취도 잎사귀째 볶는다오	齋飯香蔬帶葉炊
일생의 사업이 뭐냐고 묻는다면	人問一生何事業
그저 눈 뜨고 두 눈썹 활짝 펴리라	只這開眼展雙眉

---

1) ㉮ 이 시는 갑본·을본·병본·정본·무본·기본·경본·신본에는 없다.

매 대사에게 주다 【2수】
贈梅大師[1]【二首】

[1]

지극히 밝은 빛 속에 본래 티끌 없는데	至明光裏本無埃
눈이니 매화니 누가 이름을 붙이리오	誰着安名雪與梅
달이 진 찬 못에서 그림자를 떠내고	月落寒潭能掬影
용이 우는 고목에 공연히 머리 돌리노라	龍吟枯木首空回
세간의 갑자로는 청황이 다했지만	世間甲子靑黃盡
겁 외의 춘풍 속에 난만히 피었도다	刧[2]外春風爛熳開
비록 경천동지할 힘이 있다 해도	雖有驚天動地力
법왕의 재주는 고금에 당하기 어려워라	古今難敵法王才

[2]

티끌 먼지 벗어난 암향과 소영[85]이요	暗香疎影出塵埃
장군이 갈증 멎게 한 매화가 아니로다[86]	不是將軍止渴梅
옥질이야 서리 뒤에 서 있어야 맞겠지만	玉質本宜霜後立
금영이야 하필 봄 돌아오길 기다리랴	金英何必待春回
3천 세계가 무더기로 향기 내뿜는 속에	三千世界叢芳裏
백억의 건곤이 한 색으로 피었어라	百億乾坤一色開
금일 금산의 방장에서 보니	今日金山方丈見
용수와 마명의 재주보다 훨씬 낫구나	遠過龍樹馬鳴才

---

1) ㉮ 이 시는 갑본·을본·병본·정본·무본·기본·경본·신본에는 없다.
2) ㉲ '刧'은 '劫'이다.

박 학관의 시에 차운하다
次朴學官韻[1]

하나의 빛이 시작도 없고 끝도 없나니	一光無始亦無終
삼교의 언어 문자는 공연한 낭비로세	三教名言枉費功
불 속에 꽃 피움이 좋은 솜씨 아니요	火裏開花非好手
범 머리에 뿔 돋게 함이 신통 아니로다	虎頭生角豈神通
풍뢰 일어나는 곳에 은산이 찢어지고	風雷起處銀山裂
방할이 치달릴 때 철벽이 무너지네	棒喝馳時鐵壁窮
천상과 인간은 그저 아득하게 멀 뿐	天上人間徒縹緲
소림에 앉아 오종吾宗을 홀로 부지했도다	少林曾坐獨扶宗

---

1) ㉠ 이 시는 갑본·을본·병본·정본·무본·기본·경본·신본에는 없다.

현욱 선화에게 주다
贈玄昱禪和[1)]

평생에 줄 없는 거문고 타고 싶었지만	平生欲奏沒絃琴
동서로 지음을 못 만나 허전하기만	惆悵東西未遇音
궐리闕里의 가을 햇볕에 등을 쬐었고[87]	闕里秋陽曾灸背
소림의 차가운 달에 정신을 깨었도다	少林寒月更醒心
솔 아래 바위 위에 앉아 천지를 잊고	坐松坐石忘天地
꽃 피고 지는 걸 보며 고금을 보냈노라	花落花開送古今
진주가 못 속에 있어 못이 빛나는데	珠在澤中光在澤
어찌 광취 따라서 화침[88]을 주우리오	豈隨狂醉拾華鍼

---

1) ㉾ 이 시는 갑본·을본·병본·정본·무본·기본·경본·신본에는 없다.

대웅에게 기증하다
寄贈大雄[1]

여름날 솔바람 속에	夏日松風裏
쓰러질 듯 조그만 정자에 누웠노라	頹然臥短亭
숲이 깊어 새소리도 잘 들리고	林深能鳥語
구름이 개어 산 모습 훤히 드러났네	雲破露山形
씀바귀를 뿌리까지 그대로 달이고	苦菜連根煮
찬 샘물을 옛 병 속에 길어온다오	寒泉汲古瓶
이름을 도망치니 속진이 절로 멀고	逃名塵自遠
고요히 깃들이니 땅이 신령스러워라	栖寂地應靈
우리 집안 법도를 함부로 알지 말고	莫妄吾家法
그대여 부디 귀 씻고서 들을지어다	君須洗耳聽

---

1) ㉯ 이 시는 갑본·을본·병본·정본·무본·기본·경본·신본에는 없다.

유인을 보내며
送流人[1]

죄 얻기 전에는 까만 머리였는데	得罪前靑髮
목숨 건진 뒤에는 흰머리로 변했네	全生後白頭
풍상의 모진 고초를 당하여	風霜當大苦
천지의 은혜를 함께 입었네	天地幸同謀
도성에는 무성한 풀 빛깔이요	草色迷京國
나루 근방에는 원숭이 소리로다	猿聲傍水郵
북에서 오는 구름은 가느다랗고	北來雲細細
남으로 가는 강물은 유유하여라	南去水悠悠
만 리 길 마음 상한 나그네요	萬里傷心客
백 년 인생 죽어 가는 근심이로다	百年垂死憂
다만 지절을 굳건히 하면	但能堅志節
귀신도 억울함을 알아주리라	神鬼亦通幽

---

1) ㉲ 이 시는 갑본·을본·병본·정본·무본·기본·경본·신본에는 없다.

명감과 상주와 언화 등 여러 문도에게 보이다【2수】
示明鑑尙珠彦和諸門輩【二】[1)]

[1]

출가하여 도를 닦는 자들은	出家修道輩
가장 먼저 재물과 여색을 금할지라	財色最先禁
여럿이 거할 때는 입을 삼가고	群居須愼口
홀로 처할 때는 마음을 단속하라	獨處要防心
밝은 스승을 항상 받들어 모시고	明師常陪席
나쁜 친구와 이불 함께 덮지 마라	惡友勿同衾
말할 때는 희롱하며 비웃지 말고	語當離戲笑
잠잘 때도 혼침하지 말지어다	睡亦莫昏沉
법은 눈먼 거북이 나무에 오른 것 같고	法如龜上木
몸은 바다 속 바늘 주운 것과 같도다[89]	身若海中鍼
회광[90]은 참으로 즐거운 일이거니	回光眞樂事
어찌 차마 좋은 세월 저버리겠는가	忍負好光陰

[2]

지원을 산해와 같이 하여	志願如山海
기필코 대각의 성에 오를지라	期超大覺城
스승을 가리고 벗을 가려서	擇師兼擇友
정묘하고 정명하게 정진하여라	精妙更精明
앉을 때는 서쪽을 향해 앉고	坐必向西坐
걸을 때는 땅을 보고 걸어라	行須視地行

---

1) ㉺ '二'는 갑본·을본·병본·정본·무본·기본·경본·신본에는 없다.

하루 한 끼로 시장기를 면하고	療身常一食
3경에만 잠깐 눈을 붙여라	許睡限三更
불서佛書를 손에서 놓지 말고	金書不離手
외전에 마음을 두지 말라	外典莫留情
인간 세상이 즐겁다 말하지만	人世雖云樂
죽음의 악마가 금방 닥치느니라	死魔忽可驚
우리는 실사를 논할 뿐이니	吾儕論實事
어찌 헛된 이름을 숭상하리오	安得尙虛名

천감 선자가 나에게 매우 은근하고 간절하게 한마디 말을 청하였다. 그래서 내가 먼저 자신을 책망하며 선자의 잘못을 지적하였으니, 선자도 스스로 책망하는 것이 옳을 것이다

天鑑禪子。求我於一言。勤勤懇懇。我先嘖自己。以及於師。師亦自責可也。

일생을 아무 기량도 없이	一生無伎倆
그냥 백발의 늙은이가 되었도다	虛作白頭翁
종이를 뚫어 깨달음을 구함은	鑽紙求眞覺
모래를 쪄서 밥 짓는 것과 같도다[91]	蒸沙立妄功
허공 꽃을 바위 위에 심고	空花栽石上
끓는 물을 목구멍으로 삼키도다	燄水吸喉中
사변[92]의 그물을 빠져나오지 못하고	難出四邊網
팔도[93]의 바람을 늘 따르누나	長隨八倒風
진주를 쥐고서도 구걸함이 슬프고	持珠悲乞丐
보배를 지니고도 빈궁함이 한스럽다	守藏恨貧窮
나의 가보를 알고 싶은가	欲識吾家寶
가을 하늘 점점이 나는 기러기로다	秋天亂點鴻

인오 선자가 게송을 청하기에 답하다
賽印悟禪子求偈

10년 동안 지팡이 날렸나니	十年飛桝楪
구름과 물 따라 강과 호수로세	雲水與江湖
홀로 앉으니 암자 더욱 고요하고	獨坐庵猶靜
빈 창가에 달이 또한 외로워라	虛窓月亦孤
천 리 멀리 떨어진 고향이여	故鄕千里遠
집안에 부모님이 모두 계시네	萱室兩親俱
푸른 바다는 아득히 초나라까지	碧海遙連楚
푸른 하늘은 반쯤 오나라 속에	靑天半入吳
중은 애정을 끊는다고 일컫지만	雖稱割愛釋
나무 팔던 노盧[94]를 차마 저버리랴	忍負賣柴盧
신세는 아침에 맺힌 이슬이요	身世凝朝露
광음은 틈을 지나는 망아지로세[95]	光陰過際駒
공부는 발분하는 것이 우선이니	做工先發憤
진리를 위해서는 한 몸을 잊어야지	爲法便忘軀
활구의 의심 덩어리 깨뜨려야만	活句疑團破
비로소 대장부라고 일컬으리라	方名大丈夫

원효사에서 묵다
宿元曉寺[1]

띠풀 우거진 따스한 봄날	矛草三春日
진경眞景 찾아서 호계를 건너네	尋眞過虎溪
꽃잎 날리기엔 바람이 약하고	花飛風弱力
산이 고요해서 새소리 잘 들리네	山靜鳥能啼
항상 거문고 연주하는 시냇물 소리요	鳴澗琴常奏
칼끝이 들쭉날쭉한 층층의 봉우리라	層峰釰[2]不齊
구름 깊은 곳에선 중이 선정에 들고	雲深僧入定
늙은 소나무엔 학이 둥지를 옮겨 왔네	松老鶴移栖
바둑 두던 사람은 어디로 갔나	着[3]局人何去
자욱이 이끼 덮여 길을 혹 잊을 듯도	封苔路欲迷
밤에 맑은 꿈을 깨고 보니	夜來淸夢罷
배나무에 걸린 달이 창가에 다소곳	梨月向囱[4]低

---

1) ㉿ '寺'는 '庵'으로 되어 있다.(갑본·을본·병본·정본·무본·기본·경본·신본)
2) ㉿ '釰'은 '劍'으로 되어 있다.(갑본·을본·병본·정본·무본·기본·경본·신본)
3) ㉿ '着'은 '著'으로 되어 있다.(갑본·을본·병본·정본·무본·기본·경본·신본)
4) ㉿ '囱'은 '窓'으로 되어 있다.(갑본·을본·병본·정본·무본·기본·경본·신본)

칠언배율
七言排律[1]

원교송
圓教頌[2]

도가 평상에 합하고 이단을 끊었나니	道合平常絶異端
이생에 다시는 사설에 미혹됨 없으리	此生無復惑邪說
우뚝 솟은 묘봉은 볼수록 더욱 높고	妙峯嶷嶷仰彌高
광대무변한 법해는 아무리 떠내도 마르지 않네	法海源源酌不竭
삼급의 물고기 나는(飛) 물속의 하늘이요[96]	三級魚飛水底天
천년의 학이 서 있는 소나무 끝의 달이라	千年鶴立松梢月
개병[97]이 역력하여 그림자가 분명하고	芥瓶歷歷影昭昭
제망[98]이 중첩하여 빛이 서로 통하도다	帝網重重光豁豁
백억의 건곤이 발아래 숨어 있고	百億乾坤足下藏
8천의 경권이 흉중에서 나오도다	八千經卷胸中出
높고 낮은 강산이 모두 보리요	高低岳瀆盡菩提
크고 작은 생물이 죄다 해탈하도다	大小毛鱗俱解脫
우스워라 산승의 이 한 노래여	可笑山僧一葛藤
이 노래도 화로에 지는 눈발이로다	葛藤亦是紅爐雪

---

1) ㉘ '七言排律'은 갑본·을본·병본·정본·무본·기본·경본·신본에는 없다.
2) ㉘ 이 시는 갑본·을본·병본·정본·무본·기본·경본·신본에는 없다.

주

1 10주十洲 : 신선이 산다는 열 군데의 명승으로, 삼신산三神山과 같은 선경仙境을 가리킨다.
2 산천을 달이고 세계를 간직하며 : 도교道敎 팔선八仙의 하나로 일컬어지는 여동빈呂洞賓의 시에 "곡식 한 알 속에 세계를 간직하고, 반 되의 냄비 속에 산천을 달인다.(一粒粟中藏世界。半升鐺裏煮山川。)"라는 말이 나온다.(『全唐詩』 권857 「呂巖」, 『五燈會元』 권8 「呂巖眞人」(X80, 179b23) 참조〕 동빈洞賓은 여암呂巖의 자字이다.
3 육기六氣를 먹고 삼광三光을 능가하도다 : 섭생을 잘하여 불로장생한다는 말이다. 육기는 조단朝旦의 기운인 조하朝霞, 일중日中의 기운인 정양正陽, 일몰日沒의 기운인 비천飛泉, 야반夜半의 기운인 항해沆瀣, 천천의 기운, 지지의 기운을 말한다. 참고로 『초사楚辭』〈원유遠遊〉에 "육기를 먹고 항해를 마시며, 정양으로 입을 가시고 조하를 머금는다.(餐六氣而飮沆瀣兮。漱正陽而含朝霞。)"라는 말이 나온다. 삼광은 해와 달과 별을 가리킨다.
4 단대丹臺와 벽동碧洞 : 모두 도관道觀을 가리키는데, 여기서는 사원을 뜻하는 말로 쓰였다. 청관淸觀·자궁紫宮·은궁銀宮·금궐金闕·단방丹房·벽동碧洞·단대丹臺가 모두 도관의 별칭이라는 말이 『사물이명록事物異名錄』 「선도仙道」〈도원道院〉에 나온다.
5 창진窓塵 : 근진根塵, 즉 육근六根과 육진六塵을 가리킨다. 육근은 인식 주체인 인간의 안眼·이耳·비鼻·설舌·신身·의意를 말하고, 육진은 인식 대상인 색色·성聲·향香·미味·촉觸·법法을 말한다. 창은 외물과 통하는 창문이라는 뜻으로, 육근을 그렇게 표현한 것이다.
6 흰 구름 속의 황학 : 옛날 선인仙人인 자안子安이 황학黃鶴을 타고 내려온 곳에 황학루黃鶴樓라는 누각을 세웠다는 전설이 전하는데, 이를 소재로 읊은 당唐나라 최호崔顥의 〈황학루〉 시에 "황학은 한 번 떠나 다시 돌아오지 않고, 흰 구름만 천년토록 부질없이 떠 있도다.(黃鶴一去不復返。白雲千載空悠悠。)"라는 명구가 나온다.
7 옛날 소蘇~나를 찾아왔고 : 소 학사는 송宋나라 소식蘇軾을 가리킨다. 그가 동림사東林寺에 가서 묵으면서 조각 선사照覺禪師와 무정화無情話를 논하다가 깨달은 바가 있어 시를 지어 바친 고사가 있다.〔『五燈會元』 권17 「東林總禪師法嗣」(X80, 364b20) 참조〕 그 시를 소개하면 다음과 같다. "시냇물 소리가 바로 광장설이니, 산 빛이 어찌 청정한 법신法身이 아니리오. 어젯밤 자각한 8만 4천 게송을, 뒷날 어떻게 사람들에게 알려 주리오.(溪聲便是廣長舌。山色豈非淸淨身。夜來八萬四千偈。他日如何擧示人。)" (『蘇東坡詩集』 권23 〈贈東林總長老〉 참조〕 광장설廣長舌은 부처의 이른바 서른두 가지

대인상大人相 가운데 하나로, 얼굴을 다 덮고 머리까지 올라간다는 긴 혀를 말하는데, 설법을 뛰어나게 잘하는 것을 말한다. 장광설長廣舌이라고도 한다. 총 장로總長老는 동림사의 주지인 임제종臨濟宗 승려 상총常總을 가리킨다. 조각照覺은 상총의 자字이다. 또 상총常聰이라고도 한다.

8 이 처사는~나와 이야기했지 : 이 처사는 당唐나라 이섭李涉을 가리킨다. 죽원은 사원을 뜻한다. 그의 〈제학림사승사題鶴林寺僧舍〉 시에 "절간을 지나다가 스님과 얘기 나눴나니, 떠도는 몸 반나절의 한가함을 또 얻었네.(因過竹院逢僧話。又得浮生半日閑。)"라는 구절이 나온다.(『全唐詩』 권477 참조)

9 위로 솔개가~뛰는 것 : 『중용中庸』에 "『시』에 이르기를, '솔개는 날아서 하늘에 이르고, 물고기는 못에서 뛴다' 하였으니, 이는 천지의 도가 위와 아래에 밝게 드러난 것을 말한 것이다.(詩云鳶飛戾天。魚躍于淵。言其上下察也。)"라는 말이 나온다.

10 무극옹無極翁 : 염계濂溪 주돈이周敦頤의 별칭이다. 그가 『태극도설太極圖說』에서 무극이태극無極而太極의 이론을 제창했기 때문이다.

11 눈빛 마주치며~없는 속에 : 『장자』「전자방田子方」에 "그런 사람들은 언뜻 눈빛을 마주치기만 해도 그 속에 도가 들어 있음을 짐작케 한다.(若夫人者。目擊而道存。)"라는 말이 나오는데, 서로 쳐다보기만 해도 상대방의 마음을 이해하여 굳이 말을 할 필요가 없는 지기知己를 뜻한다.

12 창해滄海 : 참고로 본 서 제7권에 「양 창해에게 답한 글(答楊滄海書)」이 있다.

13 낙양을 가지~푸르고 푸른데 : 옛날 낙양의 다리 위에서 버들가지를 꺾어 작별 선물로 주었던 고사가 있으므로 이렇게 말한 것이다. 참고로 백거이白居易의 시에 "도성문 가까이 송별을 많이 하는지라, 버들가지 모두 꺾여 봄바람이 줄었도다.(爲近都門多送別。長條折盡減春風。)"라는 명구名句가 나온다.(『白樂天詩集』 권19 〈靑門柳〉 참조)

14 저 흰 구름~멀리 있네 : 어버이를 간절히 생각하는 효자의 심정을 비유할 때 쓰는 표현이다. 당唐나라 적인걸狄仁傑이 병주並州의 법조참군法曹參軍이 되어 태항산太行山을 넘어가던 중에 흰 구름이 외로이 떠가는 남쪽 하늘을 바라보면서 "저 구름 아래에 우리 어버이가 계신다.(吾親所居。在此雲下。)"라고 하고는 한참 동안 머물러 있다가 구름이 다른 곳으로 옮겨 간 뒤에야 다시 길을 떠났다는 고사에서 유래한 것이다.(『舊唐書』「狄仁傑傳」 참조)

15 남가南柯의 커다란 꿈속 : 인생의 부귀영화가 모두 덧없는 한바탕 꿈속의 세계라는 말이다. 순우분淳于棼이란 사람이 괴목槐木 아래에 술 취해서 잠깐 누워 잠든 사이에 괴안국槐安國의 부마駙馬가 되어 남가南柯의 태수로 30년 동안 있으면서 온갖 부귀영화를 누렸는데, 꿈을 깨고 보니 괴안국은 바로 괴목의 남쪽 가지 밑에 있는 개미의 구멍이었다는 이야기가 당唐 이공좌李公佐의 『남가태수전南柯太守傳』에 나온다.

16 내가 저번에~많이 하였느니라 : 여행 도중에도 늘 잊지 않고 생각하였다는 말이다.

작액斫額은 오른손을 이마에 대고 멀리 바라보는 것을 뜻한다. 참고로 『벽암록碧巖錄』 70칙(T48, 0199b20)에 "아무도 없는 곳에서 이마에 손을 대고 너 있는 곳을 바라본다.(無人處斫額望汝)"라는 말이 나온다.

17 피대皮袋 : 가죽부대라는 말로, 사람의 구각軀殼을 비유한 말이다. 불가佛家에서는 사람의 몸속에 가래·눈물·똥·오줌 등이 들어 있다고 하여 인체를 취피대臭皮袋, 즉 냄새나는 가죽부대라고 칭한다.

18 사대四大 : 불교에서 말하는 색법色法, 즉 물질을 구성하는 사대 원소로, 지地·수水·화火·풍風을 가리키는데, 여기서는 사람의 육신이라는 뜻으로 쓰였다.

19 삼계는 진실로 불난 집이로다 : 각종 미혹에 빠져 고통 받는 중생의 세계를 불난 집에 비유한 것인데, 『법화경法華經』 「비유품比喩品」에 삼계화택三界火宅의 비유가 나온다. 삼계는 욕계欲界·색계色界·무색계無色界를 말한다.

20 눈먼 거북이~만난 것이다 : 사람의 몸을 얻어서 한 번 불법佛法을 듣는 것이 매우 어렵다는 뜻으로 쓰이는 비유이다. 백 년에 한 번 바다 위로 머리를 내미는 눈먼 거북이 물결에 떠다니는 나무토막을 만나는 것과 같다는 맹귀부목盲龜浮木의 이야기가 『잡아함경雜阿含經』 권15에 나온다.

21 사은四恩 : 불교에서 말하는 네 가지의 중한 은혜를 말한다. 부모은父母恩·중생은衆生恩·국왕은國王恩·삼보은三寶恩, 혹은 사장은師長恩·부모은·국왕은·시주은施主恩, 혹은 천하은天下恩·국왕은·사장은·부모은 등 여러 가지 설이 있다.

22 출가한 마음을~구족을 구제할지어다 : "자손 하나가 출가하면 구족이 하늘에 난다.(一子出家九族生天)"라는 불가佛家의 말이 전한다. 구족九族은 고조高祖로부터 현손玄孫까지의 친척을 말한다.

23 뒷날 등을~주기를 바라며 : 고령개배古靈揩背의 화두에서 나온 말로, 깨달음을 얻은 뒤에 한마디 일러 주기를 바란다는 말이다. 당唐나라 고령 신찬古靈神贊 선사가 복주福州 대중사大中寺에서 수업하다가 본사本師를 작별하고 행각하던 중에 백장 회해百丈懷海를 만나 깨달음을 얻은 뒤에 본사에게 돌아왔는데, 본사가 목욕하면서 때를 밀어 달라고 하자, 고령 선사가 등을 문지르면서 "법당은 좋은데 부처는 성스럽지 않다.(好所佛堂。而佛不聖。)"라고 하니, 본사가 머리를 돌려 바라보자, 고령 선사가 다시 "부처가 성스럽지 않아도 광명을 발할 수 있다.(佛雖不聖。且能放光。)"라고 말한 일화에서 유래한 것이다.[『五燈會元』 권4 「古靈神贊」(X80, 90b14) 참조]

24 사량사량似量 : 인명因明, 즉 불교 인식론의 용어로 비량非量과 같은 말이다. 사현량似現量, 즉 현량과 비슷하지만 현량이 아니고, 사비량似比量, 즉 비량과 비슷하지만 비량도 아닌 잘못된 인식을 말한다. 예컨대 안개를 연기로 여기고서 불이 났다고 착각하는 것이 그것이다. 현량現量은 감각을 통한 경험적 지식을 말하고, 비량比量은 추론에 의한 이성적 지식을 말한다.

25 하늘과 땅의~잠깐 부쳤네 : 이백李白의 「춘야연도리원서春夜宴桃李園序」에 "하늘과 땅은 만물의 여인숙이요, 흐르는 세월은 백대의 나그네이다. 부평초 같은 인생이 꿈과 같으니, 기쁨을 즐기는 것이 얼마나 되겠는가.(夫天地者。萬物之逆旅。光陰者。百代之過客。而浮生若夢。爲歡幾何。)"라는 말이 나온다. 또 『금강반야바라밀경金剛般若波羅蜜經』 마지막 부분의 「응화비진분응화비진분應化非眞分」에 "이 세상의 모든 현상은 꿈과 같고 허깨비와 같고 물거품과 같고 그림자와 같고, 또한 아침 이슬이나 번갯불과 같으니, 응당 이렇게 살펴보아야 할 것이다.(一切有爲法。如夢幻泡影。如露亦如電。應作如是觀。)"라는 말이 나온다.

26 큰 고래에~하얀 물결 : 참고로 이백李白의 시에 "은빛 누대는 거꾸로 박힌 산 그림자 속에서 나오고, 흰 물결은 큰 고래에 의해 뒤집혀 번득인다.(銀臺出倒景。白浪翻長鯨。)"라는 표현이 나온다.(『李太白集』 권19 〈遊泰山〉 참조)

27 적묵寂默 : 묵조선黙照禪을 가리킨다. 송대宋代 조동종曹洞宗의 굉지 정각宏智正覺 선사가 창도한 선풍禪風인데, 동시대 임제종臨濟宗의 대혜 종고大慧宗杲로부터 고목사회枯木死灰와 같은 선이라고 혹평을 받았다. 대혜 종고는 간화선看話禪을 위주로 하는데, 서산 역시 이 간화선을 극력 지지하는 입장이다.

28 여년驢年에야 비로소 나갈 수 있으리라 : 영원히 불가능할 것이라는 말이다. 12지十二支 중에 여년, 즉 나귀의 해는 없는 데에서 유래한 말이다. 당唐나라 고령 신찬古靈神贊 선사가 어느 날 창 아래에서 불경을 보다가 벌이 창호지를 뚫고 나가려는 것을 보고는 "세계가 이처럼 드넓은데 그쪽으로 나가려고는 하지 않고, 저 묵은 종이만을 뚫으려 하다니, 나귀의 해에야 나갈 수 있겠구나.(世界如許廣闊。不肯出。鑽他故紙。驢年去得。)"라고 탄식한 고사가 전한다.[『景德傳燈錄』 권9 「古靈神贊」(T51, 268a10) 참조]

29 용상龍象 : 물속의 용과 땅 위의 코끼리처럼 큰 힘을 지닌 아라한阿羅漢이라는 뜻의 불교 용어인데, 보통 고승高僧의 대명사로 쓰인다.

30 구름이 푸르고~누워서 본다네 : 참고로 두보杜甫의 시에 지조 없이 변덕을 부리는 염량세태炎凉世態를 비유하면서 "하늘 위의 뜬구름 백의 같더니, 어느새 푸른 개로 바뀌었네. 예로부터 지금까지 언제나 있었을 이 한때여, 인생 만사 이와 같지 않았던 적 없었나니.(天上浮雲似白衣。斯須改變如蒼狗。古往今來共一時。人生萬事無不有。)"라고 표현한 구절이 있다.(『杜少陵詩集』 권21 〈可歎〉 참조)

31 영지 캐는 사람 : 산속의 은자隱者라는 말이다. 진秦 말기에 난리를 피하여 상산商山에 은거한 네 노인, 즉 동원공東園公·기리계綺里季·하황공夏黃公·녹리 선생甪里先生 등 사호四皓가 자지紫芝, 즉 자줏빛 영지버섯을 캐먹으면서 〈자지가紫芝歌〉를 지어 부른 고사에서 유래한 것이다.

32 그림자 냇물~마음을 쉬었네 : 조동종曹洞宗의 개조開祖인 동산 양개洞山良价 선사가

그의 스승 운암 담성雲巖曇晟을 하직하고 길을 가다가 냇물을 건널 때에 자기 그림자가 수면에 비친 것을 보고는 크게 깨달아, "그는 지금 바로 나인데, 나는 지금 그가 아니다.(渠今正是我。我今不是渠。)" 운운의 게송을 읊은 고사가 전한다.(『景德傳燈錄』 권15(T51, 321c12) 참조]

33 신독身毒 : 인도의 옛 이름으로, 천축天竺과 같은 말이다. 『후한서後漢書』「서역전西域傳」에 "천축국은 신독이라고도 하는데, 월지에서 동남쪽으로 수천 리 떨어져 있으며, 풍속은 월지와 같다.(天竺國。一名身毒。在月氏之東南數千里。俗與月氏同。)"라는 말이 나온다.

34 임제臨濟의 할喝 : 당唐 임제 의현臨濟義玄이 학승學僧을 지도할 때 분별심을 내어 생각할 틈을 주지 않고 다그쳐서 견성見性을 하게 할 목적으로 쓰던 특수한 방법의 하나로, 보통 선가의 준엄한 가풍家風을 이야기할 때 덕산 선감德山宣鑑 선사의 방망이라는 뜻의 덕산방德山棒과 함께 이 임제할臨濟喝이 병칭된다.

35 푸른 하늘~묻는다면 옳겠는가 : 이백李白의 〈술잔을 잡고 달에게 묻는다(把酒問月)〉라는 시에 "푸른 하늘에 달 있은 지 얼마나 되었는가. 내 이제 술잔 멈추고 한번 묻겠노라.(青天有月來幾時。我今停杯一問之。)"라고 하면서, "지금 사람은 옛 달을 보지 못했어도, 지금 달은 일찍이 옛사람을 비췄겠지.(今人不見古時月。今月曾經照古人。)"라고 운운한 명구가 나온다.

36 나 홀로~누가 말하는고 : 전국시대 초楚 굴원屈原의 「어부사漁父辭」에 "온 세상이 모두 혼탁한데 나만 홀로 맑고, 사람들 모두가 취했는데 나만 홀로 깨어 있다.(舉世皆濁我獨淸。衆人皆醉我獨醒。)"라는 말이 나온다.

37 소매 속에는 청사가 꿈틀 : 여동빈이 악양루岳陽樓에 제한 시에, "아침에 북해에서 노닐다가 저녁에는 창오산, 담기膽氣가 크기도 해라. 소매 속의 청사로세. 세 번 악양에 왔어도 아는 사람 없이, 시 한 수 읊조리며 동정호 날아 지나가네.(朝遊北海暮蒼梧。袖裏青蛇膽氣麤。三入岳陽人不識。朗吟飛過洞庭湖。)"라는 말이 나온다.(『事文類聚』 전집 권34 〈洞賓遊岳陽〉 참조)

38 냄비 속은 산천이 조그맣고 : 제1권 156면 주 2 참조.

39 호리병 속은 일월의 하늘이라 : 후한後漢의 술사術士 비장방費長房이 시장에서 약을 파는 선인仙人 호공壺公을 따라 그의 호리병 속으로 들어갔더니, 그 안에 일월이 걸려 있고 신선 세계가 펼쳐져 있었는데, 그 고대광실 안에서 맛좋은 술과 음식을 실컷 먹고 나왔다는 전설이 전한다.(『後漢書』 권82 하 「費長房傳」, 『神仙傳』 「壺公」 참조)

40 여섯 마리 미후獼猴 : 중생의 육근六根, 안眼·이耳·비鼻·설舌·신身·의意를 비유한 말이다. 미후는 원숭이의 일종으로, 성질이 조급하고 경박하여 길들이기 어려우므로 범부 중생을 비유하는 말로 흔히 쓰인다.

41 중향성衆香城 : 담무갈曇無竭의 주처住處인 금강산을 가리킨다. 담무갈은 범어

Dharmodgata의 음역音譯으로, 『신화엄경新華嚴經』 권45 「보살주처품菩薩住處品」에 나오는 보살 이름인데, 보통 법기보살法起菩薩로 많이 알려져 있다. 문수보살文殊菩薩이 오대산五臺山을 주처로 삼는 것처럼, 담무갈은 영산靈山인 금강산에 거한다고 하는데, 금강산에 대해서는 이설異說이 있으나 보통은 우리나라의 금강산이라는 것이 통설이다.

42 지팡이가 닿으니 용도 따라 울고 : 후한後漢의 술사術士 비장방費長房이 호공壺公에게서 얻은 죽장竹杖을 타고 하늘을 날아 고향에 돌아온 뒤에 그 지팡이를 갈파葛坡 언덕 속에다 던졌더니 순식간에 용으로 변해 사라졌다는 전설이 전한다.(『後漢書』 「方術傳下」〈費長房〉 참조)

43 배가 침몰하니 칼도 슬퍼하네 : 각주구검刻舟求劍의 고사를 인용하여 그의 무지함을 지적한 것이다.

44 현주玄珠는 적수赤水에 빠뜨리고 : 도를 잃어버린 것을 비유한 말이다. 황제黃帝가 적수에서 노닐고 돌아오다가 현주를 잃어버렸는데 상망象罔이 찾아내었다는 이야기가 『장자』 「천지天地」에 나온다.

45 지보至寶는 봄 못 속에 어두워라 : 중생이 어리석어서 자기 안에 있는 불성佛性을 밝히지 못함을 비유한 말이다.

46 총령葱嶺 : 달마達摩가 중국에서 열반한 뒤에 신발 한 짝을 들고 총령을 넘어 서역으로 갔다는 전설이 『경덕전등록景德傳燈錄』 권3(T51, 220a15)에 전한다.

47 일척안一隻眼 : 선림禪林의 용어로, 범부의 육안肉眼이 아니라 진실한 정견正見을 갖춘 별도의 심안心眼이라는 말이다. 정문안頂門眼 혹은 활안活眼이라고도 한다.

48 종남終南 : 종남대덕終南大德의 준말로, 걸출한 승려를 비유하는 말이다. 장안長安에 있는 종남산終南山은 보통 남산南山으로 칭해지는데, 이곳에서 대대로 수많은 고승이 배출되었다. 당대唐代 화엄종華嚴宗의 개조開祖인 두순杜順, 즉 법순法順은 종남산에 은거하여 종남 법순終南法順으로 일컬어졌고, 정토종淨土宗의 선도善導는 이곳에서 염불 수행을 하여 세상에서 종남 대사終南大師라고 칭해졌으며, 율종律宗의 도선道宣도 이곳에서 사분율종四分律宗을 선양하였으므로 그 계통을 남산율종南山律宗이라고 부른다.

49 만약 서래의~와서 묵을고 : 서산이 제자 유정의 깨달음의 경지를 인정해 주는 말이다. 서래西來는 조사서래의祖師西來意의 준말이다. 이는 달마達磨가 서쪽 인도에서 중국에 건너와 불법佛法을 전한 진의가 무엇인지를 묻는 선종의 화두이다. 또 당唐 영가 현각永嘉玄覺 선사가 육조 혜능慧能을 찾아갔을 때 그의 깨달음의 경지가 육조와 계합이 되자 육조가 하룻밤만이라도 묵고 가라고 청했기 때문에 그를 일숙각一宿覺이라고 불렀다는 일화가 유명하다. 『景德傳燈錄』 권5 「溫州永嘉玄覺禪師」(T51, 241a27) 참조]

50 승사繩蛇의 미혹 : 노끈을 뱀으로 착각하는 것을 말한다. 유식唯識 계통의 불교 종파에서 말하는 삼성三性 중의 하나인 망집妄執의 변계소집성遍計所執性을 설명할 때 흔히 거론하는 사례의 하나로, 밤중에 노끈을 뱀으로 오인하는 것처럼 실체가 없는 것을 있다고 인식하면서 집착하는 오류를 가리킨다.

51 올목杌木의 마음 : 구름이 달을 가린 희미한 밤에 길을 가다가 하나의 올목을 보고는 귀신이라고 여겨 두려워하는 마음으로, 승사의 미혹과 같은 뜻인데, 당唐 화엄종 사조인 징관澄觀의 『화엄경수소연의초華嚴經隨疏演義鈔』 37권에 이에 대한 설명이 나온다.

52 뛰어난 의원의~제대로 긁어내겠는가 : 옛날 인도의 양의良醫가 금비金錍를 가지고 맹인의 눈알에 덮인 희끄무레한 백태白苔를 긁어내어(刮眼膜) 광명을 되찾게 해주었다는 금비괄목金錍刮目의 고사가 『열반경涅槃經』 권8에 나온다. 금비는 안과 수술용 쇠칼을 뜻한다.

53 양의 길 : 양이 도망친 길이라는 말이다. 달아난 양을 잡으려고 쫓아가다가 '갈림길 속에 또 갈림길이 있어서(岐路之中, 又有岐焉),' 끝내는 양을 잃어버리고 말았다는 망양지탄亡羊之歎의 고사에서 나온 것으로, 진리를 깨닫기 어려운 것을 비유하는 말로 쓰인다.(『列子』「說符」참조)

54 해어진 종이로~할 뿐일세 : 문자를 통해 불법佛法을 체득하려는 교종敎宗의 폐단을 지적한 것이다. 해어진 종이는 불경의 문자를 비유한 말이다.(제1권 159면 주 28 참조) 참고로 『벽암록碧巖錄』 서문(T48, 139b23)에 "말법 이래로 해어진 종이에서 묘심을 구하려 하고, 교묘한 말솜씨에 정법을 부치려 하니, 이를 어쩌면 좋단 말인가.(奈何末法以來。求妙心於瘡紙。付正法於口談)"라는 삼교 노인三敎老人의 말이 나온다.

55 갈등葛藤 : 칡덩굴이 마구 뒤엉켜 벋어나가듯 언어와 문자에 사로잡혀 빠져나오지 못하는 병통을 뜻하는 선림禪林의 용어이다.

56 서천의 대법왕으로부터~골수가 전해졌네 : 석가모니의 법통이 마하가섭摩訶迦葉으로부터 보리달마菩提達摩를 거쳐 중국의 육조 혜능慧能에까지 이어졌다는 말이다. 대법왕은 석가모니를 가리킨다. 마하가섭은 석가의 수제자로서 서천의 제1조로 꼽힌다. 보리달마는 서천의 28조로서 중국에 건너와 중국 선종禪宗의 초조初祖가 되었다고 한다.

57 담판擔板 : 선림禪林의 용어인 면장담판面牆擔板의 준말로, 하나만 알고 둘은 모르는 꽉 막힌 사람을 비유하는 말이다. 면장, 즉 담벼락을 마주하고 앉은 자는 안목이 한쪽에만 국한되게 마련이고, 담판, 즉 널빤지를 등에 지고 가는 자는 앞만 볼 뿐 뒤는 보지 못하는 데에서 유래한 말이다.

58 대원경大圓鏡 : 『원각경圓覺經』에 나오는 본원청정대원경本源淸淨大圓鏡의 준말로, 중생이 본래 지니고 있는 불성佛性을 비유한 말이다.

59 담화曇花 : 불교에서 말하는 인도의 상서로운 꽃 우담발화優曇鉢花의 준말이다. 꽃이 꽃턱(花托) 속에 숨어 있다가 한 번 피고 나면 곧바로 오므라들어서 사람들이 쉽게 볼 수 없기 때문에 무화과無花果 꽃이라고 부르기도 한다. 불교 전설에 의하면, 이 꽃은 3천 년에 한 번 핀다고 하며, 부처가 세상에 출현하여 설법하는 것을 비유하는 말로 쓰이곤 한다.

60 인간 세상에서는~세계에서는 복수미福須彌로세 : 『화엄경』 권72 「입법계품入法界品」에 이 이름을 가진 대왕에 대한 설명이 나온다.

61 팔채八彩의 눈썹 : 성인이나 제왕의 눈썹을 가리킨다. '八彩'는 '八采'라고도 한다. "옛날 요임금은 신장이 10척이고, 눈썹이 여덟 가지 색깔로 나뉘었다.(昔堯身修十尺。眉分八采。)"라는 말에서 유래한 것이다.(『孔叢子』「居衛」 참조)

62 천지 또한 한단邯鄲이로세 : 한단지몽邯鄲之夢의 고사를 염두에 두고 표현한 것이다.

63 이슬에 젖은~의관이라 할까 : 참고로 이백李白의 〈등금릉봉황대登金陵鳳凰臺〉에 "오나라 궁중의 화초는 오솔길에 묻혀 있고, 진나라 시대의 의관은 오랜 무덤을 이루었네.(吳宮花草埋幽徑。晉代衣冠成古丘。)"라는 표현이 나온다.

64 달이 뜨니~위수가 차다다 : 참고로 북송北宋 마존馬存의 〈호호가浩浩歌〉에 "그대는 보지 못했는가. 위수 어부의 한 낚싯대와 신야 농부의 몇 이랑 벼를.(君不見渭川漁父一竿竹。莘野耕叟數畝禾。)"이라는 표현이 나온다.

65 나라의 그물을~광채가 차갑도다 : 황 진사가 지금은 초야에 묻혀 있지만 앞으로 나라를 위해 큰 경륜을 펼칠 것이라는 말이다. 한漢나라 동중서董仲舒의 「대책문對策文」 가운데 "연못을 내려다보며 물고기만 탐내기보다는, 뒤로 물러나서 그물을 짜는 것이 나을 것이다.(臨淵羨魚。不如退而結網。)"라는 속담이 나온다.(『漢書』「董仲舒傳」 참조) 또 용천龍泉과 태아太阿의 두 보검이 중국 풍성豊城 땅에 묻혀 있으면서 밤마다 북두성과 견우성 사이에 자기紫氣를 발산했다는 전설이 있다.(『晉書』 권36 「張華傳」 참조)

66 영랑永郎 : 신라 사선四仙의 하나이다. 영랑과 술랑述郎·남석랑南石郎·안상랑安詳郎이 고성 삼일포 앞에서 사흘 동안 노닌 것을 기념하기 위해 사선정을 세웠다고 한다.

67 고조의 집~실과 같네 : 송宋의 철인哲人 소강절邵康節의 『격양집擊壤集』 권20에 나오는 시를 그대로 인용한 것이다. 다만 '高祖宅中花似錦'이 『격양집』에는 '高祖宅前花似錦'으로 되어 있다.

68 등산소로登山小魯 : 공자가 산에 올라가 노나라를 작게 여겼다는 고사를 말한다. 『맹자』「진심盡心」 상에 "공자가 동산에 올라가서는 노나라를 작게 여겼고, 태산에 올라가서는 천하를 작게 여겼다.(孔子登東山而小魯。登太山而小天下。)"라는 말이 나온다.

69 혜고蟪蛄는 예로부터 봄여름을 다투고 : 혜고는 가을 매미이다. 참고로 『장자』「소요

유逍遙遊」에 "하루살이 벌레는 초하루와 그믐을 알지 못하고, 가을 매미는 봄과 가을을 알지 못한다.(朝菌不知晦朔。蟪蛄不知春秋。)"라는 말이 나온다.

70 형영形影 : 형체와 그림자라는 말이다.『장자』「천하天下」에 "형체와 그림자가 서로 빨리 달리려고 경쟁하는 것과 같으니, 슬픈 일이다.(形與影競走也。悲夫。)"라는 말이 나온다.

71 기현蘷蚿 : 외발 짐승과 발이 많은 노래기라는 말이다. 참고로『장자』「추수秋水」에 "기蘷는 노래기를 부러워하고, 노래기는 발이 없어도 빨리 가는 뱀을 부러워한다.(蘷憐蚿。蚿憐蛇。)"라는 말이 나온다.

72 하지장賀知章 : 이태백李太白을 만나 적선謫仙이라고 일컬은 것으로 유명한 당唐 현종玄宗 때의 사람이다. 현종 개원開元 연간에 비서감祕書監으로 있다가 그의 고향인 회계산會稽山 경호鏡湖의 도사道士로 나가게 해줄 것을 청하자, 현종이 경호 한 구비(一曲)를 하사하였으므로 경호를 하감호賀鑑湖 혹은 줄여서 감호鑑湖로 부르게 되었다.

73 차군루此君樓 : 차군은 대나무의 애칭이다. 진晉의 왕휘지王徽之가 주인이 없는 빈집에 잠시 거처할 적에 대나무를 빨리 심도록 다그치자, 사람들이 그 이유를 물으니, "어떻게 하루라도 차군 없이 지낼 수가 있겠는가.(何可一日無此君耶)"라고 대답한 고사에서 유래한 것이다.(『晉書』권80「王徽之傳」참조) 왕휘지는 명필 왕희지王羲之의 아들이다.

74 한산韓山의 소객騷客 : 한산이 고향인 목은牧隱 이색李穡을 가리킨다.

75 벽 위의~유柳와 한韓이로세 : 현판에 걸린 시문들이 모두 명작이라는 말이다. 유와 한은 당송팔대가唐宋八大家에 속하는 당唐의 유종원柳宗元과 한유韓愈를 가리킨다.

76 구선癯仙 :『사기史記』「마상여열전馬相如列傳」에 나오는 말로, 속진俗塵을 벗어난 청수淸瘦한 은사隱士를 뜻하는데, 간혹 솔이나 매화를 가리키는 시어詩語로도 쓰인다.

77 촉도蜀道 : 촉 땅으로 통하는 길이라는 뜻으로, 예로부터 험난하기로 유명하였다. 참고로 촉도의 험준함을 읊은 이백李白의 〈촉도난蜀道難〉맨 마지막에 "촉도의 험난함은, 푸른 하늘 오르기보다 어려운지라, 몸을 기울이고 서쪽을 바라보며 한숨만 길게 짓노라.(蜀道之難。難於上靑天。側身西望長咨嗟。)"라는 말이 나온다.(『李太白集』권2「樂府」참조)

78 하늘 밖~하는 곳 : 금강산에 무릉도원武陵桃源과 같은 별천지가 펼쳐져 있다는 말이다. 도연명陶淵明의「도화원기桃花源記」에, 한 어부가 떠내려오는 복사꽃을 따라서 배를 저어 가다가 무릉도원을 만났는데, 나중에 다시 찾아가려 했으나 길을 잃고 헤매기만 하다가 그냥 돌아왔다는 이야기가 나온다.

79 생대生臺 : 절간에서 새나 짐승에게 먹이를 주기 위해 마련한 대를 말한다.

80 금각琴閣 : 수령의 정사당政事堂을 뜻한다. 공자孔子의 제자인 복자천宓子賤이 선보

單父의 수령으로 있으면서 단지 비파(琴)를 타고 노래만 부를 뿐 공당公堂에 내려간 적이 없는데도 고을이 잘 다스려졌다는 고사에서 유래한 것이다. 금헌琴軒이라고도 한다.(『呂氏春秋』「察賢」참조)

81 무성武城의 옛~종자기라 하리 : 희천 현령의 선정을 서산이 인정하고 높이 평가한다는 말이다. 무성은 공자의 제자 자유子游가 수령으로 나갔던 곳인데, 공자가 그곳을 지나가다가 현가弦歌의 곡조가 울리는 것을 듣고는 칭찬했던 고사가 있다.(『論語』「陽貨」참조) 자기는 종자기鍾子期를 가리킨다. 춘추시대 거문고의 명인 백아伯牙가 높은 산(高山)에 뜻을 두고 연주를 하면, 친구인 종자기가 그 음악 소리를 듣고는 "멋지다. 마치 태산처럼 높기도 하구나.(善哉。峩峩兮若泰山。)"라고 평하였고, 흐르는 물(流水)에 뜻을 두고 연주를 하면, "멋지구나. 마치 강하처럼 넘실대는구나.(善哉。洋洋兮若江河。)"라고 평하였는데, 종자기가 죽고 나서는 백아가 더 이상 세상에 지음知音이 없다고 탄식하며 거문고 줄을 끊어 버린 고사가 전한다.(『列子』「湯問」, 『呂氏春秋』「本味」참조)

82 배사盃蛇 : 술잔 속의 뱀이라는 말이다. 진晉의 악광樂廣이 친구와 술을 마실 적에 그 친구가 술잔 속에 비친 활 그림자를 뱀으로 오인하고는 마음속으로 의심한 나머지 병이 들었다가 나중에 그 사실을 알고는 병이 절로 나았다는 고사가 전한다.(『晉書』권43「樂廣傳」참조)

83 아무도 못~앉아서 끊나니 : 참고로 『임제의현선사어록臨濟義玄禪師語錄』에 "보화의 부처 머리를 앉아서 끊는다.(坐斷報化佛頭)"라는 말이 나온다.(T47, 497a22)

84 금오金烏 : 태양의 별칭이다. 태양 속에 세 발 달린 금 까마귀가 있다는 전설에서 유래한 것이다.

85 암향暗香과 소영疏影 : 은은한 향기와 성긴 그림자라는 뜻으로, 매화를 비유하는 표현들이다. 송宋의 고사高士 임포林逋가 매화를 읊은 〈산원소매山園小梅〉시의, "맑고 얕은 물에 성긴 그림자 가로 비끼고, 황혼 녘 달빛 속에 은은한 향기 떠도누나.(疏影橫斜水淸淺。暗香浮動月黃昏。)"라는 명구에서 유래한 것이다.

86 장군이 갈증~매화가 아니로다 : 조조曹操가 원소袁紹와 싸우다가 패하여 달아날 적에 부하 군사들이 갈증을 견디지 못하자, 조조가 "앞에 큰 매화나무 숲이 있으니, 그 매실을 실컷 따먹으면 달고 시어서 목마름을 해소할 수 있을 것이다.(前有大梅林。饒子。甘酸可以解渴。)"라고 말하니, 군사들이 그 말을 듣고는 입에 침이 돌아 위기를 면했다는 매림지갈梅林止渴의 고사가 남조南朝 송宋 유의경劉義慶이 지은 『세설신어世說新語』「가휼假譎」에 나온다.

87 궐리闕里의 가을~등을 쬐었고 : 일찍이 유학儒學을 공부했다는 말이다. 궐리는 산동성山東省 곡부현曲阜縣에 있는 공자의 고향이다. 증자曾子가 공자를 찬양하면서 "장강長江과 한수漢水의 물에 깨끗이 세탁해서 따가운 가을 햇볕에 말리면 그보다 더 하

얀 것이 있을 수 없는 것과 같다.(江漢以濯之。秋陽以暴之。皜皜乎不可尙已。)"라고 비유한 말이 『맹자』 「등문공滕文公」 상에 나온다.

88 화침華鍼 : 화타華陀의 침이 아닐까 한다. 참고로 "삼세의 제불이 무無 속에서 유有를 설하니 낭당은 화타의 침을 주웠고, 육대의 조사가 유 속에서 무를 찾으니 원숭이는 물 위의 달을 찾았다.(三世諸佛。無中說有。閙蕩拾華鍼。六代祖師。有裏尋無。猿猴探水月。)"라는 말이 전한다.[『五燈會元』 권20 「臨安府淨慈肯堂彥充禪師」(X80, 439c03) 참조]

89 법은 눈먼~것과 같도다 : 사람의 몸을 얻어서 불법을 만나는 것이 매우 어려움을 비유한 말이다.

90 회광回光 : 선종禪宗의 용어인 회광반조回光返照의 준말로, 내면의 성찰을 통해서 자신의 불성을 환히 보는 것을 말한다. 회광반조迴光反照라고도 한다. 『임제록臨濟錄』 권1에 서래의西來意에 대한 질문을 받고는, "회광반조하면 다시 따로 구할 것이 없이 신심이 조불과 다르지 않다는 것을 알 것이다.(回光返照。更不別求。知身心與祖佛不別。)"라고 대답한 내용이 나온다.(T47, 502a08)

91 종이를 뚫어~것과 같도다 : 불경의 언어 문자만을 통해서는 진정한 깨달음을 얻을 수 없다는 뜻으로, 교종敎宗을 비판하는 말이다. 부처가 제자 아난阿難에게 "음욕을 끊고 선정을 닦지 않는 자는 모래를 쪄서 밥을 지으려는 자와 같다.(若不斷淫修禪定者。如蒸沙石。欲其成飯。)"라고 경계시킨 증사작반蒸沙作飯의 고사가 전한다.(『楞嚴經』 권6 참조)

92 사변四邊 : 진여眞如의 실체를 유有·무無·일一·이二의 넷으로 나누어 보는 망견妄見을 가리킨다.

93 팔도八倒 : 범부와 이승二乘이 집착하는 여덟 가지 전도顚倒를 말한다. 범부는 생멸하는 법을 상常·낙樂·아我·정淨으로 여기고, 성문聲聞과 연각緣覺은 무위無爲 열반涅槃의 법을 비상非常·비락非樂·비아非我·비정非淨으로 여기는 것을 말한다.

94 나무 팔던 노盧 : 속성이 노씨盧氏인 육조 대사 혜능慧能을 가리킨다. 그는 출가하기 전에 나무를 팔아서 홀어머니를 봉양하였다.

95 광음은 틈을 지나는 망아지로세 : 세월이 너무도 빨리 허무하게 흘러가는 것을 비유한 말이다. 『장자』 「지북유知北游」의 "천지간의 인생이란 마치 하얀 망아지가 담장의 틈 사이를 지나가는 것처럼 순간일 따름이다.(人生天地之間。若白駒之過隙。忽然而已。)"라는 말에서 나온 것이다.

96 삼급의 물고기~물속의 하늘이요 : 황하黃河의 상류에 용문龍門이라는 거센 여울목이 있는데, 삼급, 즉 세 단계로 되어 있는 이곳을 물고기가 뛰어올라 통과하면 용이 된다는 등용문登龍門의 고사가 있다.

97 개병芥瓶 : 겨자가 든 유리병이라는 뜻으로, 일一과 다多가 뒤섞이지 않고 투명하게

비치는 것을 비유하는 말인데, 당唐나라 청량 징관淸涼澄觀의 『화엄경수소연의초』 2권에 나오는, "분명하게 일제히 드러나는 것이 저 개병과 같다.(炳然齊現。猶彼芥甁。)"라는 말에 대한 해설 중에 "서로 방애하지 않아 앞도 아니고 뒤도 아니다.(不相妨礙。非前非後。)"라는 내용이 나온다.

98 제망帝網 : 제석천帝釋天의 궁전을 장엄한 보망寶網으로, 인다라망因陀羅網이라고도 한다. 그물 하나하나에 모두 셀 수 없이 많은 보주寶珠가 붙어 있고, 그 보주 하나하나마다 모든 보주의 영상이 반영되어 중중무진重重無盡하게 비치기 때문에 『화엄경』에서 일즉다一則多, 다즉일多則一, 상즉상입相卽相入의 뜻을 비유하는 말로 쓰고 있다.

청허집 제2권
| 清虛集 卷之二 |

사선정
四仙亭

바다도 마르고 솔도 늙어 가고	海枯松亦老
학이 떠난 뒤에 구름만 유유해라	鶴去雲悠悠
달 속에 사람은 보이지 않고	月中人不見
서른여섯 봉우리에 가을빛만	三十六峯秋

서도 회고 【2수】
西都懷古【二】¹⁾

[1]
기러기 날아간 옛 왕조의 일이여¹　　　　鴻去前朝事
뿔피리 소리 속에 강물만 흐르네　　　　　江流畫角中
천년의 〈죽지곡〉²을 노래하며　　　　　千年竹枝曲
남은 원한을 서풍에 부치네　　　　　　　餘怨寄西風

[2]²⁾
두 강물은 장성 밖에　　　　　　　　　　二水長城外
1천 산은 한눈 안에　　　　　　　　　　千山一望中
한없이 마음 아픈 일이여　　　　　　　　傷心無限事
궁중 나뭇잎이 추풍에 나뒹구네　　　　　宮葉亂秋風

---

1) 원 '二'는 갑본·을본·병본·정본·무본·기본·경본·신본에는 없다.
2) 원 이 시 1수는 무본·기본·경본·신본에는 없다.

동호 야박
東湖夜泊

배 안에서 밤 피리 소리 들나니 　　　　舟中聞夜笛
어느 곳에서 어옹은 묵으시나 　　　　　何處宿漁翁
해가 떠도 사람은 보이지 않고 　　　　　日出無人見
새 울고 꽃만 절로 붉도다 　　　　　　　鳥啼花自紅

남명 야박 [4수]
南溟夜泊 [四]

[1]
바다가 천지 밖으로 통했나니	海通天地外
누구에게 옛 나루터 물어볼거나³	誰與問前津
붉은 구름 푸른 물결 위에서	紅雲碧浪上
10주⁴의 사람이 웃으며 얘기하네	笑語十洲人

[2]
달이 졌어도 밤이 밝은 것은	月落夜猶白
배 안에 석가가 계심이로다	舟中有釋迦
툭 터져 하늘은 다함이 없고	廓然天不盡
푸른 바다에 은하수가 일렁이네	青海動星河

[3]
달은 유리국에 떠오르고	月出琉璃國
사람은 백옥경에 드물어라	人稀白玉京
임금님이 지척에 계시나 봐	天顏應只尺
돌아보니 오색구름 피어나네	回首五雲生

[4]
바다가 뛰노니 은산이 무너지고	海躍銀山裂
바람이 멈추니 벽옥이 흐르도다	風停碧玉流
배가 천상의 집과 같아서	舡¹⁾如天上屋

별과 달을 자리 안에 거두네 星月坐中收

---

1) ㉴ '舡'은 '船'으로 되어 있다.(갑본·을본·병본·정본·무본·기본·경본·신본)

여강 만박
驪江晚泊

날던 기러기는 모래밭에 내려앉고	落鴈下長沙
누대 속의 사람은 일어나서 춤을 추네	樓中人起舞
맑은 가을날 하나의 잎 날아와	淸秋一葉飛
서강의 빗속에 나그네 되어 묵네	客宿西江雨

초옥
草屋

초옥은 세 군데 벽도 없는데　　　　草屋無三壁
노승이 대나무 평상에서 자네　　　　老僧眠竹床
청산을 반쯤 적시고서　　　　　　　青山一半濕
성긴 비가 석양을 지나가네　　　　　疎雨過殘陽

동도를 지나가며
過東都

나그네는 푸른 풀이 시름겹고	客子愁靑草
봄새는 지는 꽃을 원망하네	春禽怨落花
신라 천년의 옛날 일들이	新羅千古事
한 소리 노래에 모두 들었어라	都入一聲歌

두견이
杜鵑

도처에 흰 구름만 날 뿐	處處白雲飛
산 넘어 산 물 건너 물이로세	山山又水水
불여귀不如歸 불여귀 부르는 소리	聲聲不如歸
멀리 집 떠난 자식 들으라고	只爲遠遊子

북방을 정벌한 장수의 죽음을 애도함【2수】
哭征¹⁾北將【二】

단심은 고국의 달이요	丹心故國月
백골은 타향의 봄이로세	白骨他鄉春
공적은 청사에 길이 빛나고	汗入烟中竹
명성은 행인의 입에 오르내리리	名喧路上人
석권할 땐 하늘도 깜짝 놀랐고	席卷²⁾天疑動
서릿바람은 칼 꽃을 드날렸지	霜風拂鋣³⁾花
군중에 큰 별이 떨어져서	軍中大星落
빙하를 다시 건널 수 없게 됐네[5]	無復渡氷河

---

1) ㉠ '泟'은 '征'으로 되어 있다.(갑본·을본·병본·정본·무본·기본·경본·신본)
2) ㉠ '卷'은 '捲'으로 되어 있다.(갑본·을본·병본·정본·무본·기본·경본·신본)
3) ㉠ '鋣'은 '劍'으로 되어 있다.(갑본·을본·병본·정본·무본·기본·경본·신본)

왕 장군의 묘를 지나며 【2수】
過王將軍墓【二】

[1]
오랑캐 땅을 번개처럼 휩쓸고서 　　　　掃電胡塵土
천산天山에 한번 활을 걸었네[6] 　　　　　天山一挂弓
무쇠 같은 그 마음 지금도 죽지 않아 　　鐵心今不死
하늘에 무지개 되어 뻗쳐 있으리 　　　　應作射天虹

[2]
장군이 한번 채찍을 든 덕분에 　　　　　將軍一擧鞭
사해가 편안히 잠들게 되었어라 　　　　　四海尙安眠
천고에 물어보는 사람 하나 없이 　　　　千古無人問
만산에 그저 두견이 소리뿐이로세 　　　　萬山空杜鵑

가평탄에서 묵으며
宿加平灘

어두운 들판에 연기는 베 짜는 듯　　　　野暗烟如織
밝은 모래밭에 달은 활 당긴 듯　　　　　沙明月似彎
듬성한 나무 끝없는 강물　　　　　　　　木疎江不盡
하늘 밖으로 삼산이 떨어졌네　　　　　　天外落三山

옛집을 지나며
過故宅

목동이 피리 불면서	牧童一聲笛
소를 타고 석양에 지나가네	騎牛過夕陽
왕사의 옛집 제비들이	不堪王謝宅
흥망을 얘기하니 이를 어쩌나[7]	燕子說興亡

청학동
【학이 시골 사람의 화살을 맞고 떠났기 때문에 이렇게 말한 것이다.】

青鶴洞¹⁾【鶴逢野人箭去故云】

학 한 마리 산에서 날아가면서	一鶴飛山去
구름 뚫듯 바위 부수듯 처절한 소리	穿雲裂石聲
달그림자 남아 있는 텅 빈 둥지여	空巢餘月影
하늘 밖에서 꿈꾸며 응당 놀라리라	天外夢應驚

---

1) ㉔ 이 시는 갑본·을본·병본·정본·무본·기본·경본·신본에는 없다.

감흥
感興[1]

새 울고 꽃 피는 것 각기 천성이요	鶯花各天性
풍월을 즐기는 것 또한 인심이라	風月亦人心
이백李白과 두보杜甫가 시의 바다 뒤집어	李杜翻詩海
고금에 파란을 일으켰도다	波瀾動古今

---

1) 웝 이 시는 갑본·을본·병본·정본·무본·기본·경본·신본에는 없다.

벗을 생각하며
憶友

하늘 끝 남북으로 각각 헤어져	天涯各南北
달을 보며 얼마나 생각했던가	見月幾相思
한번 떠난 뒤로 소식도 없이	一去無消息
생사 간에 영원히 이별이로세	死生長別離

피리 소리 들으며
聞笛

변방의 성에서 부는 옥피리 소리	邊城吹玉笛
먼 길손의 마음이 제일 먼저 슬퍼지네	遠客先悲凉
가을 구름도 멈칫하는 〈절류〉[8]의 곡조	折柳秋雲動
혼 불러 고향으로 돌아가게 하누나	招魂入故鄕

관동의 회포
關東有所思

바다도 다하고 하늘도 다한 곳	海窮天盡處
붉은 해의 반쪽 바퀴가 돋아났네	紅日半輪生
친한 벗이 보낸 한 장의 편지	親朋書一紙
만 리 길 돌아가지 못하는 정이로세	萬里未歸情

서호
西湖

아득히 북녘을 바라보는 마음	悠悠望北心
한 조각 푸른 구름 저 너머로세	一片靑雲隔
먼 나그네 남강에서 묵는데	遠客宿南山[1]
서쪽 다락에서 부는 밤 피리 소리	西樓夜吹笛

---

1) ㉠ '山'은 '江'으로 되어 있다.(갑본·을본·병본·정본·무본·기본·경본·신본) ㉡ 번역은 갑본에 따랐다.

숭의 선자가 청허를 찾아왔기에
崇義禪子訪淸虛

청허의 주인을 알고 싶겠지만	欲識淸虛主
서로 만나도 정녕 알지 못하리	相逢定不逢
모름지기 알 것은 흰 구름 밖에	須知白雲外
기이한 봉우리 따로 있다는 것	別有一奇峯

감흥
感興[1]

[1]
분수를 지켜 마음을 쉬는 것이	安分心休歇
인간 세상 대장부가 할 일	人間大丈夫
망탕[9]의 구름 한번 떠나간 뒤로	芒碭雲一去
꽃 아래에서 새들이 서로 부르네	花下鳥相呼

[2]
요해의 천년 학이요[10]	遼海千年鶴
남명의 만 리 붕이로다[11]	南溟萬里鵬
진나라 위수의 누대라면	樓臺秦[2]渭水
한나라 제릉의 풍월이로다	風月漢諸陵

---

1) ㉑ '興' 아래 '二'가 있다.(갑본·을본·병본·정본·무본·기본·경본·신본)
2) ㉑ '秦'은 '奏'로 되어 있다.(을본·병본)

진 기자의 죽음을 애도하다 [2수]
哭陳碁子【二】[1)]

[1]
뜰의 풀은 이슬을 머금었는데	庭草猶含露
동산의 샘은 못으로 흘러드네	園泉自入池
평소에 바둑 두며 웃었는데	平生玉局笑
오늘은 백양의 슬픔[12]이로세	今日白楊悲

[2]
적막한 대문 앞의 길	寂寞門前路
누운 버들가지에도 봄이 피어나네	春生臥柳枝
천년 요해의 학[13]처럼	千年遼海鶴
화표에 어느 때나 돌아올꼬	華表返何時

---

1) ㉮ '二'는 무본·기본·경본·신본에는 없다.

죽원
竹院[1)]

국화가 이슬방울 눈물지는 날   黃花泣露日
단풍잎 나부끼는 그야말로 가을 하늘   楓葉政秋天
새는 잠들어 모든 산이 조용한데   鳥宿群山靜
달이 밝아 사람은 잠을 못 자네   月明人未眠

---

1) ㉔ 이 시는 갑본·을본·병본·정본·무본·기본·경본·신본에는 없다.

강호 도인에게 주다
贈江湖道人[1]

세상일은 하늘 속의 새요 世事空中鳥
뜬 인생은 물 위의 거품이로다 浮生水上漚
천하가 뭐 그리 넓다고 하랴 天下無多地
산승의 지팡이 끝에 달렸는걸 山僧一杖頭

1) [원] 이 시는 갑본·을본·병본·정본·무본·기본·경본·신본에는 없다.

풍암에서 묵으며
宿楓嵒[1]

먼 언덕엔 가을 모래 하얗고	遠岸秋沙白
서쪽 암자에선 저녁 종소리	西庵起暮鍾
돌아가는 새를 눈으로 좇다 보니	眼隨歸鳥盡
구름 걷히며 삼신산이 드러나네	雲斂露三峯

---

1) ㉮ 이 시는 갑본·을본·병본·정본·무본·기본·경본·신본에는 없다.

준 선자에게
俊禪子

슬프고 기뻐한 한 베개의 꿈이요	悲歡一枕夢
만나고 헤어진 10년의 정이로다	聚散十年情
아무 말 없이 문득 머리 돌리니	無言却回首
산마루에 흰 구름이 일어나도다	山頂白雲生

요천을 지나며
過蓼川

먼 나무에선 마을 연기 일어나고   遠樹起村烟
푸른 물가에선 사람이 낚시를 걷네   碧波人捲釣
한 마리 기러기 가을 하늘에 들어가고   一鴈入秋空
천 마리 까마귀 석양 따라 내려오네   千鴉下落照

역사책을 읽다가 [3수]
讀史 [三][1)]

[1]
상·주·한·당·송이   商[2)]周漢唐宋
바람 앞의 등불처럼 명멸하였네   忽忽如風燭
인간 세상 흥망이 몇 번이런가   人世幾興亡
천지가 하나의 바둑판일세   乾坤爲一局

[2][3)]
동남쪽에서는 육진을 펼치고   東南布六陣
서북쪽에서는 삼군을 부렸네   西北用三軍
적요하도다 열아홉 시대여   寥寥十九代
인간 세상 일이 뜬구름일세   人事是浮雲

[3]
부주산에 부딪친 날로부터   不周山觸日
천하가 침침해지기 시작했지[14]   天下始沉沉
탕왕湯王과 무왕武王은 한 시대의 일이요   湯武一時事
백이伯夷와 숙제叔齊는 만고의 마음일세   夷齊萬古心

---

1) ㉮ '三'은 '二'로 되어 있다.(무본·기본·경본·신본)
2) ㉮ '商'은 '啇'으로 되어 있다.(갑본·을본·병본·정본·무본·기본·경본·신본)
3) ㉮ 이 시 1수는 갑본·을본·병본·정본·무본·기본·경본·신본에는 없다.

어옹
漁翁

삼황오제의 일 같은 것은	五帝三皇事
내 모른다고 머리 내젓네	掉頭吾不知
외로운 배에 한 조각 달빛	孤舟一片月
피리 소리 속에 백구가 나네	長笛白鴎[1]飛

---

[1] 원 '鴎'는 '鷗'로 되어 있다.(무본·기본·경본·신본)

북쪽 변방에서 노닐며 【2수】
遊塞北 【二】

[1]
길 가는 이도 뜸한 오래된 옛길	古道行人歇
깊은 산속에 들어 있는 황폐한 성	荒城入亂山
외딴집 가을 풀에 가려 있는데	一家隔秋草
어린애가 양을 몰고 돌아오누나	稚子牧羊還

[2]
강을 넘어 침범하는 선우 때문에	單于越江來
말 위에서 장군이 늙어 갔다오	馬上將軍老
장성에 저녁 햇빛 떨어지는데	落日下長城
소와 양이 가을 풀 위에 누웠네	牛羊臥秋草

화개동
花開洞

진흙이 푸른 돌의 진액이라면[15]	泥爲靑石髓
솔 거죽은 늙은 용의 비늘이라 할까	松作老龍鱗
구름 너머에서 개 짖는 소리 들리는	犬吠白雲隔
복사꽃 핀 동네 속의 사람이로세[16]	桃花洞裏人

옛 절을 지나며 【2수】
過古寺【二】

[1]

적적하게 텅 빈 절 문이 닫힌 채	寂寂閉¹⁾虛院
꽃잎만 석 자나 깊이 쌓였네	落花三尺深
동풍은 왔다가 다시 떠나고	東風來又去
달빛만 사람의 마음 아프게 하네	月色傷人心

[2]

꽃이 져도 중은 항상 문을 처닫고	花落僧長閉
봄이 와도 길손은 찾아오지 않네	春尋客不歸
둥지를 튼 학의 그림자 바람에 흔들리고	風搖巢鶴影
좌선하는 중의 옷깃을 구름이 적시네	雲濕坐禪衣

---

1) ㉘ '閉'는 '閇'로 되어 있다.(갑본·을본·병본·정본·무본·기본·경본·신본) 다음도 같다.

옥계에게 올리다
上玉溪

잠깐 머무는 천지라는 여인숙에서　　　迗¹⁾旅駒陰裏
돌아가 쉴 수 있는 사람이 누구일까　　　何人歸去休
한가한 창가에서 한숨 자고 나니　　　　閑囱²⁾一睡覺
만호후萬戶侯에 봉해진 기분이로세　　　可敵萬封侯

---

1) ㉟ '迗'은 '逆'으로 되어 있다.(갑본·을본·병본·정본·무본·기본·경본·신본) 다음도 같다.
2) ㉟ '囱'은 '窓'으로 되어 있다.(갑본·을본·병본·정본·무본·기본·경본·신본)

벗을 만나
會友

몇 천 리나 떨어진 구름과 나무[17]	雲樹幾千里
산과 강물 정녕 까마득하기만	山川政渺然
서로 만나 보니 모두 흰머리	相逢各白首
흘러간 세월을 손꼽아 헤어 보네	屈指計流年

영회
詠懷[1]

크게 한번 웃을 때마다	一聲發大笑
귀신은 슬프게 통곡한다네	神鬼哭哀哀
역려에서의 팽상의 꿈[18]을	逆旅彭殤夢
몇 사람이나 그동안 깨었는고	幾人曾覺來

---

1) ㉆ 이 시는 갑본·을본·병본·정본·무본·기본·경본·신본에는 없다.

일암
一巖

찬 물줄기 절벽에서 흩날리고	寒流飛絕壁
깊은 나무숲 연하 속에 잠겼네	深樹鎖烟霞
철석간장의 나그네도	鐵石肝腸客
문을 열고 낙화를 밟는다오	開門踏落花

원 선자가 관동으로 가는 것을 전송하며
送願禪子之關東

표표한 모습은 흡사 외기러기	飄飄如隻鴈
가을 하늘에 찬 그림자 드리우네	寒影落秋空
저녁 산비에 지팡이 바빠지고	促節暮山雨
먼 강바람에 삿갓은 삐딱하리	欹[1]笠遠江[2]風

---

1) ㉠ '欹'는 '倚'로 되어 있다.(무본·기본·경본·신본)
2) ㉠ '江'은 '汪'으로 되어 있다.(정본)

길을 가다가 느낌이 있기에
途中有感

이름나면 세상 피하기 어려워　　　有名難避世
마음 편안히 쉴 곳이 없네　　　　　無處可安心
석장을 날리고 또 날리며　　　　　飛錫又飛錫
산이 깊지 않을까 걱정하노라　　　入山恐不深

김 장군의 묘를 지나며
過金將軍墓

백전도 소용없이 오강에 와서	烏江空百戰
끝내 슬픈 초가를 듣게 되었네[19]	終聽楚歌悲
집에 언제 돌아간단 약속도 없이	家無回日信
망향의 비석만 길가에 서 있구나	路有望鄉碑

누대에 올라
登樓

흰 구름은 천만리 저 너머[20]	白雲千萬里
싱그러운 풀은 고향의 봄이로세	芳草故鄉春
해질 녘 누대에 올라 바라보니	落日登樓望
내 낀 물결이 시름을 더 부추기네	烟波愁殺人

동원의 원님에게
東原倅

동헌이 항상 한가하고 조용해서	政閣常閑靜
아전과 백성을 만나 볼 수도 없네	無緣見吏民
꽃핀 마을에 들리는 개 짖는 소리	花村聞犬吠
옷 잡히고 술 먹는 사람[21]인 줄 알겠네	知是典衣人

채옹정에서 묵으며
宿蔡邕亭

달이 밝으면 이웃 마을 피리 소리	明月近村笛[1]
맑은 새벽에는 먼 절의 종소리	淸晨遠寺鍾
대숲 바람은 취한 길손을 이끌고	竹風移醉客
꽃비는 노니는 꿀벌을 멈추게 하네	花雨定遊蜂[2]

---

1) ㉘ '笛'은 '留'로 되어 있다.(무본·기본·경본·신본)
2) ㉘ '蜂'은 '峰'으로 되어 있다.(무본·기본·경본·신본)

관서로 떠나는 사람을 전송하며
送人關西[1]

먼 산은 석양에 가로 비끼고	遠山橫落日
서쪽으론 속절없이 물만 흐를 뿐	西望水空流
나그네 심정 어떠하냐면	客子情何許
가을 하늘 가의 기러기 하나	天邊一鴈秋

---

1) 웹 이 시는 갑본·을본·병본·정본·무본·기본·경본·신본에는 없다.

동경을 지나며
過東京[1]

만 리 멀리 중이 하나 찾아와서	萬里一僧來
누에 올라 나그네 피리 소리 듣네	登樓聞客嘯
천년을 이어온 고국의 도읍지여	千年故國都
솔에 걸린 달이 싸늘히 비춰 주네	松月冷相照

1) [원] 이 시는 갑본·을본·병본·정본·무본·기본·경본·신본에는 없다.

단군대에 올라
【단군은 역사적으로 요임금과 동시대에 즉위했다고 한다.】
登檀君臺【史與堯並立云】

구름 헤치고 묵은 바위에 올라	披雲登老石
태고 적의 황왕을 멀리 생각하네	遙想古皇王
산의 모습은 한결같이 푸른색인데	山形一翠色
사람 일은 얼마나 흥망을 거듭했나	人事幾興亡

청해의 흰 모래밭을 거닐며
青海白沙行

마음 아프도록 푸르른 바다 색깔	海色傷心碧
하늘 끝에 하나의 병든 몸이로세	天涯一病身
강변의 나뭇잎은 어느새 가을	秋來江上葉
기러기는 일변[22]의 사람을 따라가네	鴈趁日邊人

부휴자
浮休子

소림의 소식 끊어졌나니	少林消息斷
보통[23]의 그 해가 생각나누나	絻[1)]想普通年
석 자의 눈만 괜히 쌓일 뿐	積雪空三尺
아손은 양팔이 온전하구나[24]	兒孫兩臂全

---

1) ㉠ '絻'은 '緬'과 같다.

행주 선자에게 보이다 [3수]
示行珠禪子 [三]

[1]
10년 동안 공부한 사람	十年工做人
쌓인 근심이 얼음 풀리듯 하였으리	積慮如氷釋
대장경을 모두 보고 나서는	看盡大藏經
향 사르며 『주역』을 또 읽는구나	焚香又讀易

[2]
나도 잊고 세상도 잊고	忘我兼忘世
남은 것은 단지 이 몸뚱이	頹然只一身
밤 깊어 바람도 일지 않는데	夜深風不動
소나무 달그림자 사람을 범하누나	松月影侵人

[3]
흰 구름을 벗으로 삼고	白雲爲故舊
밝은 달과 생애를 함께한다네	明月是生涯
만학천봉 속에서	萬壑千峯裏
사람을 만나면 차를 권한다네	逢人卽勸茶

남화권에 쓰다
書南華卷

애석하도다 남화자[25]여	可惜南華子
상서로운 기린이 요망한 여우가 되었구나	祥獜[1]作孼狐
조용하기만 한 드넓은 천지에	寥寥天地闊
해 비끼자 까마귀가 요란하게 우짖도다	斜日亂啼烏

---

1) ㉄ '獜'은 '麟'으로 되어 있다.(갑본·을본·병본·정본·무본·기본·경본·신본)

가는 세월을 탄식하며
歎逝

인생 즐겁게 노니는 곳에	人生行樂處
눈앞을 스치는 세월 어찌 바쁜지	過眼年光催
봄은 유수 따라 흘러가고	春隨流水去
여름이 녹음을 좇아서 찾아오네	夏逐綠陰來

고택에 제하다
題古宅[1]

객이 와서 지난 일 슬퍼하나니	客來傷徃事
지난 해에 핀 꽃이 다시 피었네	花發去年紅
고인은 어느 곳에 있나	古人何處在
산은 푸른 하늘에 붙어 있는데	山寄碧虛中

---

1) ㉾ 이 시는 갑본·을본·병본·정본·무본·기본·경본·신본에는 없다.

봄 경치를 구경하며
賞春

낙양의 봄빛이 사랑스러워	洛陽春色好
노래와 춤이 거리에 가득한 때	歌舞滿街時
꽃이 피니 술값은 자꾸 오르고	花發酒增價
밤 깊도록 사람은 돌아가지 않네	夜深人未歸

불정암에 올라
登佛頂嵒[1)]

낙엽이 지니 산의 뼈가 드러나고	木落露山骨
하늘이 맑으니 바다의 마음이 보이도다	天晴見海心
크도다 남자의 도량이여	大哉男子量
천 개의 해가 텅 빈 가슴 비추도다	千日照虛襟

---

1) ㉪ 이 시는 갑본·을본·병본·정본·무본·기본·경본·신본에는 없다.

산 남쪽으로 가서
山南行[1]

초가집 사립문 안에	草屋柴門裏
머리가 실처럼 하얀 노인네	老人頭白絲
지팡이 짚고 꽃 지는 때 찾아가서	扶藜訪花落
봄을 보내는 시 잘도 짓는다네	能賦送春詩

---

1) ㉜ 이 시는 갑본·을본·병본·정본·무본·기본·경본·신본에는 없다.

도중 즉사
途中即事[1]

멀고 멀리 물은 동쪽으로 흘러가고	遠遠水東去
길고 길게 산은 북쪽에서 내려오네	長長山北來
망망하도다 천하의 나그네여	茫茫天下客
누가 도인의 마음을 알겠는가	誰識道人懷

---

1) 㤿 이 시는 갑본·을본·병본·정본·무본·기본·경본·신본에는 없다.

상춘
傷春

버들에게 말 건네는 꾀꼬리 소리 매끄럽고	語柳鶯[1]聲滑
하늘에 나부끼는 제비의 춤 비스듬해라	飄天燕舞斜
봄바람에게 다만 섭섭한 것은	春風惟可惜
동산 가득 꽃잎을 떨어뜨리는 것	吹落滿園花

---

1) ㉴ '鶯'은 '鸎'으로 되어 있다.(갑본·을본·병본·정본·무본·기본·경본·신본)

어미 잃은 까마귀
失母烏

어미 잃은 까마귀 새끼	失母慈烏子
까옥까옥 애절하게 우네	啞啞哀怨深
사람과 새가 뭐가 다르리오	何論人與鳥[1)
오늘 나의 마음 일깨워 주네	今日起予心

---

1) ㉖ '鳥'는 '烏'로 되어 있다.(무본·기본·경본·신본)

만추
晩秋

모래가 희니 어린 기러기 놀라고	沙白驚新鴈
잎이 누르니 늙은 홰나무 슬퍼라	葉黃悲老槐
서리를 밟는 군자의 뜻이여	履霜君子意
어버이 계신 곳 생각하리라[26]	應向北堂懷

강릉[27]에서 곡하다
哭康陵

나라 사랑하고 종사를 걱정하나니	愛國憂宗社
산승 역시 하나의 신하이니까	山僧亦一臣
장안은 어디에 있는고	長安何處是
돌아보며 눈물로 수건 적시네	回望淚沾巾

높은 누대에서 바라보며
望高臺

높은 봉우리 정상에 홀로 서니	獨立高峰頂
긴 하늘을 새들이 오고 가누나	長天鳥去來
멀리 가을빛이 눈 안에 들어오며	望中秋色遠
푸른 바다가 술잔보다도 작아라	滄海小於杯

달을 노래하다
咏月[1)]

달을 보고 슬퍼하고 또 기뻐하고	悲悲又喜喜
옛날도 그러하고 지금도 그러하네	古古亦今今
하늘이 낸 크고 밝은 거울	天生大明鏡
몇 사람의 마음이나 비춰 주었을까	照破幾人心

---

1) ㉮ 이 시는 갑본·을본·병본·정본·무본·기본·경본·신본에는 없다.

불일암
佛日庵

깊은 절간엔 붉은 꽃비요　　　　　　深院花紅雨
대나무 숲 속엔 푸른 연무로세　　　　長林竹翠烟
흰 구름은 재에 엉겨 머물고　　　　　白雲凝嶺宿
푸른 학은 중과 짝하여 잠들었네　　　靑鶴伴僧眠

가야에서 노닐며
遊伽耶

꽃 지자 향기가 동구에 가득　　　落花香滿洞
새 울음소리는 수풀 저 너머　　　啼鳥隔林聞
절간은 어느 곳에 있는고　　　　僧院在何處
봄 산의 절반이 구름일세　　　　春山半是雲

처사정
處士亭[1]

물새가 대숲으로 날아드니　　渚禽飛入竹
가지 흔들리며 남은 꽃잎 떨어지네　　枝動落殘紅
정자가 높아서 먼 바다를 삼키고　　亭高呑遠海
강이 가까워 기러기가 자주 나네　　江近數飛鴻

---

1) [원] 이 시는 갑본·을본·병본·정본·무본·기본·경본·신본에는 없다.

『대혜록』에 쓰다
書大慧錄

진·초처럼 멀리 떨어진 10년 동안	十年秦楚隔
나를 생각하게 한 것은 매양[28]이었네	令我憶梅陽
하룻밤 꽃잎이 비처럼 떨어져서	一夜落花雨
성 가득 흐르는 물이 향기로워라	滿城流水香

조실을 방문하다
訪祖室

선심은 지금도 여전히 뭉클	禪心猶感慨
경서는 책상 먼지 속에 파묻혔네	經卷沒床塵
꽃과 버들은 옛날 그대로인데	花柳舊顔色
난간 창가에는 주인이 없네	軒窓無主人

풍악 추회
楓岳秋懷[1]

문 닫아도 들리는 낙엽 지는 소리	閉門聞落葉
장안으로 나그네 전송하는 가을이라	送客長安秋
바다에서 둥실 떠오르는 한 조각 달	一片月生海
몇 집이나 사람들이 누에 오를까	幾家人上樓

---

1) ㉮ 이 시는 갑본·을본·병본·정본·무본·기본·경본·신본에는 없다.

청학동 폭포 【2수】
靑鶴洞瀑布【二】[1)]

[1][2)]
3백 자 은하수가	銀河三百尺
청산의 빛을 갈라놓았네	割去靑山色
해약[29]의 파란에 들면	入海若波瀾
천지를 온통 진동시키리	可掀天地域

[2]
6월에 날리는 서리와 눈발	六月飛霜雪
온몸이 차갑기가 무쇠와 같네	渾身冷似鐵
소리는 동학의 마음을 뒤흔들고	聲搖洞壑心
빛은 허공의 뼈를 가르네	色奪虛空骨

---

1) ㉮ '二'는 갑본·을본·병본·정본·무본·기본·경본·신본에는 없다.
2) ㉮ 이 시 1수는 갑본·을본·병본·정본·무본·기본·경본·신본에는 없다.

영성 북촌【을사년 가을】
榮城北村【乙巳秋】[1]

해 저무는 마을에 개가 시끄럽게 짖고	日暮喧村犬
처마의 낙숫물은 반쯤 얼었네	茅簷雨半氷[2]
무덤 사이에서 술 취한 객[30]이	墦間醉來客
지팡이 짚고서 산승을 따라오네	提杖趁山僧

---

1) ㉘ '乙巳秋'는 무본·기본·경본·신본에는 없다.
2) ㉘ '氷'은 '冰'으로 되어 있다.(갑본·을본·병본·정본·무본·기본·경본·신본)

서산에서 노닐며
遊西山

어스름 산속에서 길 잃은 나그네	暮山客迷路
지팡이 소리에 자던 새가 놀라네	筇驚宿鳥心
서산의 절간에서 울리는 종소리	鍾鳴西嶽寺
솔과 대숲에 푸른 구름 깊어라	松竹碧雲深

여름날에 회포를 읊다
夏日詠懷[1)]

[1]
달이 뜬 하늘은 바다와 같고	月出天如海
바람 맑은 나뭇잎은 가을 같아라	風淸葉似秋
산속의 눈 푸른 나그네가	山中碧眼客
높이 베개하고 한구[31]를 비웃노라	高枕笑韓歐

[2]
구름은 구연의 동네를 숨기고	雲藏九淵洞
솔은 사시의 하늘에 빽빽하도다	松密四時天
두견이는 환한 대낮에 울고	子規啼白晝
사람은 옛 바위 가에 누워 있네	人臥古嵒邊

---

1) ㉮ 이 시는 갑본·을본·병본·정본·무본·기본·경본·신본에는 없다.

부여를 지나며
過扶餘

지난 일 모두가 묵은 자취인데	往事皆陳迹
산천은 여전히 옛 모습 간직했네	山川尙不迷
의관 위에는 새벽달이 뜨고	衣冠晨月上
화초 속에서는 들새가 우네[32]	花草野禽啼

늙고 병든 것을 읊다
老病[1]吟

늙으니 사람이 천하게 보고	老去人之賤
병드니 친한 이도 멀어지누나	病來親也疎
평시의 은혜와 의리라는 것도	平時恩與義
이쯤 되면 모두가 허망하도다	到此盡歸虛

---

1) ㉘ '病' 아래 '有感'이 있다.(갑본·을본·병본·정본·무본·기본·경본·신본)

봉래자에게 부치다 【2수】
寄蓬萊子【二】

[1]
짙푸른 산에 망망한 바다　　　　　山蒼蒼海茫茫
구름은 뭉게뭉게 비는 주룩주룩　　雲浩浩雨浪浪
어느 곳에 미인이 계시는고　　　　何處美人在
하늘 한쪽을 바라보노라³³　　　　　望之天一方

[2]
힘찬 붓은 삼악을 무너뜨리고　　　筆¹⁾健²⁾頹三岳
맑은 시는 만금의 값이 나가네　　　詩淸直萬金
산승에게 외물은 없고　　　　　　　山僧無外物
오직 있는 것은 백 년의 마음　　　　惟有百年心

---

1) ㉞ '筆'은 '筆'로 되어 있다.(무본·기본·경본·신본)
2) ㉞ '健'은 '健'으로 되어 있다.(갑본·을본·병본·정본·무본·기본·경본·신본)

일 선자에게 주다 [2수]
贈一禪子 [二]

[1]
삼교가 크고 둥근 거울이라면	三敎大圓鏡
문장은 단지 하나의 기능일 뿐	文章只一能
공력을 낭비하며 괜히 고생한다면	費工徒汗馬
모래로 밥을 짓고 얼음을 새기는 격	沙飯亦鏤氷

[2]
사량 분별은 귀신의 굴이요	思量是鬼窟
언어 문자 또한 술 찌꺼기일세	文字亦糟粕
무슨 종지를 아느냐고 묻는다면	若問解何宗
몽둥이질이 빗방울 듣듯 하리라	捧行如雨滴

여름을 노래함
咏夏[1)]

꽃이 지며 봄이 돌아가기에	花落春歸去
평상을 옮겨 대숲을 향했노라	移床向竹林
백학 한 쌍이 푸른 하늘 복판에서	臥看雙白鶴
유희하는 것을 누워서 바라보노라	遊戲碧天心

---

1) ㉮ 이 시는 갑본·을본·병본·정본·무본·기본·경본·신본에는 없다.

대보름날 밤
元夕¹⁾

1년의 광음이 망아지 지나가듯³⁴	駒過一年光
노인의 심정은 그저 아쉽기만	老人情可惜
봄날의 얼음은 철마의 소리요	春氷鐵馬聲
불붙은 나무는 은화의 색이로세	火樹銀花色

---

1) ㉘ 이 시는 갑본·을본·병본·정본·무본·기본·경본·신본에는 없다.

법왕봉
法王峯[1)]

푸른 하늘에 솟구친 산봉우리	山立碧虛半
흰 구름이 어떻게 가릴 수 있으리오	白雲能有無
하늘을 쳐다보며 한번 크게 웃나니	仰天一大笑
만고의 세월이 수유須臾와 같도다	萬古如須臾

---

1) ㉠ 이 시는 갑본·을본·병본·정본·무본·기본·경본·신본에는 없다.

가을날 강변에서 벗과 헤어지며
秋江別友

긴 하늘엔 원망하는 외기러기요	長天一鴈怨
넓은 들판엔 슬퍼하는 벌레들이라	大野百蟲悲
벗과 헤어지는 가을날 강변	別友秋江畔
우산牛山에 해가 지는 때로세[35]	牛山落日時

소동파蘇東坡의 시에 차운하다
【벗을 기다리며】

次蘇仙韻【待友】

밤 깊도록 그대는 오지 않고	夜深君不來
새들도 잠든 고요한 산속	鳥宿千山靜
솔에 걸린 달이 꽃 숲을 비춰	松月照花林
붉고 푸른 그림자가 온몸에 가득	滿身紅綠影

나그네 시름
旅思[1]

상림에 꾀꼬리 울고 꽃 피는 계절에   鶯花上林節
봉래 속에서 여행길 떠났는데   發足蓬萊中
남쪽 하늘 낙엽이 날리는 날에   南天葉飛日
가을 등진 기러기처럼 또 떠나누나   又去背秋鴻

---

1) ㉮ 이 시는 갑본·을본·병본·정본·무본·기본·경본·신본에는 없다.

홍류동【2수】
紅流洞【二】

[1]
3월의 저녁에 문을 나서니	出門三月暮
여기저기 바람에 지는 꽃잎들	處處落花風
10년 동안 홍진에 머물던 객이	十年紅塵客
청산 속에서 한번 웃어 보네	一笑靑山中

[2]
꽃잎 날리며 봄이 저무는 날	花飛春暮日
무릉도원을 찾아 들어왔네	尋入武陵天
어느 곳에 신선들이 모였는지	何處神仙會
먼 숲에 푸른 연기가 피어나네	遠林生翠烟

철봉
鐵峯

푸른 하늘 밖에 멀리 솟아서	逈出淸宵[1]外
노니는 사람은 별봉別峰이 아닌가 묻네	遊人問別峰
흰 구름도 날아오지 못하는 곳	白雲飛不到
아침 해에 맨 먼저 붉게 물든다오	朝日最先紅

---

1) ㉮ '宵'는 '霄'로 되어 있다.(갑본·을본·병본·정본·무본·기본·경본·신본) ㉯ 번역은 '霄'를 따랐다.

밀운 선자에게 주다 【2수】
贈密雲禪子【二】[1)]

[1]
고갯마루에선 하얀 일산이 되고	嶺頭爲白盖
하늘 끝에선 기이한 봉우리가 되네	天際作奇峰
최고의 자랑은 가뭄 귀신 혼내면서	最誇征旱魃
단비 내려 삼농[36]을 위로하는 것	霖雨慰三農

[2]
찌는 듯 무더운 여름날에	九夏炎蒸日
청량하게 비를 선사해 주네	淸凉送雨來
앞을 보면 하늘이 아무 말 없는데	瞻前天默默
홀연히 뒤에서 우르릉 쾅쾅 천둥 치네	忽後霹雷雷

---

1) ㉮ '二'는 갑본·을본·병본·정본·무본·기본·경본·신본에는 없다.

목암에 제하다
題牧庵

소를 타고 피리 부는 사람이여	吹笛騎牛子
동쪽 서쪽 마음대로 다니누나	東西任意歸
푸른 언덕 안개와 비 맞으면서	靑原烟雨裏
그동안 도롱이 몇 벌이나 바꿨는고	費盡幾簑衣

고운[37]의 글자를 모아서 시를 짓다
集孤雲字

산중에 무슨 일이 기이하랴만	山中何事奇
바위 위에 송백이 유난히 많네	石上多松栢
아무리 험해도 그 마음 변치 않고	夷險不移心
사시에 한 빛으로 늘 푸르다오	四時靑一色

이 죽마의 시에 차운하여 장난으로 짓다
戲次李竹馬韻

천 리 길 옛 벗의 정에 못 이겨	千里故人情
상락에 국화 꽃잎 둥둥 띄웠나니[38]	黃花泛桑落
푸른 산 흰 구름 속의 사람도	靑山白雲人
별수 없이 홍진의 객이 되었네	亦是紅塵客

중양절에 남루에 오르다
重陽上南樓

국화꽃을 한 움큼 손 안에 쥐니	黃花采盈掬
얼굴 가득 불어오는 향기로운 바람	滿面香風吹
이 한 가을 남루의 흥취여	一秋南樓興
밝은 달 아래 고인을 생각하네	明月故人思

탐밀봉
探密峯

1천 산에 나뭇잎 지고	千山木落後
사방 바다에 달이 밝은 때라	四海月明時
짙푸른 하늘은 색깔이 하나이니	蒼蒼天一色
중국이니 오랑캐니 분별할 수 있으랴	安得辨華夷

양양 가는 도중에

襄陽途中

봉래는 어느 곳에 있는고	蓬萊何處在
먼 산에 흰 구름 잔뜩 끼었네	山遠白雲深
푸르름은 솔과 대의 잎사귀에	青歸松竹葉
봄빛은 제비와 꾀꼬리의 마음속에	春入燕鶯[1]心

1) [원] '鶯'은 '鸎'으로 되어 있다.(갑본 · 을본 · 병본 · 정본 · 무본 · 기본 · 경본 · 신본)

남해옹에게 답하다【어떤 일로 느껴지는 점이 있기에】
答南海翁【因事有感】[1)]

남해의 물결이 아무리 요동쳐도	南海波雖動
두류산 푸른빛은 여전히 끄떡 없네	頭流色自蒼
가련하도다 도깨비장난이여	可憐渠發業
물을 베고 빛을 부는 격이로다[39]	割水與吹光

---

1) ㉠ '因事有感'은 무본·기본·경본·신본에는 없다.

이 방백의 시에 차운하다【방백은 이식이다.】
次李方伯【拭】

강해에도 뜻이 없지 않고	江海豈無意
산림에도 마음이 있겠지만	山林亦有心
금옥의 띠를 허리에 차고	不如金玉帶
세상과 부침함이 낫지 않겠소	與世善浮沉

이 수재에게 주다
贈李秀才

차가운 밤 나는 반딧불 잡아	寒夜撲飛螢
중얼중얼 육경을 읽었나니	喃喃讀六經
10년 동안 애써 수고하여	十年勞且苦
얻은 것은 하나의 허명이로세	所得一虛名

무릉동에서 노닐며
遊武陵洞

달빛이 삼강의 물속에 들고	月入三江水
꽃잎이 양안에 날리는 봄날	花飛兩岸春
영씨 유씨 얘기는 그대여 하지 마오	嬴劉君莫說
이분들은 태반이 선인이니까[40]	太半是仙人

관탄 즉사【정사년 가을에 청평산을 향할 때】

冠灘卽事【丁巳秋向淸平山】[1)]

황량한 산에 늙은 범 쪼그려 앉고	荒山蹲老虎
지는 해에 굶주린 올빼미 울부짖네	落日鳴飢鴟
강 위에 풍파가 험악하니	江上風波惡
얼른 배를 대는 것이 좋겠군그래	泊舟宜及時

1) [원] '丁巳秋向淸平山'은 무본·기본·경본·신본에는 없다.

봄을 아쉬워하며【장난으로 죽마에게 주다.】

惜春【戲贈竹馬】[1)]

지는 꽃잎은 천 조각 만 조각　落花千萬片
우짖는 새는 두 소리 세 소리　啼鳥兩三聲
여기에 시와 술이 만약 없다면　若無詩與酒
좋은 풍경과 정취 망치고말고　應殺好風情

---

1) [원] '戲贈竹馬'는 무본·기본·경본·신본에는 없다.

혜은 선자에게 주다
惠崇禪子

국화꽃이 활짝 피려 하는 때	菊花將解笑
머리칼은 가을을 어찌하지 못하네	頭髮不禁秋
지난 세월 어떻게 다 기억하리오	行陰那可記
붓 휘둘러 새로운 시름을 적네	揮筆[1]寫新愁

---

1) ㉿ '筆'은 '筆'로 되어 있다.(갑본·을본·병본·정본·무본·기본·경본·신본)

낙산의 불사
洛山佛事

깃발 흔들어 해객을 부르고	張旗招海客
북을 울려 산승을 모으네	擊鼓集山僧
이에 알겠노라 용과 학의 무리가	因知龍鶴輩
흰 구름 사이에서 기뻐 날뛸 줄을	喜躍白雲層

천옥 산인에게 주다
贈天玉山人[1)]

밝은 달 아래엔 푸른 솔	靑松明月下
흰 구름 가에는 누런 학	黃鶴白雲邊
셋이 앉아서 삼소[41]를 재현하니	鼎坐開三笑
사람들이 말하기를 별천지라네	人言物外天

---

1) ㉮ 이 시는 갑본·을본·병본·정본·무본·기본·경본·신본에는 없다.

성곽을 돌아보는 도중에
省塢途中

긴 골짜기에 바람 위세 거세고	谷長風勢壯
가까운 시내에 달빛이 차가워라	溪近月光寒
처량하고 고달픈 나그네 생활이여	客裏悲凉苦
산에 돌아가야 한가함을 얻으리라	歸山始得閑

윤 방백의 시에 차운하다
次尹方伯

밤비 소리는 솔 걸상에 울리고	夜雨鳴松榻
푸른 등불은 저 혼자 밝아라	靑燈獨自明
하늘을 온통 종이로 쓴다 해도	長天爲一紙
이 속의 정경은 표현하기 어려우리	難寫此中情

두견이 소리를 듣고
聞鵑

만 리 멀리 떠도는 나그네여   萬里飄流客
길에서 몇 번이나 해가 바뀌었나   途中換幾霜
청산에서 두견이 소리를 듣고   靑山聞杜宇
백발에 문득 고향으로 돌아가네   白髮便還鄕

산거
山居

산과 강에 주인이 있다 해도	山河雖有主
바람과 달이야 누가 다투겠소	風月本無爭
게다가 봄소식까지 얻었나니	又得春消息
나무에 가득 매화가 피었네	梅花滿樹生

법광사를 지나며
過法光寺

천 칸의 건물에는 비바람 몰아치고   風雨千間屋
1만 부처 금빛 몸엔 이끼와 먼지로세   苔塵萬佛金
정녕 알겠노니 선객의 눈물   定知禪客淚
여기 이르면 금하지 못할 줄을   到此不應禁

처영 선자가 산을 나가는 것을 전송하며
送處英禪子出山

흰 납의는 구름이 무색하고	衲白雲無色
맑은 못엔 한 쌍의 학이로다	潭淸鶴有雙
그대가 이 산을 나가고 나면	從師出山去
조각달만 주인 없는 창을 비추겠지	片月照空窓

이 죽마에게 주다
贈李竹馬

한가하고 바쁜 길은 비록 달라도	閑忙雖異路
세월은 홀연히 함께 흘렀네	歲月忽同流
서로 만나 지난 일 얘기했나니	相逢說往事
머리 희고 국화 피는 이 가을에	白髮黃花秋

통결
通決

누가 말했나 이백李白과 두보杜甫 뒤로	誰言李杜後
풍월과 친한 이가 없었노라고	風月無相親
천지는 지극히 공정한 물건인데	天地至公物
어찌 한두 사람만 편애하리오	豈私一二人

명 선자를 보내며
送明禪子[1)]

표표히 떠도는 대지팡이 하나	飄飄竹一節
낙엽이 져서 발자국도 보이지 않네	葉落沒行蹤
가는 곳을 흰 구름이 뒤덮었나니	白雲迷去處
정녕 어느 봉우리에 깃들일는지	栖息定何峯

---

1) ㉮ 이 시는 갑본·을본·병본·정본·무본·기본·경본·신본에는 없다.

행원
杏院

봄바람이 행원에 불어오니 　　　　春風吹杏院
가지 흔들리며 쌍으로 새가 나네 　　枝動鳥雙飛
이번엔 또 꽃잎을 지게 하는 비가 　　斷送落花雨
술동이 옆 나그네의 옷을 적시네 　　樽邊客濕衣

귀양살이하는 사람을 찾아가서
訪謫客[1]

봄이 가며 들꽃도 떨어지는 때	春去山花落
두견이가 사람에게 돌아가라 권하누나	子規勸人歸
하늘 끝에서 얼마나 많은 나그네가	天涯幾多客
흰 구름 나는 곳[42]을 멍하니 바라볼까	空望白雲飛

---

1) ㉠ '訪謫客'은 '聞鵑'으로 되어 있다.(갑본·을본·병본·정본·무본·기본·경본·신본)

혜기 장로와 헤어지며 기증하다 [2수]
贈別慧機長老[二][1]

[1][2]
늙은 학이 하늘로 날아가나니	老鶴飛天去
몇 만 겹 뒤덮인 구름 산 속으로	雲山幾萬重
그대에게 다른 물건 줄 것은 없고	贈君無別物
오직 단 하나 대지팡이뿐	唯有一枝笻

[2]
발은 1천 시내의 물을 건넜고	足穿千澗水
몸은 1만 산의 구름을 헤쳤어라	身破萬山雲
생각건대 우리 스님 돌아가는 길에	想師歸去路
계수나무 꽃이 분분히 떨어지리	桂子落紛紛

---

1) 웹 '二'는 갑본·을본·병본·정본·무본·기본·경본·신본에는 없다.
2) 웹 이 시 1수는 갑본·을본·병본·정본·무본·기본·경본·신본에는 없다.

형초도
荊楚圖[1]

무협은 하늘에 이어져 드넓고	巫峽連天曠
오승은 간 곳이 묘연하여라	吳僧杳[2]去蹤
나그네 지나는 동정의 달빛이요	客過洞庭月
구름 낀 새벽에 죽림의 종소리라	雲曉竹林鍾

---

1) ㉮ '圖' 아래 '書仁師軸'이 있다.(갑본·을본·병본·정본)
2) ㉮ '杳'은 '杏'로 되어 있다.(갑본·을본·병본·정본·무본·기본·경본·신본) ㉱ 번역은 '杳'를 따랐다.

산에 올라 가을을 감상하다
登高賞秋

남쪽 하늘 멀리 눈길을 보내니	送眼南天遠
점점이 푸르게 찍힌 산봉우리들	遙山點點靑
오래 살면 괴롭기 마련인데	長生應有苦
누가 노인성[43]에 절을 하는고	誰拜老人星

세상을 탄식함
嘆世[1)]

청산 속에 사람의 머리는 희어지고	靑山人白髮
세월은 유성처럼 흘러갔어라	歲月如流星
덧없는 인생 좋은 곳이 어디인고	浮生何處好
천지간 어디에도 보이지 않네	天地亦冥冥

---

1) ㉮ 이 시는 갑본·을본·병본·정본·무본·기본·경본·신본에는 없다.

우연히 읊다
偶吟

소나무 걸상에 산비 소리 울리니　　　松榻鳴山雨
옆 사람은 지는 매화를 읊조리네　　　傍人咏¹⁾落梅
한바탕 봄날의 꿈을 깨고 나니　　　　一塲春夢罷
시자가 차를 달여 가지고 오네　　　　侍者點茶來

---

1) ㉮ '咏'은 '詠'으로 되어 있다.(갑본·을본·병본·정본·무본·기본·경본·신본)

하씨의 죽음을 애도하며 【2수】
哭河氏【二】[1)]

[1][2)]

난경에 비친 외로운 그림자[44]	鸞鏡曾孤影
창황하여 머리가 쑥대로 변했네	蒼荒首若蓬
백 년의 하늘과 땅이 늙어서	百年天地老
솔 아래 슬픈 바람이 일어나네	松下動悲風

[2]

80년 인간의 일이	八十人間事
온통 하나의 꿈속과 같네	渾如一夢中
길이 적막한 땅속의 무덤이여	九原長寂寞
백양나무에 쓸쓸히 바람만 부네	蕭瑟白楊風

---

1) ⓐ '二'는 갑본·을본·병본·정본·무본·기본·경본·신본에는 없다.
2) ⓐ 이 시 1수는 갑본·을본·병본·정본·무본·기본·경본·신본에는 없다.

봉래 즉사
蓬萊即事

껄껄 웃으며 천지간에 서니	大笑立天地
푸른 물결 아득히 배 떠나가네	蒼波渺去舟
누런 국화는 아침에 이슬로 눈물짓고	黃花朝泣露
붉은 잎은 밤중에 가을을 울리네	紅葉夜鳴秋

저택을 지나며 거문고 소리를 듣고
過邸舍聞琴

백설의 곡조를 섬섬옥수로 연주하나니[45]	白雪亂纖手
곡조는 끝났어도 정취는 아직 남아 있네	曲終情未終
가을 강물이 거울 빛을 열어	秋江開鏡色
몇 개의 푸른 봉우리 그려내었네	畫出數青峯

달홀[46]의 모정에서
達忽茅亭[1)]

바람이 노송 위의 눈을 떨어뜨려 風落長松雪
창문을 두드리니 취옹이 놀라네 打囱驚醉翁
옥산은 푸른 바다와 이어졌고   玉山連靑海
백조는 병풍 둘러친 산을 날아가네 白鳥飛屛風

---

1) ㉮ 이 시는 갑본·을본·병본·정본·무본·기본·경본·신본에는 없다.

허 학사가 석문에서 노닌 시에 차운하다
次許學士遊石門韻

솔은 바위 위의 달을 읊조리고	松吟石上月
사람은 꽃 사이에서 거문고를 뜯네	人弄花間琴
청산을 대한 고인의 안목이여	靑山古人眼
뒷사람에게 마음을 전해 주네	留與後人心

호사를 지나며
過湖寺[1]

입으로 휘파람 길게 한번 부니	天門一長嘯
강 위에 흰 구름이 날아가누나	江上白雲飛
저녁 종소리는 대숲 뚫고 들려오고	暮鍾穿竹露
산 위의 달은 중을 따라 돌아가네	山月隨僧歸

---

1) ㉮ 이 시는 갑본·을본·병본·정본·무본·기본·경본·신본에는 없다.

청량⁴⁷의 영첩에 제하다
題淸凉影帖

팔만대장경이라는 거문고를	八萬大藏經
스님이 혀로 잘도 연주했네	師能彈一舌
맑은 바람이 금모래를 씻어 주니	淸風洒金沙
계수나무 꽃이 가을 달 아래 떨어지네	桂子落秋月

유회
有懷

달도 떨어진 5경 반의 시각	落月五更半
베개 서쪽에선 샘물 소리 졸졸	鳴泉一枕西
무슨 일로 숲 너머 새들은	如何林外鳥
밤새도록 목 놓아 울어대는지	終夜盡情啼

곽 융수에게 올리다
上郭戎帥

만인을 상대하는 법을 배웠건만[48]	曾學萬人敵
황하 맑힐 뜻[49]을 아직 못 이루어서	河淸志未酬
때때로 격렬하게 노래 부르나니	長歌時激烈
장한 그 기운 추상처럼 늠연해라	壯氣凜如秋

옛 싸움터를 지나며
過古戰場

산에 눈 덮이고 강이 얼었던 상황에서	山雪河氷裏
당년에 말에게 물을 먹였던 사람이라[50]	當年飮馬人
누런 모래밭엔 백골이 남아 있고	黃沙餘白骨
피비린내 초원은 절로 푸른 봄이로세	腥草自靑春

조 학사와 함께 청학동에서 노닐며
與趙學士遊靑鶴洞

산승은 운수의 게를 짓고	山僧雲水偈
학사는 성정의 시를 지어	學士性情詩
함께 읊으며 낙엽에 썼나니	同吟題落葉
바람에 흩어져서 아는 사람 없으리	風散沒人知

백아도에 제하다
題伯牙圖

흐르는 물은 흐느끼듯 요란하고	流水喧如咽
높은 산은 서글픈 듯 말이 없어라⁵¹	高山默似悲
〈유란幽蘭〉과 〈백설白雪〉⁵²이여	幽蘭與白雪
천년토록 하나의 애절한 가락이여	千載一哀絲

윤 상사의 옛집에 들러
過尹上舍舊宅

노래와 춤은 지금 사라지고	歌舞今寥落
누대에는 오직 솔바람 소리만	松風獨有臺
새가 지저귈 뿐 사람은 보이지 않고	鳥啼人不見
푸른 이끼 덮고서 괴석이 잠들었네	怪石眠蒼苔

도원도에 제하다
題桃源圖

진나라 녹마에 놀란 나머지	因驚秦鹿馬
도망쳐서 호중천으로 들어왔다오[53]	走入壺中天
궤안에 기대어 단잠에 빠진 곳	隱几甘眠處
돌 걸상 주변에 꽃잎이 흩날리네	花飛石塌[1]邊

---

1) ㉮ '塌'은 '榻'으로 되어 있다.(무본 · 기본 · 경본 · 신본)

숨어 사는 사람
隱夫

경착耕鑿⁵⁴하는 외에 다른 일 없이	耕鑿無餘事
임천에 거하는 하나의 늙은이	林泉一老翁
꾀꼬리 소리에 낮잠을 깨니	因鶯[1]驚午夢
보슬비 가늘게 바람에 날리네	殘雨細隨風

---

1) ㉘ '鶯'은 '鸎'으로 되어 있다.(무본·기본·경본·신본)

하서의 묘를 지나며
過河西墓

통곡하며 대궐을 하직하였나니	痛哭辭金闕
하늘가에 백일白日이 잠겼음이라[55]	天邊白日沉
누가 알랴 석 자의 흙 속에	誰知三尺土
굴원[56]의 마음이 묻혔는지를	埋却屈原心

초당
草堂

달이 잠기니 서해가 캄캄하고	月沉西海黑
구름이 걷히니 북산이 드높아라	雲盡北山高
어디선가 청포 입은 나그네가	何處靑袍客
향 사르며 〈초소楚騷〉[57]를 읽고 있으렷다	焚香讀楚騷

송암 도인에게 [2수]
松嵒[1)]道人【二】

[1]
베갯머리 나그네의 꿈자리 뒤숭숭	一枕客殘夢
하늘 한복판을 새가 날아가네	空中飛鳥過
조용한 절간에 꽃이 지는데	落花僧院靜
제비가 문 진흙이 가사를 더럽히네	泥燕汚袈裟

[2]
산속에서는 문자를 금하나니	林下閑文字
많을수록 마음이 산란하니까	多多必亂心
정겨운 시도 오직 한 수만	情詩唯一首
그것으로 나의 노래 충분하다오	可以僃[2)]吾吟

---

1) ㉝ '嵒'은 '巖'으로 되어 있다.(갑본·을본·병본·정본·무본·기본·경본·신본)
2) ㉠ 『한국불교전서』에 '脩'로 되어 있으나 저본에는 '僃'로 되어 있다. '備'와 같다.

운유하는 감 선자를 보내며【4수】
送鑑禪子之雲遊【四】[1)]

[1]
발우 씻고 향 사르는 것 말고는　　　　洗鉢焚香外
인간 세상의 일 아예 모른다네　　　　人間事不知
생각건대 그대 깃들이는 곳은　　　　想師栖息處
산들바람에 송백이 시끄러우리　　　　松檜聒涼颷

[2]
나물뿌리 씹고 누더기 걸친 몸　　　　菜根兼葛衲
인간 세상은 꿈도 꾸지 않는다네　　　　夢不到人間
소나무 아래 높이 누우면　　　　高臥長松下
구름도 한가롭고 달도 한가롭네　　　　雲閑月亦閑

[3][2)]
향 사르고 발우 씻으며　　　　焚香又洗鉢
숲 속 물가에 거처하는 몸　　　　林下水邊身
맑은 가난이 우리 가풍이니　　　　淸苦吾家事
탁한 부자는 가까이하지 말도록　　　　勿親濁富人

[4]
병 속의 참새를 가탁했다가　　　　假托瓶中雀

---
1) 원 '四'는 '三'으로 되어 있다.(갑본·을본·병본·정본·무본·기본·경본·신본)
2) 원 이 시 1수는 갑본·을본·병본·정본·무본·기본·경본·신본에는 없다.

다시 꿈속의 사람이 되었네	還成夢裏人
세상 이익을 열심히 구함은	營營求世利
업의 불길에 장작을 지핌이로다	業火更加薪

남행 즉사
南行卽事

우스워라 인간 세상의 일이여	可笑人間事
높은 재주는 집안을 돌보지 않는다네	高才不作家
썰렁한 창가의 박학한 늙은 선비	寒窓老博[1]士
이를 잡으며 생애를 이야기하는구나[58]	捫蝨話生涯

---

1) 엄 '愽'은 '博'과 같다.

덕천의 저사에서
德川邸舍[1]

하늘 끝에서 옛 벗을 만나니	天涯逢舊友
한편 기쁘면서 한편 슬프기도	堪喜亦堪悲
심지 돋우며 나누는 정담이여	剪燭開情話
봄날 창가에 밤비가 내리네	春囱夜雨時

---

1) ㉮ 이 시는 갑본·을본·병본·정본·무본·기본·경본·신본에는 없다.

강월헌에서
江月軒

왼손으로는 번개를 잡아채고 　　　　左手捉飛電
오른손으로는 바늘에 실을 꿰네 　　　右手能穿鍼
산의 구름이 정定의 눈에 일어나고 　　山雲生定眼
강의 달이 선禪의 마음에 들어오네 　　江月入禪心

회구
懷舊

어젯밤 강남의 비에	昨夜江南雨
동정호의 가을 물 깊어졌으리	洞庭秋水深
일엽편주 외로운 나그네	一葉孤舟客
달빛 속 천 리의 마음이로세	月中千里心

초옥
草屋

바위 위에 냇물 소리 요란하고 　　　石上亂溪聲
못 주변에 푸른 풀 돋아나네 　　　池邊生綠草
텅 빈 산에 비바람 몰아쳐서 　　　空山風雨多
꽃이 지는데도 쓰는 사람 없네 　　　花落無人掃

귀양살이하는 사람을 찾아가서
訪謫客[1)]

푸른 하늘에 기러기 하나 사라지고	靑天一鴈沒
푸른 바다에 세 봉우리 솟았어라	碧海三峯出
〈낙매화〉[59] 부는 피리 소리에	笛奏落梅花
객의 마음 더욱 울적해지네	客心增鬱鬱

---

1) ㉘ '客' 아래 '尹公'이 있다.(갑본·을본·병본·정본·무본·기본·경본·신본)

무상 거사에게 주다
贈無相居士

우주의 한가한 하나의 길손	宇宙一閑客
집 떠난 뒤로 하 많은 세월	離家歲月深
꿈은 도원의 꽃과 대(竹)요	桃源花竹夢
마음은 풍악의 물과 구름이로세	楓岳[1]水雲心

---

1) ㉔ '岳'은 '嶽'으로 되어 있다.(갑본·을본·병본·정본·무본·기본·경본·신본)

향호 송석정에서
香湖松石亭[1)]

해객海客은 한번 왔다 돌아갔어도	海客一歸去
천년토록 그 일은 또한 기이해라	千年事亦奇
돌은 닳아서 글자가 희미하고	石刓微有字
솔은 늙어서 가지가 반은 없네	松老半無枝

---

1) ㉔ 이 시는 갑본·을본·병본·정본·무본·기본·경본·신본에는 없다.

세상을 탄식하다
嘆世

석화처럼 달리는 광음 속에	石火光陰走
홍안이 죄다 백발로 변했네	紅顔盡白頭
산속에서 보낸 꿈 같은 10년	山中十年夢
인간 세상은 하루살이일 뿐	人世是蜉蝣

고개에 올라 두류산을 생각하다【2수】

登嶺憶頭流【二】[1]

[1]

북쪽 산 새로 찾아온 나그네	北地新爲客
옛날 남쪽 산의 주인이었지	南天舊主人
10년을 산 홀로 있게 했어도	十年山獨在
천 리의 달빛은 서로 비슷하네	千里月相親

[2][2]

남쪽 산의 옛날 주인께서	南天舊主人
북쪽 산의 새로운 손이 되었네	北地新爲客
천 리의 달빛은 서로 친한데	千里月相親
10년 동안 산은 혼자서 푸르러라	十年山獨碧

---

1) [원] '二'는 갑본 · 을본 · 병본 · 정본 · 무본 · 기본 · 경본 · 신본에는 없다.

2) [원] 이 시 1수는 갑본 · 을본 · 병본 · 정본 · 무본 · 기본 · 경본 · 신본에는 없다.

부휴자【2수】
浮休子【二】[1)]

[1][2)]

10년 동안 하나의 칼을 갈아서　　十年磨一釼[3)]
여우와 살쾡이의 간을 베었네　　斬盡狐狸肝
가벼운 화살로 무쇠 북을 뚫고　　箭輕穿鐵鼓
무거운 망치로 금산을 부수었네　　鎚重碎金山

[2]

떠날 임시에 못 잊어 하는 정이여　　臨行情脉脉
계수나무 꽃이 분분히 떨어지네　　桂子落紛紛
소매 떨치고 홀연히 돌아가니　　拂袖忽歸去
만산은 텅 비어 흰 구름뿐이로세　　萬山空白雲

---

1) [원] '二'는 갑본·을본·병본·정본·무본·기본·경본·신본에는 없다.
2) [원] 이 시 1수는 갑본·을본·병본·정본·무본·기본·경본·신본에는 없다.
3) [역] '釼'은 '劍'과 같다.

아이의 죽음을 슬퍼하며
哭兒

20년 전의 꿈이	二十年前夢
혼혼히 하나의 베개 속에	昏昏一枕中
인간 세상 생사의 고통 벗어나	人間生死苦
서방정토 나무의 풍경소리 들어라	西去聽柯風

회포를 읊어 영정 선자에게 보이다
咏[1]懷示永貞禪子

하늘도 주야로 열렸다 닫히고	晝夜天開闔
땅도 춘추로 생사를 반복하는데	春秋地死生
이 한 물건은 얼마나 기특한지	奇哉這一物
항상 큰 광명을 발하고 있도다	常放大光明

---

1) ㉘ '咏'은 '詠'으로 되어 있다.(갑본·을본·병본·정본·무본·기본·경본·신본)

재송 도자[60]를 기리며
讚栽松道者

두 몸으로 한 꿈을 깨고 보니	兩身一夢覺
솔에 걸린 달이 서늘히 비추네	松月冷相照
백발이 문득 홍안으로 변했으나	白髮却紅顔
천년의 학은 혼자서 늙어 가도다	千年鶴自老

회암 방장에 제하다
題檜嵒方丈[1), 2)]

잡스러운 귀신의 소굴에   閑神野鬼窟
눈 밝은 납승이 거처하여   明眼衲僧居
조사를 삶고 부처를 삶으니   烹祖又烹佛
신광이 태허에 번쩍이도다   神光爍太虛

---

1) ㉠ 다른 이본(갑본·을본·병본·정본·무본·기본·경본·신본)에는 '題檜嵒方丈' 아래 2수가 있다. 저본에는 권2(『한국불교전서』 제7책 684면 중단)와 권3(같은 책 700면 중단)에 나뉘어 수록되어 있다.
2) ㉠ '丈' 아래 갑본·을본·정본에는 '示住持二'가 있다. 병본에는 '示住持'가 있다.

세상을 탄식함
嘆世

삼세의 세간법은	三世世間法
꿈과 번개와 구름 같은 것	猶如夢電雲
부패하여 더러운 곳에	變壞幷不淨
벌레들이 우글우글 모여드누나	蟲輩亂紛紛

청야 즉사
清夜即事

동해에선 달이 이제 막 뜨고	東海月初生
서암에선 원숭이 울음 끊이지 않네	西嵒[1]猿不歇
문수보살과 보현보살이	文殊與普賢
어찌 풍간[61]의 요설에 걸리리오	豈犯豊干舌

---

1) ㉘ '嵒'은 '巖'으로 되어 있다.(갑본·을본·병본·정본·무본·기본·경본·신본)

태안 선자에게 주다
贈泰安禪子[1)]

청산의 푸름도 허락하지 않고	不許靑山靑
백운의 흰빛도 허락하지 않네	不許白雲白
석창에 있는 한 사람이여	石窓有一人
사방을 돌아봄에 허공이 좁구나	四顧虛空窄

---

1) ㉮ 이 시는 갑본·을본·병본·정본·무본·기본·경본·신본에는 없다.

일암 도인에게 주다 [2수]
贈一庵道人 [二]¹⁾

[1]
고선枯禪⁶²하는 자들을 본받지 말지니	莫學枯禪者
참선하되 활구活句를 의심하지 않음이라	叅禪句不疑
오래 앉아 매미 껍질로 화하더라도	身雖化蜩甲
마음은 아지랑이처럼 산란하리라	心若亂遊絲

[2]²⁾
격외의 활구가 무엇이냐면	格外有何句
볼수록 불 속에서 연꽃이 피어나는 것	看看火裏蓮
시대가 맑으면 불조를 원망하고	時淸寃佛祖
세상이 혼란하면 인천을 섬기느니라	世亂德人天

---

1) ㉯ '二'는 갑본·을본·병본·정본·무본·기본·경본·신본에는 없다.
2) ㉯ 이 시 1수는 갑본·을본·병본·정본·무본·기본·경본·신본에는 없다.

인경구탈[63]
人境俱奪

천 조각 만 조각 배꽃이	梨花千萬片
청허의 집으로 날아드누나	飛入淸虛院
목동의 피리 소리 앞산을 지나는데	牧笛過前山
사람도 소도 모두 보이지 않네	人牛俱不見

인경불탈
人境不奪[1]

누각은 진나라 누각인데	樓閣秦樓閣
산하는 한나라 산하로다	山河漢山河
도원에 나그네 노닐면서	桃源有客子
하늘 밖 한 소리 노래로다	天外一聲歌

---

1) 원 이 시는 갑본·을본·병본·정본·무본·기본·경본·신본에는 없다.

사야정
四也亭

물은 스님의 눈처럼 푸르고	水也僧眼碧
산은 부처의 머리처럼 푸르네	山色[1]佛頭靑
달이 일심의 도장이라면	月也一心印
구름은 만권의 경서라 할까	雲也萬卷經

---

1) ㉠ '色'은 '也'로 되어 있다.(갑본·을본·병본·정본·무본·기본·경본·신본) ㉡ 번역은 '也'를 따랐다.

염불승
念佛僧

합장하고 서쪽을 향해 앉아서	合掌向西坐
마음 모아 아미타불을 염송하네	凝心念彌陀
평생 꿈속에서도 그리는 일은	平生夢想事
항상 백련화[64] 속에 있는 것	常在白蓮花

강講을 마치는 날에 행 대사에게 보이다
罷講日示行大師[1]

말할 수 없는 곳 모두 강하여	講盡無言處
육조의 등불을 환히 밝혔네	昭然六祖燈
흰 구름 일어나는 돌길에	白雲生石路
등나무 지팡이 높이 떨치누나	高拂一枝藤

---

1) ㉘ '師' 아래 '乙卯春傳法會'가 있다.(갑본·을본·병본·정본·무본·기본·경본·신본)

각 선자
覺禪子[1)]

청량한 이 구역 얼마나 좋은지	好是淸凉地
흰 구름 날아와 뜰에 가득하네	白雲飛滿庭
몸뚱이를 마치 풀잎처럼 여기고서	視身如草葉
자리 펴고 앉은 눈빛 형형하여라	敷坐眼惺惺

---

1) ㉿ 이 시는 갑본・을본・병본・정본・무본・기본・경본・신본에는 없다.

희 장로에게 주다
贈熙長老

활구를 마음에 간직한 선객	活句留心客
어떤 사람이 짝할 수 있으리오	何人作得雙
인연 다하여 이 세상 떠나는 날	報緣遷謝日
염라대왕도 알아보고 머리 숙이리라	閻老自歸降

봉성을 지나며 한낮의 닭소리를 듣고 【2수】
過鳳城聞午雞 【二】

[1]
머리가 희지 마음이 희지 않다고	髮白非心白
옛사람이 일찍이 누설하였지[65]	古人曾漏洩
지금 닭소리 한번 듣고서	今聽一聲雞
장부의 할 일을 모두 마쳤도다	丈夫能事畢

[2]
홀연히 나의 집 소식을 얻고 보니	忽得自家底
모든 일이 단지 이러할 따름	頭頭只此爾
천개 만개 금보장이 있어도	萬千金寶藏
원래 하나의 빈 종이일 뿐	元是一空紙

연화 도인에게 주다
贈蓮華道人[1]

육신은 사대가 모인 것이요	根身四火[2]聚
대지는 하나의 새장이로다	大地一樊籠
산승이 지는 해를 바라보니	山僧觀落日
세계가 홀연히 텅 비었도다	世界忽成空

---

1) ㉮ 이 시는 갑본·을본·병본·정본·무본·기본·경본·신본에는 없다.
2) ㉮ '火'는 '大'의 오자인 듯하다.

덕의 선자에게 주다
贈德義禪子

우리 집에 보배로운 촛불 있나니	吾家有寶燭
우스워라 서쪽에서 건너온 등불[66]	可哂西來燈
깊은 밤중 황매의 한 소식이	半夜黃梅信
죽반승에게 잘못 전해졌다네[67]	虛傳粥飰[1]僧

---

1) 역 '飰'은 '飯'과 같다.

법장 대사
法藏大師

그림자 없는 나무를 도끼로 찍고   斫來無影樹
물속의 거품을 죄다 불태웠네   燋盡水中漚
우습도다 소를 탄 사람이여   可咲騎牛者
소를 타고 다시 소를 찾다니   騎牛更覓牛

『원각경』을 강하며 【2수】
講圓覺【二】[1)]

[1][2)]

확연히 텅 비어 툭 터져서	廓然虛谿谿
마음과 입으로 헤아릴 수 없도다	心口絶商[3)]量
가련하도다 상적의 국토가	可憐常寂土
끝내 시비의 장이 되고 말다니	終作是非場

[2]

환한 대낮에 우레 소리 울리니	白日雷聲動
푸른 못의 늙은 용이 놀라도다	碧潭驚老龍
맑은 바람이 취령[68]에 불고	淸風吹鷲嶺
밝은 달이 규봉[69]에 떴도다	明月上圭[4)]峯

---

1) ㉮ '二'는 갑본·을본·병본·정본·무본·기본·경본·신본에는 없다.
2) ㉮ 이 시 1수는 갑본·을본·병본·정본·무본·기본·경본·신본에는 없다.
3) ㉯ '商'은 '商'과 같다.
4) ㉮ '圭'는 '走'로 되어 있다.(을본·병본)

천민 선자에게 답하다
酬天敏禪子[1]

텅 비어 본래 한 물건도 없는데	虛寂本無物
어찌하여 대장경을 수고스럽게 전독轉讀하나	何勞轉大藏
가을 강에 비친 서늘한 달빛은	秋江寒月色
원래 장왕張王[70]의 전유물이 아닌 것을	元不屬張王

1) [원] 이 시는 갑본·을본·병본·정본·무본·기본·경본·신본에는 없다.

초당에서 잣나무를 읊다
草堂咏[1]栢

둥근 달도 보름을 넘기지 못하고	月圓不逾望
중천의 해도 서쪽으로 기우는데	日中爲之傾
뜰 앞의 잣나무만은	庭前栢樹子
사계절에 언제나 홀로 푸르네	獨也四時靑

---

1) ㉯ '咏'은 '詠'으로 되어 있다.(갑본·을본·병본·정본·무본·기본·경본·신본)

내은적암
內隱寂

10년 동안 나그네로 떠돌다가	飄泊十年客
돌아오니 흰 머리만 더 늘었네	歸來白髮添
나무꾼이 대나무를 다 베었으니	樵人刈竹盡
어느 곳에서 향엄香嚴[71]을 찾는다지	何處覓香嚴

고의
古意

바람이 잠잠해도 꽃은 여전히 떨어지고[72]   風定花猶落
새가 우짖으니 산이 더욱 그윽해라[73]   鳥鳴山更幽
하늘은 흰 구름과 함께 밝아 오고   天共白雲曉
물은 밝은 달과 함께 흐르누나[74]   水和明月流

썰렁한 숲
寒林[1]

삼륜[75]의 세계가 부서지고	三輪世界碎
사대의 형체가 나뉘었네	四大形骸分
까마귀와 솔개 무엇이 더 좋으랴	烏鳶何厚薄
푸른 솔 구름에 누우면 되는 것을	可臥靑松雲

---

1) ㉭ 이 시는 갑본·을본·병본·정본·무본·기본·경본·신본에는 없다.

영지 선자
靈芝禪子[1)]

길 막히고 마음 끊어진 곳	道窮心絶處
평지에 전쟁을 일으키니	平地起干戈
천 사람은 겁을 먹고 달아나는데	千人口呿走
한 사람이 웃으며 껄껄대누나	一人哭呵呵

---

1) ㉮ 이 시는 갑본·을본·병본·정본·무본·기본·경본·신본에는 없다.

심 선자가 행각하기에 【2수】
心禪子行脚【二】[1)]

[1]
고목은 봄빛을 하직하고	枯木別春色
영양은 바위 가에 뿔을 걸었네	羚羊挂石邊
산천 유람 마치고 나면	山川遊歷罷
나에게 짚신 값 돌려주겠지	還我草鞋錢

[2][2)]
위에는 하늘의 그물을 펴고	上布天網子
아래는 범 잡는 덫을 놓았네	下設陷虎機
단칼 들고 곧장 뛰어 들어가	單刀直入處
드높이 대장 깃발 휘날리도록	高拂大將旗

---

1) ㉠ '二'는 갑본·을본·병본·정본·무본·기본·경본·신본에는 없다.
2) ㉠ 이 시 1수는 갑본·을본·병본·정본·무본·기본·경본·신본에는 없다.

도운 선자
道雲禪子

납자가 한평생 할 일이라면	衲子一生業
차를 달여서 조주에게 올리는 것[76]	烹茶獻趙州
마음도 재가 되고 머리도 흰 눈이 내렸으니	心灰髮已雪
어떻게 남주[77]를 생각할 수 있으리오	安得念南洲

응화 선자
應和禪子

하늘을 우러러 한 소리 탄식하나니	仰天噓一聲
화살도 다하고 활도 꺾였어라	箭盡弓還折
만약 또 헤아리며 분별한다면	若也更商[1]量
예전처럼 귀신의 굴에 들어가리라	依前入鬼窟

---

1) ㉘ '商'은 '啇'으로 되어 있다.(갑본·을본·병본·정본)

약속한 그대는 오지 않고
有約君不來

눈 들어 기러기를 끝까지 좇다 보니	眼隨歸鴈盡
바다의 푸름이 하늘의 푸름에 잇닿았네	碧海連天蒼
10리에 그래도 봄풀이 무성한데	十里猶春草
만산에 속절없이 해가 지는구나	萬山空夕陽

낙중 즉사
洛中卽事

봄빛은 어디로 돌아갔는고	春色歸何處
장안의 백만 가호로다	長安百萬家
산승은 문을 닫고 앉아서	山僧掩門坐
한 뜰의 꽃을 헛되이 지게 하누나	空落一庭花

어버이를 뵈러 가는 지언 대선에게 주다 【2수】
贈志彥大選之歸寧【二】[1)]

[1]
가르치고 기른 은혜 똑같이 중하니	敎育恩均重
스승과 어버이의 예 어찌 가벼우랴	師親禮豈輕
장안에 도착하면 그날에 바로	長安纔到日
불여귀不如歸의 소리를 귀담아 들도록	聽取子規聲

[2]
선자가 어버이 뵈러 가는 날	禪子歸寧日
강남의 2월의 봄날이로다	江南二月春
부디 산골 중 옷이	休將山水衲
말굽 티끌에 오염되지 않도록	取染馬蹄塵

---

1) ㉮ '二'는 갑본·을본·병본·정본에는 없다.

심경암【용담에 있다.】
心鏡庵【龍潭】

해가 뜨니 붉은빛이 위와 아래에	日來紅上下
구름이 걷히니 푸른 산 빛이 동쪽 남쪽에	雲去碧東南
맑은 산에서 비를 구경하는 것은	山晴能作雨
단지 가까이 있는 용담 덕분이라오	只是近龍潭

지 대사를 전송하며
送芝大師

떠나는 길에 낙엽 날리는 저녁	離程葉飛晚
한 강물 유유히 흘러서 가네	一水去悠悠
외로운 기러기 울음소리 비장한데	斷鴈聲悲壯
1천 봉우리에 달빛 또한 가을일세	千峯月亦秋

화암사를 지나며
過華嵒[1]寺

산과 강에 바야흐로 해가 지는데	山川當落照
가을 풀 속에 용귀龍龜[78]가 누워 있네	秋草臥龍龜
낡은 전각을 달도 애도할 텐데	古殿月應吊
부서진 창을 바람도 슬피 울며 지나가네	破囪[2]風亦悲

---

1) ㉾ '嵒'은 '巖'으로 되어 있다.(갑본·을본·병본·정본·무본·기본·경본·신본)
2) ㉾ '囪'은 '窓'으로 되어 있다.(갑본·을본·병본·정본·무본·기본·경본·신본)

고도를 지나며
過古都

저녁 구름은 무너진 성가퀴에 이어졌고	暮雲連癈[1]堞
찬비는 황량한 누대를 씻어 주네	寒雨洗荒臺
예전과 같은 푸른 산 빛이여	山色靑依舊
영웅들이 얼마나 오고 갔을까	英雄幾去來

---

1) ㉮ '癈'는 '廢'로 되어 있다.(갑본·을본·병본·정본·무본·기본·경본·신본) ㉯ 번역은 '廢'를 따랐다.

환암【2수】
【일찍이 관작官爵을 사양했기 때문에 이렇게 말하였다.】
幻庵[1]【二】【曾辭爵故云云】

[1]
부귀에 마음을 두지 않는데	富貴不留心
공명에 어찌 입맛을 다시리오	功名豈染指
세상에 대한 마음 이미 재가 되어	世情已作灰
푸른 구름 속으로 나래를 떨쳤다오	鼓翼靑雲裏

[2]
몸은 흰 구름과 한 쌍이 되고	身與白雲雙
마음은 밝은 달과 일체가 되어	心將明月一
우주 사이를 활보하였나니	行行宇宙間
무애자재함을 짝할 자 없었어라	自在無倫匹

---

1) ㉾ 이 시는 갑본·을본·병본·정본·무본·기본·경본·신본에는 없다.

행 선자에게 답하다
答行禪子

만 리의 이별 한 해가 지났나니	萬里經年別
외로운 등불 이 밤의 심정이여	孤燈此夜心
언제나 한번 활짝 웃으면서	何時開一笑
침상 마주하고 풍월을 읊을거나	風月對床吟

태희 사미가 어버이를 뵈러 가기에
太熙沙彌歸寧

우스워라 세간의 사랑이란	可唉世間愛
얼음 녹고 기와 깨지듯 하는 것	氷銷瓦解時
은정이 많으면 회한이 되고	恩多翻作恨
환락이 다하면 슬픔이 되느니라	歡極却成悲

태상 선자【2수】
太常禪子[1]【二】

불경을 펼쳐 보는 곳에	玉音開閱處
도리가 봄 그늘 드리웠네	桃李舊春陰
누가 풀 우거진 절간 찾아와	誰向草深院
마음을 갖고 마음 찾겠다 물어보는고	將心問覓心

---

1) ㉮ 이 시는 갑본·을본·병본·정본·무본·기본·경본·신본에는 없다.

원철 대사 [2수]
圓徹大師【二】[1)]

[1]
조사의 관문을 한번 깨뜨리고　　　　　一徹祖師關[2)]
삼세의 부처를 의심하지 않누나　　　　不疑三世佛
황매에서 한밤중에 전한 한 소식[79]　　黃梅半夜信
우스워라 그것이 무슨 물건인고　　　　可哂是何物

[2][3)]
만 겹의 구름을 남김없이 헤치고서　　圓徹萬重雲
영원히 조계의 적자가 되었도다　　　　永爲曹溪嫡
크게 웃으며 텅 빈 산에 누우니　　　　大哂臥空山
달빛 속에 솔방울이 떨어지누나　　　　月中松子落

---

1) ㉮ '二'는 무본·기본·경본·신본에는 없다.
2) ㉮ '關'은 '開'로 되어 있다.(갑본·을본·병본·정본)
3) ㉮ 이 시 1수는 갑본·을본·병본·정본·무본·기본·경본·신본에는 없다.

원혜 장로

元惠長老[1]

일 없이 조용한 사내대장부　　閑靜丈夫兒
속진을 떠난 세상 밖의 스승　　離塵出世師
일생에 행한 공업은　　一生功與業
오직 흰 구름이 알아주리라　　惟有白雲知

1) [원] 이 시는 갑본·을본·병본·정본·무본·기본·경본·신본에는 없다.

고승의 지팡이
高僧杖[1]

천태산 즐률의 지팡이가	天台梛楪杖
층층의 백운에서 내려왔나니	飛下白雲層
아수라의 진을 무너뜨리고	可解修羅陣
물을 치며 나는 대붕을 놀래리라	能驚擊水鵬

---

1) 원 이 시는 갑본·을본·병본·정본·무본·기본·경본·신본에는 없다.

화정 도인에게 주다
贈華亭道人[1]

소상반죽 한 가지 꺾어	瀟湘竹一枝
동정에서 피리를 부나니	斫去洞庭吹
화정의 나그네가 아니면	不是華亭客
누가 이 맛을 알 수 있을꼬	誰能此味知

---

1) ㉮ 이 시는 갑본·을본·병본·정본·무본·기본·경본·신본에는 없다.

원과 밀 두 선자에게 보이다 [2수]
示圓密二禪子[二][1)]

[1]
흑풍이 미움의 불길에서 일어나	黑風起瞋火
세세생생 펄펄 끓는 지옥에 들어가네	生生做鑊湯
옛사람이 마음 쓴 곳으로 말하면	古人用心處
남과 나 둘을 모두 잊었다네	人我定雙亡

[2]
활수는 맑기가 거울과 같고	活水淸如鏡
하늘은 온통 푸른빛 하나일세	天光碧一痕
다생에 멀리 아래로 떠내려왔으니	多生漂遠派
어느 날에나 근원으로 되돌아갈까	何日返初源

---

1) ㉮ '二'는 갑본·을본·병본·정본·무본·기본·경본·신본에는 없다.

좌주의 물음에 답하다 【2수】
答座主問【二】

[1]
120의 사사邪師[80]는   百二十邪師
모두 진실의 뜻을 잃었나니   俱迷眞實義
한 생각을 잊고 또 잊으면   一念忘又忘
몸과 마음에 걸림이 없으리라   身心忽無寄

[2]
마음에 꾸밈과 거짓 많은 까닭에   緣心多巧僞
망식이 어지럽게 부침하나니   妄識亂浮沉
서릿발 칼날을 휘두르는 곳에   霜釖[1]一揮處
싸늘한 빛이 고금에 번쩍이리라   寒光爍古今

---

1) ㉠ '釖'은 '劒'으로 되어 있다.(갑본·을본·병본·정본·무본·기본·경본·신본)

낙산 회해 선자에게 주다
贈洛山懷海禪子[1)]

【한 장이 결락되었음. 一張缺落】

---

1) ㉾ 저본에는 '子' 아래에 1장이 결락되어 있다. 다만 이 제목의 시문을 「보유」편에 실어 둔다.(편자)

(제목 미상)[1]

[1]
삼악도의 고해에서 헤어나려면	要免三途海
육조 대사의 선을 참구해야지	須叅六祖禪
광음을 참으로 아낄 것이니	光陰眞可惜
부디 등한히 보지 말기를	愼勿等閑眼

[2]
슬프다 달빛만 실은 선자船子여[81]	載月悲船子
중을 심문한 목차木杈[82]에 부끄럽도다	勘僧愧木杈
묘향산 속을 흐르는 물이여	妙香山裏水
얼마나 많은 강모래를 일었던가	淘盡幾江沙

[3]
염불하거나 참선하거나	念佛叅禪法
성취하는 도리는 다르지 않나니	功成理不差
몸과 마음을 내려놓으면	身心如放下
고목에 정녕 꽃이 피리라	枯木定生花

---

1) 원 이 시 3수는 갑본·을본·병본·정본·무본·기본·경본·신본에는 없다.

감 선자가 오대에 가는 것을 전송하며
送鑑禪子之五臺[1]

짧은 머리에는 1천 줄기 눈꽃이요	短髮千莖雪
장삼 자락에는 1만 조각 노을이라	長衫萬片霞
열반은 간밤의 꿈과 같고	涅槃如昨夢
생사 또한 허공 속의 꽃이로다	生死亦空花

---

1) ㉘ 이 시는 갑본·을본·병본·정본·무본·기본·경본·신본에는 없다.

도능 선자에게 주다
贈道能禪子

분명히 주객을 떠났고	歷歷離賓主
고요히 색공이 끊어졌나니	寥寥絶色空
눈앞에 항상 기억할 것은	目前勤記取
산이 흰 구름 속에 서 있는 것	山立白雲中

인 선자가 게송을 구하기에 답하다
賽仁禪子求偈

조주가 잠근 문의 빗장을	趙州關捩子
납승이 만약 열어젖힌다면	衲僧如打開
천하의 어떤 노련한 화상도	天下老和尙
콧구멍을 꿰어 끌고 오리라	鼻孔穿却來

신 상사의 시에 차운하다 [2수]
次申上舍韻【二】[1)]

[1]
활활活活한 공부자와　　　　　　　　活活孔夫子
공공空空한 석가세존을　　　　　　　空空釋世尊
한 입에 삼킨 나그네가　　　　　　　吞含一口客
신선의 수레에 누운 줄 누가 알랴　　誰識臥雲軒

[2][2)]
참선하는 탑상에는 가을빛이 서늘하고　禪榻秋光冷
반딧불 창가에는 달빛이 새로워라　　　螢囱月色新
이 속의 맛은 오직 하나이니　　　　　箇中惟一味
쓰다 달다 분별하지 말기를　　　　　慎莫辨甘辛

---

1) ㉘ '二'는 갑본·을본·병본·정본·무본·기본·경본·신본에는 없다.
2) ㉘ 이 시 1수는 갑본·을본·병본·정본·무본·기본·경본·신본에는 없다.

진각 선화에게 주다
贈眞覺禪和[1]

속진의 인연 따라 구르지 말고	莫逐塵緣轉
한 생각을 돌이켜 깨우칠지라	須歸一念醒
머리 잃고 광분하는 무리는	失頭狂走輩
정신없이 형체만 괜히 괴롭히느니라	役役枉勞形

---

1) ㉮ 이 시는 갑본·을본·병본·정본·무본·기본·경본·신본에는 없다.

도홍[83]을 구하는 선자를 경책하다
警求陶泓之禪子

죄는 마음을 내는 곳에 있나니	罪在心生處
안 보이는 곳도 귀신이 보느니라	暗中多鬼神
용미연龍尾硯[84]을 욕심내지 말지어다	莫求龍尾硯
쫓아가 주는 사람에게 부끄러우니라	慚愧遠追人

【당나라 괴오가 용미연을 가지고 있었는데, 친구가 욕심을 내면서도 말을 하지 못하였고, 괴오도 마음으로는 주려고 하면서도 미처 주지 못하였다. 그러던 어느 날 친구가 고하지도 않고 돌아가자 괴오가 쫓아가서 벼루를 주며, "내가 탐한 것이 아니다. 운운." 하였다. 이것은 오나라 계찰이 칼을 걸어 놓고 간 것[85]과 비슷하다. 唐𩲃鰲蓄龍尾硯。友人欲之不言。鰲亦心許未與之。一日友人不告而去。鰲追及送硯曰。我非貪也云云。吳季札[1)]挂劔[2)]一般也。】

---

1) 劉 '札'은 '礼'로 되어 있다.(갑본·을본·병본·정본)
2) 劉 '劔'은 '劍'으로 되어 있다.(갑본·을본·병본·정본·무본·기본·경본·신본)

찬불
讚佛[1), 2)]

타인도 불망인 것을 관하였고	觀他也不妄
자신도 무생인 도리를 깨달았네	覺自亦無生
출세하여 무슨 일을 노래하리오	出世謌何事
사람마다 본래 태평무사한 것을	人人本大平

---

1) ㉮ 이 책의 118면 각주 1) 참조.
2) ㉮ '佛' 아래 '二'가 있다.(갑본·을본·병본·정본)

유교와 도교를 찬하다
讚儒道

공자孔子가 이미 시작이 아닌데	仲尼旣非始
노자老子가 어떻게 끝이 되겠는가	伯陽安得終
적막하여라 하늘과 땅 저 너머	寥寥天地外
변화에 편승하여 무궁한 경지에 들어가네	乘化入無窮

달마의 진영眞影에 찬하다
贊達摩眞

낙락하고 외외한 모습이여	落落巍巍子
푸른 눈동자 뜬 사람 누구인고	誰開碧眼睛
해질 녘 산 빛 속에서	夕陽山色裏
봄새가 스스로 이름 부르네	春鳥自呼名

달마도강도【2수】

達摩渡江圖【二】[1)]

[1]

맑은 물결 위에 갈대 잎 하나[86]	蘆泛淸波上
산들바람 솔솔 불어오누나	輕風拂拂來
호승의 푸른 두 눈에는	胡僧雙碧眼
1천 부처가 하나의 티끌이렷다	千佛一塵埃

[2][2)]

당시 양나라 무제는	當時梁武帝
호승의 마음을 알지 못했네[87]	不識胡僧心
금로에선 향 연기 애애하고	金爐香藹藹
옥전에선 물시계 소리 톰방거리네	玉殿漏沉沉

1) [원] '二'는 갑본·을본·병본·정본·무본·기본·경본·신본에는 없다.
2) [원] 이 시 1수는 갑본·을본·병본·정본·무본·기본·경본·신본에는 없다.

선사의 진영에 찬하다
贊先師眞

구름 잘라 지은 하얀 납의요	剪雲爲白衲
물을 베어 만든 맑은 눈동자라	割水作淸眸
뱃속에 주옥을 가득 품고 있는지라	滿腹懷珠玉
신광神光이 두우斗牛 사이를 내쏘는구나[88]	神光射斗牛

무위【2수】

無位[1)]【二】

[1]

외외하고 낙락한 그대여	巍巍落落子
시내가 혀요 산이 몸이라	澗舌山爲身
비로자나의 게송을 누설하여	漏洩毗盧偈
이 석인에게 유통하누나	流通是石人

[2]

중생으로 몸을 삼고	衆生以爲身
제불로 뼈를 삼으며	諸佛以爲骨
천지로 목구멍을 삼아	天地以爲喉
바람과 달을 삼키고 토하누나	呑吐風與月

1) [원] 이 시 2수는 갑본·을본·병본·정본·무본·기본·경본·신본에는 없다.

백운산에 올라가 읊다 【2수】
登白雲山吟【二】[1)]

[1][2)]

몇 겹으로 둘러싸인 백운산에서	白雲山幾疊
몸이 봉우리 꼭대기 위에 있네	身在妙高峰
천고토록 하늘을 부축하는 형세여	千古扶天勢
겁풍[89]에도 그 모습 바뀌지 않네	劫風無改容

[2]

달빛에 나부끼는 계수나무 열매 향기	桂熟香飄月
구름 뚫고 치솟은 소나무의 찬 그림자	松寒影拂雲
산중의 기특한 일을	山中奇特事
속인이 알게 할 리 없지	不許俗人聞

---

1) 원 '二'는 갑본·을본·병본·정본·무본·기본·경본·신본에는 없다.
2) 원 이 시 1수는 갑본·을본·병본·정본·무본·기본·경본·신본에는 없다.

선화의 물음에 답하다
答禪和問[1)]

처마 밖에는 산비 소리 울리고	簷外鳴山雨
창문 앞에는 객사의 등불 깜박이네	囱前點客燈
찾아와서 한번 봤으면 그만이지	一來相見了
굳이 삼승을 물어볼 것 있으리오	何必問三乘

---

1) ㉔ 이 시는 갑본·을본·병본·정본·무본·기본·경본·신본에는 없다.

승려의 죽음을 슬퍼하며
哭亡僧

올 때는 흰 구름과 함께 오고	來與白雲來
갈 때는 밝은 달을 따라가네	去隨明月去
오고 가는 하나의 주인은	去來一主人
필경 어느 곳에 있는고	畢竟在何處

『능엄경』일장
楞嚴一章

애욕은 마음과 눈을 말미암나니[90]	愛欲因心目
마음과 눈이 반연을 일으킨다네	心目起攀緣
머물지 않고 행장을 재촉하는 나그네여	趣裝不留客
어느 날에나 금권金拳[91]에 감사드릴꼬	何日謝金拳

일선암의 벽에 제하다
題一禪庵壁

산도 무심히 절로 푸르고	山自無心碧
구름도 무심히 절로 하얗고	雲自無心白
그 속에 계신 스님 한 분도	其中一上人
역시 무심한 나그네라네	亦是無心客

장 만호를 송별하며 【2수】
送別張萬戶【二】[1)]

[1]

바람 불어 변방 구름 끊어지고	風起塞雲斷
낙목의 그늘 드리운 깊은 가을날	秋深落木陰
밤에 들리는 강변의 피리 소리	夜聞江上笛
고향 그리는 나그네 마음 이해하는 듯	知客故鄉心

[2][2)]

변방 요새 너머 〈양관陽關〉[92]의 노래	塞外陽關曲
해 떨어지려 하는 강변의 하늘	江天欲暮時
어떡하나 돌아가는 한 마리 새여	如何一歸鳥
아득히 길은 더욱 멀기만 한데	渺渺更遲遲

---

1) ㉮ '二'는 '應壁'으로 되어 있다.(갑본·을본·병본·정본·무본·기본·경본·신본)
2) ㉮ 이 시 1수는 갑본·을본·병본·정본·무본·기본·경본·신본에는 없다.

계축년 가을에 명사에서 노닐다
癸丑秋遊鳴沙

봉래산 위의 오색구름이	蓬萊五色雲
내려와서 명사의 비가 되었네	下作鳴沙雨
해당화는 모두 다 지고	落盡海棠花
중 셋에 만호 한 사람뿐	三僧一萬戶

회포를 읊다
咏¹⁾懷

병은 육단심⁹³에 기인하나니　　　　病在肉團心
굳이 많은 글자 모을 것이 있으랴　　何勞多集字
오언절구 시 하나로도　　　　　　　五言絕句詩
평생의 뜻을 토로할 수 있는 것을　　可寫平生志

---

1) ㉾ '咏'은 '詠'으로 되어 있다.(갑본·을본·병본·정본·무본·기본·경본·신본)

가도
賈島

흑백에 모두 몸을 두고서[94]	黑白投身處
퇴고의 글자를 고심했나니[95]	推敲[1]着字時
일생 동안 이룬 공업이	一生功與業
우습게도 시를 고음한 것이라네	可唉苦吟詩

---

[1] ㉤ '敲'는 갑본·을본·병본·정본에는 敲로 되어 있다. 무본·기본·경본·신본에는 '戩'으로 되어 있다.

관동행
關東行

세월이 흐르는 물과 같다면	歲月如流水
흥망은 기러기 발자국[96]과 같다 할까	興亡若去鴻
천지 밖에서 드높이 읊조리니	高吟天地外
산해가 가슴속에서 일렁이네	山海動胷中

거처를 옮기다
移居[1]

10년 동안 바닷가에 거하다가	十年居海上
초가집에 태풍이 들이닥쳐서	茅屋大風侵
흰 구름 속으로 옮겨 왔더니	移入白雲裏
1만 산 속에 마음은 오직 하나로세	萬山惟一心

---

1) ㉔ 이 시는 갑본·을본·병본·정본·무본·기본·경본·신본에는 없다.

남쪽으로 귀양 가는 객을 전송하며
送南遷客

바닷가 나뭇잎 가을 서리에 지는데	海樹落秋霜
초관楚關[97]의 기러기 일찍 떠나가네	楚關鴻去早
종산에 깃든 한 마리 새 곁에서	鍾山獨鳥邊
나그네는 배를 타고 늙어 가누나	客子舟中老

영주에서 묵다
宿瀛洲

붕새 날아간 하늘 문 툭 터지고	鵬去天門廓
삼산에는 계수나무 꽃이 지누나	三山落桂花
긴 바람은 푸른 바다를 건너가고	長風過碧海
흰 달빛은 찬 모래밭에 남아 있네	白月留寒沙

소나무 숲 속의 은사를 찾아서
訪松間隱士[1]

소나무 숲 속의 집이 나는 좋은데	自悅松間屋
소나무 숲 속에 역시 다락이 있네	松間亦有臺
객이 와도 돌을 쓸지 않나니	客來不掃石
혹시 푸른 이끼 손상될까 봐	惟恐損蒼苔

---

1) ㉮ 이 시는 갑본·을본·병본·정본·무본·기본·경본·신본에는 없다.

남해로 가는 사람을 전송하며
送人之南海

어느 강물이나 달이 들어 있듯　　月入江江水
어디나 꽃이 피어 있는 봄날　　　花連處處春
하늘에 비낀 삼죽령 넘어　　　　橫天三竹嶺
만 리 길 홀로 사람이 돌아가네　萬里獨歸人

쌍계사 방장
雙溪方丈

앞뒤 고개에는 흰 구름이요　　　白雲前後嶺
동서 시내에는 밝은 달이라　　　明月東西溪
꽃비 지는 속에 중은 앉아 있고　僧坐落花雨
산새 우는 속에 객은 조는구나　客眠山鳥啼

가을을 노래하다
咏秋[1]

창가 대숲에는 밤비 소리 울리고	囱竹夜鳴雨
책상 위에는 가을 오동잎이 가득	秋梧葉滿床
구름 걷히자 푸른 바다 드러나고	雲收碧海出
기러기 사라지자 푸른 하늘 멀어라	鴈沒靑天長

---

1) ㉟ 이 시는 갑본·을본·병본·정본·무본·기본·경본·신본에는 없다.

화산의 은자
花山隱者

마음을 씻지 귀를 씻지 않나니[98]	洗心不洗耳
인간 세상에서 형체를 이미 잊었도다	人世已忘形
송아지 안고 산에 올라가나니[99]	抱犢上山去
봄날의 밭두둑 일대가 푸르도다	春田一帶靑

안분당
安分堂[1)]

풍월이 신위莘渭[100]와 동등하나니　　風月同莘渭
강산의 부귀도 매일반이라　　江山一富貴
누가 알까 이 초당 속에　　誰知草堂中
시서의 맛이 절로 있는 줄을　　自有詩書味

1) [원] 이 시는 갑본·을본·병본·정본·무본·기본·경본·신본에는 없다.

고성의 김 처사
古城金處士[1]

기러기 날아간 흥망의 일이여[101]	鴻去興亡事
황성의 달만이 하나의 자취일세	荒城月一痕
개와 닭은 백운 속에 시끄럽고[102]	白雲喧雞犬
사람은 태평 마을에서 늙어 가누나	人老大平村

---

1) ㉮ 이 시는 갑본·을본·병본·정본·무본·기본·경본·신본에는 없다.

운계동을 찾다
尋雲溪洞

돛배는 거문고 탄 바위를 지나가고   帆過彈琴石
구름은 학이 춤춘 누대에서 일어나네   雲生舞鶴臺
도원이 멀지 않음을 알겠노니   桃源知不遠
물 위에 낙화가 떠내려오니까   流水落花來

도인 의경에게 주다
贈道人義冏[1]

적적하게 송화만 떨어질 뿐	寂寂松花老
흰 구름을 쓰는 사람도 없네[103]	白雲人不掃
깊은 산 영지버섯 캐오지 마오	深山莫采芝
뱃속에 대추가 많이 들어 있으니까[104]	肚裏多神棗

---

1) ㉔ 이 시는 갑본·을본·병본·정본·무본·기본·경본·신본에는 없다.

봄을 아쉬워하며
惜春

버들이 푸르니 꾀꼬리는 소식을 전하고	柳綠鶯[1]傳信
꽃이 붉으니 제비는 원한을 호소하네	花紅燕[2]訴冤
광음이 지나가는 나그네 같으니	光陰如過客
나도 한번 혼이 녹을 수밖에	我亦一銷魂

---

1) ㉠ '鶯'은 '鸎'으로 되어 있다.(갑본·을본·병본·정본·무본·기본·경본·신본) 다음도 같다.
2) ㉠ '燕'은 '鷰'으로 되어 있다.(갑본·을본·병본·정본·무본·기본·경본·신본)

산중의 벗과 헤어지며
別山友

산객이 산객을 전송하나니   山客送山客
백운 떠나가면 어디서 찾을꼬   白雲何處尋
솔바람 소리는 달 아래 괴롭고   松聲月下苦
산 빛은 빗속에 더욱 짙어라   山色雨中深

용성 김 악사를 만나 성원에서 묵다
遇龍城金樂士宿星院

봄이 따스해 꾀꼬리 소리 일찍 들리고	春暖聞鶯早
바람이 온화해 버들개지 더디 날리네	風和落絮遲
객지에서 고향 생각이 많은지라	客中多遠思
밝은 달 아래 거문고를 타네	彈瑟月明時

선 장로에게 주다
贈禪長老[1)]

바다에는 저녁 구름이 괜히 엉기고	海暮雲空結
찬 산에는 낙엽이 혼자서 읊조리네	山寒葉自吟
빈 못은 앉은 그림자 그려내고	虛潭描坐影
가을 달은 선객의 마음을 비추네	秋月照禪心

---

1) ㉿ 이 시는 갑본·을본·병본·정본·무본·기본·경본·신본에는 없다.

우청 집구[105]
雨晴集句

꽃가루가 무거운지 나비는 낮게 날고	粉重低飛蝶
노란 날개 젖은 채 꾀꼬리는 말이 없네[106]	黃濃不語鶯
물결은 뇌택의 노(棹)에 찰랑거리고	波涵雷澤掉[1)]
비는 역산의 밭갈이에 충분하도다[107]	雨足歷山耕

---

1) ㉮ '掉'는 '棹'로 되어 있다.(갑본·을본·병본·정본·무본·기본·경본·신본) ㉯ 번역은 '棹'를 따랐다.

동해를 바라보며
觀東海

아득하고 망망한 바다	渺渺又茫茫[1]
대풍이 항상 주재하는 곳	大風常主宰
거령巨靈[108]이 만산을 쪼개자	巨靈擘萬山
분수처럼 옥구슬이 동해에 쏟아지네	噴玉射東海

1) [원] '茫茫'은 '芒芒'으로 되어 있다.(정본)

밤에 앉아서
夜坐

나그네가 길게 휘파람 한번 부니	有客一長嘯
1만 골짜기에 바람이 이네	風生萬壑間
연자원에 밤이 깊으니	夜深燕子院
달이 청량산을 비추네	月照淸凉山

백전에서 묵다
宿栢巓

폭포는 달빛과 함께 떨어지고	飛泉和月落
계수나무는 꽃향기를 보내 주네	桂子送花香
흰 구름은 칼바위에서 일고	白雲生石釖[1)
봄빛은 새벽부터 푸르러라	春色曉蒼蒼

---

1) ㉔ '釖'은 '劒'으로 되어 있다.(갑본·을본·병본·정본·무본·기본·경본·신본)

경천 선자에게 부치다
寄敬天禪子[1]

그대와 나의 평소의 일은	君我平生事
흰 구름 가에 누워 서로 생각하며	相思臥白雲
그대는 나만 못한 줄로 알고	知君莫如我
나는 그대만 못한 줄로 아는 것	知我莫如君

---

1) ㉮ 이 시는 갑본·을본·병본·정본·무본·기본·경본·신본에는 없다.

원민 선자에게 주다
贈元敏禪子

출가한 지 어언 20년	出家年二十
나를 따라 청한함을 배웠네	從我學淸閑
일생 동안 깃들인 곳은	一生栖[1]息處
동국의 네 개의 명산	東國四名山

---

1) 원 '栖'는 '棲'로 되어 있다.(갑본·을본·병본·정본·무본·기본·경본·신본)

초당에 제하다
題草堂[1)]

고금의 세월은 오고 갔어도　　古今雖去來
풍월은 신위莘渭[109]와 다를 바 없네　　風月同莘渭
태평 시대에 몸이 늙어 가나니　　身老大平時
산림도 부귀하긴 매일반일세　　山林一富貴

1) [원] 〈초당에 제하다(題草堂)〉에서 〈선수 선자에게 답하다(賽善修禪子)〉까지 9수는 갑본·을본·병본·정본·무본·기본·경본·신본에는 없다.

조실 유감
祖室有感

10년 동안 소식이 끊겼나니	十年消息斷
한 번의 이별에 생사가 갈렸네	一別死生分
만 리의 나그네 가을바람 맞으며	秋風萬里客
눈물 머금고 홀로 구름 보네	含淚獨看雲

병암초당
屛嵒草堂

사람은 초당 위에 누워 있고	人臥草堂上
강은 흘러서 옛 성에 들어오네	江流入古城
나비 춤 보려고 화초를 심고	栽花看蝶舞
꾀꼬리 소리 들으려고 버들을 옮겼다오	移柳聽鶯聲

천희 선자 [2수]
天熙禪子 [二]

[1]
변방을 지키는 장군의 명령	塞外將軍令
납승의 집안도 다를 것 없지	政如衲僧家
칼을 쥐고 용호진에 돌격하면	釼衝龍虎陣
사람의 피가 모랫벌을 물들인다네	人血滿黃沙

[2]
언어 이전에는 참뜻을 알 수 없고	言前無的旨
한 구가 떨어지면 추심할 수 없네	句下絶追尋
슬프다 지음이 흔치 않으니	惆悵知音少
깊은 벽동에서 잠이나 잘 수밖에	長眠碧洞深

삭발
削髮

백발이 은도에 떨어지니	白髮落銀刀
승랍이 높은 것이 홀연 놀랍네	忽驚僧臘高
다른 해에 다시 삭발하는 날	他年重削日
눈썹 하나에도 미치지 못하리	莫及一眉毫

이 충의의 시에 차운하여 희학하다
戱次李忠義韻

산가山家는 심심하게 흰 구름처럼	莫哄山家淡
일없이 오간다고 웃지를 마오	白雲閑徃來
예나 지금이나 도회지의 객들은	古今城市客
얼굴에 먼지만 가득 뒤집어썼는걸	滿面是塵埃

환향곡
還鄉曲

태어났다가 죽은 뒤에는	生來死去處
필경 어떻게 되는 것인고	畢竟如何是
태허는 본래 적요하나니	太虛本寂寥
발밑에서 지금 청풍이 이네	脚下淸風起

선수 선자에게 답하다
賽善修禪子

해탈이 진실이 아니거니 　　　　解脫非眞實
열반이 어찌 고향이리오 　　　　涅槃豈故鄕
취모吹毛110의 칼 빛이 번쩍이는데 　　吹毛光爍爍
입술로 칼날을 범하는구나 　　　　唇吻犯鋒鋩

일정 선자를 보내며
送一晶禪子

밤늦도록 청담을 나눴나니　　　　半夜開淸話
옥 소반에 1천 구슬 구르듯　　　　千珠落玉盤
석장 날린 산 그림자 어둑어둑한데　錫飛山影晚
바람결에 실려 물소리 서늘하네　　風送水聲寒

청해백사행【2수】
青海白沙行【二】[1)]

[1][2)]
곤붕鵾鵬의 바다엔 바람이 항상 부딪쳐서	鵾海風常擊
건곤이 잠시도 한가롭지 않은데	乾坤不暫閑
사람의 마음도 이와 같아서	人心亦如此
만 겹의 산이 뒤집어지고 엎어지고	翻覆萬重山

[2]
큰 바다 속에서 바람이 일어	風生大海中
삼천리에 비단 폭이 펼쳐졌네	展錦三千里
어느 분이 상객이신고	何人是上賓
바로 풍악의 청허자라오	楓岳[3)]淸虛子

---

1) ㉟ '二'는 갑본·을본·병본·정본·무본·기본·경본·신본에는 없다. 다음도 같다.
2) ㉟ 이 시 1수는 갑본·을본·병본·정본·무본·기본·경본·신본에는 없다.
3) ㉟ '岳'은 '嶽'으로 되어 있다.(갑본·을본·병본·정본·무본·기본·경본·신본)

쌍계사 방장에서 묵으며 고인의 시를 보고
宿雙溪方丈見故人詩

달 밝고 서리 맑은 밤	月白霜淸夜
등자橙子는 누렇고 귤은 푸른 초겨울	橙黃橘綠時
객의 탑상 밝히는 외로운 등불 아래	孤燈燃客榻
천 리 밖 고인을 생각하노라	千里故人心

금강산 백탑동에서
金剛山百塔洞[1)]

비가 올 땐 깜깜하여 없는 듯하더니	雨暗疑無地
구름 걷히자 홀연히 산이 나타났네	雲開忽有山
중을 만나 서로 한번 웃으며	逢僧一相咲
백 년의 한가로움 듬뿍 얻었네	大得百年閑

---

1) ㉮ 이 시는 갑본·을본·병본·정본·무본·기본·경본·신본에는 없다.

교산[111]에서 곡하다 【2수】
哭喬山【二】

[1][1)]
해는 가을 하늘 멀리 지는데　　　　　日落秋天遠
서쪽 산은 몇 만 겹이나 되는지　　　　西山幾萬重
슬픈 감정이 끊임없이 밀려와서　　　　哀哀哀不盡
눈물 흘리며 외로운 봉우리 기대었네　　垂淚倚孤峰

[2]
하늘과 땅이 뒤바뀌었나　　　　　　　乾坤疑易處
해와 달도 창을 비추지 않네　　　　　　日月不明囪[2)]
창오蒼梧[112]가 항상 눈에 선하여　　　　蒼梧長在眼
구슬 같은 눈물이 쌍쌍이 떨어지네　　　珠淚落雙雙

---

1) ㉈ 이 시는 갑본·을본·병본·정본·무본·기본·경본·신본에는 없다.
2) ㉈ '囪'은 '窓'으로 되어 있다.(갑본·을본·병본·정본·무본·기본·경본·신본)

관동에서 장안을 바라보며

在關東望長安[1]

장안은 어느 곳에 있는고	何處長安是
아득히 푸른 바다가 둘러 있네	茫茫碧海周
산에 올라 하염없이 바라보노라니	登高望不盡
가을 기러기 멀리서 돌아오네	回鴈遠來秋

1) [원] 이 시는 갑본·을본·병본·정본·무본·기본·경본·신본에는 없다.

꿈에서 깨어
夢覺

한단의 베개¹¹³를 높이 베고서	高臥邯鄲枕
110성¹¹⁴을 돌아다니다가	周流百十城
하나의 꿈에서 벌떡 깨어 일어나니¹¹⁵	遽¹⁾然開一夢
지는 달이 다락을 반쯤 비추네	殘月半摟²⁾明

---

1) ㉷ '遽'는 『장자』「대종사大宗師」에는 '蘧'로 되어 있다.
2) ㉠ '摟'는 '樓'로 되어 있다.(무본·기본·경본·신본)

옥계 주인에게 보이다
示玉溪主人[1]

뜻을 굽혀 벼슬에 매여 있다가	屈志爲官日
나이 늙어서는 마음 내키는 대로	放懷年老時
어찌 이록利祿만 잊었을 뿐이리오	非惟忘利祿
형체까지도 도외시하였는걸	況復外形儀

1) [원] 이 시는 갑본·을본·병본·정본·무본·기본·경본·신본에는 없다.

여름날
夏日

온 세상이 찌는 듯 무더운 날　　　　　炎蒸天下日
홀로 백운대에 앉았노라니　　　　　　獨坐白雲臺
청풍이 사람의 마음 이해하는지　　　　淸風會人意
죽림 깊은 곳에서 불어와 주네　　　　竹林深處來

오이를 보내 준 것을 감사하며
謝送瓜[1]

5월에 막 익은 오이를 보내	五月新瓜子
농부가 병든 중을 위로해 주네	田夫慰病僧
한 번 쪼개어 입에 넣으니	破來一入齒
푸른 옥이 얼음처럼 뼛속까지 시원하네	蒼玉骨寒冰

---

1) ㉘ 이 시는 갑본·을본·병본·정본·무본·기본·경본·신본에는 없다.

어옹【2수】
漁翁【二】[1)]

[1][2)]

긴 강물 밝은 거울 속에	長江明鏡裏
떠 있는 한 잎 외로운 배	一葉孤舟天
신세가 갈매기와 백로 같아서	身世同鷗鷺
갈대꽃 달빛 아래 잠이 든다오	蘆花月下眠

[2]

갈대꽃에 달 밝은 곳이요	月白蘆花處
대 잎에 바람 맑은 때로다	風淸竹葉時
뱃전을 두드리며 한 곡조 부르나니	扣舷歌一曲
초나라 택반澤畔의 창랑의 노래로다[116]	楚澤滄浪詞

---

1) ㉮ '二'는 '李處士'로 되어 있다.(갑본·을본·병본·정본·무본·기본·경본·신본)
2) ㉮ 이 시 1수는 갑본·을본·병본·정본·무본·기본·경본·신본에는 없다.

이 수재의 시에 차운하다
次李秀才韻

무심한 구름은 산봉우리에서 나오고	無心雲出岫
뜻을 둔 새는 돌아올 줄을 아네[117]	有意鳥知還
유교와 불교가 하나라고 말하지만	儒釋雖云一
하나는 바쁘고 하나는 한가하다오	一忙而一閑

박 학록에게 주다
贈朴學錄[1]

그대는 천금의 부귀를 바라고	君戀千金富
나는 납의의 청빈을 즐기오만	我甘一衲貧
빈궁과 현달을 따질 것 없이	莫論窮與達
그대나 나나 꿈속의 사람이오	同是夢中人

---

1) ㉾ 이 시는 갑본·을본·병본·정본·무본·기본·경본·신본에는 없다.

감호대에 제하다
題鑑湖臺[1]

냇가 바위에 남은 기이한 필적	澗[2]石留奇筆[3]
산 꽃 홀로 보내는 봄날	山花獨送春
달도 밝은 감호의 이 밤에	鑑湖明月夜
원숭이와 학이 사람 없다 원망하네[118]	猿鶴怨無人

---

1) ㉾ '臺' 아래 '二'가 있다.(갑본·을본·병본·정본)
2) ㉾ '澗' 위에 1수의 시가 있다. 편자가 권말 「보유」편에 이를 수록하였다.
3) ㉾ '筆'은 '筆'로 되어 있다.(무본·기본·경본·신본)

상춘
賞春[1]

문 앞에 늘어진 푸른 버들이 門前碧柳垂
봄소식을 슬쩍 흘리네 漏洩春消息
벗을 불러 답청하고 돌아오니 喚友踏靑歸
1천 산이 너도 나도 저녁 빛일세 千山爭暮色

1) [원] 이 시는 갑본·을본·병본·정본·무본·기본·경본·신본에는 없다.

허 좨주와 도중에 헤어지며
別許祭酒途中[1)]

해 저물녘 피리 소리 속에	夕陽長笛裏
시절은 꽃잎이 지는 봄날	時節落花春
누가 한잔의 술을 가지고	誰將一盃酒
멀리 양관인陽關人[119]을 위로해 줄까	遠慰陽關人

---

1) ㉘ 이 시는 갑본·을본·병본·정본·무본·기본·경본·신본에는 없다.

눈을 노래한 시에 차운하여 붓을 달리다
走次[1]詠雪韻

산속에 하룻밤 눈이 내려서	山中一夜雪
나무에 꽃 피었나 속을 뻔했네	萬樹欺花發
지허支許[120]가 동과 서에 떨어졌으니	支許各西東
회포를 풀래야 풀 수가 있어야지	所懷開未得

1) [원] '次' 아래 '姜措大'가 있다.(무본 · 기본 · 경본 · 신본)

죽은 벗을 생각하며 탄식하다
亡友嘆

사람은 살아 있는 우리와 다른데	人物非吾輩
산천은 거년의 산천과 흡사하네	山川似去年
끝없이 밀려오는 외 그림자의 슬픔이여	悠悠悲隻影
지팡이 멈추고 창천에 물어보노라	停錫問蒼天

순사의 시권에 제하다
題淳師卷

솔이 우니 자던 새 깜짝 놀라고	松鳴驚宿鳥
구름이 걷히니 청산이 홀연히 드러나네	雲破露青山
누더기 걸친 하나의 청한한 객이	一衲淸閑客
오랜 세월 고독하게 문 닫고 있네	長年獨掩關[1]

1) [원] '關'은 '門'으로 되어 있다.(갑본 · 을본 · 병본 · 정본 · 무본 · 기본 · 경본 · 신본)

감호로 가는 섬 선자를 전송하며
送蟾禪子之鑑湖[1]

어제부터 비바람이 지나갔으니	昨來風雨過
봄날의 고향 동산 꽃도 졌으리	花落故園春
높은 봉우리에 다시 올라가	更上高峰上
하늘가 님 계신 곳 바라보네	天邊望美人

---

1) ㉮ 이 시는 갑본·을본·병본·정본·무본·기본·경본·신본에는 없다.

진 선화에게 주다 [2수]
贈眞禪和 [二]¹⁾

[1]
인간 세상은 항상 정신없이 바빠서	人間長役役
한나절의 한가함도 얻지 못하는데¹²¹	不曾半日閑
유독 진중한 우리 스님은	珍重吾師獨
해 지나도록 산을 내려가지도 않네	經年不下山

[2]²⁾
쑥대 화살 하나를 가지고¹²²	蓬蒿一隻箭
동쪽 서쪽으로 팔러 다니다가	曾自賣西東
그만두고 이곳에 돌아와서는	歸去還來此
송죽의 바람 소리 누워서 듣는다네	臥聽松竹風

---

1) ㉔ '二'는 갑본·을본·병본·정본·무본·기본·경본·신본에는 없다.
2) ㉔ 이 시는 갑본·을본·병본·정본·무본·기본·경본·신본에는 없다.

은계의 시에 차운하다
次隱溪韻

천고에 시비是非의 주인은	千古是非主
바로 수양과 부춘¹²³이라	首陽與富春
물가에서 귀를 씻을 것이나 있겠나	臨流莫洗耳
의리를 저버리고 인륜을 어지럽혔는걸	背義亂倫人

윤 방백의 시에 차운하다【2수】
次尹方伯韻【二】[1)]

[1]
상국의 시를 한번 읊조리니	一吟相國詩
비린鄙吝한 마음이 얼음 녹듯 풀어지네	鄙吝如氷釋
더구나 고상한 풍채를 마주하고	何況對高標
솔 아래 바위에서 차를 달임에랴	煮茶松下石

[2][2)]
기갈이 들리면 꿈에도 먹고 마시는 법	飢渴夢飮食
이것이 사람의 진실한 심정이라	乃人眞實情
산속의 객이야 또 어떠하겠소	如何山裏客
눈만 감으면 평양에 가 있다오[124]	合眼到箕城

---

1) ㉽ '二'는 갑본·을본·병본·정본·무본·기본·경본·신본에는 없다.
2) ㉽ 이 시 1수는 갑본·을본·병본·정본·무본·기본·경본·신본에는 없다.

가을 밤
秋夜

비가 개니 놀랍게도 초승달이요   雨霽驚新月
밤이 깊으니 혼이 더욱 맑아라   夜深魂更淸
이불 안고 잠을 못 이루나니   擁衾眠不得
나뭇잎이 가을 소리 보내 주어서   木葉送秋聲

원암 역에서 묵으며

宿圓喦[1]驛

맑은 가을날 돌아가지 못한 객이	淸秋未歸客
밤새도록 두견이 소리 듣누나	終夜聽子規
외로운 창에 산 달은 지고	一窓山月落
천 리 꿈속에서 서로 그리네	千里夢相思

1) [원] '喦'은 '巖'으로 되어 있다.(갑본 · 을본 · 병본 · 정본 · 무본 · 기본 · 경본 · 신본)

청간정
淸澗亭

맑은 시내에 옥구슬 소리	淸澗有聲玉
소리마다 객의 마음 씻어 주네	聲聲洗客心
가을 하늘 저무는 줄도 몰랐는데	秋天不覺暮
산 달이 어느새 단풍 숲을 비추네	山月照楓林

송경찬
誦經贊[1]

종이 한 장에 1천 부처 그려 놓고	一紙畫千佛
있는 힘껏 큰 소리로 불러대누나	盡力高聲喚
불러서 대답을 들으려 하니	喚之欲應之
바보 천치라고 해도 좋겠지	可謂痴頑漢

---

1) ㉈ 이 시는 갑본·을본·병본·정본·무본·기본·경본·신본에는 없다.

왕사국
王師菊

풍우에 시달려 잎은 누렇고   葉黃風雨老
찬 눈과 서리에 가지가 흩어졌네   枝亂雪霜寒
천고에 가슴 아픈 일은   千古傷心事
시든 꽃 차마 볼 수 없는 것   殘花不忍看

홍류동
紅流洞

동풍이 건듯 불고 지나가자　　　　　東風一吹過
꽃이 떨어져 시내 가득 붉도다　　　　花落滿溪紅
산은 흰 구름 밖으로 나오고　　　　　山出白雲外
중은 석양 속으로 돌아가네　　　　　僧歸夕照中

그림자를 돌아보고 느낌이 있기에
顧影有感

한번 어머님 곁을 떠나온 뒤로	一別萱堂後
도도히 많은 세월 흘러갔는데	滔滔歲月深
늙은 자식이 아버님 얼굴 닮은지라	老兒如父面
못 속의 그림자에 홀연히 깜짝 놀랐네	潭底忽驚心

바둑 구경을 하며
看棊[1]

성패가 번개처럼 신속하고	成敗倏如電
승침이 바퀴처럼 재빠르네	昇沉疾若輪
일생이 한 판의 바둑과 같고	一生如一局
또한 꿈속의 사람과 같네	亦如夢中人

1) [원] 이 시는 갑본·을본·병본·정본·무본·기본·경본·신본에는 없다.

삼몽사
三夢詞

주인은 객에게 꿈 이야기하고　　　　主人夢說客
객은 주인에게 꿈 이야기하네　　　　客夢說主人
지금 두 꿈을 이야기하는 객도　　　　今說二夢客
역시 꿈속의 사람이로세　　　　　　　亦是夢中人

장 대사가 게송을 구하기에 답하다
賽藏大師求偈[1]

청산의 그림자 속에 함께 앉아서	共坐靑山影
돌아보니 하늘에 해가 지누나	回看落日天
긴 강물 흘러 끝이 없나니	長江流不盡
고금의 시간도 이와 같아라	今古亦如然

---

1) 劉 이 시는 갑본·을본·병본·정본·무본·기본·경본·신본에는 없다.

새 암자의 주인 경선 선자에게 부치다
寄新庵主人敬先禪子[1)]

성인과 범부를 손바닥 위에 거두고	聖凡收掌上
무량한 세계를 가슴 안에 용납하네	塵刹納胷中
그가 누구냐고 묻는다면	却問是誰者
민머리에 눈 푸른 늙은이	童頭碧眼翁

---

1) ㉘ 이 시는 갑본·을본·병본·정본·무본·기본·경본·신본에는 없다.

곡식을 안 먹는 중을 조롱하며
朝[1]休粮僧

산에 들어온 지 20년 동안	歸山二十載
곡식도 안 먹고 홑옷 하나로 버텼다네	不食一寒衣
자기 말로는 몸이 가벼워져서	自說身輕健
금년엔 자주 꿈속에 날아다닌다나	今年數夢飛

---

1) ㉮ '朝'는 '嘲'로 되어 있다.(갑본·을본·병본·정본·무본·기본·경본·신본) ㉭ 번역은 '嘲'를 따랐다.

풍악산
楓岳山[1]

아무리 세어도 다함이 없이	無盡數無盡
산에 오르면 다시 보이는 산	登山更見山
허공도 좁다고 해야 한다면	虛空亦可窄
어떤 물건이 크고 넓을까	何物大而寬

---

1) [원] 〈풍악산楓岳山〉부터 〈여름 구름(夏雲)〉 3수까지는 갑본·을본·병본·정본·무본·기본·경본·신본에는 없다.

상춘
賞春

버들 위의 꾀꼬리 소리 매끄럽고	柳上鶯聲滑
매화 가지 눈꽃은 금방 날릴 듯	梅枝雪欲飛
산승이 사물을 보는 안목을	山僧觀物眼
세상 사람이 알게 할 수야	不許世人知

여름 구름
夏雲

가문 하늘을 사람이 쳐다보나니	旱天人望之
까만 먹처럼 비를 머금고 있네	含雨勢如墨
사흘 동안만 벼의 뿌리 적셔 주면	三日潤禾根
환성이 만국을 가득 채우련마는	歡聲充萬國

지 스님을 보내며
送芝師

오늘 아침 서로 헤어지면   今朝相別後
어느 때나 소식 들을는지   消息幾時聞
내일은 가을 구름에 막혀서   明日秋雲隔
그대 그리워도 보지 못하리   思君不見君

잡영【3수】
雜咏[1]【三】

[1]
천지는 하나의 텅 빈 마루요	天地一虛堂
고금도 순식간에 불과할 뿐	古今一瞬息
그 속에 계시는 주인 한 분은	其中一主人
영겁토록 안색이 한결같다오	曠劫一顔色

[2]
천성도 헤아리기 어려운 것을	千聖猶難測
육범[125]이 어떻게 알 수 있으랴	六凡安得知
여덟 개의 창[126]이 훤히 툭 터져서	八窓虛豁豁
바람과 달이 절로 서로 부르네	風月自相吹

[3]
10년 동안 정신없이 치달리며	十年奔走人
우습게도 꽃 가의 나비가 되었다가	戲逐花邊蝶
베개 털고 산에 돌아와 잠을 자니	拂枕歸山眠
맑은 바람이 대 잎에서 일어나네	淸風生竹葉

---

1) ㉮ 이 시 3수는 갑본·을본·병본·정본·무본·기본·경본·신본에는 없다.

백련사 처민 선자와 헤어지며 주다 [3수]
贈別白蓮社處敏禪子[1] 【三】

[1]
이별한 지 13년 만에	別後十三年
지금 만나니 정회가 끝이 없네	今逢情不已
밤에 침상 맞대고 긴 이야기 나누니	連床夜話長
냇가의 달빛이 낮게 창호지에 스며드네	澗月低窓紙

[2]
고별하고 하늘 남쪽으로 떠나노니	告別天南去
산은 붉고 냇물은 푸른 시절이라	山紅澗碧時
인간 세상은 참으로 화택이니[127]	人間眞火宅
백련[128]의 약속 잊지 말기를	母失白蓮期

[3]
선교도총섭의 명리에 휩쓸리고	禪敎流名利
세간의 영화에 잘못되었네	榮華誤世間
꿈속에서도 한없이 좋은 것은	夢中無限好
단지 청산에 몸을 담는 것	只是在靑山

---

1) ㉮ 이 시 3수는 갑본·을본·병본·정본·무본·기본·경본·신본에는 없다.

곡지【2수】
曲池【二】[1)]

[1]
맑은 못 한 면이 텅 비어서	淸潭一面虛
산 그림자가 밝은 거울에 나타나네	山影生明鏡
새를 보고 또 물고기를 보니	觀鳥又觀魚
날고 잠기는 것 또한 본성이로세	飛潛亦本性

[2][2)]
근원인 샘물이 콸콸 쏟아져서	源泉來活活
빛과 그림자 모두 밝게 비치네	光影共虛明
역력히 다른 물건이 아닌지라	歷歷非他物
하늘이 놀라도록 한 소리 크게 웃네	驚天笑一聲

---

1) ㉔ '二'는 갑본·을본·병본·정본·무본·기본·경본·신본에는 없다.
2) ㉔ 이 시 1수는 갑본·을본·병본·정본·무본·기본·경본·신본에는 없다.

영 암주가 산을 나가는 것을 전송하며
送英庵主出山

한 몸은 참으로 여인숙이요　　　　　一身眞迸¹⁾旅
만사는 모두가 뜬구름이라　　　　　　萬事皆浮雲
올빼미가 쥐를 다투는 것을 보거든　　如見鴟爭鼠
높이 날아 부디 끼이지 말기를[129]　　高飛愼不群

---

1) ㉠ '迸'은 '逆'으로 되어 있다.(갑본·을본·병본·정본·무본·기본·경본·신본)

내은적암의 각 선화가 산을 나가기에 글을 써서 경책하다【2수】
內隱寂覺禪和出山因書警之[1]【二】

[1]
내은적암은 거처하기 좋은 곳　　　　　　宜栖內隱寂
감천보다 뛰어난 승지일세　　　　　　　　地勝更泉甘
생각하면 옛날 신라의 임금도　　　　　　　却憶新羅主
이 암자에 와서 머물렀다네　　　　　　　　曾來駐此庵

[2]
송화 가루와 칡베 납의로　　　　　　　　　松花兼葛衲
불법을 위하고 몸은 잊어야지　　　　　　　爲法更忘身
옛날의 많은 성현들도　　　　　　　　　　　往古多賢聖
모두 고통을 참아낸 분들일세　　　　　　　皆曾耐苦人

---

1) ㉮ 이 시는 갑본·을본·병본·정본·무본·기본·경본·신본에는 없다.

박 학사와 함께 한사 매화당에서 묵으며
與朴學士宿漢寺梅花堂

들과 산의 빛이 서로 이어지고	野色連山色
하늘과 물의 빛이 서로 닿은 곳	天光接水光
도잠과 혜원[130]이	陶潛與慧遠
함께 매화당에 들었네	共入梅花堂

김 신사의 내방을 감사하며 【2수】
謝金信士來訪【二】[1)]

[1][2)]

김 공은 세상 밖의 나그네	金公物外客
거문고 안고 산승을 찾아왔네	抱瑟訪山居
한 곡조에 마음눈이 열리나니	一曲開心目
강도 맑고 달도 밝아라	江淸月亦虛

[2]

한없는 마음속의 일을	無限心中事
평생 누구와 말을 할까	平生說向誰
〈양춘〉[131] 한 곡조를 퉁기니	陽春彈一曲
솔 사이의 달이 창에 가득하네	松月滿囱[3)]時

---

1) ㉠ '二'는 갑본·을본·병본·정본·무본·기본·경본·신본에는 없다.
2) ㉠ 이 시 1수는 갑본·을본·병본·정본·무본·기본·경본·신본에는 없다.
3) ㉠ '囱'은 '窓'으로 되어 있다.(갑본·을본·병본·정본·무본·기본·경본·신본) 다음도 같다.

행운 선자의 내방을 사례하며
謝行雲禪子之訪[1]

1천 봉우리 1만 골짜기	千峯與萬壑
청학이 모두 배회하는 곳	靑鶴共徘徊
본시 산중에 있는 물건을	本是山中物
맑은 바람이 끌어내 왔군	淸風引出來

---

1) ㉠ 이 시는 갑본·을본·병본·정본·무본·기본·경본·신본에는 없다.

양인 대작 [2수]
兩人對酌[1] 【二】

[1]
주인과 손님 둘 다 무심히   主客兩無心
하나의 술잔에 하나의 거문고   一盃兼一琴
먼 산은 좋은 비를 내려 주고   遠山共好雨
산새는 맑은 소리 보내 주네   幽鳥送淸音

[2]
비록 이따금 술을 마셔도   縱然時飮酒
정신이 혼미한 사람일리야   不是昏迷人
하늘은 호호하게 더욱 커지고   浩浩天尤大
기운 또한 융융하게 봄날이라네 融融氣亦春

---

1) ㉾ 이 시 2수는 갑본·을본·병본·정본·무본·기본·경본·신본에는 없다.

이 수재에게 주다
贈李秀才

중얼중얼 만권의 책을 읽으며	喃喃書萬卷
옛날을 논하고 지금을 논하네	論古亦論今
학문을 쌓는 목적 달리 있겠나	積學非他術
단지 내 마음 가다듬고자 함이지	只要攝我心

은부
隱夫[1]

풍월도 속세가 아니거니와	風月非塵世
산천 또한 그림 속 풍경이로다	山川是畵圖
그대 여기에서 늙어 간다면	君能向此老
누가 장부라 말하지 않으리오	不曰丈夫乎

---

1) ㉮ 이 시는 갑본·을본·병본·정본·무본·기본·경본·신본에는 없다.

최고운도
崔孤雲圖

가끔 호로병 속에서 나와   時自壺中出
사람을 대하며 흰머리 슬퍼하네[132]   向人悲白頭
성품은 산을 따라 함께 고요하고   性隨山共寂
몸은 학과 더불어 노니누나   身與鶴同遊

뜰의 오동나무
庭悟

한밤중에 울리는 산비 소리	半夜鳴山雨
처연히 나그네 꿈을 깨었네	悽然客夢驚
창을 열고 뜰의 나무를 내다보니	開囪見庭樹
1만 잎사귀가 똑같이 가을 소리로세	萬葉一秋聲

잡흥【3수】
雜興【三】[1]

[2]

달이 뜨니 1천 산이 고요하고 　　月出千山靜
봄이 오니 1만 나무에 꽃 피었네 　　春回萬木榮
사람이 이 뜻을 알 수만 있다면 　　人能知此意
대장경을 읽는 것보다 나으련마는 　　勝讀大藏經

[2]

광음은 끈으로 묶을 수 없고 　　光陰繩不繫
쇠병은 약으로 고치기 어렵네 　　衰病藥難醫
나에게 진짜 처방이 있나니 　　我有眞方術
『심경』을 부지런히 수지하는 것 　　心經勉受持

[3][3]

괴로움 아래에 원래 괴로움 없고 　　苦下元無苦
바쁜 가운데에 또한 바쁘지 않도다 　　忙中亦不忙
누가 알랴 화택[133] 안에 　　誰知火宅裏
따로 청량한 낙이 있음을 　　別有好淸凉

---

1) ㉾ '三'은 갑본·을본·병본·정본·무본·기본·경본·신본에는 없다.
2) ㉾ 이 시 1수는 갑본·을본·병본·정본·무본·기본·경본·신본에는 없다.
3) ㉾ 이 시 1수는 갑본·을본·병본·정본·무본·기본·경본·신본에는 없다.

산중에서 벗에게 주다
山中贈友[1]

누가 말했던가 깊은 숲 속에서	誰道深林下
새가 우니 산이 더욱 그윽하다고[134]	鳥鳴山更幽
그대와 둘이 함께 늙으면서	與君成二老
담소하며 풍류를 같이했으면	談笑一風流

---

1) ㉮ 이 시는 갑본·을본·병본·정본·무본·기본·경본·신본에는 없다.

옛 절을 지나며
過古寺

병든 나무에는 매미 소리 목 메이고   病樹蟬聲咽
찬 못에는 새 그림자 돌아드네   寒塘鳥影回
옛 불전은 그래도 번듯하게 남았건만   巋然餘古殿
천불은 하나같이 푸른 이끼 뒤덮였네   千佛一莓苔

어떤 일에 대한 소감
因事有感

귀여운 웃음은 베갯머리의 도끼요	巧笑枕邊斧
달콤한 말은 자리 위의 뱀이로다	甘言席上蛇
노부는 안질이 있는지라	老夫有眼疾
항상 결명화¹³⁵를 대하노라	長對決明花

일 선자
一禪子

산이 푸르니 연기가 무색하고　　　　山碧烟無色
꽃이 시드니 대나무에 봄이 있네　　　花殘竹有春
누더기 걸치고 절조를 지키나니　　　惡衣甘守節
산골짜기는 몸 숨기기에 좋아라　　　嵒谷好藏身

송헌
松軒

숲이 깊어 잎 촘촘한 송백도 많고 　　　林深多葉密
별별 새들이 내 초막에 모여드네 　　　衆鳥集吾廬
동쪽 난간 아래 홀로 누우면 　　　　　獨臥東軒下
빈틈으로 들어오는 송창의 달빛 　　　松囱月入虛

유선
遊仙[1]

도원으로 가는 길 알지 못한 채	桃源一經迷
꽃만 흰 눈 날리듯 떨어지누나	花落欺香雪
하늘 밖에 기이한 봉우리 빼어나건만	天外秀奇峯
비밀이 새지 않도록 산 구름이 뒤덮었네	山雲不漏洩

---

1) ㉠ 〈유선遊仙〉·〈소회를 읊다(咏懷)〉 각 1수는 갑본·을본·병본·정본·무본·기본·경본·신본에는 없다.

소회를 읊다
咏懷

바람이 부니 구름은 달을 토해내고	風行雲吐月
촘촘한 나뭇잎에선 가을 기운 돋아나네	樹密葉生秋
베개 밀치고 일어나 더욱 탄식하노니	堆[1]枕起增歎
긴 강물은 끝도 없이 흘러만 갈 뿐	長江不盡流

---

1) ㉱ '堆'는 '推'의 오자인 듯하다.

서래곡
西來曲

서래[136]의 이 한 곡조를	西來這一曲
천고에 아는 사람이 없어라	千古沒人知
하늘 밖으로 퍼지는 운율이여	韻出靑霄外
바람과 구름이 종자기[137]가 되는도다	風雲作子期

북쪽으로 떠나는 도경 선자를 전송하며
送別道冏禪子之北[1]

강변의 해가 서쪽으로 기우는 때	江上日西斜
하늘 한 끝으로 그대를 보내노라	送君天一涯
남쪽에서 오는 무수한 기러기들은	南來無數鴈
밝은 달빛 아래 갈대꽃에서 잠드는데	明月宿蘆花

1) [원] 이 시는 갑본·을본·병본·정본·무본·기본·경본·신본에는 없다.

동해에서 노닐며
遊東海

나도 모르게 잔몽에서 깨어나	不覺驚殘夢
몸이 푸른 바닷가에서 노니네	身遊碧海邊
흰 이슬에 가을바람 불어오는 때	西風吹白露
긴 하늘에 외기러기 눈물 짓누나	一鴈唳長天

성묵

性默[1)]

신심이 모두 움직이지 않으려면	身心俱不動
성묵으로 종지를 삼아야 하리	性默以爲宗
조사祖師의 심인心印을 높이 드는 곳에	祖印高提處
바람이 달빛 어린 솔을 뒤흔드네	風搖月影松

1) [원] 〈성묵性默〉·〈염불승에게 주다(贈念佛僧)〉·〈원 선자에게 주다(贈圓禪子)〉 각 1수는 갑본·을본·병본·정본·무본·기본·경본·신본에는 없다.

염불승에게 주다
贈念佛僧

참선이 바로 염불이요	叅禪即念佛
염불이 바로 참선이니	念佛即叅禪
본심이 방편을 여의는 그곳	本心離方便
밝고 밝으면서 고요하고 고요하리	昭昭寂寂然

원 선자에게 주다
贈圓禪子

사람마다 몸속에 피가 돌거늘	人人皮有血
차마 하릴없이 세월을 보낼 수야	可忍消白日
어찌 공연히 팔뚝을 잘랐겠나[138]	斷臂豈徒然
제때에 생사를 결판내려 함이지	及時生死決

묘봉【2수】
妙峯【二】[1)]

[1][2)]

비람[139]도 공연히 불어오고	毗嵐也空拂
겁화[140]도 괜히 불태울 따름	劫火亦徒燒
의젓하게 한밤중에 서 있으면	几几中宵立
구름만 왕래하며 혼자서 나부끼네	往來雲自飄

[2]

오온[141]으로 암자를 삼은 이래로	五蘊以爲庵
바람과 비를 얼마나 겪었던가	幾經風與雨
백운이 때때로 오고 가면서도	白雲時往來
암자의 주인을 알지 못하누나	不識庵中主

---

1) ㉘ '二'는 갑본·을본·병본·정본·무본·기본·경본·신본에는 없다.
2) ㉘ 이 시 1수는 갑본·을본·병본·정본·무본·기본·경본·신본에는 없다.

일령 선자에게 주다
贈一靈禪子[1)]

일령은 심지를 비추는 달빛　　　　一靈心地月
육식[142]은 바다 밑에 잠겼도다　　　六識海中沉
눈 들어 하늘 밖을 바라보니　　　　擧目望天外
맑은 빛이 고금을 꿰뚫었도다　　　　淸光徹古今

---

1) ㉘ 〈일령 선자에게 주다(贈一靈禪子)〉·〈달을 읊다(咏月)〉·〈김 악사의 내방을 감사하며(謝金樂士來訪)〉·〈자조自嘲〉 각 1수는 갑본·을본·병본·정본·무본·기본·경본·신본에는 없다.

달을 읊다
咏月

동쪽 하늘에 뜨면 얼굴을 비추고　　　東開天白面
서쪽 땅에 들면 마음을 밝힌다네　　　西入地明心
차고 비는 일일랑 말하지 마오　　　　莫說盈虛事
서늘한 빛이 고금을 관통하는걸　　　　寒光徹古今

김 악사의 내방을 감사하며
謝金樂士來訪

봄날 저물녘에 손님이 와서	客來春日暮
나를 위해 거문고를 한번 퉁기네	爲我一彈琴
새가 울고 꽃이 지는 곳	鳥啼花落處
강 복판에 산 그림자 거꾸로 박혔네	山影倒江心

자조
自嘲

천지간의 한가한 객이 말하기를	天地一閑客
세상 사람들을 모두 잊었지만	曰惟忘世人
구름 산은 자기를 저버리지 않고	雲山不辜我
바람 달 역시 가난을 따라준다나요	風月亦從貧

반첩에 쓰다[143]
書潘帖

단풍나무 저 너머 해가 지는데	夕陽紅樹外
병든 길손 혼자서 나귀를 탔네	病客獨騎驢
학은 가을 구름 떨치고 올라가고	鶴拂秋雲上
삼산은 푸른 공중에 의지했어라	三山寄碧虛

유감
有感[1)]

10년 세월 병 많은 나그네	十年多病客
몸은 멀리 남쪽 하늘 끝에	身在楚天涯
사람 마음 밝은 달에 전해졌는지	人心較明月
밝은 달이 가난한 집 비춰 주누나	明月照貧家

---

1) ㉮ 〈유감有感〉·〈영랑령永郎嶺〉 각 1수는 갑본·을본·병본·정본·무본·기본·경본·신본에는 없다.

영랑령
永郎嶺

보허步虛[144]의 소리 끊어진 뒤로	步虛聲斷後
형용을 다시 상상할 수 없어라	無復想形容
비는 외롭고 둥근 달을 씻어 주고	雨洗孤輪月
바람은 1만 골짝 소나무에 치달리네	風驅萬壑松

주

1 기러기 날아간 옛 왕조의 일이여 : 과거의 역사 속에 묻힌 채 지금은 고려 시대의 자취를 찾을 길이 없다는 말이다. 소동파蘇東坡의 시에 "인생 길 이르는 곳 무엇과 비슷하다 할까. 눈밭의 기러기 발자국과 같다 하리. 우연히 발톱 자국 남겨 놓았을 뿐, 날아가면 어찌 다시 동쪽 서쪽 헤아리리.(人生到處知何似。應似飛鴻踏雪泥。泥上偶然留指爪。鴻飛那復計東西。)"라는 구절이 나오는데 거기에서 비롯된 것이다.(『蘇東坡詩集』 권3〈和子由澠池懷舊〉참조)

2 〈죽지곡竹枝曲〉: 각 지방의 풍토를 읊은 시가詩歌를 말한다. 당唐의 시인 유우석劉禹錫이 낭주朗州에 폄적貶謫되었을 때 굴원屈原의 구가九歌를 모방하여 삼협三峽의 풍광과 남녀의 연정을 노래한 〈죽지가〉 9편을 지은 데에서 비롯되었다. 한편 소식蘇軾의 「죽지가 서문」에 의하면, 이 노래는 본래 초楚나라의 가락으로서, 순舜의 이비二妃인 아황娥皇·여영女英과 굴원을 애도하고, 초楚 회왕懷王과 항우項羽를 가련하게 여겨 원한과 비통함이 깊이 배어 있다고 하였다. '죽지가竹枝歌' 혹은 '죽지사竹枝詞'라고도 한다.

3 바다가 천지~나루터 물어볼거나 : 전한前漢의 장건張騫이 무제武帝의 명을 받고 대하大夏에 사신으로 나가서 황하의 근원을 찾을 적에 뗏목(槎)을 타고 달포를 지나 은하수 위로 올라가서 견우牽牛와 직녀織女를 만나고 왔다는 전설이 전한다.(『天中記』 권2 참조)

4 10주十洲 : 신선이 산다는 바다 속의 열 개의 섬을 말한다.

5 군중軍中에 큰~없게 됐네 : 명장이 죽어서 다시는 정벌할 수 없게 되었다는 말이다. 옛날에 인간 세상의 영걸은 위로 하늘의 별과 감응한다는 믿음이 있었으므로 별이 떨어지거나 없어지는 것으로 그들의 죽음을 비유하였다. 그리고 소식蘇軾의 시에 "그대는 막부 따라 서강과 싸우러 가서 밤에 빙하 건너 적의 요새를 격파했네.(君隨幕府戰西羌。夜渡冰河斫雲壘。)"라는 말이 나온다.(『蘇東坡詩集』 권24〈送沈達赴廣南〉참조)

6 천산天山에 한번 활을 걸었네 : 당唐의 설인귀薛仁貴가 천산에서 돌궐突厥을 공격할 때, 세 발의 화살로 세 사람을 연이어 거꾸러뜨려 쉽게 평정을 하고는 활을 천산에 걸어 두었다는 궁괘천산弓掛天山의 고사를 인용한 것이다.(『新唐書』「薛仁貴傳」참조)

7 왕사王謝의 옛집~이를 어쩌나 : 무심한 세월 속에 옛집이 퇴락한 것을 비유한 말이다. 진晉나라 때 왕씨王氏와 사씨謝氏 등 귀족들이 오의항烏衣巷이라는 곳에서 살았는데, 부귀영화의 덧없음을 읊은 당唐나라 시인 유우석劉禹錫의 〈오의항〉 시에 "주작교 가에는 들풀에 꽃이 피고, 오의항 어구엔 석양이 비꼈네. 그 옛날 왕씨와 사씨

집 제비들이, 지금은 일반 백성의 집으로 날아드누나.(朱雀橋邊野草花。烏衣巷口夕陽斜。昔時王謝堂前燕。飛入尋常百姓家。)"라는 말이 나온다.

8 〈절류折柳〉: 절양류折楊柳의 준말로, 이별의 한을 피리로 노래한 고악곡古樂曲의 이름이다. 옛날에 서로 헤어질 때에는 버드나무 가지를 꺾어서 주던 풍습이 있었다. 이백李白의 〈춘야낙성문적春夜洛城聞笛〉 시에 "이 밤의 노래 가운데 〈절류〉를 들으면, 누가 고향의 정을 일으키지 않으리오.(此夜曲中聞折柳。何人不起故園情。)"라는 말이 나온다.(『李太白集』 권24 참조)

9 망탕芒碭: 망산芒山과 탕산碭山의 합칭이다. 한 고조漢高祖 유방劉邦이 이 산에 숨어 있을 때 항상 그가 있는 곳에 운기雲氣가 일어나서 여후呂后가 찾아올 수 있었다는 고사가 전한다.(『史記』 「高祖本紀」 참조) 그리고 두보杜甫의 시에 "망탕의 구름이 한번 떠나간 뒤로, 기러기와 따오기가 괜히 서로 부르누나.(芒碭雲一去。雁鶩空相呼。)"라는 표현이 나온다.(『杜少陵詩集』 권16 〈遣懷〉 참조)

10 요해遼海의 천년 학이요: 요동遼東 사람 정령위丁令威가 신선이 되어 학을 타고서 천년 만에 요동에 돌아와 화표주華表柱에 내려앉았다는 요동학遼東鶴의 전설을 인용한 것이다.(『搜神後記』 권1 참조)

11 남명南溟의 만 리 붕이로다: 『장자』 「소요유逍遙遊」에 "대붕大鵬이 남명으로 옮겨 갈적에 물길을 3천 리쯤 치고 가다가 때마침 불어오는 부요扶搖를 타고서 구만리 하늘 위로 날아 올라간다."라는 말이 나온다.

12 백양白楊의 슬픔: 죽어서 땅에 묻힌 슬픔이라는 말이다. 백양은 묘소를 비유하는 말이다. 인생무상을 읊은 고시古詩에 "수레 달려 위쪽 동문을 빠져 나가 북망산의 묘지를 멀리 바라보니, 백양나무는 바람 속에 소소히 울어대고, 넓은 길 양편에는 송백이 가득하더라.(驅車上東門。遙望郭北墓。白楊何蕭蕭。松柏夾廣路。)"라는 말이 나오는 데에서 유래한 것이다.(『文選』 권29 「古詩」 19수 제13 참조)

13 천년 요해의 학: 위의 주 10 참조.

14 부주산不周山에 부딪친~침침해지기 시작했지: 공공씨共工氏가 전욱顓頊과 싸우다가 성이 나서 부주산을 머리로 치받자 하늘 기둥이 부러지면서 하늘은 서북쪽으로 기울고 땅은 동남쪽으로 꺼졌다는 전설을 인용한 것이다.(『列子』 「湯問」 참조)

15 진흙이 푸른 돌의 진액이라면: 위魏나라 때의 선인仙人 왕렬王烈이 혜강嵇康과 함께 태항산太行山에 가서는, 갈라진 암석 틈에서 석수石髓, 즉 석종유石鍾乳가 엿처럼 흘러나오는 것을 보고 자신이 먼저 반절을 복용한 뒤에 나머지를 혜강에게 주었는데, 그때는 이미 딱딱한 청석靑石으로 굳어져서 먹지를 못했다는 기록이 전한다.(『晉書』 「嵇康傳」 참조) 선가仙家에서는 5백 년 만에 한 번 나온다는 석수를 돌의 진액이라고 하여 장생불사의 명약으로 여긴다.

16 구름 너머에서~속의 사람이로세: 무릉도원武陵桃源과 같은 선경에서 사는 사람들

이라는 말이다. 한漢나라 회남왕淮南王 유안劉安이 신선술을 터득하여 온 가족을 이끌고 승천昇天할 적에 그 집의 닭과 개도 그릇에 남아 있던 단약丹藥을 핥아 먹고 하늘에 올라가서, "개는 천상에서 짖고 닭은 구름 속에서 울었다(犬吠于天上。鷄鳴于雲中。)"라는 전설이 전한다.(『論衡』「道虛」참조)

17 구름과 나무 : 멀리 떨어져 있는 친구를 생각할 때 흔히 쓰는 시적 표현이다. 두보杜甫의 〈봄날에 이백을 생각함春日憶李白〉 시에 "내가 있는 위수渭水 가엔 봄날의 나무, 그대 있는 강남 땅엔 저녁의 구름.(渭北春天樹。江東日暮雲。)"이라는 구절이 나오는 데에서 비롯된 것이다.(『杜少陵詩集』 권1 참조)

18 역려逆旅에서의 팽상彭殤의 꿈 : 천지라는 여인숙에서 잠깐 묵는 인생의 허무한 꿈이라는 말이다. 팽상의 팽은 상고 시대 선인仙人으로 8백 세의 장수를 누렸다는 팽조彭祖를 가리키고, 상은 19세 이하에 단명短命한 소년을 가리킨다. 참고로 『장자』 「제물론齊物論」에 "요절한 소년보다 더 장수한 이가 없고, 팽조가 요절했다고 할 수도 있다.(莫壽乎殤子。而彭祖爲夭。)"라는 말이 나온다.

19 백전百戰도 소용없이~듣게 되었네 : 사면초가四面楚歌의 고사를 인용하여 고립무원孤立無援의 상태에 빠진 채 종말을 고하게 된 것을 설명한 말이다. 항우項羽가 일찍이 백전백승을 하며 서초패왕西楚霸王이 되어 천하를 호령했으나, 뒤에 해하垓下에서 한군漢軍에게 겹겹이 포위된 가운데 밤중에 초나라 노랫소리가 사방에서 들려오자 초나라 군사가 이미 항복한 줄 알고, 장중帳中에서 우미인虞美人과 함께 술을 마시고 노래하며 영결하고는, 오강에 이르러 그의 근거지인 강동江東으로 건너가서 재기하려 하지 않고 그곳에서 자결하여 생을 마감하였다.(『史記』「項羽本紀」참조)

20 흰 구름은 천만리 저 너머 : 어버이에 대한 그리움을 비유한 말로서, 제1권 157면 주 14 참조.

21 옷 잡히고 술 먹는 사람 : 참고로 두보杜甫의 시에 "퇴청하는 대로 날마다 봄옷을 전당 잡혀 매일 강 머리에서 실컷 취해 돌아오네.(朝回日日典春衣。每日江頭盡醉歸。)"라는 표현이 나온다.(『杜少陵詩集』 권6 〈曲江〉 참조)

22 일변日邊 : 태양의 가란 뜻으로, 원방遠方 혹은 임금의 곁이나 도성을 가리킨다.

23 보통普通 : 양 무제梁武帝의 연호이다. 중국 선종禪宗의 초조初祖인 보리달마菩提達磨가 보통 원년(520)에 배를 타고 금릉金陵에 와서 무제와 대화하였으나 깨닫지 못하자 숭산嵩山 소림사少林寺에 들어가서 구년면벽九年面壁을 한 고사가 있다.(『神僧傳』 권4 참조)

24 석 자의~양팔이 온전하구나 : 구도에 대한 열정이 옛사람보다 못하다는 말이다. 중국 선종의 이조二祖가 된 혜가慧可가 처음에 소림사로 달마를 찾아가서 밤새도록 눈이 쌓인 뜰에 공손히 서서 도를 구했으나 달마는 면벽面壁을 한 채 한마디 말도 건네지를 않았는데, 이에 혜가가 계도戒刀로 자신의 왼쪽 팔을 끊어 그 팔을 바치자 달마가

비로소 입실入室을 허락했다는 설중단비雪中斷臂의 고사가 전한다.『景德傳燈錄』권 3(T51, 218c12) 참조].

25 남화자南華子 : 장자莊子의 별칭이다. 당 현종唐玄宗이 천보天寶 원년(742)에 장자에게 남화 진인南華眞人의 봉호封號를 내리고,『장자』를 '남화진경南華眞經'으로 부르게 하였다.

26 서리를 밟는~곳 생각하리라 : 서리를 밟으면서 효자인 백기伯奇의 고사를 떠올리며 어버이를 생각하게 될 것이라는 말이다. 주 선왕周宣王 때 윤길보尹吉甫의 아들 백기가 계모의 참소를 받고 쫓겨난 뒤에 새벽에 서리를 밟으면서 〈이상조履霜操〉라는 금곡琴曲을 연주하고는 강물에 몸을 던져 죽은 고사가 전한다.(『樂府詩集』「琴曲歌辭」1 〈履霜操〉해제 참조).

27 강릉康陵 : 명종明宗과 인순왕후仁順王后 심씨沈氏의 능인데, 서울 도봉구 공릉동에 있다.

28 매양梅陽 : 대혜 종고大慧宗杲의 유배지이다. 대혜 종고는 송대宋代 임제종臨濟宗 양기파楊岐派의 승려로, 간화선看話禪을 주창하며 굉지 정각宏智正覺의 묵조선黙照禪을 극력 비판하였다. 남송南宋 고종高宗 소흥紹興 11년(1141)에 주화파主和派인 진회秦檜의 미움을 받아 형주衡州로 유배되었다가 소흥 20년(1150)에 다시 매주梅州, 즉 매양梅陽으로 이배移配되었다.

29 해약海若 : 약은 바다 귀신의 이름이다.『장자』「추수秋水」에 북해北海 귀신 약若의 이야기가 나온다.

30 무덤 사이에서 술 취한 객 : 묘제墓祭를 지내고 남은 음식과 술을 구걸하여 먹고 취한 사람을 말하는데, 이런 식으로 여기저기 기웃거리며 배를 채우고 집에 돌아와서는 귀인貴人들과 노닐었다고 처첩妻妾에게 거드름을 부리는 천장부賤丈夫의 이야기가『맹자』「이루離婁」하에 나온다.

31 한구韓歐 : 당唐나라 한유韓愈와 송宋나라 구양수歐陽脩의 합칭이다. 두 사람 모두 고문의 부흥을 위해 노력하였다.

32 의관衣冠 위에는~들새가 우네 : 의관과 화초는 각각 무덤 속의 의관과 오솔길에 묻힌 화초를 뜻하는 것으로, 백제의 흥망을 비유한 것인데, 제1권 163면 주 63 참조.

33 어느 곳에~한쪽을 바라보노라 : 참고로 소식蘇軾의「전적벽부前赤壁賦」에 "아득하고 아득한 내 마음이여, 하늘 한쪽의 미인을 바라보도다.(渺渺兮余懷。望美人兮天一方。)"라는 말이 나온다.

34 1년의 광음이 망아지 지나가듯 : 세월이 빨리 지나가는 것을 비유한 말이다. 제1권 166면 주 95 참조.

35 우산牛山에 해가 지는 때로세 : 덧없는 인생에 대한 비감이 문득 일어난다는 말이다. 춘추시대 제齊나라 경공景公이 우산에 올라가서 노닐다가 북쪽으로 국성國城을 굽어

다 보고는, "이 아름다운 강산을 놔두고 어떻게 죽을 수가 있단 말인가."라고 하면서 눈물을 흘리자 참석했던 사람들 모두가 함께 옷깃을 적셨다는 고사가 전한다.(『晏子春秋』「內篇諫上」참조)

36 삼농三農 : 언덕과 습지와 평지의 농사를 말한다. 『주례周禮』「천관天官」〈태재太宰〉에서 "삼농에서 아홉 가지 곡식을 생산한다.(三農生九穀)"라고 하였는데, 정현鄭玄이 "삼농은 평지와 산과 못이다.(三農平地山澤也)"라고 해설하였다.

37 고운孤雲 : 최치원崔致遠의 호이다.

38 상락桑落에 국화 꽃잎 둥둥 띄웠나니 : 상락은 상락주桑落酒라는 명주名酒를 가리킨다. 뽕나무 잎이 떨어질 무렵에 담는다고 해서 붙여진 이름이다. 참고로 두보杜甫의 시에, "주인이 자리에 상락주를 내놓자, 손님이 국화꽃 가지를 가지고 오네.(坐開桑落酒。來把菊花枝。)"라는 구절이 나온다.(『杜少陵詩集』권4〈九日楊奉先會白水崔明府〉참조)

39 물을 베고 빛을 부는 격이로다 : 『거사분등록居士分燈錄』권2「유안세劉安世」에, "칼로 물을 베고 바람이 빛을 불어도, 물과 불의 성질은 동요하지 않는다. 마찬가지로 설령 해를 당한다 하더라도 나의 성품은 담연하다.(割水吹光。而水火之性不動搖耳。猶如遇害。而吾性湛然。)"라는 말이 나온다.(X86 601b22)

40 영씨嬴氏 유씨劉氏~태반이 선인이니까 : 무릉도원武陵桃源의 이야기가 실린 진晉나라 도잠陶潛의「도화원기桃花源記」에 의하면, 그곳에 사는 사람들은 영씨인 진秦나라와 유씨인 한漢나라가 망한 것도 모른 채 오래도록 안락하게 살아 왔다고 한다.

41 삼소三笑 : 동진東晉의 고승 혜원慧遠이 있는 여산廬山 동림사東林寺에 도잠陶潛과 육수정陸修靜이 찾아가서 환담을 나누고 헤어질 때, 사원 앞에 흐르는 호계虎溪의 다리를 건너다가 세 사람이 의기투합하여 큰 소리로 웃었다는 호계삼소虎溪三笑의 고사를 말한다.(『蓮社高賢傳』「百二十三人傳」(X78, 0113b14) 참조]

42 흰 구름 나는 곳 : 어버이가 계신 고향 하늘이라는 뜻. 제1권 159면 주 14 참조.

43 노인성老人星 : 남극노인성군南極老人星君의 준말로, 옛날에 수명과 장수를 맡는 별로 믿었다.(『史記』권27「天官書」참조)

44 난경鸞鏡에 비친 외로운 그림자 : 난경은 난조鸞鳥의 거울이라는 말이다. 옛날 계빈국罽賓國의 왕이 봉황 한 마리를 잡아서 애지중지하며 키웠으나 3년 동안 울지 않더니, 어느 날 그에게 거울을 보여 주자 거울 속에 비친 자신의 외로운 모습을 보고서는 슬피 울다가 숨이 끊어졌다는 이야기가 남조南朝 송宋 범태范泰의「난조시 서鸞鳥詩序」에 나온다. 보통 짝이 없거나 짝을 잃은 것을 비유할 때 이 고사를 인용한다.

45 백설의 곡조를 섬섬옥수로 연주하나니 : 참고로 이백李白의 시에 "백설의 곡조를 섬섬옥수로 연주하고, 녹수의 곡조로 텅 빈 마음 맑게 하네.(白雪亂纖手。綠水淸虛心。)"라는 표현이 나온다.(『李太白集』권22〈月夜聽盧子順彈琴〉참조)

46 달홀達忽 : 강원도 고성高城의 옛 이름이다.
47 청량淸涼 : 중국 화엄종華嚴宗 제4조인 징관澄觀을 가리킨다. 당唐 덕종德宗으로부터 청량 국사淸涼國師라는 칭호를 하사받았다. 그의 많은 저술 중에서 『화엄경수소연의초華嚴經隨疏演義鈔』 90권이 가장 유명하다.
48 만인을 상대하는 법을 배웠건만 : 병법兵法에 통달했다는 말이다. 항우項羽가 소싯적에 글을 배우고 검술을 배워도 이루지 못하자 그의 숙부인 항량項梁이 노여워하니, 항우가 "글은 성명을 기록할 줄만 알면 충분하고, 검은 한 사람만을 상대하는 것이니 배울 가치가 없다. 나는 만인을 상대하는 법을 배우고 싶다.(書足以記名姓而已。劍一人敵。不足學。學萬人敵。)"라고 말하고는 병법을 배웠다는 기록이 『사기』「항우본기項羽本紀」에 나온다. 곽 융수는 곽재우郭再祐가 아닌가 한다.
49 황하 맑힐 뜻 : 태평 시대를 이루려는 소망을 말한다. 황하黃河가 천년에 한 번 맑아지는데, 바로 그때 성군聖君이 출현하여 세상을 태평하게 한다는 전설에서 나온 것이다.(『易緯乾鑿度』 권하 참조)
50 당년에 말에게 물을 먹였던 사람이라 : 서산이 기필코 왜적을 정벌하려고 했다는 말이다. 춘추시대에 북쪽에서는 남쪽의 양자강 물을 말에게 먹이려 하고(飮馬長江), 남쪽에서는 황하의 물을 말에게 먹이려 하는(飮馬于河) 것으로, 정벌의 뜻을 표현하곤 하였다.
51 흐르는 물은~말이 없어라 : 거문고의 명인 백아伯牙와 그의 벗 종자기鍾子期의 고사를 인용한 것. 제1권 165면 주 81 참조.
52 〈유란幽蘭〉과 〈백설白雪〉 : 옛날 금곡琴曲의 이름이다. 전국시대 초楚나라 송옥宋玉의 「풍부諷賦」에 "내가 거문고를 연주하여 〈유란〉과 〈백설〉의 곡을 들려주겠다.(臣援琴而鼓之。爲幽蘭白雪之曲。)"라는 말이 나온다.
53 진나라 녹마鹿馬에~호중천壺中天으로 들어왔다오 : 진晉나라 때 무릉武陵의 어부가 복사꽃이 떠내려오는 물줄기를 따라 계속 올라가 보니, 포악한 진秦나라 시대에 난리를 피해서 들어온 사람들이 선경仙境 속에 살고 있었다는 도연명陶淵明의 「도화원기桃花源記」 속의 이른바 무릉도원武陵桃源 이야기를 인용한 것이다. 녹마는 지록위마指鹿爲馬의 고사를 가리킨다. 호중천은 호로병 속의 세계라는 말로, 선경仙境을 뜻한다. 제1권 160면 주 39 참조.
54 경착耕鑿 : 밭 갈고 우물을 판다는 경전착정耕田鑿井의 준말로, 태평한 생활을 비유하는 말이다. 옛날 요堯임금 때에 노인이 지었다는 〈격양가擊壤歌〉에 "해가 뜨면 일어나고 해가 지면 쉬면서 내 우물 파서 물을 마시고, 내 밭 갈아서 밥을 먹나니, 임금님의 힘이 나에게 도대체 무슨 상관이랴.(日出而作。日入而息。鑿井而飮。耕田而食。帝力於我何有哉。)"라는 말이 나오는 데에서 유래한 것이다.
55 통곡하며 대궐을~백일白日이 잠겼음이라 : 인종仁宗이 죽자 하서河西 김인후金麟厚

가 고향인 장성長城으로 돌아간 것을 말한다. 김인후는 인종이 세자로 있을 때 보도補導의 직임을 맡았는데, 인종이 죽고 곧이어 을사사화乙巳士禍가 일어나자 병을 핑계로 고향에 돌아갔으며, 인종의 기일忌日이 되면 깊은 산속에 들어가서 통곡하고 돌아왔다고 한다.

56 굴원屈原 : 전국시대 초楚나라의 충신이다. 모함을 입어 자신의 뜻을 펴지 못한 채 물에 빠져 죽었다.

57 초소楚騷 : 초楚나라 굴원屈原이 지은 〈이소離騷〉를 가리킨다.

58 이를 잡으며 생애를 이야기하는구나 : 전진前秦의 왕맹王猛이 박학한 데다 병서兵書를 특히 좋아하였는데, 은거하며 때를 기다리고 있다가 동진東晉의 대장군 환온桓溫을 찾아가 천하 대사를 의논할 적에 누더기 옷에서 이를 잡아 죽이면서 기탄없이 담론을 했던 고사가 전한다.(『晉書』「王猛傳」 참조)

59 〈낙매화落梅花〉 : 군중軍中에서 쓰는 적곡笛曲의 이름이다. 참고로 이백李白의 시에 "피리는 매화의 곡을 연주하고, 칼은 명월의 고리를 드러내도다.(笛奏梅花曲。刀開明月環。)"라는 구절이 있다.(『李太白詩集』 권5 〈從軍行〉 참조)

60 재송 도자栽松道子 : 중국 선종禪宗 제5조인 홍인弘忍의 전신前身으로 전해지는 노승의 이름이다. 사조 도신道信이 파두산破頭山에 있을 때, 그가 날마다 소나무를 심었으므로 사람들이 그렇게 불렀다고 한다. 어느 날 그가 사조에게 불법을 물었으나, 너무 늙었으니 새로 몸을 받아서 다시 오라는 말을 듣고는, 물가에서 빨래하고 있는 처녀의 몸에 탁태托胎하여 태어난 뒤에 사조의 의발衣鉢을 전해 받고 황매산黃梅山에서 선풍禪風을 떨쳤다고 한다.[『五燈會元』 권1 「五祖弘忍大師」(X80, 45b12), 『佛祖綱目』 권29 「四祖道信傳法法融」(X85, 604c23) 참조]

61 풍간豊干 : 당唐나라의 승려로 시를 잘 지었으며, 한산寒山·습득拾得과 함께 천태天台 국청사國淸寺의 삼은三隱으로 일컬어진다. 대주 자사臺州刺史 여구윤閭丘胤이 "한산은 문수보살의 화신이고, 습득은 보현보살의 화신이니, 부임하면 만나 보라.(寒山文殊。拾得普賢。當就見之。)"라는 풍간의 말을 듣고, 국청사에 가서 두 사람에게 절을 하니, 한산과 습득이 달아나면서 "풍간이 쓸데없는 말을 많이 했다. 아미타불의 화신인 풍간도 알아보지 못하면서 무엇 하려고 우리에게 예배하는가.(豊干饒舌。彌陀不識。禮我何爲。)"라고 했다는 풍간요설豊干饒舌의 고사가 유명하다.

62 고선枯禪 : 고목枯木과 같은 참선이라는 말로, 간화선看話禪의 입장에서 묵조선默照禪을 매도할 때 쓰는 말이다.

63 인경구탈人境俱奪 : 임제 의현臨濟義玄이 학인學人의 근기에 따라 방편으로 시설한 이른바 사료간四料揀 중의 하나이다. 사료간은, 첫째 하근下根을 대할 때의 탈인불탈경奪人不奪境, 중근中根을 대할 때의 탈경불탈인奪境不奪人, 셋째 상근上根을 대할 때의 인경양구탈人境兩俱奪, 넷째 출격인出格人을 대할 때의 인경구불탈人境俱不奪

이 그것인데, 인경人境은 각각 주관과 객관, 아집我執과 법집法執 등을 말하고, 탈奪은 부정, 불탈不奪은 긍정의 뜻을 지닌다.

64 백련화 : 극락정토에 있다는 구품九品의 연화대蓮花臺를 비유한 말이다. 『관무량수경觀無量壽經』에 의하면, 구품은 중생의 근기를 상품·중품·하품으로 분류하고, 이를 다시 상생上生·중생中生·하생下生으로 나눈 것인데, 이에 따라 왕생하는 정토도 구품의 정토로 나뉘고, 이들을 맞는 아미타불阿彌陀佛도 구품의 미타로 나뉘고, 수인手印도 구품의 수인으로 나뉘고, 염불하는 방법도 구품의 염불로 나뉜다고 한다.

65 머리가 희지~일찍이 누설하였지 : 인도 불교의 제3조인 상나화수商那和修가 우바국다優波毱多에게 나이를 물으니 17세라고 하였다. 이에 "너의 몸이 17세냐, 성性이 17세냐?(汝身十七。性十七耶)"라고 하니, 우바국다가 "스님이 이미 백발인데, 머리카락이 흰 것입니까, 마음이 흰 것입니까?(師髮已白。爲髮白耶。心白耶。)"라고 반문하였다. 상나화수가 "나는 단지 머리카락이 흰 것이지, 마음이 흰 것이 아니다.(我但髮白。非心白耳。)"라고 하니, 우바국다가 "나는 몸이 17세이지, 성이 17세가 아닙니다.(我身十七。非性十七也。)"라고 대답하였다. 이 말을 듣고는 상나화수가 그의 법기法器를 인정하고는 제자로 받아들여 의발衣鉢을 전했다고 한다.[『五燈會元』 권1 「三祖商那和修尊者」(X80, 32a23) 참조]

66 서쪽에서 건너온 등불 : 서역西域에서 달마達磨가 중국에 건너와 전한 불법佛法이라는 말이다.

67 깊은 밤중~잘못 전해졌다네 : 황매산黃梅山의 홍인弘忍이 한밤중에 혜능慧能에게 몰래 전수한 의발衣鉢이 서산 자신에게까지 전해졌다는 말이다. 죽반승粥飯僧은 밥만 축낼 뿐 하는 일이 아무것도 없는 승려라는 뜻의 겸사謙辭이다.

68 취령鷲嶺 : 석가가 설법을 한 영취산靈鷲山을 가리킨다. 범명梵名은 Gṛdhrakūṭa이며, 기사굴산耆闍崛山으로 음역되는데, 산의 형태가 취두鷲頭와 같고, 또 산속에 독수리가 많이 산다고 해서 그렇게 칭해졌다. 영산靈山 혹은 취봉鷲峯으로 불리기도 하는데, 중인도 마갈타국摩揭陀國 왕사성王舍城 동북쪽에 있다.

69 규봉圭峯 : 중국 화엄종華嚴宗의 제5조인 당나라 규봉 종밀圭峯宗密을 가리킨다. 그의 저서 중에 『원각경대소석의초圓覺經大疏釋義抄』 13권이 전한다.

70 장왕張王 : 당대唐代의 저명한 시인인 장적張籍과 왕건王建의 병칭이다.

71 향엄香嚴 : 당唐나라 선승禪僧으로 법호는 지한智閑이다. 처음에 백장 회해百丈懷海에게 출가했다가 뒤에 위산 영우潙山靈祐를 찾아갔으나 그 뜻을 계오契悟하지 못한 채 울면서 하직하였는데, 우연히 산중에서 풀을 베다가 던진 자갈이 대나무에 맞는 소리를 듣고 크게 깨달아 위산의 법을 이었다.[『景德傳燈錄』 권11(T51, 283c27), 『宋高僧傳』 권13(T50, 785a26) 참조]

72 바람이 잠잠해도 꽃은 여전히 떨어지고 : 남조南朝 진陳 사정謝貞이 8세에 〈춘일한

거春日閑居〉라는 오언시五言詩를 지으면서 극찬을 받은 시구이다.(『陳書』 권32, 『南史』 권74 「謝貞傳」 참조)

73 새가 우짖으니 산이 더욱 그윽해라 : 남조 양梁나라 왕적王籍이 약야계若耶溪에서 읊어 회자膾炙된 시구인데, 그 앞 구는 "매미 소리 시끄러우니 숲이 더욱 고요하다.(蟬噪林逾靜)"이다.(『梁書』 권50, 『南史』 권21 「王籍傳」 참조)

74 하늘은 흰~함께 흐르누나 : 융흥부隆興府 경복景福 일여 선사日餘禪師에게 어떤 승려가 도에 대해서 묻자 대답한 게송이다.(『五燈會元』 권19(X80, 395b14), 『續傳燈錄』 권21 「保寧仁勇禪師法嗣」(T51, 607a23) 참조]

75 삼륜三輪 : 업력業力에 의해 기세계器世界를 구성하는 풍륜風輪·수륜水輪·금륜金輪이라는 뜻의 불교 용어이다.

76 차를 달여서 조주에게 올리는 것 : 화두話頭를 깨쳐서 스승의 은혜에 보답하는 것이라는 말이다. 당唐나라 조주 종심趙州從諗 선사가 누구에게나 "차 한잔 마시게.(喫茶去)"라고 하여, 일상생활 속에 선禪의 묘리가 들어 있음을 보여 준 선종의 화두가 전한다.[『五燈會元』 권4 「趙州從諗」(X80, 91b05) 참조]

77 남주南洲 : 수미산須彌山 사대주四大洲의 남주에 있다는 염부제閻浮提를 가리킨다. 원래는 인도를 가리키는 말이었으나, 나중에는 인간 세상의 총칭으로 쓰이게 되었다.(『長阿含經』 권18 「閻浮提洲品」 참조)

78 용귀龍龜 : 용 모양의 이수螭首와 거북 모양의 귀부龜趺라는 말로, 비석을 가리킨다.

79 황매에서 한밤중에 전한 한 소식 : 앞의 주 67 참조.

80 120의 사사邪師 : 불교 이외의 모든 잘못된 가르침이라는 말이다. 120은 120전百二十轉의 준말로, 고대 인도에서 지극히 큰 숫자를 계산할 때 쓴 120개의 명칭인데, 헤아릴 수 없이 많은 것을 뜻하는 말로 쓰인다. 사사는 사마외도邪魔外道의 스승이라는 뜻이다.

81 슬프다 달빛만 실은 선자船子여 : 서산이 마치 사금沙金을 채취하듯 묘향산에서 오랫동안 인재를 찾았으나 구하지 못한 채 속절없이 세월만 보냈다고 탄식하는 말이다. 당唐나라의 선자 덕성船子德誠 화상이 약산 유엄藥山惟儼 문하에 30년 동안 있으면서 그의 법사法嗣가 되었는데, 일찍이 절강浙江 화정華亭에 작은 배 한 척을 띄워 놓고 사람들을 건네주며 설법하다가 제자 협산 선회夾山善會을 얻어 법을 전한 뒤에 배를 엎어 버리고 떠난 고사가 전한다. 선림에서는 그가 협산 선회를 만난 것을 '선자득린船子得鱗'이라고 칭하고 있다.[『祖堂集』 권5, 『景德傳燈錄』 권15(T51, 323c21), 『禪苑蒙求瑤林』 권상(X87, 55b3) 참조]

82 중을 심문한 목차木杈 : 목차는 집게처럼 끝이 두 가닥으로 갈라진 나무뿌리를 말한다. 당唐나라 비마秘魔 화상이 항상 하나의 목차를 손에 쥐고 있다가 중이 와서 예배하며 물어보면 그의 목에 목차를 대고 누르면서, "어떤 도깨비가 너를 출가하게 하

고, 어떤 도깨비가 너를 행각하게 하였느냐? 대답을 해도 목차에게 죽을 것이요, 대답을 못 해도 목차에게 죽을 것이다. 빨리 말해라.(那箇魔魅教汝出家。那箇魔魅教汝行脚。道得也叉下死。道不得也叉下死。速道。速道。)"라고 다그친 비마경차祕魔擎杈의 고사가 전한다.[『五燈會元』 권4「五臺山祕魔嚴和尙」(X80, 100c02) 참조]

83 도홍陶泓 : 벼루의 별명이다. 한유韓愈가 『사기史記』의 필법을 모방하여 붓을 소재로 「모영전毛穎傳」을 지으면서 붓과 먹과 벼루와 종이 등 이른바 문방사우文房四友에 대해서 각각 관성자管城子‧진현陳玄‧도홍陶泓‧저선생楮先生으로 의인화하였다.

84 용미연龍尾硯 : 용미석龍尾石으로 만든 벼루로, 강서성江西省 무원현婺源縣에서 생산되는데, 벼루 중 상품에 속한다.

85 오吳나라 계찰이 칼을 걸어 놓고 간 것 : 춘추시대 오나라 공자公子 계찰季札이 사신으로 나갔다가 서국徐國의 임금을 만났을 때 그 임금이 자신의 보검을 원하는 것을 알고는, 사신의 일을 마치는 대로 자신의 보검을 그에게 선물로 주리라고 마음속으로 다짐하였는데, 돌아오는 길에 서국에 들렀더니 그가 이미 죽었으므로 그의 묘소를 찾아가 나무 가지 위에 보검을 걸어 놓고 떠난 고사가 전한다.(『史記』「吳太白世家」 참조)

86 맑은 물결~잎 하나 : 달마達磨가 양 무제梁武帝를 만나 문답한 뒤에 갈대 잎 하나를 꺾어 타고서 장강長江을 건너 북위北魏의 수도 낙양洛陽으로 갔다는 전설을 화제畫題로 삼은 그림이기 때문에 이렇게 표현한 것이다. 달마절로도강도達磨折蘆渡江圖라고도 하고, 또 일위도강도一葦渡江圖 혹은 노엽달마도蘆葉達磨圖라고도 한다.

87 당시 양나라~알지 못했네 : 양 무제가 달마를 처음 접견하고는 "무엇이 성제聖諦의 으뜸가는 뜻이오?(如何是聖諦第一義)"라고 물으니, "텅 비어 성聖이라고 할 것도 없습니다.(廓然無聖)"라고 대답하였다. 무제가 다시 "내 앞에 서 있는 당신은 누구요?(對朕者誰)"라고 묻자, 달마가 "모르겠소.(不識)"라고 대답하였는데, 무제가 알아듣지 못하자, 달마가 장강을 건너 위魏나라에 갔다. 뒤에 무제가 이 이야기를 거론하며 지공志公에게 묻자, 지공이 "폐하는 아직도 이 사람을 모르겠습니까?(陛下還識此人否)"라고 반문하였는데, 무제가 "모르겠소.(不識)"라고 하니, 지공이 "이 사람은 관음대사로서 부처의 심인을 전하러 왔습니다.(此是觀音大士. 傳佛心印.)"라고 대답하였다. 『벽암록碧巖錄』 제1칙(T48, 140a17)에 이런 내용이 나온다.

88 신광神光이 두우斗牛 사이를 내쏘는구나 : 용천龍泉과 태아太阿의 두 보검이 풍성豐城 땅에 묻혀 있으면서 그 검광劍光이 견우성과 북두성 사이를 쏘았다는 전설을 인용한 것이다.(『晉書』「張華傳」 참조)

89 겁풍劫風 : 겁재劫災 중의 풍재風災라는 말이다. 불교에서는 괴겁壞劫의 말기에 수재水災‧풍재風災‧화재火災의 세 가지 겁재劫災가 발생한다고 한다.

90 애욕은 마음과 눈을 말미암나니 : 『능엄경楞嚴經』 1권은 부처의 제자인 아난阿難이 음녀淫女인 마등가摩登伽의 환술幻術에 걸려 파계破戒할 위기에 처하자, 부처가 문

수文殊를 보내 신주神呪로 구출한 다음에 대화를 나누며 설법하는 내용으로 되어 있는데, 그중에 "이와 같은 애락은 나의 마음과 눈을 통해서 일어났다.(如是愛樂, 用我心目.)"라는 아난의 말이 나오고, 이 마음과 눈은 마치 공화空華와 같아서 모두 허망한 것임을 설파하는 부처의 가르침이 이어진다.

91 금권金拳 : 금강권金剛拳의 준말로, 주문을 가지고 아난을 구출한 부처의 위신력을 뜻한다. 금강권은 밀교密敎의 사종권四種拳 혹은 육종권六種拳의 하나로, 금강여래金剛如來의 지혜를 상징하는 수인手印이다.

92 〈양관雨關〉 : 양관삼첩陽關三疊의 준말로, 송별곡의 별칭이다. 당唐나라 왕유王維의 절창絶唱인 〈송원이사안서送元二使安西〉 시에 "위성의 아침 비, 말끔히 씻긴 길 먼지, 객사 주위 버들가지 더욱 푸르게 단장했네. 그대여 이별주 한잔 더 마시게나. 서쪽 양관 나가면 벗 만나기 어려우리.(渭城朝雨浥輕塵. 客舍青青柳色新. 勸君更盡一杯酒, 西出陽關無故人.)"라는 구절이 나오는 데에서 유래한 것인데, 이 시를 뒤에 악부樂府로 만들어 부르면서 반복하여 노래하였기 때문에 '양관삼첩'이라고 칭하게 되었다. 〈위성곡渭城曲〉이라고도 한다.

93 육단심肉團心 : 사람의 오장五臟 가운데 심장心臟을 가리키는 불교 용어인데, 여기서는 분별하는 마음을 뜻하는 말로 쓰였다.

94 흑백에 모두 몸을 두고서 : 당唐나라 시인인 가도賈島가 승려로 있다가 환속한 것을 말한다. 흑백은 흑의黑衣와 백의白衣를 입는 사람이라는 뜻으로, 승속僧俗을 비유하는 말이다. 그가 승려의 신분으로 동도東都에서 노닐 적에 낙양령洛陽令이 불법佛法을 금지하는 것에 대해 시를 지어 마음 아파하니, 한유韓愈가 가련하게 여겨 환속하게 하고 진사進士에 천거했다는 내용이 『당서唐書』 「한유열전韓愈列傳」에 나온다. 승려일 때의 법호는 무본無本이다.

95 퇴고推敲의 글자를 고심했나니 : 가도가 하루는 나귀를 타고 도성 거리에 나가 돌아다니다가, "새는 못가의 나무에서 잠자고, 중은 달빛 아래 문을 두드린다.(鳥宿池邊樹, 僧敲月下門.)"라는 시구를 얻고는, 두드릴 고敲와 밀 퇴推 자 사이에서 수없이 고심을 했다는 고사가 전한다.(『鑑戒錄』 「賈忤旨」 참조)

96 기러기 발자국 : 제2권 491면 주 1 참조.

97 초관楚關 : 초나라 관새關塞라는 뜻으로, 남쪽의 변방을 가리킨다.

98 마음을 씻지 귀를 씻지 않나니 : 허유許由와 소보巢父가 기산箕山 아래 영수潁水 북쪽에 숨어 살았는데, 요堯임금이 제위帝位를 맡기려 하자 허유가 이를 거절하고서 귀를 씻었고, 이 말을 들은 소보는 귀를 씻은 더러운 물을 마시게 할 수 없다고 하여 소를 끌고 상류로 올라가서 물을 먹였다는 전설이 전한다.

99 송아지 안고 산에 올라가나니 : 은자의 생활을 비유한 말이다. 포독산抱犢山은 중국 기주沂州 승현承縣 북쪽 60리 지점에 있는데, 옛날 어떤 은자가 그 위에서 송아지

한 마리를 키우며 농사를 지었기 때문에 그런 이름이 붙었다고 한다. 참고로 당唐나라 왕유王維의 시에 "구름 속에 들어가 닭을 키우고, 송아지를 안고서 산머리에 오른다.(入雲中兮養鷄。上山頭兮抱犢。)"라는 표현이 나온다.(『王右丞集』 권1 〈送友人歸山歌〉 참조)

100 신위莘渭 : 유신씨有莘氏의 들판과 위수渭水 물가라는 말로, 이윤伊尹과 여상呂尙을 가리킨다. 이윤은 유신씨의 들판에서 농사를 짓다가 탕왕湯王의 초빙을 받고 상商나라를 도와 왕업王業을 성취시켰으며, 강태공姜太公 여상은 위수 물가의 반계磻溪에서 낚시질하다가 문왕文王을 처음 만나 사부師傅로 추대되었고, 뒤에 문왕의 아들인 무왕武王을 도와서 은殷나라를 멸망시키고 천하를 평정하였다.

101 기러기 날아간 흥망의 일이여 : 마치 기러기가 눈밭에 발자국을 남겨 놓고 날아간 것처럼 한 나라의 흥망성쇠가 역사 속에 파묻힌 채 자취를 찾을 수 없게 되었다는 말. 제2권 491면 주 1 참조.

102 개와 닭은 백운 속에 시끄럽고 : 김 처사의 거처가 선경仙境과 같다는 말. 제2권 492면 주 16 참조.

103 적적하게 송화만~사람도 없네 : 참고로 북송北宋 위야魏野의 〈심은자불우尋隱者不遇〉 시에 "진경 찾아 봉래도에 잘못 들어오니, 향긋한 바람 일지 않고 송화만 떨어지네. 어느 곳에서 영지 캐고 돌아오지 않는지, 흰 구름 땅에 가득해도 쓰는 사람 없구나.(尋眞悞入蓬萊島。香風不動松花老。探芝何處未歸來。白雲滿地無人掃。)"라는 시구가 나온다. 이 시는 『고문진보古文眞寶』 4권에 수록되어 있다.

104 뱃속에 대추가 많이 들어 있으니까 : 선인仙人 안기생安期生이 대추를 주식主食으로 먹었다는 전설이 있기 때문에 이렇게 말한 것이다. 방사方士 이소군李少君이 한 무제漢武帝에게 "내가 일찍이 해상에서 노닐 적에 안기생을 만났더니, 참외만 한 크기의 대추를 먹고 있었다.(臣嘗遊海上。見安期生。安期生食巨棗大如瓜。)"라고 말한 기록이 『사기』 「봉선서封禪書」에 나온다.

105 집구集句 : 옛사람의 시구를 모아서 만든 시를 말한다.

106 꽃가루가 무거운지~말이 없네 : 당唐나라 오융吳融의 〈미우微雨〉라는 제목의 시에 나온다. 『전당시全唐詩』 권685에 수록되었는데, 거기에는 '濃'이 '沈'으로 되어 있다.

107 물결은 뇌택雷澤의~밭갈이에 충분하도다 : 송宋나라 왕우칭王禹偁의 시로 전해진다. 『기찬연해기纂淵海』 권18 「복주濮州」에 실려 있는, 거기에는 '涵'이 '函'으로 되어 있다. 뇌택과 역산歷山은 각각 순임금이 고기잡이하고, 밭갈이하던 곳으로 전해진다. 『사기』 「오제본기五帝本紀」에 "순이 역산에서 밭갈이하자 역산의 사람들이 모두 밭두둑을 양보하였고, 뇌택에서 고기잡이하자 뇌택의 사람들이 모두 자리를 양보하였다.(舜耕歷山。歷山之人皆讓畔。漁雷澤。雷澤上人皆讓居。)"라는 말이 나온다.

108 거령巨靈 : 황하의 귀신 이름이다. 황하의 물줄기가 화산華山에 가로막혀 휘돌아 갈

수밖에 없자, 거령이 손을 들어 산의 머리를 쳐서 둘로 쪼갠 다음에 그 사이로 직진해서 흘러가게 했다는 거령비희巨靈贔屓의 전설이 후한後漢 장형張衡이 지은 「서경부西京賦」의 주註에 나온다.

109 신위莘渭 : 밭갈이한 이윤伊尹과 낚시질한 여상呂尙이라는 말이다. 앞의 주 100 참조.

110 취모吹毛 : 취모검吹毛劍, 즉 모발이 그 칼날에 닿기만 해도 잘라질 만큼 예리한 검을 뜻하는데, 선종에서 반야 자성般若自性을 비유하는 말로 쓰인다.

111 교산喬山 : 본디 황제黃帝의 장지葬地인데, 보통 임금의 능묘陵墓를 가리키는 말로 쓰인다. 교산橋山이라고도 한다.

112 창오蒼梧 : 순舜임금이 죽어서 묻힌 곳이다. 그가 39년 동안 제위帝位에 있다가 남쪽을 순수巡狩하던 중에 창오의 들판에서 죽었다는 고사가 전한다.(『史記』「五帝本紀」참조)

113 한단邯鄲의 베개 : 조趙나라 수도인 한단의 객점客店에서 노생盧生이 도사道士 여옹呂翁의 베개를 베고 잠을 잠깐 자는 사이에 한평생의 부귀영화를 모두 누렸다는 한단지몽邯鄲之夢의 이야기에서 발췌한 것이다.

114 110성 : 구도 보살求道菩薩 선재동자善財童子가 처음에 문수보살文殊菩薩을 찾아갔다가 다시 깨달음을 얻기 위해 남쪽으로 여행하여 110성의 53선지식善知識을 찾아다니며 법문을 구한 결과 마침내 미진수微塵數의 삼매문三昧門에 들어섰다는 이야기가 『화엄경』「입법계품」에 나온다.

115 하나의 꿈에서 벌떡 깨어 일어나니 : 참고로 『장자莊子』「대종사大宗師」에 "한잠 푹 자고는, 벌떡 깨어 일어난다.(成然寐. 蘧然覺.)"라는 말이 나온다.

116 뱃전을 두드리며~창랑의 노래로다 : 전국시대 초楚나라 굴원屈原의 「어부사漁父辭」에 "굴원이 쫓겨난 뒤에 강담에서 노닐며 택반에서 읊조리고 다녔다.(屈原旣放. 游於江潭. 行吟澤畔.)"라는 말이 나오고, 또 어부가 굴원과 이야기를 나눈 뒤에 "뱃전을 두드리고 떠나면서 '창랑의 물이 맑으면 내 갓끈을 씻고, 창랑의 물이 흐리면 내 발을 씻으면 된다'라는 노래를 불렀다.(鼓枻而去. 乃歌曰. 滄浪之水淸兮. 可以濯我纓. 滄浪之水濁兮. 可以濯我足.)"라는 말이 나온다.

117 무심한 구름은~줄을 아네 : 진晉나라 도잠陶潛이 지은 〈귀거래사〉의 "구름은 무심히 산봉우리에서 나오고, 새는 날기에 지쳐서 돌아올 줄 안다.(雲無心以出岫. 鳥倦飛而知還.)"라는 말을 변용한 것이다.

118 원숭이와 학이 사람 없다 원망하네 : 참고로 남제南齊의 문인文人 공치규孔稚圭가 일찍이 종산鍾山에서 노닐다가 변절하고 벼슬길에 나간 주옹周顒을 나무라는 뜻에서 지은 「북산이문北山移文」에 "향초로 엮은 장막이 텅 비니 밤의 학은 원망하고, 산에 살던 사람이 떠나가니 새벽 원숭이는 놀라네.(蕙帳空兮夜鶴怨. 山人去兮曉猿驚.)"라는

제2권 • 503

말이 나온다.

119 양관인陽關人 : 멀리 길 떠나며 헤어지는 사람을 뜻한다. 앞의 주(501면) 92 참조.

120 지허支許 : 진晉나라 때 막역하게 지냈던 고승高僧 지도림支道林과 고사高士 허순許詢을 병칭한 말로, 승려와 문사文士의 교유를 비유할 때 많이 쓰는 표현이다.

121 한나절의 한가함도 얻지 못하는데 : 참고로 당唐나라 이섭李涉의 〈제학림사승사題鶴林寺僧舍〉 시에 "절간을 지나다가 스님과 만나 나눈 얘기, 떠도는 몸 한나절의 한가함을 또 얻었네.(因過竹院逢僧話. 又得浮生半日閑.)"라는 구절이 나온다.

122 쑥대 화살 하나를 가지고 : 정혜 선사定慧禪師가 처음에 나산羅山을 참알參謁하고는, "내가 서촉 아미산 기슭에서 하나의 쑥대 화살을 습득하여 천하의 난리를 진정시키려고 하였는데, 오늘 나산의 요새를 치다가 활도 부러지고 화살도 다했다.(我在西蜀峨嵋山脚下. 拾得一隻蓬蒿箭. 擬撥亂天下. 今日打羅山寨. 弓折箭盡也.)"라고 탄식한 고사가 전한다.(『五燈會元』 권8 「西川定慧禪師」(X80, 165a20) 참조)

123 수양首陽과 부춘富春 : 백이伯夷, 숙제叔齊 형제와 엄광嚴光을 가리킨다. 백이와 숙제는 은殷나라 고죽군孤竹君의 아들인데, 주 무왕周武王이 은나라를 정벌하자 주나라 곡식을 먹는 것을 수치로 여기고는, 서산西山, 즉 수양산首陽山에 들어가서 〈채미가采薇歌〉를 부르며 고사리를 캐어 먹다가 굶어 죽은 고사가 전한다.(『史記』 「伯夷列傳」 참조) 엄광은 후한後漢 광무제光武帝의 소싯적 학우로, 높은 벼슬을 주려는 광무제의 호의를 거절하고서 부춘산에 들어가 숨어 살며 동강桐江에서 낚시로 소일했다는 고사가 전한다.(『後漢書』 「逸民傳」 〈嚴光〉 참조)

124 기갈이 들리면~가 있다오 : 참고로 백거이白居易의 시에 "목마른 사람은 꿈에도 마시고, 배고픈 사람은 꿈에도 먹는다네. 봄부터 꿈꾸는 곳 어디냐 하면, 눈만 감으면 동천에 가 있다오.(渴人多夢飮. 飢人多夢餐. 春來夢何處. 合眼到東川.)"라는 표현이 나온다.(『白樂天詩集』 권10 〈寄行簡〉 참조)

125 육범六凡 : 생사를 반복하며 육도六途를 윤회하는 범부 중생이라는 뜻의 불교 용어이다. 육도는 육계六界라고도 하는데, 지옥·아귀餓鬼·축생·아수라阿修羅·인간·천상을 가리킨다.

126 여덟 개의 창 : 방에 설치한 4호戶 8창窓을 말한다. 참고로 당唐나라 노륜盧綸의 〈부득팽조루송양덕종귀서주막賦得彭祖樓送楊德宗歸徐州幕〉 시에 "네 개의 문에 여덟 개의 창 어찌 밝은지. 영롱해라 하늘 기운 그대로 쏟아져 들어오네.(四戶八窓明. 玲瓏逼上淸.)"라는 표현이 나온다.

127 인간 세상은 참으로 화택火宅이니 : 이 세상을 불난 집에 비유한 것. 제1권 158면 주 19 참조.

128 백련白蓮 : 서방정토의 연화대蓮花臺. 앞의 주 64(498면) 참조.

129 올빼미가 쥐를~끼이지 말기를 : 세속의 명리를 가까이하지 말라는 말이다. 전국시

대 혜자惠子가 양梁나라의 재상宰相으로 있을 적에, 혹자가 혜자에게 "장자莊子가 여기에 와서 당신 대신 재상이 되려고 한다."라고 하자, 혜자가 매우 두려워한 나머지 전국에 수배령을 내려 밤낮 3일 동안 장자를 찾게 하였는데, 이에 장자가 혜자를 찾아가서 말하기를, "남방에 원추鵷鶵라는 새가 있는데, 자네는 아는가? 원추는 남쪽 바다를 출발하여 북쪽 바다로 날아갈 적에 오동나무가 아니면 내려앉지 않고, 대나무 열매가 아니면 먹지 않으며, 단물이 나는 샘이 아니면 마시지 않는다네. 그런데 올빼미가 썩은 쥐를 가지고 있다가 그 위를 날아가는 원추를 쳐다보면서 행여나 원추에게 썩은 쥐를 빼앗길까 봐 꽥 하고 으르댔다는군. 그와 마찬가지로 자네도 양나라 재상 자리 때문에 나를 으르대는 것이 아닌가?"라고 했다는 이야기가 『장자』「추수秋水」에 나온다.

130 도잠陶潛과 혜원慧遠 : 유자儒者인 박 학사와 승려인 서산을 비유한 말이다. 유자인 진晉나라 도잠陶潛이 여산廬山 동림사東林寺로 고승 혜원慧遠을 찾아가서 환담을 나누고 돌아가다가 호계虎溪에서 파안대소했다는 고사가 유명하다.(『蓮社高賢傳』「百二十三人傳」(X78, 0113b14) 참조」

131 〈양춘陽春〉: 고상한 가곡을 가리킨다. 춘추시대에 초楚나라에서 어떤 나그네가 하리下里와 파인巴人의 속요俗謠를 부르니 수천 명이 따라 불렀고, 양아陽阿와 해로薤露의 노래를 부르니 몇 백 명이 따라 불렀는데, 고상한 〈양춘陽春〉과 〈백설白雪〉의 가곡을 부르니 몇 십 명밖에는 따라 부르지 못했다는 고사가 전한다.(『文選』 권23 「宋玉對楚王問」 참조)

132 가끔 호로병~흰머리 슬퍼하네 : 고운 최치원崔致遠이 신선이 되어 선경에서 노닐다가 가끔 세속에 나와서는 생로병사에 시달리는 속세의 사람들을 가엾게 여긴다는 말이다. 호로병 속은 호중천壺中天의 선경을 뜻하는데, 제1권 160면 주 39 참조. 또 요동遼東 사람 정령위丁令威가 신선이 되고 나서 1천 년 만에 학으로 변해 다시 고향을 찾아와서는 요동 성문의 화표주華表柱 위에 내려앉았는데, 소년 하나가 활을 쏘려 하자 허공으로 날아 올라가 배회하면서 "옛날 정령위가 한 마리 새가 되어 집 떠난 지 천 년 만에 이제 처음 돌아왔소. 성곽은 의구한데 사람은 모두 바뀌었나니, 신선술 왜 안 배우고 무덤만 이리도 즐비한고.(有鳥有鳥丁令威。去家千年今始歸。城郭如故人民非。何不學仙冢纍纍。)"라고 탄식하고는 사라졌다는 전설이 전한다.(『搜神後記』 권1 참조)

133 화택火宅 : 이 세상을 불난 집에 비유한 것. 제1권 158면 주 19 참조.

134 새가 우니 산이 더욱 그윽하다고 : 남조南朝 양梁의 왕적王籍이 약야계若耶溪에서 읊은 시에, "매미 소리 요란하니 숲이 더욱 고요하고, 새가 우짖으니 산이 더욱 고요하다.(鳥鳴山更幽。蟬噪林逾靜。)"라는 시구가 나온다.(『梁書』 권50, 『南史』 권21 「王籍傳」 참조)

135 결명화決明花 : 결명화의 씨인 결명자決明子는 눈을 밝게 하는 약재로 쓰인다.

136 서래西來 : 조사서래祖師西來의 준말. 제1권 161면 주 49 참조.

137 종자기鍾子期 : 백아伯牙의 지음知音. 제1권 165면 주 81 참조.

138 어찌 공연히 팔뚝을 잘랐겠나 : 혜가慧可가 달마達磨에게 가르침을 청하며 팔뚝을 자른 고사를 말하는데, 제2권 493면 주 24 참조.

139 비람毗嵐 : 범어 vairambhaka의 음역으로, 우주가 개벽될 때와 멸망할 때 불어온다는 신속하고 맹렬한 폭풍을 말하는데, 보통 거센 바람을 비유하는 말로 쓰인다. 비람풍毘藍風 혹은 수람풍隨藍風·선람풍旋藍風이라고도 한다.

140 겁화劫火 : 말세에 일어나는 큰 불이라는 뜻의 불교 용어로, 보통 병화兵火를 비유하는 말로 쓰인다.

141 오온五蘊 : 인간의 심신心身을 구성하는 다섯 가지의 가합적假合的 요소를 뜻하는 불교 용어로, 색色·수受·상想·행行·식識을 가리킨다. 색은 물질 현상인 육신을 말하고, 기타 네 가지는 심리 현상을 설명하는 것들인데, 『반야심경』에 "관자재보살觀自在菩薩이 깊은 반야바라밀다般若波羅蜜多를 행할 때에 오온五蘊이 모두 공空한 것을 비춰 보고 일체의 고액에서 벗어났다."라는 말이 나온다.

142 육식六識 : 육근六根, 즉 사람의 인식 주체인 안眼·이耳·비鼻·설舌·신身·의意가, 육진六塵, 즉 인식 대상인 색色·성聲·향香·미味·촉觸·법法을 만나 일으키는 여섯 가지 인식 작용을 뜻한다.

143 반첩潘帖에 쓰다 : 북송北宋의 시인 반랑潘閬을 그린 화첩에 시를 지어 넣은 것이다. 반랑이 화산華山의 삼봉三峯을 너무도 사랑하여 그냥 지나가는 것을 아쉽게 여긴 나머지 나귀를 거꾸로 타고 바라보면서 시를 지었는데, 그 시에 "하늘에 꽂힌 세 봉우리 얼마나 사랑스러운지 고개 쳐들고 읊조리며 바라보노라고 나귀를 거꾸로 탔네. 옆 사람이 보고서 크게 웃거나 말거나, 나는 끝내 집을 옮겨 여기에서 살련다.(高愛三峯挿大虛。掉頭吟望倒騎驢。傍人大笑從他笑。終擬移家向此居。)"라고 하였다.(『逍遙集』 권1 〈過華山〉 참조) 그리고 이것을 소재로 하여 허도령許道寧이 〈반랑도기려도潘閬倒騎驢圖〉라는 그림을 그렸는가 하면, 왕우칭王禹偁·구준寇準·임포林逋 등 당대의 명사들이 시를 주고받았는데, 그중 위야魏野의 "이로부터 화산을 그린 화첩 위에 반랑이 나귀 거꾸로 탄 것을 더해야겠네.(從此華山圖籍上。又添潘閬倒騎驢。)"라는 시구가 유명하다.

144 보허步虛 : 허공을 밟고 돌아다닌다는 뜻으로, 신선 혹은 도사道士를 가리킨다. 영랑永郎은 신라 사선四仙의 하나. 제1권 163면 주 66 참조.

청허집 제3권
| 淸虛集 卷之三 |

육언절구
六言絶句[1), 2)]

망향
望鄕

흰 구름은 천리만리 어디나	白雲千里萬里
밝은 달도 앞뜰 뒤뜰 모두에	明月前庭後庭
슬퍼라 고향에 돌아가지 못하다니	惆悵鄕關不去
낙양의 버들 빛은 푸르고 푸르건만	洛陽柳色靑靑

---

1) ㉘ '六言絶句'는 갑본·을본·병본·정본·무본·기본·경본·신본에는 없다.
2) ㉘ 저본에는 '句' 아래에 〈봉래자에게 부치다(寄蓬萊子)〉 한 수가 있는데, 이미 본 서 제2권(244면)에 나왔기에 편자가 싣지 않았다.

만사
挽詞[1)]

산은 적적하고 바다는 망망하며	山寂寂海茫茫
바람은 담담하고 연기는 창창하네	風淡淡烟蒼蒼
외로운 영혼은 어느 곳에 가 있는고	孤魂何處在
눈 들어 하늘을 하염없이 바라보네	目斷天之方

---

1) ㉮ 〈망향望鄕〉·〈만사挽詞〉 각 1수는 갑본·을본·병본·정본·무본·기본·경본·신본에는 없다.

칠언절구
七言絶句[1]

이 죽마가 서울에 가는 것을 전송하며
送李竹馬之京洛[2]

옛날 관서로 떠나는 이별주를 권할 적엔	昔聞勸酒關西別
위성의 푸른 버들에 비가 지나갔다는데[1]	雨過渭城靑柳邊
오늘 친구를 전송하는 자리에는	今日故人相送處
석양의 방초가 멀리 하늘에 잇닿았네	夕陽芳草遠連天

---

1) ㉮ '七言絶句'는 갑본·을본·병본·정본·무본·기본·경본·신본에는 없다.
2) ㉮ '洛' 다음에 '七言'이 있다.(갑본·을본·병본·정본)

한강에서 노닐며
遊漢江

푸른 버들가지에 아침 비 지나가고　　楊柳靑靑朝雨過
동풍이 건듯 불어 강물이 연기 같네　　東風微動水如烟
배 안에서 울리는 옥피리 한 소리여　　一聲玉笛舟中出
어부가 가리키며 강 위의 신선이라네　漁子指云江上仙

청련 선자가 풍악으로 가는 것을 전송하며
送靑蓮禪子之楓岳[1]

청련 선자가 풍악으로 향하나니	靑蓮禪子向楓岳
발아래 강과 산이 겹치고 또 겹치리	足下江山重復重
외 그림자 표표히 어디로 떠나는고	隻影飄飄何處去
만 리 길 창망한 백운 속으로	白雲萬里蒼茫中

1) [원] '岳'은 '嶽'으로 되어 있다.(갑본 · 을본 · 병본 · 정본 · 무본 · 기본 · 경본 · 신본) 다음도 같다.

화개동
花開洞

꽃 피는 동네에도 여전히 꽃은 지고　　花開洞裏花猶落
청학의 둥지에 학은 돌아오지 않네　　青鶴巢邊鶴不還
잘 가거라 홍류교 아래 냇물이여　　　珍重紅流橋下水
너는 푸른 바다로 나는 산속으로　　　汝歸滄海我歸山

금릉 가는 도중에 【2수】
金陵途中【二】

[1]

진·수의 방죽 위엔 1천 가닥 버들이요	秦隋堤上千條柳
한·초의 왕릉 가엔 1백 풀의 가을일세	漢楚陵邊百草秋
하늘이 말을 한다면 사람이 물어보련마는	天若有言人可問
무정한 강물만 예나 이제나 흐르네	無情江水古今流

[2]

진·수 양 당의 왕조 모두 적막해지고	秦隋梁唐皆寂寞
천리만리에 속절없이 성곽들뿐	千里萬里空城郭
앞사람은 가고 뒷사람이 또 오나니	前人去去後人來
우스워라 솔 사이의 천세의 학이여	笑殺松間千歲鶴

최고운의 바위에 제하다
題崔孤雲石

동천의 구름 걷힌 고요한 산악에   雲散洞天山岳靜
꽃 지고 물 흐르며 봄날이 가네   落花流水去悠悠
누가 알까 삼한의 8척 나그네가   誰知八尺三韓客
중화 4백 주에 명성을 떨친 것을   聲動中華四百州

풍악 만경대에 오르다
登楓岳萬景臺¹⁾

만경대여 만경대여   萬景臺萬景臺
만인이 전한 말을 만인이 전하는데   萬人傳說萬人傳
한 중이 날아올라 한 번 돌아보니   一僧飛上一回首
한 이랑 바다에 한 조각 하늘일세   一帶滄溟一片天

---

1) ㉮ 이 시는 갑본·을본·병본·정본·무본·기본·경본·신본에는 없다.

강릉진에서 묵으며
宿江陵鎭

우물가 오동잎 하나가 알리는 가을	井上梧桐一葉秋
달 아래 이웃집 피리 소리 몇이나 수심에 젖을까	鄰家月笛幾人愁
서풍이여 남쪽으로 기러기 날게 하지 마오	西風莫遣南飛鴈
만 리 길 떠난 남편 수루戍樓에 와 있으니	萬里征夫在戍樓

솔과 국화를 심다
栽松菊

거년에 처음으로 뜰에 국화 심었고   去年初種庭前菊
금년에 또 난간 밖에 솔을 심었네   今年又栽檻外松
산승이 화초를 좋아해서가 아니라   山僧不是愛花草
사람에게 색즉시공 알려 주려고   要使人知色是空

설악산 화암사

雪岳山花嵒[1]寺

새는 푸른 바다 긴 하늘 밖으로 날아가고	鳥飛碧海長天外
사람은 푸른 산 지는 해 속에 누워 있네	人臥青山落照中
앞 시내 흰 물결은 산골 바위를 울리고	前澗雪波鳴石齒
뒷동산 붉은 꽃비는 봄바람을 따라가네	後園紅雨逐春風

1) [원] '嵒'은 '巖'으로 되어 있다.(갑본 · 을본 · 병본 · 정본 · 무본 · 기본 · 경본 · 신본)

꿈에 이백의 묘소를 지나다
夢過李白墓

지나는 나그네 유유한 천고의 한이여	過客悠悠千古恨
머리 돌려 바라보니 푸른 산에 흰 구름	山靑雲白首空回
술잔 잡던 그 사람은 어디로 가고	當年把酒人何去
아득한 긴 하늘에 달이 혼자 오네[2]	杳杳長天月自來

호선에게 부치다
寄湖仙

생이별의 슬픈 심정 사별과 뭐가 다르랴　　　生離死別情何異
동해 삼산 바라보느라 눈이 빠질 듯　　　　　東望三山眼欲穿
꿈에 백구 되어 주위를 돌며 날다 보니　　　　夢作白鴎[1]飛繞處
하늘은 물과 연하고 물은 하늘과 이어졌네　　碧天連水水連天

---

1) ㉘ '鴎'는 '鷗'로 되어 있다.(갑본·을본·병본·정본)

유자와 헤어지며
別柳子

창에는 꽃 그림자 가지에는 새소리　　　　　花影當囱¹⁾枝鳥語
녹음이 짙은 곳에 나그네의 맑은 얘기　　　　綠沉沉處客淸談
한 굽이 울의 난초가 내일 원망할 텐데　　　　一曲籬蘭明日恨
방초 우거진 오월吳越의 강남으로 그대 보내노라　送君芳草越江南

---

1) ㉮ '囱'은 '窓'으로 되어 있다.(갑본·을본·병본·정본·무본·기본·경본·신본) 다음도 같다.

환향【2수】
還鄕【二】

내가 어린 나이에 어버이를 여의고 10세에 집을 떠났다가 35세에 고향에 돌아와 보니, 옛날의 남쪽 이웃과 북쪽 마을이 모조리 밭으로 변한 가운데 뽕나무와 보리의 푸른빛만이 춘풍에 나부낄 따름이었다. 이에 처량한 심정을 금하지 못한 나머지 무너진 옛집의 벽에 소회를 적고는 하룻밤 묵고서 산으로 돌아왔다.

余丱年孤哀。十歲離家。三十五歲還鄕。則昔之南鄰北閭。蕩然爲耕。桑麥靑靑動搖春風耳。不勝哀楚。書懷于廢宅之壁。一宿而還山焉。[1]

[1]
30년 만에 고향에 돌아와 보니	三十年來返故鄕
사람은 죽고 집은 무너지고 마을도 황폐해라	人亡宅癈[2]又村荒
청산은 아무 말 없이 봄 하늘 저무는데	靑山不語春天暮
어디선가 아득히 두견이 소리 들려오네	杜宇一聲來杳茫

[2]
한 무리 아녀자들이 창호지 뚫고 엿보고	一行兒女窺囱紙
백발의 이웃 노인이 성명을 물어보네	鶴髮鄰翁問姓名
어릴 적 이름 알아보고 서로 눈물 흘렸나니	乳號方通相泣下
바다 같은 푸른 하늘에 달이 3경일세	碧天如[3]海月三更

---

1) 원 '余丱年……還山焉'까지 52자는 저본에는 없으나 편자가 다른 본(갑본·을본·병본·정본·무본·기본·경본·신본)에 의거하여 추가하였다.
2) 원 '癈'는 '廢'로 되어 있다.(갑본·을본·병본·정본·무본·기본·경본·신본) 역 번역은 '廢'를 따랐다.
3) 원 '如'는 '弨'으로 되어 있다.(정본)

머리 깎는 날에 소회를 적다【2수】
斷髮日書懷【二】[1)]

[1]
관성공에게서 지호의 맛을 취하여	之乎取味管城公
20년 동안 잘못 공을 들이다가[3]	二十年前錯用工
이 몸이 환몽과 같음을 깨달았나니	一覺此身同幻夢
세간에 공하지 않은 물건은 없노매라	世間無物不爲空

[2]
명리를 좋아한 경박한 몸이	愛名愛利身輕薄
20년 동안 고해를 떠돌다가	二十年前苦海漂
하룻밤 선어를 자세히 듣고 나서	一夜細聽禪語了
아침에 흑발을 삭도削刀에 맡기노라	朝將青髮就銀刀

---

1) ㉮ 이 시 2수는 갑본·을본·병본·정본·무본·기본·경본·신본에는 없다.

봉래초당
蓬萊草堂

원근을 알 수 없게 곳곳에 꽃이 피었나니	處處開花遠近迷
얼마나 많은 붉은 비가 앞 시내에 내렸을까	幾多紅雨落前溪
『황정』4 읽고 나서 머리 한번 돌리니	黃庭讀罷一回首
8만 봉우리에 달이 지려 하네	八萬峯頭月欲低

천우가 봉래에 가는 것을 전송하며

送天雨之蓬萊[1]

새 살림 차릴 푸른 바다 흰 모래밭	靑海白沙新活計
옛 인연 맺은 1천 산 1만 골짝	千嶨萬壑舊因緣
너를 보내는 남쪽 하늘 구름 끊긴 곳	送爾南天雲斷處
노부 고개 돌리며 한 줄기 눈물 주르륵	老夫回首一潸然

1) [원] 이 시는 갑본·을본·병본·정본·무본·기본·경본·신본에는 없다.

호독조[5]
呼犢鳥

전생의 목동이 금생에 새가 되어   前是牧童今是鳥
해마다 옛날의 봄바람을 그리누나   年年猶愛舊春風
깊은 산 빽빽한 숲 찾을 수가 없는데   山深樹密無尋處
안개비 속에 들려오는 호독조 소리   呼犢[1]一聲烟雨中

---

1) 원 '犢'은 '攅'으로 되어 있다.(갑본·을본·병본·정본)

병든 감회
病懷

봄 깊은 절간에 나그네 병이 많아	春深院落客多病
비 걷힌 못가도 거닐어 보지 못하는데	雨過池塘愁閉[1]門
동자는 달려와서 연꽃이 피었다 하고	童子走云蓮出水
노승은 일부러 와서 죽순이 돋았다 하네	老僧來報竹生孫

---

1) ㉘ '閉'는 '間'로 되어 있다.(갑본·을본·병본·정본·무본·기본·경본·신본)

낙산 동헌에 제하다

題洛山東軒

수레 먼지 자욱한 속에 바쁘게 치달리며	塵漲輪蹄忙裏走
주색에 마음이 곯아 밤중에 쏘다니는 것이	心狂酒色夜中行
어찌 누더기 덮어쓰고 자리에 누워	豈如[1]破衲蒙頭臥
동창의 바다 해 뜰 때까지 있는 것만 하겠는가	直至東囱[2]海日生

1) [역]『한국불교전서』에는 '知'로 되어 있으나 저본에 따라 '如'로 정정하여 제시한다.

2) [원] '囱'은 '窓'으로 되어 있다.(갑본 · 을본 · 병본 · 정본 · 무본 · 기본 · 경본 · 신본)

청허당 [2수]
淸虛堂 [二]

[1]
지게문 사립문 언제나 닫지 않고　　　　草戶柴門長不閑
달 밝은 북창 앞에 높이 드러눕네　　　　月明高臥北囪前
은자가 정적을 탐한다 말하지 마오　　　莫言隱者耽寥寂
안팎의 청풍이 바로 관현악인걸　　　　　內外淸風是管絃

[2]
늙어서 두류산 들어와 독점한 한 골짜기　老入頭流專一壑
푸른 구름 서늘한 대숲 편히 살 만하니　　碧雲寒竹可安身
이제는 서쪽 돌아갈 계획 그만두고서　　　從今永斷西歸計
사람들에게 길 또 묻는 일 그만두려네　　免向人間更問津

통 장로
通長老[1]

누더기 하나 표주박 하나 오두막 한 칸	一衲一瓢一間屋
일생을 백운산 속에 누워 보내네	一生長臥白雲山
사립문 지게문은 영송하는 일도 없이	柴門草戶無迎送
명월과 청풍만 혼자서 오고 간다오	明月淸風自徃還

---

1) ㉘ 〈청허당〉(2수)과 〈통 장로通長老〉 총 3수는 갑본·을본·병본·정본·무본·기본·경본·신본에는 없다.

혜총 선자를 보내며
送慧聰禪子

동서남북 정해진 곳 없이	南北東西無定着[1]
생애는 지팡이 하나에 달렸나니	生涯只在一枝節
혀끝으로 연하의 맛을 음미하면서	舌頭細嚼烟霞味
천봉 만봉으로 곧장 들어간다오	直入千峯更萬峯

---

1) ㉘ '着'은 '著'으로 되어 있다.(갑본·을본·병본·정본·무본·기본·경본·신본)

행각승
行脚僧

봄에는 동해에서 남으로 석장 날리고	春從東海南飛錫
가을엔 서산으로 그리고 북방으로	秋向西山又北方
삼백예순 날 언제나 뒤숭숭하니	三百六旬長擾擾
언제나 고향에 이를는지 모르겠네	不知何日到家鄕

이 죽마와 헤어지며 주다【이름은 인언이다.】
贈別李竹馬【仁彦】[1)]

10년 만에 옛 벗을 처음 만나서	十年故友初相見
산운과 해월의 정을 모두 얘기했네	說盡山雲海月情
손잡고 시냇가에서 헤어지려니	握手臨溪還惜別
한 숲에서 우는 새가 봄의 소리 보내 주네	一林啼鳥送春聲

---

1) ㉮ '仁彦'은 갑본·을본·병본·정본·무본·기본·경본·신본에는 없다.

응 사미가 풍악에 가는 것을 전송하며
送應沙彌之楓岳[1]

푸른 풀 긴 방죽에 단지 하나의 지팡이 　　碧草長堤只一筇
백운에 길 없으니 따라갈 수 있으리오 　　白雲無路可追蹤
지금부턴 밤마다 관동의 달빛 아래 　　　從今夜夜關東月
하늘가의 8만 봉우리 바라보겠네 　　　　應望天涯八萬峯

---

1) ㉾ '岳'은 '嶽'으로 되어 있다.(갑본·을본·병본·정본·무본·기본·경본·신본). 다음도 같다.

서울로 가는 사람을 전송하며
送人赴京

40년 동안 겸대한 늙은 판사는	四十年來老判事
운수를 좋아해서 청산에 누웠다오	性甘雲水臥靑嵐
누가 혹시 나의 거처 물어보거든	有人若問栖身處
지리산 속 하나의 초암이라 일러 주오	知異山中一草庵

노 수재의 시에 차운하여 희학하다
【공이 산을 유람하기 때문에 이렇게 말하였다.】

戲次老秀才韻【公遊山故云】

단풍 물든 산들은 가을빛 속에	紅葉亂峯秋色裏
석양의 성근 비는 끊어진 다리 가에	夕陽踈雨斷橋邊
이름을 적어 기념함은 소년 시절에 할 일인데	題名記迹少年事
백발에 산에서 노닐다니 가련하기 그지없네	白髮遊山最可憐

천후산의 연형⁶에게 부치다
寄天吼山年兄

동서로 아득히 떨어져 얼마나 그리워했는지	東西渺渺思何許
존형을 보지 못한 지 어느덧 5년 세월	不見尊兄已五年
밤마다 꿈속에서 혼이 서로 만나는 곳	夜夜夢魂相會處
하늘과 닿은 푸른 바다 갈매기 나는 물가	連天靑海白鷗¹⁾邊

---

1) ㉔ '鷗'는 '鴎'로 되어 있다.(무본·기본·경본·신본)

성 안으로 들어가는 심 선자를 경계하며
誠心禪子入城

두 방이 이미 비어 애석한 심정인데	雙室已空情可惜[1]
이 한 몸 더부살이 같아 역시 슬퍼라	一身如寄亦堪悲
어찌 차마 청운의 백학 같은 자질로써	忍將白鶴靑雲質
진흙 속에 꼬리 끄는 거북이 될 것인가	返作途中曳尾龜

---

1) ㉔ '惜'은 '措'로 되어 있다.(무본·기본·경본·신본)

응 선자와 헤어지며
別應禪子¹⁾

고인을 청학동에서 이별하며 보내나니	送別故人靑鶴洞
흰 구름과 흐르는 물 앞으로 몇 겹일까	白雲流水幾重重
이 뒤로 언제 그리워할지 알고 싶은가	欲知此後相思處
천산에 달 비치고 한밤중 종소리 울릴 때	月照千山半夜鍾

---

1) ㉠ 이 시는 갑본·을본·병본·정본·무본·기본·경본·신본에는 없다.

이 죽마의 내방을 감사하며
謝李竹馬來訪

죽장 짚고 춘풍 속에 천 리 길 찾은 나그네 　　竹杖春風千里客
송창에 밤비 듣는 10년 만의 등불일세 　　　　松窓夜雨十年燈
정다워라 전생의 일 얘기해 본다면 　　　　　　含情欲說前身事
우습게도 내 옆자리 늙은 중이었다오 　　　　　唉殺鄰單一老僧

태백산
太白山[1]

혼돈의 머릿골이 푸른 하늘과 맞닿은 곳	混沌骨頭磨碧落
산승이 구멍 뚫고 초막을 세웠다오[7]	山僧開鑿立茅庵
옆 사람이 가리키는 아득한 저곳	傍人指點無窮域
한 조각 중원이 바다 남쪽에 붙어 있네	一片中原接海南

---

1) ㉮ 이 시는 갑본·을본·병본·정본·무본·기본·경본·신본에는 없다.

중양절에 왕반산[8]의 시에 차운하다
重陽次王半山韻[1)]

성 가득 비바람이 동산 숲 지나간 뒤　　　　滿城風雨過園林
한 움큼 주영[9]이 1만 조각 황금일세　　　　一掬周盈萬片金
이 짧은 풍광이 며칠이나 남았을까　　　　瞥眼流光餘幾日
좋은 날씨 밝은 달빛 마음에 맞는데　　　　好天明月可人心

---

1) ⓐ이하 갑본·을본·병본·정본·무본·기본·경본·신본에는 없다.

소사와 헤어지며
別小師

작별할 즈음 총총히 할 말 다 못 한 채   臨別匆匆說不盡
쓸쓸히 돌아보며 다시금 머뭇머뭇   索然相顧更遲遲
평림엔 막막하게 연기가 베를 짠 듯한데   平林漠漠烟如織
학 그림자 표표히 홀로 떠나가는구나   鶴影飄飄獨徃時

화촌에서 낮에 쉬며

花村午憩

작은 정자 대숲에 울리는 석간수 소리　　小亭幽竹石泉鳴
한낮의 아지랑이에 나그네 마음 싱숭생숭　　白日遊絲惱客情
화류촌 꾀꼬리의 교묘한 혀 놀림 속에　　花柳村鶯[1]多巧舌
한바탕 봄꿈이 아슴푸레 지나가네　　一場春夢不分明

---

1) [원] '鶯'은 '鸎'으로 되어 있다.(갑본 · 을본 · 병본 · 정본 · 무본 · 기본 · 경본 · 신본)

임석천의 시에 차운하다 [2수]
次林石泉韻[1)]【二】

[1]
누가 산 술 가지고 산의 봄을 보내는고	誰將山酒送山春
오늘 산 정자엔 산비도 자주 오네	此日山亭山雨頻
산새는 산객이 취하는 걸 싫어하여	山鳥却嫌山客醉
산 꽃 가지 위에서 산인을 부르누나	山花枝上喚山人

[2]
이화정에 찾아온 한 해의 봄날	梨花亭上一年春
행락객은 뻔질나게 가고 또 오네	客去客來頻復頻
희비가 다르니 정경도 다를밖에	歡感不同情景異
산승은 일없이 앉아 사람들 구경하네	山僧無事坐觀人

---

1) ㉮ '韻' 아래에 '二'가 있다.(갑본·을본·병본·정본·무본·기본·경본·신본)

박 상사의 죽음을 애도하며 【2수】
哭朴上舍【二】

[1]
새벽에 떠나는 붉은 명정 바람에 펄럭이고	紅旌曉發悲風動
푸른 바다 뭇 산들이 눈 아래 얽혀 있네	靑海羣峰眼底繆
학이 떠난 기둥 위엔 하늘만 아득할 뿐[10]	鶴去柱頭天杳杳
백운 속의 제향[11]을 속절없이 바라보네	白雲空望帝鄕秋

[2]
사람이 세상에 사는 것도 단지 하루살이	人生於世緲蜉蝣
일흔세 해가 물 위의 거품과 다름없네	七十三年等水漚
한밤중의 슬픈 노래 더욱 처량한데	半夜悲歌聲更苦
백양나무 가지에 천추의 달이 걸렸네	白楊枝上月千秋

풍악에 오르다
登楓岳

긴파람 불며 높이 올라 전망하는 가을날	長嘯登高遠望秋
학 타고 양주로 나는 듯 상쾌하여라¹²	快如騎鶴上楊州
하늘은 툭 터지고 바다는 광활하고	碧天寥廓滄溟闊¹⁾
어느 곳이 신선이 사는 삼산이며 10주인지	何處三山與十洲

---

1) ㉮ '闊'은 '濶'로 되어 있다.(갑본·을본·병본·정본·무본·기본·경본·신본)

한강 가에서 박 학사를 보내며
漢濱送朴學士

한강 물 유유히 동쪽으로 흘러가고 悠悠江水東流去
버들개지 펄펄 날아 말발굽을 따라오네 拂拂楊花趁馬蹄
10리 길 긴 방죽에 봄풀이 푸르른데 十里長堤春草綠
어부의 피리 소리 속에 저녁 해 뉘엿뉘엿 一聲漁笛夕陽西

이죽은의 시에 차운하다
次李竹隱韻[1]

초야의 밭두둑에 소명召命이 세 번 내렸으니	徵詔三飛綠野耕
성경誠敬의 마음이 당연히 우러났으련만	宜乎誠敬發於情
거천에 상나라 주즙은 보지 못하고[13]	巨川不見啇[2]舟楫
초택에 직설[14]의 이름만 부질없이 전하누나	草澤空傳稷契名

---

1) 원 이 시는 무본·기본·경본·신본에는 '敬次李竹隱上南溟處士'로 되어 있다. 갑본·을본·병본·정본에는 '敬次'라고 되어 있다. 갑본·을본·병본·정본에는 이 위에, 〈이죽은상남명처사李竹隱上南溟處士〉라는 제목으로 "百歲行裝異耦耕. 客來連夜說深情. 白頭洒盡傷時淚. 山外空知隱遁名."이라는 시가 수록되어 있다.
2) 역 '啇'은 '商'과 같다.

자조
自嘲

대저 인생은 연치가 귀한 법	大抵人生年齒貴
지금에야 옛날의 행동이 후회되네	如今方悔昔時行
어떡하면 하늘에 닿은 바닷물 쏟아부어	何當手注通天海
산승에게 붙은 판사의 이름 씻어낼거나	一洗山僧判事名

성 방백이 시를 청하기에 답하다
賽成方伯求韻[1)]

이불 속엔 비수요 술잔 속엔 짐독이니   衾裏戈矛杯鴆毒
친하다고 나의 비밀 누설하지 말기를   莫因親昵漏吾微
세상에도 평탄한 전지田地 있으니   世間亦有平田地
단정히 앉아 마음 비우고 시비 잊기를   端坐虛懷泯是非

---

1) ㉯ '韻'은 '頌'으로 되어 있다.(갑본·을본·병본·정본·무본·기본·경본·신본)

감 선자의 내방을 감사하며
謝鑑禪子來訪

10년 동안 쇠하고 병들어 사립문 닫았나니	十年衰病掩柴扉
물 멀고 산 깊어 찾는 객도 드물었네	水遠山長客到稀
숲 속의 새소리가 혹시 그리웠는지	林下鳥啼如有思
백운 깊은 곳에 스님 한 분 돌아왔네	白雲深處一僧歸

용문에서 노닐다가 저녁에 여강에 정박하다
遊龍門晚泊驪江[1)]

몇 가닥 피리 소리 구름 낀 창에 흩어지고   數聲長笛散雲囱
솔 위의 기이한 새는 홀연히 둘을 이루었네   松上奇禽忽作雙
저녁에 외로운 배 신륵사에 대었더니   晚泊孤舟神勒寺
가을 강에 떨어지는 밝은 달이 또 보이네   更看明月落秋江

---

1) 원 이 시는 갑본·을본·병본·정본·무본·기본·경본·신본에는 없다.

해송대에 올라
登海松臺

서쪽을 보니 설악이 하늘을 뚫고 서 있고	西看雪岳[1]攙天立
동쪽을 보니 부상이 바다에 접해 평평해라	東望扶桑接海平
연무 속 학과 모래밭 백구가 날아와 모이는 곳	烟鶴沙鷗翔集處
거울 가운데 솔 그림자 하나의 흔적이 푸르도다	鏡中松影一痕靑

---

1) ㉰ '岳'은 '嶽'으로 되어 있다.(갑본·을본·병본·정본·무본·기본·경본·신본)

임 상인이 풍악에 가는 것을 전송하며
【낙산에 머물고 있었다.】
送琳上人之楓岳[1]【住洛山】

10년 내내 풍악을 그린 간절한 이 마음을	苦將楓岳十年心
지금 푸른 산 편력하실 스님에게 부치오	今寄吾師遍碧岑
만폭동 선경의 새는 응당 잘 있으리니	萬瀑仙禽應好在
뒷날 다시 찾겠다고 말 좀 전해 주오	爲傳他日更追尋

---

1) ㉮ 이 시는 갑본·을본·병본·정본·무본·기본·경본·신본에는 없다.

백운 처사에게 주다
贈白雲處士

인간도 아니고 신선도 아닌 분이	不是人間不是仙
산을 일구고 달을 낚으며 세월을 보내시네	耕山釣月度流年
황왕 제백은 본인과 상관없나니	皇王帝伯非吾事
흙 걸상 가에 개구리 울고 모기떼 왱왱거릴 뿐	蛙鼓蚊雷土塌邊

무상 거사에게 주다
贈無相居士[1)]

도안道眼이 분명한 머리 기른 스님   道眼分明有髮僧
선지식 참알하고 절로 기세등등하네   曾叅知識自騰騰
뜬 이름은 뜬구름 밖에 흩어 버리고   浮名已散浮雲外
푸른 산 제일층에 몸담고 있다네요   身在靑山第一層

---

1) ㉮ 이 시는 갑본·을본·병본·정본·무본·기본·경본·신본에는 없다.

청간
淸澗[1]

샘물 한 줄기 구름 속에서 솟아나와	源泉一派雲中出
밤낮으로 쉴 새 없이 멀리 흘러가네	晝夜長流無歇時
서쪽은 곤륜산 동쪽은 바다까지	西至崑崙東至海
그 사이에 청탁의 갈래 얼마나 많을까	其間淸濁幾多歧

---

1) ㉮ 이 시는 갑본·을본·병본·정본·무본·기본·경본·신본에는 없다.

가을 감상
賞秋

원근의 가을빛 한가지로 기이한데	遠近秋光一樣[1]奇
석양에 한가히 거닐며 긴파람 부네	閑行長嘯夕陽時
산 가득 붉고 푸른빛 모두가 휘황한데	滿山紅綠皆精彩
흐르는 물소리 우는 새소리 또한 시일세	流水啼禽亦說詩

---

1) ㉮ '揉'은 '樣'으로 되어 있다.(무본·기본·경본·신본) ㉯ 번역은 '樣'을 따랐다.

박 상사의 초당
朴上舍草堂

뜬구름 같은 부귀에 마음 두지 않는데	浮雲富貴非留意
달팽이 뿔[15] 위의 공명에 어찌 물들겠는가	蝸角功名豈染情
쾌청한 봄날에 느긋하게 낮잠 자고	春日快晴春睡足
산새들 백 가지 노래 누워서 듣노매라	臥聽山鳥百般聲

조 보진에게 부치다
寄趙葆眞

세상의 시는 누를 많이 끼치나니	世上風騷多有累
행락에나 적당할 뿐 한유함엔 맞지 않네	只宜流蕩不宜閑
그대의 시는 정녕 우리 집안의 그림이라	君詩定是吾家畵
반은 구름과 안개요 반은 산 얘기로세	半說雲烟半說山

강 수재와 헤어지며 주다
贈別姜秀才[1]

전일 여창에서 함께 꿈꾼 뒤로	昔日旅囱同夢後
지금까지 6년 동안 홀로 웃었소	六年孤哄在于今
청담을 하다 말고 표연히 떠나다니	淸談未了飄然去
산 빛과 강물 소리 만고의 마음 전하는데	岳色江聲萬古心

---

1) ㉮ 이 시는 갑본·을본·병본·정본·무본·기본·경본·신본에는 없다.

원추과해도에 제하다
題鶵鶵過海圖

구산에 일찍이 내려와 소소_{簫韶}를 들었는데¹⁶	緱山曾下聽簫韶
강촌에 잘못 떨어지니 연작이 거드름 떠네	誤落江村燕雀驕
어찌 올빼미와 썩은 쥐를 다투리오¹⁷	豈與老鴟爭腐鼠
표연히 높이 날아 다시 하늘 위로	飄然高擧返雲霄

어떤 일로 느껴지는 점이 있어서
因事有感

적청[18]이 세상 떠나고 장창[19]이 죽은 뒤로　　狄靑已去張蒼死
은덕을 갚은 이가 몇이나 될까　　　　　　　　報德酬恩有幾人
한번 산림에 들자 친구가 끊겼으니　　　　　　一入山林親舊絶
세상은 가난을 싫어함을 비로소 알겠노라　　　始知塵世不從貧

산남행
【민간에 전하는 말에 의하면, 백운산이 피소되어 군역軍役에 편입되었다고 하기 때문에 이렇게 말하였다.】

山南行【諺白雲山被訴充軍故云】

시골 노파의 통곡 소리 그쳐서 안 들리는데	村婆哭止不聞聲
푸른 들판엔 봄 깊어도 밭 가는 사람 없네	綠野春深人不耕
슬프도다 백운산이 늙을 줄 알지 못해	惆悵白雲山不老
제명되지 않고 백성의 호적에 남은 것이	却隨民籍不除名

조 상사의 시에 차운하다【이름은 침이다.】
次趙上舍韻[1]【琛】

홍인문 밖의 첫 번째 동네	興仁門外第初洞
한 가닥 모래 내에 여덟 그루 버드나무	一帶沙川八柳斜
담 북쪽은 청산이요 담 아래는 행길	墻北靑峀墻下路
앞에서 셋째 뒤에서 일곱째가 바로 우리 집	前三後七是吾家

---

[1] ㉮ 〈산남행山南行〉·〈조 상사의 시에 차운하다(次趙上舍)〉 각 1수는 갑본·을본·병본·정본·무본·기본·경본·신본에는 없다.

감호대에 제하다 [2수]
題鑑湖臺 [二]

[1]
서쪽은 봉래 동쪽은 바다에 접한 곳	西接蓬萊東接海
흰 구름이 이따금 사립문 찾아올 뿐	白雲時復訪柴扉
달 밝은 밤의 한 잎 외로운 배	一葉孤舟明月夜
몇 가닥 피리 소리 속에 날아가는 흰 갈매기	數聲長笛白鷗飛

[2]
영롱하여라 솔과 냇물의 음악이여	松琴澗瑟響玲瓏
춘풍 속에 누우니 온갖 생각이 없어지네	一臥春風百念空
세간이 출세간임을 아는 이 누구일까	在世誰知還出世
흰 구름이 허공 속에 가고 머무네	白雲行止碧虛中

붓을 달려 박 운경의 시에 차운하다
走次朴雲卿韻[1)]

내가 구름 좇는 봉황의 날개라면	我是鸞翔逐彩雲
그대는 향기 내뿜는 난초 잎이라 할까	君爲蘭葉吐奇芬
산속과 도시 생활 모두가 천성대로	山林朝市皆天性
한 세상 행장이 제비 꼬리로 나뉘었네	一世行藏燕尾分

---

1) ㉮ 이 시는 갑본·을본·병본·정본·무본·기본·경본·신본에는 없다.

가정을 지나며 느낌이 있기에
過柯亭有感[1]

새 모래가 바꿔 놓은 옛 모래 언덕	新沙已換古沙岸
두 물이 나뉜 모래톱에 백로가 한가해라	二水洲中白鷺閑
뱃사람은 능곡의 변천[20] 알지 못하고	舟子不知陵谷變
사람 만나면 옛 강산을 여전히 얘기하네	逢人猶道舊江山[2]

---

1) ㉭ '感' 아래에 '二'가 있다.(무본·기본·경본·신본)
2) ㉭ 무본·기본·경본·신본에는 이 아래에 또 한 수가 있다. 본 서의 권말 「보유」편에 수록하였다.

천왕령에 올라
登天王嶺

1만 골짜기 냇물 소리 곳곳마다 들리고	萬壑泉聲處處聞
기암인지 고목인지 분간하기 어려워라	奇嵒古木勢難分
동쪽으로 내일 함양의 길에 들어서서	東行明日咸陽道
머리 돌려 바라보면 두류는 흰 구름 속이리라	回首頭流是白雲

남루에 올라 바다를 바라보며

登南樓望海[1)]

부상의 해는 이미 오만[21] 저 너머로	扶桑日已過烏蠻
푸른 바다 빛이 우주 사이에 뻗치누나	碧海揚光宇宙間
한 올 머리칼 같은 하늘 밖의 한 봉우리	天外一峯如一髮
사공이 말하기를 이것은 제주의 산이라네	舟人說是濟州山

1) [원] 〈천왕령에 올라(登天王嶺)〉·〈남루에 올라 바다를 바라보며(登南樓望海)〉 각 1수는 갑본·을본·병본·정본·무본·기본·경본·신본에는 없다.

임신년 가을에 정 동경[22]을 생각하며
壬申秋憶鄭同庚[1)]

그리워도 만나지 못하는 수천 리 먼 길	相思不見幾千里
그대와 나의 나이 똑같이 쉰셋	君我年同五十三
몸은 북산에서 죽침 베고 잠들어도	身在北山眠竹枕
마음은 명월 따라 강남에 가 있다오	心隨明月到江南

---

1) ㉘ 이 시는 무본·기본·경본·신본에는 없다.

태안 선자에게 주다
贈泰安禪子[1)]

임제일종에 응당 주인 있으니	臨濟一宗應有主
해동 천 리에 어찌 사람 없으랴	海東千里豈無人
만약 출세간의 밝은 스승 만난다면	若遇出世明師者
제방을 향해 법신 물은 걸 후회하리라	悔向諸方問法身

---

1) ㉮〈태안 선자에게 주다(贈泰安禪子)〉·〈덕의 선자에게 주다(贈德義禪子)〉각 1수는 갑본·을본·병본·정본·무본·기본·경본·신본에는 없다.

덕의 선자에게 주다
贈德義禪子

처음에 어디서 왔느냐고 내가 물었을 때   初問客從何處來
백운 나는 곳에서 왔다고 웃으며 대답했지   笑答白雲飛處來
허허 백천의 사리를 꿰뚫은 뒤에는   呵呵百了千當後
나에게 금강의 보검을 돌려주게나   還我金剛寶劒來

환향곡
還鄕曲

지팡이를 휙 던지니[23] 천마가 달아나고	嚗然放杖天魔走
옛길이 분명하니 발걸음도 가벼워라	古路分明脚不差
생사 거래를 하나로 꿰었나니	生死去來[1]爲一貫
랄라 릴리리 랄라	囉囉哩哩哩囉囉

1) [원] '來'는 '去'로 되어 있다.(정본)

영지 선자
靈芝禪子

조주의 관문²⁴을 머리로 헤아리는 것은	商¹⁾量趙州關
호종족²⁵을 모조리 멸하는 일이라	盡滅胡種族
만약 유와 무로 이해한다면	若也有無會
쏜 화살처럼 지옥에 떨어지리라	入地獄如箭射
어여뻐라 묘희의 말²⁶대로 하면	可憐妙喜舌
자기도 모르게 무쇠처럼 굳건해지리라	不覺硬似鐵

---

1) ㉠ '商'은 '商'으로 되어 있다.(갑본·을본·병본·정본)

쌍인 소사를 훈계하다
誡雙印小師

인생은 허깨비 같고 꿈과 같은 것	人生如幻又如夢
즐거운 날은 끝나고 괴로운 날이 길어라	樂日終時苦日長
만약 마음속에 바른 지혜 없으면	若也心頭無正慧
죽어서 무엇으로 명왕에게 답하리오	死將何物答冥王

원혜 장로
元惠長老

활짝 문 열고 보여 줘도 사람들은 모르는데	八字打開人不識
꽃 지는 3월에 잠에서 막 깨었네	落花三月睡初醒
물처럼 맑은 한 쌍의 푸른 눈으로	一雙碧眼淸如水
천지 일월의 밝음을 앉아서 탈취했네	坐奪乾坤日月明

삼가 부용 존숙의 시에 차운하다
敬次芙蓉尊宿韻

뇌락한 원음에 돌도 머리 끄덕끄덕[27]	磊落圓音石點頭
교해의 물을 부어 남주를 교화하셨네	曾翻敎海化南洲
지금 취모검을 건네어 주시면서	如今倒握吹毛鈒[1)]
요정을 모두 베고 상류에서 만나자 하시네	斬盡妖精接上流

1) [원] '鈒'은 '劔'으로 되어 있다.(갑본 · 을본 · 병본 · 정본 · 무본 · 기본 · 경본 · 신본)

초윤 선덕
草允禪德

능가에 일찍이 누워 소치는 법 배웠나니 　楞伽曾臥學鞭牛
티끌 없는 가슴속에 달이 비치네 　　　　胷海無塵月映秋
청학 선인과 함께 꿈을 꾼 뒤로 　　　　　靑鶴仙人同夢後
천지에 부친 형체가 빈 배와 같네 　　　　寓形天地若虛舟

각행 대사 [2수]
覺行大師[1]

[1]

구름 방에 높이 누워 세상 티끌 멀리하고	雲房高臥遠塵紛
단지 솔바람 사랑하여 문을 닫지 않는다네	只愛松風不閉[2]門
한 자루 추상 같은 삼척검을 쥐고서	一柄寒霜三尺釖
사람 위해 휘두르며 요기를 소탕하네	爲人提起斬精魂

[2]

중과 산과 물은 서로 지기知己요	僧兼山水三知己
학과 구름과 솔은 한 세상의 벗이라	鶴與雲松一世間
허적한 본심을 알지 못한다면	虛寂本心如不識
이생에 어떻게 이 몸이 한가하랴	此生安得此身閑

---

1) ㉠ '師' 아래에 '二'가 있다.(갑본·을본·병본·정본·무본·기본·경본·신본)
2) ㉠ '閉'는 '閇'로 되어 있다.(갑본·을본·병본·정본·무본·기본·경본·신본)

이환 선자에게 보이다 [3수]
示[1)]離幻禪子

[1]
원교圓敎 돈교頓敎 이문에서 입명하였고	圓頓二門曾立命
조계의 한 구절에서 역시나 안신했네	曹溪一句亦安身
청산도 〈환향곡〉을 불러 주나니	靑山猶唱還鄕曲
정녕 선가의 큰일 끝낸 사람일세	定是禪家休歇人

[2]
진여의 거울 위에서 마음의 기틀을 고취하고	眞如鏡上鼓心機
적멸의 바다 속에서 식의 물결을 뒤채노라	寂滅海中翻識浪
하나의 할로 생사의 군대에 칼끝을 돌리고	一喝倒鋒生死軍
태허에 자재하여 푸른 지팡이 드날린다.	太虛自在飛靑杖

[3][2)]
한평생 일없이 구름 사이에 누웠나니	一生無事臥雲間
동파의 한나절의 한가함[28]이 우스워라	却笑東坡半日閑
잘잘못과 옳고 그름 모두 다 내려놓고	得失[3)]是非都放下
장난삼아 자라 끌어와 삼산을 이게 하였노라[29]	戲牽跛鼇載三山

---

1) 짧 '示'는 '贈'으로 되어 있다.(갑본·을본·병본·정본·무본·기본·경본·신본)
2) 짧 이상 3수 중에서, 앞의 2수는 갑본·을본·병본·정본·무본·기본·경본·신본에는 없다.
3) 짧 '失'은 '夫'로 되어 있다.(을본·정본) '夫'가 '失'로 개칠改漆되어 있다.(갑본·병본)

공 장로의 진영眞影에 찬하다
贊空長老眞

확연하도다 웅대한 초상이여	廓矣大像
그림자 사라지고 형상을 여의었네	影落離形
그림에만 기댄다면 허담이리니	托彩虛談
자취도 끊어지고 이름도 초월했네	迹絶離名
발은 공문을 밟고	足踏空門
손은 우혈[30]을 더듬었네	手探禹穴
깊은 산에 몸을 담고서	栖身幽嵒
흔들림 없이 우뚝하여라	卓乎不拔

높이 올라 바다를 바라보다
登高望海

허공에는 안도 없고 밖도 없나니	虛空無內亦無外
동서남북이라 함은 잘못 분별하는 것	南北東西逐妄知
봄가을로 풍월도 폈다 굽혔다	春秋風月伸還屈
오악과 창명에 한 오라기 바람 부네	五岳滄溟一髮吹

윤 대사의 시에 차운하다【2수】
次允大師韻【二】

[1]
마주앉아 격외선을 어찌 굳이 논하리오	對面何論格外禪
눈썹 같은 초승달이 푸른 하늘에 걸렸는걸	一眉新月挂靑天
바다를 먹물로 하고 산을 붓으로 삼아도	海爲硯水山爲筆[1)]
가슴속의 한없는 회포 다 써내기 어려우리	難寫胸中無盡篇

[2]
눈빛만 마주쳐도 드러나는 일미선[31]	目擊昭然一味禪
창에 든 송월은 바로 하늘 한복판	入囱松月正當天
이제야 이 성품이 문자 여읜걸 알겠노니	始知此性離文字
『화엄』의 많은 글을 괜히 읽었구만	枉向華嚴讀萬篇[2)]

---

1) ㉮ '筆'은 '筆'인 듯하다.
2) ㉮ 〈공 장로의 진영眞影에 찬하다(贊空長老眞)〉·〈높이 올라 바다를 바라보다(登高 望海)〉·〈윤 대사의 시에 차운하다(次允大師韻)〉(2수) 총 4수는 갑본·을본·병본· 정본·무본·기본·경본·신본에 없다.

동해 비선정에 올라 소감을 적다
登東海秘仙亭有感

돌은 늙고 뽕은 마르고 가을 달 흰데	石老桑枯秋月白
동천으로 사람 떠나고 바다는 망망해라	洞天人去海茫茫
고금의 역려에 팽상32이 지나가나니	古今逆[1]旅彭殤過
백대의 흥망성쇠는 전광석화로세	百代興亡石火光

---

1) ㉮ '逆'은 '逆'으로 되어 있다.(갑본·을본·병본·정본·무본·기본·경본·신본) 다음도 같다.

역려
逆旅

당우의 옥백에 꽃은 눈물 머금고	唐虞玉帛花含淚
탕무의 간과에 달은 수심을 띤다[33]	湯武干戈月帶愁
묵을 길손 머물지 않아 텅 빈 객관이여	宿客不停空舘在
동쪽 서쪽 문 밖에 물만 제냥 흐르네	東西門外水空流

퇴계의 책에 쓰다
書退溪卷

복희의 수리는 삼재의 주인이요 　　　　伏羲數理三才主[1]
공자의 강상은 만세의 스승이라 　　　　孔子綱常萬世師
충서와 성경을 공이 이미 이루었으니 　　忠恕敬誠公已達
해동 천지에 하나의 남아로다 　　　　　海東天地一男兒

---

1) ㉮ '主'는 '至'로 되어 있다.(정본)

교사에게 올리다
上教師[1]

자기를 밝히지 못한 채 밖으로만 치달리며 　未明自己外邊走
함부로 교사가 된다면 우주에 부끄러운 일 　妄作人師慙宇宙
혈맥을 모르고 종안을 갖추지 못한다면 　　血詠[2]不知宗眼無
일생에 어떻게 언구를 끊을 수 있으리오 　　一生安得斷言句

---

1) ㉠ 이 시는 갑본·을본·병본·정본·무본·기본·경본·신본에는 없다.
2) ㉢ '詠'은 '脈'의 오자인 듯하다. 번역은 '脈'을 따랐다.

두류산으로 가는 수 선사와 헤어지며 주다【병서】
贈別壽禪師之頭流[1]【并序】

선자禪子는 희양晞陽 사람이다. 그가 세상에 태어난 것은 내가 태어난 것보다 7년 뒤이다. 나이 겨우 8~9세 때에 나와 함께 두류산頭流山 덕암德庵 선사를 모셨다. 빗자루를 쥐고 스승의 문정門庭에 선 것이 30년이나 되었으니 얻은 것이 적지 않다고 할 것이요, 선사 역시 기봉機鋒에 잘 응한다고 하여 애지중지하였다. 정묘년 봄에 내가 하직 인사를 하고 물러나와 제방을 유력하다가 묘향산에 이르러 3년 동안 병으로 누워 있었는데, 불행히도 선사가 홀연히 세상을 하직하였다. 증련甑蓮과 경사鏡蛇[34]의 재앙이 많이 일어나는 가운데 천 리의 부음이 하루아침에 갑자기 이르렀으므로 그저 혼자서 슬퍼하고 통곡하며 하늘가를 바라볼 따름이었다. 선자가 이에 영골靈骨을 수습하고 부도浮屠를 세웠는데, 상사喪事를 모두 끝내고 나서 텅 빈 방에 단정히 앉아 적요하게 생을 잊고 있다가, 어느 날 홀연히 나를 찾아보라고 당부한 선사의 말씀을 떠올리고서 영감靈龕을 하직하고는 천 리 길에 발을 싸매고 묘향산 북쪽 산기슭의 초막으로 나를 찾아왔다. 처음 상견하였을 적에 각자 한마디 말도 꺼내지 못하다가 한참 뒤에 눈물을 닦고는, 홀연히 두 머리가 모두 백발인 것에 놀라면서 거듭 탄식하여 마지않았다. 그 뒤로 네 차례 하안거夏安居를 하면서 함께 밥을 달게 먹었고, 이따금 죽마竹馬 시절의 이야기를 나누곤 하였으니, 이 또한 늙고 병든 중에 웃을 수 있는 하나의 일이었다. 그런데 선자의 근거지가 남쪽에 있는 만큼 여기에 오래 머물 수가 없으므로 오늘 돌아가겠다고 하면서 나에게 한마디 말을 청했는데, 너무도 간절해서 마침내 그만둘 수가 없었다. 아, 이별할 때의 감회에 대해서는 옛사람들이 지묵紙墨으로

---

1) 원 이 서문과 시 3수는 갑본·을본·병본·정본·무본·기본·경본·신본에는 없다.

드러낸 것이 많은데, 나만 어찌 유독 개연慨然한 심정이 들지 않겠는가. 더구나 선자와 나의 관계로 말하면, 정의情義로는 형제의 친함이 있고, 법연法緣으로는 사자師資의 연분이 있으니, 정분情分이 막역한 점으로 보나 은애가 얽힌 점으로 보나 고금에 보기 드문 일이라고 하겠다. 내가 침상에 엎드려 신음하면서 손에 붓을 들지 않은 것이 오래되긴 하였으나, 지금 송별하면서 정을 억제할 수 없기에 깊이 생각하지도 않고서 붓을 잡고 억지로 짓게 되었다. 따라서 이 절구 세 수는 바로 정을 말한 것이요 시를 지은 것이 아니니, 글이란 백 년의 폐간肺肝을 드러내고 천 리의 면목을 보여 주는 것이라고 하는 것도 이 때문이라고 하겠다.

禪子晞陽人也。其生於世也。後乎吾生之七年也。年纔八九。與我同事于頭流山德庵先師。操拔篝立師之門庭者。尙至於三十年。可謂所得非一也。先師亦以善應機鋒。愛而重之。丁卯春。余辭退。遊歷諸方。至於妙香山。病臥三年。不幸先師忽焉厭世。匏蓮鏡蛇。禍孼多端。千里訃音。一朝焱至。徒自哀哀哭。望天涯而已。禪子於是。收靈骨。堅浮屠。喪已終。事已畢。端坐虛室。寂若忘生。一日忽覺尋思之囑。禮辭靈龕。足繭千里。訪我於香山北麓之茅庵。初相見。各無一語。良久。拭淚畢。忽驚兩頭俱白。重重太息。因結四夏。同甘粥飯。往往開吐竹馬事。亦老病中一啓齒也。然禪子之生涯在南。不得久住。今日告歸。索我一語。云勤勤懇懇。遂不已已。吁。臨別感懷。古人形於紙墨者多矣。余豈獨無慨然哉。況禪子之於我也。於義則有兄弟之親。於法則有師資之分。情鍾莫逆恩愛綢繆者。古今希有也。雖予伏枕鳴鳴。蜂管蠹毛也。久則久矣。然當此送別。情不自抑。不經意而强揮之。三絶句乃情也。非詩也。所謂百年肺肝千里面目者以此。

[1]

| 작별할 즈음 총총히 할 말 다 못 한 채 | 臨別匆匆說不盡 |
| 쓸쓸히 돌아보며 다시금 머뭇머뭇 | 索然相顧更遲遲 |

평림엔 막막하게 연기가 베를 짠 듯한데 　　平林漠漠烟如織
학 그림자 표표히 홀로 떠나가는구나 　　　鶴影飄飄獨徃時

[2]
향산에서 선사에 대한 예를 이미 마쳤나니 　　香山已禮先師了
달이 강에 들어가 위아래가 하늘이라 　　　　月入淸江上下天
화촉 한 쌍을 지금 다시 부치노니 　　　　　　畫燭一雙今更寄
세상이 하는 대로 영전에 올리도록 　　　　　須依世諦奠靈前

[3]
적막한 치문의 일도 서글프지만 　　　　　　寂寞紂¹⁾門事可悲
인생의 무상함은 더욱 슬픈 일 　　　　　　　人生浮幻轉於戲
남방에 만약 선지를 전하려거든 　　　　　　南方若欲傳禪旨
산승이 죽기 전에 부디 하도록 　　　　　　　須及山僧未死時

---

1) ㉭ '紂'는 '緇'와 같다.

일위도강[35]
一葦渡江[1)]

혈해와 사산의 길 얼마나 먼가	血海蛇山路幾許
험난한 서역 5만 8천 리	艱關五萬八千西
가련해라 양나라 땅에 사자가 없어	可憐梁土無師子
다시 강물 건너 떠나가게 하다니	更使淸波迹不迷

---

1) ㉮ 이 시는 갑본·을본·병본·정본·무본·기본·경본·신본에는 없다.

현 선자에게 부치다
寄玄禪子

편지는 날로 드물고 몸은 날로 멀어질 뿐　　翰墨日疎身日遠
지팡이 짚고 사립문 다시 찾아오지 않네　　　青藜無復訪柴扉
바위와 구름으로 굳게 잠겨 있다 해도　　　　嵒¹⁾扃雲幌雖牢鐍
하늘가 날아오는 기러기는 왜 없을까　　　　天際寧無一鴈飛

---

1) ㉮ '嵒'은 '巖'으로 되어 있다.(갑본·을본·병본·정본·무본·기본·경본·신본)

자조
自嘲

조사의 깊은 뜻이 언어에 떨어지다니   祖師深旨落言詮
『치문』의 「면학」편을 읽은 것을 후회하네   悔讀紂[1]門勉學篇
짚신을 동해 밖에 내던지고 왔건마는   草履抛來東海外
지팡이 끝에 봉래가 아직도 묻어 있네   蓬萊猶在短筇邊

---

1) ㉯ '紂'는 '緇'와 같다.

봄이 저물 적에 용성의 야사에서 묵으며 정 수재에게 장난으로 지어 주다
春暮宿龍城野寺戲贈鄭秀才

벌 수염의 꽃술은 청명의 비에 촉촉하고	蜂鬚蘂濕淸明雨
제비부리의 진흙은 버들 바람에 마르네	燕觜泥乾楊柳風
한 호로병 봄 술이면 산속도 괜찮으니	一壺春酒山中好
꽃마을이 어디냐고 목동에게 묻지 마오	莫向花村問牧童

이 봉성 늙은 원의 시에 차운하여 붓을 달리다
【공의 시구에 "늙은 나는 지금도 박봉의 미련 못 버리고, 삼성에 분주하니 노추가 될까 겁이 나네."라고 하였다.】
走次李鳳城老倅韻[1]【公句。老我至今貪五斗。三城奔走怵龍鍾。】[2]

[1]
두류산 천만 봉에 비가 그치니　　　　　　雨歇頭流千萬峯
흰 구름 속에 연꽃이 다투어 꽂혔네　　　　芙蓉爭揷白雲中
산인도 허리에 홍패紅牌를 찬 객이라서　　　山人亦是紅腰客
서암 너머 저녁 종소리 듣는 것이 부끄럽소　還愧西庵隔暮鍾

[2]
지리산 최고봉에 몸담고 있던 몸이　　　　曾栖智異最高峯
도로 속에서 노닐다니 마냥 부끄럽소　　　却愧身遊道路中
지금 묵는 옛 성에 옛 절이 이웃하여　　　今宿古城鄰古寺
저문 하늘에 바람이 종소리를 보내 주네　　暮天風送一聲鍾

---

1) ㉘ '韻' 아래에 '二'가 있다.(무본·기본·경본·신본)
2) ㉘ '公句……龍鍾'까지 16자는 무본·기본·경본·신본에는 없다.

역사책을 읽다가
讀史[1)]

비바람 진동하는 하나의 초막에서　　風雨驚天一草廬
현신이 원망 없이 필부로 늙어 가네　　賢臣無怨老樵漁
도탄 속의 백성들을 마음 아파하며　　民塡溝壑心悽楚
당우 이전二典[36]의 글을 소중히 여긴다네　　珍重唐虞二典書

1) [원] 이 시는 갑본·을본·병본·정본·무본·기본·경본·신본에는 없다.

우연히 읊다
偶吟

산천과 일월은 당우의 시절 그대로	山川日月是唐虞
세상 건질 재주 없이 장부라고 칭하겠나	濟世無才稱丈夫
한 번 붓으로 썼다가 다시 지워 버리고는	一筆[1]寫成還抹却
머리 숙여 무릎 안고 몰래 장탄식하노매라	低頭抱膝暗長吁

---

1) ㉘ '筆'은 '筆'로 되어 있다.(무본·기본·경본·신본)

정 취선에게 부치다
寄鄭醉仙

팔호[37]의 하늘 밝아 오며 산 달이 흰데	八戶天明山月白
솔바람은 고요하고 원숭이 울음 맑아라	萬松風靜夜猿淸
그대 그리며 보지 못하는 이 마음 어떠하랴	思君不見情何許
물시계는 톰방톰방 5경을 알리는데	蓮漏嘈嘈滴五更

감호대에 제하다
題鑑湖臺

영랑[38]의 유적이 무슨 대수리오	永郎遺迹是何物
감호 비추는 조각달이 전해 오는걸	片月流傳照鑑湖
뒷날 고성의 풍속도를 보면	他日高城風土畫
사선에 한 사람을 더 보탰으리	一人添入四仙圖

만사
挽詞[1]

늙은 부인이 전원의 주인이라고 일찍이 들었는데	曾聞老姝田園主
폐택이 공허해졌다는 흉음이 홀연히 들려왔네	忽至凶音廢宅空
애석해라 이승과 저승으로 지금 이미 갈렸으니	可惜幽明今已隔
이 세상에선 볼 수 없음을 분명히 알겠도다	定知難見此住中

---

1) ㉾ 〈정 취선에게 부치다(寄鄭醉仙)〉·〈감호대에 제하다(題鑑湖臺)〉·〈만사挽詞〉 각 1수는 갑본·을본·병본·정본·무본·기본·경본·신본에는 없다.

원 상인과 헤어지며 주다
贈別圓上人

10년 만에 만난 정 어떻다 하랴	十年相見情何許
이별하면 언제나 또 침상 마주할까	臨別悠悠更對床
멀리 흰 구름 속 돌아갈 길 가리키니	遙指白雲歸去路
짙푸른 하늘에 산들이 점점이 찍혔네	遠山點點天蒼蒼

변방의 장수에게 부치다
寄邊帥[1]

말 타고 공명 세우느라 한가하지 못해서 　　馬上功名不得閑
나이 마흔에 얼굴이 벌써 쭈글쭈글 　　　　年來四十已衰顔
고향 만 리 길 가을 하늘 머나먼데 　　　　故鄕萬里秋天遠
한 오라기 푸른 산이 낙조 사이에 　　　　一髮靑山落照間

---

1) 원 '帥' 아래에 '同庚故戲之'가 있다.(갑본·을본·병본·정본)

섬 선자가 감호로 가는 것을 전송하며 【2수】
送蟾禪子之鑑湖[1] 【二】

[1]
연래에 일없이 저절로 한가해서	年來無事自閑居
서에서 온 불서佛書를 죄다 보았네	看盡西來貝葉書
산중에 무엇이 있느냐고 묻는다면	若問山中何所有
청허자를 비추는 감호의 밝은 달빛	鑑湖明月照淸虛

[2]
물이 맑아서 흰 달이 숨어들고	水澄偸白月
구름이 걷히니 푸른 산이 나타나네	雲捲露靑山
청허는 객이요 그대는 감호의 주인인데	淸虛賓子鑑湖主
주인 대신 객이 한가하니 안됐구만	惆悵賓閑主不閑

---

1) 원 이 시 2수는 갑본·을본·병본·정본·무본·기본·경본·신본에는 없다.

매 대선이 산으로 돌아가는 것을 전송하며
送梅大選歸山

봉래산 풍악산 몇 천 리인고	蓬萊楓岳¹⁾幾千里
예전에 불경 외우느라 이가 시렸지	曾誦金文玉齒寒
선석³⁹을 거두고 다시 석장 떨치며	選席卷來還拂錫
흰 구름 머문 하늘가 청산을 세어 보네	白雲天際數靑山

---

1) ㉮ '岳'은 '嶽'으로 되어 있다.(갑본·을본·병본·정본·무본·기본·경본·신본) 다음
도 같다.

정 학사의 시에 차운하다
次鄭學士韻[1)]

10년 동안 선창에서 그대 못내 그렸나니	十載禪囱苦憶君
해마다 베갯머리에 가을 기러기 울음소리	年年秋鴈枕邊聞
그중에 한없이 보고 싶은 마음일랑	箇中無限相思苦
모두 청산과 백운에 부쳤다오	都付靑山與白雲

---

1) ㉾ 이 시는 갑본·을본·병본·정본·무본·기본·경본·신본에는 없다.

호남으로 중을 보내며
送僧湖南

북녘 땅 남쪽 하늘 몇 만 리인고　　　　北地南天幾萬里
한 몸 기러기처럼 표연히 왕래하네　　　一身飄若往來鴻
허다한 산수와 풍운의 짓거리는　　　　許多山水風雲態
모두 호승의 수단 안에 들어 있다오　　盡入胡僧手段中

담희 선자에게 부치다

寄湛熙禪子

청산은 석양 속에 높이 서 있는데　　青山高起夕陽中
멀리 보이지 않는 그대에게 글을 쓰노라　　把筆[1]悠悠不見公
어깨에 반쯤 납의 걸치고 바위 위에 누우니　　雲衲半肩嵒[2]上臥
산들바람 지나가며 꽃이 붉게 떨어지네　　好風吹過落花紅

1) [원] '筆'은 '筆'로 되어 있다.(무본 · 기본 · 경본 · 신본)
2) [원] '嵒'은 '巖'으로 되어 있다.(갑본 · 을본 · 병본 · 정본 · 무본 · 기본 · 경본 · 신본)

휴운 선자에게 주다
贈休雲禪子

일찍 홍진 벗어나 대 지팡이 하나 들고 　　早脫紅塵竹一携
속세의 정 끊고서 청산에 머문다오 　　平生已斷碧山栖
무슨 일을 이뤘냐고 누가 물으면 　　有人若問成何事
해는 동쪽에서 뜨고 서쪽으로 진다 하리오 　　日出東方夜落西

순천 원님 운강의 시에 차운하다
次順天倅雲江韻[1]

국화의 명절 다가오는 가을철 9월	節迫黃花九月秋
회포가 유유하지 않은 날이 없네	有懷無日不悠悠
조계산 솔 위에 학을 불러온 듯	曹溪松上如招鶴
지리산 뜬구름도 함께 머물렀소이다	智異浮雲亦共休

---

1) ㉘ 〈휴운 선자에게 주다(贈休雲禪子)〉·〈순천 원님 운강의 시에 차운하다(次順天倅雲江韻)〉 각 1수는 갑본·을본·병본·정본·무본·기본·경본·신본에는 없다.

장·유 두 유자와 헤어지며 차운하다 [3수]
次別張柳二遊子

[1]
녹수청산 천만 리 길에　　　　　　　綠水靑山千萬里
〈양춘〉·〈백설〉⁴⁰ 두세 곡이라　　　陽春白雪兩三聲
고인과 이별한 뒤의 심정이 어떠하랴　故人別後情何許
홀로 송문 닫고 밝은 달 아래 누울밖에　獨閉¹⁾松門臥月明

[2]²⁾
절벽에서 어떤 이가 옥피리를 부시나　斷壁何人吹玉笛
장랑과 유자가 향산에 들어왔다오　　張郞柳子入香山
요금瑤琴의 곡조 끝나고 이제는 솔바람 소리　瑤琴曲罷松風動
80개 암자 위에 밤 달이 차가워라　　八十諸庵夜月寒

[3]
유자와 장랑은 화주객⁴¹인데　　　　柳與張郞花酒客
향로봉 아래에서 남은 봄을 보냈다네　香爐峯下送殘春
거문고 안고 돌 꾸짖어 구름 빗장 열고서　撫琴喝石開雲鏁
황량몽⁴² 속의 사람을 불러 일으켰네　喚起黃粱夢裏人

---

1) ㉮ '閉'는 '間'로 되어 있다.(갑본·을본·병본·정본·무본·기본·경본·신본)
2) ㉮ 이 아래의 2수는 갑본·을본·병본·정본·무본·기본·경본·신본에는 없다.

만폭동에서 고백 시에 차운하다
萬瀑洞次古栢韻

건곤 만 리에 어깨에 납의 걸치고　　　乾坤萬里一肩衲
백운처럼 여기저기 지팡이 날렸지만　　幾處白雲飛短筇
풍악의 동천은 그야말로 불국토　　　　楓岳洞天眞佛國
물은 유리요 봉우리는 옥이로세　　　　琉璃爲水玉爲峯

회포를 쓰다
書懷

젊은 나이에 유불儒佛을 분간하려 하고 　　志欲靑年分孔釋
죽기 전에 마음공부 끝내려고 하였는데 　　着[1]工心地死前休
세월은 쏜 화살 같고 몸은 병이 많아서 　　光陰箭疾身多病
이룬 일 하나 없이 머리만 희어졌네 　　一事無成空白頭

---

1) ㉘ '着'은 '著'으로 되어 있다.(갑본·을본·병본·정본·무본·기본·경본·신본)

옥 산인에게 주다
贈玉山人

두류산 풍악산 수천 리 길을	頭流楓岳幾千里
그대와 10년 동안 지팡이 날렸는데	與爾十年飛短筇
오늘 묘향에서 서로 이별하려니	今日妙香相別處
맑은 안개 교목이 층층의 봉우리 가렸네	淡烟喬木隔層峯

두견이 [2수]
杜鵑

[1][1)]
남북을 가리지 않고 떠도는 신세   飄飄身世無南北
형악과 소상에서 몇 번 봄을 보냈던가   衡岳瀟湘度幾春
어디선가 청산에서 두견이 소리 들리는데   何處靑山啼杜宇
도중에 보이는 건 단지 머리 흰 사람뿐   途中只見白頭人

[2]
사방의 벽도 없는 삼간의 초옥   草屋三間無四壁
두견이 소리 들리고 달은 황혼 속에   子規聲送月黃昏
좌중에 집 떠난 객이 있다면   坐中若有離家客
청산을 향해 한 번 혼이 끊어지리라   應向靑山一斷魂

---

1) ㉮ 이 시 1수는 갑본·을본·병본·정본·무본·기본·경본·신본에는 없다.

백운자를 부르며
招白雲子

백운자여 백운자여	白雲子白雲子
모년 모일에 청산에 들어오려는가	何年何日入靑山
본래 산중 물건이라 말은 하면서도	雖言本是山中物
바람 따라 오래도록 안 돌아와 유감일세	恨逐淸風久不還

장 대사가 게송을 청하기에 답하다
賽藏大師求偈

풍악과 두류를 두루 유람하고 나서	楓岳頭流遊歷罷
중간에 지체하다 사람의 기롱을 취했네	中間滯迹取人欺
대붕이 물을 치고 푸른 하늘 치솟으면	大鵬一擊凌靑漢
옛 둥지에 미련 두는 메추라기를 본받으랴	肯學鷦鷯戀舊枝

신암의 주인인 경선 선자에게 부치다
寄新庵主人敬先禪子

노승이 신암 주인에게 말 전하노니	老僧寄語新庵主
밖에서 손이 오면 등한히 하지 말기를	外客來時莫等閑
산과 한 몸이야 움직이지 않더라도	山與一身雖不動
백운과 유수는 인간 세상에 오니까	白雲流水到人間

선인봉
仙人峯

허공 밟는 선인은 지금 어디 있나　　　　步虛[1]仙子今何在
만학의 솔바람 소리 거문고 음악일세　　　萬壑松聲萬壑琴
옥우는 청학의 등에 낮게 드리우고　　　　玉宇低垂靑鶴背
검봉은 백운의 가슴에 높이 꽂혔네　　　　釖[2]峯高揷白雲心

---

1) 옙 '虗'는 '虛'와 같다.
2) 옙 '釖'은 '劍'과 같다.

도인을 찾아가 만나지 못하고
訪道人不遇

도인은 안 보이고 있는 것은 흰 구름뿐	不見道人白雲在
빈 뜰에 새 한 마리 꽃 사이에서 우네	庭空一鳥花間鳴
앉아 있자니 어느새 푸른 산 어둑어둑	坐來忽覺碧山暮
어느 곳 달 밝은 송백 아래 누울거나	何處松杉臥月明

어떤 일로 느낌이 있어서 【2수】
因事有感

[1]
유불儒佛의 허명 속에 지마指馬⁴³가 분분하니   儒釋虛名紛指馬
산중이나 도회지나 가슴이 쓰리도다   山林朝市各酸然
원래 지극한 도는 문자를 떠났으니   由來至道離文字
오늘날 무언이 정녕 하늘에 합하도다   今日無言政合天

[2]
인간 세상 시비는 언제나 그칠는지   人世是非何日已
한 몸의 생계가 애달프도다   一身生計可愴然
청산이 만약 해마다 자란다면   靑山若也年年長
태백산 노부도 하늘에 오르련만   太白老夫應上天

술회
述懷

장안에서 서쪽으로 적성퇴를 바라보니   長安西望赤城堆
해가 지려 하면서 병든 감회 새로워라   白日將沉感病懷
몇 조각 지는 꽃잎 물 따라 흐르는데   幾片落花隨水去
한 어깨에 찬 납의 걸치고 산을 나왔네   一肩寒衲出山來

지 스님이 오이를 보내 준 것을 감사하며
謝芝師送瓜

정은 마음속에 물은 밖에 있나니	情在中心物在外
정이 있으면 어떤 물이 이보다 좋으리오	物情情物定難誇
10년을 못 보다가 지금 서로 만나는 듯	十年阻面如相見
청문의 오색과[44]가 무슨 필요 있으리오	何用靑門五色瓜

염불승에게 주다
贈念佛僧[1)]

희열하며 공왕의 전각 안에 앉아서	自說空王殿裏坐
한 번 높게 불렀다가 한 번 낮게 부르네	一聲高唱一聲低
운구[45] 걷는 하늘의 낙은 원하지 않고	雲衢不要天來樂
금선이 서방으로 이끌어 주기만 바란다오	只擬金仙引向西

1) [원] 〈백운자를 부르며(招白雲子)〉부터 〈염불승에게 주다(贈念佛僧)〉까지 총 10수의 시는 갑본·을본·병본·정본·무본·기본·경본·신본에는 없다.

이용면[46]이 그린 석왕사의 천불탱에 제하다
題釋王寺李龍眠所畵千佛幀[1)]

기특하도다 손에 든 한 자루 붓의 힘이여	奇哉手裏一毫力
가슴속 1만 부처의 몸을 그려내었네	寫出胷中萬佛身
단하[47]를 만나면 그대로 지나지 않을 텐데	若遇丹霞難放過
석왕사 문 밖에 다행히 사람이 없구나	釋王門外幸無人

---

1) ㉠ 이 아래 저본에는 〈법장 대사法藏大師〉 1수가 있으나, 이미 본 서 제2권(335면)에 있기 때문에 편자가 싣지 않았다.

창해[48]에게 올리다【2수】

上滄海

[1]

가을바람 옷깃을 날리고	秋風兮吹衣
저녁 새 다투어 돌아오는데	夕鳥兮爭還
우리 님은 오시지 않고	美人兮不來
밝은 달만 빈산을 비추누나	明月兮空山

[2][1)]

솔도 춥고 대도 차가운 밤	松寒兮竹冷
하늘가에 달이 뜨는데	月出兮天邊
숨어 사는 사람 밤에 앉아서	幽人兮夜坐
그림자 돌아보는 가련한 모습이여	顧影兮自憐

1) [원] 이 시 1수는 갑본·을본·병본·정본·무본·기본·경본·신본에는 없다.

회암사 방장에 제하다
【주지에게 보여 주다.】

題檜岩[1]方丈[2]【示住持[3]】[4]

적적하게 희면서 요요하게 푸르고	白的的靑寥寥
삭삭하게 공하면서 조조하게 붉도다	空索索赤條條
억! 이것이 무슨 경계인고	咄 是何境界
언덕 머리에 풀빛이 무성하니	原頭多草[5]色
들판의 불길도 태울 수 없도다	野火不能燒

---

1) ㉙ '岩'은 '巖'으로 되어 있다.(갑본·을본·병본·정본·무본·기본·경본·신본)
2) ㉙ '丈'은 '文'으로 되어 있다.(갑본·을본·병본·정본)
3) ㉙ '持'는 정본에는 '特二'로 되어 있다. 갑본·을본에는 아래에 '二'가 있다.
4) ㉙ 『한국불교전서』 제7책 684면 주 9에 보인다.
5) ㉙ '草'는 '莫'으로 되어 있다.(정본)

박 학사 계현 조 처사 욱과 함께 저자도에서 노닐며
【병진년 가을】
朴學士啓賢趙處士昱同遊楮子島[1]【丙辰秋】

강변의 정자에 가을도 저물고	江亭秋已晚
서리 맞은 단풍잎 또한 울긋불긋	霜葉又森疎
붓 아래엔 시가 다함이 없고	筆下詩無盡
가슴속엔 즐거움이 넉넉하도다	胸中樂有餘
하늘에 머리 드니 작아지려 하고	擧頭天欲小
땅에 발을 옮기니 허공에 뜰 듯	移足地凌虛
멋진 곳 두루 돌아다녔지만	勝處雖曾遍
회포 풀기는 오늘이 처음일세	寬懷此日初

---

[1] ㉮ 이 시는 갑본·을본·병본·정본·무본·기본·경본·신본에는 없다.

이 방백 헌국의 시에 차운하다
次李方伯憲國韻

청운 속에서 한 번 웃고서	一笑靑雲裡
마음 논하며 바로 친해졌나니	論心忽作親
시 주머니엔 산과 바다 들어 있고	詩囊藏海嶽
풍골에선 청진함이 우러난다네	風骨産淸眞
종소리 울리는 밤에 생각에 젖고	送想鍾鳴夜
꿈이 깨는 아침에 혼을 부르지만	招魂夢覺晨
단지 너무나 게으른 탓으로	只緣疎懶甚
벼루에 먼지가 끼어서 부끄럽소	還愧硯蒙塵

덕준 선자
德峻禪子[1), 2)]

달빛 물결은 석벽에 뒤집히고	月波翻石壁
솔바람 소리는 맑은 음악 보내 주나니	松籟送淸音
여기에서 만약 깨닫지 못한다면	於斯若不會
나의 노파심을 저버린다 하리로다	辜負老婆心
【한참 있다가 말하였다. 良久云】	
지금 일을 마치면 바로 마치겠지만	卽今休去便休去
마칠 때를 찾는다면 마칠 때가 없으리라	若覓了時無了時

---

1) ㉘ 이 시는 무본·기본·경본·신본에는 없다.
2) ㉘ 이 아래에 〈감호대에 제하다(題鑑湖臺)〉 1수가 있는데, 본 서 제3권(430면)에 실려 있으므로 편자가 싣지 않았다.

의천 선자에게 보이다 【2수】
示義天禪子[1)]

[1]
불 속에서 연꽃 피우는 좋은 솜씨 있어도　　火裏生蓮雖好手
1천 검산劍山을 대낮에 가는 것만 하랴　　爭如千釰[2)]日中行
산승이 보여 줄 건 특별한 것이 없고　　山僧指示無端的
마음 머리 베고 생사를 결판내는 것　　斬却心頭辦死生

[2]
시선 집중 3년이면 벼룩을 쏘아 맞추고[49]　　定眼三年能射蝨
정신 집중 다섯 달이면 매미도 줍는다네[50]　　凝神五月可粘禪[3)]
산승의 일상에 특별한 것은 없고　　山僧日用無多子[4)]
생각마다 항상 불 속의 연꽃 보는 것　　念念常看火裏蓮[5)]

---

1) 원 '子' 아래에 '二'가 있다.(갑본·을본·병본·정본·무본·기본·경본·신본)
2) 원 '釰'은 '劒'으로 되어 있다.(갑본·을본·병본·정본·무본·기본·경본·신본)
3) 원 '禪'은 '蟬'으로 되어 있다.(갑본·을본·병본·정본·무본·기본·경본·신본) 역 번역은 '蟬'을 따랐다.
4) 원 '子'는 '字'로 되어 있다.(갑본·을본·병본·정본·무본·기본·경본·신본)
5) 원 '蓮' 아래에 갑본·을본·병본·정본·무본·기본·경본·신본에는 "下句一云。欲知我法玄玄妙。須折天龍一指禪。"이라는 협주가 달려 있다.

전도음
傳道吟

천성은 천도에 합하나니	千聖合天道
지성이 고금을 꿰뚫었어라	至誠貫古今
운행과 정지를 건곤과 같이하고	乾坤一運止
뜨고 잠김을 일월과 함께하도다	日月同浮沉
탕탕하여라 크고도 크고	蕩蕩大哉大
연연하여라 깊고도 깊도다	淵淵深也深
동금이 순임금의 낙이 아닌데	桐[1]琴非舜樂
황옥이 어찌 요임금의 마음이랴[51]	黃屋豈堯心
모사하여 철哲이라 하였고	摸[2]寫猶云哲
형용하여 흠欽이라 하였도다[52]	形容亦曰欽
우왕과 탕왕이 용호가 되었다면	禹湯龍虎作
공자와 맹자는 풍뢰의 소리로다	孔孟風雷音
후세엔 쇠하여 갈수록 각박하니	後世衰愈薄
음란한 세태를 어찌하면 좋으랴	其何亂且淫
항상 허명과 이욕을 품고	常懷名與利
오직 금옥을 보배로 삼는도다	惟寶玉兼金
문사는 책 속에서 찾고	文士卷中覓
무인은 말 위에서 찾는다마는	武人馬上尋
나는 지금 부질없이 탄식하며	我今空歎息
푸른 산 숲 속에서 머리 깎노라	落髮青山林

---

1) ㉮ '桐'은 '挏'으로 되어 있다.(정본)
2) ㉮ '摸'는 '模'로 되어 있다.(갑본·을본·병본·정본·무본·기본·경본·신본) ㉯ 번역은 '模'를 따랐다.

서산 노인이 회포를 구하기에 답하다
【독서하며 시 읊기를 좋아하기 때문에 이렇게 말하였다.】

賽西山老人求懷【看書好咏[1]故云】[2)]

일찍이 대각한 스승을 통해	曾因大覺師
본래의 영지를 돈오하였네	頓悟本靈知
부동은 맹자에게서 구하고[53]	不動求孟子
무언은 중니를 본받았네[54]	無言效仲尼
경을 통하고 도에 이르렀으며	通經兼達道
글씨를 쓰고 시를 읊는다네	寫字又吟詩
글씨를 쓰면서 참 성품을 조절하고	寫字調眞性
시를 읊으며 생각을 적는다네	吟詩記所思
문인이 혹 배우기를 청하면	門人如請學
눈을 부릅뜨고 이마를 찌푸린다네	瞋目更皺眉

【사람들이 그 뜻을 알지 못하기 때문에 이렇게 말하였다. 人不識其志故云】

---

1) 郞 '咏'은 '詠'으로 되어 있다.(갑본·을본·병본·정본)
2) 郞 '看書好咏故云'은 무본·기본·경본·신본에는 없다.

향로봉에 오르다
登香爐峯[1]

만국의 도성은 개미 둑과 같고 　　　　　萬國都城如蟻窒
천가의 호걸은 초파리와 같도다 　　　　千家豪傑若酰[2]雞
창가의 명월은 청허의 베개를 비추고 　一窓[3]明月淸虛枕
끝없는 솔바람은 운이 각기 다르구나 　無限松風韻不齊

---

1) ㉾ 이 시는 갑본·을본·병본·정본·무본·기본·경본·신본에는 없다.
2) ㉭ '酰'는 '醯'의 오자인 듯하다.
3) ㉭ '窓'은 '窗'과 같다.

희 장로에게 주다
贈凞¹⁾長老²⁾

10년을 단정히 앉아 마음의 성 지키며	十年端坐擁心城
깊은 숲과 친해져서 새도 놀라지 않는다네	慣得深林鳥不驚
어젯밤 솔과 못의 험악한 비바람에	昨夜松潭風雨惡
물고기에 뿔이 나고 학이 세 번 울었다네	魚生一角鶴三聲

---

1) ㉭ '凞'는 '熙'와 같다.
2) ㉔ 이 시는 갑본·을본·병본·정본에는 없다.

제자가 병으로 일어나지 못하는 것을 보고 느낌이 있어 짓다
弟子以病不起有感而作

사랑을 버리고 사랑함이 사랑하는 사랑이요	割愛愛處眞愛愛
공을 끊고 공한 것이 공하지 않은 공이로다	斷空空處不空空
공부자가 안연을 애통해한 것[55]이	孔夫子爲顔淵痛
바로 진정한 공이요 이치로도 공이로다	方是眞空理亦空

호랑이 사냥하는 것을 보고
見虎擒獵

우뚝하여라 천산의 주인이요 屹屹千山主
엄엄하여라 백수의 왕이로다 嚴嚴百獸君
잡으려다 오히려 제 몸을 해칠 텐데 殺他還害己
자기가 초나라 장군[56]인 줄 아는가 봐 疑是楚將軍

행각하는 사람에게 주다
贈行脚人[1]

삿갓은 오산의 눈으로 묵직하고	笠重吳山雪
신발은 초지의 꽃으로 향기롭네	鞋香楚地花
어느 산이나 모두 절이 있으니	山山皆有寺
어디를 간들 내 집이 아니리오	何處不宜家

---

1) ㉘ 〈제자가 병으로 일어나지 못하는 것을 보고 느낌이 있어 짓다(弟子以病不起有感而作)〉·〈호랑이 사냥하는 것을 보고(見虎擒獵)〉·〈행각하는 사람에게 주다(贈行脚人)〉 각 1수는 갑본·을본·병본·정본·무본·기본·경본·신본에는 없다.

봉래자에게 올린 글
上蓬萊子書[1]

산은 높다랗고	山之嵬兮
바다는 드넓도다	海之濶兮
누가 제대로 즐기는가	樂兮樂兮
나 그리고 그대로다	我兮君兮

 흰 구름 가에 심은 은행을 그동안 범이 얼마나 팔았는지요?[57] 괴수槐樹 남쪽 구멍 하나에서 지내는 즐거움[58]은 지금 어떠합니까? 지극한 즐거움은 마음에 있지 외물에 있지 않습니다. 옛사람이 청풍과 명월로 지극한 즐거움을 삼았습니다마는, 그 바람과 달이라는 것도 외물이긴 마찬가지입니다. 외물을 대할 때의 심정은 각자 같지 않습니다. 술잔을 기울이며 북창北窓에 기대는 자는 즐거워할 것이요, 관산關山에 있다가 영해嶺海로 옮겨 간 자는 원망을 할 것이요, 뜰에 서서 하늘가를 바라보는 자는 추억을 할 것입니다.

 그런 까닭에 요堯의 즐거움이 황옥黃屋[59]에 있지 않지만 황옥에 몸을 부친 것이요, 안자顔子[60]의 즐거움이 누항陋巷에 있지 않지만 누항에 몸을 부친 것입니다. 그렇다면 소문昭文[61]의 즐거움도 거문고에 있지 않고, 유령劉伶[62]의 즐거움도 술에 있지 않으니, 이것도 모두 몸을 부친 것일 따름입니다. 또 베개 위의 꿈속에서 나풀나풀 날아다니며 나비가 되는 자도 있고, 날개를 퍼덕거리며 학이 되는 자도 있지만, 이 모두는 한결같이 물화物化[63]의 현상으로서 지극한 즐거움이라고 할 수는 없을 것입니다.

 내가 하나의 거문고를 3년 동안 퉁겼는데, 현슬懸虱[64]의 공부를 한 것도

---

1) ㉠ 이 글은 갑본·을본·병본·정본·무본·기본·경본·신본에는 없다.

아니고, 알운遏雲⁶⁵의 기술이 있는 것도 아닙니다만, 한 번 퉁기면 봄이 썰렁해지고 여름에 서리가 내리며, 두 번 퉁기면 새가 춤추고 물고기가 뛰어오르며, 세 번 퉁기면 그 소리가 천지를 진동하면서 바닷물이 솟구치고 산악이 흔들리니, 이쯤 되면 사광師曠의 귀가 코와 같게 되고,⁶⁶ 백아伯牙의 음악도 그 소리를 도망칠 수 없게 될 것입니다.⁶⁷ 하늘과 땅이 둘이 아니고, 유교와 불교가 둘이 아니고, 슬픔과 즐거움이 둘이 아니니, 둘이 아닌 이 본성을 즐기는 것이 바로 나의 지극한 낙입니다.

청허의 즐거움도 거문고에 부쳤을 따름이니, 비록 손을 들어 줄을 퉁겼다고 말할지라도, 반드시 손을 잊고 줄을 잊고 나서 저절로 가슴속에서 우러나오는 것이라고 하겠습니다. 아, 나의 이 한 곡조를 청허가 아니면 누가 퉁길 것이며, 봉래蓬萊가 아니면 누가 들어 주겠습니까. 그러고 보면 이것은 나와 그대가 함께 즐길 수 있는 것⁶⁸이라고 말해도 좋을 것입니다. 봉래여, 봉래여. 혹시 지금 즐거워서 미소를 짓고 계시지는 않습니까? 방장方丈의 등불 아래에서 나는 1천 석가釋迦를 나누어 주고, 경호鏡湖의 물결 위에서 그대는 1백 동파東坡를 흩뿌립니다. 뜬구름처럼 천 리 멀리 떨어져서 봉래를 생각하며 노래합니다. 노래는 다음과 같습니다.

種杏白雲。虎賣曾幾何。槐南一穴。其樂今幾許。至樂在心。不在外物也。古人以淸風明月爲至樂。然風與月亦外物也。外物之寓也。情與各不同。傾金樽臥北窓¹⁾者。樂之者也。在關山遷嶺海者。怨之者也。立中庭望天涯者。憶之者也。是故堯之樂。不在黃屋。而寓之黃屋。顔子之樂。不在陋巷。而寓之陋巷也。然則師²⁾文之樂不在絃。劉伶之樂不在酒。亦皆寓之而已。又有一枕上栩栩然化蝶者。翩翩然化鶴者。皆一期物化。事非至樂也。我有一琴。皷之三年。非懸虱之工。非遏雲之術。一彈之春凉夏霜。再彈之鳥舞魚躍。三彈之聲振天地。海湧山搖。到此師廣³⁾之耳如鼻。伯牙之革。亦不能逃其聲也。天與地無二也。儒與釋無二也。哀與樂無二也。無二之性。是我至樂也。淸虛之樂。亦寓之琴。雖云發手動絃。而必忘手忘絃後。自運於胷

中者也。吁。我此一曲。非淸虛則皷之誰。非蓬萊則聽之誰。所謂吾與子之
所共樂。蓬萊蓬萊。其喜而笑耶。方丈燈中。我分千釋迦。鏡湖波上。君散
百東坡。浮雲千里。想蓬萊而歌之。歌曰。

---

1) ㉭ '窓'은 '窓'과 같다. 2) ㉭ '師'는 '昭'의 오자인 듯하다. 3) ㉭ '廣'은 '曠'의 오자
인 듯하다.

선조대왕이 어필의 묵죽을 하사하며 시를 짓도록 명하였으므로 그 자리에서 바로 절구 한 수를 지어 바치다
宣祖大王賜御¹⁾筆²⁾墨竹仍命製詩。立進一絶。^{3), 4)}

소상강의 대나무 한 그루[69]가	瀟湘一枝竹
성주의 붓끝에서 피어났나니	聖主筆頭生
산승이 향불 사르는 곳에	山僧香爇處
잎사귀마다 가을 소리 묻어나리라	葉葉帶秋聲

---

1) 원 '賜御'는 '御賜'로 되어 있다.(무본·기본·경본·신본)
2) 원 '筆'은 무본·기본·경본·신본에는 없다.
3) 원 '仍命製詩立進一絶'은 '詩曰'로 되어 있다.(무본·기본·경본·신본)
4) 원 이 시는 갑본·을본·병본·정본에는 없다. 무본·기본·경본·신본에는 '宣' 앞에 '敬次'가 있다.

임종게
臨終偈[1]

1천 계책 1만 사량이	千計[2]萬思量
화로 위의 한 점 눈발이로다	烘[3]爐一點雪
진흙 소가 물 위를 걸어가니	泥牛水上行
대지와 허공이 찢어지도다	大地虛空裂

1) [원] 이 시는 갑본 · 을본 · 병본 · 정본에는 없다.
2) [원] '計'는 '思'로 되어 있다.(무본 · 기본 · 경본 · 신본)
3) [원] '烘'은 '紅'으로 되어 있다.(무본 · 기본 · 경본 · 신본)

인영 대사에게 주다
贈印英大師[1)]

서쪽에서 온 이 한 곡조[70]를 西來這一曲
천고에 아는 사람이 없도다 千古沒人知
푸른 하늘 밖에 노래 부르며 韻出靑霄外
바람과 구름을 자기[71]로 삼는도다 風雲作子期

---

1) [원] 이 시는 갑본·을본·병본·정본·무본·기본·경본·신본에는 없다.

『조사심요祖師心要』를 지어서 원준 대사圓俊大師에게 주다
祖師心要贈圓俊大師[1)]

[1]
심지가 어찌 꼭 불 꺼진 재가 되어야 하랴	心地何須合死灰
봄바람이 불어오면 온갖 꽃이 피는 것을	東風來處百花開
귀먹고 혀 빠진 것이 우리 집안의 일이니[72]	耳聾舌吐吾家事
산중에서 처음부터 점검을 해 보도록	林下從頭點檢來

[2]
솔 사이엔 풀로 엮은 집이요	松間兮草屋
바위 위엔 흐르는 샘물이라	石上兮流泉
객은 떠나며 머리 한 번 돌리고	客去兮一回首
하늘가에는 초승달이 걸렸네	天邊兮月初絃

[3]
발을 걷으니 달빛이 교교하고	捲簾兮月色
궤안에 기대니 강물 소리 들려오네	隱几兮江聲
요순이 가슴속에 들어 있나니	堯舜在胷中
함포고복하며 평생을 보낸다오	含哺兮送平生

[4]
마음이 맞아도 뜻은 다를 수 있나니	同禁或異志
달콤한 말이라고 어찌 친하게 여기리오	甘口豈皆親

---

1) ㉮ 이 글은 갑본·을본·병본·정본무본·기본·경본·신본에는 없다.

| 얼굴 아는 이가 천만이라도 | 識面雖千萬 |
| 마음 아는 이는 한두 사람인걸 | 知心一二人 |

【이상 네 수도 완허당에게 주었다. 右四首亦贈玩虛堂】

임제臨濟와 덕산德山의 일[73]은 음계[74] 속의 광혜狂慧[75]에게 미칠 바가 아니다. 그러므로 단지 살리고 죽이기만 하는 것은 좋은 솜씨가 아니라고 하겠다. 황룡병부黃龍病夫는 서序하노라.

문 무슨 방편을 지어야만 한 생각을 돌려서 자성自性을 곧바로 깨달을 수 있는가?

답 단지 그대 자신의 마음 하나가 있을 뿐이다. 또 무슨 방편을 짓는단 말인가. 도道는 알고 알지 못하는 것에 속하지 않는다. 그대가 지금 만약 방편을 짓는다면, 이는 또 알음알이를 구하는 것이다. 비유컨대 어떤 사람이 자기의 눈이 보이지 않자 눈이 없다고 생각하고는 다시 눈을 보려고 하는 것과 같다. 이미 자기의 눈이 있는데, 어떻게 또 달리 보려고 한단 말인가. 눈을 잃지 않았다는 것을 안다면, 이것을 일러 눈을 보았다고 하는 것이다. 지금 세상 사람들은 자심自心이 진불眞佛이요, 자성自性이 진법眞法이라는 사실을 알지 못한 채 밖으로 부처를 찾으려고만 할 뿐, 안으로 자기 마음은 보려고 하지 않는다. 만약 자심 밖에 부처가 있고 자성 밖에 법이 있다고 하면서 이런 마음을 굳게 지니고 불도佛道를 구하려고 한다면, 설령 진겁塵劫을 거치며 몸을 사르고 팔뚝을 태우는 등 갖가지 고행을 닦는다 하더라도, 이는 모래를 쪄서 밥을 짓는 것과 같아서 단지 헛고생만 늘어날 뿐이다. 바른 생각을 지니는 것이야말로 도인道人이 날마다 행해야 할 일이다. 이 몸의 사지 관절이 풀어지고 목숨이 끊어질 때에 이르러서도, 이 바른 생각을 잃지 않으면 바로 성불할 수가 있는 것이다. 일체중생이 본래 보리菩提이니, 다시 보리를 얻으려고 할 것이 없다. 그대가 지금 만약 보리심菩提心을 발해야 한다는 말을 듣고는, 이 하나의 마음을 가지고 부처를 배워서 불도佛道를 얻겠다고 생각한다면, 그대가 3지겁祇劫⁷⁶을 닦는다 하더라도 얻는 것은 단지 보신불報身佛이요 화신불化身佛일 따름이니, 그대의 본원本源인 진성불眞性佛과 무슨 관계가 있다고 하겠는가.

문 어떻게 해야 삼계三界에서 빠져나올 수 있는가?

답 선善과 악惡을 모두 사량思量하지 않으면 곧바로 삼계에서 빠져나올 수 있다.[77] 그대가 만약 부처는 각覺이요 중생은 망妄이라고 말하면서 이와 같은 견해를 지어 간다면, 백겁을 수행한다 하더라도, 육도六道를 윤회하여 쉬는 때가 없게 될 것이다. 그 이유는 무엇이겠는가. 본원本源인 자성불自性佛을 비방하기 때문이다. 그대가 만약 생각마다 밖으로 치달려 구하는 마음을 내려놓을 수만 있다면, 바로 조사나 부처와 다르지 않게 될 것이다. 조사와 부처를 알고 싶은가. 그대의 면전에서 불법을 듣는 이가 바로 그이다. 학인은 이를 믿지 않고 밖으로만 치달려 구하려 하니, 참으로 애석한 일이다. 설령 구해서 얻는 것이 있다 하더라도, 그것은 모두 문자 상의 일일 뿐이요, 살아 있는 조사의 뜻은 끝내 얻을 수가 없다. 지금 깨닫지 않으면 만겁을 윤회할 것이다. 한 생각의 청정한 빛이 법신불法身佛이요, 한 생각의 분별없는 빛이 보신불報身佛이요, 한 생각의 차별 없는 빛이 화신불化身佛이다. 산승山僧의 견처見處는 보신불과 화신불의 머리를 앉아서 끊어 버리고, 10지十地의 만위滿位를 객客으로 여기며, 등각等覺과 묘각妙覺을 똥통을 짊어진 귀신으로 보는 것이다.

오대산에 문수文殊는 없다. 그대가 문수를 알고 싶은가. 오직 그대 목전의 용처用處에서 시종 의심하지 않는 이것이 바로 살아 있는 문수이다. 또 보현普賢과 관음觀音의 경우도 이와 같다.

일법一法이라는 것은 사람들의 앞에 드러나는 일념一念이다. 만약 마음을 비우고 스스로 비춰 보며 조금 그 빛을 돌이키는 노력을 한다면, 일념의 연기緣起가 일어나지 않는다는 것을 믿게 될 것이다. 단지 일념에 있을 뿐이니, 그다지 많은 힘을 들이지 않아도 된다. 그러므로 "지금 범부가 연려緣慮(思量)하고 분별하는 작용은 모두 진성眞性 안에서 일어나는 것으로서, 일어나도 일어난 것이 없으니 당처當處에 바로 고요해지게 된다."라고 말하는 것이다. 이것은 "홀연히 광기狂氣가 일어났다가 사라지는 것이니, 머리가 밖에서 얻어지는 것이 아니다."[78]라고 말하는 것과 같다. 연야달다演若達多의 머리는 본래 그대로인데, 혼자서 득실의 생각을 지어낸 것이니, 이것은 모두 광기가 발동했기 때문이다. 그러므로 진망眞妄 득실의 견해는 단지 망상에서 나온 것으로, 그가 발광한 것과 같은 것임을 알 수 있다. 마땅히 알아야 할 것은, 망妄이 있다고 여기기 때문에 진眞을 가지고 망妄을 고치려 하지만, 망성妄性을 끝까지 캐 보면 망성은 본래 없다고 하는 것이다. 그러니 어떻게 진眞을 또 얻을 수가 있겠는가. 만약 진망眞妄을 얻을 것이 하나도 없음을 알고, 얻을 것이 없다는 그것도 얻을 것이 없음을 안다면, 그동안 명名을 인식하고 상相에 집착해 온 폐단이 당장에 영원히 사라질 것이다.

臨濟[1]德山事。非陰界中狂慧所及也。故單活單殺。非好手也。黃龍病夫序。問。作何方便。一念回機。便悟自性。答。只汝自心。更作什麽方便。道不屬知不知。汝今若作方便。更求解會。譬如有人。不見自眼。以謂無眼。更欲求見。旣是自眼。如何更見。若知不失。是謂見眼。今時人。不識自心是眞佛。自性是眞法。欲求佛而不觀己心。若言心外有佛。性外有法。堅執此情。欲求佛道者。縱經塵劫。燒身煉臂。修種種苦行。猶如蒸沙作飯。只益自勞。正念者。道人日用事。乃至解身支節。臨命終時。不失正念。即得成佛。一切衆生。本是菩提。不應更得菩提。儞今若聞發菩提心。將一箇心學取佛。擬作佛道。任儞三祇劫修。只得報化佛。與儞本源眞性佛有何變涉。問。如何出三界。答。善惡都莫思量。即出三界。汝若道佛是覺。衆生是妄。若作如是見解。雖百劫修行。輪廻六道。無有歇時。何也。以謗本源自性佛故也。儞若歇得念念馳求心。便與祖佛不殊。欲識祖佛麽。儞面前聽法底是。學人信不及。向外馳求。可惜可惜。設求得者。皆是文字上事。終不得他活底祖師意。此時不悟萬劫輪回。一念淸淨光。是法身佛。一念無分別光。是報身佛。一念無差別光。是化身佛。山僧見處。坐斷報化佛頭。十地滿如客。作等妙覺擔糞鬼。

五臺山無文殊。你欲識文殊麼。只你目前用處。始終不疑。此是活文殊。又普賢觀音。亦復如是。

一法者。人人現前一念也。若虛懷自照。畧借回光。則信一念緣起無生矣。只在一念。不費多力也。故曰現今凡夫緣慮分別。皆從眞性中起。起即無起。當處便寂也。如云忽然狂歇。頭非外得也。演若達多頭本安然。自生得失之想。皆由發狂也。故知眞妄得失之見。但自妄想。如彼發狂也。當知爲有妄故。將眞治妄。推窮妄性。妄性本無。何有眞可得。若知眞妄一無所得。知無所得者亦無所得也。如是則平昔認名執相之患。當下永銷矣。[2]

1) ㉮ '泲'는 '濟'와 같다. 2) ㉱ 이하 4수는 갑본·을본·병본·정본·무본·기본·경본·신본에는 없다.

사미에게 주다
贈沙彌[1]

똑똑한지 바보인지 기필할 수 없고	是智是愚未可期
유자인지 불자인지 알기도 어려운 법	爲儒爲釋亦難知
장부의 행지가 용이하지 않으니	丈夫行止非容易
처세할 땐 무엇보다 조심해야 하느니라	處世操心第一規

---

1) ㉘ 이 시는 갑본·을본·병본·정본·무본·기본·경본·신본에는 없다.

주

1 옛날 관서로~비가 지나갔다는데 : 당唐 왕유王維의 절창인 〈위성곡渭城曲〉을 인용한 것인데, 제2권 501면 주 92 참조.
2 술잔 잡던~혼자 오네 : 『이태백집』 권19 〈술잔 잡고 달에게 물어본다(把酒問月)〉라는 이백李白의 시에, "지금 사람은 옛날의 달을 보지 못하지만, 지금의 달은 일찍이 옛사람을 비췄으리.(今人不見古時月。今月曾經照古人)"라는 구절이 나온다.
3 관성공管城公에게서 지호之乎의~공을 들이다가 : 그동안 붓을 들고 쓸데없이 문장을 짓는 일에 몰두했다는 말이다. 지호之乎는 자야지호者也之乎의 준말로, 한문의 허사를 가리키는데, 보통 문장에 종사하는 자들을 풍자하는 뜻으로 쓰인다. 관성공은 붓의 별칭인데, 제2권 500면 주 83 참조.
4 황정黃庭 : 도교道敎의 경서인 노자老子 『황정경黃庭經』을 가리킨다.
5 호독조呼犢鳥 : 쏙독새. 쏙독새의 울음소리는 옛날 머슴아이가 소를 몰며 '이려이려 쯧쯧쯧' 하는 소리와 비슷하다고 하여 이를 한자식으로 호독조라 한다.
6 연형年兄 : 과거 시험에 함께 합격한 사람을 일컫는 말로, 보통 동년同年이라고 한다.
7 혼돈의 머릿골이~초막을 세웠다오 : 『장자』 「응제왕應帝王」에, 남해의 임금인 숙儵과 북해의 임금인 홀忽이 중앙의 임금인 혼돈의 덕에 감화된 나머지, 그 은혜에 보답하려고 눈·귀·코·입의 일곱 구멍을 하루에 하나씩 뚫어 주자, 7일 만에 혼돈이 죽고 말았다는 이야기가 나온다.
8 왕반산王半山 : 북송北宋의 왕안석王安石을 가리킨다. 그의 호가 반산이다.
9 주영周盈 : 국화의 별명이다. 명明나라 왕지견王志堅의 『표이록表異錄』 「화과花果」에서 "국화의 별명은 주영이다.(菊。一名周盈。)"라고 하였다.
10 학이 떠난~아득할 뿐 : 정령위丁令威의 화표주華表柱 고사를 인용한 것인데, 제2권 505면 주 132 참조.
11 백운白雲 속의 제향帝鄕 : 『장자』 「천지天地」에 "저 흰 구름을 올라타고 천제天帝의 거소에서 노닌다.(乘彼白雲。游于帝鄕。)"라는 말이 나온다.
12 학 타고~듯 상쾌하여라 : 현실적으로 이루기 어려운 일종의 몽상夢想을 실현한 것과 같은 쾌감을 느낀다는 말이다. 옛날에 네 사람이 각자 자기의 소원을 말하는 중에, 한 사람은 양주 자사揚州刺史가 되고 싶다고 하였고, 한 사람은 많은 재물을 얻기를 원하였고, 한 사람은 학을 타고서 하늘로 오르고 싶다고 하였는데, 이 말을 들은 한 사람이, "나는 허리에 10만 관貫의 돈을 두르고, 학을 타고서 양주로 날아가고 싶다.(腰纏十萬貫。騎鶴上楊州。)"라고 하였다는 이야기가 전한다.(『淵鑑類函』 「鳥3·鶴3」 참조)
13 거천巨川에 상나라 주즙舟楫은 보지 못하고 : 조정에 나아가 재상의 역할을 수행하

며 경륜을 펼치지 않았다는 말이다. 상나라의 고종高宗이 명재상 부열傅說에게, "내가 만일 큰물을 건너게 되면 그대를 배와 노로 삼겠다.(若濟巨川。用汝作舟楫。)"라고 한 말에서 유래한 것이다.(『서경』「說命」상 참조)

14 직설稷契 : 순舜임금의 신하인 후직后稷과 설契의 병칭으로, 현신賢臣을 가리킨다. 후직은 농관農官, 설은 사도司徒였다.

15 달팽이 뿔 : 와각지쟁蝸角之爭의 우화를 인용한 것이다. 『장자』「칙양則陽」에 달팽이의 왼쪽 뿔에 있는 촉씨觸氏와 오른쪽 뿔에 있는 만씨蠻氏가 영토 쟁탈전을 벌인다는 이야기가 있다.

16 구산緱山에 일찍이~소소簫韶를 들었는데 : 구산은 하남성河南省에 있는데, 일명 구씨산緱氏山이라고도 한다. 주 영왕周靈王의 태자 진晉 왕자교王子喬가 피리 불기를 좋아하여 곧잘 봉황의 울음소리를 내곤 하였는데, 선인仙人 부구공浮丘公을 따라 숭산嵩山에 올라가서 선도仙道를 닦은 뒤 30년이 지난 칠월 칠석에 구산 정상에 백학白鶴을 타고 내려와서 산 아래 가족들에게 손을 흔들어 인사하고는 며칠 뒤에 떠나갔다는 전설이 있다.(『列仙傳』 권상 「王子喬」 참조) 그리고 "순舜임금이 창작한 음악인 소소를 연주하자 봉황이 듣고 찾아와서 춤을 추었다.(簫韶九成。鳳凰來儀。)"라는 내용이 『서경』「익직益稷」에 나온다.

17 어찌 올빼미와~쥐를 다투리오 : 제2권 505면 주 129 참조.

18 적청狄靑 : 송宋나라 인종仁宗 때 항오行伍 출신으로 전투에 참여했다가 경략판관經略判官 윤수尹洙가 경략사經略使 한기韓琦와 범중엄范仲淹에게 천거해 준 덕분에 대공大功을 세우고 높은 지위에 올라 추밀사樞密使에까지 이르렀다. "윤수가 좌천되어 죽은 뒤에 적청이 있는 힘을 다하여 그의 집안일을 보살펴 주었다.(尹洙以貶死。青悉力賙其家事。)"라는 기록이 전한다.(『宋史』 권290 「狄青」 참조)

19 장창張蒼 : 장창이 패공沛公 시절의 유방劉邦을 따라다닐 적에 죄를 범하여 참형을 당하게 되었는데, 옷을 벗고 모탕에 엎드려 있는 그의 몸이 장대하고 살결이 흰 것을 왕릉王陵이 보고는 기이하게 여겨 패공에게 사면을 청한 결과 용서를 받았다. 그 뒤로 "장창이 왕릉을 은인으로 여겨 귀하게 된 뒤에도 항상 부친처럼 받들어 모셨으며, 왕릉이 죽은 뒤에는 장창이 승상으로 있으면서 휴가를 받을 때마다 항상 왕릉의 부인을 먼저 찾아뵙고 음식을 올린 뒤에 자기 집으로 돌아갔다.(張蒼德王陵。及蒼貴。常父事王陵。陵死後。蒼爲丞相。洗沐。常先朝陵夫人上食。然后敢歸家。)"라는 기록이 전한다.(『史記』 권96 「張丞相列傳」 참조)

20 능곡陵谷의 변천 : 상전벽해桑田碧海처럼 세상이 엄청나게 변하는 것을 뜻하는 말이다. 『시경』「소아小雅」〈시월지교十月之交〉에 "높은 언덕은 골짜기로 뒤바뀌고, 깊은 골짜기는 언덕으로 변했도다.(高岸爲谷。深谷爲陵。)"라는 말이 나온다.

21 오만烏蠻 : 중국 서남쪽 지역의 만족蠻族 이름인데, 여기서는 남쪽 바다 너머 타국이

라는 뜻으로 쓰였다.
22 동경同庚 : 같은 해에 태어났다는 말로, 동갑同甲과 같다.
23 지팡이를 휙 던지니 : 『장자』「지북유知北遊」에, "궤에 기대고 있던 신농이 이 말을 듣고는 지팡이를 짚고 일어났다가 휙 지팡이를 내던지고 웃으며 말했다.(神農隱几擁杖而起。曝然放杖而笑。)"라는 말이 나온다.
24 조주趙州의 관문 : 당唐나라 고승 조주 종심趙州從諗 선사로부터 제기된 선종禪宗의 많은 공안公案들을 말하는데, 그중에서도 특히 무자無字 화두가 유명하다. 이는 상대적 개념인 유무의 집착을 깨뜨리고 초월적 존재인 불성佛性의 실체를 깨닫게 하기 위한 대표적인 공안이다. 조주에게 어떤 승려가 "개에게도 불성이 있는가?(狗子還有佛性也無)"라고 묻자, 조주가 "없다.(無)"라고 대답하였다. 승려가 다시 "일체중생이 모두 불성을 지니고 있는데, 개는 어째서 없는 것인가?" 하고 물으니, 조주가 "그에게 업식業識이 있기 때문이다." 하였다. 그런데 다른 승려가 또 "개에게도 불성이 있는가?" 하고 물었을 때, 조주가 "있다.(有)"라고 하였다. 그 승려가 "일단 불성이 있다고 한다면 어째서 저 가죽 부대 속에 들어갔는가?" 하고 물으니, 조주가 "그가 알고도 짐짓 범하기 때문이다."라고 대답하였다. 어째서 조주가 있다고도 하고 없다고도 했는지, 그 본래의 참뜻을 깨닫게 하는 것이 이 화두의 목적이다.(『無門關』 제1칙(T48, 0292c23), 『從容錄』 제18칙(T48, 0238b22) 등 참조)
25 호종족胡種族 : 호인胡人의 종족이라는 말로, 불종족佛種族과 같은 뜻으로 쓰인다. 중국에서는 서천西天, 즉 인도를 호胡라고 칭했으므로, 선가禪家에서 달마達磨를 노호老胡라고 하고, 달마 문하의 법손을 호종족이라고 하였다. 『벽암록碧巖錄』 제8칙(T48, 0148b05)에 "이와 같은 견해를 일으킨다면, 호종족을 멸한다고 말해야 할 것이다.(這般見解。謂之滅胡種族。)"라는 말이 나온다.
26 묘희妙喜의 말 : 묘희는 송대宋代 임제종臨濟宗 양기파楊岐派의 승려인 대혜 종고大慧宗杲의 호이다. 그의 어록인 『대혜보각선사어록大慧普覺禪師語錄』 권28 「답종직각答宗直閣」(T47, 0933a26)에 "일상적으로 인연에 응하는 곳마다 단지 구자무불성狗子無佛性의 화두를 들 것이니, 항상 화두를 들고 살피노라면 이치의 길도 끊어지고 의리의 길도 끊어지고 자미滋味도 없어지면서 심두心頭가 열이 나고 답답해지는 것을 느낄 때가 올 것이다. 바로 이때가 신명을 바쳐 더욱 정진해야 할 때로서, 부처를 이루고 조사祖師가 되는 기본이 된다고 할 것이다."라는 말이 나온다.
27 뇌락한 원음에 돌도 머리 끄덕끄덕 : 진晉나라 도생道生 법사가 돌멩이를 모아 놓고 『열반경』을 강의하면서 "나의 이야기가 불심心과 계합契合하는가?" 하고 물으니, 돌멩이들이 머리를 끄덕였다는 '완석점두頑石點頭'의 고사가 전한다.(『蓮社高賢傳』「道生法師」(X78, 0116a06) 참조)
28 동파의 한나절의 한가함 : 소식蘇軾의 〈증손신로贈孫莘老〉 중 일곱 번째 작품에, "지

난해 납일에 고산을 방문하여 승창에서 한나절의 한가함을 빌렸네.(去年臘日訪孤山。曾借僧窓半日閑。)"라는 말이 나온다.(『蘇東坡詩集』권8 참조)

29 자라 끌어와 삼산을 이게 하였노라 : 동해 바다에 있는 삼신산三神山이 뿌리가 없어서 어디로 흘러갈지 알 수 없자 천제天帝가 거대한 자라 여섯 마리로 하여금 그 산을 머리로 떠받치게 했다는 신화가 『열자列子』「탕문湯問」에 나온다.

30 우혈禹穴 : 우禹임금이 서책을 보관해 두었다는 곳으로, 회계會稽 완위산宛委山에 있다고 한다.

31 일미선一味禪 : 순일무잡한 최상승선最上乘禪이라는 뜻으로, 화두를 참구하는 조사선祖師禪을 가리킨다. 반면에 여래선如來禪은 오미선五味禪이라 하여 폄하한다.

32 팽상彭殤 : 팽은 상고 시대 선인仙人으로 8백 세의 장수를 누렸다는 팽조彭祖를 가리키고, 상은 19세 이하에 죽은 단명한 소년을 가리킨다.

33 당우唐虞의 옥백에~수심을 띤다 : 요순堯舜의 문치文治와 탕무湯武의 무력 행사를 비교한 것이다. 당우唐虞는 도당陶唐과 우순虞舜을 합한 말로, 요순의 별칭이다. 옥백玉帛과 간과干戈는 각각 평화와 전쟁을 상징한다. 고대에 제후가 회맹會盟할 적에는 옥백을 집지執持했으므로 우호를 비유하는 말로 쓰이게 되었다. 참고로 송宋나라 소옹邵雍의 시에, "당우의 옥백에는 보랏빛 연광이요, 탕무의 간과에는 풀빛이 무성해라.(唐虞玉帛煙光紫。湯武干戈草色萋。)"라는 구절이 있다.(『擊壤集』권20 참조)

34 증련甑蓮과 경사鏡蛇 : 사람의 죽음을 비유하는 말이다. 송宋나라 등경직滕景直의 집에서 밥을 지을 때 솥 속에서 우레 소리가 나기에 가서 살펴보니, 연꽃 비슷한 식물이 점점 자라나다가 얼마 뒤에 붉은색이 사라지며 시들었는데, 그로부터 열흘 뒤에 경직이 죽었다는 증상생연화甑上生蓮花의 고사가 전한다.(『錦繡萬花谷』前集 권26 「凶兆」) 또 원효숙袁孝叔이 아침에 일어나 빗질을 하는 중에 거울 표면으로 뱀과 비슷하면서 네 발이 달린 물체가 떨어졌는데, 이것을 보고 효숙이 놀라 땅에 쓰러진 뒤에 며칠 만에 죽었다는 화사반경畫蛇盤鏡의 고사가 전한다.(『說郛』권72 「前定錄」〈袁孝叔〉참조)

35 일위도강一葦渡江 : 달마達磨가 갈대 잎을 타고 장강長江을 건너갔다는 전설을 말하는데, 제2권 500면 주 87 참조.

36 당우唐虞 이전二典 : 『서경』맨 처음에 나오는 「요전堯典」과 「순전舜典」을 말한다. 당우는 도당陶唐과 우순虞舜의 병칭으로, 요순을 가리킨다.

37 팔호八戶 : 여덟 개의 문이 달린 건물을 뜻한다.

38 영랑永郎 : 신라의 이른바 사선四仙 중의 하나이다. 사선은 영랑과 술랑述郎·남석랑南石郎·안상랑安詳郎을 가리키는데, 이들이 고성高城 삼일포三日浦 앞에서 사흘 동안 노닐었다고 한다.

39 선석選席 : 승려의 실력을 시험하는 것을 선불選佛이라고 하는데, 흔히 그 장소를 선

불장선佛場 혹은 선석選席이라고 하고, 그 시험을 공부선工夫選이라고 한다.
40 〈양춘陽春〉·〈백설白雪〉: 고아한 시가詩歌를 가리키는데, 제2권 505면 주 131 참조.
41 화주객花酒客: 기녀妓女와 주연酒宴을 즐기는 풍류객이라는 말이다.
42 황량몽黃粱夢: 한단지몽邯鄲之夢과 같은 말로, 인생의 덧없음을 비유하는 말이다. 조趙나라 수도인 한단의 객점에서 당唐나라 소년 노생盧生이 도사 여옹呂翁의 베개를 빌려 베고 잠을 잠깐 자는 사이에 부귀영화를 누리며 80세까지 사는 꿈을 꾸었는데, 깨어 보니 아까 주인이 짓던 황량, 즉 조밥이 채 익지 않았더라는 이야기에서 유래한 것이다.
43 지마指馬: 전국시대 명가名家인 공손룡公孫龍의 「지물론指物論」과 「백마론白馬論」에서 유래한 말로, 궤변을 뜻한다. 그는 「지물론」에서 "어떤 것도 지指 아닌 것이 없는데, 지는 지가 아니다.(物莫非指。而指非指)"라고 하였고, 「백마론」에서 "백마는 말이 아니다.(白馬非馬)"라고 주장하였다. 참고로 『장자』「제물론齊物論」에 "손가락을 가지고 손가락이 손가락 아님을 설명하는 것은, 손가락이 아닌 것을 가지고 손가락이 손가락 아님을 설명하는 것만 같지 않고, 말을 가지고 말이 말 아님을 설명하는 것은, 말이 아닌 것을 가지고 말이 말 아님을 설명하는 것만 같지 않으니, 하늘과 땅은 하나의 손가락이요, 만물은 하나의 말이다.(以指喩指之非指。不若以非指喩指之非指也。以馬喩馬之非馬。不若以非馬喩馬之非馬也。天地一指也。萬物一馬也)"라는 말이 나오는데, 이는 공손룡의 주장을 반박한 것이다.
44 청문靑門의 오색과五色瓜: 한漢나라 초기에 소평召平이 장안성長安城 청문 밖에서 재배한 오이를 말한다. 청문은 동문을 가리킨다. 소평은 진秦나라 때 동릉후東陵侯에 봉해졌는데, 진나라가 망하자 포의布衣로 가난하게 살면서 장안성 동쪽에 오이 밭을 일구며 유유자적하게 은사隱士의 생활을 즐겼다. 그런데 그의 오이 맛이 좋았으므로, 사람들이 동릉과東陵瓜 혹은 오색과라고 불렀다고 한다.(『史記』「蕭相國世家」참조)
45 운구雲衢: 구름 속의 길이라는 말이다. 참고로 고악부古樂府에 "오늘 즐거움 중에 최고의 즐거움은, 서로 따르며 운구를 걷는 것. 천공은 맛있는 술을 내오고, 하백은 잉어를 올린다네.(今日樂上樂。相從步雲衢。天公出美酒。河伯出鯉魚)"라는 말이 나온다.(『樂府詩集』「相和歌辭」〈豔歌〉참조)
46 이용면李龍眠: 송대宋代의 저명한 화가 이공린李公麟을 가리킨다. 그의 별호가 용면거사龍眠居士이다.
47 단하丹霞: 당唐나라 단하 천연丹霞天然 선사를 가리킨다. 그가 각지를 유력하다가 혜림사慧林寺에 이르러 날이 춥자 목불木佛을 태워 불을 쬐었는데, 이것을 원주院主가 보고는 깜짝 놀라 질책을 하니, 단하가 사리舍利를 구하려 한다고 대답하였다. 이에 원주가 "목불에 무슨 사리가 있겠느냐?(木佛何有舍利)"라고 반문하니, 단하가 "그렇다면 다른 불상도 가져다가 불을 때야겠다.(既無舍利。更取兩尊燒)"라고 응수한 고

사가 전한다.(『五燈會元』 권5 「鄧州丹霞天然禪師」 참조)

48 창해滄海 : 참고로 본 서 제7권에 「양 창해에게 답한 글(答楊滄海書)」이 있다.
49 시선 집중~쏘아 맞추고 : 『열자列子』「탕문湯問」에 고대의 활의 명수인 기창紀昌이 일찍이 비위飛衛에게서 활쏘기를 배울 적에, 벼룩 한 마리를 실에다 꿰어 창문에다 걸어 놓고는 매일 시선을 집중시킨 결과, 3년 만에 수레바퀴처럼 크게 보여 벼룩의 심장을 관통했다는 사슬射蝨의 이야기가 나온다.
50 정신 집중~매미도 줍는다네 : 『장자』「달생達生」에 초楚나라의 꼽추가 5~6개월 동안 탄환을 포개어 올려놓고 떨어뜨리지 않는 훈련을 한 결과, 마치 땅에 있는 물건을 손으로 줍는 것처럼, 나무 위의 매미를 장대로 손쉽게 잡게 되었다는 누환累丸의 이야기가 나온다.
51 동금桐琴이 순임금의~요임금의 마음이랴 : 성군聖君으로 일컬어지는 요순堯舜도 제위에 연연하지 않고 오직 민생의 안정에 힘썼다는 말이다. 동금은 오동나무 거문고라는 말이다. 순임금이 오현금五絃琴을 만들어 〈남풍가南風歌〉를 지어 부르면서, "훈훈한 남쪽 바람이여, 우리 백성의 수심을 풀어 주기를. 제때에 부는 남풍이여, 우리 백성의 재산을 늘려 주기를.(南風之薰兮。可以解吾民之慍兮。南風之時兮。可以阜吾民之財兮。)"이라고 했다는 고사가 전한다.(『禮記』「樂記」) 황옥黃屋은 누런 비단으로 덮개를 만든 수레라는 뜻으로, 제왕의 전용 수레를 말하는데, 참고로 남조南朝 송宋 범엽范曄의 〈낙유응조시樂遊應詔詩〉에 "산속의 징검다리는 공자의 성품에 맞고, 누런 비단 덮개 수레는 요임금 마음이 아니다.(山梁協孔性。黃屋非堯心。)"라는 구절이 나온다.
52 모사하여 철哲이라~흠欽이라 하였도다 : 『서경』「순전舜典」에 순임금의 덕을 표현하면서, "깊고 지혜롭고 문채가 나고 환하게 밝다.(濬哲文明)"라고 한 말이 나오고, 「요전堯典」에 요임금의 덕을 찬양하여, "공경하고 총명하고 단정하고 사려가 깊다.(欽明文思)"라고 한 말이 나온다.
53 부동不動은 맹자孟子에게서 구하고 : 『맹자』「공손추公孫丑」 상에, 맹자가 나이 40에 마음이 흔들리지 않는 경지를 얻었다(我四十不動心)고 자부하면서, 부동심不動心에 대해 설명하는 대목이 자세히 나온다.
54 무언無言은 중니仲尼를 본받았네 : 『논어』「양화陽貨」에 공자가 "나는 말을 하지 않으려 한다.(予欲無言)"라고 하자, 자공子貢이 "말씀을 하지 않으시면 저희가 어떻게 도를 전하겠습니까?"라고 하니, 공자가 "하늘이 무슨 말을 하던가? 그럼에도 불구하고 사시는 운행하고 만물은 자라난다.(天何言哉。四時行焉。百物生焉。)"라고 대답한 말이 나온다. 중니는 공자의 자字이다.
55 공부자孔夫子가 안연을 애통해한 것 : 『논어』「선진先進」에 안연顏淵이 죽었을 때 공자가, "하늘이 나를 망하게 한다.(天喪予)"라고 거듭 탄식하고 지나칠 정도로 슬퍼하였으며(哭之慟), 또 "내가 이 사람을 위해 애통해하지 않고 누구를 위해 애통해하겠는

가.(非夫人之爲慟而誰爲)"라고 말한 내용이 나온다.
56 초楚나라 장군 : 『사기史記』「이장군열전李將軍列傳」에 전한前漢의 명장 이광李廣이 풀숲의 바위를 범으로 오인하고 활을 쏘았는데, 바위 속에 깊이 박혀서 화살 끝이 보이지 않았다(中石沒鏃)는 기록과, 범이 있다는 말을 들으면 직접 찾아가서 활로 쏘아 잡았다는 기록이 나온다. 초나라는 미상인데, 혹 서산의 착오가 아닌가 싶다.
57 흰 구름~얼마나 팔았는지요? : 선경에서 신선과 같은 생활을 하며 얼마나 선행을 베풀고 있느냐는 말이다. 선인 동봉董奉이 산속에서 사람들의 병을 치료하며 돈은 받지 않고 병이 나으면 단지 은행나무를 심도록 하여 몇 년 만에 10만여 그루의 숲을 이루었다. 그 뒤로 은행이 필요한 사람들이 곡식을 가지고 와서 바꿔 가곤 하였는데, 속여서 많이 가지고 가거나 훔치는 사람이 있을 때에는 범이 쫓아가서 혼내 주었으며, 이렇게 모은 곡식으로 빈민들을 구제했다고 한다. 호매행虎賣杏 혹은 종행種杏의 고사로 전해지는 이 이야기가 진晉나라 갈홍葛洪이 지은 『신선전神仙傳』 권6 「동봉董奉」에 나온다.
58 괴수槐樹 남쪽~지내는 즐거움 : 순우분淳于棼이란 사람이 괴수槐樹 아래에 술 취해서 잠깐 누워 잠든 사이에 개미 구멍 속의 이른바 대괴안국大槐安國 속에 들어가 그 나라의 부마駙馬가 되어 남가南柯의 태수로 30년 동안 있으면서 온갖 부귀영화를 누리다가 꿈을 깨었다는 남가일몽南柯一夢의 고사를 인용한 것이다. 당唐나라 이공좌李公佐의 「남가태수전南柯太守傳」에 이 이야기가 나온다.
59 황옥黃屋 : 제왕의 수레를 말하는데, 앞의 각주 51 참조.
60 안자顏子 : 공자의 제자 안회顏回를 가리킨다. 『논어』「옹야雍也」에 공자가, "한 그릇 밥과 한 바가지의 물로 누추한 골목에서 사는 것을 다른 사람들은 견디지 못하는데, 안회는 그 즐거움을 한결같이 변치 않으니 참으로 어질다.(一簞食一瓢飮在陋巷. 人不堪其憂. 回也不改其樂. 賢哉回也.)"라고 칭찬한 말이 나온다.
61 소문昭文 : 거문고의 명인인데, 『장자』「제물론齊物論」에 소개되어 있다. 대본에는 '師文'으로 되어 있으나, '師'를 '昭'로 바로잡아 번역하였다.
62 유령劉伶 : 진晉나라 사람으로, 술을 너무도 좋아해서 〈주덕송酒德頌〉이라는 글을 지었다. 항상 술병을 차고 다니면서 종자從者에게 삽을 메고 자기 뒤를 따라오게 하며 자기가 죽으면 바로 묻어 달라고 부탁하기도 하였다. 그러던 어느 날 갈증이 심해서 아내에게 술을 달라고 청하자, 아내가 울면서 술을 끊을 것을 간청하니, 유령이 금주하려면 귀신에게 축원해야 한다면서 술상을 차려 오게 하였다. 이에 처가 그 말대로 따르니, 유령이 무릎을 꿇고 기도하기를, "하늘이 유령을 낸 것은 술로 이름을 내라는 뜻이니, 한꺼번에 한 섬의 술을 마시고 다섯 말로 해장을 하게 하실 것이요, 부녀자의 말은 부디 듣지 마시기를.(天生劉伶. 以酒爲名. 一飮一斛. 五斗解醒. 婦兒之言. 愼不可聽.)"이라고 하고는, 그 주육으로 다시 크게 취했다고 한다.(『晉書』 권49 「劉伶

傳」 참조)

63 물화物化 : 『장자』「제물론」 마지막의, "언젠가 장주가 꿈속에서 나비가 되었다. 나풀나풀 잘 날아다니는 나비의 입장에서 스스로 유쾌하고 만족스럽기만 하였을 뿐 자기가 장주인 것은 알지도 못하였는데, 조금 뒤에 잠을 깨고 보니 엄연히 장주라는 인간이었다. 모를 일이다. 장주의 꿈속에 나비가 된 것인가, 나비의 꿈속에 장주가 된 것인가? 하지만 장주와 나비 사이에는 분명히 구분이 있을 것이니, 이것을 일러 물의 변화라고 한다.(昔者莊周夢爲胡蝶。栩栩然胡蝶也。自喩適志與。不知周也。俄然覺則蘧蘧然周也。不知周之夢爲胡蝶與。胡蝶之夢爲周與。周與胡蝶則必有分矣。此之謂物化。)"라는 유명한 호접몽胡蝶夢의 이야기에서 나온다.

64 현슬懸虱 : 벼룩을 실에 꿰어 매달아 놓고 바라본다는 말인데, 제3권 659면 주 49 참조.

65 알운遏雲 : 가던 구름이 음악을 들으려고 멈춘다는 뜻으로, 풍악이 멋지게 울려 퍼지는 것을 말한다. 진秦나라의 명창 진청秦靑이 노래를 부르자, 가던 구름도 그 소리를 듣고 멈춰 섰다는 향알행운響遏行雲의 이야기가 『열자列子』「탕문湯問」에 전한다.

66 사광師曠의 귀가 코와 같게 되고 : 사광은 춘추시대 진晉나라 평공平公의 악사樂師로, 태어나면서부터 앞을 보지 못했으며, 귀가 워낙 밝아서 미묘한 소리를 잘 분간했다고 한다. 또 『열자列子』「황제黃帝」에, 9년 동안 수련을 해서 시비是非와 이해를 모두 잊고 난 뒤에, "눈은 귀와 같게 되고, 귀는 코와 같게 되고, 코는 입과 같게 되어 같지 않은 것이 없게 되었다.(眼如耳。耳如鼻。鼻如口。無不同也。)"라는 말이 나온다.

67 백아伯牙의 음악도~될 것입니다 : 『열자』「탕문」에 거문고의 명인 백아가 연주를 하면 그의 지음知音인 종자기鍾子期가 그 음악을 듣고는 무엇을 연주했는지 귀신처럼 알아맞히곤 하였으므로, 백아가 "훌륭하다, 그대가 음악을 들음이여. 그대가 상상하는 것이 나의 마음과 똑같으니, 내가 어떻게 그대의 귀를 피해서 소리를 도망칠 수 있겠는가.(善哉。善哉。子之聽夫。志想象猶吾心也。吾于何逃聲哉。)"라고 탄식했다는 이야기가 나온다.

68 나와 그대가~있는 것 : 소동파蘇東坡의 「전적벽부前赤壁賦」 말미에, 천지간의 물건은 모두 주인이 있지만, 오직 청풍과 명월만은, "조물자에 속한 무궁무진한 보배로서, 나와 그대가 함께 즐길 수 있는 것이다.(是造物者之無盡藏也。而吾與子之所共樂。)"라는 말이 나오고, 소자蘇子의 이 말을 듣고는, "객이 즐거워서 미소를 지었다.(客喜而笑。)"라는 말이 이어진다.

69 소상강瀟湘江의 대나무 한 그루 : 소상반죽瀟湘斑竹을 말한다. 순舜임금이 창오蒼梧의 들판에서 죽은 뒤에 그의 두 왕비인 아황娥皇과 여영女英이 사모하는 정을 억누르지 못해 서로 통곡하면서 소상강에 빠져 죽었는데, 그때 흘린 눈물이 대나무 위에 떨어지며 얼룩이 져서 소상반죽이 되었다는 고사가 전한다.(『博物志』 권8 참조)

70 서쪽에서 온 이 한 곡조 : 달마達磨가 인도에서 중국에 전한 불법佛法이라는 말이다.
71 자기자기子期 : 종자기鍾子期의 준말로, 지음知音을 뜻하는데, 제1권 165면 주 81 참조.
72 귀먹고 혀~집안의 일이니 : 참고로 『선가귀감禪家龜鑑』에, "대저 학자는 먼저 종문의 갈래에 대해서 자세히 알아야 한다. 옛날에 마조가 한 번 할을 하매, 백장은 귀가 먹었고, 황벽은 혀가 빠졌다. 이 하나의 할이야말로 부처가 꽃을 들어 보인 소식이요, 달마가 처음 중국에 건너온 면목이라 할 것이다. 아, 이것이 바로 임제종의 연원이 된다.(大抵學者。先須詳辨宗途。昔馬祖一喝也。百丈耳聾。黃蘗吐舌。這一喝。便是拈花消息。亦是達摩初來底面目。吁。此臨濟宗之淵源。)"라는 말이 나온다.
73 임제臨濟와 덕산德山의 일 : 방할봉갈과 같은 수법을 말한다. 선사가 제자의 깨달음을 유도하기 위하여 언어 대신에 파격적으로 보여 주던 일종의 선기禪機로, 덕산 선사의 몽둥이와 임제 선사의 고함 소리라는 뜻의 '덕산방德山棒 임제할臨濟喝'이 유명하다.
74 음계陰界 : 오음五陰의 세계라는 뜻이다. 오음은 오온五蘊, 즉 색色·수受·상想·행行·식識을 말한다.
75 광혜狂慧 : 선정禪定의 힘이 없는 지혜를 말한다. 비유하면 바람 앞에 깜박이는 등불과 같다. 반면에 지혜가 없는 선정은 치정癡定이라고 한다.
76 3지겁祇劫 : 3아승지겁阿僧祇劫의 준말로, 보살이 수행하여 불과佛果를 얻을 때까지 걸리는 시간을 말한다. 아승지阿僧祇는 범어 asaṃkhya의 음역으로, 무량수無量數라는 뜻이고, 겁劫은 지극히 먼 시간을 뜻한다.
77 선선과 악악을~수 있다 : 참고로 선종禪宗의 공안公案에 불사선불사악不思善不思惡이 있는데, 시비와 선악의 생각을 초월해야만 진리를 투철하게 깨달을 수 있다는 뜻으로 흔히 쓰인다. 『무문관無門關』 제23칙(T48, 0295c23)에 육조 혜능慧能이 몽산 혜명蒙山惠明에게 "선을 생각하지도 않고 악을 생각하지도 않는 바로 그때에 명 상좌의 본래면목은 무엇인가?(不思善。不思惡。正與麼時。那箇是明上座本來面目。)"라고 묻자, 혜명이 말을 들은 즉시 대오大悟했다는 이야기가 나온다.
78 홀연히 광기狂氣가~것이 아니다 : 『능엄경楞嚴經』 권4에 인도 실라성실羅城의 연야달다가 거울 속에 비친 자기 머리의 미목眉目을 보고 기뻐하다가 다시 머리를 돌려 바라보려 해도 보이지 않자, 몹시 화를 내면서 도깨비의 장난이라고 여기고는 미친 듯 질주했다는 미두인영迷頭認影의 비유가 실려 있는데, 이 이야기 속에 나오는 말이다.

청허집 제4권
| 清虛集 卷之四 |

게(偈)[1]

경술년 가을에 풍악산 향로봉에 머물 적에 어떤 선자가 묘향산에서 나를 찾아와 제불 중생과 삼도[1] 마장의 연기에 대한 까닭을 질문하였는데, 너무도 그 뜻이 근실하고 간절하기에 마침내 하나의 게송을 엮어서 그의 질문에 답하다

庚戌秋。住楓岳山香爐峯。有一禪子。來自妙香山訪余。因問諸佛衆生與三途魔障緣起之由。勤勤懇懇。遂縷一偈。因問以答云。[2]

불성을 보고자 하면	若欲見佛性
마음이 불성임을 알고	知心是佛性
삼도를 면하고자 하면	若欲免三途
마음이 삼도임을 알라	知心是三途
정진하는 마음이 석가불이요	精進是釋迦
올곧은 마음이 미타불이요	直心是彌陁
밝은 마음이 문수보살이요	明心是文殊
원만한 행동이 보현보살이요	圓行是普賢
자비의 마음이 관세음보살이요	慈悲是觀音
희사의 마음이 대세지보살이니라	喜捨是勢至
성내는 마음이 지옥이요	瞋心是地獄

---

1) ㉯ '偈'는 갑본·을본·병본·정본·무본·기본·경본·신본에는 없다.
2) ㉯ 이 제명題名은 갑본·을본·병본·정본·무본·기본·경본·신본에는 '頓教頌一答悅大師十法界之問'으로 되어 있다.

탐하는 마음이 아귀요	貪心是餓鬼
어리석은 마음이 축생이요	痴心是畜生
음욕과 살심 또한 이와 같도다	婬殺亦如是
일어나는 마음이 천마요	起心是天魔
일어나지 않는 마음이 음마요	不起是陰魔
일어나기도 일어나지 않기도 하면	或起或不起
그 이름이 번뇌마니라	是名煩惱魔
그러나 나의 정법 속에는	然我正法中
본래 이와 같은 일이 없나니	本無如是事
청컨대 그대는 이러한 일을 알고	請君知箇事[1]
금강의 칼을 씩씩하게 잡아라	快提金剛刃
회광하는 한 생각 속에	回光一念中
만법이 모두 곡두(幻)를 이루나니	萬法皆成幻
곡두를 이루고 병을 만드는	成幻又成病
이 한 생각도 모름지기 내려놓아	一念須放下
내려놓고 또 내려놓으면	放下又放下
천진한 옛 면목을 되찾으리라	舊來天眞面

---

1) ㉤ '心是餓鬼……君知箇事'까지 49자는 마멸되었으나, 무본에 의거하여 추가하였다.(편자)

잡저
雜著1), 2)

또 별지로 보이다

천 리를 치달리는 말이 어찌 채찍의 그림자를 빌리겠는가. 광야에 부는 봄바람이 마치 물 흐르듯 하리라 생각한다. 그러나 옛사람이 말하기를, "도道를 보기는 쉬워도 도를 지키기는 어렵다."라고 하였다. 그대는 언제나 율법을 힘껏 지켜 지해智解와 수행에 어긋남이 없게 하고, 타인의 허물을 말하지 말 것이며, 조정의 일을 의논하지 말라. 그리고 외서外書를 보지 말고, 사색邪色을 보지 말며, 감언甘言을 듣지 말라. 세상 속의 사람들도 두려워하는 바인데, 하물며 세상 밖의 사람이겠는가. 아첨하는 웃음을 가까이하지 말라. 속인들도 병으로 여기는데, 하물며 도인道人이겠는가. 총혜聰慧로 교만을 부리지 말고, 문자로 사람을 업신여기지 말라. 지도至道에는 남(人)이 없고, 진리에는 나(我)가 없느니라. 모름지기 자기의 분수를 항상 지키고, 자기의 허물을 항상 살펴야 할 것이다. 그리고 질직質直으로 체體를 삼고, 자인慈忍으로 용用을 삼으면서 청산과 백운白雲을 안식처로 삼고, 수월水月과 송풍松風을 마음 아는 벗으로 삼으면 거의 도인에 가깝다고 할 것이다.

又示別紙

千里之驥。豈假鞭影。曠野春風。想必如流。然古人云。見道易而守道難也。師居常勉護毗尼法。勿相違解行。勿說他人過。勿議朝廷事。勿看外書。勿視邪色。勿聽甘言也。衾枕之所畏。況外人乎。勿近謟笑也。塵人之所病。

況道人乎。勿以聰慧貢我。勿以文字慢人。至道無人也。眞理無我也。須須常守己事。常省己過。以質直爲體。以慈忍爲用。以靑山白雲爲栖息處。以水月松風爲知心友也。則庶幾乎道人也。

1) [원] '雜著'는 갑본·을본·병본·정본에는 '禪語'로 되어 있다. 무본·기본·경본·신본에는 '禪敎偈語'라고 되어 있다. 2) [원] 이 아래의 「선교결禪敎訣」 1편은 이미 『한국불교전서』 제7책 657면에 실려 있으므로 싣지 않았다.(편자)

법현 선자에게 보이다

○ 이것은 마음의 오묘함을 표시한 것이고, △ 이것은 불법의 현묘함을 표시한 것이다. 하지만 이는 고인古人이 억지로 태허太虛에 이름을 붙인 쓸데없는 말들이다. 한 걸음 나아가면 은산銀山 철벽鐵壁이요, 한 걸음 물러서면 만 길 깊은 구덩이요, 나아가지도 물러서지도 않으면 하늘 가득 갈등葛藤으로 뒤덮일 것이다. 이러한 상황에서 어떻게 빠져나올 수 있겠는가. 우물거리지 말고 얼른 한마디 일러라. 억!

간밤에 금 까마귀가 바다로 날아 들어갔는데
새벽에 하나의 수레바퀴가 여전히 붉도다.

示法玄禪子
○此標心上妙。△此標法中玄。古人强安名太虛之乎者也。進一步。則銀山鐵壁。退一步。則萬丈深坑。不進不退則彌天葛藤。到此作麼生出氣去也。不犯當頭。速道一句將來。咦。昨夜金烏飛入海。曉天依舊一輪紅。

인휘 선자에게 주다

한 생각 속에 선한 마음을 내면 부처가 마왕魔王의 집에 들어앉고, 한 생각 속에 악한 마음을 내면 마왕이 부처의 집에 걸터앉는다. 선과 악 둘을 모두 잊으면, 마왕과 부처가 어느 곳에 출현할까. 억! 마왕이 오지 않는 곳을 중생은 날마다 쓰면서도 알지 못하고, 부처가 오지 않는 곳을 제성諸聖은 인연 따라 행하면서도 알지 못한다. 필경에 이것이 무슨 도리인가.

둥근 달 홀로 비춰 강산이 고요한데
혼자 웃는 한 소리에 천지가 놀라 깨네.

贈印徽禪子
一念善心生。佛坐魔王殿。一念惡心生。魔王踞佛殿。善惡兩相忘。魔佛何處現咦。魔不到處。衆生日用而不知。佛不到處。諸聖隨緣而不會。畢竟是箇什麽。孤輪獨照江山靜。自笑一聲天地驚。

혜안 선자

"입이 코 같고 눈이 눈썹 같아야만 비로소 집에 돌아가 편히 쉬는 소식을 알게 될 것이다."[2]라고 하니, 다시 묻기를 "어떻게 해야 그렇게 되겠습니까?"라고 하기에, "비가 지나면 산이 푸르고 물이 푸르다."라고 하였다. 또 입을 열어서 뭐라고 말하려고 하기에 곧바로 때리면서 말하기를, "어디로 가려고 하는가?"라고 하고는, 한참 있다가 "방초 우거져 나루 찾아도 보이지 않기에 밤사이에 예전처럼 갈대꽃 속에 묵었네."라고 하였다.

慧安禪子[1]
口似鼻眼似眉。方解穩坐消息。更問如何相應。雨過山[2]靑水碧。擬開口和聲。便打云。什麽處去也。良久。芳草[3]渡頭尋不見。夜來依舊宿蘆花。

1) ㉘ 이 글은 갑본·을본·병본·정본에는 없다. 2) ㉘ '何相應雨過山' 여섯 글자는 마멸되었으나, 편자가 무본에 의거하여 보입하였다. 3) ㉘ '去也良久芳草' 여섯 글자는 마멸되었으나, 편자가 무본에 의거하여 보입하였다.

지해 선자가 선계를 청하기에 단두화로 답하다

왼쪽이라 해도 옳지 않고, 오른쪽이라 해도 옳지 않으며, 머리를 돌리고 뇌를 굴려도 모두 옳지 않다. 이것이 필경 무슨 면목인고. 억! 10분 중에 9분은 이미 선화자禪和子에게 이야기했고, 1분을 남겨서 선화자에게 주노니, 집에 돌아가서 점검해 보도록 하라.

智海禪子索禪偈以斷頭話報之
左來也不是。右來也不是。回頭轉腦也總不是。畢竟是何面目。咄。十分中九分。已與禪和子說了也。且留一分。付與禪和子。歸堂點檢看。

덕인 선자

위엄을 떨쳐 한 번 할喝을 하면, 몸을 잃고 목숨을 잃는다. 비록 이와 같긴 하지만, 삼조三祖는 "지도至道는 어려울 것이 없다."³라고 하였고, 조주趙州는 "대도大道는 장안長安에 통한다."⁴라고 하였다. 일시에 두 분 존숙尊宿의 뜻을 앞세워서 감히 묻노니, 선화자禪和子는 시험 삼아 한마디 말해 보라. 억! 누설한 것이 적지 않도다.

德仁禪子
振威一喝。喪身失命。雖然如是。三祖至道無難易。趙州大道通長安。一時捉敗二尊宿。敢問禪和試道看。咄。漏逗不少。

태전 선자

산은 산이요 물은 물이니 무슨 허물이 있으며, 옷 입고 밥 먹는 데에 무슨 허물이 있겠는가. 껄껄껄. 옛날 그 사람은 변한 것이 없는데, 다만 옛날 밟고 다닌 곳이 변하였도다. 한참 있다가 말하기를, "부모님에게서 받은 입으로는, 끝내 그대 위해 말해 주기 어렵도다."라고 하였다.

太顚禪子
山山水水有什麼過。着衣喫飯有什麼過。呵呵。不改舊時人。只改舊時行履處。良久云。父母所生口。終不爲君通。

성종 선자

기륜機輪이 구르는 곳에서 불조佛祖의 갈등葛藤을 떨어 버리고, 보인寶印을 손에 쥘 때에 시비의 공안을 판단한다. 어디 한번 말해 보라. 필경 어떠한 도리인가?

둥근 달 홀로 비추어 강산이 고요한데
혼자 웃는 한 소리에 천지가 놀라 깨네.

性宗禪子
機輪轉處。掀翻佛祖葛藤。寶印提時。判斷是非公案。且道畢竟如何。孤輪獨照江山靜。自笑一聲天地驚。

의정 선자

몽둥이 앞에 취증取證하면 덕산德山을 저버리고, 할喝 아래에 승당承當하면 임제臨濟를 파묻는다. 그런데 더구나 또 횡설수설하여 산승의 입을 더럽히고 선자禪子의 귀를 먹게 하겠는가. 한참 있다가 이르기를, "연지곤지 찍어 화장을 해도, 어찌 원래 그대로의 얼굴만 하겠는가."라고 하였다.

義正禪子[1)]

棒頭取證。辜負德山。喝下承當。埋沒臨濟。況復橫說竪說。汚却山僧口也。塞却禪子耳也。良久云。東塗與西抹。豈似天眞面。

1) ㉮ 이 글은 갑본·을본·병본·정본에는 없다.

성희 선자

생生을 말하고 사死를 말하지만, 언제 끝낼 기약이 있겠느냐. 생사의 한 구句를 해결하지 못하면, 또 어떻게 살아가겠는가. 한참 있다가 숨을 한 번 내쉬며 이르기를, "한바탕 패궐敗闕을 용납함이 소소小小와 같지 않구나. 억! 강남 땅 3월을 항상 생각하나니 자고새 울고 백화 향기 풍긴다네."라고 하였다.

性熙禪子[1)]

說生說死。有什麼了期。秖[2)]如不涉生死句。又作麼生。良久。噓氣一聲云。納一場敗闕。不同小小。咦。常憶江南三月裏。鷓鴣啼處百花香。

---

1) ㉮ 이 글은 갑본·을본·병본·정본에는 없다. 2) ㉮ '秖'는 저본에는 '秪'로 되어 있다.

재상 소세양의 시에 차운하여 진기 대사에게 주다 【3수】
次蘇相世讓韻贈眞機大師[1]【三】

[1]

한산의 하나의 손가락 위에	寒山一指頭
둥근 달이 푸른 하늘로 떠오르네	圓月上蒼蒼
달을 보고는 손가락을 잊고	見月因忘指
손가락 잊고 나선 달도 잊어야지	忘指月亦忘
억! 손 들고 머리 드니 풍우가 상쾌한데	咄 擧手擧頭風雨快
장부가 하필 공왕을 섬기리오	丈夫何必事空王

[2]

원각은 대가람인지라	圓覺大伽藍
모두 빠짐없이 포섭했다오	攝盡無遺餘
주인은 언제나 꿈꾸지 않고	主人長不夢
명월은 빈 창에 들어온다네	明月入窓虛
껄껄껄 한 번 웃고 말없이 한참 있으니	阿呵呵 一笑無言良久處
지는 꽃 천 조각이 하나같이 똑같네	落花千片巧相如

[3]

생은 무엇이며 사는 무엇인가	生伊麼死伊麼
생과 사 모두가 허명이로다	生死總虛名
해탈하면 간밤의 꿈과 같나니	縛脫如昨夢
활로가 평탄하고 평탄하도다	活路平復平

---

1) 원 이 글은 갑본·을본·병본·정본에는 없다.

천지의 재량을 마음대로 빼앗고	縱奪天地量
일월의 밝음을 뱉고 삼키도다	吞吐日月明
발우 하나와 납의 하나로	一鉢兼一衲
기세등등하게 걸림 없이 다니도다	騰騰自在行

숭정崇禎 3년(1630, 인조 8) 경오년 봄 왕월王月 일日에, 소제자小弟子 보진 葆眞과 쌍흘雙仡 등은 삼가 선사가 지은 7편을 가지고 지금 간행하여 후세에 전하면서, 아울러 성수聖壽가 만세를 향유하며 억조가 모두 안락하고, 불일佛日이 빛을 더하며 법륜이 항상 구르기를 축원합니다.

崇禎三年庚午春王月日。小弟子葆眞雙仡等。謹持先師所撰七篇。刊行于今。傳於後世。仍祝聖壽萬歲。億兆咸樂。佛日增輝。法輪常轉。

조연질助緣秩 : 경윤敬允 · 천규天奎 · 묘엄妙吅 · 묘엄妙吅 · 혜인惠仁 · 경눌敬訥 · 근영仅英 · 계휘戒暉 · 학정學正 · 축명竺明 · 쌍인雙印 · 사정思正 · 학림學林 · 신연信衍 · 묘인妙仁 · 휘정暉正 · 혜문惠文 · 능민能敏 · 법호法浩 · 경찬敬贊 · 덕준德俊 · 은민隱敏 · 천흘天仡 · 방신方信 · 신우信牛 · 경순敬淳 · 근엄仅吅 · 나기懶己 · 태문太文 · 근윤仅允 · 수정修正 · 홍원弘元 · 처영處英 · 영감靈甘 · 근웅仅雄 · 일경日冏 · 학훈學訓 · 계경ㅋ敬 · 묘잠妙岑 · 현일玄日.

간사刊司 : 조운祖云 · 법철法哲 · 성호性浩 · 영준英俊 · 계능戒能 · 밀현密玄 · 묘안妙安 · 밀영密英 · 성감性甘 · 덕현德玄 · 충익冲益 · 학수學修 · 학연學衍 · 학일學日 · 계호ㅋ浩 · 영십靈什 · 유연柳淵.

목수木手 : 근웅仅雄 · 앙천印天 · 종철宗哲 · 도건道建 · 지휘智暉 · 영흡靈洽 · 영수靈秀.

별좌別座 : 지묵志默.

助緣秩。敬允。天奎。妙吅。妙吅。惠仁。敬訥。仅英。戒暉。學正。竺明。雙印。思正。學林。信衍。妙仁。暉正。惠文。能敏。法浩。敬贊。德俊。隱敏。天仡。方信。信牛。敬淳。仅吅。懶己。太文。仅允。修正。弘元。處英。靈甘。仅雄。日㤀。學訓。ㅋ敬。妙岺。玄日。刊司祖云。法哲。性浩。英俊。戒能。密玄。妙安。密英。性甘。德玄。冲益。學修。學衍。學日。ㅋ浩。靈什。柳淵。木手仅雄。卬天。宗哲。道建。智暉。靈洽。靈秀。別座志默。

주

1 삼도三途 : 지옥·아귀·축생의 삼악도三惡途를 말한다.
2 입이 코~될 것이다 : 피차의 구별을 모두 잊어야만 도의 경지에 이른다는 말인데, 제3권 661면 주 66 참조.
3 지도至道는 어려울 것이 없다 : 중국 선종의 삼조三祖인 감지鑑智 선사 승찬僧璨이 지은 『신심명信心銘』 첫머리에 "지도는 어려울 것이 없다. 단지 간택하는 것을 꺼릴 뿐이다.(至道無難。唯嫌揀擇。)"라는 명구가 나온다.(T48, n.2010)
4 대도大道는 장안長安에 통한다 : 어떤 승려가 당나라의 조주 종심趙州從諗 선사에게 무엇이 도냐고 묻자, 조주가 "담장 밖에 있다.(墻外底)"라고 대답하니, 그 승려가 자기는 그런 도를 묻지 않았다고 하였다. 이에 조주가 그렇다면 무슨 도를 물었느냐고 묻자, 그 승려가 대도大道를 물었다고 하니, 조주가 "대도는 장안에 통한다.(大道通長安)"라고 대답하였다.[『五燈全書』 권94 「婺州五洩應乾最嬾根禪師」(X82, 0527c24) 참조]

청허집 제5권
| 清虛集 卷之五 |

청허초
淸虛草[1]

두류산 신흥사 능파각凌波閣의 기문記文

　세상에서 해중海中의 삼산三山을 칭하는데, 두류산頭流山이 그중에 하나를 차지한다. 두류산은 우리 동국東國의 호남과 영남 사이에 있다. 산에 사원이 있으니, 이름을 신흥사神興寺라고 한다. 그리고 그 사원에 동천洞天이 있으니, 이름을 화개동花開洞이라고 한다. 그 동천은 협착해서 사람이 호로병 속을 드나드는 느낌이 든다. 동쪽으로 아슴푸레 하나의 골짜기가 보이는데, 이곳이 바로 청학동靑鶴洞이니 푸른 학이 여기에서 산다. 남쪽으로 강 위에 몇 개의 봉우리가 보이는데, 이곳이 바로 백운산白雲山이니 흰 구름이 여기에서 일어난다.

　동천 속에 또 하나의 마을이 있어서 너댓 집이 거주하는데, 꽃과 대숲이 어지럽게 비치고, 닭과 개 소리가 서로 들린다. 그 주민은 의관衣冠이 순박하고 모발 역시 예스럽다. 생활이라고 해야 밭 갈고 우물 파는 것을 알 뿐이요, 찾아가고 만나는 사람이래야 단지 늙은 중이 있을 뿐이다.

　동천에서 사원의 문까지는 남쪽으로 몇 십 걸음쯤 가면 된다. 동쪽과 서쪽의 두 시내가 하나의 냇물로 합쳐져 맑게 흐르면서 돌에 부딪치고 굽이쳐 소리를 내고, 놀란 물결이 뒤집히며 1천 점의 눈꽃이 휘날리니 참으

---

1) ㉮ 이 글 위에 「벽송당행적碧松堂行跡」·「부용당행적芙蓉堂行蹟」·「경성당행적敬聖堂行蹟」 세 편이 있다. 그러나 이 세 편은 이미 『삼로행적三老行蹟』(『한국불교전서』 제7책 752면)에 기록되어 있기 때문에 편자가 싣지 않았다. '淸虛草' 세 글자는 갑본·을본·병본·정본에는 없다. 무본·기본·경본·신본에는 '記'로 되어 있다.

로 기관奇觀이다.

시내의 양쪽 언덕에는 수천 마리의 돌 소(石牛)와 돌 양(石羊)이 누워 있다.[1] 이 물건은 처음에 하늘이 험요險要를 만들면서 영부靈府를 숨기려 한 것임이 분명한데, 겨울에 얼음이 얼거나 여름에 비가 오기라도 하면, 사람들이 통행할 수 없는 것이 큰 걱정거리였다.

가정嘉靖 신유년(1561, 명종 6) 여름에 산의 덕사德士 옥륜玉崙이, 도반인 조연祖演에게 부탁하여 시내 언덕에 누워 있는 돌 소와 돌 양을 채찍질해서 기둥을 세우고 1층의 긴 다리를 놓게 하였다. 그리고 다리 위에 다섯 칸의 높은 누각을 일으켜 각각 단청을 입히고는, 그 다리 이름을 홍류紅流라고 하고, 그 누각 이름을 능파凌波라고 하였다.

그 모양을 보면, 아래에는 누런 용이 물결에 누워 있고, 위에는 붉은 봉황이 하늘을 나니, 그 형세가 단례端禮의 원각黿閣[2]과 같고, 장의張儀의 귀교龜橋[3]와는 전혀 다르다. 산승은 여기에 와서 선정禪定에 활기를 얻고, 소객騷客은 여기에 와서 시구를 고민하며, 도사는 여기에 와서 환골탈태하지 않고도 곧장 남실바람을 탄다.

이에 옥륜玉崙과 조연祖演 두 분이 마음을 요확蓼廓(천상)에 부치고 몸을 부운浮雲에 의탁한 채 지팡이를 짚고 때때로 나와 그 사이에서 한가로이 읊기도 하고, 그 사이에서 차를 마시기도 하고, 그 사이에 눕기도 하면서 장차 늙음이 닥쳐오는 줄도 알지 못했다.

그리고 그 누각으로 말하면, 몸은 백 척의 누대에 올라 별을 따는 정취가 있고,[4] 눈은 천 리에 틔어 하늘에 오르는 정취가 있으며, 짝 잃은 따오기와 지는 놀은 등왕각滕王閣의 정취가 있고,[5] 하늘 밖의 세 산은 봉황대鳳凰臺의 정취가 있으며,[6] 맑은 냇물과 봄풀은 황학루黃鶴樓의 정취가 있고,[7] 떨어진 꽃잎이 물에 흘러가는 것은 도원桃源의 정취가 있으며,[8] 가을에 금수錦繡의 단풍이 많을 때에는 적벽赤壁의 정취가 있고,[9] 멋진 손님을 맞고 보낼 때에는 호계虎溪의 정취가 있다.[10]

또 짐을 등에 진 자와 머리에 인 자, 밭갈이하는 자와 낚시하는 자, 세탁하는 자와 목욕하는 자, 바람 쐬는 자와 읊조리는 자, 그리고 고기잡이 구경하는 자와 달구경하는 자들까지 모두 이 누각에 올라와서 자기가 즐길 낙을 즐기지 않는 자가 없으니, 그러고 보면 이 누각이 사람의 흥취를 돕는 점이 적지 않다고 하겠다. 그리고 바람이 불고 비가 오거나 얼음이 얼고 눈이 날릴 때에도, 물을 건너는 자들이 옷을 걷어 올리는 수고를 하지 않고서도 건널 수가 있으니, 그 공이 또한 크다고 하겠다. 그렇다면 이 누각 하나가 이루어짐으로써 다양한 즐거움이 갖추어지게 되었으니, 어찌 꼭 현자賢者가 된 뒤에야 이것을 즐길 수 있다[11]고 말하겠는가.

다만 유감스러운 것은 옛날에 하늘이 이 영부靈府를 감추어 두었는데, 지금 두 분이 뒤덮인 구름을 꾸짖고 드러내 보임으로써 마침내 산과 절과 골짜기와 시내로 하여금 인간 세상에 이름을 숨기지 못하게 했다는 점이다. 비록 그렇긴 하지만 어떻게 하면 유마維摩의 수단[12]을 얻어서 이 누각을, 천 칸 만 칸, 나아가서는 무진장한 칸 수의 큰 집으로 늘어나게 하여 천하 사람들을 널리 보호하게 할 수 있을까.

가정嘉靖 갑자년(1564, 명종 19) 봄에 쓰다.

頭流山神興寺凌波閣記[1)]

世稱海中三山。頭流居其一也。頭流在吾東國湖嶺兩南之間也。山有寺焉。其名曰神興寺也。寺有洞焉。其名曰花開洞也。洞天俠窄。人若壺中之出入也。東望則蒼莽一壑。乃靑鶴洞也。靑鶴在焉。南望則江上數峯。乃白雲山也。白雲生焉。洞之中。又有一村。數五家居焉。花竹亂暎。鷄犬相聞。其居人也。衣冠淳朴。毛髮亦古。治生只知耕鑿而已。會訪只與老僧而已。洞之及於寺之門也。南行數十步許。東西二溪。合爲一澗。而淸流觸石。曲折有聲。駭浪一翻。雪花千點。眞奇[2)]觀也。澗之兩峽。數千石牛石羊臥焉。此物初天。必設險以秘靈府也。若冬氷夏雨。則人不得相通。深以爲病也。嘉靖辛酉夏。山之德士玉崙也。囑道侶祖演。以澗峽所臥石牛石羊。鞭之爲柱。而架一層長橋。橋之上起五間高閣。各以丹艧彩之。因以紅流名其橋。凌波名其閣。其爲狀也。下有黃龍之臥波。而上有朱鳳之飛天。勢同端禮之竈閣。而逈異張儀之龜橋也。山僧到此。活於禪之。騷客到此。惱於詩句。道士到此。骨不換而直馭輕風也。於是崙演二師。寄心於寥廓。托身於浮雲。策杖時出。或閑嘯其間。或啜茶其間。或偃臥其間。不知老之將至也。且也其閣也。身登百尺。有摘星趣。目豁千里。有昇天趣。孤鶩落霞。有滕王趣。天外三山。有鳳凰趣。晴川芳草。有黃鶴趣。落花流水。有桃源趣。秋多錦繡。有赤壁趣。迎送佳賓。有虎溪趣。又有負者戴者。耕者釣者。濯者浴者。諷者咏者。至於觀魚賞月者。皆登斯閣。而莫不得樂其樂焉。則其閣之助人興也。不淺矣。方且當風雨永雪。涉者不勞褰裳。則濟川之功亦大矣。然則一閣之成。衆樂具焉。奚必曰賢者而後。樂此也耶。第恨古之天秘靈府。今二師喝雲開出。遂使山也寺也。洞也澗也。卒難逃名於人世也。雖然安得維摩手段。引此閣而化爲千間萬間。以至於無盡間大廈。而廣庇天下人也哉。嘉靖甲子春記。

---

1) ㉔ 이 글은 갑본·을본·병본·정본에는 없다. 2) ㉕『한국불교전서』에는 '寄'로 되어 있으나 저본에 따라 '奇'로 정정한다.

지리산 쌍계사 중창 기문記文

옛날에 유불儒佛에 정통하고 내외를 통달한 자는 공명을 헌 신짝처럼 벗어 던지고 하나의 표주박으로 가난을 잊었다. 천지와 더불어 나란히 서고, 신명神明과 더불어 동행하면서[13] 무위진인無位眞人[14]과 함께 노닐고, 시종始終이 없는 자와 벗을 삼았다.[15] 그리고 사세부득이하여 응하게 될 경우에는 만물을 육성하고 천하를 조화시켰으며, 한 손으로 임금을 요순堯舜의 위에 올려놓는 일을 손바닥 뒤집는 것처럼 쉽게 여겼다. 그는 자신이 걱정할 것을 걱정하고, 자신이 즐길 것을 즐겼으니, 어느 겨를에 유교의 입장에서 불교를 비난하고 불교의 입장에서 유교를 비난하면서 서로 원수처럼 배척하였겠는가.

우리나라의 최고운崔孤雲과 진감眞鑑[16]이 바로 그런 사람들이다. 고운은 유자儒者이고, 진감은 불자佛者이다. 진감은 사찰을 세워서 처음으로 인천人天의 안목을 열어 주었고, 고운은 비를 세워서 널리 유불儒佛의 골수를 뽑아내었다. 아, 두 사람의 마음은 일종의 줄 없는 거문고와 같았다. 그 곡조는 마치 봄바람 속에서 제비가 춤추는 듯하였고, 그 가락은 푸른 버들 속에서 꾀꼬리가 노래하는 듯하였다. 그들은 각각 씨줄과 날줄이 되고 안과 밖이 되어 서로 응하였다. 한漢·당唐·송宋 이래로 유불儒佛의 허명虛名을 깨뜨리고 천지 대전大全을 즐기면서 아득히 초월하여 홀로 돌아보지 않은 자는 오직 이 두 사람의 대인大人뿐이었다. 그러나 시대는 멀고 사람은 없는 가운데 이름만 남았을 뿐 그 일은 사라졌다. 그리하여 정찰精刹은 가시나무 숲 속에서 조잔凋殘해지고, 귀비龜碑는 나무꾼의 손에 훼손된 채 고개의 원숭이가 구슬프게 울부짖고 골짜기의 새가 서글프게 울 뿐이었다.

가정嘉靖 경자년(1540, 중종 35) 봄에 이 산의 도인인 중섬仲暹이 그 사이를 소요逍遙하다가 고비古碑를 어루만지면서 한숨을 쉬고 크게 탄식하며 말하기를, "옛날 신우神禹의 구정九鼎[17]과 주실周室의 석고石鼓[18]와 한정漢庭의 선인仙人[19]과 진가晉家의 동타銅駝[20]는 모두 한 시대를 상징하는 물건들인데, 혹 한때의 보배가 되고 보배가 되지 않은 것은, 그 물건이 때를 만나느냐 만나지 못하느냐의 여부에 달려 있었다. 지금 고운의 이 비碑도 지극한 보배라고 말은 하면서도 오히려 보배가 아닌 물건으로 취급받고 있으니, 이 역시 때를 만나지 못했기 때문이다."라고 하였다.

그리고는 중수重修해야 한다는 내용으로 조정에 글을 올리니, 조정의 대신이 모두 옳다고 하였다. 그런 뒤에 예조禮曹가 서둘러 사방 5리의 지역에 금표禁標를 세워 화전火田과 벌목을 금하였다. 그 결과 3년이 채 지나지 않아서 주민들이 절로 교화되고 악조惡鳥도 우는 소리를 고친 가운데 낙화落花가 물에 흘러가는 것이 완연히 옛날과 같게 되었다. 이에 팔영루八詠樓 세 칸을 다시 수선하고, 비의 전후에 돌을 쌓아 대臺를 만들었으며, 물을 끌어와 못을 조성한 뒤에 달 뜬 저녁과 바람 부는 아침에 연꽃을 감상하고 대숲을 바라보며 홀로 소요逍遙하곤 하였다.

이 산의 운수승雲水僧인 혜수慧修는 또한 정법正法을 깊이 믿고 삼보三寶를 받드는 것을 자기의 임무로 삼는 자이다. 계묘년(1543, 중종 38) 여름에 진감眞鑑의 고찰古刹을 보고 개탄하며 중창할 뜻을 세우고는 단월檀越을 널리 모집하였다. 그리하여 먼저 대전大殿을 세운 다음에 금당金堂과 동서의 두 방장方丈을 세워서 낙성落成의 모임을 개최하였으며, 이듬해에 또 양당兩堂의 모임을 개설하였다. 아, 우뚝 선 전각殿閣은 그 모습이 마치 천궁天宮과 같았다.

이에 팔영루八詠樓의 맑은 바람은 고운孤雲의 선골仙骨을 다시 일으키고, 쌍계수雙溪水의 밝은 달은 진감의 선등禪燈을 재차 밝히게 되었다. 혹 마음을 쉬려는 사람들은 만 리 밖에서 바람처럼 달려오고, 혹 기氣를 양성하려는 사람들은 도처에서 구름처럼 몰려들었다. 놀이 지는 창망한 저 너머에는 호수 위의 외로운 봉우리가 반쯤 보이고 반쯤 숨었으며, 흰 구름이 걸린 단풍나무 주변에는 한 쌍의 푸른 학이 한가로이 오고 가니, 이 역시 쌍계사의 멋진 구경거리라고 하겠다.

아, 이미 숨은 달을 한 손으로 받들어 올린 자는 중섬仲暹이요, 안 보이게 된 눈의 백태白苔를 쇠칼로 긁어낸 자는 혜수慧修이다. 그 이유는 무엇인가. 불학佛學을 배우는 자로 하여금 진감眞鑑처럼 되게 한 뒤에야 유儒가 유儒로 된 소이를 알게 되고, 유학儒學을 배우는 자로 하여금 고운孤雲처럼 되게 한 뒤에야 불佛이 불佛로 된 소이를 알게 되기 때문이다. 그러므로 진감을 아는 이로는 고운과 같은 이가 없고, 고운을 아는 이로는 진감과 같은 이가 없다고 말하는 것이다. 세상에 고운이 없다지만 중섬이 바로 그런 사람이요, 세상에 진감이 없다지만 혜수가 바로 그런 사람이다. 그렇다면 위의 두 분이 앞에서 선창하고, 뒤의 두 사람이 후세에 전하였으니, 참으로 전후가 상응하고 원근이 상조相照함은 물론이요, 천년이 지난 뒤에 자운子雲을 아침과 저녁 사이에 만나게 되었다고 말할 수도 있을 것이다.[21]

비록 그렇긴 하지만 명名은 실實의 객客이니, 고운과 진감이 취하는 바가 아니다. 유儒를 잘 말해 주어도 그릇된 일이고, 불佛을 잘 말해 주어도 그릇된 일이며, 유와 불을 잘 말해 주어도 그릇된 일이라고 하는 그것도 그릇된 일이다. 왜냐하면 그 실實만을 구하고자 하기 때문이다.

가정嘉靖 기유년(1549, 명종 4) 봄에 쓰다.

智異山雙谿[1])寺重創記

古之洞精儒釋。博達內外者。脫履功名。一瓢忘貧。與天地並立。與神明同住。或與無位眞人爲之遊。或與無始終者爲之友。不得已而後應之。則育萬物和天下。以隻手。能致君於堯舜之上。視之猶如反掌焉。自憂其憂。自樂其樂。奚暇非儒非佛。非佛非儒。相譁而相乎。我國崔孤雲與眞鑑。是其人也。孤雲儒也。眞鑑釋也。眞鑑建利。始鑿人天之眼目。孤雲立碑。廣出儒釋之骨髓。吁。二人之心。一種沒絃琴也。其曲也。若春風之燕舞。其調也。若綠柳之鶯[2]歌。一經一緯一表一裏而相資耳。自漢唐宋以來。碎儒釋之虛名。樂天地之大全。芒乎芴乎。超然獨不顧者。其唯此二大人歟。然世遠人亡。名存事去。精利凋殘枳棘之林。龜碑剝落樵[3]人之手。嶺猿哀嘯。谷鳥悲鳴而已。嘉靖庚子春。山之道人[4]仲暹者。杖屨其間摩挲古碑。喟然大[5]息曰。昔者神禹之九鼎。周室之石皷。漢庭之仙人。晋家之銅駝。是皆物之之類。而或一時寶不寶者。必有物之遇不遇如何耳。今孤雲之碑。雖云至寶。而反不寶之物。是不遇之故也。以其重修事。進于朝廷。朝廷大臣。咸曰可。然後禮曹馳立禁標以五里許。勿使火伐。三年之內。居民自化。惡鳥革音。落花流水。宛[6]如昔日焉。於是重葺八詠樓三間。碑前碑後築石以臺之。引流以塘之。月夕風朝賞蓮看竹。而獨自逍遙焉。山之雲水釋惠[7]修者。亦深信正法。以三寶爲已任者也。癸卯夏。慨見眞鑑之古刹。志欲重刱[8]廣募[9]檀越。不數年中。先立大殿。次建金堂與東西二方丈。因設落成之會。明年又設兩堂之會。吁。巋然殿閣。狀若天宮也。於是八詠樓之淸風。更醒于孤雲之岕骨。雙溪水之明月。再騰于眞鑑之禪燈也。或息心之人。萬里風趨。或養氣之士。六合雲歸。落霞蒼茫之外。湖上孤峯半有半無。白雲紅樹之邊。一雙靑鶴閑徃閑來。此亦雙溪寺之大觀也。嗚[10]呼。已隱之月。集手捧之者。暹也。旣盲之目。金篦刮之者修也。何也。使學佛者。得如眞鑑。然後知儒之所以爲儒。使學儒者。得如孤雲然後。知佛之所以爲佛。故曰知眞鑑者莫如孤雲。知孤雲者。莫如眞鑑也。世無孤雲。仲暹是也。世無眞鑑。慧修是也。然則上二士。鳴於前。下二人。傳於後。甚矣。前後相應。遠近相照也。亦可謂千載之下。子雲朝暮遇之也。雖然名者。實之實。非孤雲眞鑑之所取也。善言儒者非也。善言釋者非也。善言儒與釋非也者。亦非也。何也。求其實而已夫。嘉靖己酉春記。

---

1) ㉮ '谿'는 '磎'로 되어 있다.(갑본·을본·병본·정본·무본·기본·경본·신본) 2) ㉮ '鶯'은 '鸎'으로 되어 있다.(갑본·을본·병본·정본·무본·기본·경본·신본) 3)

[원] '樵'는 '撨'로 되어 있다.(무본 · 기본 · 경본 · 신본) 4) [원] '人'은 '士'로 되어 있다.(갑본 · 을본 · 병본 · 정본 · 무본 · 기본 · 경본 · 신본) 5) [원] '大'는 '太'로 되어 있다.(갑본 · 을본 · 병본 · 정본 · 무본 · 기본 · 경본 · 신본) 6) [원] '宛'은 '完'으로 되어 있다.(무본 · 기본 · 경본 · 신본) 7) [원] '惠'는 '慧'로 되어 있다.(무본 · 기본 · 경본 · 신본) 8) [원] '刱'은 '創'으로 되어 있다.(갑본 · 을본 · 병본 · 정본 · 무본 · 기본 · 경본 · 신본) 9) [원] '慕'는 '募'로 되어 있다.(무본 · 기본 · 경본 · 신본) [역] 번역은 '募'를 따랐다. 10) [원] '鳴'은 '嗚'로 되어 있다.(갑본 · 을본 · 병본 · 정본 · 무본 · 기본 · 경본 · 신본) [역] 번역은 '鳴'를 따랐다.

봉은사기 奉恩寺記

어떤 나그네가 풍운風雲으로 기운을 삼고, 강해江海로 도량度量을 삼고, 일월로 안목眼目을 삼고, 춘추春秋로 기식氣息을 삼아 반고盤古[22]의 정수리에 발을 딛고는 무궁한 영역을 돌아보다가 이 사원에 이르러 사적事迹을 기록한다.

전각殿閣에 오르면 서늘한 기운을 느낄 수가 있고, 푸른 못에 임하면 더위를 피할 수가 있다. 연꽃을 감상하노라면 향기가 코끝에 스며들고, 매화를 바라보노라면 달이 창가에 들어온다.

한수漢水가 왼쪽에 위치하여 동서를 꿰뚫고, 큰 도로가 오른쪽에 있어서 장안長安으로 통한다. 그런 까닭에 배를 매고 말을 매는 객들의 소란스러움이 날마다 끝이 없고, 주인이 맞고 보내는 것 또한 끝이 없다.

남쪽 별실에서 자리를 치우자마자 동쪽 별실의 자리가 다시 펼쳐지고, 음식상을 아직 거두기 전에 다과상이 잇따라 마련된다. 아침마다 1만 솥에 밥을 짓고, 열흘 동안에 1백 석石의 벼를 찧는다.

객들을 보면 공손하기도 하고 검소하기도 하며, 술에 취하기도 하고 깨기도 하며, 성내기도 하고 기뻐하기도 하는 등 그 태도를 한 가지로 형용할 수가 없다. 그러나 그 주인 된 사람으로 말하면, 눈으로 볼 때에는 형색에 집착하지 않는 공부가 되어 있고, 귀로 들을 때에는 소리에 집착하지 않는 공부가 되어 있다. 그러므로 언어와 행동에 그 태도가 항상 변함이 없다.

아, 부귀라는 것은 사람들 모두가 좋아하면서도 한편으로는 사람들 모두가 싫어하는 것이요, 빈천이라는 것은 사람들 모두가 싫어하면서도 한편으로는 사람들 모두가 좋아하는 것이기도 하다. 지금 주인이 빈천한 몸으로 부귀의 이름을 얻게 된 것도 이 봉은사 때문이요, 시비가 없는 몸으로 호오好惡의 이름을 얻게 된 것도 이 봉은사 때문이다.

옛사람이 말하기를, "문채 나는 표범이 재앙을 당하는 것은 그 가죽 때문이다."라고 하였는데, 지금의 봉은사 역시 주인에게 있어서는 하나의 가죽이 될 수도 있다. 비록 그렇긴 하지만 빈천이나 시비나 호오 따위는 주인의 신상에 있어서는 부운浮雲이 태허太虛에 있는 것과 같다고 하겠다.

아, 주인의 이름을 듣는 자는 주인의 성색聲色의 즐거움만 알 뿐이요, 주인의 성색을 떠난 즐거움은 알지 못한다. 주인의 몸을 보는 자는 주인의 성색을 떠난 즐거움만 알 뿐이요, 주인의 성색을 즉卽한 즐거움은 알지 못한다. 주인은 누구인가. 조계曹溪 벽송碧松 대사 소요자逍遙子이다.

황명皇明 가정嘉靖 34년(1555, 명종 10) 을묘년 여름에 쓰다.

奉恩寺記

有客也。風雲爲氣也。江海爲量也。日月爲眼也。春秋爲息也。踏着於盤古之頂也。而顧眄於無窮之域也。到此寺也。而記其事也。登殿閣則可納涼也。臨翠池[1]則可銷暑也。賞蓮而香觸鼻也。觀梅而月入窓也。漢水在左而貫東西也。巨路在右而通長安也。由是繫船也。繫馬也。客之喧動也。日無窮也。主之迎之送之也。亦無窮也。南別室纔捲席也。而東別室又設筵也。食几未撤也。而茶床繼排也。炊萬鼎而終朝也。舂百石而一旬也。其爲客也。或奢[2]也儉也。醉也醒也。瞋也喜也。凡態度也。莫得而狀也。然其爲主人也。於眼有不着色工夫也。於耳有不着聲工夫也。故言辭[3]動容也。必有一態度也。嗚呼。富貴也[4]者。人之所同好。而亦人之所同惡也。貧賤也者。人之所同惡。而亦人之所同好也。今也主人。以貧賤之身。得富貴之名也。奉恩也。無是非之身。得好惡之名也。亦奉恩[5]也。古人云。文豹之灾者爲皮也。今之奉恩。亦主人之一皮也。雖然富貴也。貧賤也。是非也。好惡也。其在於主人之身上也。如浮雲之在太虛也。噫。聞主人之名者。徒知主人聲色之樂也。而不知主人離[6]聲色之樂也。見主人之身者。徒知主人離聲色之樂也。而不知主人卽聲色之樂也。主人者誰。曹溪碧松[7]大師逍遙子也。甞[8]皇明嘉靖三十四年之乙卯夏也。

---

1) ㉙ '池'는 '地'로 되어 있다.(정본) 2) ㉙ '茶'은 '恭'으로 되어 있다.(갑본·을본·병본·정본·무본·기본·경본·신본) ㉪ 번역은 '恭'을 따랐다. 3) ㉙ '辭'는 '辤'로 되어 있다.(무본·기본·경본·신본) 4) ㉙ '也'는 갑본·을본·병본·정본·무본·기본·경본·신본에는 없다. 다음도 같다. 5) ㉙ '恩'은 '思'로 되어 있다.(정본) 6) ㉪ 『한국불교전서』에 '雖'로 되어 있으나 저본에 따라 '離'로 수정한다. 7) ㉙ '松'은 '雲'으로 되어 있다.(갑본·을본·병본·정본·무본·기본·경본·신본) 8) ㉙ '甞'는 '時'로 되어 있다.(무본·기본·경본·신본)

금강산 도솔암기

금강金剛은 동국東國의 하나의 유명한 산이요, 도솔兜率은 금강의 하나의 유명한 암자이다. 그 암자의 남쪽에는 유점사楡岾寺가 있고, 동쪽에는 불정대佛頂臺가 있다. 송백松柏이 해를 가리고 산악이 줄 지어 서서 하늘에 이어졌으니, 인간 세상의 정토淨土요 운수雲水의 살아 있는 그림이라고 말해도 좋을 것이다. 그런 까닭에 고인古人이 여기에서 도道를 얻고 여기에서 도를 즐겼다. 그런데 천백 년의 세상이 지나는 동안 사람은 죽고 그 일도 없어져서 매양 도를 지닌 사람들이 감상에 젖곤 하였다.

가정嘉靖 을미년(1535, 중종 30) 가을에 이 산의 승려인 성희性熙가 나무를 베고 돌을 깎아 먼저 중료衆寮 3칸과 판두板頭 2칸을 세우고 단청丹靑을 입혀 잇따라 낙성하였다. 그리고 무신년(1548, 명종 3) 3월에는 중료 서쪽에 극락전 3칸을 높이 세우고, 금상金像 7구軀를 주조하여 전각 안에 모두 봉안하였다.

전각의 벽에는 순금으로 된 미타회彌陀會 탱화 하나와 서방구품회西方九品會 탱화 하나가 걸렸는데, 홍록紅綠으로 장엄한 광채가 사람들을 감동시킨다. 벽의 서쪽에는 지지持地와 천장天藏과 지장地藏 등 세 보살의 진영과 천天·선仙·신神 등 24부중을 한데 모아 그린 탱화 하나가 있었다. 또 어람보살魚籃菩薩[23]의 진영을 수묵水墨으로 그린 탱화 하나가 있었는데, 그 풍세風勢가 더욱 정묘하여 고금에 비할 데가 없었다. 누구의 그림이냐고 물었더니, 당唐나라 화가 오도자吳道子[24]의 솜씨라고 하였다. 이것은 특별히 문과 창 사이에 드리워져 있었다.

대문과 창문과 지게문 사이에는 모두 모란과 복사꽃이 활짝 피어 있을 뿐, 해가 바야흐로 중천에 떴는데도 속인의 모습은 찾아볼 수가 없었다. 창문의 좌우에는 종과 북과 징과 경쇠를 매달아 놓았는데, 이는 아침저녁으로 주인이 치는 물건들이다.

불상 앞 탁자 위에 놓인 세 발 달린 구리 향로 1좌座에서는 향기로운 구름이 모락모락 피어오르고, 향로 옆의 예스러운 구리 병 1구口에는 푸른 버들 한 가지가 꽂혀 있는데, 주인이 손으로 가리키면서 "이것은 모두 일본에서 만든 것이다."라고 하였다. 또 무늬를 수놓은 두 개의 자리를 펴놓았는데, 채색 봉황이 오색구름 속에서 춤추며 날고, 황룡黃龍이 푸른 물결 사이에서 뛰놀고 있었다. 그러나 이것은 누가 직조織造한 것인지 알 수가 없다.

창문을 열고 산을 바라보면 산봉우리들이 중첩해서 도열한 가운데 앞에 진산鎭山이 우뚝 서 있으니, 이곳이 바로 53불五十三佛[25]이 석장錫杖을 머무른 도량이다. 산의 서쪽 골짜기에는 시냇물이 오열하면서 먼 곳으로부터 잔잔히 흘러와 쏟아지니, 이곳이 바로 구룡연九龍淵이요, 천 길 반석 위에서 무지개를 드리우며 구슬이 흩어지니, 이곳이 바로 쌍분폭포雙分瀑布이다.

그리고 절물節物을 살펴보면, 붉은 살구와 푸른 복숭아가 서로 열리고, 흰 구름과 푸른 학이 한가로이 난다. 그래서 눈을 뜨고 한 번 웃으면, 마치 꿈에서 깨어난 듯 상쾌하기만 하다. 그런즉 눈에 닿는 것마다 활발발活潑潑한 소식 아닌 것이 없으니, 선풍도골仙風道骨이 아니라면 그 누가 이 산과 이 암자에서 노닐 수가 있겠는가. 청허자淸虛子가 한 번 노닐고서 가상하게 여겨 이 글을 쓴다.

金剛山兜率庵記二[1)]

金剛者。東國之一名山也。兜率者。金剛之一名庵也。其庵也。榆岾在南。佛頂在東。松杉翳日。列嶽連天。可謂人間之淨土。雲水之活畫也。是故古人得道於斯。樂道於斯。而閱世千百。人亡事廢。每爲有道者之懷傷感也。嘉靖乙未秋。山之僧性熙。斬木刊石。先刱衆寮三間與板頭二間。丹臒已畢。繼以落之。越戊申春三月。寮之西。特起極樂殿三間。[2)] 鑄金像七軀。並安于殿中。殿之壁。掛純金彌陁會一幀。西方九品會一幀。紅綠莊嚴。光彩動人。壁之西。持地天藏地藏三菩薩眞。與天仙神部二十四衆。並畫一幀。又魚藍[3]菩薩水墨眞一幀。風勢尤爲精妙。古今莫比。問其誰畫。則唐畫士吳道子筆也。而特垂於門窓之間。門窓戶闥。則皆莜苻桃花也。白日方當。塵態不到。窓之左右。懸鍾皷錚磬之黽。乃晨昏主人之所奏繫也。佛之前案。立三足銅鑪一座。香雲郁郁。又鑪之傍。有古銅瓶一口。揷碧柳枝一枝。主人指之曰。此皆日本國所鑄也。設以文繡二席。則彩鳳飛舞五雲之中。黃龍踊躍碧波之間。此不知何人所織也。開窓見山。則層巒欑疊。岌然前鎭者。乃五十三佛駐錫之場也。山之西谷鳴泉嗚咽。自遠方潺潺而瀉出者。乃九龍淵也。千尋盤石之上。垂虹撒珠者。乃雙分瀑布也。及觀其節物。則紅杏與碧桃相開。白雲與靑鶴閑飛。開眼一笑。快若醒夢。然則觸目無非活潑潑底消息。此山此庵也。非仙風道骨者。其孰能遊之。淸虛子一遊之。嘉以爲記。

---

1) ㉮ 이 글은 갑본·을본·병본·정본에는 없다. 2) ㉮ '閒'은 '間'으로 되어 있다.(무본·기본·경본·신본) 3) ㉯ '藍'은 '籃'의 오자인 듯하다.

또

 산의 동쪽 유점사楡岾寺 북쪽 5리쯤에 하나의 터가 남아 있는데, 여기가 도솔암兜率庵의 터라고 예로부터 전해 온다. 높지도 않고 낮지도 않으며, 깊지도 않고 얕지도 않아서 노덕老德이 거처하기에 편리하고 법려法侶가 왕래하기에 적당하다. 송백松柏이 숲을 이룬 것이 멀거나 가깝거나 하나 같은데, 사람의 자취를 거의 찾아볼 수 없다.
 산의 도인인 행사行思와 성희性熙는 본래 소탈한 성품의 소유자로, 한가하고 조용한 것을 좋아하는 자이다. 가정嘉靖 을묘년(1555, 명종 10) 가을에 이 지역을 두루 살펴보고 재삼 감탄한 나머지, 나무를 베고 돌을 깎아 먼저 세 칸의 극락전을 세우고 단청을 입힌 뒤에 낙성하였다.
 그러나 정사精舍를 세우고 보니 상설像設이 없을 수 없었고, 상설을 세우고 보니 법보法寶를 빠뜨릴 수 없었고, 법보를 갖추고 보니 승료僧寮가 없을 수 없었다. 그래서 넓히고 늘리며 수요에 응해 경영하다 보니 몇 년이 지나지 않아서 많은 시설이 갖추어지게 되었다. 두 분은 본래 비바람이나 피하면서 일생을 마칠 심산이었는데, 마침내 거찰巨刹을 이루게 되었으니, 이는 두 분의 뜻이 아니요 사람들의 소망에 따른 것이라고 하겠다.
 그런데 공사를 진행할 당시에 공자公子 몇 사람이 산수를 유람하고 경사에 돌아가서 맑고 빼어난 산수의 경치와 이 암자를 경영하는 일에 대해서 상에게 아뢰었다. 우리 성렬 대비 전하聖烈大妃殿下께서 이 말을 듣고 매우 가상하게 여겨 경현敬顯 공주에게 분부하여 원찰願刹로 삼도록 명하였다. 이에 공주 역시 기쁜 마음으로 토지를 헌납하고 노비를 보시하여 복리福利의 인연을 맺고 향화香火를 이으면서 아무리 세월이 오래 흘러도 끊어지지 않게 하였다.
 아, 불상을 만들고 경판經板을 만들며 사원을 세우고 탑을 세우는 것에 대하여 우리 조사 달마達磨 대사께서 유루법有漏法이라고 하여 질책하셨다.[26] 그러나 이 질책은 한 가지에 집착하는 것을 질책한 것으로서 유루有漏와 무루無漏는 본래 별개의 법이 아니니, 만약 무루에 집착하여 유루를 꾸짖는다면, 이 역시 달마 대사에게 꾸중을 듣게 될 것이다.

경經에 이르기를, "적정寂靜을 항상 즐기는 것이 여래행如來行이요, 복혜福慧 양쪽을 닦는 것이 여래법如來法이다."라고 하였다. 지금 두 분은 여래행을 행하고 여래법을 본받고 있으니 지극하고 극진하다고 할 것인데, 공주가 또 따라서 기뻐하였으니, 이 역시 두 분의 마음을 자신의 마음으로 삼은 것이다. 아, 그러고 보면 양족여래兩足如來[27]의 광대하고 불가사의한 법이 이 하나의 암자에 모두 들어 있다고 할 것이니, 부처를 배우는 자들은 자세히 살필지어다. 청허자는 쓰다.

又[1)]
山之東。楡岾寺北五里許。有一址。古來相傳云。兜率庵基也。不高不卑。不深不淺。便於老德之棲息。適於法侶之往來。而松檜成林。遠近如一。殆無人迹焉。山之道人。行思性熙。性本踈野。嗜好閑靜者也。嘉靖乙卯秋。曆銓此地。再歎奇哉。斬木刊石。先立極樂殿三間。丹艧已畢。因以落成。然精舍既立。則像設不可無也。像設既立。則法寶不可闕也。法寶既偹。則僧寮不可無也。廣而增之。從而營之。不數年間。百物偹矣。二師本期避風雨。了此一生。而遂成巨刹。非二師之旨。人之望也。方其經始也。有公子數人。遊玩山水。旣還京師。以山水淸奇。與此庵經營事。聞之于上。我聖烈大妃殿下。聞而甚嘉之。囑敬顯公主。命爲願利。於是公主亦喜之。納土田施藏獲。資福利繼香火。使悠久而不泯也。吁。造佛造經。造寺造塔。吾祖達摩大師。以爲有漏而譏之。然是譏爲執一者譏也。有漏無漏。本非二法。若執無漏而譏有漏。則亦爲達摩所譏者也。經云常樂寂靜。是如來行。雙修福慧。是如來法。今二師。行如來行。法如來法。至矣盡矣。而公主從而隨喜。亦以二師之心爲心也。則嗚呼。兩足如來廣大不思議之法。一庵盡之矣。凡學佛者。察而詳之。淸虛子記。

1) [원] 이 글은 갑본·을본·병본·정본에는 없다.

풍악산 돈도암기 頓道庵記

사방을 유람하는 자들은 으레 먼저 말하기를, "천하에 동국東國이 있고, 동국에 금강산이 있다. 금강산을 본 뒤에야 천하 산수의 미오美惡를 논할 수 있고, 동국을 본 뒤에야 천하 인물의 품질을 알 수 있다."라고 한다. 아, 인물이 걸출하게 되는 것도 어쩌면 산수의 영기靈氣를 받아서 그런 것이 아니겠는가.

돈도암頓道庵은 금강산 만폭동萬瀑洞에서 위쪽으로 2~3리쯤 되는 곳에 있다. 산봉우리들이 겹겹이 에워싸고서 붓처럼 뾰족이 솟아 있는 하나의 별천지이다. 곡기를 끊은 중에게서는 설산雪山[28]의 모습이 보이고, 말없이 선정에 든 중에게서는 비야毗耶[29]의 모습이 보이며, 무심히 앉아 벽을 마주한 중에게서는 소림少林[30]의 모습이 보이니, 이 또한 하나의 특별한 승경勝景이다.

그러나 만물에는 성주괴공成住壞空의 현상이 있는 법이라서, 이 암자도 홀연히 무너지고 황폐해졌으므로 거승居僧이 모두 괴로워하였다. 이에 산에 사는 승운承雲이라는 사람이 자비의 원심願心을 발하여 천 사람이 희사한 재물을 모은 뒤에 경자년(1540, 중종 35)에 공사를 시작해서 임인년(1542, 중종 37)에 공사를 마치고는 대회大會를 열어 낙성하였다.

아, 그동안 거주하며 괴로워하던 자들이 이제 다시 환희심을 발하며 가사袈裟를 어깨에 걸치고 맨다리를 드러낸 채 동헌東軒·서헌과 남창南窓·북창에서 흰 달을 맞이하고 맑은 바람을 끌어들이며, 행선行禪하고 좌선坐禪함에 하나의 방편도 불조佛祖의 방편에 맞지 않는 것이 없게 되었다. 그러고 보면 상인上人이 실로 불조佛祖의 뜻을 펴기 위한 깊은 마음에서 이 암자를 세웠다고 할 것이니, 아, 지극하다고 하겠다. 천하 산수의 아름다움을 아는 자를 위에서 말했지만, 그 자가 바로 상인上人이 아니고 누구이겠는가. 상인이야말로 또한 인걸人傑이라고 말할 수도 있을 것이다.

가정嘉靖 계축년(1553, 명종 8) 여름에 쓰다.

楓岳山頓道庵記[1]

遊方者先必曰。天下之有東國。東國之有金剛。見金剛者然後。論天下山水之美惡。見東國然後。知天下人物之品秩。吁。人物之傑。豈資山水之靈也耶。頓道庵在金剛萬瀑洞之上二三里許。峰巒欝疊。尖如秀筆。別有一天區也。休粮絶粒僧。有雪山態。得之無言僧。有毗耶態。冷坐觀壁僧。有少林態。更別有一奇勝也。然物有成壞。庵忽頹廢。居僧莫不咸苦之。山之人承雲其號者。發慈願心。募千人捨財。始荊[2]于庚子。畢功于壬寅。因設大會以落之。噫。向之居之苦之者。更發歡喜。肩袈裟[3]露赤脚。東軒西軒。南窓北窓。當白月引淸風。行禪坐禪。無一方便。不合於佛祖之方便。則上人荊此庵之深心。其暢於佛祖之懷也。嗚呼至哉。向曰知天下山水之美者。非上人而誰也。上人其亦可謂人傑也歟。嘉靖癸丑夏記。

1) ㉮ 이 글은 갑본·을본·병본·정본에는 없다. 2) ㉮ '荊'은 '刱'으로 되어 있다.(무본·기본·경본·신본) 다음도 같다. 3) ㉮ '裟'는 '娑'로 되어 있다.(무본·기본·경본·신본) ㉯ 번역은 '裟'를 따랐다.

용두산 용수사龍壽寺 극락전기極樂殿記

산은 도산陶山의 뿌리가 되고, 물은 퇴계退溪의 근원이 된다. 가기佳氣가 물씬 우러나면서 천지의 정기가 쌓여 있으니, 영걸英傑이 대거 배출되는 것은 바로 이 때문이다. 연기 속의 물색物色이 천태만상인 것은 고인古人이 보았던 것이요, 하늘이 높아서 머리를 곧게 세우고 땅이 넓어서 발을 펴는 것은 고인이 즐겼던 것이다.

지금 도인인 현원玄元과 학준學峻의 무리는, 그 외면을 보면 둥근 머리에 모난 도포를 걸쳤지만, 그 내면을 보면 무위진인無位眞人이 자리 잡고 있다. 그들은 고인이 보았던 눈을 함께 뜨고, 고인이 즐겼던 낙을 함께 누리면서 팽상彭殤[31]의 꿈에서 한 번 깨어나 백련白蓮의 태胎에 정신을 깃들이고 있다.

만력萬曆 무인년(1578, 선조 11) 봄에 가슴속에 품은 것을 가지고 시험 삼아 인간 세상을 향해 한 번 우니 사람들이 그 울음에 감동한 나머지 다투어 희사喜捨하며 보시하였다. 이에 세 칸의 황금 전각을 세우고 한 구軀의 연화주蓮花主[32]를 모셨는데, 해가 한 번 돌고 달이 세 번 차면서 그 공사가 끝났다.

아, 기와가 비를 가려 주고 난간이 바람을 이끄는 가운데 산이 흰 구름을 띠면 비단옷 위에 다시 홑옷을 살포시 걸친 것 같고, 강물 속에 지는 해가 잠기면 가벼운 비단옷을 새로 다림질한 것 같으니, 이는 사원의 기막힌 경치 중의 하나이다.

그러나 공사에 귀신을 부리지 않았고, 물건이 하늘에서 떨어진 것이 아니니, 빚을 갚아야 할 주인이 있을 것이다. 여기에 사는 사람들은 응당 이 점을 유의해야 할 것이니, 부디 경책하고 면려하며 회광반조回光返照하여 스스로 살필지어다.

경진년(1580, 선조 13) 3월 상순에 지나가는 나그네가 하룻밤 묵고는 가

상하게 여겨 이 글을 짓는다.

龍頭山龍壽寺極樂殿記[1]

山是陶山之根也。水爲退溪之源也。佳氣葱葱。天地儲精。鍾出乎群英者。以此也。烟中物色。萬狀千能者。古人之眼也。天高直頭。地廣伸足者。古人之樂也。今道人玄元學峻輩。視其外。則圓頂方袍。[2] 窺其內。則無位眞人也。同開古人眼。同得古人樂。一覺彭殤之夢。捿神白蓮之胎。時萬曆戊寅春。以胸中所有。試向人間一鳴焉。人感其鳴。而爭捨施。於是建三間黃金殿。座一軀蓮花主。年一百[3]月三穀而工訖。吁。瓦能蔽雨。軒能引風。山帶白雲。如衣錦尙絅。江涵落照。若新熨輕紈者。寺之一奇勝也。然工不役鬼。物不天來。淸債有主。居之者。所當詧[4]也。須警之勉之。回光自看。庚辰三月上澣。過客一宿之。嘉以爲記。

---

1) ㉮ 이 글은 무본·기본·경본·신본에는 없다. 2) ㉮ '袍'는 '枹'로 되어 있다.(무본·기본·경본·신본) 3) ㉮ '百'은 '匝'으로 되어 있다.(무본·기본·경본·신본) ㉴ 번역은 '匝'을 따랐다. 4) ㉴ '詧'은 '察'과 같다.

묘향산 원효암기 元曉庵記

이 암자는 바로 신라의 도인 원효元曉가 세운 것이다. 뜰에 10여 인이 앉을 만한 한 쌍의 반석盤石이 있는데, 원효와 의상義湘 두 도인이 바둑 두던 곳이라고 세상에서 일컫고 있으니, 이 또한 하나의 특별한 승경勝景이라고 말할 수 있겠다. 그러나 세대는 멀어지고 사람은 없어진 채 그 터만 여전히 남아 있으므로 노니는 사람이나 지나가는 나그네가 많이들 감상에 젖곤 하였다.

융경隆慶 원년(1567, 명종 22)에 이 산의 승려인 옥천玉泉과 천운天雲이 함께 암자를 세우려고 각자 주머니에 모은 재화를 모두 내놓는 한편 신사信士들에게 도움을 요청하였다. 이에 도끼를 쥔 사람은 도끼질을 하고, 톱을 쥔 사람은 톱질을 하고, 여기에 또 흙을 이기고 발라서 낙성을 하였으니, 아, 두 스님의 공덕은 기록할 만하다.

또 두 스님은 일생을 청산靑山에서 늙으며 백운白雲과 함께 그 행지行止를 같이하겠다고 다짐했다 한다. 아, 세상에서 청산을 좋아하고 백운을 좋아하는 사람들은 그저 그림으로 묘사하여 병풍을 만들어 놓고 상상하는 것이 고작인데, 지금 두 스님은 청산 속에 앉고 백운 속에 누워서 항상 살아 있는 그림 가운데 노닐고 있으니, 그 가슴속에 간직한 것도 기록할 만하다.

융경隆慶 경오년(1570, 선조 3) 가을에 쓰다.

妙香山元曉庵記

庵也。乃新羅道人元曉所建也。庭有一雙盤石。可坐十餘人。世稱元曉義湘二[1]道人。着局之場云。可謂一奇勝也。然世遠人亡。基陛猶存。遊人過客。多傷感焉。隆慶元年。山之僧玉泉天雲其號者。共欲刱之。盡傾囊儲。旁求信士而爲募也。於是斧者斧之。鉅者鉅之。因以塗墍之。因以落成之。吁。

其二師之德可記也已。又二師。期于一生。老於青山。欲與白雲。同其行止也云。嗚呼。世之好青山。愛白雲者。措之畵之爲屛障而徒想之而已。今之二師。坐青山臥白雲。常遊活畵中。則其胸中之所存。亦可記也哉。隆慶庚午秋記。

1) [원] '二'는 무본·기본·경본·신본에는 마멸되어 있다.

금강산 장안사에서 새로 만든 종鍾의 명銘【병서幷序】

산의 뿌리는 동쪽으로 일본에 이어지고, 물의 근원은 서쪽으로 천축에 접하였다. 우리 동방의 산수 중에 아름다운 것으로는 금강산과 같은 것이 있지 않고, 선찰禪刹 중에 정결한 것으로는 또한 장안사와 같은 것이 있지 않다.

이 사찰은 산의 서쪽에 있는데, 어느 곳보다도 상쾌하고 옥우屋宇가 장려壯麗해서 고절苦節을 맑게 닦는 무리가 팔방에서 구름이 용을 따르듯 모여들기 때문에 상주하는 대중의 숫자가 2백 인을 밑돌지 않았다. 그래서 신라 시대부터 산의 본사本社가 되었으며, 특히 우리 세조대왕께서는 친히 이 산에 거둥하여 법기法起[33]의 진신眞身에게 예를 올리면서 향을 피우고 종을 치며 송경誦經하는 의식을 지극히 성대하게 거행하기까지 하였다.

그런데 불행히도 정유재란丁酉再亂의 와중에 화재가 발생하여 울창한 총림이 순식간에 잿더미로 변하고 말았으므로 그 뒤로 산과 물은 처창悽愴한 빛을 띠고, 원숭이와 새들은 슬프게 울었다. 그러다가 을사년(1605, 선조 38) 봄에 이르러 비구 일청一淸이 중창하려는 서원을 발하고는 무차회無遮會를 열어 건물을 낙성하였다. 그러나 가람伽藍을 다시 세우기는 하였지만 법기法器를 복구하지는 못하였으니, 총림의 큰 결함이요, 그 공도 완전하지 못하다고 할 수 있었다.

이에 산의 도인인 의능義能이 또 대원大願을 발하여 강 너머로 석장錫杖을 떨치자 사서士庶가 그 풍도를 흠모하여 잇따라 재물을 헌납한 결과, 무게 8천 근의 대종大鐘 1구軀를 주조하였다. 이 공사는 무신년(1608, 선조 41) 봄에 시작해서 신해년(1611, 광해군 3) 여름에 마쳤다. 아, 큰 가람을 세워 정법을 다시 일으키고, 이 법기를 만들어 인천人天을 두루 이롭게 하였으니, 여래의 정법이 총림에 있지 않고 사람에게 있다고 하겠다.

이루어지고 무너지는 것이 만물의 법도요, 과거와 현재가 있는 것이 시간의 법도이긴 하지만, 우리 스님의 마음은 바로 태허太虛와 같다고 하겠다. 이 태허의 체성은 텅 비고 환하고 묘하고 깊어서 흘러서 움직이는 가운데에서도 항상 변하지 않는다. 무형의 밖에서 형形을 실천하고, 무수無數의 앞에서 수數를 초월하는지라, 역려逆旅에 잠깐 몸을 부치며 생사를 마치 춘추春秋처럼 여기는데, 더군다나 만물이 이루어지고 무너지는 것이야 더 말할 것이 있겠는가. 스님의 경지에서 보면 법계도 하나의 절간이요, 천지도 하나의 쇠북이요, 고금古今도 하나의 꿈결에 지나지 않는다. 그러니 그 덕을 새겨서 무궁히 전하는 것도 당연한 일이다. 다음과 같이 명銘한다.

    신령스러운 산이
    천지의 뿌리라면
    수려한 물은
    고금의 원천이로세.
    집이 크고 사람이 많아
    정법이 항상 머물렀는데
    시간은 고금이 있고
    만물은 한계가 있는지라
    하루아침의 화재로
    10년 동안 초토가 되었다가
    대덕이 경영한 덕분에
    잠깐 사이에 낙성하였네.
    총림이 무너지자
    냇물도 통곡하였는데
    총림이 복구되니
    초목도 영화로워라.

위대하도다 우리 대사님

천성에서 나온 그 비원이여

표연히 지팡이 하나 짚고서

새가 날듯 구름 가듯 하며

이 법기를 만들었나니

속은 텅 비고 바깥은 편편해라.

크게 치면 크게 울리고

작게 치면 작게 울리면서

철위[34]에 소리를 떨쳐

오음[35]의 구름을 흩어 버리나니

그 공덕의 바다가

아득히 넓어 끝이 없도다.

믿음을 처음 낼 때에

바로 깨달음의 땅을 밟는 법

아 아름다워라

법의 수명이 금강과 같으리니

금강이여 금강이여

물은 멀고 산은 길도다.

金剛山長安寺新鑄鍾銘【并序】

山之根。東連日本。水之源。西接天竺。吾東方山水之美。未有如金剛者焉也。禪刹之精且潔者。亦未有如長安刹也。刹在山之西。爽塏居寂。屋宇壯麗。淸修苦節之徒。如八表雲之從龍焉。常住衆數。不下二百。自新羅爲山之本社。至于我世祖大王。親幸是山。禮法起眞身。爐香鍾梵。極爲隆盛也。不幸丁酉年中。失棨[1]火灾。欝欝叢林。儵成煨燼。厥後山水爲之悽悵。猿鳥爲之悲咽。泉[2]乙巳春。芘蒭一淸。發願重刱[3]焉。因設無遮會以落之。然雖重創伽藍。而法器未克復舊。可謂叢林之大缺。厥功之不全。於是山之道人義[4]能。亦發大願振錫江表。士庶欽風。獻奉稠疊。鑄大鍾一口焉。重八千斤。始役於戊申春。訖工於辛亥夏。於戱。刱大伽藍。重興正法。成此法器。普利人天。則如來正法。不在叢林。而在於人也。雖然成壞物之數也。古今時之數也。師之心也乃太虛也。太虛之體。空明妙湛。即流動而常不遷也。踐形於無形之表。超數於無數之前。蹔[5]寄於逆旅。視生死猶春秋焉。況物之成壞乎。師之分上。法界一刹也。天地一鍾也。古今一夢也。

宜銘其德。以垂無窮。銘曰。

惟山之靈 天地之根

惟水之麗 古今之源

屋大人衆 正法常存

時必有遷 物必有數

一朝之火 十年焦土

大德經營 不日之成

叢林之壞 泉流哭聲

叢林之成 卉木[6]含榮

偉我大士 悲願天生

飄然一杖 鳥飛雲行

鑄此法器 中虛外平

大扣大鳴 小扣小鳴

聲振鐵圍 五陰雲清

其功德海 浩渺汪[7]洋

發信之初 即躡覺場

嗚[8]呼休哉 法壽金剛

金剛金剛 水遠山長

---

1) [원] '㼜'는 '甃'로 되어 있다.(갑본 · 을본 · 병본 · 정본) 2) [원] '臮'는 '泉'으로 되어 있

다.(무본·기본·경본·신본) 3) ㉘ '荊'은 갑본·을본·병본·정본에는 '創'으로 되어 있다. 무본·기본·경본·신본에는 '剙'으로 되어 있다. 다음도 같다. 4) ㉘ '義'는 '仪'으로 되어 있다.(정본) 5) ㉘ '蹔'은 '暫'으로 되어 있다.(무본·기본·경본·신본) ㉠ 번역은 '暫'을 따랐다. 6) ㉘ '木'은 '大'로 되어 있다.(정본) 7) ㉘ '汪'은 '注'로 되어 있다.(정본) 8) ㉘ '鳴'은 '鴫'로 되어 있다.(갑본·을본·병본·정본·무본·기본·경본·신본) '鴫'를 따랐다.

신간新刊 『연경蓮經』의 발문跋文

청신녀淸信女 심씨沈氏가 선고先考 심의沈義의 극락왕생을 빌고, 현모現母 박씨朴氏의 수복壽福을 늘려 달라고 삼가 원왕願王에게 빌면서 모아 둔 재산을 모두 기울여 『연경蓮經』을 판각하고 금상金像을 주조하여 산문山門에 봉안하였으며, 공경히 공양을 받들고 향화香火가 끊어지지 않게 하였으니, 진세塵世에 거하면서 청허淸虛를 완미玩味하고, 여자의 몸으로 장부의 마음을 지녔다고 말할 만하다.

화복의 논의에 흐르는 것을 속유俗儒는 조금 금하지만, 부모에 대한 절실한 마음을 성인聖人은 크게 평가한다. 세상의 효순孝順한 자손들은 오직 목전의 맛있는 음식을 바칠 줄만 알지, 사후에 천도薦度할 줄은 알지 못한다. 아, 부모를 위하는 마음이 완전하지 못하고, 부모를 위하는 정성이 지극하지 못하니 이것을 어떻게 효孝라고 말할 수 있겠는가. 그래서 근본과 단절된 탓으로 지엽枝葉이 일찍 상하는 경우가 매우 많다.

지금 심씨는 지독舐犢[36]의 은혜를 잊지 않고서 이와 같이 작고한 부친과 생존한 모친의 은혜를 모두 갚고자 하니, 효도하는 그 마음이 완전하고 그 정성이 지극하기만 하다. 이는 고유의 성품을 받아서 그런 것인가, 아니면 숙세의 훈습熏習으로 말미암아 그런 것인가. 마음속에서 우러나면 밖으로 드러나는 법이니, 밖으로 보이는 것은 실로 마음에서 나온 것이다. 불승佛乘에 귀의하여 그 심지心地를 배양하고, 부모를 천도하여 그 인륜을 닦았으니, 은정恩情이 아울러 커지고 근지根枝가 모두 번성할 것이다. 인자人子와 불자佛子의 직분에 비추어 볼 때, 죽어도 유감이 없게 되었으니, 아, 아름답다고 하겠다.

가정嘉靖 임자년(1552, 명종 7) 봄에 삼가 쓰다.

新刊蓮經跋

淸信女沈氏。爲先考沈義超淨域。爲現母朴氏增福[1]壽。敬發願王。盡傾所儲。板蓮經鑄金像。並安于山門。瞻奉供養。不絶香火。可謂居塵世而玩淸虛。形女子而心丈夫也。其流於禍福之論。俗儒小禁。其切於父母之心。聖人大取。世之孝子順孫。唯能目前甘旨。未能死後追薦。吁。其爲父母之心未圓。而爲父母之誠未至也。其可謂孝耶。是以殄劂其根本。夭[2]傷其枝葉者。頗衆。今之沈氏不忘其舐犢之恩。如此其俱報存亡父母恩焉。則孝之圓而誠之至也。承固有之性而然歟。因宿熏而然歟。發於中者。見於外。見於外者。實生於心。歸向佛乘。以培其心地。追薦父母。以修其彝倫。恩情並大。根枝俱繁。其於人子佛子之職分。死無餘憾。嗚呼休哉。

1) [원] '朴氏增福'은 갑본·을본·병본·정본·무본·기본·경본·신본에는 없다. 2) [원] '夭'는 '天'으로 되어 있다.(을본·병본)

주

1 시내의 양쪽~누워 있다 : 진晉나라 갈홍葛洪의 『신선전神仙傳』 「황초평전」에 황초평黃初平이 15세에 양을 치다가 신선술을 닦으러 도사를 따라 금화산金華山 석실石室 속에서 수도하였는데, 40년 뒤에 형이 찾아와서 양이 어디 있느냐고 묻자, 황초평이 형과 함께 그곳에 가서 누워 있는 백석白石들을 향해 "양들아, 일어나라!"라고 소리치니, 그 돌들이 수만 마리의 양으로 변했다는 전설이 나온다.

2 단례端禮의 원각黿閣 : 송宋나라의 여단례余端禮가 10세가 채 안 되었을 때에 큰물을 피해서 마을 사람들과 누각 위에 있었는데, 누각이 물에 잠기려 하자, 공중에서 "여단례는 앞으로 재상이 될 인물이니 그를 보호하라."라는 소리가 들렸고, 곧이어 수십 길에 달하는 원타黿鼉 같은 동물이 누각을 등에 지고 평지에 옮겼으므로 사람들 모두가 무사하게 되었다는 이야기가 전한다.

3 장의張儀의 귀교龜橋 : 장의가 진秦나라 혜왕惠王의 명을 받들고 사천四川 성도成都의 축성 작업을 할 적에 성곽이 자주 무너지곤 하였는데, 무당의 말을 듣고서 강에 올라온 대귀大龜의 이동 경로를 따라 축조하여 제반 공사를 완료했다는 고사가 전한다. 그래서 성도를 귀성龜城 혹은 귀화성龜化城이라고 한다.(『搜神記』 권13 참조)

4 몸은 백~정취가 있고 : 송宋나라 양억楊億이 어려서 말을 하지 못했는데, 어느 날 가인家人이 그를 안고 누대에 올라가서 머리를 만지자 홀연히 말하기 시작하더니, "누대가 백 척이나 높아서, 손으로 별을 딸 수 있겠네. 감히 큰 소리 내지 못하나니, 천상의 사람이 혹시 놀랄까 봐.(危樓高百尺。手可摘星辰。不敢高聲語。恐驚天上人。)"라고 시를 읊었다고 한다. 양억의 자字는 대년大年이다.(『事文類聚』 권44 〈數歲不言〉 참조)

5 짝 잃은~정취가 있고 : 당唐나라 왕발王勃이 지은 〈등왕각서滕王閣序〉에 "지는 놀은 짝 잃은 따오기와 나란히 날고, 가을 강물은 끝없는 하늘과 한 색이로다.(落霞與孤鶩齊飛。秋水共長天一色。)"라는 명구가 나오는데, 깊은 가을날의 저녁 경치를 절묘하게 묘사한 표현으로 오늘날까지 회자된다.

6 하늘 밖의~정취가 있으며 : 이백李白의 〈등금릉봉황대登金陵鳳凰臺〉 시에 "세 산은 푸른 하늘 밖에 반쯤 떨어져 있고, 두 물은 백로주 양 옆으로 나뉘어 흐른다.(三山半落青天外。二水中分白鷺洲。)"라는 구절이 있다.

7 맑은 냇물과~정취가 있고 : 당唐나라 최호崔顥의 〈등황학루登黃鶴樓〉에 "맑은 냇물 저 너머엔 한양의 나무 숲 역력하고, 봄풀은 무성해라, 앵무주에 가득하네.(晴川歷歷漢陽樹。春草萋萋鸚鵡洲。)"라는 말이 나온다.

8 떨어진 꽃잎이~정취가 있으며 : 도연명陶淵明의 「도화원기桃花源記」에, 한 어부가 떠내려오는 복사꽃을 따라서 배를 저어 가다가 무릉도원武陵桃源을 만났다는 이야기

가 전한다.
9 가을에 금수錦繡의~정취가 있고 : 소동파蘇東坡가 중추中秋에 적벽赤壁 아래에서 노닐면서 "임술년 가을 7월 16일에(壬戌之秋, 七月旣望.)"라는 글로 시작하여 「전적벽부前赤壁賦」를 지은 고사가 있다.
10 멋진 손님을~정취가 있다 : 호계삼소虎溪三笑의 고사를 인용한 것인데, 제2권 495면 주 41 참조.
11 현자賢者가 된~수 있다 : 기러기와 사슴이 뛰노는 왕의 못가에서 맹자孟子가 양 혜왕梁惠王에게 "현자가 된 뒤에야 이것을 즐길 자격이 있지, 그렇지 못하면 이것이 있다 하더라도 즐기지 못한다.(賢者而後樂此. 不賢者雖有此不樂也.)"라고 말한 고사가 있다.(『孟子』「梁惠王」상 참조)
12 유마維摩의 수단 : 『유마경維摩經』「부사의품不思議品」(T14, 0527a16)에 문수보살文殊菩薩이 세존의 명을 받들어 대중을 이끌고 유마 거사를 병문안하기 위해 방문했을 때, 유마가 사방 1장丈의 자기의 거실, 즉 방장실方丈室이 협소하자, 수미등왕불須彌燈王佛에게 그들이 앉을 자리를 빌려 줄 것을 부탁하니, 즉시 3만 2천 사자좌獅子座를 방장실로 보냈다는 이야기가 나온다.
13 천지와 더불어~더불어 동행하면서 : 『장자』「천하天下」의 장주莊周를 설명한 대목에 나오는 내용을 발췌한 것이다.
14 무위진인無位眞人 : 『장자』의 무위無爲와 진인眞人을 합성한 말로, 사람마다 본래 갖추고 있는 진여眞如 불성佛性을 뜻하는 선림禪林의 용어이다. 특히 임제종臨濟宗의 창시자 임제 의현臨濟義玄이 이 말을 애용하였는데, 『임제록臨濟錄』에 "고깃덩어리 속에 하나의 무위진인이 있어서 항상 여러분들의 감각기관을 통해 들락거리고 있다.(赤肉團上有一無位眞人. 常從汝等諸人面門出入.)"(T47, 0496c10)라는 그의 말이 실려 있다.
15 시종始終이 없는 자와 벗을 삼았다 : 『장자』「천하」의 장주 설명 대목에 나오는 말이다.
16 최고운崔孤雲과 진감眞鑑 : 고운은 최치원崔致遠의 호이고, 진감은 신라 문성왕文聖王 때의 승려인 혜소慧昭의 시호諡號이다. 쌍계사에 있는 「진감선사대공탑비眞鑑禪師大空塔碑」는 최치원이 왕명을 받들어 비문을 짓고 글씨를 쓴 것인데, 이는 이른바 그의 사산비명四山碑銘의 하나로 매우 귀중한 자료로 꼽힌다. 한국고전번역원에서 번역한 『고운집孤雲集』제2권에 이 비문이 수록되어 있다.
17 신우神禹의 구정九鼎 : 구정은 하우씨夏禹氏가 구주九州의 쇠붙이를 모아 주조鑄造했다는 솥을 말하는데, 하夏·은殷·주周 시대를 전해 내려오면서 천하를 차지한 제왕 혹은 왕조의 정통성을 상징하는 보배로 여겨져 왔다.(『史記』권12「武帝紀」참조)
18 주실周室의 석고石鼓 : 석고는 북 모양으로 된 열 개의 석조 유품으로, 돌 표면에 진

대진代의 전자篆字에 가까운 문자가 새겨져 있는데, 중국 최고最古의 금석문으로 꼽힌다. 한유韓愈는 주 선왕周宣王 때의 작품이라고 하고, 위응물韋應物은 주 문왕周文王 때의 작품이라고 하는 등 이설異說이 많으나, 주 선왕이 사냥한 내용을 사주史籒가 송頌으로 지었다는 것이 일반적인 통설이다.

19 한정漢庭의 선인仙人 : 『한서漢書』「교사지郊祀志」상에 천상의 감로를 받기 위하여 한 무제漢武帝가 구리로 만들어 세웠다는 선인仙人 손바닥 모양의 승로반承露盤을 말한다. 그 이슬을 옥가루(玉屑)에 타서 마시면 장생불사한다는 술사術士의 말에 한 무제가 미혹되어 수명을 늘려 보려고 했던 내용이 나온다.

20 진가晉家의 동타銅駝 : 동타는 구리로 주조하여 낙양洛陽의 궁문宮門 밖에 세운 낙타를 가리킨다. 서진西晉의 상서랑尙書郞 색정索靖이 천하가 장차 어지러워져 나라가 망할 것을 미리 알고는, "이제 곧 너도 가시나무 덤불 속에 파묻히겠구나."라고 탄식했던 고사가 있다.(『晉書』권66「索靖傳」참조)

21 천년이 지난~있을 것이다 : 고운과 진감으로서는 오랜 세월이 지난 뒤에 자기들을 알아주는 사람을 뜻밖에 만나는 행운을 얻게 되었다는 말이다. 『장자』「제물론齊物論」에 "만세의 뒤에라도 이 해답을 아는 대성인을 만나게 된다면, 이것 역시 아침과 저녁 사이에 만나는 것이라고 할 것이다.(萬世之後。而一遇大聖人知其解者。是朝暮遇之也。)"라는 말이 나온다. 또 후세에 제대로 평가해 주는 식견이 높은 사람을 기다린다고 할 때, 흔히 양자운揚子雲과 소요부邵堯夫를 거론하곤 하는데, 자운은 한漢나라 양웅揚雄의 자字이고, 요부는 송宋나라 소옹邵雍의 자이다.

22 반고盤古 : 중국 신화에서 천지개벽 후에 처음으로 나와 이 세상을 창조했다는 인물이다.

23 어람보살魚籃菩薩 : 33관음三十三觀音의 하나인 어람관음魚籃觀音을 가리킨다. 당唐나라 민간신앙에서 기원한 것으로, 보통 나찰羅刹이나 독룡毒龍, 악귀惡鬼의 해害를 없애 주는 관음으로 알려져 있는데, 손에 물고기를 담은 어람魚籃을 쥐고 있거나 큰 물고기에 올라탄 형상을 하고 있다. 마랑부관음馬郞婦觀音이라고도 한다.

24 오도자吳道子 : 당대唐代의 유명한 화가인 오도현吳道玄으로, 특히 산수와 불상에 독보적인 경지를 보여 주었다. 도자는 그의 자字이다.

25 53불五十三佛 : 과거의 53명의 부처를 말하는데, 『관약왕약상이보살경觀藥王藥上二菩薩經』・『관허공장보살경觀虛空藏菩薩經』 등에서 열거한 보광불普光佛 등 53불과 『무량수경無量壽經』권상에 열거한 정광불錠光佛 등 53불의 두 가지 설이 있다. 중생이 사중금죄四重禁罪를 없애고, 오역五逆・10악十惡 등의 죄를 참회하려면, 53불의 명호를 예경해야 한다고 한다.

26 불상을 만들고~하여 질책하셨다 : 『벽암록碧巖錄』제1칙「평창評唱」에 불심천자佛心天子로 일컬어지는 양 무제梁武帝가 달마를 만나서, "내가 사원을 많이 세우고 승려

를 많이 출가시켰는데, 무슨 공덕이 있는가?(朕起寺度僧。有何功德。)"라고 묻자, 달마가 "아무 공덕도 없다.(無功德)"라고 답변한 내용이 나온다.(T48, 0140a28)

27 양족여래兩足如來 : 양족존兩足尊과 같은 말로, 불佛의 존호이다. '두 개의 발(兩足)'을 가진 생명체 중에서 가장 존귀하다는 뜻과, 복혜福慧·해행解行 등의 '양쪽을 모두 구족하고 있다(兩足)'라는 뜻을 지니고 있다.

28 설산雪山 : 석가모니를 가리킨다. 석가가 과거세에 바라문婆羅門 혹은 선면왕善面王의 신분으로 설산에서 고행을 하며 나찰羅利로 변한 제석천帝釋天으로부터 게송을 얻어 들었다는 이야기가 전한다. 그래서 석가를, 설산 대사雪山大士·설산 동자雪山童子·설산 바라문雪山婆羅門, 혹은 줄여서 설동雪童으로 칭하기도 한다.(『北本涅槃經』권14, 『南本涅槃經』권13 참조)

29 비야毗耶 : 인도 비야리성毗耶離城의 방장실方丈室에 거주한 유마維摩 거사를 말한다. 『유마경維摩經』「입불이법문품入不二法門品」에, 유마가 중생의 병이 다 낫기 전에는 자신의 병도 나을 수 없다면서 드러눕자 석가모니가 문수보살文殊菩薩 등을 보내 문병하게 하였는데, 문수가 불이법문不二法門에 대해서 물었을 때 유마가 말없이 아무런 대답도 하지 않자, 문수가 탄식하며, "이것이 바로 불이법문으로 들어간 것이다.(是眞入不二法門也)"라고 했다는 이야기가 나온다.(T14, 0551c23)

30 소림少林 : 보리달마菩提達摩를 가리킨다. 그가 남조南朝 양梁나라 때 인도에서 중국에 온 뒤에 숭산嵩山 소림사少林寺에 머물면서 9년 동안이나 아무 말 없이 면벽 좌선을 하였으므로 사람들이 벽관 바라문壁觀婆羅門이라고 칭했다는 고사가 전한다.

31 팽상彭殤 : 제2권 493면 주 18 참조.

32 연화주蓮花主 : 연화대蓮花臺의 주인이라는 뜻으로, 극락정토의 아미타불을 가리킨다. 제2권 498면 주 64 참조.

33 법기法起 : 금강산을 주처住處로 하는 보살 이름인데, 제1권 160면 주 41 참조.

34 철위鐵圍 : 철위산鐵圍山을 말한다. 불교의 세계관에 의하면, 이 세계의 중심에 수미산須彌山이 있고, 그 주위를 8산八山과 8해八海가 둘러싸고 있는데, 가장 바깥에 있는 쇠로 만들어진 산을 바로 철위산이라고 한다.

35 오음五陰 : 오온五蘊과 같은 말인데, 제3권 662면 주 74 참조.

36 지독舐犢 : 송아지를 핥아 준다는 말로, 자식을 끔찍이 사랑하는 어버이의 정을 뜻하는 말이다. 양표楊彪의 아들 양수楊修가 조조曹操에게 죽음을 당하였는데, 그 뒤에 조조가 양표에게 왜 그토록 야위었느냐고 묻자, 양표가 "늙은 소가 송아지를 핥아 주는 애정(老牛舐犢之愛)을 아직도 지니고 있어서 그렇다."라고 대답한 고사에서 유래한 것이다.(『後漢書』「楊震傳附楊彪傳」참조)

청허집 제6권
| 清虛集 卷之六 |

칠불암 기와 낙성시
七佛庵盖瓦落成詩[1)]

지리산 속의 칠불암은	智異山中七佛庵
옛날 신라 때 세워진 가람	新羅古代一精藍
얼음과 눈으로 지붕 기와 깨어지고	屋簷瓦破氷兼雪
비 온 뒤의 이내로 불상에 이끼 돋았네	佛面苔生雨後嵐
식견 있는 사문은 모두 눈물 흘리고	有識沙門皆墮淚
재물 없는 신도들도 부끄럽게 여겼다네	無財檀越亦懷慙
【삼가 생각건대 제자가. 伏念弟子】	
남북을 주유함에 잠자리 고달팠고	周流南北眠何苦
동서로 분주함에 음식도 달지 않았다네	奔走東西食不甘
지난여름 공인에게 푸른 기와 굽게 하고	去夏命工燔碧瓦
올 겨울에 전각을 단장해 부처님 예배했네	今冬粧殿禮瞿曇
오분향[1]의 향기가 연찰[2]에 통하고	五分香氣通蓮刹
칠보 등의 광명이 옥감을 비추네	七寶燈光照玉龕
용상이 서로 마음껏 법악을 듣고	龍象交橫聞法樂
인천이 서로 만나 난참을 보네	人天相接見鸞驂
갈 때는 춘풍에 온갖 풀꽃 피는 듯	去若春風開百草
올 때는 명월이 1천 못에 지는 듯	來如明月落千潭
문자 없는 총령의 도장을 마음으로 전하고	心傳蔥嶺無文印
지극히 묘한 영산의 말씀을 입으로 편다네	口演靈山至妙談
【지금 그만. 今乃】	
이슬과 번개 같은 육근의 몸이 애욕 때문에	露電根身緣愛欲

---
1) ㉮ 이 시는 갑본·을본·병본·정본에는 없다.

허공 꽃 같은 세계에서 탐욕을 부려	空花世界爲貪婪
과거 기나긴 세월 동안 윤회를 하며	悠悠徃劫輪廻事
캄캄한 무명의 술맛을 잊지 못한 채	黯黯無明酒味酣
몸은 불나방처럼 네 마리 뱀[3]에 매여 있고	身執四蛇投火蝶
마음은 누에고치처럼 구결[4]에 얽혔나니	心纒九結吐絲蠶
색공의 도리도 깨닫기 어려운데	色空空色猶難薦
심불의 경지를 어떻게 감당하랴	心佛佛心豈荷擔
비단옷 벗으면 축생이 될 수도 있고	或脫錦衣還戴角
전생의 정씨 딸이 후생엔 장씨 아들 될 수도	前生鄭女後張男
부처님 앞에 지금 귀의하며 참회하오니	佛前今者歸依懺
깨달음의 길을 자비롭게 가르쳐 주소서	覺路垂慈作指南

【또 돌아가신 모친을 위하여. 亦爲先妣】

동해의 관음께서 친히 수기하시어	東海觀音親授記
남방의 용녀[5]로 끼워 주시기 바랍니다	南方龍女願同叅

채씨가 남편을 천도薦度하는 게송
蔡氏薦夫伽陁

오랜 세월 쌓인 인연 덩어리가	積劫因緣聚
염부[6]에서 하룻밤에 사라졌나니	閻浮一夕亡
천지가 갑자기 어두워지고	乾坤成黑色
일월이 홀연히 빛을 잃었네	日月忽無光
눈물을 머금으매 뼈가 녹아나고	飲泣空銷骨
소리를 삼키매 애가 끊어지나니	吞聲暗斷腸
은정을 끊는 것이 불법이라 하나	捨恩雖佛制
추원[7]함은 또한 유교의 법도라오	追遠亦儒綱
저승의 고통에서 구원받고자	欲拔幽冥苦
대법왕에게 귀의하면서	歸依大法王
제단엔 여섯 가지 맛을 올리고	壇呈六種味
향로엔 오분향을 사르나니	爐爇五分香
빛깔마다 진심이 드러나고	色色眞心露
소리마다 자성이 분명하여라	聲聲自性彰
바라건대 이 공덕의 힘으로	願斯功德力
영가가 천당에 오름은 물론이요	靈駕上天堂
칠취[8] 모두 꿈에서 깨어나고	七趣俱醒夢
삼도에 광분함을 모두 멈췄으면	三途盡歇狂

【제자는 운운함을 금하지 못하겠습니다. 弟子無任云云[1)]】

---

1) 갑 '弟子無任云云'은 무본·기본·경본·신본에는 없다.

『원각경』 중간 모연게
圓覺經重刊募緣偈

문수보살은 천진에 이르렀고	文殊達天眞
보현보살은 연기를 밝혔으며	普賢明緣起
보안보살은 관행을 여쭙고	普眼問觀行
금강장보살金剛藏菩薩은 삼혹[9]을 변별하였으며	金剛辨三惑
미륵보살은 윤회를 끊었고	彌勒斷輪廻
청정혜보살淸淨慧菩薩은 닦아 증득하는 지위(修證地位)를 분변하였으며	淨慧分證位
위덕자재보살威德自在菩薩은 삼관[10]을 일으켰고	威德起三觀
변음보살은 단복[11]을 닦았으며	辨音修單復
정제업장보살淨諸業障菩薩은 사상[12]을 제거하였고	淨業除四相
보각보살은 사병[13]을 여의었으며	普覺離四病
원각보살은 삼기도량三期道場에서 참회하였고	圓覺三期懺
현선수보살賢善首菩薩은 유통을 청하였네	賢首請流通
이 경은 명호가 밀왕[14]으로서	此經號密王
항하사 같은 제불이 설했나니	恒沙諸佛說
천성이 동일한 길이요	千聖同一路
만부가 청정한 안목이로다	萬部淸淨眼
삼천세계에 가득한 보배를 가지고	寶滿三千界
보시해서 복을 얻는다 해도	持用布施福
이 경의 한 글자 한 구의 뜻을	不如聞此經
얻어 듣는 것만 못하리라	一字一句義
중생을 교화하여 사과[15]를 얻는다 해도	化衆得四果
반 게[16]를 선포하는 것만 못하리니	不如宣半偈

그 묘한 공덕은 헤아리기 어렵고	功德妙難思
그 진리는 상정을 뛰어넘었도다	眞理越常情
더구나 제천의 부중部衆과	而況諸天衆
8만 금강이 항상 수호하여	金剛恒守護
재앙을 없애고 복혜를 증진하며	除灾[1]增福慧
재보를 충족하게 해줌이리오	財寶常充足
내가 지금 구본을 간행하여	我今鋟舊本
원각의 바다를 광포廣布하려 하노니	欲廣圓覺海
바라건대 뜻을 같이하는 분들은	願諸同志士
재물을 희사하여 좋은 인연 맺으시라	捨財共結緣

---

1) ㉘ '灾'는 '災'로 되어 있다.(갑본·을본·병본)

묘향산 보현사普賢寺에서 새로 만든 종鍾의 명문銘文

융경隆慶 4년(1570, 선조 3) 경오년 여름에 묘향산의 도인인 학현學玄이 큰 종 하나를 만들었다. 무게는 2천 근으로, 도가니의 단련을 거쳐서 이 법기法器가 이루어졌다. 아, 이 법기로 말하면, 속을 텅 비워 외물에 응하는 것이 선지식善知識의 도량이 있고, 공덕이 무한하기에 청허자淸虛子가 게송을 지어서 찬미하는 바이다.

곧고 질박하고 텅 비고 웅장해서
한 소리로 다생의 광기를 쉬게 하네.
옛날 부처 무릎에서 왕의 얼굴 펴졌는데[17]
지금 또 어두를 향해 칼날이 부러지네.
세계는 가없이 티끌로 자욱하고
중생은 끝없이 그 업이 망망하도다.
아름다워라 조어장부調御丈夫에 부응하는 법기여
향산의 대도량에 전해지게 되었도다.

妙香山普賢寺新鑄鍾銘
隆慶四年庚午之夏。山之道人。學玄其名者。鑄大鍾一口焉。重二千斤。歷一鑪錘。而成此法器。噫。其爲器也。虛心應物。有善知識之量。功德無邊故。淸虛子以偈贊而美之。
直質虛心雄且壯 一聲能歇累生狂
初從佛膝開王面 又向魚頭折釼[1]鋩
世界無邊塵擾擾 衆生不盡業茫茫
猗歟善應眞調御 留與香山大道場

1) ㉮ '釼'은 '劒'으로 되어 있다.(갑본·을본·병본)

『선문귀감禪門龜鑑』 서문序文

옛날에 불교를 배우는 자들은 불타의 말이 아니면 말하지 않았고, 불타의 행동이 아니면 행하지 않았다. 그러므로 그들이 보배로 여긴 것은 오직 패엽貝葉의 영문靈文일 뿐이었다. 그런데 오늘날 불교를 배우는 자들이 전하며 암송하는 것은 사대부士大夫의 구문句文이요, 구걸해서 지니는 것은 사대부의 시구詩句이다. 그리고 심지어는 붉고 푸른빛으로 그 종이를 색칠하고, 아름다운 비단으로 그 두루마리를 장정粧幀하는가 하면, 아무리 많아도 부족하게 여기면서 최고의 보배로 삼고 있는 실정이다. 아, 어찌하여 옛날과 오늘날에 불교를 배우는 자들이 보배로 삼는 것이 같지 않게 되었단 말인가.

내가 비록 불초不肖하기는 하지만, 옛날 불교를 배우던 이들에게 뜻을 두고서 패엽의 영문을 보배로 삼고 있다. 그런데 그 글이 워낙 번다하여 바다처럼 한없이 광대하기 때문에 후세에 뜻을 같이하는 자들이 자못 잎을 따고 가지를 찾는(摘葉尋枝) 수고를 면하지 못하겠기에 그 글 중에서 요긴한 수백 어를 뽑아 하나의 종이에 적었으니, 글은 간단하면서도 뜻은 주밀周密하다고 하겠다. 만약 이 말을 가지고 엄한 스승을 삼아 궁구하면서 오묘한 뜻을 얻는다면, 구절마다 살아 있는 석가가 그 속에 있을 것이니, 부디 힘쓸지어다. 문자를 떠난 일구一句를 격외格外의 기보奇寶로 쓰지 않는 바는 아니나, 이는 다른 기회를 기다리려 한다.

가정嘉靖 갑자년(1564, 명종 19) 여름에 청허당 백화 도인白華道人은 쓰다.

禪門龜鑑序[1)]

古之學佛者。非佛之言不言。非佛之行不行也。故所寶者。惟貝葉靈文而已。今之學佛者。傳而誦則士大夫之句。乞而持則士大夫之詩。至於紅綠色其紙。美錦粧其軸。多多不足。以爲至寶。吁。何古今學佛者之不同寶也。

余雖不肖。有志於古之學。以貝葉靈文爲寶也。然其文尙繁。藏海汪洋。後之同志者。頗不免摘葉之勞故。文中撮其要。且切者數百語。書于一紙。可謂文簡而義周也。如以此語以爲嚴師。而硏窮得妙。則句句活釋迦存焉。勉乎哉。雖然離文字。一句格外奇寶。非不用也。且將以待別機也。嘉靖甲子夏。淸虛堂白華道人序。

1) ㉔ 이 글은 이미 『삼가귀감』의 다른 본(『한국불교전서』 제7책 625면 주 ① 참조)에 실려 있다.(편자)

염불문【백 처사白處士에게 주다.】

마음으로는 부처의 경계를 좇아서 잊지 않고 항상 생각하며, 입으로는 부처의 명호를 부르면서 산란하지 않게 분명히 한다. 이와 같이 마음과 입이 서로 응하는 가운데 한번 소리 내어 부르면서 생각하면, 80억 겁의 생사의 죄를 소멸할 수 있고, 80억 겁의 수승한 공덕을 성취할 수 있다. 한 번 소리 내어 불러도 그러한데, 더군다나 천만 번 부르는 것이겠는가. 한 번 생각하는 것도 그러한데, 더군다나 천만 번 생각하는 것이겠는가. 이른바 열 번 소리 내어 염불하면 연지蓮池에 왕생한다[18]는 말이 바로 이것이다. 그러나 입으로는 송誦한다고 하고, 마음으로는 염念한다고 하는데, 송만 하고 염을 하지 않으면 이치로 볼 때 아무 이익도 없으니, 이 점을 거듭 생각해야 할 것이다.

부처가 상근上根의 사람을 위해서는, 마음이 곧 부처이고(即心即佛), 마음이 곧 정토이며(惟心淨土), 자성이 곧 미타(自性彌陀)라고 설하였으니, 이른바 서방이 여기에서 멀지 않다는 것이 바로 이것이다. 또 부처가 하근下根의 사람을 위해서는, 10만(十惡) 8천(八邪) 리里라고 설하였으니, 이른바 서방이 여기에서 멀다는 것이 바로 이것이다. 그리고 보면 서방이 멀고 가까운 것은 사람에게 있지 법에 있지 않고, 서방이 드러나고 숨는 것은 말에 있지 뜻에 있지 않다고 할 것이다.

만약 사람이 한 생각을 내지 않아 전제前際(과거)와 후제後際(미래)가 끊어지면, 자성自性의 미타彌陀가 홀로 드러나고, 자심自心의 정토淨土가 앞에 출현할 것이다. 이것은 바로 돈오頓悟이며 돈수頓修요 돈단頓斷이며 돈증頓證이기 때문에 점차 거쳐야 할 단계(地位)가 없다. 그렇긴 하지만 잘못된 인식 작용(行相)을 바로잡는 일은 일조일석一朝一夕에 되는 일이 아니요, 오랜 세월 수행을 필요로 한다. 그렇기 때문에 불성佛性은 본래 그대로이지만 항상 유념해야 하고, 업業은 본래 공空한 것이지만 부지런히 끊어야 한다고 말하는 것이다.

念佛門[1]【贈白處士】[2]

心則緣佛境界。憶持不忘。口則稱佛名號。分明不亂。如是心口相應。念一聲。則能滅八十億劫生死之罪。成就八十億劫殊勝功德。一聲尚爾。何況千萬聲。一念尚爾。何況千萬念耶。所謂十聲念佛。徃生蓮池者。此也。然在口曰誦。在心曰念。徒誦失念。於理無益。思之思之。佛爲上根人。說卽心卽佛。惟心淨土。自性彌陁。所謂西方去此不遠。是也。爲下根人。說十萬【十惡】八千【八邪】里。所謂西方去此遠矣。然則西方遠近。在於人而不在於法也。西方顯密。在於語而不在於意也。若人不生一念。前後際斷。則自性彌陁獨露。而自心淨土現前矣。此卽頓悟頓修。頓斷頓證故。無地位矣。雖然翻妄行相。非一朝一夕。要假歷劫熏修。故曰佛本是而勤念。業本空而勤斷。

---
1) ㉮ 이 글은 갑본·을본·병본·정본에는 없다. 2) ㉮ '贈白處士'는 무본·기본·경본·신본에는 없다.

참선문參禪門【징 장로澄長老에게 주다.】

한 생각이 일어나고 사라지는 것을 생사生死라고 한다. 생사의 때를 당해서는 있는 힘껏 화두를 들어야 하는데, 만약 화두에 간단間斷이 있으면 이를 생사라 하고, 번뇌라 한다. 만약 화두가 어둡지 않으면 이는 바로 주인이요 자기 집이라고 할 것인데, 이렇게 어둡지 않을 때를 당해서 다른 생각이 일어난다면, 이는 분명히 그림자에 미혹된 것이다.

아직 관문을 뚫지 못했다면, 어린애가 어미를 생각하듯, 암탉이 알을 품듯, 배고픈 자가 밥을 생각하듯, 목마른 자가 물을 생각하듯 해야 하니, 이것이 어찌 억지로 지어낸 마음이겠는가. 이처럼 자상하게 참구하여 치밀하게 끊임없이 깊이 생각하고 생각하노라면, 반드시 고향집에 들어설 시절이 있을 것이니, 힘쓰고 힘쓸지어다.

사대四大 요소로 이루어진 추한 육신이 매 순간마다 낡아서 썩어 가고 있는 것을 알고 있는가. 네 가지 은혜가 깊고 두터운 것을 알고 있는가. 사람의 목숨이 호흡하는 사이에 있음을 알고 있는가. 편히 기거할 때에 지옥의 고통을 생각하는가. 이것은 참선하는 사람들이 날마다 유념해야 할 일이니, 역시 점검하고 점검할지어다.

參禪門[1]【贈澄長老】
念起念滅。謂之生死。當生死之際。須盡力提起話頭。若話頭有間斷。則謂之生死。謂之煩惱。若話頭不昧。則正是當人。正是自家底也。當此不昧時。若起他念。則決之被影子惑矣。其未透關。則如兒憶母。如雞抱卵。[2] 如飢思食。如渴思水。此豈做作底心也。如此參詳密密綿綿。思復深思。則必有到家底時節。勉之勉之。還知四大醜身念念衰朽麼。還知四恩深厚麼。還知人命在呼吸麼。起坐便宜時。還思地獄苦麼。此是參禪人日用事。亦點檢點檢。

1) ㉮ 이 글은 갑본·을본·병본·정본에는 없다. 2) ㉯ '卯'는 '卵'으로 되어 있다.(무본·기본·경본·신본) ㉯ 번역은 '卵'을 따랐다.

보현사 경찬소慶讚疏

　제불諸佛은 마음의 구슬을 이미 깨달아 그 일과一顆의 원만한 빛이 내외를 막론하고 모두 비치는 반면에, 중생은 오래도록 지혜의 달을 찾지 못한 채 오음五陰의 뜬구름만 공연히 오고 갈 따름입니다. 그러나 본래 서로 다른 두 길이 아니요, 미迷와 오悟는 종이 한 장의 차이일 뿐이니, 시작이 없는 과거가 서글프고, 끝이 없는 미래가 비통할 따름입니다.
　삼가 생각건대 제자는 다행히 숙세의 인연으로 인간 세상에 태어났습니다만, 말법의 운세를 당하여 성인聖人의 시대와 멀리 떨어졌으므로 산에 거하고 물에 거하면서 세월을 헛되이 보낸 것이 이미 오래되었으며, 남쪽 혹은 북쪽으로 선지식善知識을 찾아다닌 것이 지금 여러 해 되었습니다.
　삼가 듣건대 선善과 악惡은 오직 마음에서 나오는 것이요, 죄와 복은 원래 바탕이 없다고 하였습니다. 전념前念을 깨닫지 못하면 이것을 중생이라고 하니, 삼업三業을 지으며 고해에 빠져 허덕이게 됩니다. 반면에 후념後念의 잘못을 알면 이것을 제불이라고 하니, 일심을 깨끗이 하여 본래의 자리로 되돌아가게 됩니다. 그러나 마음을 내고 마음을 없애는 그 실마리가 바로 범부가 되고 성인이 되는 단서가 되는 것이기 때문에 세연世緣을 가탁해서 삼보에 귀의하게 되었습니다.
　이 산의 이름은 태백太白이요, 이 절의 이름은 보현普賢입니다. 1만 가호家戶의 전재錢財를 모아 일곱 칸의 누각을 일으켰나니, 몇 년에 걸쳐서 붉은 대마루와 푸른 기와를 얹었고, 한 여름철 동안에 벽에 흰 분을 바르고 창문을 푸르게 하였습니다.
　지금은 황락荒落의 시기로서, 시절은 청명淸明의 달에 속하는바 공경히 48원四十八願을 발하며 경건히 13단十三壇을 설치하였습니다. 나각螺角과 동발銅鈸은 요란한 소리를 내고, 용상龍象은 발로 차고 밟습니다. 등불마다 휘황하게 반야般若의 지광智光으로 바뀌고, 푸르고 붉은빛마다 비로자나毘盧遮那의 면목을 나투었습니다.

비록 그렇긴 하지만, 생사의 길이 어두우니 불촉佛燭에 의지해야만 밝힐 수 있고, 고해의 물결이 깊으니 법선法船에 기대야만 건널 수 있습니다. 팔난八難[19] 삼도三途[20]에서 제멋대로 구는 것은 누에가 고치 속에 들어 있는 것과 같고, 사생四生[21] 육도六道에서 진리에 어두운 것은 개미가 쳇바퀴를 도는 것과 같습니다. 보여 주는 양상은 다양하지만, 총체적으로 논하면 모두 마찬가지입니다.

지옥의 경우는, 구리 녹인 물을 입에 쏟아부으니 뜨거운 불길이 가슴을 태우고, 쇠못을 몸에 박으니 온몸이 상처투성이이고, 맷돌이 몸을 가니 전신이 모두 가루가 되는데,[22] 이와 같은 일이 억겁을 두고 전혀 바뀌는 일이 없이 하루에 만 번 죽었다가 만 번 살아나곤 합니다.

아귀餓鬼의 경우는, 불을 먹고 수레를 울리며, 목구멍은 바늘과 같고 배는 항아리와 같습니다. 피부는 죽은 재처럼 색깔이 없고, 형체는 마른 나무처럼 봄빛이 없습니다. 실수로 인한 잘못도 재앙을 받으니, 고의로 지은 죄는 그 벌을 받는 것이 당연합니다.

병진兵陣의 경우는, 창과 칼날이 번득이고, 화살과 돌이 날아다닙니다. 봄바람 속에 우거진 푸른 풀이 겨우 마른 뼈를 감춰 주고, 차가운 백사장의 가을 달이 홀로 놀란 혼을 비춰 줍니다. 이미 막막하게 돌아갈 곳이 없는지라, 그저 밤이면 남몰래 통곡할 따름입니다.

요정妖精의 경우는, 산과 물의 도깨비나 개와 여우의 정령精靈이 되곤 합니다. 그리고 헌 빗자루나 깨진 솥, 낡은 단지와 부러진 절굿공이 등이 사내로 변해서 처녀와 통정通情하기도 하고, 미녀로 변해서 소년을 유혹하기도 합니다.

호환虎患의 경우는, 바람 앞의 등불처럼 목숨을 잃고, 번갯불이나 그림자처럼 혼이 날아갑니다. 행장行裝을 수습하여 길을 떠났다가 갑자기 당하기도 하고, 땔나무를 지고 고개를 넘다가 홀연히 만나기도 하는데, 게걸스럽게 침을 흘리는 그 독한 이빨에 한 번 걸리면, 평시의 정견正見을 모조리 잃어버리고 맙니다.

그런가 하면 파리 떼가 모여들어 술그릇에 몸을 던지게도 하고, 불나방이 날아와서 등잔불에 몸을 부딪치게도 합니다. 또 꿀을 따기 위해서 벌을 잡기도 하고, 진주를 캐기 위해서 조개를 깨뜨리기도 하며, 탄환을 쥐고서 숲 사이의 참새를 떨어뜨리기도 하고, 활을 당겨서 구름 밖의 수리를 떨어뜨리기도 합니다. 이는 단지 미물微物을 희롱할 줄만 아는 것으로서, 장차 원수로 만날 것은 전혀 생각하지 못하는 것이니, 만약 위신의 힘이 아니라면 도탈度脫의 문을 얻기가 어려울 것입니다.

탕관宕關을 한번 쳐서 활짝 열어 주면, 죄를 지은 자들이 떼로 달려와 빠져나갈 수 있을 것이니, 귀천을 따지지도 말고 원친寃親을 물을 것도 없이, 일제히 도량에 이르러서 모두 법공法供의 은택에 적시게 해주기를 바랍니다.

삼가 원하옵건대, 주상 전하는 뇌정雷霆과 같은 호령을 발하여 왜적의 먼지를 쓸어서 하해河海를 맑게 하고, 성두星斗와 같은 문장을 빛내어 현능賢能한 신하를 모아서 사직을 굳건히 할 수 있게 해주소서. 그리고 하늘과 수명을 같이하면서 세상을 근심 없이 향유하는 가운데 유불儒佛을 함께 숭상하여 삼대三代(夏·殷·周)의 풍월風月을 이룩하고, 문무文武를 아울러 써서 일국一國의 가요歌謠가 일어날 수 있게 해주소서.

왕비 전하는 수명의 산이 더욱 높아지고 복덕의 바다가 더욱 넓어지며, 금지金枝가 무성해지고 옥엽玉葉이 우거지게 해주소서. 대비 전하는 마야 부인摩耶夫人(釋尊의 생모)의 성태聖胎를 현세에서 증득하여 무구세계無垢世界[23]의 교주教主가 되게 해주소서. 세자 저하는 대문에 길운이 흘러넘치고 궁전에 상서祥瑞가 쌓이게 해주소서.

사해가 한마음이 되고 만군萬郡이 동화되는 가운데 각각의 시주들도 천

가지 재앙이 봄에 얼음 녹듯 하고, 백 가지 복록이 여름에 구름 일듯 하며, 수명은 송춘松椿처럼 보전하고, 육신은 철석鐵石처럼 튼튼하게 해주소서. 그리고 다생多生의 부모와 누대累代의 종친은 보리수 아래에서 도사導師가 되고, 사자좌獅子座 위에서 금설金舌을 떨치게 해주소서. 그 밖에 은혜의 물결이 미치는 곳마다 미혹한 중생들이 다 같이 은택에 젖게 해주소서.

제자는 간절히 기도하며 격동하는 지극한 마음을 가누지 못한 채 금상金相(불상)을 우러러 대하면서 심중을 토로하여 삼가 소를 올립니다.

普賢寺慶讚疏[1]

諸佛已悟心珠。一顆圓光。無內無外。衆生長迷智月。五陰浮雲。空去空來。本無二途。迷悟一隔。哀已往之無始。痛未來之無終。伏念弟子。幸承宿因得生人世。當此末運。去聖時遙。居水居山。虛送光陰。已多日矣。或南或北。歷叅知識。今幾年乎。恭聞善惡惟心。罪福無地。前念不覺。是謂衆生也。造三業而沉淪。後念知非。是謂諸佛也。淨一心而歸復。然心生心滅之緒。乃作凡作聖之端。由是假托世緣。歸依三寶。山名太白。寺號普賢。聚萬家之錢財。起七間之樓閣。數稔也。朱甍碧瓦。一夏也。粉壁青窓。時維荒落之期。節屬淸明之月。敬發六八之願。虔設十三之壇。螺鈸兮轟喧。龍象兮蹴蹋。燈燈郁郁。變成般若智光。綠綠紅紅。翻作毗盧面目。雖然生死路闊。憑佛燭以可明。苦海波深。仗法船以可渡。八難三途。恣情則如蠶處繭。四生六道。迷眞則似蟻巡環。開示雖多方。捴論惟一種。若地獄。則洋[2]銅灌口。烈火洞胸。鐵釘釘體。則徧體皆瘡。石磨磨身。則全身俱碎。億劫無動無轉。一日萬死萬生。若餓鬼。則食火鳴車。針咽甕腹。肌體死灰而無色。形骸枯木而不春。誤爲尙爾逢殃。故作宜見其罰。若兵陣。則刀[3]鎗橫中。矢石交攻。春風蔓草之靑。僅藏枯骨。秋月寒沙之白。獨照驚魂。旣漠漠以無歸。只喑喑以夜哭。若妖精。則山魈水怔。犬魅狐精。弊箒與破鐺。

古盆與折杵。或化丈夫而通處女。或變美婦而惑少年。若虎囓。則命謝風燈。魂飛電影。或束擔就途而卒然相遇。或負薪陟嶺而忽焉在前。一經毒齒之饞涎。頓失平時之正見。若夫聚蠅之投身酒器。飛蛾之撲身燈缸。爲蜜掇蜂。因珠破蚌。挾彈墮林間之雀。彎弓落雲外之鵰。[4] 只知欺物命之微。終莫慮仇家之對。若非威神之力。難得度脫之門。宕關一擊而開。罪輩群奔而出。無論貴賤。罔問冤親。冀齊到於道場。俾咸霑於法供。伏願主上殿下。雷霆驅號令。掃倭塵而河海淸。星斗煥文章。集賢臣而社稷固。與天齊壽。享世無憂。儒釋俱崇。致三代之風月。文武並用。興一國之歌謠。王妃殿下。壽山益高。福海彌濶。金枝欝欝。玉葉垂垂。大妃殿下。現證摩耶聖胎。當作無垢敎主。世子邸下。銅鋪衍吉。鶴禁儲祥。四海一心。萬郡同化。各各施主。千灾若春氷之渙釋。百福似夏雲之渤興。命保松椿。身堅鐵石。經生父母。累世宗親。菩提樹下作導師。獅子座上翻金舌。餘波所泉。[5] 等沐迷倫。弟子無任懇禱激切之至。仰對金相。表宣謹疏。

---

1) ㉮ 이 글은 갑본·을본·병본·정본에는 없다. 2) ㉯ '洋'은 '鎔'의 오자인 듯하다.
3) ㉮ '刀'는 '力'으로 되어 있다.(무본·기본·경본·신본) ㉯ 번역은 '刀'를 따랐다.
4) ㉮ '鵰'는 '雕'로 되어 있다.(무본·기본·경본·신본) 5) ㉮ '泉'은 '泉'으로 되어 있다.(무본·기본·경본·신본)

보현사 보광전普光殿의 기와를 바꾸고 경찬慶讚한 글

　삼가 듣건대 불佛의 제망帝網[24]은 겹겹이 서로 비쳐 일一도 아니고 다多도 아니며, 법의 개병芥甁[25]은 역력히 분명하여 전前도 아니고 후後도 아니라고 하였습니다. 그리하여 범凡과 성聖이 서로 통하고, 이理와 사事가 두루 포함되나니, 이는 하나의 방을 천 개의 등불이 비추는 것과도 같고, 가을 강물에 1만 그림자가 비치는 것과도 같습니다. 비록 그렇지만 한 생각이 처음 일어날 때 선과 악이 홀연히 나오나니, 선은 진주처럼 빛이 나고 악은 무쇠처럼 때가 낍니다. 때가 끼면 진복珍服을 입고도 구리 솥 속에 삶기고, 빛이 나면 백의를 입고도 용상龍床 위에 앉습니다. 혹은 법공法空처럼 허성虛聲을 듣기도 하고,[26] 혹은 영윤靈潤처럼 맹화猛火를 보기도 합니다만,[27] 술잔 속의 뱀(盃蛇)으로 병을 얻은 것[28]도 셀 수가 없고, 걸려 있는 모래(懸沙)로 배고픔을 달랜 것[29] 또한 그러합니다.

　삼가 생각건대 제자 등은 어둠침침한 음구陰區에서 날조된 꽃을 좇아 돌아다니고, 까마득한 겁해劫海에서 부친을 저버린 채(捨父)[30] 방황하며, 시초를 알 수 없는 과거를 애달파하고, 끝을 알 수 없는 미래를 비통하게 여겼습니다. 그리하여 스승을 찾아 출가하였으니, 그 형세는 마치 등에가 봉황의 꼬리에 붙어서 함께 나는 것과 같았고, 도반道伴을 얻어서 불법佛法을 들었으니, 그 행운은 마치 바람이 뿔피리 속으로 스며든 것과 같았습니다. 그러나 자질이 우둔하여 먼지를 뒤집어쓴 것과 같으니 어떻게 하겠습니까. 하늘이 거울을 빼앗았다(天奪其鑑)[31]고 말해도 좋을 것입니다.

　제자가 이에 약왕藥王이 자기 팔을 태운 것[32]을 본받아 막대한 불은佛恩을 갚고, 보명普明이 자기 머리를 내주려 한 것[33]을 배워서 불가사의한 법력을 구하려 하였으나, 귀의할 길이 없기에 세연世緣을 가탁하게 되었습니다. 그래서 보현普賢의 정사精舍에 나아가 낡은 전각의 기와가 깨어진 것을 보고 개탄하면서 서원을 발하여 새로 기와를 입히고자 하였습니다.

그리하여 천 인의 옷을 벗기고 만가萬家의 곡식을 합하여 거년에 불전의 기와를 장식하고 나서 금일에 박산博山³⁴의 향을 사르게 되었으니, 하나는 해탈의 총림을 위해서요, 하나는 보리菩提의 굴택窟宅을 위해서입니다. 보탁寶鐸을 세 번 흔드니 하늘과 땅이 뒤집히고, 범음梵音을 몇 회 발하니 바다가 마르고 산이 무너집니다. 공중에서는 측량할 수 없는 진수珍羞가 비오듯 내려오고, 그릇에서는 가없는 가찬嘉饌이 샘솟듯 올라오며, 법악法樂은 사생四生의 유칩幽蟄을 일깨우고, 혜등慧燈은 삼계의 중관重關을 비춰줍니다.

그런즉 그 공이 비록 간짓대(竹竿)에 비길 수는 없다고 하더라도, 그 성의만큼은 늘삿갓(蘆笠)보다 못하지 않을 것이니, 이와 같은 공덕으로 주상은 만세를 누리고, 성비聖妃는 천추千秋를 누리며, 백액白額³⁵은 종적을 감추고, 적미赤眉³⁶는 자취를 거두게 해주시기를 삼가 원합니다. 그리고 시주 등은 허무의 밖으로 생사를 몰아내고, 적막의 물가에서 열반을 쳐부수며, 대승大乘의 옷을 입고 정각의 의자에 앉아 보리의 물을 마시고 선열禪悅의 밥을 먹게 주시며, 복해福海는 넓고 깊어 중파衆波를 마음껏 삼키게 하고, 수산壽山은 우뚝 빼어나 군봉群峰 가운데 높이 치솟게 해주소서.

또 바라건대 법계의 군생은 어두운 거리에서 지혜의 등불을 밝히고, 기나긴 밤중에 꿈속에서 깨어나 10군十軍³⁷과 삼혹三惑³⁸의 영향을 환장幻場에서 녹여 없애고, 지검智劍과 혜도慧刀의 봉망鋒鋩(칼날)이 실지實地에서 예리하게 되도록 해주소서. 제자는 간절히 기도하며 격동하는 지극한 심정을 가누지 못하겠습니다. 운운.

普賢寺普光殿改瓦慶讚疏

恭聞佛之帝網也。重重互暎。¹⁾ 非一非多。法之芥瓶也。歷歷分明。不前不後。凡聖交徹。理事該羅。或一室千燈。或秋江萬影。雖然一念初起。善惡忽生。珠能顯光。鐵能藏垢。垢則珍服而煮銅鑊。光則白衣而坐龍床。或聽法空之虛聲。或見靈潤之猛火。盃²⁾蛇得病者無數。懸沙止飢者亦然。伏念弟子等。杳杳陰區。逐旋捏花。茫茫劫海。迷頭捨父。哀已徃之無始。痛未來之無終。投師出家。勢似蚉附翔鷲之尾。得友聞法。幸同風入畫角之中。其奈質鈍蒙塵。可謂天奪其鑑。弟子於是。效藥王之燒臂。報莫大之佛恩。學普明之刎頭。求難思之法力。歸依無路。假³⁾托世緣。故就普賢精藍。慨見殿古瓦破。爰發誓願。欲新其功。脫千人之衣。合萬家之粟。去年粧瓦佛殿。今日燒香博山。一爲解脫叢林。一爲菩提窟宅。三揮寶鐸。天翻地覆。數聲梵音。海渴山崩。空裡雨莫測之珎羞。器中通無邊之嘉饌。法樂震四生幽蟄。慧燈爍三界⁴⁾重關。然則功雖未齊於竹竿。誠洒不下於蘆笠。以此功德。伏願主上萬歲。聖妃千秋。白額潛蹤。赤眉歛迹。施主等。駈生死於虛無之外。碎涅槃於寂寞之濱。被大乘衣而坐正覺床。飲菩提漿而湌禪悅食。福海泓深。橫香衆派。壽山挺出。高落群峯。亦願法界群生。智朗昏衢。夢驚長夜。十軍三惑。銷影響於幻場。智釖⁵⁾慧刀。利鋒鋩於實地。弟子無任懇禱激切之至云云。

---

1) 갑 '暎'은 '映'으로 되어 있다.(갑본·을본·병본·정본·무본·기본·경본·신본) 2) 갑 '盃'는 '杯'로 되어 있다.(갑본·을본·병본·정본) 3) 갑 '假'는 '侵'으로 되어 있다.(을본·병본·정본) 4) 갑 '界'는 '象'으로 되어 있다.(무본·신본) 5) 갑 '釖'은 '劒'으로 되어 있다.(갑본·을본·병본·정본)

스승을 천도薦度한 글

불佛은 지혜의 횃불로서 어두운 거리를 환히 밝혀 주고, 법은 자비의 선박으로서 고해에 빠진 중생을 건져 줍니다. 만약 불과 법에 귀의하지 않는다면, 어떻게 인人과 천天을 이롭게 할 수 있겠습니까. 그래서 법수法水의 맑음을 받들어 각월覺月의 밝음을 맞이하고자 합니다.

생각건대 저 영가靈駕는 바로 저의 은사恩師입니다. 그는 일찍이 속진俗塵의 번뇌를 벗어 버리고 운수雲水에 몸을 맡겼습니다. 길상산吉祥山 아래에서 올 때에는 그림자 하나가 공중에 나부꼈고, 반야봉般若峯 위에서 안선安禪할 때에는 하나의 암자가 소쇄蕭洒하였습니다. 법랍이 70이 되는 동안 몇 개의 부들방석을 앉아서 떨어뜨렸는지 모르며, 수명이 팔순에 차기까지 얼마나 많이 수면과 음식을 절제하며 재계齋戒했는지 모릅니다.

스승에게는 조선祖先을 빛낸 고풍高風이 있으나, 제자에게는 스승을 드러낼 양덕良德이 없습니다. 소년 시절에는 학업에 얽매였고, 장년 시절에는 생계에 분주하여 정성을 바치기도 전에 홀연히 원적圓寂에 드셨으므로 음성과 용모를 떠올리며 크게 탄식하고, 지팡이와 신발을 돌아보며 더욱 비탄에 잠깁니다.

이에 여섯 종류의 공양의 구름을 일으키고, 삼단三壇의 묘법의 자리를 베풀어 오체五體를 땅에 던지며 명부冥府에 간청하게 되었으니, 제망帝網의 조어사調御師와 찰진刹塵의 현성중賢聖衆께서는 다 같이 대비大悲의 손길을 드리워 망령亡靈을 인도해 주소서.

삼가 생각건대 망사亡師가 현세의 업보는 피할 수 있어도 숙세의 인연은 헤아리기 어려운 만큼 원결怨結을 만나지 않을까 두렵기도 하고, 미로迷路에서 헤매지 않을까 의심되기도 하니, 요컨대는 자비의 배를 빌려 타야만 극락의 피안에 오를 수 있을 것입니다.

삼가 바라건대 황금대黃金臺 위에서 나뭇가지에 이는 바람소리를 들으며 소요逍遙하고, 백옥지白玉池 안에서 연화蓮花를 밟으며 유희할 수 있게 해주소서. 그리고 남은 물결이 두루 번져서 고통 받는 중생이 다 같이 은택에 젖게 해주소서. 제자는 간절히 기도하며 격동하는 지극한 마음을 가누지 못한 채 옥호玉毫(불상)를 우러러 대하면서 심중을 토로하여 삼가 소를 올립니다.

薦師疏

佛爲慧炬。示昏衢之大明。法是慈航。濟苦海之深溺。若不歸依佛法。安能利益人天。故揚法水之淸。以邀覺月之照。念彼靈駕曰。予恩師。早脫塵煩。寄身雲水。來自吉祥山下。隻影飄空。安禪般若峯頭。一庵蕭洒。臘將七十。坐破幾箇蒲團耶。壽極八旬。齋戒許多眼食乎。師有光祖高風。資無顯師良德。少則拘繫於學業。長則奔走於生涯。未及投誠。俄就圓寂。想音容而太息。顧杖屨以益悲。爰與六種供養之雲。遽開三壇妙法之席。五體投地。用丐冥府。[1) 帝網調御師。剎塵賢聖衆。同以大悲手。用接引亡靈。伏念亡師。現業可違。宿緣難測。恐遭寃結。疑滯迷途。要假慈航。方登樂岸。伏願黃金臺上。聽風柯以逍遙。白玉池中。踏蓮花而遊戲。餘波普洽。苦類同霑。弟子無任懇禱激切之至。仰對玉毫。表宣謹疏。

1) [원] '府'는 '床'로 되어 있다.(을본 · 병본 · 정본 · 무본 · 기본 · 경본 · 신본)

채씨蔡氏를 대신해서 남편을 천도薦度한 글

제불諸佛의 크고 둥근 거울은 본래 영명靈明하고, 중생의 허환虛幻한 몸은 생사의 바다에 출몰하게 마련입니다. 귀의하는 마음이 간절하기만 하다면, 즉시 신묘하게 감응해 주시리라고 믿습니다.

생각건대 저 망령亡靈은 바로 첩妾의 남편으로서 정신은 세상 밖에 노닐었으나, 자취는 속진俗塵 안에서 함께하였습니다. 성격이 본래 온량溫良하여 화기和氣로 뭉쳐졌으므로 향당鄕黨에게 은혜를 베풀고 고궁孤窮에게 은택을 끼쳤습니다. 항상 밀약密約하며 금슬처럼 지내자고 하였고, 매양 맹서하며 노사老死를 함께하자고 하였습니다.

그런데 이를 어찌한단 말입니까. 10년의 고락이 반일半日의 생애처럼 느껴졌는데, 하룻밤에 존망이 갈리니 평생의 영결永訣임을 비로소 깨달았습니다. 하늘가의 외기러기를 쳐다보며 마음 아파하고, 슬하의 어린 딸을 쓰다듬으며 눈물을 삼킵니다. 영혼이 돌아오게 할 방법이 이미 없으니, 명복을 닦는 데에 마음을 쏟아야 마땅할 것입니다.

은애를 끊어야 한다고 불교에서는 말합니다만, 신종추원愼終追遠[39]하는 것도 천륜입니다. 이에 지리산의 정사에서 무차대회를 경건히 베풀게 되었으니, 일시日時는 달이 꽉 찬 밤중이요, 절서節序는 꽃이 지는 봄날입니다. 용상龍象이 종횡으로 교차하니 화장華藏의 세계와 흡사하고, 나범螺梵이 다투어 울리니 영취靈鷲의 도량과 방불합니다.

삼가 바라건대 망부亡夫는 멀리 유루有漏의 육신을 벗고 무생無生의 지혜를 곧바로 증득하여 미운迷雲이 모두 흩어지고 각월覺月이 홀연히 밝아지게 해주소서. 이와 함께 제자도 오장五障[40]을 완전히 없애고 이엄二嚴[41]을 빠짐없이 갖추어 몸은 철석鐵石처럼 튼튼해지고, 목숨은 송죽松竹처럼 보전되게 해주소서. 그리고 감로甘露의 남은 물결로 한 가문이 모두 목욕하여 삼도三途에서 길이 이익을 얻고 칠취七趣[42]에서 모두 은혜에 젖게 해

주소서. 제자는 못내 운운.

代蔡氏薦夫疏[1]

諸佛大圓之鑑. 本來靈明. 衆生虛幻之身. 決乏出沒. 歸依若切. 妙應即周. 念彼亡靈. 是妾良匹. 神遊世外. 迹同塵寰. 性本溫良. 一團和氣. 恩被鄕黨. 澤及孤窮. 常常密約. 如瑟如琴. 每每深盟. 偕老偕死. 夫何十年甘苦. 猶爲半日之生涯. 一夕存亡. 始覺平生之永別. 望天邊隻鴈而傷心. 撫膝下卯女而飮泣. 旣無術以返魂. 宜盡心於修福. 割愛斷恩. 雖云佛制. 愼終追遠. 亦是天倫. 玆就智異精藍. 虔設無遮大會. 日當月滿之夜. 節屬落花之春. 龍象交橫. 依俙華藏之世界. 螺梵爭憂. 髣髴靈鷲之道場. 伏願亡夫. 遠脫有漏之身. 頓證無生之智. 迷雲散盡. 覺月忽明. 亦願弟子. 五障頓消. 二嚴極備. 身堅鐵石. 命保松筠. 甘露餘波. 一門俱沐. 三途永獲利. 七趣盡沾恩. 弟子無任云云.

---
1) ㉠ 이 글은 갑본·을본·병본·정본에는 없다.

심 대비沈大妃를 대신하여 대왕을 천도薦度한 글

성인聖人의 조감照鑑이 영명靈明한 것은 마치 아침 해가 먼 하늘에 뜨는 것과 같고, 범부의 형상이 출몰하는 것은 마치 밤 달이 맑은 못에 비치는 것과 같습니다. 만약 귀의하는 마음이 절실하다면, 즉시 감응해 주시리라고 믿습니다.

제자가 삼가 생각건대 운운. 보위寶位에 오른 것은 전몽旃蒙[43]의 해요, 심궁深宮의 배필이 된 것은 단알單閼[44]의 해입니다. 물고기와 물이 만나는 것처럼 서로 기뻐하였고, 바람과 구름이 따르는 것처럼 융성한 시대였으니,[45] 천관千官의 정사政事가 하나의 정사요, 만민의 마음이 하나의 마음이었습니다. 사랑하고 길러 주는 것은 마치 아들 손자를 대하는 것과 같았고, 떠받들고 우러르는 것은 어버이를 모시는 것과 같았습니다.

한 조정의 성대한 일이야말로 천고千古에 듣기 어려운 것이었는데, 어찌하여 북궐北闕의 화변火變이 발생한 뒤를 이어 남한南寒의 왜진倭塵이 또 일어났단 말입니까.[46] 삼보三寶에 마음을 기울였는데도 이理는 효험이 없었고, 사공四供[47]에 힘을 쏟았는데도 사事는 더욱 위태로웠습니다.

계해년(1563, 명종 18) 가을에는 동궁(順懷世子)이 세상을 떠났고, 을축년(1565, 명종 20) 여름에는 자전慈殿(文定王后)이 또 승하하였습니다. 대왕이 이에 3년 동안 최질衰絰(居喪)하면서 음식을 줄여 얼굴이 검게 변하였고, 온갖 걱정과 시름으로 늙기도 전에 머리가 하얗게 변했습니다.

금년에 이르러 임종林鍾 금붕錦棚의 날에 정호鼎湖의 용이 찬 안개 속에 하늘로 올라가고,[48] 무역無射 패수佩茱의 달에 무릉茂陵의 솔바람 소리가 슬피 울렸습니다.[49] 신민臣民의 통곡 속에 하늘도 빛을 잃고, 전각은 텅 빈 채 귀뚜리만 귀뚤귀뚤 울었습니다. 짧은 수명을 연장할 수 없으니 인자仁者의 장수도 믿을 수가 없고, 죽으면 다시 살아날 수 없으니 천리의 도수度數는 어찌할 수가 없습니다.

아, 일찍이 수명을 빌었는데도 문득 사망을 초래했고, 그동안 복록을 기원했는데도 지금 그만 재앙을 빚고 말았습니다. 인과의 도리가 없다고 부정하는 무지한 속인의 의심을 피할 수 없게 되었지만, 응보에는 선후가 있는 법이니, 신묘하게 알아맞히는 거북의 조감照鑑을 그 누가 피할 수 있겠습니까. 이제 모두 지나간 일이니, 아무리 하소연한들 어떻게 하겠습니까. 그저 추모의 정을 더하며 애하愛河에 빠져서 허우적거리기보다는, 천도재薦度齋를 올려 복해福海를 닦는 것이 그래도 낫지 않겠습니까.

이에 금강의 정사에 나아와 경건히 무차無遮의 법연法筵을 열었습니다. 귀의하는 것은 자성自性 중의 삼신三身의 부처요, 전독轉讀하는 것은 자심自心 위의 한 권의 경서經書입니다. 범음梵音은 최상의 종풍宗風을 연출하고, 법악法樂은 무생無生의 곡조를 연주하며, 용상龍象은 화장華藏의 세계에서 종횡으로 교차하고, 인천人天은 영취靈鷲의 도량에서 서로 접합니다.

삼가 생각건대 대왕의 선가仙駕가 현세의 업보는 피할 수 있어도 숙세의 인연은 헤아리기 어려운 만큼 원결怨結을 만나지 않을까 두렵기도 하고, 미로에서 헤매지 않을까 의심되기도 하니, 요컨대는 자비의 배를 빌려 타야만 고통의 바다를 건널 수 있을 것입니다. 삼가 바라건대 대왕의 선가가 황금대黃金臺 위에서 나뭇가지에 이는 바람 소리를 들으며 소요逍遙하고, 백옥지白玉池 안에서 연화蓮花를 밟으며 유희할 수 있게 해주소서.

또 삼가 바라건대 주상 전하는 길이 천력天曆을 받아 황유皇猷를 크게 떨치심으로써 비기丕基를 능히 회복하고 종사宗社를 거듭 빛내게 해주소서. 또 바라건대 왕비 전하는 수산壽山이 높이 솟구치고, 복해福海가 넓고 깊게 해주소서. 그런 뒤에 제자도 오장五障을 완전히 없애고 이엄二嚴을 빠짐없이 갖추어 몸은 철석鐵石처럼 튼튼해지고 목숨은 송춘松椿처럼 보전되게 해주소서. 그리고 감로의 남은 물결로 궐정闕庭이 다 같이 목욕하여 삼도三途에서 함께 이익을 얻고 칠취七趣에서 모두 은혜에 젖게 해주소서. 제자는 운운.

代沈大妃薦大王疏[1]

聖鑑靈明。類朝曦之昇遠漢。凡形出沒。如夜月之印澄潭。若切歸依。即通感應。弟子伏念云云。登寶位旃蒙之歲。配深宮單閼之年。魚水交歡。風雲盛際。千官之政爲一政。萬民之心爲一心。愛之育之。如子如孫。戴之仰之。如父如母。一朝盛事。千古罕聞。何乃北闕之火變初生。南寒之倭塵繼起。傾心三寶而理則無驗。盡力四供而事則益危。癸亥之秋。東宮忽空。乙丑之夏。慈殿亦寂。大王於是。衰絰三年。減饍而黑面。憂患萬端。未老而白頭。至於今年。林鍾錦棚之晨。鼎湖之龍乘寒霧。無射佩茱之月。武[2]陵之松動悲風。臣民痛哭兮天色蒼蒼。殿閣空鎖兮蛩音唧唧。夭不可能延。仁者之壽不乏。死不可復生。天理之數必然。噫。曾求壽而却招亡。昔邀福而今致禍。撥無因果。雖不免於聾俗之疑。報有後先。孰能逃於冥龜之鑑。徃事已矣。訴之奈何。徒增追慕而溺愛河。豈若薦齋而修福海。玆就金剛精刹。虔設無遮法筵。歸依也。自性中三身之佛。轉讀也。自心上一卷之經。梵音演暢上宗風。法樂奏無生曲子。龍象交橫於華藏世界。人天相接於靈鷲道場。竊念大王仙駕。現業可違。宿緣難測。恐遭寃結。疑滯迷途。要假慈航。方越苦海。伏願大王仙駕。黃金臺上。聽風柯以逍遙。白玉池中。踏蓮花而遊戲。伏願主上殿下。永膺天曆。誕布皇猷。克復丕基。重光宗社。抑願王妃殿下。壽山高屹。福海泓深。然後願弟子。五障頓消。二嚴極備。身堅鐵石。命保松椿。甘露餘波。闕庭等沐。三途俱獲利。七趣盡沾恩。弟子云云。

---

1) ㉮ 이 글은 갑본·을본·병본·정본에는 없다.　2) ㉯ '武'는 '茂'의 오자인 듯하다.

『원각경圓覺經』 경찬소慶讚疏

　박가범薄伽梵[50]이 적광寂光[51]에서 가르침을 베푼 것은 진체眞體를 비춰서 몽형夢形을 없앤 것이요, 함허당涵虛堂[52]이 말을 새기고 뜻을 해설한 것은 허공을 조각내고 뱀의 다리를 그린 것입니다. 그러나 문자를 통한 지식이 아니라면, 끝내 무슨 수로 밀의密義와 종강宗綱을 궁구할 수 있겠습니까.
　삼가 생각건대 우선 본기本起의 인因을 묻고 나서 뒤에 구경究竟의 과果를 제시하였으니, 오직 이문二門으로 들어가는 것에 따라서 10계十界로 달라지는 것을 분변하였습니다. 청정의 법행法行을 제불이 실제實際에서 주밀하게 행하였고, 원성圓成의 묘성妙性을 중생이 진원眞源에 갖추었나니, 뭇 환영도 각심覺心에서 나오고, 뭇 허공 꽃도 공중에서 사라집니다.
　전도되어 전전하는 것은 운월雲月이나 주안舟岸[53]과 같음을 위곡히 밝혔고, 행상行相이 얽혀 어긋나는 것은 애하愛河와 금광金鑛[54]의 비유로 곡진히 분변하였습니다. 그리하여 사병四病[55]이나 사상四相[56] 등을 말끔히 털어버리고, 삼관三觀[57]이나 삼기三期[58] 등에 매진하도록 격려하였습니다.
　만장滿藏의 원음圓音을 포괄하고, 대승大乘의 돈설頓說을 드러냈으니, 어떤 근기도 포함되지 않음이 없고, 어떤 법도 지니지 않은 것이 없습니다. 오종五種의 이름만 들어도 찰진刹塵의 보시보다 낫고, 반 게偈의 뜻만 설해도 항하사恒河沙의 소승小乘보다 낫습니다.
　그런 까닭에 입으로 암송하며 마음으로 수지하는 한편, 나무에 새겨서 세상에 전하려고 하였습니다. 그런데 구본舊本은 권질卷帙이 많고 획畫이 커서 유감이었는데, 지금 이 경經을 보니 기쁘게도 글자가 조밀하고 행간이 넓기에 판각하도록 명하여 몇 달 만에 일을 끝냈습니다.
　법은 문자를 떠났으니 이것은 얼음에 새긴 문장이요, 도道는 언어를 끊었으니 이것은 모래를 쪄서 밥을 지은 격입니다. 그러나 이 글을 인연한다면, 한 권의 경이 비록 간략하긴 하지만, 한번 눈을 스치기만 해도 삼각 三覺⁵⁹의 뜻이 분명해질 것입니다. 그래서 지금 상문桑門(佛門)의 승류勝流(고승)를 모아 적토寂土의 진법眞法을 연설하게 되었습니다.

삼가 바라건대 나라는 태평하고 백성은 풍족하며 비바람은 순조로워 거리마다 당우唐虞(堯舜)의 일월을 노래하게 해주소서. 시주 등은 수산壽山이 더욱 높아지고 복해福海가 더욱 깊어지는 가운데 여름에 구름이 일어나듯 소원을 성취하고, 봄에 얼음이 풀리듯 재앙이 없어지게 해주소서. 또 바라건대 선조들 역시 업풍業風의 물결 속에서 반야般若의 자비로운 배에 얼른 올라타게 하고, 겁화劫火의 구덩이 곁에서 청량한 법우法雨에 빨리 적시게 해주소서. 제자는 운운.

圓覺經慶讚䟽¹⁾

薄伽梵。寂光起敎。照眞體而滅夢形。涵虛堂。釋義訓辭。拆空片而畵蛇脚。然不是文字知識。終何究密義宗網。伏念伴問本起之因。主提究竟之果。只緣二門之趣入。乃分十界之異馳。淸淨法行。諸佛周於實際。圓成妙性。衆生具於眞源。衆幻生於覺心。群花滅於空裏。顚倒展轉。雲月舟岸之委明。行相繆差。愛河金鑛之曲辨。或四病。或四相之抖擻。或三觀。或三期之策勤。包滿藏之圓音。現大乘之頓說。無機不被。無法不持。聞五種名。超刹塵布施。說半偈義。勝河沙小乘。因玆口欲誦而心欲持。又擬刻於木而傳於世。病舊本帙多畫大。喜今經字密行踈。爰命雕工。數月功就。法離文字。此是鏤氷文章。道絶言詮。此是蒸沙作飯。然緣文則一卷經雖畧。倘眼過則三覺義昭然。今集桑門之勝流。乃演寂土之眞法。伏願國泰民阜。雨順風調。閭巷歌謠唐虞日月。施主等。壽山增屹。福海尤深。成願如夏雲之興。消灾若春氷之釋。亦願先亡業風浪裏。早乘般若之慈航。刧²⁾火坑邊。速沾淸凉之法雨。弟子云云。

---

1) ㉮ 이 글은 갑본·을본·병본·정본에는 없다. 2) ㉯ '刧'은 '劫'과 같다.

명적암明寂庵 경찬소慶讚疏
【옥수 도인玉壽道人을 대신해서 지은 것이다.】

봉래蓬萊 선동仙洞에 하나의 옛터를 얻었으니, 범이 웅크리고 용이 서린 듯한데 맑은 시내가 흰 바위에 흐릅니다. 산이 울리고 골이 응답하는 가운데 월부月斧와 풍근風斤을 휘둘러 10리의 장송長松을 찍어서 일간一竿의 정찰精刹을 세웠나니, 옛 모습이 의희依俙하게 그려져서 새 모습이 놀랍게도 방불합니다.

이에 석장錫杖을 타는(騎錫) 도인道人을 부르고 산을 끄는(曳山) 상사上士를 모아서[60] 삼단三壇의 향찬饗饌을 베풀고, 7축軸의 금문金文을 송독誦讀하였습니다. 종고鍾鼓가 산중에 울리고, 풍번風幡이 구름 밖에 나부끼니 영산회靈山會가 눈 아래에 펼쳐진 듯하고, 도솔궁兜率宮이 인간 세계에 내려온 듯합니다. 성감聖鑑이 허명虛明하니 유로幽路도 지척咫尺이리라 믿습니다.

각각의 제자 등이 이 동방의 단신檀信을 힘입어 저 서토西土의 성현聖賢을 참례하였으므로 경행慶幸을 금할 수 없어 희비喜悲가 교차합니다. 비록 다생多生에 선善의 씨를 뿌렸다 하더라도, 이날에 발심發心한 것보다는 못할 것입니다. 바라건대 이 공덕을 일체중생에 널리 끼쳐서 우리와 중생 모두가 다 함께 불도佛道를 이루게 해주소서. 삼가 성인聖人의 조감照鑑을 바라옵니다.

明寂庵慶讚疏【代玉[1]壽道人】[2]

蓬萊仙洞。得一舊墟。蹲虎盤龍。淸流白石。山鳴谷應。月斧風斤。斫十里長松。建一竿精刹。依俙盡[3]古。彷佛驚新。於是招騎錫道人。集曳[4]山上土。設三壇香饌。誦七軸金文。鍾鼓鳴兮山之中。風幡動兮雲之外。靈山會。疑列於眼底。兜率宮。恐移於人間。誠[5]鑑虛明。幽路咫尺。各各弟子等。賴此東方檀信。爰彼西土聖賢。慶幸難禁。悲欣交集。雖歷多生種善。不如此日 發心。願以此功德。普及於一切。我等與衆生。皆共成佛道。伏惟聖鑑。

---

1) ㉮ '玉'은 '五'로 되어 있다.(갑본·을본·병본·정본) 2) ㉮ '代玉壽道人'은 무본·기본·경본·신본에는 없다. 3) ㉯ '盡'은 '畫'의 오자인 듯하다. 4) ㉮ '曳'는 '叟'로 되어 있다.(을본·병본·정본) 5) ㉯ '誠'은 '聖'의 오자인 듯하다.

모연문募緣文

마음이 거울이라면, 업業은 여기에 비친 영상입니다. 탐하는 악惡이 지옥에 들어간다면, 시주하는 선善이 천당을 향유할 것은 의심할 여지가 없습니다. 이번에 운운. 삼가 바라건대 여러 단월檀越들은 두척斗尺의 재물을 아끼다가 명귀冥龜의 보응을 초래하는 일이 없기를 빌고 또 비는 바입니다.

募緣文

心者。鏡也。業者。影也。貪之惡。入地獄。則施之善。享天堂也。無疑矣。今者云云。伏願諸檀。毋吝斗尺之財。以招冥龜之報。幸幸。

두류산 내은적암內隱寂庵을 새로 짓기 위해 모연募緣한 글

이 암자는 신라 말엽에 거서간居胥干이 창건하였고, 삼한三韓 중엽에 정변지正遍知가 중건하였습니다. 천추의 세월을 거치는 동안 세상도 늙고 사람도 변한 가운데 천봉千峰이 드높이 솟고 만수萬水가 냉랭히 흐를 따름입니다.

빈도貧道가 이번 경신년(1560, 명종 15) 여름에 장구杖屨(지팡이와 신발)로 와서 우거寓居하였는데, 기와지붕과 서까래가 거의 모두 쇠락하였으므로 거인居人이 이를 걱정하였습니다. 이에 새로 지을 목적으로 글을 지어 모연募緣하는 바이니, 각자 재곡財穀을 내어 승전勝田을 지으시기 바랍니다.

아, 흰 쌀밥 먹고 비단옷 입는 사람과 누더기 걸치고 여곽藜藿[61]을 먹는 사람, 초가집에 사는 사람과 고대광실에 사는 사람, 가난한 자와 부유한 자의 삼생三生을 헤아려 보건대, 어찌 그만한 이유가 없다고 하겠습니까. 거울과 같은 마음은 본래 영명靈明하고, 그림자와 같은 몸은 헛되이 응하지 않으니, 유가儒家의 이른바, "선을 쌓으면 경사가 남고, 악을 쌓으면 재앙이 남는다."[62]라는 것과, "너에게서 나온 것은 너에게로 돌아간다.(出乎爾者。反乎爾者。)"[63]라는 말도 바로 이것을 이른 것이라 하겠습니다. 이에 대략 몇 개의 단문端文을 거론하여 소개할까 합니다.

덕승德勝 동자는 흙으로 만든 음식을 세존에게 시주하여 전륜왕轉輪王의 지위에 올랐고,[64] 아간阿干은 반전半錢을 희사하여 뒤에 염부閻浮의 왕이 되었으며, 직사織師가 밥을 덜어서 주니 공중에서 곡식이 비 오듯 내렸고, 걸사乞士가 바늘을 희사하니 나무 아래에 수레가 운집하였으며, 우부愚夫가 시주를 방해하여 끝내 벽려薜荔[65]의 몸을 얻었고, 빈녀貧女가 돈을 보내 훌쩍 유리琉璃의 전각에 올랐으며, 심지어는 노끈을 손에 쥐니 하늘이 놀랐고, 나무를 베니 땅이 진동하였으며, 혹은 물고기 뱃속에서 능히 말을 하였고,⁶⁶ 혹은 범의 뼈 속에서 광명이 발했습니다. 이 모두가 똑같이 마음 거울(心鏡)의 보응報應이라 할 것인데, 신령스러운 이적異蹟이 너무 많아서 번거롭게 인용할 필요도 없으니, 뜻을 같이하는 군자들은 이 글에 서명署名해 주셨으면 합니다.

頭流山內隱寂新構募緣文

庵也。新羅末居胥干。¹⁾ 初創之。三韓中正遍知。重茸之。閱世千秋。物老人非。千峯屹屹。萬水冷冷而已。貧道今庚申夏。以杖屨來寓。瓦縫與椽桷。零落殆盡。居人病焉。擬欲新構。²⁾ 袖疏募緣。伏願諸檀。各抽財穀。以堅勝田。於戲玉食錦袍。鶉衣藜藿。草屋朱門。一瓢千駟。圖度三生。豈無其由。鏡心本來靈明。影身不是虛應。儒家積善餘慶。積惡餘殃。出乎爾者。返乎爾者。即此之類也。略擧一二端文而示之。德勝施掬土。遄登轉輪之位。阿干捨半錢。後作閻浮之王。³⁾ 織師減飯。空中雨穀。乞士捨鍼。樹下雲車。愚夫障施。終得薜荔之形。貧女送錢。遽昇琉璃之殿。至於執繩驚天。伐木動地。或魚腹能言。或虎骨生明。此皆一期心鏡之報應也。靈蹟⁴⁾汗漫。不必煩引。志同君子。請署⁵⁾斯文。

---

1) ㉮ '胥干'은 '胥于'로 되어 있다.(을본·병본·정본) 2) ㉮ '構'는 '溝'로 되어 있다.(무본·기본·경본·신본) 3) ㉮ '王'은 '主'로 되어 있다.(갑본·을본·병본·정본) 4) ㉮ '蹟'은 '積'으로 되어 있다.(을본·병본·정본) 5) ㉯ 『한국불교전서』에는 '屠'로 되어 있으나 저본에 따라 '署'로 정정한다.

태백산 본적암本寂庵을 수장修粧하기 위해 모연募緣한 글

이 암자는 고려 왕사王師 나옹懶翁의 문인인 달공達空 화상이 세운 것입니다. 산이 깊고 물이 맑으며, 경계가 고요하고 인적이 드물기 때문에 예로부터 도道를 지닌 자가 머물기 좋아하였습니다.

그런데 세월이 많이 흐르면서 몹시 황폐해지자 한 도인道人이 다시 세웠으나, 수장修粧하는 데에는 힘이 미치지 못해서 마치 비를 피하는 정자처럼 되고 말았습니다. 그래서 각지에서 고인高人들이 목을 늘여 빼고 바람처럼 찾아왔다가도 머물지 못한 채 물러나곤 하니, 실로 도인이라면 의당 관심을 기울여야 할 것입니다. 이번에 내가 단신檀信의 문을 널리 두드리며, 두척斗尺의 도움을 앙망하게 되었으니, 모든 신남信男 신녀信女들은 발심해서 보시해 주시면 좋겠습니다.

옛날에 보시를 행한 사람들은 금전金殿에 오르기도 하고 연태蓮胎에 들기도 하였으며, 윤왕輪王이 되기도 하고 천궁天宮을 향유하기도 하였으니, 이는 모두 나의 심경心鏡 안에 맑은 그림자가 비친 것입니다. 반면에 옛날에 보시를 막은 사람들은 아귀餓鬼가 되기도 하고 측충廁蟲이 되기도 하였으며, 지옥에 가기도 하고 축생이 되기도 하였으니, 이는 또한 나의 심경 안에 흐린 그림자가 비친 것입니다. 이것은 일개 승려가 처음으로 하는 말이 아니요, 삼세 제불의 진실된 말씀입니다.

그러므로 오늘 한 번 말을 하고 한 번 듣는 것도 모두 나의 심경이 한 번 비치는 것입니다. 그런데 그 거울이 한 번 비친다고 하더라도 맑은 그림자【선, 즉 보시】와 흐린 그림자【악, 즉 탐욕】 두 개가 분명히 이처럼 구분되니, 천당을 향유할지 아니면 지옥에 들어갈지 모를 일입니다. 삼가 바라건대 시주들께서는 각자 잘 생각해서 선택해 주십시오.

太白山本寂庵修粧募緣文[1]

庵也。高麗王師懶翁門人達空和尙所建。山深水麗。境寂人稀。古來有道者所好居也。年多癈甚。一道人荊之。力未及修粧。若避雨亭故。八表高人。雖引頸風趨。不得居而退也。實道人所宜動心處也。今我廣扣檀信之門。仰冀斗尺之助。凡信男信女。幸發心捨施。古之捨施者。或乘金殿。或入蓮胎。或作輪王。或享天宮。皆我心鏡中淸影也。古之障施者。或作餓鬼。或作厠蟲。或去地獄。或來畜生。亦我心鏡中濁影也。此非一僧之新語。乃三世諸佛之實言也。故今日一說一聽。皆我心鏡之一明也。鏡雖一明。淸【善也施也】濁【惡也貪也】二影。分明如此。不知享天堂耶。入地獄耶。伏惟施主施主。商量擇之。

1) ㉮ 이 글은 갑본·을본·병본·정본에는 없다.

지리산 황령암기 黃嶺庵記

산은 혼돈의 뼈요, 바다는 혼돈의 피이다. 동해 속에 하나의 산이 있으니, 이름을 지리산智異山이라고 한다. 그 산의 북쪽 기슭에 하나의 봉우리가 있으니, 이름을 반야봉般若峯이라고 한다. 그 봉우리의 좌우에 두 개의 영嶺이 있으니, 이름을 황령黃嶺과 정령鄭嶺이라고 한다.

옛날 한 소제漢昭帝가 즉위한 지 3년째 되는 해에 마한馬韓의 군주가 진한辰韓과 변한弁韓의 난리를 피해서 이곳에 도성都城을 쌓았는데, 그때 황黃과 정鄭 두 장군에게 그 일을 감독하게 하였다. 그래서 마침내 두 사람의 성씨로 그 영嶺의 이름을 짓고는, 72년 동안 도성을 보전하였다.

그 뒤 신라 진지왕眞知王 원년에 운집雲集 대사가 중국에서 와서 황령 남쪽의 터를 골라 하나의 정사를 세우고는 역시 그 이름을 따서 황령암黃嶺庵이라고 하였다. 그 정사는 황금전黃金殿을 중심으로 동쪽에 청련각靑蓮閣이 있고, 서쪽에 백옥교白玉橋가 있는데, 꽃과 대나무가 서로 비치며 그림자가 금지金池에 떨어지는 광경이 안양세계安養世界(서방 극락정토)를 방불케 하였다.

대사는 부처의 심인心印을 전수한 자로서 지교至敎를 붙들어 유지하며 인문人文을 이어 밝혔다. 정신이 도道에서 나와 몸을 잊고 살다가 50납臘에 이르러 원적圓寂에 들었다. 사람들이 전하기를, 대사의 응신應身은 달마達摩가 남긴 자취처럼 표연히 서역西域으로 갔을 것이라고 하였다. 대사가 손수 심은 백모란白牡丹 두 그루가 지금도 여기에 남아 있다.

이 암자로 말하면, 신라를 거치면서 많은 세월이 지나는 동안 신승神僧과 고사高士가 어느 세대나 중창重創하며 거주하지 않은 적이 없었는데, 우리 중묘中廟 때에 와서 무술년의 법난法難[67]으로 분탕焚蕩되고, 단지 냇물 소리와 산 빛만 남아 있을 뿐이었다.

성희性熙 법사 역시 운수雲水 도인이다. 가정嘉靖 갑진년(1544, 중종 39) 봄에 그 터를 지나다가 중흥할 뜻을 개연히 품고는, 신사信士 강연姜淵 등과 함께 대원大願을 발하고서 단나檀那를 널리 모집하였다. 이에 물자가 하늘에서 내려오듯 하고, 공사가 귀신을 부리듯 하여 을사년(1545, 명종 원년) 가을에 낙성落成하였다.

아, 황산荒山과 준령峻嶺에 몇 년도 채 되지 않아서 화각畫閣과 보전寶殿이 순식간에 높이 치솟았으니, 이는 하늘이 도와준 덕분이요, 사람의 힘이 아니었다.

법사가 이에 선정禪定에 드는 중을 뼈로 삼고, 불경佛經을 보는 중을 살로 삼으며, 죽반승粥飯僧을 가죽으로 삼고, 행지行智가 구족한 중을 안목眼目과 수족으로 삼으니, 한 암자에 거하는 중들이 엄연히 하나의 법왕의 몸을 이루게 되었다.

그 법왕의 몸으로 말하면, 지극히 비고 지극히 밝으며 지극히 고요하고 지극히 묘한 것으로서, 고금에 걸쳐 언제나 하나이고 만수萬殊에 들어가도 변함이 없으며, 가깝게는 미첩眉睫의 사이도 되지 않고 멀어도 상선象先[68]과 떨어져 있지 않으며, 방촌方寸 사이에서 흘러나와 일용할 즈음에 두루 작용하는 것이다.

옛날의 성인들은 이 법왕의 몸을 안고서 혹은 서역에 울리고, 혹은 동하東夏에 울리는 등 천하에 그 소리를 떨쳐서 고금의 대몽大夢을 일깨웠으니, 이른바 일법一法 안에서 유가儒家는 뿌리를 심었고, 도가道家는 뿌리를 북돋았고, 불가佛家는 뿌리를 뽑았다는 것이 바로 이것이다.

그런데 후세의 백가중기百家衆技[69]의 무리는 자취만을 붙잡고서 근본을 버리는가 하면, 혹 지파支派만을 보고 근원은 알지 못한 채 각자 형기形器의 대소에 따라 한漢·당唐·송宋 사이에서 어지럽게 울어댔으니, 이는 백천 마리의 모기와 등에가 한 항아리 속에서 날갯짓을 한 것과 다름이 없었다. 그리고 심지어는 지마指馬[70]의 설이 분분하게 일어나며, 자기는 옳고 남은 그르다고 주장하기까지 하였는데, 이는 그야말로 허공을 쪼개어 작은 병 안에 집어넣고, 바닷물을 끌어와 작은 연못에 붓는 것과 같았다.

아, 성희性熙 법사는 옛 성인의 유향遺響을 수천 년 뒤에 이어받아 지금 법왕의 사자후獅子吼를 가지고 시험 삼아 인간을 향해 한번 부르짖었다. 인간은 바로 고해 속의 물고기와 같다. 고해의 물결 속에서 미란迷亂하는 자들과 부침하는 자들이 홀연히 그 소리를 듣고 뛰어오르자 법사가 한 손으로 큰 자비의 그물을 높이 펼쳐서 안락한 피안으로 건져 올렸으니, 법사 또한 법왕의 공덕의 몸이라고 말해도 좋을 것이다. 식자識者들은 법사를 가리켜 운집 대사의 후신이라고 말한다. 이에 기문記文을 짓는 바이다.

智異山黃嶺庵記[1]

山也。混沌之骨也。海也。混沌之血也。東海中有一山。名智異山也。山之北麓有一峯。名般若峯也。峯之左右有二嶺。名黃與鄭也。昔漢昭帝即位之三年。馬漢之主。避辰弁之亂。築都城於此。以黃鄭二將。監其事。遂以二人之姓。名其嶺。保其都城者。七十二年也。厥後新羅眞知王元年。雲集大師。自中國來。擇[2]黃嶺之南。建一精舍。亦因其名焉。其爲精舍也。中有黃金殿。東有靑蓮閣。西有白玉橋。花竹相暎。[3]影落金池。彷彿安養世界也。師傳佛心印者也。扶持至敎。緝熙人文。全於道而忘於身者。方至五十臘而圓寂焉。人傳師之應身。飄然徃西。若達摩之遺蹟云。師之手植白茇芧二株。[4]至今在焉。庵也。歷于新羅。多閱春秋。神僧高士。荊[5]居無世無之。至于我中廟。焚蕩戊戌之亂。只有溪聲山色而已。性熙法師。亦雲水道人也。嘉靖甲辰春。遊歷其址。慨然有重興之志。與信士姜淵輩。同發大願。廣化檀那。物若天來。功若役鬼。乙巳秋落成已訖。吁。荒山峻嶺。不數年間。畫閣寶殿。倐[6]然高秀者。天也非人也。師於是。以禪之僧爲之骨。以看經僧爲之肉。以粥飯僧爲之皮。以行智具足僧爲之眼目。爲之手足。則一庵之居僧。儼然做一箇法王之身也。其法王之爲身也。至虛至明。至寂至妙。亘古今而爲一。入萬殊而不變。近不間於眉睫。遠不離於像[7]先。流出乎方寸之間。縱橫乎日用之際者也。古之聖人。抱此法王之身。或鳴於西域。或鳴於東夏。聲振天下。以覺古今之大夢也。所謂一法中。儒之植根。老之培根。佛之拔根者。是也。後之百家衆枝[8]之流。或執迹遺本。或見派迷源者。各隨形器之大小。而啾啾亂鳴於漢唐宋間。無異百千蚊蚋皷翼於一瓮中也。至於指馬紛紜。自是非他焉。則正如分大虛納小瓶。引滄溟注小池也。嗚呼。熙師也。承古聖之遺響於數千載之後。今以法王之鳴。試向人間一鳴焉。人間乃苦海魚也。苦海波中。迷者亂者。浮者沉者。忽然聞其聲而躍之。師以隻手。高張大悲之網。[9]攦之以置樂岸焉。師亦可謂法王之功德身者也。有識者。指師爲雲集後身云。於是乎記。

---

1) ㉘ 이 글은 갑본·을본·병본·정본에는 없다. 2) ㉘ '擇'은 '檡'으로 되어 있다.(무본·기본·경본·신본) 3) ㉘ '暎'은 '映'으로 되어 있다.(갑본·을본·병본·정본) 4) ㉘ '株'는 '抹'로 되어 있다.(을본·병본·정본) 5) ㉘ '刑'은 '㓝'으로 되어 있다.(무본·기본·경본·신본) 6) ㉘ '倏'은 '倐'으로 되어 있다.(갑본·을본·병본·정본) 7) ㉓ '像'은 '象'의 오자인 듯하다. 8) ㉘ '枝'는 '技'로 되어 있다. 갑본·을본·병본·정본·무본·기본·경본에는 '拔'로 되어 있다. ㉓ 번역은 '技'를 따랐다. 9) ㉘ '網'은 '綱'으로 되어 있다.(갑본·을본·병본·정본)

금강산金剛山 장안사長安寺의 새로 만든 종鐘의 명銘
【병서并序】

이 산은 해동海東의 선구仙區요, 이 절은 산중山中의 불국佛國이다. 그래서 선림禪林의 고사高士가 풍문을 듣고서 몰려왔으니, 이는 백천百川의 물이 바다로 돌아가는 것과 같았다. 그런데 불행하게도 가정嘉靖 정유년(1537, 중종 32)에 화재로 소진된 뒤에, 거의 10년이 다 되도록 원숭이와 새들만 슬프게 울 따름이었다.

그러다가 을사년(1545, 인종 1) 봄에 이 산의 중인 일청一淸이 발원發願하고 중창重創한 결과, 시일이 얼마 지나지 않아서 대전大殿이 우뚝 치솟으며 엄연히 하늘이 이룬 것처럼 되었으니, 참으로 아름답다고 이를 만하다.

그러나 불우佛宇를 중창했다고는 하나, 아직도 법기法器를 복구하지는 못했으므로, 거하는 자들이 또 이를 병으로 여겼다. 그러자 이 산의 중인 지현志玄이 또 종을 만들겠다고 뜻을 세우고는 야공冶工에게 부탁하며 구리 8천 근斤을 출연出捐하였다. 하지만 신해년(1551, 명종 6)에 시작하여 계해년(1563, 명종 18)에 마칠 때까지 모두 13년 동안 일곱 번이나 용광로의 단련을 거쳤으나 공을 이루지 못했으니, 참으로 애석하다고 이를 만하다.

그러다가 정묘년(1567, 선조 원년) 가을에 이르러 이 산의 중인 수한守閑이 구리 2천2백 근을 녹여서 한 번 틀에 부어 바로 만들었으니, 참으로 기이하다고 이를 만하다. 그리고 보면 어떤 물건이 부서지고 이루어지는 것에는 반드시 때가 있고 사람이 있다는 생각이 들기도 한다. 이에 여러 층의 높은 누대 위에서 종 틀에 매달아 놓고 크게 울리면, 달 밝은 밤에 그 맑은 소리가 멀리 유명幽明에 사무치니, 참으로 장하다고 이를 만하다.

또 이 법기法器는 법왕法王의 호령이요, 중악衆樂의 중추中樞라고 할 것이다. 그 신묘함으로 말하면 와관瓦棺의 불슬佛膝[71]을 쪼개고, 어두魚頭의 검륜劍輪을 부러뜨리며, 그 효험으로 말하면 천마天魔의 간담이 떨어지게 하고, 지옥의 고통을 멈추게 한다. 아, 이 절의 이 종이야말로 여러 가지 공덕功德을 갖추었으니, 그 공덕을 명銘하여 무궁히 전하는 것이 당연하다. 다음과 같이 명銘한다.

  제도帝都(중국)에까지 전해진
  봉래와 풍악의 이름이여,
  1만 2천 봉우리가
  바다 한쪽에 삼연한데
  그 속에 우뚝 큰 절이
  산과 함께 솟았어라.
  일청一淸의 신공神功 덕분에
  사방에서 사람이 몰렸으나
  종이 울리지 않아서
  중들이 탄식하였다네.
  지현 스님이 10년 동안
  일곱 번 헛되이 단련했는데
  수한 스님이 한번 불을 붙여
  명기가 틀에서 빚어졌으니
  아 기이하기도 해라.
  신령이 돕고 하늘이 보살폈도다.
  텅 빈 그 법기 속에서
  소리가 공중에 진동하면
  혼침한 영혼을 일깨우고
  악마의 무리를 떨게 하네.
  사자가 한번 부르짖음에

백수가 몸 둘 바를 모르듯
총림이 다시 번성하며
법미가 제호와 같으리라.
이런 경계가 있으면
이런 인물이 또 있나니
산이여 바다여
천지가 하나의 호로병이요,
신선이여 부처여
일대사 마친 범부로다.

金剛山長安寺新鑄鍾銘[1]【并序】

山也。海東之仙區也。寺也。山中之佛國也。所以禪林高士。聞風而輻湊者。如百川水之歸海焉。不幸嘉靖丁酉間。爲火所燼。幾至十餘年。惟猿與鳥之悽悲而已。乙巳春。山之僧一清者。發願重剏。[2] 不多時日。歸然大殿。儼若天成焉。可謂美哉。雖曰重剏佛宇。而猶未復法器也。故居之者。亦病焉。又山之僧志玄者。有志於鍾。爰命冶工。出銅八千斤。始於辛亥。終於癸亥。凡至十三年間。七歷鑪鍾。而功未就焉。可謂惜哉。裊[3]丁卯秋。山之僧守閑者。融鋼二千二百斤。一模而成焉。可謂異哉。然則凡物之壞也。成也。必有時也。必有人也。於是欝疊層樓之上。懸高簾而動大桴。月夜淸聲。遠徹於幽明焉。可謂壯哉。且其爲器也。法王之號令。而衆樂之樞柄[4]也。其爲神也。剖瓦棺之佛膝。而折魚頭之釼[5]輪也。其爲驗也。天魔爲之喪膽。而地獄爲之停酸也。嗚呼。一利一鍾。衆功德備焉。宜銘其德以垂無窮。銘曰。

蓬萊楓嶽 名達帝都
萬二千峯 森然海隅
中有巨刹 屹與山俱

一淸神功 八表衆趨

鍾兮不鳴 托鉢相吁

志玄十年 虛設七鑪

守閑一火 精器脫模

嗚呼異哉 神助天扶

器也中虛 聲振雲衢

驚喝沉魂 震慴魔徒

獅子一吼 百獸喪軀[6]

叢林再盛 法味醍醐

有此境兮 有此人乎

山耶海耶 天地一壺

仙耶佛耶 了事凡夫

---

1) ㉮ 이 글은 갑본·을본·병본·정본에는 없다. 2) ㉮ '荊'은 '刜'으로 되어 있다.(무본·기본·경본·신본) 다음도 같다. 3) ㉮ '裦'는 '奈'으로 되어 있다.(무본·기본·경본·신본) 4) ㉮ '杻'는 '紐'로 되어 있다.(무본·기본·경본·신본) ㉯ 번역은 '紐'를 따랐다. 5) ㉮ '釰'은 '劒'으로 되어 있다.(무본·기본·경본·신본) 6) ㉮ '軀'는 '軀'로 되어 있다.(무본·기본·경본·신본)

내은적內隱寂 청허당淸虛堂 상량문上樑文

암자를 세우며 길일吉日을 가려서 들보를 올리나니, 송골松骨을 찍어서 들보를 만들고, 벽운碧雲을 베어서 기와를 만들며, 청풍淸風을 끌어와 벽壁을 삼고, 명월明月을 걸어서 등불을 삼는다. 천지天地가 조판肇判되기 이전부터 이 암자는 점지되었나니, 천지가 무너진 뒤에도 이 암자는 무너지지 않을 것이다. 천성千聖이 출몰出沒하는 속에 이 암자는 길이 고요하다. 진묵겁塵墨劫 이전에 경영한 뒤로, 풍운風雲의 변태變態를 얼마나 보았던가. 본래 명자名字가 없으나, 지금 청허당淸虛堂 주인이 임시로 내은적內隱寂이라고 이름을 붙이고는, 마왕魔王을 몰아 호법護法의 선신善神을 만들고, 대지大地를 바꿔서 진불眞佛의 국토로 만든다. 이 암자에 있어서는 이날이 특별하겠기에 글을 지어서 다음과 같이 찬조贊助하는 바이다.

여보게들 들보 동쪽에 떡을 던지세나.
아침 해가 제일 먼저 붉게 물들이네.
금계[72]가 처음 크게 우는 곳에
서기가 공중에 홀연히 서리누나.

여보게들 들보 남쪽에 떡을 던지세나.
내 낀 산 저 너머로 학이 날아가네.
새들이 무슨 물건 바치느냐면
온갖 감미롭고 향기로운 꽃이라오.

여보게들 들보 서쪽에 떡을 던지세나.
아스라이 옥 봉우리 아래에 있네.
옥 봉우리 지는 해를 떠받드나니

1천 부처가 광명을 발하는 때로세.

여보게들 들보 북쪽에 떡을 던지세나.
산과 강이 진정 부처님 나라로세.
위대하신 우리 법왕께서는
희게도 푸르게도 만들 수 있다오.

여보게들 들보 위에 떡을 던지세나.
마음과 하늘이 똑같은 모양일세.
밝은 달과 맑은 바람은
예나 이제나 무진장하다오.

여보게들 들보 아래에 떡을 던지세나.
용담에 밤에도 빛이 비치네.
근원에서 항상 물이 흘러와서
거울 위에 티끌이 하나도 없다네.

삼가 바라건대 들보를 올린 뒤에는
승랍이 더욱 높아지고 불등이 비치는 가운데
군민이 함께 누리면서
천추만세토록 영원하기를.

內隱寂淸虛堂上樑文[1]

庵之成也。涓吉日以上樑。斫松骨爲梁。割碧雲爲盖。引淸風爲壁。掛明月爲燈。天地未判也。此庵也已判。天地已壞也。此庵也未壞。千聖兮出沒。此庵也長靜。經營塵墨劫前。幾見風雲變態。本無名字。今淸虛堂主人。權且安名內隱寂焉。驅魔王作護法善神。變大地作眞佛國土。在此庵。在此日也。故作文以贊之。

抛梁東 朝日寂先紅 金鷄[2]初叫處 瑞氣忽盤空

抛梁南 飛鶴隔烟嵐 百鳥呈何物 花精百味甘

抛梁西 迢遞玉岺低 玉岺擎落日 千佛放光時

抛梁北 山河眞佛國 摩訶大法王 能白又能綠

抛梁上 心天同一樣 明月與淸風 古今無盡藏

抛梁下 龍潭光照夜 源頭活水長 鏡面無塵也

伏願上樑之後 僧騰彌高 佛燈孤照 君民共享 千秋萬歲

---

1) ㉟ 이 글은 갑본·을본·병본·정본에는 없다. 2) ㉟ '鷄'는 '雞'로 되어 있다.(무본·기본·경본·신본)

자락가 自樂歌

청허자淸虛子가 가정 을묘년(1555, 명종 10) 여름에 처음 교종敎宗의 판사判事에 임명되었고, 그해 가을에는 또 선종禪宗의 판사에 임명되었다. 그러다가 정사년(1557, 명종 12) 겨울에 인수印綬를 풀고 풍악산楓嶽山으로 들어갔으며, 무오년(1558, 명종 13) 가을에는 지팡이를 날려 두류산頭流山으로 향하였다. 그런데 어떤 유사儒士가 나를 기롱하며 말하였다.

"처음에 판사를 맡았을 때에는 영화로움이 더할 나위 없었는데, 지금 판사를 그만두고 나니 빈궁함이 또 더할 나위 없게 되었다. 몸이 괴롭고 마음이 울적하지는 않은가?"

내가 웃으면서 대답하였다.

"내가 판사를 맡기 이전에도 일의一衣 일식一食으로 금강산에 높이 누웠고, 지금 판사를 그만둔 뒤에도 일의 일식으로 두류산에 높이 누웠다. 그리고 앞으로도 나의 생애는 평생토록 산림山林에 있지 진세塵世에는 있지 않다. 그런 까닭에 득실得失과 희비喜悲는 밖에 있을 뿐 나의 안에는 있지 않으며, 진퇴進退와 영욕榮辱은 몸에 있을 뿐 나의 성性에는 있지 않다. 옛사람이 고당高堂 위에 앉아서 진수성찬을 먹어도 기뻐하지 않았는데, 이는 지금의 내가 판사를 맡았던 것과 흡사하고, 옛사람이 누항陋巷 안에 누워서 변변찮은 음식을 먹어도 슬퍼하지 않았는데, 이는 지금의 내가 판사를 그만둔 것과 흡사하다. 그러고 보면 진퇴進退에 영욕榮辱이 따르지 않는데, 득실得失에 무슨 희비喜悲가 있겠는가. 희로애락喜怒哀樂이 마음에서 나왔다가 마음에서 없어지는 것은 또한 연운풍우煙雲風雨가 허공에서 일어났다가 허공에서 사라지는 것과 같다. 아, 달인達人의 소행所行으로 말하면, 외물外物이 다가오면 순순히 응하고, 외물이 떠나가면 편안히 잊는 것이니, 스스로 자심自心을 쉬고 스스로 자성自性에 맞출 따름이다."

그리고는 흥취가 무궁하기에 마침내 한 곡을 지어서 노래하였다. 노래는 다음과 같다.

멈춰서도 여여如如하고
갈 때에도 서서徐徐하다.
우러르며 웃음 짓고
굽어보며 숨을 쉰다.
출입에 문이 있겠는가.
천지가 하나의 여관인걸.

自樂歌[1]

淸虛子嘉靖乙卯夏。初判敎宗事。同年秋。又判禪宗事。丁巳冬。解綬入楓嶽。戊午秋。飛笻向頭流。有一儒士譏之曰。初得判事也。其榮也莫甚。今失判事也。其窮也。亦莫甚。無乃惱於身而欝於心也耶。余笑而對曰。余曾判事之前也。以一衣一食。高臥金剛也。今判事之後也。亦以一衣一食。高臥頭流也。且也一期生涯。在於山林而不在於塵世也。是故得失悲喜。在於外而不在於內也。進退榮辱。在於身而不在於性也。古之人。有坐高堂之上。食前方丈不爲喜。今得判事之類也。臥陋巷之中。簞食豆羹不爲悲。今失判事之類也。然則其進退也。無樂無辱。其得失也。何喜何悲。其喜怒哀樂也。發於心而息於心[2]也。亦猶烟雲風雨。起於空而滅於空也。嗚呼。達人所行。則物來也。順而應之。物去也。安而化之。自歇自心。自調自性而已。其興也無窮。故遂歌一曲而歌之。歌曰。

其止也如如　其行也徐徐
仰之而笑　俯之而噓
出入兮無門　天地兮籧廬

---

1) ㉿ 이 가歌는 갑본·을본·병본·정본에는 없다.　2) ㉿ '心'은 'ㅁ'로 되어 있다.(무본·기본·경본·신본)

묘향산의 법왕대法王臺와 금선대金仙臺 두 암자의 기문記文

신라新羅의 고기古記에 의하면, 당唐나라 정관貞觀 초기에 한 신승神僧이 백두산白頭山에서 묘향산妙香山의 대비로왕大毗盧王 북쪽으로 들어와 부용봉芙蓉峯에 터를 잡고는, 부용봉에 있는 네 개의 대臺 가운데 두 개의 대에 암자를 세우고, 여기에서 도道를 얻고 여기에서 도를 즐겼다고 한다.

그리고 동쪽 암자는 법왕대法王臺라 하여 석가釋迦의 존상尊像을 봉안하고, 서쪽 암자는 금선대金仙臺라 하여 미타彌陀의 존상을 봉안하고는, 동쪽을 향해 석가의 존상에 예배하고, 서쪽을 향해 미타의 존상에 예배하면서 아침에도 그렇게 하고 저녁에도 그렇게 했다고 한다.

법왕대 동쪽에 있는 하나의 대臺는 이름을 산화대散花臺라고 하니, 석제환인釋提桓因이 여기에서 항상 꽃을 흩뿌리고, 금선대 서쪽에 있는 하나의 대는 이름을 극락대極樂臺라고 하니, 건달바왕乾闥婆王이 여기에서 항상 풍악風樂을 울린다고 한다. 산화대 북쪽의 샘물은 감로수甘露水라고 하고, 극락대 북쪽의 샘물은 우통수芋筒水라고 하는데, 이 물을 마시면 반드시 열뇌熱惱를 없애고 청량淸涼함을 얻게 된다고 한다. 이 암자는 상근上根의 대지大智를 소유한 자가 아니면 거할 수 없다고 한다.

그러나 이 암자도 풍우風雨를 많이 겪으면서 무상無常함을 면할 수가 없었다. 그래서 가정嘉靖 초에 산인山人 학훈學訓이 법왕대法王臺를 중창하고, 산인 설봉雪峯이 금선대金仙臺를 중창하였다. 그리고 융경隆慶 초에 이르러 도인道人 행진行眞이 법왕대를 또 중창하고, 만력萬曆 초에 도인 계원戒圓이 금선대를 또 중창하였다. 이렇게 해서 두 암자가 우뚝 서서 금벽金碧이 구름 속에 빛나게 되었다. 아, 암자와 인명人名이 이로부터 영원히 후세에 전해질 것이다.

또 동쪽을 바라보면 하늘을 떠받치며 우뚝 솟은 산이 보이는데, 이것이 바로 묘향산이다. 또 서쪽을 바라보면 한 쌍의 구부러진 바위 봉우리가 보이는데, 이것이 바로 문신봉問訊峯이다. 이것은 더욱 볼 만한 풍경들이다. 풍악 도인楓嶽道人이 지나다가 구경하고는 아름답게 여겨 기문記文을 지었으니, 때는 을해년(1575, 선조 8) 3월 22일이다.

妙香山法王臺金仙臺二庵記[1]

新羅古記云。唐貞觀初。有一神僧來自白頭山。入妙香山大毗盧王北。得芙蓉峯。峯有四臺中二臺。卓庵居焉。得道於斯。樂道於斯。東庵曰法王臺。安釋迦尊像焉。西庵曰金仙臺。安彌陁尊像焉。向東拜釋迦尊像焉。向西拜彌陁尊像焉。朝焉而如是。夕焉而如是也。法王東有一臺。其名曰散花臺。釋提桓因。常散花焉。金仙西有一臺。其名曰極樂臺。乾闥婆王。常奏樂焉。散花北有泉。曰甘露水。極樂北有泉。曰芋筒水也。飮之者。必除熱惱而得淸凉也。庵也。非上根大智者。莫能居焉云。然庵也。多經風雨。不免無常。嘉靖初。山人學訓者。荊[2]法王臺。山人雪峯者。荊金仙臺。至隆慶初。道人行眞者。荊法王臺。萬曆初。道人戒圓也。荊金仙臺。二庵巋然。金碧照耀於雲中。吁。庵與人名。自此宜綿曆無窮矣。又東望則扶天偃蹇者。乃本香山也。西望則一雙曲巖者。乃問訊峯也。此尤可觀也。楓嶽道人。過而覽之。嘉而爲記。旹旃蒙大淵獻暮春念二日。

---
1) ㉾ 이 글은 갑본·을본·병본·정본에는 없다.   2) ㉾ '荊'은 '刱'으로 되어 있다.(무본·기본·경본·신본) 다음도 같다.

태백산太白山 상선암기上禪庵記

태백太白은 관서關西의 한 명산名山이요, 선사先師는 해동海東의 한 명승名僧이다.

가정嘉靖 말에 산승山僧 의웅義雄이 앞뒤로 다섯 칸의 상선암上禪庵을 세웠다. 이 공사는 무오년(1558, 명종 13) 가을에 시작해서 기미년(1559, 명종 14) 봄에 마쳤다. 이 암자의 동쪽 언덕에 세 칸의 경성당慶聖堂을 높이 세우니, 헌창軒窓과 호달戶闥에 비치는 것이 모두 모란牡丹과 도화桃花 일색이었다. 이 공사는 기미년 봄에 시작해서 경신년(1560, 명종 15) 여름에 마쳤다. 그리고는 단청丹靑을 입히고 낙성落成하였다.

또 산인山人 종민宗敏이 금상金像을 빚어 만들었으니, 석가釋迦와 미타彌陀와 약사藥師와 관음觀音과 지장地藏 등 모두 5구軀였다. 그리고 순금純金의 영산회靈山會와 순금의 미타회彌陀會와 순금의 약사회藥師會 등 모두 세 폭의 탱화를 걸었다. 이 공사는 임술년(1562, 명종 17) 가을에 시작해서 계해년(1563, 명종 18) 여름에 마쳤다. 그리고는 점안點眼을 하고 낙성하였다.

또 산인山人 성준性俊이 그 뒤를 이어서 기와를 구웠다. 이 공사는 갑자년(1564, 명종 19) 봄에 시작해서 을축년(1565, 명종 20) 여름에 마쳤다. 그리고는 기와를 덮고 낙성하였다.

이상 3인이 행한 것은 모두 선사先師의 명에 의한 것이었다. 아, 이 공사에 귀신을 부리지도 않았고, 물자가 하늘에서 내려오지도 않았는데, 눈 깜짝하는 사이에 백 가지 폐廢해진 것이 모두 복구되었으니, 이 역시 선사의 덕德이라고 할 것이다.

선사는 무진년(1568, 선조 1) 2월에 입적入寂하였다. 같은 해 겨울에 내원암內院菴에서 사리舍利를 청하여 5매를 얻었다. 그 정근精勤하는 모임에 자리를 함께한 자는 선등禪燈과 설암雪巖을 비롯해서 모두 1백여 인이었다.

또 산인山人 지인智仁이 기사년(1569, 선조 2)에 보현사普賢寺 남쪽 기슭에 종을 매달아 이내 낙성하고는 대회를 열었는데, 수희隨喜하며 찬탄讚歎한 승속僧俗의 숫자를 헤아릴 수가 없었다.

그때 산중에 있던 대덕大德으로는, 장로長老 휘정暉晶, 대선사大禪師 의변義卞, 대선사 영준靈峻, 대선사 영지靈芝, 보현사普賢寺 주지 원규元珪 등 수백여 인에 달하였다.

선사先師의 휘諱는 일선一禪이니, 세수世壽는 81세요, 경상도 울산蔚山 출신이다. 출가의 행적과 득도한 인연 및 사람들에게 보인 기봉機鋒 등은 모두 본행록本行錄에 실려 있다. 결연結緣한 시주施主 등도 뒤에다 기록하여 후세에 길이 전한다. 때는 융경隆慶 4년 경오년(1570, 선조 3) 7월이다.

太白山上禪庵記[1)]

太白也。關西一名山也。先師也。海東一名僧也。嘉靖末。山之僧義雄也。建上禪庵前後五間也。始於戊午秋。終於己未春也。庵之東塢。特起慶聖堂三間也。軒窓戶闥也。皆茷芿桃花也。始於己未春。終於庚申夏也。因以丹青也。因以落成也。又山之人宗敏也。塑鑄金像。釋迦也。彌陁也。藥師也。觀音也。地藏也。並五軀也。純金靈山會。純金彌陁會。純金藥師會。並三幀也。始於壬戌秋。終於癸亥夏也。因以點眼也。因以安邀也。又山之人性俊也。繼以陶瓦也。始於甲子春。終於乙丑夏也。因以盖覆也。因以落成也。上三人之所做也。皆先師之命也。嗚呼。功不從鬼。物不天來。倏忽之間。百廢俱興。此亦先師之德也。先師入寂于戊[2)]辰二月也。同年冬。乞舍利于內院庵。得五枚也。精勤會一席者。禪燈也。雪巖也。幷百餘人也。又山之人智仁也。歲己巳也。安鍾于普賢南麓也。因以落成焉。因以大會焉。紂[3)]也。白也。其隨喜讚歎者。莫知其數也。其時在山中大德也。長老暉晶也。大禪師義卞也。大禪師靈峻也。大禪師靈芝也。普賢住持元珪也。幷數百餘指也。先師諱一禪也。壽八十一也。慶尙道蔚山人也。凡出家行蹟。及見道因緣。及示人機鋒也。具在本行錄也。結緣施主等也。亦記之于後而不朽也。時隆慶四年之庚午七月也。

---

1) [원] 이 글은 갑본·을본·병본·정본에는 없다. 2) [원] '戊'는 '戌'로 되어 있다.(무본·기본·경본·신본) 3) [원] '紂'는 '紨'인 듯하다.(편자) [역] '紨'는 '緇'와 같다.

탱화 뒤에 쓰다

제자 겸 판선교사判禪敎事 도대선사都大禪師 모某는 삼가 극락교주極樂敎主 아미타불阿彌陀佛의 존용尊容 탱화 한 점을 그렸기에 분향焚香하고 정례頂禮하며 크게 서원誓願을 발하여 다음과 같이 아룁니다.

바라건대 임종할 때 죄업을 소멸하여 서방의 부처님을 찾아뵙게 해주시고, 금색金色의 빛 속에서 수기授記를 받아 미래세가 다하도록 중생을 구제하게 해주소서. 허공은 다할지언정 서원은 끝이 없음을, 시방의 모든 부처님이 증명해 주시리이다.

幀跋

弟子。兼判禪敎事都大禪師某。敬畵極樂敎主阿彌陁佛尊容一幀。焚香頂禮。發大誓願云。願我臨終滅罪障。徃叅西方大慈尊。金色光中蒙授記。盡未來際度衆生。虛空有盡願不盡。十方諸佛作證明。

쌍계사 중창을 경찬慶讚한 글

산이 푸르고 물이 푸르니, 모두가 고불古佛의 도량입니다. 달이 희고 바람이 맑으니, 이 어찌 본분의 소식이 아니겠습니까. 생각마다 석가釋迦가 출세出世하고, 걸음마다 미륵彌勒이 하생下生합니다.

삼가 생각건대 제자는 보배를 버리고 구걸하는가 하면, 머리를 잃고서 미친 듯 달렸습니다.[73] 삼계三界의 화택火宅에서 몇 번이나 불탔고, 사생四生의 업파業波에 몇 번이나 빠졌습니다만, 만약 심전心田에 종자를 뿌린다면, 반드시 복해福海에서 정신을 노닐 수 있을 것입니다. 사람 몸을 얻기 어려운 것이 어찌 눈먼 거북이 바다에서 나무토막을 만나는 것[74] 정도일 뿐이겠습니까. 부처님 법을 만나기 어려운 것이 어찌 겨자씨가 날려서 바늘에 꽂히는 것[75] 정도일 뿐이겠습니까.

그런데 지금 얻기 어려운 사람 몸을 얻은 위에, 만나기 어려운 부처님 법을 또 만났습니다. 비록 자기 자신을 반조返照했다고 하더라도, 이 또한 제불諸佛의 위신력 덕분이라고 해야 할 것입니다. 지금 자신의 뼈를 팔아서라도(賣骨)[76] 은혜를 갚지 못하고 있으니, 어찌 감히 눈물을 흘리며 슬피 울지 않을 수 있겠습니까. 귀의할 길이 없기에 세연世緣을 가탁하여 지극히 간절한 정성으로 참회하여 마지않습니다.

산의 이름은 지리산智異山이요, 절의 이름은 쌍계사雙磎寺입니다. 신라의 진감眞鑑이 사찰을 세운 뒤로 풍운風雲을 많이 거치면서 기와가 떨어지고, 광계光啓(唐 僖宗의 연호)에 고운孤雲(崔致遠)이 비석을 세운 뒤로 세월이 누차 흐르면서 자획字畫이 이끼로 뒤덮였습니다. 그래서 뜻을 세우고 마음을 움직여 구물舊物을 중신重新할 목적으로 만가萬家의 곡식을 모으고 천 인의 재물을 청한 결과, 몇 년 만에 기와 굽기가 완성되고, 한 여름철에 도색塗色 역시 마쳤습니다.

이에 대전大殿의 빛이 다시 밝아져서 환히 비추고, 비석의 글자가 더욱 새로워져서 의젓하게 되었습니다. 지금 꽃이 지는 봄의 계절을 맞이하여 물이 흐르는 앞에 제단祭壇을 마련하였습니다. 제불諸佛을 공양하니 삼현三賢 10성十聖이 함께 임하고, 중생을 널리 청하니 구류九類 사생四生이 모두 응합니다. 용상龍象이 위엄 있게 거닐고, 나발螺鈸이 우렁차게 울리니, 화장華藏의 도량과 흡사하고, 영취靈鷲의 법회와 방불합니다.

삼가 바라건대 요堯임금의 바람이 길이 불어오고, 순舜임금의 태양이 항상 밝아서 나라는 태평하고 백성은 편안하며, 시대는 화평하고 곡식은 풍년이 들게 해주소서. 제자와 단신檀信은 운운. 백복百福은 여름에 구름이 일어나듯 해주시고, 천 가지 재앙은 봄에 얼음이 녹듯 해주소서. 그리고 남은 은택의 물결에 미류迷類 모두 적시게 해주소서. 운운.

雙磎寺重刑[1]慶讚疏[2]

山靑水碧。盡是古佛道場。月白風淸。豈非本分消息。念念釋迦出世。步步彌勒下生。伏念弟子。棄寶乞行。失頭狂走。幾焚三界火宅。幾沉四生業波。苟下種於心田。必游神於福海。人身難得。何獨盲龜遇木。佛法難逢。奚啻飛芥投鍼。今得難得之身。更逢難遇之法。雖云自己返照。亦是諸佛威神。邈未賣骨酬恩。敢不雨淚悲泣。歸依無路。假托世緣。至懇至誠。切懺切悔。山名智異。寺號雙磎。新羅眞鑑。建刹而多歷風雲。瓦縫零落。光啓孤雲。立碑而累經歲月。字畫苔封。建志運心。欲新舊物。爰合萬家之粟。廣乞千人之財。數稔兮陶瓦功成。一夏兮塗彩亦訖。於是殿光重明以照耀。碑臨盆新而娑婆。當節屬落花之春。建壇塲流水之面。供養諸佛。則三賢十聖之共臨。[3] 普請衆生。則九類四生之咸赴。龍象兮蹴踏。螺鈸兮轟喧。依俙華藏道塲。彷佛靈鷲法會。伏願堯風永扇。舜日長明。國泰民安。時和歲稔。弟子與檀信云云。百福似夏雲之欝渤。千灾若春氷之煥然。餘波所泉。迷類俱沾云云。

---

1) ㉤ '刑'은 '刱'으로 되어 있다.(무본·기본·경본·신본) 다음도 같다. 2) ㉤ 이 문은 갑본·을본·병본·정본에는 없다. 3) ㉠ 『한국불교전서』에는 '蹋'으로 되어 있으나 저본에 따라 '臨'으로 정정한다.

만덕산萬德山 백련사白蓮社 중창 모연문

산은 외져서 깊숙하면서도 평평하게 툭 터지고, 물은 멀리 근원에서 나와 길게 흘러가니, 실로 국가의 보소寶所요, 선림禪林의 불굴佛窟입니다.

그런데 고금古今이 있는 것은 천리天理의 도수요, 성괴成壞가 있는 것은 만물의 운명입니다. 그리하여 이 백련사白蓮社가 세워진 뒤로 춘추春秋를 많이 거치는 동안, 몰라보게 쇠퇴하였으므로 거승居僧 모두가 한탄하고 있습니다.

그래서 지금 산야山野가 중수重修해 볼 목적으로, 1천 인人의 문에 널리 모연募緣하게 되었습니다. 뜻은 있어도 힘이 없는 것이, 협산挾山 초해超海[77]의 종류와 같고, 월계越雞 곡란鵠卵[78]의 부류와 같으니, 어찌 감히 눈물을 흘리며 크게 탄식하지 않을 수 있겠습니까.

삼가 바라건대 여러 단월檀越들이 유루법有漏法을 버리고 무루법無漏法을 증득한다면, 그런 다행이 없겠습니다. 윤회 보응報應의 논설은 나도 불자佛者인데 누구에게 굳이 말하겠습니까. 부디 인세人世의 무상無常함을 살피시고, 다시 깊이 생각해 주셨으면 합니다.

萬德山白蓮社重刱募緣文[1)]

山兮僻而奧夷而曠。水兮源而遠流之長。實國家之寶所。而禪林之佛窟也。然而有古有今。理之數也。有成有壞。物之數也。此社之來。多歷春秋。倏成癈[2)]宅。居僧咸苦之。今山野。擬欲重修而廣募於千人之門。有志無力。若挾山超海之流。若越雞鵠卵之類。敢不流涕太息耶。伏冀諸檀。捨有漏而證無漏幸甚。其輪回報應之論。則余佛者也。尙誰言乎。請看人世之無常。更審思之。

1) [원] 이 글은 갑본·을본·병본·정본에는 없다. 2) [원] '癈'는 '廢'로 되어 있다.(무본·기본·경본·신본) 다음도 같다.

내은적內隱寂 기와 모연문

이 암자는 신라의 왕이 지은 것인데, 천추千秋의 세대를 지나면서 성괴成壞의 무상無常함을 겪은 나머지, 동량棟樑이 거의 부러지고 기와가 떨어지게 되었을 뿐만 아니라, 탑 위의 사불四佛의 얼굴도 잔뜩 이끼가 끼는 등 너무나도 쇠퇴하였습니다. 그래서 제천諸天도 의지할 바를 잃고, 귀물鬼物도 시름에 잠긴 채 용상龍象의 울음소리가 들리는 듯하니, 신사信士의 슬픔을 자아내기에 충분하다고 하겠습니다.

산야山野가 지금 상장군탄上章涒灘(경신년)의 해에, 주명朱明이 여름을 보내고 소호小皞가 가을을 맞이하는 날을 당하여, 누더기를 걸치고 지팡이를 끌면서 옛 불전佛殿에 올라 먼지 낀 불상佛像을 소제하고는, 탄식하며 마음속으로 말하였습니다.

"나도 불자佛子인데, 이런 상계像季를 당하여 단지 형복形服만 꾸밀 뿐 여래를 섬기지 않는다면, 명실名實을 모두 잃고 말 것이니, 대천세계大千世界에 몸을 둘 곳이 없다고 말해야 할 것이다. 또 더군다나 고행苦行하는 도사道士와 출세出世한 고인高人이 경계가 고요한 것을 좋아하여 여기에 앉아 있을 적에 딱딱한 얼음이 무릎에 닿고 찬 빗방울이 머리에 날린다면, 이것은 더더욱 불자로서 차마 볼 수 없는 것이다."

옛날에 부처를 믿는 자가 삿갓으로 부처를 덮어 준 인연으로 50년 동안 천자天子의 지위를 향유하였고, 부처를 믿지 않는 자가 기와를 헐고 흙손질한 벽에 금을 그은 업보業報로 5백 생生 동안 벽려薜荔(餓鬼)의 형체를 받았으니, 이른바 간탐慳貪한 자는 지옥에 떨어지고, 보시를 행한 자는 천당을 향유한다는 말이 바로 이것입니다. 그런 까닭에 지금 산인山人이 하는 한마디 말을 시주施主가 한번 귀로 듣는 사이에서 화태禍胎와 복기福基가 나뉘니, 깊이 생각하시기 바랍니다.

아, 마음은 만법의 거울이요, 선악은 이 거울의 영상입니다. 간탐慳貪의 악惡이 반드시 지옥의 화禍를 받고 보면, 보시의 선善이 천당의 복을 향유하리라는 것 또한 의심할 것이 없습니다. 그런데 불법佛法의 최상승最上乘은 단계를 거치지 않고 돈오頓悟한다는 이 일구一句는 그 당사자가 아니면 더불어 이야기하기 어렵기 때문에 여기서는 우선 언급하지 않습니다. 모든 신사信士는 부디 이 글에 서명署名해 주셨으면 합니다.

內隱寂盖瓦募緣文[1]

庵也。新羅王之所構也。閱世千秋。成壞無常。非徒棟樑幾摧。瓦縫零落。塔上四佛之面。一莓苔也。其瘦甚焉。諸天失怙。鬼物亦愁。如聞龍象之泣。而足令信士爲之哀也。山野今上章涒灘之歲。朱明送夏。少皥迎秋之日。衣藍縷曳榔樑。[2] 登古殿掃塵像。咄嗟而心語曰。余亦佛子也。丁此像季。徒鈰形服。而不事如來。則名實俱喪。可謂大千無容身者也。又況苦行道士。出世高人。愛其境靜。閑坐於此。堅氷在膝。凍雨吹頭。則尤爲佛子之所不忍見者也。昔者信佛者。以蘆笠覆佛之緣。五十年享天子之位。不信佛者。以毁瓦畫漫[3]之報。五百生受薜荔之形焉。則所謂慳貪者。墮地獄。布施者。享天堂是也。是故今山人一言之下。施主一聽之耳。必有禍胎與福基分焉。伏惟思之。吁。心者萬法之鏡也。善惡者。一鏡之影也。慳貪之惡。必受地獄之禍。則布施之善。必享天堂之福也。亦無疑矣。然佛之最上乘。不落階級底一句。非其人。難與言之。姑此不及云爾。凡信士請署斯文。

1) ㉯ 이 글은 갑본·을본·병본·정본에는 없다.   2) ㉯ '樑'은 '榛'로 되어 있다.(무본·기본·경본·신본)   3) ㉯ '漫'은 '墁'으로 되어 있다.(무본·기본·경본·신본) ㉭ 번역은 '墁'을 따랐다.

주

1 **오분향五分香** : 계戒・정定・혜慧・해탈解脫・해탈지견解脫知見 등의 오분법신五分法身을 향에 비유하여 말한 것이다.
2 **연찰蓮刹** : 서방정토의 극락세계를 가리킨다. 그곳의 중생은 연화 속에서 화생化生한다고 하여 그런 이름이 붙었다고 한다. 연방蓮邦이라고도 한다.
3 **네 마리 뱀** : 몸을 구성하는 사대 원소, 즉 지地・수水・화火・풍風을 비유한 말이다.
4 **구결九結** : 아홉 가지 결박이라는 말로, 생사의 고통에서 벗어나지 못하게 하는 각종 번뇌를 뜻하는데, 애愛・에恚・만慢・무명無明・견見・취取・의疑・질嫉・간慳 등을 가리킨다.
5 **용녀龍女** : 『법화경』「제바달다품提婆達多品」(T09, 0034b24)에 나오는 용녀성불龍女成佛의 주인공을 말한다. 사갈라용왕娑竭羅龍王의 딸인 용녀가 나이 8세에 『법화경』을 수지受持하고 보리심菩提心을 일으켜 보주寶珠를 부처님에게 바친 공덕으로 남자가 되어 보살행을 닦은 결과 남방 무구세계無垢世界에서 보련화寶蓮花 속에 앉아 대각大覺을 이룬 뒤에 널리 인천人天을 위해 설법했다고 한다.
6 **염부閻浮** : 인간 세상을 뜻하는데, 제2권 499면 주 77 참조.
7 **추원追遠** : 제례祭禮를 행하는 것을 말한다. 『논어』「학이學而」의 "상을 당했을 때 신중하게 행하고 먼 조상을 정성껏 제사 지내면 백성들의 덕성이 한결 돈후하게 될 것이다.(愼終追遠。民德歸厚矣。)"라는 말에서 나온 것이다.
8 **칠취七趣** : 지옥・아귀・축생・인人・천天・아수라阿修羅의 육취六趣에 신선취神仙趣를 더한 것을 말하는데, 『능엄경』권9에 이 내용이 나온다.
9 **삼혹三惑** : 견사혹見思惑・진사혹塵沙惑・무명혹無明惑을 말한다. 삼장三障이라고도 한다. 또 삼독三毒, 즉 탐貪・진瞋・치癡의 별칭으로 쓰이기도 한다.
10 **삼관三觀** : 보통은 공관空觀・가관假觀・중관中觀을 말하나, 여기서는 『원각경』에서 설하는 세 종류의 관법인 원각삼관圓覺三觀, 즉 사마타관奢摩他觀・삼마발저관三摩鉢底觀・선나관禪那觀을 말하는데, 각각 지止・관觀・사유思惟로 의역된다.
11 **단복單複** : 묘원단복妙圓單複의 준말로, 『원각경』에서 변음보살이 닦은 25종의 수묘殊妙한 정륜법定輪法을 말하는데, 구체적으로는 원수圓修 1륜輪, 복수複修 21륜, 단수單修 3륜으로 나뉜다.
12 **사상四相** : 중생이 개체의 심신心身에 대해서 오인하고 집착하는 네 가지 상으로, 아상我相・인상人相・중생상衆生相・수자상壽者相을 말한다.
13 **사병四病** : 무리하게 원각圓覺을 구하려다가 빚어지는 네 가지 병태病態로, 작병作病・임병任病・지병止病・멸병滅病을 말한다.

제6권・783

14 밀왕密王 : 비밀왕삼매秘密王三昧의 준말로,『원각경』의 다섯 가지 이름 중의 하나이다.

15 사과四果 : 수다원과須陀洹果・사다함과斯陀含果・아나함과阿那含果・아라한과阿羅漢果를 말한다.

16 반 게偈 : 나머지 절반의 게송이라는 뜻인데, 불타가 과거세에 보살행菩薩行을 닦을 때에 설산雪山에서 나찰羅刹에게 반 게를 듣기 위해 몸을 바친 고사가 전한다. 제5권 719면 주 28 참조.

17 옛날 부처~얼굴 펴졌는데 : 남당南唐 강남江南 상원현上元縣의 백성 하나가 급사急死한 지 3일 만에 소생하여 대궐에 가서 말하기를, "선왕先王이 결박당해 고생하는 것을 홀연히 보고 가까이 가서 그 이유를 물었더니, 화주和州에서 항복한 1천여 인을 죽인 죄라면서, 돌아가서 사군嗣君에게 말을 전해 달라고 하였습니다. 종소리를 들으면 고통이 잠시 멈추니 종을 새로 만들어 주면 좋겠다고 부탁하면서, 옛날 우전국于闐國의 왕이 보낸 옥으로 만든 천왕天王의 상像을 와관사瓦棺寺 부처의 왼쪽 무릎 쪽에 숨겨 놓았으니, 이것을 증거로 삼으라고 하였습니다."라고 하였다. 이에 당주唐主가 직접 와관사로 가서 부처의 무릎(佛膝) 쪽에서 옥상玉像을 찾아낸 뒤에 감읍하여 건강建康 청량사淸涼寺에 종 하나를 만들어 걸었다는 '종성식고鐘聲息苦'의 설화가 전한다.[『釋氏稽古略』권3(T49, 0854b15),『佛祖歷代通載』권17(T49, 0653c07) 참조]

18 열 번~연지蓮池에 왕생한다 : 아미타불阿彌陀佛의 48원四十八願 중에, "내가 부처를 이룰지라도 시방 중생이 지극한 마음으로 극락을 믿고서 나의 나라에 태어나려고 열 번 염불했는데도 태어나지 못하면 나는 정각을 이루지 않겠다.(設我得佛. 十方衆生. 至心信樂. 欲生我國. 乃至十念. 若不生者. 不取正覺.)"라는 내용이 나온다.[『無量壽經』권상「第十八願」(T12, 0268a26)] 연지는 연화대蓮花臺와 같은 말로, 극락정토를 뜻하는데, 제2권 498면 주 64 참조.

19 팔난八難 : 보통은 배고픔・목마름・추위・더위・물・불・칼・병란兵亂 등을 말하지만, 여기서는 부처를 보지 못하고 불법을 듣지 못하는 여덟 가지 어려운 상황이라는 뜻으로, 재지옥난在地獄難・재아귀난在餓鬼難・재축생난在畜生難・재장수천난在長壽天難・재변지울단월난在邊地之鬱單越難・맹롱음아난盲聾瘖瘂難・세지변총난世智辯聰難・생재불전불후난生在佛前佛後難 등을 가리킨다.

20 삼도三途 : 지옥地獄・아귀餓鬼・축생畜生의 삼악도三惡途를 가리킨다.

21 사생四生 : 육도 중생이 출생하는 네 가지 형태, 즉 태생胎生・난생卵生・습생濕生・화생化生을 말한다.

22 구리 녹인~가루가 되는데 : 각각 기아지옥飢餓地獄・철정지옥鐵釘地獄・석마지옥石磨地獄의 상황을 묘사한 것이다.

23 무구세계無垢世界 : 용녀龍女가 성불한 정토淨土의 이름이다. 용녀가 순식간에 남자

로 변해 보살행을 모두 닦고는 곧바로 남방의 무구세계에 가서 보련화寶蓮華 위에 앉아 정각을 이룬 뒤에 일체중생을 위해 묘법을 연설했다는 내용이 『법화경』 권4 「제바달다품提婆達多品」에 나온다.(T09, 0035c16)

24 제망帝網 : 제석천帝釋天의 궁전을 장엄한 보망寶網으로, 인다라망因陀羅網이라고도 한다. 그물 하나하나에 모두 셀 수 없이 많은 보주寶珠가 붙어 있고, 그 보주 하나하나마다 모든 보주의 영상이 반영되어 중중무진重重無盡하게 비치기 때문에 『화엄경』에서 '일즉다一則多 다즉일多則一 상즉상입相卽相入'의 뜻을 비유하는 말로 쓰고 있다.

25 개병芥甁 : 겨자가 든 유리병이라는 뜻으로, 일一과 다多가 뒤섞이지 않고 투명하게 비치는 것을 비유하는 말인데, 당唐나라 청량 징관清涼澄觀의 『화엄경수소연의초華嚴經隨疏演義鈔』 권2에 "분명하게 일제히 드러나는 것이 저 개병과 같다.(炳然齊現。猶彼芥甁。)"라는 말이 나오는데, 이에 대한 해설 중에 "서로 방애하지 않아 앞도 아니고 뒤도 아니다.(不相妨礙。非前非後。)"라는 내용이 나온다.(T36, 0010a16)

26 법공法空처럼 허성虛聲을 듣기도 하고 : 당唐나라 현종玄宗 개원開元 연간에 광명사光明寺에 불길이 번져 미륵불상彌勒佛像을 다른 곳으로 옮길 적에 소 수십 마리로 끌었으나 그 줄이 끊어지면서 꼼짝도 하지 않았는데, 이때 법공法空 선사가 예배하며 눈물을 흘리고 서원을 하자, 홀연히 허공에서 수레를 끄는 소리가 나며 불상이 움직여서 뜻대로 옮기게 되었다는 이야기가 전한다.(『酉陽雜俎』 「續集」 권5 참조)

27 영윤靈潤처럼 맹화猛火를 보기도 합니다만 : 당唐나라 태종太宗 정관貞觀 연간에 영윤靈潤 선사가 법려法侶와 함께 산에 올라 관망하던 중에 사방 들판에서 불이 일어나자 사람들 모두가 도망치기에 바빴으나, 오직 영윤만은 천천히 거닐면서 말하기를, "마음 밖에 불이 없으니, 불은 실로 마음에서 나온 것이다. 불을 피해야 한다고 생각하면, 그 불을 면할 방법이 없을 것이다.(心外無火。火實自心。謂火可逃。無由免火。)"라고 하고는, 자기 앞으로 다가오는 불을 침착하게 끄면서 내려왔다는 이야기가 전한다.[『續高僧傳』 권15 「靈潤傳」(T50, 0545b12) 참조]

28 술잔 속의~얼은 것 : 아무것도 아닌 일을 쓸데없이 걱정하며 괴로워할 때 쓰는 말이다. 진晉나라 악광樂廣이 친구와 술을 마실 적에 그 친구가 술잔 속에 비친 활 그림자를 뱀으로 오인하고는 마음속으로 의심한 나머지 병이 들었다가 나중에 그 사실을 알고는 병이 절로 나았다는 고사가 전한다.(『晉書』 권43 「樂廣傳」 참조)

29 걸려 있는~달랜 것 : 『종경록宗鏡錄』 권73에 어린아이가 먹을 것을 달라고 울며 보채자, 그 어머니가 주머니를 공중에 매달아 놓고는(懸囊) 밥이 들어 있다고 달랬는데, 아이가 7일 동안 그 주머니를 바라보며 먹을 생각을 하다가 나중에 그것이 모래주머니였다는 사실을 알고는 절망하여 숨이 끊어졌다는 현사懸沙의 이야기가 나온다.(T48, 0825a26)

30 부친을 저버린 채(捨父) : 사부捨父는 사부도서捨父逃逝의 준말로, 자기의 본성을 잃고 밖에서만 불법을 찾으려 하는 어리석음을 비유할 때 쓰는 표현이다. 부유한 장자의 아들이 어려서 집을 나가 타향으로 떠돌아다니며 곤궁한 생활을 하다가 나중에 귀가하여 재산을 승계한다는 이야기가 『법화경』「신해품信解品」 장자궁자長者窮子의 비유에 나온다.(T09, 0016b25)

31 하늘이 거울을 빼앗았다 : 자기를 돌아보고 반성하는 능력이 없다는 뜻으로 쓰이는 말이다. 춘추시대 괵虢나라 군주가 융戎을 상전桑田에서 쳐부수자, 진晉나라 복언卜偃이, "괵나라는 반드시 망할 것이다. 하양下陽 땅이 멸망을 당했는데도 그 일은 걱정하지 않고 다른 곳에서 공을 세우고 있다. 이것은 하늘이 자기 반성을 하게 하는 거울을 빼앗고 자기 나라를 망칠 병폐만 더하게 해주는 것이다.(是天奪之鑑。而益其疾也。)"라고 말한 고사에서 유래한 것이다.(『春秋左氏傳』「僖公 2년」 참조)

32 약왕藥王이 자기 팔을 태운 것 : 과거에 일체중생희견보살一切衆生喜見菩薩이 자기 몸을 태워서 1천2백 년 동안 일월정명덕여래日月淨明德如來를 공양하고, 목숨을 마친 뒤에는 다시 정덕왕淨德王의 집에 태어나서 일월정명덕여래의 부촉을 받았으며, 그 부처가 멸도滅度한 뒤에는 사리舍利를 수습하여 8만 4천 탑을 세우고는 7만 2천 년 동안 팔을 태워서 그 탑을 공양하였는데, 그 보살이 지금의 약왕보살藥王菩薩이라는 이야기가 『법화경』「약왕보살본사품藥王菩薩本事品」에 나온다.(T09, 0053a10)

33 보명普明이 자기~한 것 : 과거세에 천라국왕天羅國王 반족班足이 인육人肉을 먹기를 좋아하다가 나찰羅刹이 되어 사람을 많이 해쳤는데, 다시 1천 왕의 머리를 취하겠다고 목표를 정한 뒤에 999명을 잡아 왔다. 마지막으로 수다소미왕須陀素彌王이 잡혀 와서 죽음의 길로 조용히 나아가며 살인의 죄보와 불살생의 복에 대해서 얘기해 주자, 반족이 회오悔悟하여 제왕諸王을 놓아주고 다시는 인육을 먹지 않았다는 이야기가 전한다. 이 수다소미왕을 의역意譯하면 바로 보명왕普明王으로 석가의 전신이라고 한다. 반족은 음역하면 가마사바다迦摩沙波陀로, 반족斑足·박족駁足·녹족鹿足 등으로도 의역된다. 『현우경賢愚經』 권11 「무뇌지만품無惱指鬘品」, 『인왕경仁王經』 「호국품護國品」과 『대지도론大智度論』 권4에도 이 고사가 실려 있으나 내용이 약간 다르다.

34 박산博山 : 옛날의 향로香爐인 박산로博山爐의 준말이다. 그 향로 덮개 위의 조형造型이 전설상의 바다 속 명산인 박산과 비슷하기 때문에 붙여진 이름인데, 보통 귀한 향로의 대칭代稱으로 쓰인다.

35 백액白額 : 백액호白額虎의 준말로, 범의 별칭이다. 범이 오래되면 이마가 희게 변한다는데, 특히 힘이 세고 기세가 사나워서 사람이 잡기 어렵다고 한다.

36 적미赤眉 : 전한前漢 말에 번숭樊崇 등이 일으킨 농민 반란군으로, 눈썹을 붉게 물들여서 왕망王莽의 군대와 다르게 하였으므로 그런 이름이 붙었다.

37 10군十軍 : 열 종류의 마군魔軍이라는 뜻으로, 각종 번뇌를 비유하는 말인데, 『대지도론』 권15에 욕욕·우수憂愁·기갈飢渴·갈애渴愛·수면睡眠·포외怖畏·의회疑悔·진에瞋恚·이양利養·자고교만自高憍慢 등 열 가지가 소개되어 있다.
38 삼혹三惑 : 제6권 주 9 참조.
39 신종추원愼終追遠 : 고인의 명복을 비는 것을 말하는데, 제6권 주 7 참조.
40 오장五障 : 여러 가지 설이 있으나, 여기서는 기欺·태怠·진瞋·한恨·원怨의 다섯 가지 장애를 가리키는 것이 아닌가 한다.
41 이엄二嚴 : 두 가지의 장엄莊嚴이라는 말로, 지혜장엄智慧莊嚴과 복덕장엄福德莊嚴을 가리킨다.
42 칠취七趣 : 제6권 주 8 참조.
43 전몽旃蒙 : 십간十干 중 을乙의 별칭인데, 여기서는 명종이 즉위한 을사년(1545)을 가리킨다.
44 단알單閼 : 세성歲星이 묘卯에 있는 때인데, 여기서는 명종의 정비正妃인 청송 심씨沈氏가 결혼한 계묘년(1543, 중종 38)을 가리킨다.
45 물고기와 물이~융성한 시대였으니 : 임금과 신하가 서로 의기투합하여 치세를 이루었다는 말이다. 물고기 운운은 유비劉備가 제갈량諸葛亮을 얻고 나서, "물고기가 물을 만난 것처럼 기쁘다.(猶魚之有水也)"라고 말한 고사에서 유래한 것이다.(『三國志』 「蜀書」 「諸葛亮傳」 참조) 또 바람 운운은 『주역周易』 「건괘乾卦」 문언文言의 "구름은 용을 따르고 바람은 범을 좇는다.(雲從龍風從虎)"라는 말에서 나온 것이다.
46 북궐北闕의 화변火變이~일어났단 말입니까 : 명종 8년(1553) 9월에 경복궁景福宮이 화재로 전소全燒된 것과, 10년(1555) 5월에 왜구倭寇가 선박 70여 척을 몰고 전라도 해남海南의 달량포達梁浦와 이진포梨津浦에 상륙하여 약탈을 자행한 것을 말한다. 이 왜변을 달량왜변達梁倭變 혹은 을묘왜변乙卯倭變이라고 한다.
47 사공四供 : 사사공양四事供養의 준말로, 네 가지 일로써 불佛·법·승僧 삼보三寶를 공양하는 것을 말한다. 네 가지 일은 의복·음식·와구臥具·의약醫藥, 혹은 의복·음식·탕약湯藥·방사房舍를 가리킨다.(『法華經』 「安樂行品」 참조)
48 임종林鍾 금붕錦棚의~하늘로 올라가고 : 6월의 무더운 날에 명종이 승하했다는 말이다. 임종은 음력 6월의 별칭이다. 또 무더위가 심할 적에 임정林亭 안에다 비단으로 차일遮日을 치고 명기名妓를 불러 즐기며 피서避暑하던 결금붕結錦棚의 고사가 『개원유사開元遺事』에 전한다. 그리고 황제黃帝가 형산荊山 아래 정호鼎湖에서 솥을 만들어 연단鍊丹을 하다가 그 일을 끝내고서 용을 타고 승천昇天했다는 전설이 전한다.(『史記』 권28 「封禪書」 참조)
49 무역無射 패수佩茱의~슬피 울렸습니다 : 중양重陽의 명절이 있는 9월에 명종의 장례를 행했다는 말이다. 무역은 옛날 12율十二律의 하나로, 술戌의 위치에 해당하기 때

제6권 • 787

문에 음력 9월의 별칭으로 쓰인다. 또 9월 9일 중양절에 악귀를 쫓기 위해 수유茱萸 주머니를 차고 산에 올라가서 국화 술을 마시던 풍속이 있었다. 무릉茂陵은 한 무제 漢武帝의 능호陵號이다. 대본에는 '武陵'으로 되어 있으나, 문리상 '茂陵'으로 바로잡 아 번역하였다.

50 박가범薄伽梵 : 석가모니에 대한 존칭이다. 여래 십호十號의 하나인 bhagavat를 음역 한 것으로, 바가바婆伽婆라고도 하며, 이를 의역하여 세존世尊 혹은 유덕有德이라고 한다.

51 적광寂光 : 상적광토常寂光土의 준말로, 비로자나毘盧遮那, 즉 제불 여래의 법신法身 이 머무는 정토를 말한다.

52 함허당涵虛堂 : 여말 선초의 승려인 기화己和의 당호이다. 득통得通 혹은 무준無準이 라고도 한다. 희양산曦陽山 봉암사鳳巖寺를 중수하였으며, 저서에 『원각소圓覺疏』· 『반야오가설의般若五家說誼』·『현정론顯正論』 등이 있다.(『朝鮮佛敎通史』 참조)

53 운월雲月이나 주안舟岸 : 『원각경』 권1의, "구름이 가면 달이 움직이고, 배가 가면 언 덕이 움직인다.(雲駛月運, 舟行岸移.)"라는 말을 줄인 것이다.(T17, 0915c01)

54 애하愛河와 금광金鑛 : 애하는 애욕愛慾의 강물이라는 뜻으로, 외물外物에 탐욕을 부 리며 집착하는 것을 비유하는 말인데, 『원각경』에는 이 비유가 보이지 않고, 『능엄경』 권4에, "애하가 말라서 그대를 해탈케 하리라.(愛河乾枯. 令汝解脫.)"라는 말이 나온 다.(T19, 0121c12) 그리고 『원각경』(略疏) 권2에 "선남자여, 금광을 녹이는 것을 예로 들자면, 황금은 녹일 수 있는 것이 아니지만, 황금이 광석 속에 있을 때에는, 그 광석 을 녹여야만 황금이 드러나게 되는 것과 같다.(善男子. 如銷金鑛. 金非銷有. 金在鑛中. 銷鑛金現.)"라는 소광銷鑛의 비유가 나온다.(T39, 0549a23)

55 사병四病 : 제6권 주 13 참조.

56 사상四相 : 제6권 주 12 참조.

57 삼관三觀 : 제6권 주 10 참조.

58 삼기三期 : 세 종류의 안거安居하는 기간을 말한다. 『원각경』 권1에 120일의 장기長 期, 100일의 중기中期, 80일의 하기下期 등 삼기에 대한 설명이 나온다.

59 삼각三覺 : 자신이 깨닫는 자각自覺, 남을 깨닫게 하는 각타覺他, 지행知行이 일치하 는 각행원만覺行圓滿을 가리킨다.

60 석장錫杖을 타는(騎錫)~상사上士를 모아서 : 참고로 『송고승전宋高僧傳』 서문에 "석 장을 타고 나는 응진이 되고, 산을 끌고 다니는 상사가 된다.(成飛錫之應眞. 作曳山之 上士.)"라는 말이 나온다.(T50, 0709b24)

61 여곽藜藿 : 명아주 잎과 콩잎으로 끓인 국이라는 뜻으로, 빈궁한 자의 음식을 뜻하는 말이다.

62 선을 쌓으면~재앙이 남는다 : 『주역』 「곤괘坤卦」 문언文言에 "선을 쌓은 집안에는 후

손에게 반드시 경사가 있게 마련이고, 불선을 쌓은 집안에는 후손에게 반드시 재앙이 돌아오게 마련이다.(積善之家。必有餘慶。積不善之家。必有餘殃。)"라는 말이 나온다.
63 너에게서 나온 것은 너에게로 돌아간다 : 『맹자』「양혜왕梁惠王」하에 나온다.
64 덕승德勝 동자는~지위에 올랐고 : 『아육왕전阿育王傳』권1에 나온다.(T50, 0099b09)
65 벽려薜荔 : 범어 preta의 음역인 벽려다薜荔多의 준말로, 아귀餓鬼로 의역된다.
66 물고기 뱃속에서 능히 말을 하였고 : 『부법장인연경付法藏因緣傳』권3에 불타佛陀 시대에 바라문婆羅門 출신인 박구라薄拘羅가 어렸을 때 계모의 학대를 받아 강물에 던져져서 대어大魚의 뱃속에 들어간 뒤에 시장에서 부친에게 팔렸는데, 부친이 칼로 고기의 배를 가르려고 할 때에, "아버지, 조심해서 아들이 다치지 않게 해주세요.(願父安詳。勿令傷兒。)"라고 말하여 구원을 받았다고 한다. 그리고 나중에 커서 출가하여 아라한과阿羅漢果를 증득했는데, 이는 과거 비바시불毘婆尸佛 시대에 박구라가 두통을 앓는 비구에게 과일을 시주하여 낫게 한 공이 있었기 때문이라는 이야기가 실려 있다.(T50, 0308a13)
67 무술년의 법난法難 : 중종 33년(1538)에, 『동국여지승람東國輿地勝覽』에 기재되지 않은 사찰은 모두 철훼撤毁하게 한 일을 말한다.
68 상선象先 : 상제지선象帝之先의 준말로, 도道를 말한다. 『노자老子』4장의 "나는 도가 어디에서 나왔는지 알지 못한다. 아마도 하느님의 앞이 아닐까 한다.(吾不知誰之子。象帝之先。)"라는 말에서 나온 것이다. 상제象帝를 하상공河上公은 천제天帝로 해설하였고, 왕필王弼은 상象을 사似로 해설하였다. 대본에는 '像先'으로 되어 있으나, '像'을 '象'으로 바로잡아 번역하였다.
69 백가중기百家衆技 : 『장자莊子』「천하天下」에 나오는 용어로, 제자백가諸子百家를 가리킨다.
70 지마指馬 : 공손룡公孫龍의 「지물론指物論」과 「백마론白馬論」에서 유래한 말로, 궤변詭辯을 뜻하는데, 제3권 658면 주 43 참조.
71 와관瓦棺의 불슬佛膝 : 제6권 주 17 참조.
72 금계金雞 : 전설상의 황금 닭으로, 이 닭이 부상扶桑의 산 위에서 한 번 크게 울면 천하의 닭이 모두 따라 울면서 새벽이 밝아 온다고 한다.(『神異經』「東荒經』참조)
73 제자는 보배를~듯 달렸습니다 : 『법화경法華經』「신해품信解品」의 장자궁자長者窮子의 비유(T09, 0016b25)와 『능엄경楞嚴經』권4의 미두인영迷頭認影의 비유(T19, 0121c12; 0154c01)를 말하는데, 각각 제6권 주 30과 제3권 662면 주 78 참조.
74 눈먼 거북이~만나는 것 : 제1권 158면 주 20 참조.
75 겨자씨가 날려서 바늘에 꽂히는 것 : 『북본열반경北本涅槃經』권2에 도리천忉利天에서 겨자씨 하나가 아래로 떨어져서 염부제閻浮提에 곧추세운 바늘 위에 꽂히는 것처럼, 부처의 출세出世를 만나기 어렵다는 '추개투침봉墜芥投針鋒'의 비유가 실려 있

다.(T12, 0612b03)

76 자신의 **뼈**를 팔아서라도 : 상제보살常啼菩薩이 동방에 반야바라밀般若波羅蜜의 대법大法이 있다는 말을 듣고 그 법을 구하기 위해 동쪽으로 가다가 다른 재물이 없자 자기의 피와 골수骨髓 등을 팔아서 공양을 했다는 이야기가 전한다.[『大般若波羅蜜多經』권398(T06, 1059a21), 『道行般若經』권9(T08, 0471a15) 참조]

77 협산陝山 초해超海 : 『맹자孟子』「양혜왕梁惠王」상의 "태산을 옆에 끼고 북해를 뛰어넘는 것을 나는 못한다고 사람에게 말한다면, 이것은 실로 불가능한 일에 속한다.(挾太山以超北海。語人曰。我不能。是誠不能也。)"라는 말에서 발췌한 것이다.

78 월계越雞 곡란鵠卵 : 『장자莊子』「경상초庚桑楚」의 "토봉은 콩잎의 푸른 벌레를 부화시키지 못하고, 월나라 닭은 고니의 알을 품을 수 없다.(奔蜂不能化藿蠋。越雞不能伏鵠卵。)"라는 말에서 발췌한 것이다.

청허집 제7권
清虛集 卷之七

완산完山 노 부윤盧府尹에게 올린 글

앙모仰慕하던 중에 삼가 보내신 서한을 받고는 그 뜻을 잘 알았습니다. 소자小子의 선조先祖의 행적과 소년 시절의 행적과 출가한 인연과 운수雲水의 행적에 대해서, 하나도 숨기지 말고 자세히 말하라면서 거듭 되풀이하여 물어 주셨으니, 어찌 감히 입을 다물고 있겠습니까. 대략 다음과 같이 삼몽록三夢錄을 지어 올리는 바이니, 양찰諒察해 주시기 바랍니다.

소자의 부친은 시조始祖가 본래 완산完山 최씨이고, 모친은 시조가 본래 한남漢南 김씨입니다. 태종조太宗朝에 이르러 내외의 현고조玄高祖가 각각 과거에 급제하여 창화昌化에 이주했기 때문에 부모 모두 창화를 고향으로 삼게 되었습니다. 그러다가 외조外祖인 김 현윤金縣尹 우우禹가 연산군燕山君에게 죄를 얻어 안릉安陵으로 유배되자, 부모가 외조의 일에 연좌連坐된 나머지 가구家口가 적몰籍沒되어 관리館吏가 되었습니다. 그 뒤 8년이 지나 대론臺論에 의해 특별히 은사恩赦를 받고 본직本職에 허통許通되었습니다만, 결국에는 관서關西의 평민으로 살게 되었습니다.

부친인 최군崔君 휘諱 세창世昌은 스스로 면강勉強하는 성품으로, 음주와 음영吟詠하기를 좋아하는 버릇이 있음을 알고서 고치려 하였으나 고치지 못하였습니다. 잘하는 것이 있었다면 그것은 오직 평생토록 남의 시비是非를 입 밖에 내지 않는 것이었습니다. 나이 30에 어떤 사람의 천거薦擧로 기성箕城(평양) 영전影殿의 미관微官이 되었습니다. 그런데 관인官人이 와서 가기를 청하며 날짜를 정해 알리자, 부친이 웃으면서 "선산先山의 연기 어린 달빛과 한 병의 막걸리와 처자의 환심歡心이 있으니 이만하면 또한 나의 분수에 족하다."라고 하고는, 즉시 인수印綬를 풀어 버리고 남쪽으로 머리를 향해 누워서 길게 몇 마디 읊으니 관인이 바로 물러갔습니다. 그러나 향읍鄕邑에 의혹이 있으면 해결해 주고, 송사訟事가 있으면 그치게 했기 때문에 마침내 향관鄕官을 13년 동안이나 맡게 되었는데, 고을 사람들은 부친을 여전히 덕로德老라고 불렀습니다. 부친의 행적은 단지 이 정도일 뿐입니다.

모친 김씨는 성품이 본래 유한幽閒하였습니다. 평소에 말을 하는 것이 모두 좋지는 않았습니다만, 좋은 점이 있었다면 그것은 오직 평생토록 마음속의 화난 기색을 얼굴에 보이지 않는 것이었습니다. 가난한 사람을 보면 후하게 은혜를 베풀었고, 웃어른을 만나면 정성을 다해 공경하였습니다. 세 개의 단지에 술을 빚어 자주 교체함으로써 가옹家翁이 하루도 손님과 함께 취하지 않는 날이 없게 하였습니다. 문 밖에 인마人馬가 부산하게 들끓고, 밤새도록 술에 취해 떨어져도, 그저 웃으면서 술을 더 나르기만 할 뿐 마음속으로 거역하는 일이 없었습니다. 그리고 항상 가옹에게 말하였습니다.

"선생이 정다운 친지나 옛 벗을 만나거든 절대로 집이 가난하다고 해서 박정하게 대하지 마십시오. 첩의 치마도 전당잡힐 수가 있는데, 하물며 곳간 속의 곡식을 어찌 아끼겠습니까. 설사 곳간에 곡식이 없다고 하더라도, 관아에서 빌리면 되지 않겠습니까."

가옹이 이 말을 들으면 언제나 즐거워하였습니다. 모친의 행적은 단지 이 정도일 뿐입니다.

정덕正德 기묘년(1519, 중종 14) 여름에 모친의 신기神氣가 몇 달 동안 고르지 않은 중에, 어느 날 작은 창가에서 잠이 들었을 때, 한 노파가 와서 예禮를 차리며 말하였습니다.

"걱정하지도 말고 염려하지도 마십시오. 한 사나이 장부를 잉태하셨기에 어머님을 축하하기 위해 왔습니다."

그러더니 또 예를 차리고 사라졌습니다. 이에 모친이 홀연히 놀라 깨어나서 말하였습니다.

"이상한 일이다. 우리 부부가 동갑(똑같이 갑오년 생이다.)으로, 나이가 50에 가까운데 어떻게 지금 그런 일이 있겠는가."

그리고는 의아하게 생각하면서 면구스럽게 여겼는데, 그 이듬 해(경진년 1520) 3월에 과연 소자를 낳았습니다.

소자는 처음 태어나서 보모保母를 성가시게 하지도 않았으므로 모친도 기뻐하며 기특하게 여겼습니다. 그리고 부친과 모친이 가끔 서로 희롱하며 말하였습니다.

"늙은 조개에서 뒤늦게 손 안의 구슬이 나오다니, 이것도 하늘의 선물이다."

그로부터 얼마 지나지 않아 3세가 되던 임오년(1522, 중종 17) 4월 초파일 대낮에 부친이 술에 취해서 누대 위에 누워 잠들었을 적에 꿈속에서 한 노옹老翁이 부친에게 와서 말하였습니다.

"소사문小沙門을 찾아보러 왔습니다."

그리고는 두 손으로 소자를 안아 들고서 몇 마디 주문을 외웠는데, 그 소리가 범어梵語 같기도 해서 알아들을 수가 없었습니다. 주문을 마치고 소자를 내려놓은 다음에 소자의 머리를 쓰다듬으며 말하였습니다.

"운학雲鶴이라는 두 글자로 너의 이름을 지어 주노니, 부디 몸을 아낄지어다."

부친이 운학의 뜻이 무엇인지 묻자, 노옹이 말하였습니다.

"이 아이의 일생一生의 행지行止가 바로 운학과 똑같기 때문입니다."

말을 마치자 마침내 문 밖으로 나갔는데 어디로 갔는지 알 수가 없었습니다. 부친도 꿈에서 깨어나 모친과 서로 꿈 이야기를 하며 더욱 기이하게 여겼습니다. 이 때문에 부친과 모친이 때때로 소자를 부르면서, 소사문小沙門이라고도 하고 운학아雲鶴兒라고도 하였습니다. 소자도 아이들과 어울려 노닐 적에 모래를 모아 탑을 만들기도 하고, 기와를 가지고 절을 세우기도 하였는데, 항상 하는 일이 모두 이와 같았습니다.

소자는 불행히도 나이 겨우 9세 때에 모친이 홀연히 먼저 세상을 떠났는데, 또 한 봄철을 지나서는 부친마저 세상을 떠났습니다. 백 년의 생계

生計가 하루아침에 와르르 무너지면서 천지가 망극하였으므로 여막廬幕에 엎드려 슬피 울 따름이었습니다. 고을 수령인 이군李君(思曾)이 소자의 이름을 듣고는 겨울철에 소자를 부르더니, 먼 숲의 눈 덮인 소나무를 가리키면서 말하였다.

"내가 운韻을 부르면 시구詩句를 지을 수 있겠는가?"

소자가 머리를 숙이고서 감히 짓지 못하겠다고 하였습니다. 수령이 처음에 사斜 자를 운으로 부르기에 그 소리에 응해서 "향기 어린 높은 누각에 해가 이제 막 비꼈고(香凝高閣日初斜)"라고 하고, 또 화花 자를 운으로 부르기에 역시 그 소리에 응해서 "천 리 강산에 눈이 꽃처럼 피었네.(千里江山雪若花)"라고 하니, 수령이 소자의 손을 잡고 등을 어루만지면서 "나의 아이(吾兒也)"라고 하였습니다. 그때 소자의 나이가 바로 10세였습니다.

얼마 뒤에 수령이 소자를 데리고 경사京師에 가서 반궁泮宮(성균관)에 나아가 여러 유생儒生들의 이름 끝에 소자의 이름도 끼게 하였습니다. 그때 나이가 12세였습니다. 그 뒤로 학업에는 더 힘을 쏟지 못하고서, 그저 동료들을 따라 노닐기만 하였는데, 어느 날 한 노학사가 소자를 보더니 말하였습니다.

"자네는 나를 알아보겠는가. 자네의 고향은 여기에서 멀지 않다. 자네의 선군先君은 나와 교분이 있으니, 자네를 모른 체할 수가 없다."

그리고는 소자를 끌고 흥인문興仁門 밖으로 가서 사천沙川의 오래된 버드나무가 서 있는 언덕을 가리키며 말하였습니다.

"여기가 자네 선군이 살던 옛날 집터이다."

그리고는 학사가 몇 칸의 서당書堂을 세우더니 자제子弟 5~6명을 함께 모아놓고서 훈계하였습니다.

"너희들은 형제의 의리를 맺고 여기에서 공부하며 멋대로 놀지 마라."

그로부터 3년이 되도록 스승을 가려 공부하면서 한번 과거에 응시했으나 낙방하였으므로 더욱 발분하였습니다. 그때 나이가 15세였습니다.

그런데 가르쳐 주던 스승이 마침 호남湖南의 목민관牧民官으로 내려가게 되었으므로, 즉시 동학同學 몇 사람과 함께 뒤따라 찾아갔는데, 스승이 부임한 지 몇 달 만에 홀연히 부친상父親喪을 당하여 경사京師로 귀환하였습니다. 이에 머리를 맞대고 울적하게 지내던 중에 한 동학이 말을 꺼내었습니다.

"천 리 멀리 스승을 찾아온 일은 비록 틀어졌어도, 이런 승지勝地에 왔다가 빈손으로 돌아가기보다는 느긋하게 남방의 산천을 유람해 보는 것이 낫지 않겠는가."

여러 동학이 모두 좋다고 하였습니다.

이에 각자 행장을 가볍게 꾸려 두류산頭流山을 향해 출발하였습니다. 그리하여 화엄동華嚴洞과 연곡동燕谷洞과 칠불동七佛洞과 의신동義神洞과 청학동靑鶴洞의 크고 작은 절간에 머물기도 하고 여행하기도 하면서 뜻 가는 대로 떠돌아다닌 것이 반년이나 되었습니다.

그러던 어느 날 휘諱가 숭인崇仁인 한 노숙老宿이 나를 찾아와서 말하였습니다.

"그대를 보건대 기골氣骨이 청수淸秀하니 정녕 범상한 부류가 아니다. 심공급제心空及第에 마음을 돌려야 할 것이요, 세간의 명리名利를 좇는 마음은 완전히 끊어야 할 것이다. 서생書生의 업業은 비록 종일토록 애를 써도 백 년 동안 얻는 것이 그저 하나의 허명虛名일 뿐이니, 실로 애석한 일이다."

내가 물었습니다.

"무엇을 일러 심공급제라고 하는 것입니까?"

노숙이 한참 동안 침묵을 지키고 있다가 눈을 껌벅거리면서 말하였습니다.

"알겠는가?"

내가 모르겠다고 하니, 노숙이 말로 설명하기 어렵다고 하고는, 『전등록傳燈錄』·『선문염송禪門拈頌』·『화엄경華嚴經』·『원각경圓覺經』·『능엄경楞嚴經』·『법화경法華經』·『유마경維摩經』·『반야경般若經』 등 수십 본本의 경론經論을 꺼내어 보여 주면서 말하였습니다.

"상세하게 열람하고, 신중하게 생각하라. 그러면 점차 문 안으로 들어갈 수 있을 것이다."

그리고는 영관 대사靈觀大師에게 나를 맡겼는데, 대사가 나를 한번 보고서 기특하게 여겼습니다. 그리하여 마침내 3년 동안 수업受業하면서 하루도 열심히 공부하지 않은 적이 없었는데, 무릇 대화를 나누면서 묻고 변론한 것 모두가 가려운 곳을 긁는 것과 같았습니다.

이렇게 해서 동학同學 몇 사람은 각기 경사京師로 돌아가고 나만 홀로 선방禪房에 머물게 되었는데, 앞서서 여러 경전을 탐독하였으나 갈수록 명상名相에 얽매인 나머지 해탈의 경지에 들어가지 못한 채 답답한 심정만 더할 뿐이었습니다. 그러다가 어느 날 밤에 홀연히 문자文字를 떠난 묘한 경지를 얻었으므로 마침내 시를 읊기를, "창 밖에서 우는 두견이 소리 홀연히 들으니, 눈 가득 봄 산이 모두 고향이로세.(忽聞杜宇啼窓外。滿眼春山盡故鄕。)"라고 하였고, 다른 날에 또 시를 읊기를, "물 길어 돌아오며 문득 고개 돌리니, 청산이 백운 속에 무수하도다.(汲水歸來忽回首。靑山無數白雲中。)"라고 하였습니다.

그리고는 다음날 아침에 은도銀刀를 손에 쥐고 스스로 청발靑髮을 자르면서 "차라리 한평생을 바보 천치로 살지언정, 맹세코 문자를 일삼는 법사는 되지 않겠다.(寧爲一生痴獃漢。矢不作文字法師也。)"라고 하였습니다. 그리고 일선 대사一禪大師를 수계사授戒師로, 석희 법사釋熙法師와 육공 장로六空長老와 각원 상좌覺圓上座를 증계사證戒師로, 영관靈觀 대사를 전법사傳法師로, 숭인崇仁 장로를 양육사養育師로 삼았습니다. 또 도솔산兜率山으로 가서 학묵學黙 대사를 참알參謁하니, 대사도 쓰다듬으며 인가印可해 주었습니다. 다시 두류산頭流山 삼철굴三鐵窟에 들어가 세 여름을 지내고, 대승사

大乘寺에 들어가 두 여름을 지내고, 의신義神·원통圓通·원적圓寂·은신隱神 등 여러 암자에서 유희하면서 춘추를 세 번 헤아렸으며, 그 밖의 소소한 행지行止는 이루 다 기록할 수가 없습니다.

하루는 용성龍城으로 벗을 찾아가다가 성촌星村을 지날 적에 한낮의 닭소리를 듣고는 장난삼아 두 수의 게송[1]【"머리가 희지 마음이 희지 않다고/ 옛사람이 일찍이 누설하였지./ 지금 닭소리 한번 듣고서/ 장부의 할 일을 모두 마쳤도다.(髮白非心白。古人曾漏洩。今聽一聲雞。丈夫能事畢。)" 또 "홀연히 나의 집 소식을 얻고 보니/ 모든 일이 단지 이러할 따름/ 천개 만개 금보장이 있어도/ 원래 하나약 빈 종이일 뿐.(忽得自家底。頭頭只此爾。萬千金寶藏。元是一空紙。)" 운운.】을 읊고 바로 산으로 돌아왔습니다.

병오년(1546, 명종 1) 가을에 홀연히 제방諸方을 유력遊歷할 생각이 나기에 표주박 하나와 누더기 한 벌로 멀리 관동關東 오대산五臺山으로 들어가서 반년을 지냈고, 또 풍악산楓嶽山으로 들어가서 미륵봉彌勒峯을 찾아보고, 구연동九淵洞에서 한 여름, 향로봉香爐峯에서 한 여름을 머물렀으며, 성불成佛·영은靈隱·영대靈臺 등 암자에서 각각 한 여름씩 결제結制하였고, 또 함일각含日閣으로 이주해서 한 가을을 보냈습니다. 그 사이에 굶주리거나 추위에 떤 적도 많았습니다만, 자기도 모르게 7~8년을 꿈처럼 보냈으니, 그때의 나이가 또한 30세였습니다.

이때에 성조聖朝에서 양종兩宗을 복구하였으므로 외인外人의 청에 못 이겨 억지로 좇아서 대선大選의 이름을 얻은 것이 한 여름이요, 주지住持의 이름을 얻은 것이 두 여름이요, 전법傳法의 이름을 얻은 것이 3개월이요, 교판敎判의 이름을 얻은 것이 3개월이요, 선판禪判의 이름을 얻은 것이 또 3년입니다. 그 사이에 괴롭거나 영화로운 적도 많았습니다만, 역시 자기도 모르게 5~6년을 꿈처럼 보냈으니, 그때 나이가 바로 37세였습니다.

그러다가 어느 날 문득 초심初心으로 돌아가서 곧장 인수印綬를 풀어 버리고는 청려장靑藜杖 하나를 짚고서 금강산의 천석泉石 사이에 다시 들어

가 반년을 지내었고, 또 두류산 내은적암內隱寂庵에서 3년을 보낸 뒤를 이
어 황령黃嶺·능인能仁·칠불七佛 등 암자를 거치면서 또 3년을 보냈습니
다. 또 관동關東의 태백太白·오대五臺·풍악楓岳을 향하여 세 개의 산을 다
시 밟은 뒤에, 멀리 관서關西의 묘향산妙香山 보현사普賢寺 관음전觀音殿과
내원內院·영운靈雲·백운白雲·심경心鏡·금선金仙·법왕法王 등의 대臺, 그
리고 망망한 천지와 허다한 산수를 향하였으니, 한 몸이 떠돌아다닌 것이
마치 기러기 털과 같고, 또 바람과 구름처럼 정처가 없었습니다. 소자의
행적도 단지 이 정도일 뿐입니다.

그러나 사람을 대하면 입으로 시비是非를 말하지 않을 수 없으니, 이는
엄부嚴父에게 부끄러운 일이요, 모욕을 당하면 얼굴에 성내는 빛을 드러
내지 않을 수 없으니, 이는 자모慈母에게 부끄러운 일입니다. 이에 이르러
서는 효도하는 하나의 행실이야말로 사람의 자식으로서 가장 어려운 일
이라는 것을 절감하겠습니다. 아, 붓을 들고 행적을 적는 것도 하나의 꿈
일 따름입니다. 삼가 바라건대 밝게 살펴 주십시오.

上完山盧府尹書[1]

攀仰之中。伏承令書。伏悉令意。小子之先祖行蹟。及少年行蹟。及出家因
緣。及雲水行蹟。一一勿隱纖毫事。再再垂問。其敢嘿嘿。畧擧三夢錄呈
上。[2] 伏惟令鑑。其錄曰。小子也。父之始祖。本完山崔氏也。母之始祖。本
漢南金氏也。及太宗朝。內外玄高祖。各得龍虎榜。移居昌化故。父母俱以
昌化爲故鄕也。至外祖金縣尹【禹】。得罪於燕山。謫居于安陵。父母連外祖。
家口沒爲舘吏。過八年。論得特蒙恩赦。許通本職。然遂爲關西氓命也。父
崔君【諱世昌】。性自勉强。知有好飮好詠之癖。欲改之而未能也。所能者。惟
平生口不出人之是非也。年登三十。有人擧爲箕城影殿之微官。官人來而
請行。卜日以告。父笑曰舊山烟月。一壺白酒。妻子歡心。分亦足矣。即解
帶南首而臥。長嘯數聲。官人即退。凡鄕邑有疑者則決。有訟者則止故。遂

任鄕官者。十三年。而邑人猶號曰。德老云。父之行蹟。只此而已。母金氏。性本幽閒。居常出言。未能盡善。所善者。惟平生面不現心之慍色也。見貧人則厚資之。見尊執則誠敬之。釀酒三瓷。數數相遞。使家翁無一日不與客同其醉也。雖門外人馬騈闃。連夜沉湎之際。只含笑添樽而已。實莫逆於心。常謂家翁曰。先生如見情親故友。則萬莫以家貧爲薄之也。妾之黃裳猶可典也。況一廩之粟。何可吝也。設無一廩之粟。可無官債耶。家翁聞之。常常怡悅。母之行蹟。只此而已。正德己卯夏。母也數月神氣不調。一日小憩[3]邊假寐。有一老婆來禮曰。勿憂勿慮。胚胎一丈夫男子爾。故爲嫛婗來賀之云。又設禮而去。母忽驚寤曰。異哉。夫婦一甲【同生甲年】。年近五十。豈有今日事乎。致疑悶懼。[4] 明年【庚辰】三月。果誕小子也。小子初生。以不煩保母。母亦喜而奇之。父母有時相戲曰。老蚌晚出掌中之珠。亦天也。俄及三歲壬午四月初八之晝。父醉臥于樓中。夢有一老翁。來謂父曰。委訪小沙門耳。翁遂以兩手。擧小子而呪數聲。聲若梵語。不能通曉焉。呪畢放下。摩小子頂曰。以雲鶴二字。安汝名焉。珍重珍重。父問雲鶴之意何謂也。翁曰此兒一生行止。政同雲鶴故也。言訖。遂出門外。莫知所之。父亦夢覺。與母相說夢事。尤以奇之。是故父母。時向小子。或喚曰。小沙門。或喚曰。雲鶴兒。小子亦與群童遊戲。或聚沙成塔。或將瓦立寺。常作爲事。凡類此也。小子不幸年纔九歲。母忽先敗。[5] 又過一春。父亦繼逝。百年生計。一朝瓦裂。天地罔極。[6] 伏廬哀哀而已。邑倅李君【思曾】。聞小子之名。冬月招之。指遠林松雪曰。小子。可作呼韻一句乎。小子低頭曰。不敢。倅初呼斜字。應聲曰。香凝高閣日初斜。又呼花字。亦應聲曰。千里江山雪若花。於是倅執手撫背曰。吾兒也云。時年正十歲矣。俄而倅携徃京師。就泮宮。名錄于諸儒之尾也。時年十二歲矣。厥後學不益加。而徒隨群友而倘佯焉。一日一老學士。見小子曰。小子其能識我乎。汝之故鄉。去此不遠。汝之先君。與我有素。不可外汝也。引去于興仁門外。指沙川古柳之岸曰。此小子先君之舊墟也。於是學士。起數間書堂。聚子弟五六輩。俱誡曰。汝等約爲兄弟。可學於此。勿放逸也。以至三年。擇師而學焉。一舉而不中。尤爲發憤。時年十五歲矣。適受業。師按轡于湖南。即與同學數輩。追往之。則師下車數月。忽遭不天之憂。已還京師也。聚頭閔欝之中。一同學出言曰。尋師千里。事雖違矣。到此勝地。空手而還。不如從容遊玩南服山川也。諸同學皆曰可。於是各以輕裝而出。趨向頭流山華嚴洞燕谷洞七佛洞義神洞靑鶴洞大小精藍。且宿且行。任意飄揚。以至半年矣。一日有一老宿【諱崇仁】。尋余曰。觀子氣骨淸秀。亦非凡流。可回心於心空及第。宜永斷乎世間名利心也。書生之業。雖終日役役。百年所得。只一虛名而已。實爲可惜云。余云何謂心空及第也。老宿良久瞬目曰。會麽。余曰不會。老宿曰難言也。於是出示傳燈拈頌華嚴圓覺楞嚴法華維摩般若等數十本經論曰。詳覽之。愼思之。則漸可入門也。因囑靈觀大師。師一見而奇之。遂以受業三年。未嘗一日不勤勤。凡吐納問辨。一如抓[7]痒也。於是同學數輩。各還京師。余獨留禪房。坐探群經。益縛名相。未得入解脫地。益增欝欝。一夜忽得離文字之妙。遂吟曰。忽聞杜宇啼窓外。滿眼春山盡故鄕。一日又吟曰。汲水歸來忽回首。靑山無數白雲中。明朝手執銀刀。自斷靑髮曰。寧爲一生痴獃漢。矢不作文字法師也。以一禪大師爲授戒師。以釋熙法師六空長老覺圓上座爲證戒師。以靈觀大師爲傳法師。以崇仁長老爲養育師也。又徃兜率山。叅學嘿[8]大師。師亦撫而印之。還入頭流山三鐵窟。過三夏。入大乘。過二夏。義神圓通圓寂隱神諸庵。凡遊戲者。數三春秋。小小行止。不可記極也。一日訪友于龍城歷星村。聞午雞聲。戲吟二偈。【髮白非心白。古人曾漏洩。今聽一聲雞。丈夫能事畢。又忽得自家底。頭頭只此爾。萬千金寶藏。元是一空紙云云】。即還山焉。丙午秋。忽生遊方之志。一瓢一衲。遠入關東五臺山半年。又入楓岳山尋彌勒峰。留九淵洞一夏。香爐峰一夏。成佛靈隱靈臺諸庵。各結一夏。又移住含日閣。過一秋。其間或飢或寒者。幾何而不覺。夢過七八年矣。時年亦三十秋也。於是聖朝復兩宗。强從外人之請。得大選名者一夏。得住持名者二夏。得傳法名者三朔。得敎判名者三朔。得禪判名者亦三年。其間或苦或榮者。幾何而亦不覺。夢過五六年矣。時年政三十七歲矣。一日忽返初心。即解綬。以一技[9]青藜。還入金剛山泉石間過半年。又向頭流山內隱寂過三年。因曆黃嶺能仁七佛諸庵。又過三年。又向關東太白五臺楓岳。更踏三山。然後遠向關西妙香山普賢寺觀音殿。及內院靈雲白雲心鏡金仙法王諸臺。及茫茫天地。許多山水。一身飄若鴻毛。亦如風雲之不定也。小子之行跡。亦只此而已。然對人則口不能不說於是非者。慚於嚴父也。見辱則面不能不現於慍色者。愧於慈母也。到此益知孝之一行。人子之最難也。噫。一筆陳迹。乃一夢也。伏惟令鑑。

---

1) [원] 이 글은 갑본·을본·병본·정본에는 없다. 이 우측 행간에 작은 글씨로 '書'라 되어 있다.(무본·기본·경본·신본) 2) [원] '上'은 무본·기본·경본·신본에는 없다. 3) [원] '牕'은 '窓'으로 되어 있다.(무본·기본·경본·신본) 4) [원] '懼'는 '惧'로 되어 있다.(무본·기본·경본·신본) 5) [원] '敗'는 '背'로 되어 있다.(무본·기본·경본·신본) 6) [원] '搕'은 '極'으로 되어 있다.(무본·기본·경본·신본) 7) [원] '抓'는 '孤'로 되어 있다.(무본·기본·경본·신본) 8) [역] '嘿'은 '默'이다. 9) [원] '技'는 '枝'로 되어 있다.(무본·기본·경본·신본) [역] 번역은 '枝'를 따랐다.

완산完山 노 부윤盧府尹에게 재차 답한 글

앙망하던 중에 삼가 보내신 글을 받고서 앞서 올린 삼몽록三夢錄을 관심 깊게 살펴 주신 것을 잘 알았습니다. 그리고 일일이 기억하며 오히려 치사致謝까지 해주셨으니, 감격스러우면서도 부끄럽기만 합니다.

지금 다시 몽세夢世라는 두 글자의 뜻에 대해서 변론하고 법을 보이라고 하문하셨기에, 소자小子가 또 삼가 답변을 올리게 되었으니, 밝게 살펴 주시기 바랍니다. 그 대략의 내용은 다음과 같습니다.

소자의 부친이 한 꿈을 통해서 노옹老翁으로부터 운학雲鶴이라는 이름을 얻었고, 모친이 한 꿈을 통해서 노파로부터 장부丈夫를 얻었으니, 소자가 한평생 구름처럼 노닐게 된 것도 부모의 한 꿈속이었습니다. 나타난 것은 그토록 광대해도 베갯머리를 떠나지 않았고, 변한 것은 단지 수유須臾인데도 벌써 백 년의 세월이 흘렀습니다. 몽환夢幻이 시간 속에서 하나로 통하고, 진망眞妄이 서로 달라도 걸리는 것이 없습니다.

한 찰나가 무량겁을 포섭하고, 무량겁이 또 한 찰나에 포섭됩니다. 그러고 보면 상常이라는 것도 진眞이 아니며, 몽夢이라는 것도 망妄이 아닙니다. 그런 까닭에 옛사람이 풍운風雲으로도 법을 보이고, 사죽絲竹으로도 마음을 전할 수 있었던 것이며, 극락불국極樂佛國에서 나뭇가지의 바람소리를 듣고도 정념正念을 이루고, 향적세계香積世界에서 향 음식을 먹고도 삼매三昧를 나툴 수가 있는 것입니다. 사의思議가 끊어진 심의深義도 언념言念 때문에 막히는 일이 없고, 시청視聽을 초월한 묘법妙法도 견문의 지각知覺과 상통하지 않음이 없습니다.

삼가 사뢰건대 현리玄理를 참구參究하는 대상공大相公께서는 한단邯鄲의 화서객華胥客²이라 비웃지 마시고, 눈앞의 경계를 포섭하여 항상 몽자재삼매夢自在三昧에서 노닐도록 하십시오. 끝으로 삼몽사를 지어 올립니다.

"주인은 객에게 꿈 이야기하고, 객은 주인에게 꿈이야기하네. 지금 두 꿈을 이야기하는 객도, 역시 꿈속의 사람이로세.(主人夢說客。客夢說主人。今說二夢客。亦是夢中人。)"

삼가 바라건대 양찰해 주소서.

再答完山盧府尹書[1])

瞻望之中。伏承令書。伏悉前呈三夢錄令鑑留聽。一一記憶。反以致謝。感愧感愧。今更垂問。以夢世二字辨之。而示法云。小子亦謹以啓答。伏惟令鑑。其啓畧曰。小子也。父之一夢。得老翁之雲鶴。母之一夢。得老婆之丈夫。小子之一生雲遊。亦父母之一夢也。所現者。如許廣大而未移枕上。所變者。只在須臾而已作百年。夢耶幻耶。頃久融通。眞耶妄耶。一異無碍。一刹那也。能攝無量劫。無量劫也。能攝一刹那。然則常者。非眞。夢者。非妄。是故古人。風雲可以示法。絲竹可以傳心。極樂佛國。聽風柯以正念成。香積世界。湌香飰而三昧顯。絶思議之深義。未甞碍於言念。超視聽之妙法。無不恒通於見聞。謹白粲玄大相公。莫笑邯鄲華胥客。宜收攝乎目前境界。常遊戱於夢自在三昧歟。遂爲三夢詞曰。主人夢說客。客夢說主人。今說二夢客。亦是夢中人。伏惟令鑑。

1) ㉮ 이 글은 갑본·을본·병본·정본에는 없다.

부모를 제사 지낸 글

병자년(1576, 선조 9) 정월 13일에 출가出家를 행한 소자小子, 겸 판선교사判禪敎事 사자賜紫 도대선사都大禪師 모某는 묘향산 심원동深源洞 위 남대南臺의 초암草庵에 병들어 누워 향폐香幣를 갖추고서 사람을 보내 부모님 쌍묘雙墓 아래에 삼가 고합니다.

삼가 생각건대 구천九天은 창창蒼蒼하고 구원九原은 망망茫茫한데, 아버님은 어느 곳에 계시며, 어머님은 어느 쪽에 계십니까. 어떤 사람이 부모가 없겠습니까마는, 우리 부모님의 은혜는 다른 사람과 아주 다르며, 어떤 사람이 생사가 없겠습니까마는, 우리 부모님의 죽음은 실로 가슴이 아픕니다.

지난 일을 추억하건대 사람들은 자기 모친의 자慈를 일컬으면서도 그 유간幽間의 자애는 알지 못하고, 사람들은 자기 부친의 엄嚴을 일컬으면서도 그 도덕道德의 엄은 알지 못하는데, 우리 어머님의 자慈는 후사後嗣를 무위撫慰하기에 넉넉하였고, 우리 아버님의 엄嚴은 선열先烈을 잇기에 넉넉하였습니다. 그런데 어찌하여 세 아들이 머리를 묶고 소자小子가 이를 가는 시절에 자모慈母께서 홀연히 난봉鸞鳳의 날개에 올라타시고,[3] 엄부嚴父께서 잇따라 기미성箕尾星을 타고 앉으셨단 말입니까.[4] 바람은 고목古木의 가지를 슬프게 울리고, 달빛은 텅 빈 문을 애도하였습니다.

소자가 뜰에서 절을 한들 누가 시詩를 가르쳐 주겠으며,[5] 문에서 절을 한들 누가 베를 자르겠습니까.[6] 아버님을 그리워하다가 애가 이미 끊어졌고, 어머님을 호곡號哭하다가 눈물이 피로 변하였습니다. 천하의 어떤 비통함과 인세人世의 어떤 참혹함이 이보다 더 심할 수가 있겠습니까. 아, 가슴이 아플 따름입니다.

소자가 당시에 외로운 그림자를 나부끼며 이름을 관학館學에 걸었다가, 과거 공부를 그만두고 산림에 들어가서 낙발落髮한 뒤에, 선교판사禪敎判

事의 직책을 맡아 두 번이나 금궐金闕에 입조入朝하였습니다. 세월이 물처럼 흘러 백발이 성성한 가운데 두 분의 형님도 뒤이어 세상을 떠났고, 한 명의 누이도 잇따라 세상을 버렸습니다. 하늘에 부르짖자니 하늘도 높아서 호소할 길이 없고, 땅을 두드리자니 땅도 두터워서 하소연할 길이 없습니다.

오늘날에 이르러서 은애恩愛를 끊는 것이 비록 불교의 법제法制라고는 하나, 돌아가신 분을 추모하는 것은 또한 유교의 강령綱領입니다. 화서禾黍[7]를 탄식하며 옛 동산을 생각하면 구름 모양이 참담하고, 송추松楸[8]를 바라보며 의관衣冠을 생각하면 바람 소리가 슬픕니다. 아, 가슴이 아플 따름입니다.

또 생각건대 소자가 처음 태어남에 무릎 아래와 손바닥 위에 두고서 애지중지하셨으니 아버님의 은혜는 하늘과 같고, 쓴 것은 당신이 삼키고 단 것은 소자를 먹이셨으니 어머님의 은혜는 대지大地와 같습니다. 또 생각건대 우리 어머님이 돌아가시던 아침에 어머님이 소자에게 "아가야"라고 세 번 부르시며 한 소리로 통곡하셨으니, 아, 가슴이 아플 따름입니다. 또 생각건대 우리 아버님이 돌아가시던 밤에 아버님이 소자를 안은 채 베개를 높이 하고 이불 속에서 조용히 가셨으니, 아, 가슴이 아플 따름입니다.

청등青燈만 벽에 걸렸을 뿐 길쌈하시던 어머님은 다시 뵐 수가 없고, 고산故山에 달빛만 연기에 어렸을 뿐 시주詩酒를 즐기시던 아버님은 다시 뵐 수가 없습니다. 이제 목소리와 용모가 아득해진 가운데 천추千秋토록 영원히 이별하게 되었습니다만, 이승과 저승도 이치는 하나요, 부모와 자식은 기운이 하나인지라, 천 리里 밖에서 한번 통곡을 하고, 만 번 절하며 술잔을 올립니다. 백발의 한 형님이 저를 대신해서 제사를 올리오니, 아득한 저 세상에 영혼이 있다면 애달프게 여겨 조감照鑑해 주소서.

祭父母文

維丙子正月朔。越十有三日。行出家小子。兼判禪敎事賜紫都大禪師某。病臥妙香山深源洞上南臺草庵。具[1]幣遣人。欽告于香弊[2]父母雙墓之下。伏以九天蒼蒼。九原茫茫。父兮何所。母兮何方。人誰無父母。我父母之恩。迥異他人也。人誰無死生。我父母之死。實爲痛心也。追思徃日。則人稱其慈。而不知其幽間之慈。人識其嚴。而不知其道德之嚴也。慈足以撫後嗣。嚴足以紹先烈。柰何三子結髮之日。小子齠齔之年。慈母忽乘於鷺翼。嚴父繼騎於箕[3]尾。風悲古木。月吊空門。小子拜庭也誰訓詩。拜門也誰斷織。念父之腹已裂。哭母之淚成血。窮天下之悲。極人世之慘。有甚於此者乎。嗚呼痛哉。小子於是。隻影飄零。名題舘[4]學。螢愍[5]事罷。落髮山林。判禪敎事。再朝金闕。歲月如流。星星白髮。尋而二兄已頽。一妹[6]連萎。號天也。天高而莫籲。叩地也。地厚而莫訴。至於今日。斷恩雖云佛制。追遠亦是儒綱。歎禾黍而思故園。則雲容可慘。望松楸而想衣冠。則風聲亦悲。嗚呼痛哉。又念小子初生也。膝下掌上。父恩如天。嚥苦吐甘。母德如地。又念我母乘化之朝。則母也爲小子。三喚阿只。一聲痛哭。嗚呼痛哉。又念我父乘化之夜。則父也抱小子。高枕衾中。泊然而逝。嗚呼痛哉。靑燈掛[7]壁也。無復見我母之絲疏。故山烟月也。無復見我父之詩酒。音容杳漠。永訣千秋。然幽明一理。父子一氣。千里一慟。萬拜一獻。白髮一兄。爲我一奠。冥漠有知。尙哀鑑之。

---

1) 앞 '其' 아래에 '香' 자가 있다.(갑본·을본·병본·정본·무본·기본·경본·신본)
2) 앞 '香弊' 두 글자는 바로 앞의 '幣' 자의 주기註記인 듯하다.(편자) 갑본·을본·병본·정본·무본·기본·경본·신본에는 없다. 3) 앞 '箕'는 '騏'로 되어 있다. 정본·무본·기본·경본·신본에는 '騏'로 되어 있다. 4) 앞 '舘'은 '舘'으로 되어 있다.(을본·병본) 5) 앞 '愍'은 '窓'으로 되어 있다.(갑본·을본·병본·정본·무본·기본·경본·신본) 6) 앞 '妹'는 '妹'로 되어 있다.(갑본·을본·병본·정본·무본·기본·경본·신본) 7) 앞 '掛'는 '挂'로 되어 있다.(갑본·을본·병본·정본·무본·기본·경본·신본)

박 좌상朴左相 순淳에게 올린 글
【한 봉의 차茶와 쌍죽지雙竹枝를 감사하다.】

삼가 서찰과 함께 운유雲腴와 옥지玉枝[9] 두 선물을 받고 보니, 갈증도 멎게 하고 병든 몸도 부축할 수 있겠기에, 고마운 심정을 말로 다할 수가 없고 정대頂戴를 금할 수 없습니다. 그리고 학슬鶴膝과 용각龍角 모양의 이 지팡이야말로 청려靑藜나 적등赤藤으로 만든 것보다 훨씬 뛰어나니, 서릿발 같은 늠름한 그 지조는 영상令相의 기풍을 상상하게 하고, 무쇠와 같은 갱갱鏗鏗한 그 절조는 영상의 의표儀標를 생각하게 합니다.

호산湖山으로 가로막혀 있으나, 항상 이것을 좌우에 두고서 잊지 않겠습니다. 더군다나 푸른 이끼가 낀 미끄러운 길을 가거나 높은 산꼭대기에 오를 때에는 잠시라도 떼어놓지 않을 것이니, 더 말해 무엇 하겠습니까. 다만 시냇가를 거니는 것만은 조심스러우니, 혹시라도 갈피葛陂의 변變[10]이 있을까 두려워서입니다. 그렇긴 하지만 영상令相께서 산인山人에게 이 선물로 잊지 않는 정의情誼를 보이셨듯이, 산인도 영상에게 안락한 삶을 기원하며 잊지 않으려 합니다. 삼가 양찰諒察해 주시기 바랍니다.

上朴左相【淳】【謝一緘茶[1)]雙竹枝】

伏承金札。兼受雲腴玉枝並二物。各能止渴扶病。感何[2)]無已。頂戴無已。且鶴膝龍角。逈出於靑藜赤藤之品。其霜操凜凜。以想令相之風。其鐵節鏗鏗。以想令相之標。湖山雖隔。以此常不離於左右矣。又況蒼苔滑路。妙高峰頂。尤不可須臾離也。只懶行溪邊者。恐有葛陂之變也。然令相之於山人。以此物爲不忘之資。山人之於令相。亦以安生作不忘之分。伏惟令鑑。

---

1) ㉠ '茶'는 '某'로 되어 있다.(무본·기본·경본·신본)　2) ㉠ '何'는 '荷'로 되어 있다.(갑본·을본·병본·정본·무본·기본·경본·신본)　㉡ 번역은 '荷'를 따랐다.

박 판서朴判書 계현啓賢에게 올린 글
【부채와 붓과 먹을 감사하다.】

삼가 서찰을 받고 또 은혜롭게도 구화九華[11]와 관성管城[12]과 이천黟川[13]의 세 선물을 받고 보니, 감사한 마음을 금할 수 없습니다. 그 인풍仁風과 편월片月[14]은 산중의 열기를 몰아낼 수 있고, 그 생화生花[15]로 종이를 물들이면 언어를 떠난 묘한 경지를 표현할 수 있을 것입니다. 그러고 보면 합하께서 산인山人에게 주신 이 선물이야말로 지대하다고 할 것인바, 더욱 감격하여 마지않습니다.

지금 나아가는 이생李生은 본래 조양朝陽의 문족門族[16]으로서, 어려서 산수를 좋아하다가 지금 와서는 청허淸虛에게서 도망쳐서 명교名敎에 들어가고, 산속의 백운白雲을 버리고서 도성의 청운靑雲으로 돌아가려 하고 있습니다. 따라서 말채찍을 잡는 미관微官이라도 마음속으로 달갑게 여길 것이니, 합하께서 인애仁愛를 베푸시어 애써 천거해 주신다면 다행이겠습니다. 이와 같이 귀찮게 해 드리는 것이 외람된 일인 줄은 잘 압니다만, 오로지 임자년에 담소했던 연분을 믿고서 자신도 모르게 번거롭게 말씀드리게 되었습니다. 모두 이해해 주셨으면 합니다.

上朴判書啓賢【謝扇筆墨】

伏承令書。兼受寵惠九華管城黟川三字。[1)] 感荷無已。其仁風片月。可掃山中之熱。其生花染牋。可書離言之妙。然則閤下。爲山人之賜。至大矣。益自感感。今進李生者。本朝陽門族。少好山水。到此。逃淸虛而入名敎。捨白雲而歸靑雲。雖執鞭微官。理宜甘心。幸閤下垂仁。勉擧跂跂。如此輒瀆。固知濫矣。專恃壬子年開哜之分。不覺縷縷。幷惟令恕。

1) ㉠ '字'는 '子'로 되어 있다.(갑본·을본·병본) ㉡ 번역은 '子'를 따랐다.

문인門人 이 수재李秀才에게 답한 글

무척 보고 싶던 차에 편지를 받고 보니 반갑기 그지없다. 입설立雪의 연분[17]이 없다면, 어떻게 이럴 수가 있겠는가. 성경誠敬에 모든 힘을 기울여 유자儒者의 품행을 잃지 말 것이니, 얼음을 새기는 것과 같은 문장은 아무 데도 쓸 곳이 없느니라. 그렇긴 하지만 차라리 변소邊韶[18]의 배가 뚱뚱하다는 조롱을 받을지언정, 기창紀昌[19]이 비위飛衛를 섬기는 일은 하지 말지어다. 그 밖에 무언無言[20]과 부동不動[21]에 대해서는 모두 공맹孔孟을 본받도록 하라. 이만 줄인다.

答門人李秀才書

想極見書。感荷感荷。若非立雪之分。其何能至此。且汗馬誠敬。不失儒行。鏤氷文章。無處可用。然寧爲邊韶之嘲便腹。莫作紀昌之事飛衛。餘無言不動。俱效孔孟。只此。

산해정山海亭에 부친 글

덕린德隣[22]에게 우울한 변고가 일어났다는 말을 듣고, 송독宋犢[23]이나 새마塞馬[24]와 같은 복으로 전환되기를 기대하여 마지않습니다. 공이 일찍이 천상계에서 인간 세상으로 귀양을 왔으나, 60여 년 동안 송죽松竹의 바람에 취해 누웠을 뿐 연화煙火 속에 잠기지 않았고 보면, 이 역시 하늘이 공을 매우 사랑한 것을 알 수 있으니, 몸 밖의 일이야 따지고 말 것이 뭐가 있겠습니까. 공이 이 변고를 당했다 하더라도, 하늘을 원망하거나(怨天) 사람을 탓하면(尤人) 절대로 안 될 것입니다.[25]

나는 기운이 비록 쇠하긴 했으나, 풍골風骨은 그래도 공과 더불어 살아 있으니, 역시 덮어 주고 실어 주는 천지의 은혜가 얕지 않음을 느끼고 있습니다. 이번 가을에 멀리 지팡이를 날려 공과 함께 한계閑溪 운수雲水의 맛을 음미해 볼까 하는데, 공의 생각은 어떻소? 나의 마음이 기약한 바를 누설하지 않은 것이 오래되는데, 오늘 공에게 내 마음을 털어놓았으니, 공은 잘 살펴 주시오. 종이를 대하니 아득하기만 할 뿐, 뭐라고 적어야 할지 모르겠기에 이만 그칩니다.

자운子雲이 세상을 떠나다니, 슬픔을 가누지 못하겠습니다. 그 문인門人인 원願과 해海 두 선자禪子가 꿈속에도 항상 아른거리는데, 어떻게 만나 볼 수나 있겠습니까. 혹시 보시거든 내가 무척이나 그리워하더라고 전해 주시오.

寄山海亭[1)]

聞德鄰有欝之變。賀宋犢塞馬之福。自不已已。公初自上界。雖謫人間。六十餘年。醉臥松竹之風。不沉烟火。亦見天之愛公深也。身外何足論也。公當此變。萬莫以怨天尤人也。某氣雖衰矣。風骨稍與公同活。亦感覆載之恩不淺也。今秋遠飛枝節。欲與公共閑溪雲水之味。公其肯耶。我心所期不洩久矣。今日爲公寫我心矣。惟公察之。臨紙茫茫。不知所云。只此。子雲之逝。可勝哀哀。[2] 其門人願與海二禪子。夢常悠悠。何可企及。如見之。傳吾戀慕之苦。

1) [원] 이 글은 갑본·을본·병본·정본에는 없다. 2) [원] '哀'는 무본·기본·경본·신본에는 없다.

노 대헌盧大憲 대효大孝의 여소盧所에 올린 글

태백산인太白山人 모某는 머리를 조아리고 삼가 두 번 절하며 대효大孝이신 대헌大憲 상공相公 여하盧下에 글을 올립니다.

금년 6월 초에 우연히 두류산頭流山의 승려를 통해서 선대부인先大夫人의 존체尊體가 갑자기 돌아가셨다는 말을 삼가 듣고는 경악하고 통곡하며 마음을 걷잡을 수 없었습니다. 또 삼가 듣건대 사랑하는 제씨弟氏 역시 세상을 버렸다고 하기에 천 리 밖에서 그저 혼자서 슬퍼할 따름입니다.

삼가 생각건대 대효大孝이신 영상슈相께서 거듭 대환大患을 당하였으니, 사모하며 호곡號哭하는 심정을 어떻게 견디시겠습니까. 얼마나 애통하시며, 얼마나 망극하시겠습니까.

그러나 이는 천하의 공통된 비통함이요, 고래로 예외 없는 참혹함이니, 이치가 본래 이러합니다. 삼가 바라건대 대효大孝 상공相公께서는 억울하고 애끓는 마음을 너그럽게 가지시고 억지로라도 소식蔬食을 들며 예제禮制를 굽혀 따름으로써 지극한 효성을 다할 수 있도록 하소서. 엎드려 빌고 또 비는 바입니다.

모는 한 덩어리 쇠골衰骨이 병들어 구학丘壑에 누워 있으므로 달려가서 위로해 드릴 길이 없습니다만, 걱정되고 연모戀慕하는 하성下誠을 금할 수 없기에 삼가 화등畫燈 한 쌍과 부용芙蓉 두 짝을 멀리 영전靈前에 바치오니, 밝게 살펴 주소서. 예를 갖추지 못하고 삼가 글을 올립니다.

上盧大憲大孝盧所

大[1]白山人某。頓首謹再拜。疏上于大孝大憲相公盧下。今六月初。偶因頭流山僧。伏聞先大夫人尊體。奄忽薨逝云。驚之痛哭。不能已已。又伏聞寵弟。亦棄世云。千里之外。徒自哀哀。伏想大孝令相。[2] 疊遭大患。思慕號絶。何以堪居。哀痛奈何。罔極奈何。然通天下之悲。均古來之慘。理本如是。

伏乞大孝相公。寬抑寬煎。强加蔬食。俯從禮制。以終至孝。伏祝伏祝。某一團衰骨。病投丘壑。未由奔慰。其於憂戀。無任下誠。謹以畫燈一雙。芙蓉二隻。遠致靈筵。伏惟鑒察。不備謹疏上。

1) ㉮ '大'는 '太'와 같다. 2) ㉯ '相'은 '捄'으로 되어 있다.(을본·병본)

노 상사盧上舍에게 올린 글

모운暮雲과 춘수春樹[26]의 회포를 천 리 밖에서 느끼면서 아득하고 망망한 심정을 지필紙筆로 형용할 수가 없습니다. 광음光陰이 눈앞을 흘러 지나가 백발만 무성하니 참으로 한스럽습니다.

지금 듣건대 집안에 우환憂患이 겹쳐 끊이지 않는다 하니 못내 가슴이 아픕니다. 그러나 인간 세상의 화禍의 수레는 예로부터 바퀴를 같이하였으니, 어찌 지금만 그렇다고 하겠습니까. 다행히 좌우에서 함께 모시는 분도 계시니, 항상 마음을 너그럽게 가지고 억지로라도 음식 드는 것을 임무로 삼아서 대효大孝를 온전히 하시기를 삼가 빌고 또 빕니다. 나머지는 창망해서 다 갖추지 못합니다.

上盧上舍[1)]

暮雲春樹。有懷千里。渺渺茫茫。不能形於紙筆。流光過眼。白髮鬖鬖。良可恨也。今聞家患。疊疊綿綿。不勝痛痛。然人世禍車。古來同輪。何獨今也。幸僉侍左右。常以寬懷强饘爲己任。使全大孝。伏祝伏祝。餘忙忙不備。

---

1) ㉠ 이 글은 갑본·을본·병본·정본에는 없다.

학 선자學禪子를 부른 글

연광年光이 눈앞을 지나는데, 도태道胎는 얼마나 익었느냐. 구름과 달은 비록 같지만, 시내와 산은 각기 다르니, 만 번 소식을 전하더라도 한번 얼굴을 보는 것만은 같지 못하다. 병든 중을 생각한다면 속히 석장錫杖을 날리도록 해라.

招學禪子
年光過眼。道胎幾何。雲月雖同。溪山各異。萬傳消息。不如一面。如想病僧。速垂飛錫。

철옹 윤鐵甕尹에게 올린 글

모인某人이 오는 편에 보내 주신 글월과 선물을 삼가 받고서 정대頂戴하며 감사하는 마음을 가눌 수 없습니다.

산인山人이 비록 호계虎溪의 연분은 없으나, 합하께서 산인을 여산廬山의 사람으로 대해 주시니, 삼소三笑의 유풍遺風이 아직도 사라지지 않았다고 하겠습니다.[27] 한유韓愈와 태전太顚의 관계나 유종원柳宗元과 호초浩初의 관계[28]도 이보다 더할 수는 없을 것이니, 더욱 고맙고 고맙습니다.

산인이 연하烟霞 속에 병들어 누워 있던 차에 마침 청하靑霞 좌상左相께서 부용芙蓉 8지枝를 산인에게 선물하셨으니, 산인도 합하에게 신물을 보내 드릴까 합니다. 그러나 이것은 오직 정情이요 물건이 아니니, 삼가 밝게 살펴 주소서. 삼가 절하며 글을 올립니다.

上鐵甕尹書

某人之來。伏承令書。伏受令信。頂戴無已。感荷無已。山人雖無虎溪之分。閤下以山人爲廬山人。三咲遺風。尙不泯也。韓之太顚。柳之浩初。亦不能加於此也。尤謙[1)]尤謙。山人病臥烟霞中。適靑霞左相。以芙蓉八枝。信於山人。山人亦信於閤下。此情也。非物也。伏惟令鑒。謹拜上狀。[2)]

1) [원] '謙'는 '謝'로 되어 있다.(갑본·을본·병본·정본·무본·기본·경본·신본) 다음도 같다. 2) [원] '謹拜上狀'은 갑본·을본·병본·정본에는 없다.

김 안렴金按廉에게 올린 글

한사漢寺에서 얘기를 나누고 헤어진 뒤로 20년의 세월이 꿈처럼 지나갔습니다. 허깨비와 같은 일이 계속 반복되는바, 그동안의 묵은 자취 또한 그렇습니다.

하정下情이 앙모仰慕하는 의리는 조금도 변함이 없습니다만, 지위가 높아지실수록 한미寒微한 산인山人은 돌아보시지 않을까 두렵습니다. 대저 이목耳目이 미치는 곳도 정을 다 주지 못할 걱정이 있는데, 하물며 병이 많은 산인이 만 겹의 운수雲水 밖에 떨어져 있는데야 더 말해 무엇 하겠습니까.

산인이 예의상 기어서라도 찾아가 뵈어야 하겠지만, 눈이 흐려서 지팡이를 짚지도 못한 채 그저 시름없이 바라다볼 따름이니 어떻게 하겠습니까. 지금 모인某人을 대신 보내어 경의를 표하오니, 좋은 말씀을 해주시고 관심을 보여 주시면 다행이겠습니다. 삼가 백번 절하며 글을 올립니다.

上金按廉[1]

漢寺話別。夢過二十年。幻事翻覆。陳迹亦然。下情攀仰。義不少弛。然令居益高。恐不顧寒微。大抵耳目所及。情或不專。況多病山人。隔萬重雲水耶。山人禮當匍匐。眚未搘筇。徒悵望奈何。今以某人代徃致敬。幸令賜話。幸令垂恤。謹百拜上狀。

---

1) ㉮ 이 글은 갑본·을본·병본·정본에는 없다.

이 성재李誠齋에게 답한 글

병든 늙은이가 근일 수마睡魔에 걸려서 하마터면 보장寶藏을 잃을 뻔하였는데, 홀연히 기침 소리를 듣고서 나도 모르게 깨어났소이다. 껄껄껄. 친붕親朋의 한 글자야말로 수마를 쫓는 철편鐵鞭이라고 할 만하니, 고맙고 고맙소이다. 이 속의 모某 물건은 역시 단심丹心을 표하기 위한 것이니, 아울러 살펴 주시오.

答李誠齋書

病老近日遭睡。幾失寶藏。忽聞謦咳。不覺惺惺。呵呵。親朋一字。可謂驅睡魔之鐵鞭。感感。此中某物。亦以表丹心。并炤。[1]

1) [원] '炤'는 '照'로 되어 있다.(갑본·을본·병본·정본)

봉래 선자蓬萊仙子에게 답한 글

봄 초부터 남쪽 까치가 북쪽 가지로 옮겨 가고 등화燈花가 또 자주 맺히기에 내가 항상 괴이하게 여기고 팔구정八九亭에 올라 봉래蓬萊를 시름없이 바라보며 옆구리를 자리에 대고 눕지 않은 지가 몇 달이나 되었습니다. 아, 그리고는 혼자 생각하기를, "봉래가 여기에서 몇 천 리나 되기에 강산江山이 나의 마음을 시름겹게 하는가."라고 하였습니다.

사람의 일이 홀연히 변하는 것이 백의白衣 창구蒼狗[29]와 같으니, 15년의 광음光陰이 한번 웃기에도 부족합니다. 매양 새벽 종소리를 들을 때면 멀리 그리는 마음이 더욱 깊어지는데, 그저 한 떨기 난죽蘭竹과 1만 송이 산봉우리를 보면서 봉래의 면목을 대한다고 여기고 있습니다. 지금 의능義能과 보안保安이 가져온 한 봉의 주옥珠玉이 홀연히 상床 위에 오르니, 마치 내장內腸을 새로 바꾸는 화타華佗 처방을 얻은 것 같아서 일물一物의 효험이 어떻다는 것을 비로소 깨닫겠습니다.

거년에 봉래는 약속을 저버렸고, 청허淸虛는 기다리지 않았으니, 사람의 일이라는 것이 각각 이와 같습니다. 선서善逝(불타)의 정업定業과 이보尼父(공자)의 천명天命에 관한 말이 극진하다고 하겠습니다만, 시루는 이미 깨어졌으니[30] 이 하나의 일에 대해서는 그냥 넘어가는 것이 좋겠습니다.

그리고 묘향妙香과 두류頭流의 일이 과장되게 전해지는 것도 잘못입니다. 내가 취한 것은 단지 고요함과 따스함일 뿐입니다. 풍악楓岳은 비록 낫다고 하더라도, 이 몸은 나뭇잎과 같아서 뭇 구멍에 불어오는 바람을 맞고서 소리를 내지 않을 수가 없었습니다. 우습게도 도인道人의 허명虛名을 지녔습니다만, 이는 비린내를 좇는 개미가 표범 가죽을 뒤집어쓴 것과 같으니, 어떻게 오래 거할 수가 있겠습니까.

또 듣건대 봉래가 이미 귀향을 결심했다 하니, 홀로 울적한 심정이 더해집니다. 때마침 멀리서 절박한 요청을 받고는 의리상 감히 거절할 수 없기에 억지로 따랐을 뿐인데, 이제 모두 인수를 풀어 버리고 선계仙界로 돌아가게 되었으니, 귀여歸歟의 흥취[31]를 금할 수가 없습니다. 즉시 여안呂安처럼 천 리 길을 달려가고도 싶습니다만,[32] 지금 한창 장마와 무더위가 기승을 부리니, 우선 병든 다리를 쉬었다가 청고淸高한 가을을 기다려서 지팡이를 떨칠까 생각 중입니다. 백운白雲이 가고 머무는 것은 항상 푸른 하늘 속에 있으니, 누가 막을 수 있겠습니까. 절대로 의심하지 마십시오.

봉래에게는 증점曾點의 거문고[33]가 있고, 청허淸虛에게는 서래西來의 노래[34]가 있으니, 푸른 바다 흰 모래밭에서 각자 천기天機를 다한다면 그 즐거움이 어떠하겠습니까. 도의道義를 서로 따름은 형해形骸가 아니요, 의기意氣를 서로 허여함은 문자가 아니니, 평생에 기약한 바를 그저 스스로 알 뿐입니다.

또 듣건대 봉래가 마음을 백성에게 두어 관아는 도원道院과 같고, 관리는 유관儒冠과 같은 가운데 성 안에 현가絃歌가 가득 울려 퍼지고, 초동樵童이 입으로 선정善政을 전한다 하니, 경하慶賀하는 바입니다. 천지를 위해 마음을 세우고, 생민生民을 위해 법도를 세우는 것 모두가 유자儒者의 일입니다. 봉래가 예전에 흰 구름과 무성한 숲 사이에 앉아서 기운을 기르다가 이제 우뚝 솟구쳐서 황하黃河의 지주砥柱[35]처럼 되었으니, 육씨陸氏[36]가 "말세에 버려진 인재 모두가 왕업王業을 일으키는 유능한 신하들이다."라고 말한 것도 이것을 가리킨 것이라고 여겨집니다.

두 선자禪子가 갈 길이 급하다고 고하기에, 황혼黃昏에 소동小童에게 얼른 명하여 정화수井花水를 떠오게 한 뒤에 깨진 벼루를 씻고, 보내신 글에 답변 드리면서 그동안 잊고 지냈던 일을 술회하다 보니, 어느새 종이가 가득 찼습니다. 삼가 바라건대 나라를 위해 몸을 보중保重하소서.

答蓬萊仙子書[1)]
自春初。南鵲移北枝。燈花亦屢結。儂常恠之。常登八九亭。悵望蓬萊。脇不着席者。數月矣。鳴鳴自念曰。蓬萊去幾千里。江山愁余心。人事變忽。白衣蒼狗。十五年光陰。不滿一笑。每聽晨鍾。遠思益深。只看一叢蘭竹。萬朶層峯。以當蓬萊面目耳。今義能保安之來一緘珠玉。忽上床頭。如得華佗換腸之方。始覺物之徵也。去年蓬萊負約。淸虛不待。人事各如此。善逝之乞業。尼父之天命者。言之盡矣。然瓿已破矣。一狀領過可也。且妙香頭流之富傳者妄也。儂之所取。只寂與喧耳。楓嶽雖勝。此身如葉。當衆竅之風。不得泯聲。可笑道人虛名。腥蟻文皮。其柰久住何。又聞蓬萊已決懷土云。獨增欝欝。適被遠邀者所迫。義不敢拒。强從之耳。今悉解綏還仙。不禁歸歟之興。欲即效呂安千里之駕。時方霖熱交甚。姑停病脚。待秋清高。拂一枝爲意。白雲行止。常在碧虛。其孰能禦之。千萬勿疑。蓬萊有曾點瑟。淸虛有西來曲。青海白沙邊。各盡天機。其樂爲如何也。道義相從。非形骸也。意氣相許。非文字也。平生所期。只自知而已。又聞蓬萊留心赤子。衙如道院。吏若儒冠。滿城絃歌。樵童口碑云。賀之。爲天地立心。爲生民立極。皆儒者事。蓬萊昔坐白雲茂林間養氣。今立屹然。如黃河之有砥柱。陸氏所謂季世棄才。皆興王良佐。此之謂也。二禪急告去云。黃昏亟命小童。汲井花水。洗破硯。漫答來敎。專委相忘。不覺盈紙。伏惟爲國珍毖。

1) ㉮ 이 글은 갑본·을본·병본·정본에는 없다.

경희 장로敬熙長老를 부른 글

오래도록 기침 소리도 한번 듣지 못하고 웃는 모습도 한번 보지 못한 채 매양 남쪽 하늘로 고개를 돌리고서 그저 시름없이 바라볼 따름입니다. 모某는 단지 늙은이 세 사람과 어울려서 가끔 수담手談(바둑)을 나눌 뿐인데, 산중의 암자 하나가 발을 함께 뻗을 만하니 한번 왕림해 주시면 좋겠습니다.

招敬熙長老
久矣夫。一未得聲[1]咳。一未得啓齒。每引首南天。徒望之悵然。某只與皓首三人。時復手談而已。山中一庵。可共伸足。幸垂一枉。

---
1) ㉠ 저본에는 '謦'으로 되어 있다.

불일 장로佛日長老에게 올린 글

듣건대 장로長老께서 베개에 『홍보鴻寶』[37]를 감추고 주머니에 벽계碧雞[38]를 숨기고서 오로지 장생長生을 도모한다고 하니, 정말 그렇습니까. 목숨을 늘리는 것은 우리 불법佛法으로 보면 한바탕 웃을 일입니다. 밝은 창가 맑은 책상 위에 『능엄楞嚴』의 10선十仙[39]에 대한 글을 펴놓고서 자세히 보시는 것도 무척 좋겠습니다만, 내가 어찌 감히 그러시라고 말씀드릴 수야 있겠습니까.

上佛日老

聞長老枕秘鴻寶。囊藏碧雞。只圖延生云。其然乎。延生我法中一場可哂。幸明慁[1)]淨几上。細看楞嚴十仙篇至佳。余何敢言。

―――
1) ㉮ '慁'은 '窓'으로 되어 있다.(갑본·을본·병본·정본)

채송자采松子에게 올린 글

공公이 강호江湖의 둥근 모래와 가는 돌밭을 거닐며 가끔 흰 갈매기와 함께 잠을 잔다면, 이는 큰일을 마친 사나이가 흥겹게 노니는 한때의 모습이라고도 하겠습니다만, 자오自悟 자증自證의 경지는 마치 물을 마실 때 차고 뜨거운 것을 스스로 아는 것과 같으니, 다시 상량商量해 보아야 할 것입니다.

上采松子

公發足江湖圓沙細石。時與白鷗同眠。此了事漢。一期行樂。然自悟自證地。如人飮水。冷煖自知。更須商[1]量。

---
1) ㉘ '商'은 '啇'으로 되어 있다.(갑본·을본·병본·정본)

전사全師에게 부친 글

남북으로 떨어져 서로 미치지 못하니, 그림 속에 붙박인 산수山水란 말인가. 지척이 만 리와 같으니, 바라만 볼 뿐 어찌 할 수가 없네. 우선 몇 글자 부치는 것은 소식이 끊어지지 않게 하려 함일세.

寄全師
南北不相及。畫中山水耶。咫尺萬里。徒望奈何。先寄集字者。要使信不斷爾。

교사教師에게 답한 글

생각하던 중에 편지를 받고 위로가 되었네. 저번에 선교禪教를 분변分辨하던 때의 이야기가 아직도 귓전에 울리는데, 지금 편지를 보아도 그 의혹을 풀지 못했으니 우습기만 하네그려. 그런데 나와 자네는 안으로 통하지 못하는 것이 많으면서 밖으로 다투기만을 힘쓰는데, 이는 날파리가 단지 속에서 윙윙거리는 것과 같고, 절름발이 자라가 높은 산에 오르는 것과 같으니, 내가 무슨 말을 하겠는가. 나와 자네가 적요寂寥한 가운데 들어앉아서 다시 치밀하게 헤아려 보는 것이 좋겠는데, 어떻게 생각하는가.

答教師書

念中承書慰慰。且前者辨禪教之談。尙在耳邊。今書中其惑亦不解。可笑可笑。然吾君。內多不通。外有力爭。如醯雞之舞瓮天。如跛鱉之上高山。吾何言哉。吾君幸坐寂寥中。更密密思量。如何如何。

정 상사鄭上舍의 점차苫次에 올린 글

두류산인頭流山人 모某는 머리를 조아리고 두 번 절하며 아룁니다. 뜻밖의 흉변凶變으로 방국邦國에 불행하게도 통판通判 대부군大府君께서 갑자기 세상을 떠나셨다는 부음을 받고는 놀랍고 떨리는 심정을 걷잡을 수 없었습니다.

삼가 생각건대 효심이 순일하고 지극하시니 사모하며 호곡號哭하는 심정을 어떻게 견디시겠습니까. 해와 달이 흘러가 홀연히 시일이 지났다 하더라도, 얼마나 애통하며 얼마나 망극하시겠습니까.

이와 같은 대우大憂를 당하여 기력은 어떠하신지 모르겠습니다. 삼가 바라건대 억지로라도 음식을 드시며 부디 예제禮制를 따르도록 하십시오.

산인 모某는 안질眼疾로 침상에 엎드려 있을 뿐 위로해 드릴 길이 없기에 슬픔만 더욱 깊어질 뿐입니다. 많은 말씀 드리지 못하고 삼가 글을 올립니다.

上鄭上舍苫次[1)]

頭流山人某。頓首再拜言。不意凶變。不幸邦國。通判大府君。奄棄榮養。承訃驚怛。不能已已。恭惟孝心純至。思慕號絶。何以堪居。日月流邁。已忽經時。哀痛奈何。罔極奈何。不審丁此大憂。氣力何如。伏乞强加饘粥。俯從禮制。山人某。眚疾伏枕。末由奉慰。悲係增深。不宣謹狀云。

---

1) ㉮ 이 글은 갑본·을본·병본·정본·무본·기본·경본·신본에는 없다.

도인道人을 부른 글

푸른 풀 붉은 꽃의 풍류가 한없이 펼쳐지나니, 인생을 멋있게 즐기려면 또 어느 때를 기다리리오. 다행히 지금 거문고를 안은 선자仙子가 천풍天風을 타고 내려와서 호수皓首와 더불어 삼우三友가 되어 초당草堂에 솥발처럼 앉았다오. 그리고 이따금 문을 나가 거닐면서 강월江月과 송풍松風 속에서 청담淸談을 나누곤 하는데, 공公이 여기에 온다면 사호四皓[40]의 숫자를 채울 수 있을 것이오.

招道人[1)]

草綠花紅。無限風流。人生行樂。更待何時。幸今抱琴仙子。乘天風而降之。與皓首三友。鼎坐草堂。時步出門。江月松風。淸談而已。公來此。則可足四皓爾。

---
1) ㉮ 이 글은 갑본·을본·병본·정본에는 없다.

태상 선자太常禪子에게 부친 글

1년 열두 달 한 달 30일 하루 열두 때를 남쪽 하늘 한쪽만을 바라본다. 그리워한들 무엇 하며 추억한들 무엇 하랴. 망망할 따름이다. 이만 그친다.

寄太常禪子書

年有十二月。月有三十日。日有十二時。望之南之天之一方。思之奈何。憶之奈何。茫茫只此。

법운 선자法雲禪子에게 부친 글

두류頭流는 아득하고, 묘향妙香은 까마득할 뿐, 가을에 남쪽으로 가는 기러기는 많은데, 북쪽으로 오는 물고기는 보이지 않으니, 괴이하기도 하고 한스럽기도 하구나.

寄法雲禪子書[1]

頭流杳杳。妙香玄玄。秋多南去鴈。不見北來魚。是可怪也。亦可恨也。

1) [원] 이 글은 갑본·을본·병본·정본에는 없다.

벽천 도인碧泉道人에게 부친 글

 듣건대 남방의 하늘 한쪽의 달이 서산西山에 숨었다고 하는데, 긴 밤이 끝없이 이어지는 속에서 뭇 별들의 빛은 과연 어떠한고. 또 듣건대 해중海衆(僧衆)이 그대를 벽송碧松(智嚴)의 손자요 부용芙蓉(靈觀)의 아들로 여기고서 가뭄에 구름을 바라보듯 한다고 하니, 부럽기 그지없는 일이로세.

 그렇긴 하지만 그대가 사람을 대할 때에는 먼저 본분의 겸추鉗鎚를 들고 나서 신훈新熏의 약시鑰匙를 보여야 할 것이네. 출세出世의 풍유風猷에 어둡지도 말고, 통방通方의 작략作略을 잊어서도 안 될 것이니, 혹 두 눈이 밝으면 일월과 나란히 빛날 것이요, 혹 척안隻眼을 갖추면 고금古今을 밝게 분변할 것일세. 시방을 거울처럼 비추고 팔면이 영롱하게 빛나야만, 백초百草의 머리 위에서 열반의 묘심妙心을 뽑아낼 수도 있고, 간과干戈의 수풀 속에서 납승衲僧의 명근命根을 보호할 수도 있을 것일세.

 비록 그렇다고 하더라도 그대는 항상 정법안장正法眼藏을 붙들어 세울 생각을 해야 할 것이니, 만약 사자후獅子吼를 토해낸다면, 야간野干[41]과 호리狐狸가 어떻게 모습을 드러낼 수 있겠는가. 더욱 힘쓰기 바라네.

寄碧泉道人書[1)]

聞南天一方。月隱西山云。長夜漫漫。其如衆星之光何也。又聞海衆。以汝爲碧松孫芙蓉子。雲望之云。健[2)]羡健羡。然汝當對人之際。須須先擧本分鉗鎚。後示新熏鑰匙。或不昧出世風猷。或不忘通方作畧。或雙明則齊彰日月。或隻眼則明辨古今。十方如鏡。八面玲瓏。可以百草頭上。指出涅槃妙心。亦可以干戈叢裏。點之衲僧命根。雖然常以扶樹正法眼藏爲念。若也師子出聲。則野干狐狸。其何能現影。更須勉之。

1) ㉘ 이 글은 갑본·을본·병본·정본에는 없다. 2) ㉘ '健'은 '健'으로 되어 있다.(무본·기본·경본·신본) 다음도 같다. ㉠ 번역은 '健'을 따랐다.

동호 선자東湖禪子에게 부친 글

오래도록 소식이 끊어졌는데, 예전에 앓던 병은 완쾌되었는지 모르겠다. 무척 걱정된다. 또 그동안 참선을 했느냐, 염불을 했느냐, 대승경전大乘經傳을 보았느냐, 비밀주秘密呪를 외웠느냐, 여색女色을 멀리했느냐, 말조심을 했느냐? 너의 나이가 벌써 서른을 넘겼는데도, 아직도 마음을 돌리지 못한 채 군중을 따라다니며 세월을 헛되이 보내고 있으니, 이것은 도대체 무슨 마음이냐? 백발이야 어찌할 수 없으니 나는 이제 그만이지만, 청춘은 다시 오지 않는다는 것을 너도 알긴 하느냐?

지난날 너의 성품이 들뜨고 허탄하여 마음속에 확고한 주관이 없는 탓에, 사람을 대할 때 말을 내놓는 것이 화살과 같았으므로 내가 너를 위해 항상 한스럽게 여겼다. 옛 성현의 삼함三緘[42]과 삼사三思의 격언이 어찌 그냥 나온 것이겠느냐? 경전에 이르기를, "8만 4천 번뇌의 바다 속에 설두舌頭의 바람이 가장 혹독해서 사람을 나부껴 떨어지게 한다."라고 하였고, 또 이르기를, "말할 수 있는데도 말하지 않는 사람이 진정한 대장부大丈夫이다."라고 하였다. 그러므로 여래의 사실어四實語[43]에 머리를 조아리는 것이니, 이것이 바로 내가 너에게 항상 바라는 것이다.

옛날 마 복파馬伏波가 자제들을 훈계하기를, "만약 남을 헐뜯는 말을 듣거든 부모의 이름을 듣는 것처럼 하여 귀로는 들어도 입으로는 말하지 말라."라고 하였고, 또 "너희들이 뒷날 남의 장단長短을 따지고 함부로 시비是非를 논하거나, 조정의 정사政事를 의논할까 두렵다. 나는 차라리 죽을지언정 내 자손이 이런 행동을 했다는 말을 듣고 싶지 않다."라고 하였다.[44] 속진俗塵의 사람도 그러하였는데, 하물며 도인道人의 경우이겠느냐.

부자父子와 사제師弟는 은혜와 의리 면에서 똑같은 만큼, 나도 훈계하지 않을 수 없거니와, 너도 그렇게 행하지 않으면 안 되니, 다시 살펴서 분발해야 할 것이다. 가을 날씨가 아직도 후덥지근하니, 숙환宿患을 잘 조섭하도록 하라. 이만 줄인다.

寄東湖禪子書

久絶音響。不知夙疾頓瘳否。爲慮爲慮。又邇來叅禪否。念佛否。看大乘經否。誦秘密呪否。愼色否。愼言否。汝年已過三十。尙不回心。隨群逐隊。虛喪光陰者。是誠何心哉。白髮無憑。吾則已矣。靑春不再。汝亦知乎。去日汝性浮虛。中無所主。對人之際。出言如矢。吾爲汝常爲恨者也。古聖有三緘三思之格。豈徒然哉。經云八萬四千煩惱海中。舌頭之風最毒。令人飄落。又云可言不言。眞大丈夫也。是故稽首如來四實[1]語。是吾爲汝常所望者也。古之馬伏波誡子弟曰。若聞害人言。如聞父母之名耳。可聞而口不可言。又曰爾曹。恐後日論人長短。亂說是非。又議朝廷政事也。寧死不願聞子孫有此行也。塵人尙爾。況道人乎。父子師資。恩同義均。吾不可不誡。而汝不可不行也。更須詧[2]而勉强。秋日尙暄。善攝夙疾。只此。

---
1) ㉤ '實'은 '寶'로 되어 있다. (무본·기본·경본·신본) 2) ㉤ '詧'은 '察'과 같다.

병암 주인屛巖主人에게 감사드린 글

한번 연하烟霞에 가로막힌 뒤로 몽상夢想이 분분하던 차에 홀연히 순운郇雲[45] 1폭과 세 가지 선물을 받았으니, 위로되고 고마운 그 심정이 어찌 한이 있겠습니까. 그런데 가을 산의 흥미를 장차 청의淸儀에게도 나눠 드리려고 하였는데, 지금 와서 사람 일이 잘도 어그러졌으니, 이를 어쩌면 좋습니까. 북쪽으로 오는 물고기가 있거든, 부디 옥음玉音을 아끼지 마시고 잘못된 점을 편달鞭撻해 주십시오. 나머지는 울울鬱鬱해서 이만 줄입니다.

謝屛巖主人書

一隔烟霞。梦想紛紛。忽受雲一幅與物三色。其慰浣何限。且秋山興味。將欲分付于淸儀。到此人事喜乖。奈如之何。如有北來之魚。幸母惜玉音。鞭其所短。餘欝欝。只此。

신 우관愼郵官에게 답한 글

쇠하고 병든 중에서도 홀로 웃을 수 있는 것은 산인山人의 행운이요, 호계虎溪⁴⁶를 30리 앞에 두고서 말을 멈추고 고삐를 돌린 것은 역시 합하閤下의 불행입니다. 산인과 합하가 반면半面의 친분도 없는 사이인데도, 합하께서 산인의 안부를 한번 물어 주시는 등 삼소三笑의 유풍遺風이 아직도 사라지지 않았기에 정말 마음속으로 감격하고 있습니다.

산인이 눈병에 걸려서 지팡이를 짚고 뜰도 거닐지 못하는데, 하물며 1백 굽이 시냇물과 1천 겹 산봉우리야 더 말해 무엇 하겠습니까. 서로 만나지 못할 형편이라서 그저 멀리 바라보고만 있으니 이를 어찌합니까. 더욱 서글플 따름입니다. 산인이 비록 여산廬山의 사람에게 미치지는 못하지만, 합하를 팽택彭澤의 원님으로 생각하고 있습니다.⁴⁷ 오직 살펴 주시기 바라며, 삼가 사례 드립니다.

答愼郵官書

衰病中發孤笑。山人之幸也。隔虎溪三十里。立馬回轡。亦閤下之不幸也。山人與閤下。雖無半面之分。閤下爲山人。憑寄一問。三笑遺風。尙不泯也。¹⁾ 實深感佩。山人眚。未能搘²⁾節戶庭間。況聯磎百曲。疊嶂千重。勢不得會活。徒望之柰何。尤可悵也。山人雖不及廬山之人。以閤下爲彭澤之令也。惟照謹謝。

---

1) ㉮ '也'는 '此'로 되어 있다.(을본·병본·정본) 2) ㉮ '搘'는 '楮'로 되어 있다.(무본·기본·경본·신본)

퇴휴 상국退休相國에게 올린 글

모월 모일에 모는 삼가 두 번 절하고 퇴휴 상국退休相國[48] 합하에게 글을 올립니다.

모인某人이 와서 전하는 말을 듣고, 합하께서 붕우朋友의 상喪을 당하신 것을 알았는데, 모某의 입장에서는 스승의 상을 당한 것이기에 슬피 통곡하며 망극한 심정을 가눌 수 없었습니다. 그래서 다음 날 남쪽을 향해 출발하여 고단孤單한 몸으로 기어가다시피 하다가, 급기야 오일정五日程에 이르러서는 병세가 더욱 악화되었으므로 어쩔 수 없이 가마를 타고 산으로 되돌아왔는데, 더욱 심열心熱이 치받치면서 안질眼疾을 얻은 것이 지금 거의 반년이나 되었습니다.

만약 합하의 은혜를 입어 이 모진 목숨을 보전하게만 된다면, 합하를 찾아뵙고서 여러 해 동안 쌓인 답답함을 모두 토로할 수 있을 것이니, 부디 양찰해 주셨으면 합니다. 드릴 말씀은 한이 없으나 번거롭게 늘어놓지 않고서 삼가 이렇게 절하고 글을 올립니다.

上退休相國書

月日某謹再拜。上書于退休相國閤下。某人之來。伏悉令遭不哭之患。某遇無[1)]服之喪。疊哭哀哀。罔極罔極。翌日發足向南。跉踽匍匐。及至五日程。則病勢尤劇。不獲已轝干[2)]還山。益增心熱。因得眼疾者。幾至半年矣。若蒙令恩。以保頑命。則勢可再拜于令庭。攄盡積年之欝矣。伏惟令鑑。葛藤無盡。姑不縷羅。謹此拜上。

1) ㉤ '無'는 '袄'로 되어 있다.(정본) 2) ㉤ '干'은 '于'로 되어 있다.(갑본·을본·병본·정본·무본·기본·경본·신본) ㉥ 번역은 '于'를 따랐다.

옥천자玉川子에게 올린 글

　연전에 모인某人이 오는 편에 삼가 정다운 서찰을 받고 보니, 천 리 먼 곳의 면목이 글자마다 환히 드러나 보이기에 병중에 열어 보고는 감격의 눈물이 눈자위를 적셨습니다.

　모某는 지금 안질에 걸린 지 벌써 반년이 지났는데도 아직 완쾌되지 않고 한번 죽기만을 기다리고 있습니다. 그래서 다시 만나서 여러 해 동안 쌓인 회포를 풀지 못할 것 같은 예감이 들기도 하니, 생각이 이에 미치면 두 줄기 눈물을 더욱 금할 수가 없습니다. 그리고 이 북쪽 지방에 한자韓子(韓愈)가 없으니, 그 누가 병든 태전太顚[49]을 돌보아 주기나 하겠습니까. 오히려 옥천자玉川子로 인해서 심두心頭가 뜨겁게 닳아 오를 뿐입니다.

　예전에 모某가 돌아올 적에 때마침 객客으로 소란스러워서 과연 영동嶺東의 끝에다 몇 글자를 부쳤었는데, 이는 당초에 세태世態는 잊어버리고 서로 허물없는 지극한 정情만을 전적으로 믿는 생각에서였습니다. 그런데 지금 박정薄情하다는 책망을 받고 보니, 꾸짖는 말이 보통보다 훨씬 준절하였습니다. 물론 사양하지 않고 죄를 달게 받겠습니다만, 그동안 단금斷金[50]의 회포는 생각할 때마다 잊은 적이 없었습니다. 어찌 지묵紙墨으로 드러내야만 친후親厚하다고 하겠습니까.

　모某가 만약 남은 목숨을 이어 간다면, 내년 봄에는 남쪽으로 꼭 가보고 싶습니다마는, 이것도 호사好事이니, 하늘의 마음을 기필할 수가 없습니다. 양찰해 주십시오. 이와 함께 아드님과 여러 현배賢輩 모두 성학聖學에 매진하여 충효를 실천하시기를 삼가 바라고 바랍니다.

上玉川子書[1)]
年前某人之來。伏承情扎。[2)] 千里面目。字字昭然。病中開閱。感淚盈眶。某今得眼疾。已過半年。猶未頓瘳。直待一死而已。想未得再會。以攄積年之抱。言念及此。尤不禁雙淚也。且北無韓子。誰恤病太顚耶。轉爲玉川子。心頭熱荒耳。前者某歸。適因客擾。果附隻字干[3]令東尾。初意忘其世態。專恃至情無間焉。今蒙薄情之責。責辭切常。甘罪不辭也。然此中斷金之懷。念念不弛。何待形於紙墨而後。爲親厚也哉。某若續餘命。則明春切欲向南。然此亦好事。天心未可必也。伏惟尊諒追達。貴胤與諸賢輩。勉進聖學。以實忠孝。伏望伏望。

---

1) [원] 이 글은 갑본·을본·병본·정본에는 없다. 2) [역] '扎'은 '札'과 같다. 3) [원] '干'은 '于'로 되어 있다.(무본·기본·경본·신본) [역] 번역은 '于'를 따랐다.

이 유부李諭扶[51]에게 올린 글

20년 동안 안부를 묻지 못했습니다만, 앙모하는 평소의 마음은 아침저녁으로 잊은 적이 없습니다. 모某가 물러나 깊은 숲 속에 들어온 지 거의 18년이 되는데, 한강漢江 가에서 대화를 나누던 일을 생각하면 아득히 꿈속의 일처럼 더욱 아련해지곤 합니다.

모는 성격이 본래 조급한데, 양종兩宗 판사判事로 있을 적에 일이 번거롭고 객客이 많아서 침식寢食이 편치 않았습니다. 그러다가 정사년(1557, 명종 12) 가을의 어느 날 한밤중에 신사神思가 지극히 불안하더니, 홀연히 목구멍에서 혈기血氣 몇 점點이 계속해서 가슴속으로 떨어지는 것 같았는데, 그 뒤로 심두心頭가 혼란스러울 뿐 아니라 몽사夢思도 뒤숭숭하였습니다. 이로 인해 사우師友의 죽음에 자주 놀라면서 심혈心血이 더욱 격동된 나머지 그만 안질을 얻게 되었는데, 3년이 되도록 완쾌되지 않은 채 침대에 엎드려 신음하고 있습니다. 지금 증세가 약간 나아졌다고는 하나, 묽은 눈물과 희끄무레한 막膜이 항상 두 눈썹에 엉겨서 눈이 말라 있으면 밤 가시처럼 찌르고 젖어 있을 때에는 아교처럼 달라붙으니, 답답하기 그지없습니다.

이에 사미沙彌를 선정仙庭에 보내어 신묘한 가르침을 여쭈오니, 삼가 바라건대 완전무결한 솜씨를 아끼지 말고 친절히 가르쳐 주시어 이미 끊어진 목숨을 구해 주소서. 그리하여 천지 일월의 광명을 다시 보게 해주신다면, 성문聖門의 음덕陰德은 물론이요 선가禪家의 보응까지 모두 한없이 이어질 것이니, 부디 보살펴 주소서. 허다한 정회情懷가 종이를 대함에 망망하기만 해서 자세한 내용은 사미가 모두 말씀드리도록 하였는데, 양해해 주시리라고 믿습니다.

上李僉拊書[1)]

二十年來。音問斗絕。瞻望之素。不忘朝夕。某退入深林者。幾至十八年矣。緬惟漢濵之話。杳若一梦。益增悠悠。某性本燥急。在宗之日。事煩客擾。不甘寢食。丁巳秋。一日夜半。神思極爲不安。忽若血氣自喉穴。連滴于胸海者。數點矣。厥後非徒心頭迷悶。夢思亦不安。因此頻驚師友之亡。心血益動。乃得眼疾。以至三年。尙未頓瘳。伏枕嗚嗚。僅今少差。然淡淚與白膜。常凝兩睫。乾則若栗棘。濕則如膠漆。至悶至悶。玆送沙彌于仙庭。以稟神敎。伏乞毋惜十全之妙手。諄諄以指誨。濟之已絶之命。使復覩天地日月之光。則其聖門陰隲之德。禪家後來之報。俱爲罔極罔極。伏惟垂恤。許多情懷。臨紙茫茫。都付晋舌。惟電粲。

1) [원] 이 글은 갑본·을본·병본·정본에는 없다.

행 선자行禪子에게 답한 글

근래에 누차 서신과 선물을 받았는바, 그 속에 면목과 간담肝膽이 또렷하고 분명하였으니, 금석과 같은 정의情誼가 일관되었다고 말할 수 있겠다. 나는 늙은 학鶴과 같은 신세라서, 남쪽으로 날아가고 싶어도 날개가 병들었으니 어떻게 하겠는가. 그저 높은 하늘을 바라볼 따름이다. 끝으로 도안道眼이 막힘이 없어서 사생死生을 하나로 보고 원근을 통하기를 축원한다. 또 무슨 말을 하겠는가.

答行禪子書

比來屢承信書信貺。面目肝膽。歷歷昭昭。可謂金石之契。一以貫之。走勢似老鶴。雖欲南飛。其如病翼何。徒望雲天而已。餘祝道眼無隔。一死生通遠近。夫復何言。

두류頭流의 여러 스님들에게 답한 글

은승銀勝(立春)의 가절佳節에 여러분의 근황은 어떠하십니까. 모某는 삼가 대덕 여러분의 풍운風雲과 같은 법시法施를 받으며 죽과 밥만 허비하고 있습니다.

거년에 여러분의 편지를 받기도 하고 선물을 받기도 하였는바, 고구故舊를 잊지 않고 간담肝膽을 열어 보여 주셨으니, 신의가 있지 않고서야 누가 이처럼 할 수 있겠습니까. 더욱 고맙고 고맙습니다.

나는 한편으로는 법등法燈이 꺼지려 하는 것을 슬퍼하면서도, 한편으로는 계속 이어질 뒷날의 불꽃에 희열하고 있습니다. 삼가 감사드립니다.

答頭流諸師書

銀勝佳節。僉況若何。某[1]伏蒙僉大德風雲法施。徒費粥飯而已。去年或承信字。或受信貺。不忘故舊。傾豁肝膽。若非信義。疇能若此。尤感尤感。走一以法燈將熄爲悲。一以傳續後燄爲喜。謹謝。

---

1) ㉮ '某'는 갑본·을본·병본·정본에는 없다.

윤 상사尹上舍 언성彦誠에게 답한 글

훤소喧騷(세간)와 적막寂寞(출세간)의 길이 서로 달라서 쉽게 만날 수는 없어도 생각이 치달리지 않는 날이 없던 차에 홀연히 순운郇雲[52]을 받들고 보니, 쌓인 걱정이 얼음 풀리듯 하여 반갑고 위로되는 마음을 스스로 가누지 못하였습니다.

그런데 하늘이 삼류三柳를 빼앗아 가는 것이 어쩌면 그리도 빠르단 말입니까. 애통하기 그지없습니다. 청송靑松과 족하는 이미 청운의 길에 올랐으리라고 생각했는데, 상제霜蹄(駿馬)가 어찌 미끄러져서 이렇게 뒤처졌단 말입니까. 부끄럽기 그지없습니다.

그러나 오늘날 실패한 것이 뒷날 크게 빛날 계기가 되는지 어떻게 알겠습니까. 천의天意가 심원한 것을 모某가 좌우(족하)에게 설명드릴 입장은 못 됩니다마는, 표범이 남산南山의 안개 속에 그 얼룩무늬를 끝내 감출 수 없듯이,[53] 장차 문장文章(문채)을 드러내어 반드시 국기國器가 될 것을 전적으로 믿어 의심치 않습니다.

아, 서로 만나지 못한 1기紀(12년) 동안에 인사人事의 번복이 아득히 환몽과 같아서 존망과 영고榮枯를 이루 다 기억할 수 없으니 처창悽愴한 심정을 금할 수 없습니다.

나는 학문에도 발전이 없고 수도修道에도 진전이 없는 가운데 그저 백발의 한 늙은이가 되어 물가와 숲 속에서 나무나 하며 혼자 즐기고 있을 뿐입니다. 이 중에 정성을 들이는 것을 생각으로는 다할 수 없는 점이 있고, 생각이 지극한 것을 언어로는 표현할 수 없는 점이 있기에 종이를 대하니 망연茫然하기만 합니다. 밝게 살펴 주시기 바라며 삼가 사례드립니다.

答尹上舍彦誠書[1]

喧寂異路。會晤無便。無日不馳想。忽擎郤雲。積慮氷釋。蘇之慰之。自不已已。且天奪三柳。何其迅耶。哀痛哀痛。靑松與足下。想已登雲路。何蹶霜蹄。至此晚耶。可愧可愧。然今日之屈。安知後日光大之漸[2]也。天意深遠。非某之所當陳於左右者。如斑豹終不能藏南山之霧。將顯文章。必爲國器。專恃專恃。吁。相阻一紀。人事翻覆。杳如幻夢。存亡榮枯。不可記極。不勝愴然。走學不益進。道不益加。而皤成一叟。水邊林下。樵採自娛耳。此中誠之所加。意有所不能盡。意之所至。言有所不能宣。臨紙茫然。伏惟照下。謹謝。

1) ㉮ 이 글은 갑본·을본·병본·정본에는 없다. 2) ㉮ '漸'은 '慚'으로 되어 있다.(무본·기본·경본·신본) ㉯ 번역은 '慚'을 따랐다.

지헌 참학智軒參學을 대신해서 올린 계문啓文

【이때 태평사太平寺가 난亂이 일어나면서 불에 탔다. 고을 수령이 절을 주관하는 승려 3인을 가두고 형신刑訊하기까지 하였다. 이에 지헌智軒이 두려워하면서 선종禪宗의 서기書記를 구하려 하기 때문이라면서 운운하였으나, 사실은 관화官禍를 면하려고 한 것이었다.】

제자 태평사太平寺 주지의 직임을 맡은 참학參學54 지헌智軒은 그지없이 황공한 심정으로 판선종사判禪宗事 대화상大和尙 대자존大慈尊 합하에게 삼가 아룁니다.

삼가 방장方丈 헌하軒下를 하직한 뒤로 월면月面55은 어떠하신지요. 천만 갈래로 염려가 됩니다. 제자가 자리에서 물러난 것은 그 형세가 마치 강보襁褓에 싸인 어린아이가 자모慈母의 품을 떠난 것과 같으니, 슬피 바라만 볼 뿐 무슨 말을 할 수가 있겠습니까.

어떤 사람은 제자와 자존慈尊의 관계를 가리켜 세제世諦의 은혜라고 칭합니다마는, 이는 제자의 몸을 안다고 할 수는 있어도 제자의 마음을 안다고 할 수는 없을 것입니다. 겁해劫海의 미운迷雲 속에서 심력心力을 들이지 않고도 홀연히 자공自空을 이루었으니, 이것이 자존이 아니면 어떻게 가능하겠으며, 제자가 아니면 누가 이루겠습니까. 자존의 불이不二의 설법과 제자의 불일不一의 문법聞法이야말로 그 가치가 천금千金을 뛰어넘고, 그 귀함이 계보髻寶보다도 중한데, 이 사이의 일은 외인과 더불어 논하기 어려우니, 그 희열하는 마음을 그만두려 해도 그만둘 수가 없습니다.

그렇긴 하지만 옛날에 길 가던 사람은 빗자루를 들고서도 편양鞭羊의 구절을 얻었고, 고당高塘을 한번 지나가면서도 풍아風雅가 있었습니다. 더군다나 한漢나라 광무光武는 나이 39세에 몸을 사문師門에 두고서 거친 곳이 하나가 아니었다고 말하였습니다. 제자의 도량度量이 비록 이에 미치지는 못한다 하더라도, 나이는 그와 같았으므로 구구한 마음으로 삼가 이를 본받고자 하였습니다.

그런데 뜻한 대로 계획을 세우기도 전에 우울하게 다시 영외嶺外의 몸이 된 가운데, 풍진風塵의 도필리刀筆吏로 하여금 문묵文墨을 농락하게 할 줄이야 어찌 생각이나 하였겠습니까. 이것은 제자의 본회本懷가 아니요, 이것은 제자의 본원本願이 아닙니다. 제자의 본회는 불법佛法을 위한 것이요, 제자의 본원은 은혜를 갚기 위한 것입니다.

옛사람이 이르기를, "스승을 아는 이는 제자만 한 이가 없고, 제자를 아는 이는 스승만 한 이가 없다."라고 하였습니다. 삼가 바라건대 대자존 대화상께서는 자비의 마음을 넓고 크게 하시어 제자가 조창槽廠의 임무를 맡도록 명해 주소서. 그러면 비록 옛사람의 본원本原에는 부응하지 못한다 해도, 반드시 잘 호응한다는 것을 확인할 수 있을 것입니다.

이처럼 누누이 아뢰는 것이 번다하게 보일 수도 있겠습니다만, 아무렇게나 말씀드리는 것이 아니고 참된 뜻에서 나온 것이니, 다시 굽어 살펴 주십시오. 2월의 기온이 점점 올라가니, 기거起居에 만복蔓福이 깃드시기를 삼가 축원합니다. 삼가 백배百拜 절하고 글을 올립니다.

代智軒叅學啓【時大[1]平寺亂起。爲火所燒。邑倅囚主寺僧三人。至於形訊。軒問[2]愳。[3] 欲求禪宗書記故云云。然其實要脫其官禍耳。】[4]

弟子大平寺持任叅學智軒。誠惶誠恐。謹啓于判禪宗事大和尙大慈尊閤下。伏辭方丈軒下。月面何若。慮跂千萬。弟子退席。勢同襁褓之子失於慈母之抱。哀望可[5]言。有人指弟子於慈尊。稱世諦之恩也。知弟子之身則可矣。知弟子之心則未也。如劫海迷雲。不勞心力。而忽然自空。則非慈尊則何也。非弟子則誰也。慈尊不二之說。弟子不一之聞。價越千金。貴重髻寶。此中之事。難與外人論之。其欣慰之心。欲罷不已。然古之行人以篆。尙得鞭羊之句。一過高塘者。亦有風雅。而況漢光武有言。年三十九歲。身在師門。所更非一。弟子之量。雖不及之。年與之齊矣。區區之心。竊慕此耳。何圖計志未立。欝欝還爲嶺外之身。適使風塵刀筆[6]之吏。弄其文墨耶。此非弟子之本懷也。此非弟子之本願也。弟子之懷則爲法也。弟子之願則爲恩也。古人云。知師莫若資。知資莫若師。伏惟大慈尊大和尙。廣大慈悲命。弟子倘倭[7]槽廠之任焉。則雖未副古人之原。看喚必善應矣。如此縷疏。雖若繁絮。語非虛騁。出於誠志。更須俯恤。仲春漸暄。伏祝起居蔓福。謹百拜進啓。

---

1) ㉮ '大'는 '太'로 되어 있다.(갑본·을본·병본·정본) 2) ㉮ '問'은 '悶'으로 되어 있다.(갑본·을본·병본·정본) ㉯ 번역은 '悶'을 따랐다. 3) ㉮ '惧'는 '懼'로 되어 있다.(갑본·을본·병본·정본) 4) ㉮ '時大……禍耳'까지 43자는 무본·기본·경본·신본에는 없다. 5) ㉮ '可' 아래에 정본에는 2장이 결락되어 있고, 이 부분은 필사로 되어 있다. 6) ㉮ '筆'은 '筆'로 되어 있다.(갑본·을본·병본) 7) ㉮ '倭'는 '委'로 되어 있다.(갑본·을본·병본) ㉯ 번역은 '委'를 따랐다.

묵년 시자默年侍子에게 부친 글

뜻이 견개狷介함을 숭상하며 다른 사람과 어울리지 않는 것은 소년의 모습이요, 마음이 적요寂寥함을 좋아하며 좋은 벗을 갈망하는 것은 노인의 실상입니다. 20년 전에 알고 지내던 이들이 이미 솔 아래 티끌로 변했으니, 가는 것은 동쪽 바다로 흐르는 물과 같고, 점차 사라지는 것은 쇠잔한 촛불과 같습니다. 오직 남아 있는 것은 나와 존형尊兄과 몇 명의 동년일 뿐이니, 조용히 생각하노라면 흐르는 눈물을 금할 수 없습니다.

그중에 정 공政公이 끊어진 통서統緖를 잇고자 찬 재를 뒤적이며 하나의 불씨를 얻으려고 노력하고 있는데, 늙은 나는 두류頭流에 있고, 노부老父는 밀양密陽에 있고, 은사恩師는 관동關東에 있어서 애타는 정이 갈래가 많으니, 실로 슬픈 일입니다.

그래서 지금 내가 관동으로 들어가서 존형과 함께 늙어 가며 정 공의 근심을 반쯤 풀어 주려고 합니다. 삼가 바라건대 존형께서는 성호聖號를 열심히 염송하여 기필코 극락정토에 들어가도록 하십시오. 정다운 말은 많은 데에 있지 않으니, 이만 줄입니다. 진중珍重하십시오.

寄默年侍[1]

志尙狷介。與人不欵。少年之態也。心甘寂寥。渴思良朋。老人之實也。二十年前相識。已爲松塵。逝者如東流。漸滅如殘燭。惟餘我與尊兄數同年爾。靜言思之。不禁潛然。此中政公。欲尋墜緒。擬撥寒灰。得一星爲期。然老我在頭流。老父在密陽。恩師在關東。情渴多歧。實爲可悲。玆以今我入關東。將欲與尊兄偕老。以解政公之半憂也。伏冀尊兄。勤念聖號。以入白蓮胎爲期。情言不在多。謹此珍重。

---

1) ㉮ 이 글은 갑본·을본·병본·정본에는 없다.

오대산五臺山 일학 장로一學長老에게 부친 글

헤어진 뒤로 도체道體는 어떠합니까. 질병은 없습니까. 마군魔軍의 장난은 없습니까. 화두는 힘을 얻었습니까. 입지立志와 발원發願은 지금도 여일如一합니까. 오탁五濁[56]의 세상 속에서 공公과 같이 기질이 청수清粹하고 지개志概가 예리한 사람은 실로 찾기 힘듭니다. 내가 그래서 애지중지하며 날이 갈수록 더욱 그리워하는 것입니다.

사제의 연분을 맺는 것은 한두 겁劫 정도의 종자種子가 아니요, 아승지겁阿僧祇劫 이전부터 함께 훈습해 왔기 때문임을 잘 알고 있습니다. 정政과 천天 두 사람이 앙모하는 것을 보면 역시 나의 마음과 같은데, 이는 모두 겁해劫海에서 함께 노닌 과거의 훈습 때문이니, 의리상 서로 잊을 수 없는 일입니다.

하지만 공부하는 것은 쉬운 일이 아닙니다. 해마다 참회하고 달마다 참회하고 날마다 참회하고 때마다 참회하며 부지런히 정진해야 할 것이니, 계속 나아가면서 물러서지 않는 것이 장부가 할 일입니다. 모름지기 신심信心은 바다와 같이 하고 지기志氣는 산악과 같이 하여 종전에 배우고 이해한 불견佛見·법견法見과 기언奇言·묘구妙句 등은 일체 거대한 바다 속으로 쓸어버리고서 다시는 거론하지 말 것이요, 8만 4천의 미세한 염두念頭는 앉은 자리에서 끊어 없애 버려야 할 것입니다.

그리고는 다만 하루 24시간 사위의四威儀[57] 안에서 참구參究하는 공안公案을 들되, 언제나 그 공안을 들고 들며 의심하고 의심하는 사이에 심사心思의 길이 끊어지고 의식이 작용하지 않아 잡을 곳도 없고 자미滋味도 없고 더듬을 수도 없는 지경에 이르러야 할 것입니다. 이처럼 가슴속이 답답해질 적에 혹시 공空에 떨어지지나 않을까 걱정할 것은 없으니, 이때가 바로 화두가 힘을 얻는 때요 힘을 더는 때요 생사에서 벗어나는 때인 것입니다.

화두가 환히 밝아져서 들지 않아도 저절로 들게 되고, 의단疑團이 분명히 또렷해져서 의심하지 않아도 저절로 의심되는 때가 있습니다. 이는 바로 세차게 흐르는 여울물 위의 달빛이 부딪쳐도 흩어지지 않고 흔들려도 없어지지 않는 것과 같으며, 또 모기가 무쇠 소의 등 위에 올라타고서 아무리 주둥이로 찌르려 해도 안 되는 것과 같습니다. 이때에 8만 마군魔軍이 죄다 창을 거꾸로 들고 3천 옥졸獄卒이 철차鐵叉를 내려놓게 되는바, 삼세의 제불도 이루 다 찬양하지 못하고 역대의 조사들이 전하려 해도 전하지 못했던 바로 그 일의 당사자가 되는 것입니다.

이러한 때를 당하여 만약 그 당사자가 다른 생각을 일으킨다면 반드시 마경魔境에 빠져서 보리菩提의 종자를 잃게 될 것이니, 어찌 조심하지 않을 수 있으며, 어찌 경계하지 않을 수 있겠습니까. 우리 스님은 법안法眼이 환히 밝으시니, 결단코 이런 경계에 빠지지는 않을 것입니다마는, 철갑 장군이 달리는 말에 채찍을 가한다는 것은 이를 두고 말한 것이니, 외도外道의 무리가 제멋대로 분별하는 것을 본받지도 말고, 한 해나 하루를 의미 없이 보내지도 말고서 광음光陰을 아끼고 아껴야 할 것입니다.

나는 59년 동안의 잘못을 깨닫는 나이[58]를 2년이나 넘겼으나, 쇠하고 병든 것이 해마다 심해지고 달마다 심해지고 날마다 심해지고 때마다 심해지니, 참으로 슬픈 일입니다. 지난번에는 연수延壽의 권유로 남방에 가서 3년 동안 머물렀고, 지금은 또 민사敏師의 초청으로 2월 보름에 남방을 떠나 3월 보름에 불귀사佛歸寺에 들어왔는데, 온갖 병마病魔가 번갈아 침노하는 바람에 침상에 엎드리는 것을 일삼고 있으니, 이를 어찌합니까. 남방이 호호浩浩해서 오래 머무를 형편이 못 됩니다만, 스님은 여기에 체류하는 것이 실로 좋은 계책이 될 것입니다. 나의 행지行止는 역시 이런 정도인데, 스님의 생각은 어떨지 모르겠습니다. 한번 보고 웃어 주시기 바랍니다.

寄五臺山一學長老[1]

別後道體若何。無疾病否。無魔擾否。話頭已得力否。立志發願尙一如否。五濁世中。氣質淸粹。志槩猛利。實如公者希有也。吾以是愛而重之。日愈久而思益深也。固知師資之分。非一二劫種子。乃阿僧祇前所同熏也。政天二師所仰慕。亦如我心。皆同遊刦海之夙習也。義不可相忘也。然工夫不易。須年悔月悔日悔時悔。十分精進。進進不退。丈夫能事也。須須信如海。志如山。將從前所學所解佛見法見奇言妙句。一掃掃向大洋海裏。更莫擧着。把八萬四千微細念頭。一坐坐斷。但向二六時中四威儀內。提起本叅公案。提來提去。疑來疑去。至心思路絕。意識不行。沒巴鼻沒滋味沒模索。肚裏悶時。莫怕落空。此是話頭得力處也。省力處也。放生死處也。話頭明明。不提自提。疑團歷歷。不疑自疑時。正如急水灘頭月。觸不散蕩不失。又如蚊子上鐵牛。下觜不得時。八萬魔軍盡倒戈。三千獄卒放鐵叉。三世諸佛讚不及。歷代祖師傳不得。正是當人。正是當人也。當此時。當人若起他念。則必入魔境。失菩提子。其不可愼乎。其不可驚乎。吾師法眼開明。決乞不涉此境。然鐵甲將軍。走馬加鞭。此之謂也。莫學邪師輩意句商[2]量。亦莫銷了一年好事一日好事也。光陰可惜可惜。我則雖覺五十九年之非。而過二年。然衰病。年深月深日深時深。可悲可悲。向者爲延壽所挽。去住南三年。今亦被敏師之邀。二月望。離南方。三月望。入佛歸寺。百病交攻。以伏枕爲己任。柰何柰何。南方浩浩。勢不可久留。師其滯此。實爲良計也。我之行止。亦如此。師意爲如何耶。惟照一笑。

---

1) [원] 이 글은 갑본·을본·병본·정본에는 없다. 2) [원] '商'은 '商'으로 되어 있다.(무본·기본·경본·신본)

백운白雲과 두류頭流의 법제法弟들에게 양해를 구한 글

　남쪽을 바라보며 몹시도 그리워하던 차에 삼가 여러분의 글을 받고 보니 천지가 망망할 뿐 어떻게 말해야 할지를 모르겠습니다.
　한번 이별 뒤로 천년의 세월이라는 말을 나도 항상 외우고 있고, 사람이 늙으면 죽는다는 사실을 나도 잘 알고 있습니다. 그럼에도 불구하고 영해嶺海의 밖으로 구름처럼 노닐면서 돌아가는 것을 잊었으니, 이는 실로 나의 죄라고 할 것인데, 이 죄는 정업定業에서 나온 것이라서 그저 하늘에 있는 영靈에게 참회할 따름입니다. 지금 여러분이 나를 부르는 것도 늦었고, 내가 남쪽으로 가는 것도 늦었으니, 이미 깨진 시루[59]라고 말할 만합니다. 영구靈柩 밖에서 천 번 제사를 올린들 생전에 한 번 대화를 나눈 것만 하겠습니까.
　그렇긴 하지만 사제師弟 관계는 일기一氣로 이루어졌으니, 하나는 쇠衰하고 하나는 성盛하는 그런 이치는 원래 없는 법입니다. 나는 근년 이래로 쇠하고 병든 것이 달마다 더하고 날마다 더해서 오히려 망사亡師의 걱정을 끼칠까 항상 두려워하였는데, 지금 와서 부음訃音이 먼저 이르렀으니, 머리를 들고 통곡할 따름입니다. 지금 여러 법제法弟들이 성의를 다하고 예법을 다한 것을 알고 보니, 애통한 느낌을 더욱 금할 수 없습니다.
　내가 억지로라도 기어간다면 먹는 밥은 줄어들고 갈 길은 멀어서 필시 목숨을 잃을 것이요, 목숨을 잃지 않는다 하더라도 해를 넘겨야 도달할 수 있을 것인데, 일이 급한 때에 기일을 늦춘다면 모두에게 이익이 없을 것입니다. 이에 지묵紙墨으로 옮겨야 할 허다한 사연들을 모두 삼선三禪의 혀에 맡기기로 하였으니, 여러분이 하나하나 이해해 주면 다행이겠습니다. 한 폭의 글을 쓰노라니 천 줄기 눈물이 흘러서 어떻게 쓸지를 모르겠습니다. 간략히 별지別紙를 첨부하니, 이것도 잘 살펴 주셨으면 합니다. 부디 양해해 주기 바랍니다.

謝白雲頭流諸法弟書[1]

南望戀苦。敬受僉緘。天地茫茫。不知所云。千年一別。某常誦之矣。人老則死。某亦知之矣。而嶺海之外。雲遊忘返。實某之罪也。此罪出於乞業。徒懺於在天之靈而已。今之僉招晚矣。某之向南亦晚矣。可謂已破之甑矣。柩外千奠。不如生前一話。然師資一氣。一衰一盛。固無其理。某自比年來衰病。月增日增。常恐反貽亡師之憂。到此訃音先至。擧頭痛哭而已。今悉僉法弟。盡誠盡禮。哀感無已。某勉强匍匐。則食減程長。命必殞矣。雖不殞矣。直可經年而後達矣。急事緩期。俱無利益。玆以許多紙墨之妙。都付三禪之舌。幸一一僉采。一幅裁書。洒淚千行。罔知所寫。略附別紙幷炤施。謹此謝。[2]

---

1) ㉮ 이 글은 갑본·을본·병본·정본에는 없다. 2) ㉮ '幷炤施謹此謝'는 무본·기본·경본·신본에는 없다.

희 선자熙禪子에게 답한 글

내가 나이 약관弱冠이 넘도록 사방을 유람하지 못한 것을 항상 한스럽게 여겨 왔습니다. 나의 뜻은 산수를 감상하려는 것만이 아니라, 두루 선지식을 찾아뵙고서 심법에 대한 의심을 푸는 것을 나의 소임으로 삼고자 하는 깊은 열망에서였습니다. 더구나 봉래蓬萊 풍악楓嶽은 그 이름이 불전佛典에까지 나오는데야 더 말해 무엇 하겠습니까. 그래서 이곳의 유람을 생각해 온 지 오래되었는데, 인간 세상이 무상하기만 하니 어떻게 또 내년까지 기다리겠습니까.

나의 행장行裝은 지팡이와 신발뿐인데, 그대도 그러합니까. 출발할 날짜는 초가을 보름을 넘기지 않을 것인데, 그대도 그러합니까. 몇 년 동안 뒤로 미룬 것은 오로지 그대 때문인데, 지금 또 중지한다는 것은 절대로 있을 수 없는 일입니다. 남산南山은 옮길 수 있을지언정, 내 마음속의 뜻은 옮길 수 없으니, 이해해 주기 바랍니다.

荅熙禪子書[1)]

吾年過弱冠。未得遊方。是尋常大恨也。吾意不啻玩山水而已。深欲歷叅知識。決疑心法爲己任。又況蓬萊楓嶽出於金典。故送想久矣。乃人世無常。何待明年耶。吾之行裝杖屨爾。君亦如是乎。發足之日。不過初秋望也。君亦如是乎。逡巡數年。專爲君也。而今又止之。甚不可也。南山可移。方寸之志。不可移也。惟恕照。

1) [원] 이 글은 갑본·을본·병본·정본에는 없다.

민 선자敏禪子에게 답한 글

모월 모일에 모某는 아룁니다. 앙망仰望하던 중에 보촉寶燭 한 쌍이 고인故人의 마음속에서 나와 고인의 여행 선물로 부쳐졌습니다. 마음이 이 물건에 있으니, 여행도 이 물건에 있고, 감격도 이 물건에 있습니다.

아, 이 물건은 자기를 먼저 밝히고 나서 타인을 밝혀 주니, 불가佛家의 분신공양焚身供養하는 보살이요, 유가儒家의 살신성인殺身成仁하는 군자라고 말할 만합니다. 그러고 보면 행리行李를 보태 주는 물건이 될 뿐만 아니라, 실로 어두운 방에서 자기를 속이지 않는 대법大法이 된다고 할 것이니, 더더욱 감사할 일입니다.

내가 이미 여행을 떠나 중로中路의 행색行色이 총총悤悤한 만큼 다시 만나 작별할 수도 없는 입장인데, 지금 이후로 몇 겹의 구름과 물에 서로 막히게 되는지요. 두류산頭流山을 돌아보면 우리 스님과의 추억이 많기도 한데, 또 어느 날에나 다시 만나게 될지 모르겠습니다. 모쪼록 진중하십시오. 이만 줄이며 삼가 사례 드립니다.

答敏禪子書

月日某白。瞻望之中。寶燭一雙。出於故人之心。寄於故人之行。心也此物也。行也亦此物也。感亦此物也。吁。此物也。先明自己。後明他人。可謂佛家之焚身菩薩。儒家殺身君子也。然則非徒行李之助物。實爲不欺闇室之大法也。尤可謝焉。吾行已發。中路行色悤悤。更不得面別。自此隔幾重雲水耶。回望頭流。則爲吾師多有憶也。又更會不知何日。珍重珍重。只此謹謝。[1]

---

1) ㉘ '只此謹謝'는 무본·기본·경본·신본에는 없다.

퇴계 상국退溪相國에게 올린 글

모월 모일에 모는 삼가 두 번 절하고 퇴계 상국退溪相國 합하에게 글을 올립니다. 모는 항상 합하의 청녕淸寧하신 높은 품격을 노산魯山[60]과 태화太華[61]에 비기면서 망매望梅[62] 경규傾葵[63]의 정성을 하루도 열심히 바치지 않은 적이 없습니다. 그런데 홀연히 친필親筆의 보축寶軸 한 폭幅을 받고 보니 마치 계주髻珠[64]를 얻은 것과 같아서 그지없이 감사하고 그지없이 떠받들며 선방禪房에 걸어 놓고 길이 감상하려 합니다.

또 더군다나 집자集字와 단장短章이 자획字畫만 단정할 뿐 아니라 의사가 향량響亮하여 후학에게 용심用心의 규범을 보여 주셨는 데야 더 말해 무엇 하겠습니까. 더더욱 감사할 따름입니다. 삼가 살펴 주시기 바라며, 월 일에 모는 삼가 아룁니다.

上退溪相國書[1)]

月日某謹再拜。上書于退溪相國閤下。某常以閤下淸寧高格。擬爲魯山太華。而望梅傾葵。無日不勤。忽承令筆寶軸一幅。如得髻珠。感謝無已。頂戴無已。巾𢄔禪房。永以爲玩。又矧集字短章。非徒字畫端正。意思響亮。以開後學用心之規法。尤感尤謝。伏惟鈞鑑。月日某謹達。[2)]

---

1) [원] 이 글은 갑본·을본·병본·정본에는 없다. 2) [원] '月日某謹達'은 무본·기본·경본·신본에는 없다.

남명 처사南冥處士에게 올린 글

 모월 모일에 모는 아룁니다. 강가의 정자에서 한번 헤어진 뒤로, 다섯 번이나 반딧불이 나는 것을 보면서 풍도風度를 우러러보며 갈증을 느끼는 심정을 참으로 그만둘 수 없었습니다.
 모는 멀리 은혜의 빛을 입고서 옛날 그대로 변함없이 산골짜기를 지키고 있을 뿐입니다. 지금 집자集字한 보축寶軸과 친필親筆의 단장短章 한 폭幅을 받아들건대, 글씨가 건실하고 뜻이 맑아서 후인의 심목心目을 열어 줄 만하니, 더욱 감사합니다.
 운연雲煙이 아득하니, 어느 날에 다시 처사님을 찾아뵙고 가르침을 들으며 뼛속까지 깨끗이 씻어낼 수 있을지 모르겠습니다. 사람의 일이 곧잘 어그러지곤 하니 처연한 심정을 금할 수 없습니다. 부디 양해하시기 바랍니다. 월 일에 모는 재삼 마음을 가다듬고 거듭 머리를 조아리며 슬픈 마음으로 글을 올립니다.

上南冥處士書[1]

月日某白。一別江亭。五見飛螢。望風懷渴。良不自己。某遠借恩光。依舊守壑而已。今承集字寶軸與親筆短章一幅。字徤[2]意淸。可啓後人之心目。尤感尤感。雲烟杳杳。不知何日更扣脩剡。以聽風語而洗髓耶。人事喜乖。不勝悽然。伏惟領可。月日某三熏心。九頓首哀草。[3]

---

1) ㉾ 이 글은 갑본·을본·병본·정본에는 없다. 2) ㉾ '徤'은 '健'으로 되어 있다.(무본·기본·경본·신본) ㉾ 번역은 '健'을 따랐다. 3) ㉾ '哀草'는 무본·기본·경본·신본에는 없다.

정 옥계鄭玉溪에게 올린 글

　모인某人이 오는 편에 기거起居가 만복萬福하심을 삼가 전해 들었습니다. 그런데 유영柳營의 변變이 조금 있었다고 하기에 기쁨과 걱정이 교차하면서 조석朝夕으로 잊지 못하고 있는데, 지금은 상황이 어떠합니까. 좌우의 곁을 떠나온 지 거의 10년이 되어 가는데, 바람을 맞고 달을 보면서 애오라지 자신을 위로할 따름입니다. 또 들건대 합하께서 망사亡師를 위해 많이 부의賻儀로 도와주시어 후장厚葬하게 하셨다 하니, 너무도 감사하여 망극할 따름입니다.

　모某는 양종兩宗 판사判事를 맡고 있을 적에 윤 판서尹判書 춘년春年과 허물없이 지내는 친분을 맺고서 귀천을 서로 잊은 지 오래되었습니다. 정사년(1557, 명종 12) 봄에 그는 『화엄경華嚴經』을 나에게 빌리고 나는 『두시杜詩』를 그에게 빌려 서로 바꿔 보다가 3년 뒤에는 돌려주기로 약속하였습니다. 그 뒤에 나는 두류산頭流山으로 들어가고 그는 성시城市에 있어서 소식을 알 수 없었는데, 홀연히 유명幽明을 달리하여 약속을 어기게 되었으니, 참으로 애통한 일입니다.

　그런데 지금 윤상尹相의 두 아들이 나에게 『두시』의 반환을 간절히 청하고 있으니, 이를 어찌합니까. 들건대 그 『두시』를 합하의 아드님이 빌려 보고 있다 하는데, 사실 여부는 잘 모르겠습니다만, 만약 그 말이 사실이라면 그 책을 보내도록 명하여 빨리 주인에게 돌려보내 주시면 매우 다행이겠습니다.

　모는 수염과 머리털이 모두 흰 눈처럼 변하고 마음과 뜻도 식은 재처럼 변했습니다. 그래서 불서佛書도 이미 안전眼前의 진토塵土가 되었는데, 하물며 풍소風騷[65]와 같은 외가外家의 글에 뜻을 두겠습니까. 너무도 그리운 많은 사연을 지묵紙墨으로 다 옮길 수 없기에 이만 줄입니다. 삼가 양찰해 주시기를 바라며 절하고 글을 올립니다. 그리고 이와 함께 합하의 아드님이 빨리 청운靑雲의 길에 올라 문정門庭을 빛내기를 밤낮으로 축원합니다.

上鄭玉溪書[1)]

某人之來。伏悉起居蔓福。少有柳營之變。喜憂交騈。不忘朝夕。即今尊況若何。踈闊左右。幾至十年。臨風見月。聊以自慰而已。又聞閤下爲亡師。多助賻儀。俾之厚葬云。感感謝謝。罔極罔極。某在宗之日。與尹判書春年。少有開手之分。相忘貴賤者久矣。丁巳春。彼借華嚴。我借杜詩。易地相看。限三年相還之約。厥後我入頭流。彼在城市。音問漠然。幽冥忽隔負約。哀痛哀痛。今尹相有二郎。索杜詩於我。懃懃懇懇。柰何奈何。聞其杜詩。貴胤借覽云。未知可否。然則命送急還其主。幸幸。某鬚鬢都雪。心志亦灰。佛書已作眼塵。況有意於風騷外記耶。許多相思之苦。非紙墨能窮只此。伏惟尊恕。謹此拜上。追恐貴胤。速登雲路。顯達門庭。日夜伏祝。

---

1) [원] 이 글은 갑본·을본·병본·정본에는 없다.

사형師兄에게 답한 글

하루하루 시간이 흘러갈수록 사형을 생각하는 마음이 하늘과 땅을 가득 채웁니다. 눈물을 거듭 흘리면서 남쪽을 바라보는 심정이 어찌 끝이 있겠습니까.

문을 두드리며 찾아와 옥서玉書를 준 사람은 바로 사형이 보낸 사람이었습니다. 우러러 받들고 펼쳐 보니, 비록 친필은 아니었지만 춤을 추고 싶을 만큼 너무도 반가웠습니다. 이제는 평일에 생각하던 마음을 조금 덜게 되었으니, 그 기쁨을 가누지 못하겠습니다.

그러나 직접 뵙고서 그동안의 소식을 유쾌하게 이야기하며 여러 해 동안 쌓인 회포를 푸는 것만 하겠습니까. 이것은 속마음에서 나온 것이지 겉으로 꾸민 것이 아닙니다. 삼가 살펴 주시기 바랍니다.

荅師兄書[1]

送日彌久。憶師之心。盈天塞地。潛然反覆。南望何極。剝啄一聲。呈玉書者。乃君子之使人也。仰擎披閱。雖非親筆。蘇可足蹈。從此減平日之憶心也。喜不自己。[2] 然不如目擊快說筒[3]中消息。兼陳積年阻懷已。此出於中情。非外飾也。伏惟尊恕。

1) ঺ 이 글은 갑본·을본·병본·정본에는 없다. 2) ঺ '己'는 '已'의 오자인 듯하다.
3) ঺ '筒'은 '箇'로 되어 있다.(무본·기본·경본·신본) ঺ 번역은 '箇'를 따랐다.

주 산인珠山人에게 부친 글

간절히 그리워하던 차에 보낸 글을 받아 보니 애타는 마음이 조금 누그러지네. 수 공壽公이 동쪽으로 갈 때에도 후대해서 보낸 것을 알고는 위로가 되네.

나는 연래年來에 몸이 쇠하면서 병도 함께 깊어져 죽음과 삶이 서로 이웃하고 있네. 비록 돌아갈 마음을 자주 보내온들 갈 수 없는데 어찌하겠는가. 좌우에 있는 사람이 풍악楓嶽은 번거롭다는 이유로 또 만류하고 있으니, 행리行李를 결단하는 것이 그다지 쉽지 않은 줄을 잘 알겠네.

그런데 언화彦和는 어째서 한번 오지 않는 것인지 매우 괴이하게 여겨지네. 공이 언화와 상의해서 소식을 자주 통하게 하면 정말 좋겠네. 제산諸山의 학자가 어찌 광채가 없겠는가. 이번 가을에 가서 공부를 시험해 보고도 싶지만, 역시 산중山中의 청에 이끌리다 보니 해마다 달마다 이 모양일세. 이만 줄이네.

寄珠山人[1)]

戀極見書。稍弛懸懸。壽公之東。亦見知其厚送慰慰。我年來衰病俱深。死生相鄰。雖數送歸心。其如不能行何也。左右之人。以楓嶽之煩亦止之。行李之決然。固知甚不易也。然彦和何不一來耶。多怪多怪。公須與和同議。頻通音信至佳。諸山學者。豈無光彩。今秋欲往功計。然亦牽山中之請。年年月月。如是尔。只此。

---

1) ㉮ 이 글은 갑본·을본·병본·정본에는 없다.

선자禪子를 부른 글

노부가 달 아래 지팡이를 짚고서 자주 제 그림자를 돌아보다가 또 가끔 남쪽 하늘을 바라본다만 변방의 기러기 소리는 차마 듣지 못하겠다.

招禪子[1)]

老夫月下杖藜。頻頻顧影而已。時復向南。落鴈邊聲。不堪聞也。

---
1) ㉔ '子' 아래 '二' 자가 있다.(갑본·을본·병본·정본)

또

귀뚜라미 소리에 꿈을 깨고 보니, 1만 겹 산속에 누워 있는 이 몸. 아, 이를 어찌할거나.

又[1]

蛩邊夢破。身臥萬疊山中。奈何奈何。[2]

---

1) ㉘ '又'는 갑본·을본·병본·정본·무본·기본·경본·신본에는 없다. 2) ㉘ '奈何'는 갑본·을본·병본·정본에는 없다.

이환 선자離幻禪子에게 답한 글

시호市虎[66]와 군봉裙蜂[67]은 원래 그런 법이다. 허다한 풍설風舌을 결코 가슴에 담아 두지 말라.

答離幻禪子書
市虎裙蜂。理固然也。許多風舌。千萬勿懷。

인오 선자印悟禪子에게 답한 글

등화燈花[68]와 까치 소리에 헛되이 점친 때가 많았다. 똑똑 문을 두드리며 어느 날에나 찾아올지 모르겠다.

荅印悟禪子書
燈花喜鵲。虛卜多時。剝啄扣門。不知何日。

두류자頭流子에게 답한 글

학이 춤추고 용이 잠들려면 반드시 산과 바다를 얻어야만 하니, 그런 뒤에야 뜻대로 자재自在하는 법일세. 나도 멀리 금선金仙(불타)을 생각하며 목을 빼고 서산西山을 바라보면서 봄바람 속에 지팡이를 높이 떨쳐 천 리 길을 결행決行할 것이니, 혹 한가한 시간이 나거든 찾아와 주기 바라네.

장부는 만세萬世를 논하지 일생은 논하지 않는다네. 뜻이 있으면 기氣도 따르는 법이요, 기氣가 있으면 천지 귀신도 따르는 법일세. 그래서 천지도 필부의 마음을 빼앗지 못한다고 말하는 것일세. 차라리 죽을지언정 마음공부는 기어코 칠통漆桶을 깨뜨려야 하네.

答頭流子

鶴舞龍眠。必得山海。然後隨意自在。余亦當遐想金仙。引頸西山。高拂春風之杖。決之千里之行。倘得淸閑。願垂相訪。丈夫論萬世。不論一生。志之所在。氣亦隨之。氣之所在。天地鬼神亦隨之。故云天地不能奪匹夫之心此也。寧死。心上工夫以打破漆桶爲期。

멀리 노 찰방盧察訪의 영궤靈几에 제사한 글

모某가 그리워하며 10년이 흘렀는데, 홀연히 유명幽明을 달리하니, 구천九天이 망망하고 구원九原이 막막합니다. 평생토록 다시 볼 수 없겠기에 흰 구름 가에 눈물을 뿌립니다. 아, 슬프다. 흠향하소서.

遠奠盧察訪靈几文[1]

某相思十年。幽明忽[2]隔。九天茫茫。九原漠漠。平生無復見。彈淚白雲邊。嗚[3]呼痛哉。伏惟尙享。

---

1) ㉢ 이 글은 무본·기본·경본·신본에는 없다.　2) ㉢ '忽'은 '倐'로 되어 있다.(을본·정본)　3) ㉢ '嗚'은 '鳴'로 되어 있다.(갑본·을본·병본·정본) ㉠ 번역은 '嗚'를 따랐다.

옥계玉溪에게 답한 글

 가을장마가 아직 심한 이때, 죽음과 삶이 서로 이웃해 있던 차에 홀연히 보내 주신 선물을 받고서 목숨이 보전되고 몸이 완전해졌으니, 너무도 감사할 따름입니다. 다만 나물에 흰 쌀밥이 더해지고, 칡베에 가벼운 가죽옷이 더해져서 청복淸福을 손해 보지나 않을까 두렵기도 합니다. 껄껄껄.
 본래 남방으로 가려고 했던 것은 같은 침상에서 얘기를 나누며 속마음을 토로해 보려는 간절한 뜻에서였는데, 지금 그만 이렇게 되고 말았습니다. 사람의 일이 잘도 어그러지니, 운명인걸 어떻게 하겠습니까.
 금년은 곡식이 익지 않아서 너무도 심하게 흉년이 들었다고 하니, 산인山人이 족하足下를 생각하는 근심이 또한 적지 않습니다. 끝으로 종이를 대하니 망연할 뿐 글은 말을 다하지 못하고 말은 뜻을 다하지 못하기에 이만 줄입니다.

答玉溪書

秋霖尙酷。死生相鄰。忽蒙尊賜。命全身完。感拜感拜。但蔬添玉食。葛添輕裘。恐必折福。呵呵。圖南本意。切欲會話同床。傾瀉肝膽。今乃至此。人事好乖。天也柰何。今年不熟。凶荒太甚云。山人爲足下。愁亦不少。餘臨紙茫然。書不盡言。言不盡意。只此。

---
1) ㉰ 이 글은 갑본·을본·병본·정본에는 없다.

신 도우信道友에게 답한 글

　전일에 총총히 떠난 것에 대해서 공은 부디 괴이하게 생각하지 마시게. 담장 밑에서 정담情談을 나누지 못한 것은 단지 틈 사이에 숨어서 대화를 기록하는 땅강아지가 두려웠기 때문이요, 물가에 오래 앉아 있지 못한 것은 입에 모래를 물고서 그림자를 쏘는 물여우[69]가 무서웠기 때문일세. 이것이 내가 아무 말 없이 급히 떠났던 이유이니, 이해해 주면 다행이겠네.

答信道友書

前日匆匆。公須莫恠。墻下不得情談者。只恐伏隙而錄語之螻也。水邊不得坐久者。亦恐含沙而射影之蟲[1]也。此吾所以忙忙默默者也。幸恕之。

---

1) 역 '蟲'은 '蜮'의 오자인 듯하다.

이암頤庵에게 올린 글

요즈음 영체令體는 어떠하십니까. 일찍이 듣건대 만 리 멀리 떨어진 풍사風沙 지역의 한恨이나 지척에 있는 장문궁長門宮 안의 시름이나 실의失意의 면에서는 똑같다고 하였는데, 지금 역시 멀리 서쪽에 있을 때나 가까이 동쪽에 있을 때나 갈수록 소활疏闊해지면서 연고戀苦하는 면에서는 똑같다고 하겠습니다. 이것이 하늘의 뜻이라면 또 어떻게 하겠습니까. 비록 뒷날의 기약이 있다 하더라도, 하늘의 뜻이 또 어떠할지 알 수가 없습니다. 망망한 심서心緖를 모두 돌아가는 선자禪子의 혀에 부쳤으니, 삼가 너그럽게 채납採納해 주시기를 바라면서 영체令體 만안萬安하시기를 축원하는 바입니다.

上頤庵書[1]

近日令體若何。曾聞風沙萬里恨。咫尺長門愁。失意則同也。今亦遠西近東。益增踈闊。戀苦則均也。天也奈何。天也奈何。雖有後期。更不知天意又如何。茫茫心緖。都付歸禪之舌。伏惟垂仁采納。因祝令體萬安。

---

1) ㉮ 이 글은 갑본·을본·병본·정본에는 없다.

박 학관朴學官에게 답한 글

 주신 글을 받고서 존의尊意를 알게 되어 다행입니다. 나는 몸에서 개미를 꼬는 비린내가 나니 어찌 부끄럽지 않겠습니까. 멀리 서산西山으로 들어가서 종신토록 자취를 없애고 싶은 생각이 들기도 하고, 또 한편으로는 좌우께서 소리 없이 육침陸沈[70]하시는 것이 부럽기도 합니다. 하지만 통달한 인사人士라면 성시城市와 임천林泉을 굳이 따지겠습니까. 앞서 한 말은 농담입니다. 하늘과 땅처럼 처한 곳이 다르다고 하더라도, 모쪼록 도道를 지키며 몸을 보중保重하십시오. 이만 줄이며 삼가 절하고 답변을 올립니다.

 도가道家의 오상아吾喪我는 단지 무아無我 속에 또 다른 무엇이 없다는 한 면만을 말했으니, 이는 그 비非를 배격한 것으로서, 비록 공적한 체體는 있어도 자성의 영지靈知의 용用은 빠뜨렸다고 할 것입니다. 반면에 선가禪家의 "거불시아 아금시거渠不是我 我今是渠"는 무아 속에 참으로 유아有我한 양면을 말했으니, 이는 그 시是를 드러낸 것으로서, 공적한 체 위에 영지靈知의 용이 있음을 밝힌 것입니다. 그러므로 "무심이 도道라고 말하지 말라. 무심에도 한 겹의 관문이 가로놓여 있다."라고 한 것인데, 이는 모두 이런 점을 지적한 것입니다.

 지금 『장자구의莊子口義』에서 인증引證한 것은 단지 '거불시아'의 어세語勢가 대략 같은 점을 취한 것일 뿐입니다. 그래서 임씨林氏가 "이와 같은 맥락이다.(此等關竅)"라는 글자로 말구末句를 맺은 것입니다.[71] 좌우께서 만약 하나의 척안隻眼을 지니지 않았더라면 이 동이同異의 묘妙를 분변하지 못했을 것인데, 이러한 도안道眼을 지니고 계시니, 좌우를 위해 거듭 축하하여 마지않습니다.

 대저 제자諸子가 무심을 말하기도 하고 자연을 말하기도 하며, 나아가서는 성性을 말하기도 하고 이理를 말하기도 하고, 도道를 말하기도 하고 심심을 말하기도 하는데, 이렇게 말하는 것들은 모두 일단一段의 사어死語일 뿐입니다. 선가禪家는 이와 달리 수시垂示하는 일구一句마다 모두 심心과 성性, 도道와 이理, 체體와 용用, 범凡과 성聖을 모두 갖추고 있어 원융무애圓融無碍하며 일시에 전후가 없이 문자를 여의었기 때문에 부사의한 활구活句라고 말하는 것입니다.

일구一句라고 하는 것은 사람들에게 현전하는 일념을 말하는데, 일념은 곧 우리 본각本覺의 진심인 것입니다. 지금 이와 같은 활구【가령 구자불성狗子佛性이나 정전백수자庭前柏樹子 등의 화두 같은 것】를 참구하는 자가 이로理路도 없고 의로義路도 없고 모색할 수도 없는 속에서 공부를 하여 칠통을 깨뜨리면 천 가지 만 가지 의심이 일시에 해결된다고 하는 것도 모두 이런 이유에서입니다.

사구死句와 활구가 이처럼 분명한데, 좌우의 생각은 어떠하십니까. 이 글을 한번 보고 나서는 바로 불태우시는 것이 좋겠습니다. 나머지는 누누이 다 말씀드리지 못합니다.【궁통窮通의 2운韻은 배휴裵休의 시인데, 황벽黃檗이 재삼 차운하며 이러이러하게 고쳤습니다.】

答朴學官書[1)]

承悉尊意。慰慰。走身有引蟻之腥。豈無椒然。當欲遠入西山。泯迹終身爲意。却羨左右陸沉銷聲也。然通人達士。則何論城市林泉耶。前言戲之耳。霄壤雖云異處。冀須守道珍重。不宣謹拜復。

道家吾喪我者。單言無我中又無物。此遣其非也。雖存空寂之體。而闕自性靈知之用也。禪家渠不是我。我今是渠者。雙明無我中眞有我。此現其是也。空寂體上。亦不昧靈知之用也。故曰莫言無心云是道。無心猶隔一重關者。皆指此也。今口義引證者。只以渠不是我。取其語勢大同而已。故林氏以此等關竅字。末句結之。左右若無一隻眼。則不能辨此同異之妙也。如許道眼。爲左右。深賀深賀。大抵諸子。或言無心。或言自然。至於或言性。

或言理。或言道。或言心云云者。皆一段死語也。禪家異於是。凡所示一句。皆具心也。性也。道也。理也。體也。用也。凡也。聖也。圓融無碍。一時無前後。離文離字。故曰不思議活句也。云一句者。人人現前一念也。一念者。我本覺眞心也。今叅如是活句者。【如狗子佛性栢樹子等話。】沒理路沒義路無摸摖上用工。疑破漆桶。則千疑萬疑。一時破也云云。皆以此也。死活之句。如是分明。左右意如何。幸一覽付丙丁爲佳。餘不縷羅。【窮通二韻。裵休詩。黃檗再三次之。如是如是易之。】

1) [원] 이 글은 갑본·을본·병본·정본에는 없다.

박 수재朴秀才에게 답한 글

글을 받고 반가웠습니다. 보여 주신 고시古詩 2수에 대해서는 각 구절 아래에 각주를 달았으니 한번 웃어 주시면 좋겠습니다.

거울 속의 만상은 원래 참이 아니요　　　　　　　鏡中萬像元非實
　【헛것을 보지 마시기를. 莫眼花】
마음 위의 한 점이 바로 참일세.　　　　　　　　心上些兒却是眞
　【그래도 조금 낫구먼. 猶較些子】
부디 여기에 나아가 일관72의 뜻을 밝힐지니　　　須就這些明一貫
　【밤 가시를 집어 삼켜야지. 吞下栗棘】
형체와 그림자 가지고 정신을 희롱 말도록.　　　莫將形影弄精神
　【헛것을 보지 마시라. 莫眼花】

학문은 원개元凱73와 같아야 비로소 벽을 이루고　學如元凱方成癖
　【반절은 구제받았구먼. 救得一半】
문장이 상여相如74와 같으면 도리어 광대 비슷하리.　文似相如返類俳
　【열병에 땀을 내는구나. 熱病得汗】
공문에 홀로 서서 하나의 일도 없으니　　　　　獨立孔門無一事
　【눈은 가로 째지고 코는 바로 섰군. 眼橫鼻直】
안자가 심재75를 얻은 것보다 못하도다.　　　　只輸顔子得心齋
　【다시 30년쯤 공부해야 할걸. 更疑三十年始得】

공이 편지에서 "앞의 시는 반은 알겠고 반은 모르겠다. 또 사아些兒라는 두 글자는 더욱 모르겠다. 제발 가르쳐 달라. 운운." 하였습니다. 산인山人이 질문을 받고 답변을 하지 않을 수 없기에 각 구절 옆에 각주를 붙였으니, 모쪼록 자세히 살펴보고 허술히 넘기지 마십시오.

사아些兒라는 두 글자는 마음과 언어의 발단으로서, 자심自心상의 적寂과 지知라는 두 글자의 뜻을 가리킵니다. 격치格致 충서忠恕와 성誠·경敬의 뜻이 상장上章의 제3구에 갖추어져 있으니, 또 소를 타고서 소를 다시 찾는 일을 하지 마십시오. 인간 세상에서 양생養生하는 묘법이 하장下章의 제4구에 역시 갖추어져 있습니다. 인아人我를 잊고 시비를 잊은 채 텅 빈 마음으로 외물外物에 응하는 것이 마치 손바닥 위에 밝은 구슬이 있는 것과 같은데, 공은 이 뜻을 아십니까. 단지 그 뜻을 얻어 들으려고는 하지 않고 그 글자만을 묻는다면, 산인을 업신여기는 것이 아니겠습니까.

또 편지 속에서 "만약 여래의 경지에 들어가지 못했다면 학자를 가르쳐서는 안 된다."라고 하였는데, 이 말은 더욱 가소롭습니다. 세상 사람은 공부자孔夫子를 만나야만 모두 배울 수 있는 것입니까. 세상에 공부자가 없는데, 공은 어디에서 심재心齋의 구절을 배웠습니까.

배우기를 싫어하지 않는 것이 지智이고, 가르치기를 게을리 하지 않는 것이 인仁이라고 하였으며,[76] 또 먼저 깨달은 사람이 늦게 깨닫는 자를 깨닫게 한다고 하였는데,[77] 이 모두가 유가儒家의 말들입니다. 후학이 반드시 태어나면서부터 모두 알 수는 없는 까닭에 천 리 길을 멀다 하지 않고서 스승을 찾아가 눈밭에 서 있기도 하고[78] 눈물을 흘리며 슬피 울기도 하는 것인데, 이런 때에 도道를 지닌 군자라면 차마 입을 다물고 혀를 묶어 둘 수는 없는 일입니다.

이를 비유컨대 어두운 곳에 보배가 있어도 등불이 없으면 볼 수 없는 것과 같으니, 대도大道를 일러 주는 사람이 없으면 비록 지혜가 있어도 알 수가 없는 것입니다. 이것은 무슨 뜻이겠습니까. 밝은 스승이 집에 있는 것은 밝은 거울이 대臺에 있는 것과 같습니다. 호인胡人과 한인漢人 자신의 모습이 그대로 비치는 가운데, 빈 몸으로 찾아왔다가 가득 채워 돌아가면서[79] 혼자 기뻐하고 슬퍼하는 것이니, 그것이 나와 무슨 상관이 있겠습니까. 마치 하나의 등불의 빛이 백 개 천 개의 등불에 전해지는 것과 같습니다.

대저 그 사람을 안 뒤에 그 사람에 대해서 논할 수 있는 것이니, 사람들의 말만 듣고서 함부로 평가해서는 안 될 것입니다. 공은 모쪼록 경솔하게 발언하지도 말고 자만하지도 마십시오. 그리고 자주 수암守庵의 문을 두드려 마음을 추스르는 방법을 배우고, 그 묘결妙訣을 얻어서 문 안으로 들어가도록 하십시오. 수암 그분은 도를 지키는 선생이십니다. 눈의 백태白苔를 긁어내는 훌륭한 솜씨를 지닌 분이니, 또한 보통으로 허술하게 간주하지 마십시오. 껄껄껄. 허물없이 지내는 친분이 조금 있기에 나도 모르는 사이에 멋대로 붓을 휘둘러 이처럼 별의별 소리를 다했습니다. 이 점도 이해해 주시기를.

答朴秀才書[1]

承書慰慰。所示古詩二首。各句下注脚。幸一笑爲妙。

鏡中萬像元非實。【莫眼花。】心上些兒却是眞。【猶較些子。】須就這些明一貫。【吞下栗棘。】莫將形影弄精神。【莫眼花。】

學如元凱方成癖。【救得一半。】文似相如返類俳。[2]【熱病得汗。】獨立孔門無一事。【眼橫鼻直。】只輸顏子得心齋。【更疑三十年始得。】

公之書中曰。右詩半知半不知。且些兒二字尤不知。乞須示破云云。山人有問。不可不答。各句側脚。須子細看過。愼莫草草。些兒二字。心之發。語之端。指自心上寂知二字義也。格致忠恕。誠也敬也。上章第三句其焉。又莫騎牛更覓牛也。人世養生之妙。下章第四句亦備焉。忘人忘我。忘是忘非。虛而應物。若明珠之在掌上也。公其知此意耶。但不聞其義。而問其字。無乃蔑山人耶。又書中云。若不入如來地。不可訓學者。此語尤可笑也。世人得孔夫子然後。皆可學乎。世無夫子。公何處學心齋之句乎。一曰學不厭智也。敎不倦仁也。又曰以先覺覺後覺。此皆渠[3]家之語也。後學必無生知之理。不遠千里。尋師立雪。或雨淚悲泣者有之。若有道君子。則不忍緘口結舌也。譬如暗中寶。無燈不可見也。大道無人說。雖慧莫能知。是何意也。明師在堂。如明鏡當臺。胡漢自現。虛而來實而徃。自欣自悲。何預於我也。如一燈傳百千燈也。大抵知其人然後。議其人也。不可以聞人言而取人也。公須勿發輕言。勿以自慢。頻扣守庵之門。乞受攝心之方。以得妙爲入門也。守庵渠家。守道先生也。深有刮眼底手段。亦莫尋常草草看。呵呵。少有開手之分。故不覺信筆。如許縷縷。亦恕之。

1) ㉮ 이 글은 갑본·을본·병본·정본에는 없다. 2) ㉯ '徘'는 '俳'의 오자인 듯하다.
3) ㉮ '渠'는 '儒'로 되어 있다.(무본·기본·경본·신본) ㉯ 번역은 '儒'를 따랐다.

양 창해楊滄海에게 답한 글

보내 주신 포목布木을 물표物標의 수량대로 잘 받았습니다. 정말 감사합니다.

말씀하신 은산비隱山碑는 경신년(1560, 명종 15)과 신유년 사이에 백운산白雲山의 승려가 인쇄해서 나에게 선물로 준 것입니다. 내가 그 속에 비밀스러운 참설讖說이 있다는 말을 예전에 들었으므로 설레는 마음으로 읽어 보았습니다만, 도선道詵의 행적은 전혀 없고 참설도 없었으며, 단지 동국東國의 지맥地脈과 비보裨補[80]를 설치하는 일을 설했을 뿐입니다. 그 내용을 대략 적어서 보내 드립니다. 지금 인쇄해서 보내 드리고 싶습니다마는, 이 산은 운무雲霧가 항상 자욱하게 끼고 궂은비가 구질구질 내리며 멈추지 않아서 인쇄할 수가 없으니, 맑은 가을날이 되기를 기다려야만 인쇄가 가능할 것입니다. 그러나 뒷날 이 비문碑文을 보시더라도, 그 문의文義는 또한 이에 지나지 않을 것입니다.

또 참서讖書 수십 언言과 관련하여 잡인雜人이 전하기를, "백운산白雲山 서쪽 기슭 아래에 비석이 묻혀 있는데 그것을 본 사람이 없다."라고 합니다만, 이것 역시 길거리에 돌아다니는 뜬소문으로서 믿을 것이 못 됩니다. 또 전하기를, "묻혀 있는 비석에 '진辰과 술戌의 해에 난리가 일어나서 오午와 미未의 해에 그친다'라고 되어 있고, 또 '자子와 축丑의 해에 흥하고 인寅과 묘卯의 해에 망한다'라고 되어 있다."라고 합니다만, 이것은 더더욱 웃기는 이야기입니다. 도선 이후로 몇 번이나 진과 술의 해가 지나갔으며, 몇 번이나 자와 축의 해가 지나갔습니까. 이것은 맹랑한 이야기이니, 식견이 있는 군자라면 취해서는 안 될 것입니다.

대저 흥망성쇠는 천지의 도수度數와 관련된 것입니다. 도道가 있는 사람이 흉중에 각기 일단一段의 귀감을 지니고서 천문과 지리를 관찰하며 그때의 풍조를 살핀다면, 그 조짐을 거의 알 수 있을 것이니, 바깥 물의物

議는 절대로 취하지 않는 것이 좋겠습니다.

　당唐나라 일행 선사一行禪師가 일찍이 말하기를, "골짜기 물이 역류하면 나의 도를 전할 자가 찾아올 것이다."라고 하였으므로, 문인門人이 그 말을 기억하였습니다. 어느 날 문인이 달려와 보고하기를, "오늘 골짜기 물이 역류하였습니다."라고 하였으므로, 일행이 그 말을 듣고는 즉시 위의를 갖추고 문 밖으로 나가니, 우리나라의 도선이 홀연히 와서 참례하는 것이었습니다. 일행이 "오랫동안 기다렸는데, 왜 이렇게 늦게 왔는가?"라고 하고는 크게 기뻐하며 곧장 맞아들였습니다. 몇 달 동안 머물면서 도선이 그 술법을 모두 터득하고 작별을 고하자, 일행이 전별餞別하며 이르기를, "나의 법이 동쪽으로 가니, 진중하고 진중하라."라고 하고는, 한 봉封의 단서丹書를 건네면서 훈계하기를, "모쪼록 빨리 열어 보지 말고, 왕씨王氏의 집에 맡겨 두었다가 7년이 지난 뒤에 열어 보도록 하라."라고 하였습니다.

　도선이 그 훈계를 받들고 송도松都에 이르러 왕륭王隆의 집에 유숙留宿하며 천문을 우러러 살피고 지리를 굽어 살피다가 탄식하기를, "내년에 반드시 귀한 아들을 낳아 도탄塗炭의 고통에서 백성들을 구할 것이다."라고 하였습니다. 왕륭이 이 말을 듣고는 신발을 거꾸로 신고 나왔는데, 이듬해에 과연 왕건王建 태조太祖를 낳았습니다. 이상이 도선의 행적입니다.

　은산비隱山碑를 아래에 대략 소개합니다. 일행이 도선에게 부탁하는 내용으로 되어 있는데, 그 내용은 다음과 같습니다.

　부처는 위대한 의왕醫王이시다. 그 법으로 몸을 다스리면 재병災病이 없어지고, 그 법으로 마음을 다스리면 번뇌가 사라진다. 그 법을 산천 토지에 적용하면 흉해凶害가 바뀌어 길리吉利가 된다. 비보裨補를 설치하는 것은 쑥의 효과에 비유할 수 있다. 쑥은 세상의 양약이지만, 병이 없는 자는 그것을 분토糞土처럼 여기고서 비록 집 안의 뜰에 있어도 캐려고 하지 않는다. 하지만 병이 있는 자는 그렇지 않다. 좋은 의원醫員을 만나 쑥으로 침을 뜨면 고질병이 금방 낫는 것이 그림자나 메아리보다 빠르다. 비록 만금萬金의 귀중한 보배라도 여기에 비할 수가 없으니, 이는 그 효험이 신묘하기 때문이다.

그대의 동쪽 나라 삼한三韓은 뭇 산들이 험준함을 겨루고, 뭇 물들이 다투어 치달린다. 마치 용이나 범이 서로 싸우듯 하는 것도 있고, 새나 짐승이 날고 달리는 듯하는 것도 있으며, 저쪽에서 공격해 오는 것도 있고, 조금만 끊으면 미치지 못하는 것도 있으니, 비유하자면 병이 많은 사람과 같다. 그러므로 구한九韓이 되기도 하고 삼한三韓이 되기도 하면서 상호 침공侵攻하여 전쟁이 끊이지 않음은 물론 도적이 횡행하며 수한水旱이 자주 일어나니, 이것은 모두 이런 이유 때문이라고 하겠다.

그대가 지금 불법佛法으로 쑥을 삼아 산천을 치료하려 한다면, 모자란 것은 보충하고 지나친 것은 억제하며, 달리는 것은 만류하고 등진 것은 불러오며, 해치는 것은 막고 다투는 것은 금하며, 선한 것은 세우고 길한 것은 드날려 주어야 할 것이다. 그리하여 아프고 가려운 지세地勢를 관찰하여 3천8백여 군데에 부도浮屠를 세우기도 하고 탑사塔寺를 건설하기도 한다면, 그대 나라 산천의 병증病症이 모두 숨어서 드러나지 않게 될 것이니, 이렇게 비보裨補의 시설을 하는 것은 병을 치료하려는 목적에서이다.

이와 같이 한 뒤에는 그대의 삼한이 온통 하나의 집안이 되고, 도적도 교화되어 새로운 백성이 될 것이요, 나아가서는 풍우風雨도 시절에 알맞고 인민도 화순和淳하게 될 것이다. 뒷날 왕신王臣이 만약 치평治平의 정치를 모른 나머지 "함부로 무익한 일을 행하여 국가를 번거롭게 하기보다는 우선 비보裨補의 일을 그만두고서 그 길흉을 살펴보는 것이 좋겠다."라고 한다면, 이는 병자가 의원을 꺼린 나머지 "함부로 효과 없는 약을 써서 나의 목숨을 해치기보다는 우선 약을 그만두고서 낫는지의 여부를 살펴보는 것이 좋겠다."라고 하는 것과 무엇이 다르겠는가. 위태해져서 죽게 된 때에 이르러 후회한들 무슨 소용이 있겠는가.

答楊滄海書[1]

惠布依數依標跪受。感賀感賀。所示隱山碑。庚申辛酉間。白雲僧印而贐之。儂甞聞有密識云。喜而閱之。了無道詵行跡。亦無識說。只論東國地脉。設裨補事而已。大略書送。今欲印送。此山雲霧常常浩浩。苦雨浪浪不止。未得印之。待秋晴可印矣。然後日雖見本碑。其文義亦不過此也。又識書數十言。雜人傳曰。白雲山西麓下。有埋碑也。人[2]不得見云。此亦道聽途說。不可信也。又傳曰。埋碑云。辰戌亂午未息。又云子丑與寅卯亡云云。此尤可笑也。道詵後。幾經辰戌。幾經子丑也。此孟浪之說。有識君子。當不可取也。大抵興亡盛衰。天地之數也。有道人則胸中各有一段龜鑑。若觀天察地。相其時風。則庶可知萌[3]矣。千萬不取外議可也。唐一行禪師。甞曰洞水逆流。則傳吾道者來。門人記其言。一日門人走報曰。今日洞水逆流矣。一行聞之。卽具威儀出門外。我國道詵忽來參。行曰待之久矣。何其遲也。相與大悅。卽迎入。留數月。詵盡得其術而告去。行別曰。吾法東矣。珍重珍重。仍寄一封丹書。而誡曰。愼勿速開。囑王氏家。待七年後。開示可也。詵奉其誡。到松都。宿王隆家。仰觀天象[4]俯察地理。歎曰。明年必生貴子。以救塗炭之苦。隆聞之。倒屣而出。明年果生王建太祖。此道詵之行蹟也。隱山碑略曰。一行囑道詵云。佛者太[5]醫王也。以之治身。則災病消。以之治心。則煩惱亡。以之山川土地。則凶害變爲吉利。裨補之設。比如艾也。且艾者。爲世良藥。無病者。見之如糞土。雖在家苑。無事於采也。若有病者則不然。得善醫者灸之。則沉痾之頓愈。捷於影響。雖萬金之重。無得比焉者。以其效之有神驗也。汝東國三韓。群山競其險。衆水爭其犇[6]或有如龍如虎之相鬪者。或有如禽如獸之飛走者。或有自彼而來攻者。或有斷微而不及者。比則多病之人也。故或作九韓。或作三韓。互相侵伐。兵革不息。盜賊橫行。水旱不調者。皆以此也。汝今以佛法爲艾。而醫之於山川。則若缺者補之。過者抑之。走者止之。背者招之。賊者防之。爭者禁之。善者樹之。吉者揚之。觀其痛痒之地勢。或堅浮屠。或設塔建寺。至於三千八百餘所。則汝[7]國山川病咎無不潛伏。此裨補之設。所以爲療病而作也。如此然後。汝三韓可渾爲一家。盜賊可化爲新民。至於風雨順時。人民和淳也。後之王臣。若不知治平之政。妄爲無益之事。以煩家國。不如姑去之以觀其吉凶。何異乎病者忌其醫曰。妄用無效之藥。以殘吾生。不如姑去之以觀其痊否之歟。及其危沒。悔之何及哉。

---

1) ㉘ 이 글은 갑본·을본·병본·정본에는 없다. 2) ㉘ '人'은 '八'로 되어 있다.(무본·기본·경본·신본) 3) ㉘ '萌'은 '明'으로 되어 있다.(무본·기본·경본·신본) 4) ㉙ '㒾'은 '象'의 오자인 듯하다. 5) ㉘ '太'는 '大'로 되어 있다.(무본·기본·경본·신본) 6) ㉘ '犇'은 '奔'으로 되어 있다.(무본·기본·경본·신본) 7) ㉘ '汝'는 '女'로 되어 있다.(무본·기본·경본·신본)

옥계자玉溪子에게 올린 글

사모하여 마지않던 차에 한 폭의 정다운 글과 여섯 가지 진미珍味를 홀연히 설산雪山 속에서 받고 보니, 늙은 눈이 갑자기 밝아지고 마른 창자가 갑자기 불러옵니다. 이 선물이 고인故人의 마음에서 나왔다고 생각을 하니, 기쁨의 눈물과 슬픔의 눈물이 번갈아 뺨을 적시며 스스로 마음을 가눌 수가 없습니다.

한 그릇의 귀한 떡을 법당에 가득한 납승들에게 공양하였더니, 납승들이 각자 수복壽福을 더하는 축원을 끝도 없이 올렸습니다. 이로써 생각건대 새해를 맞아 수산壽山과 복해福海가 더욱 늘어나실 것이기에 거듭 축하드리는 바입니다.

그동안 받은 은혜가 이미 뼛속에 사무쳤는데 아직 만분의 일도 보답하지 못하여 항상 몸 둘 바를 모르던 차에, 또 거듭 계속해서 이렇게까지 곡진하게 대해 주시니, 말이 막히고 뜻이 끊어져 뭐라고 써야 할지 모르겠습니다.

묵은해와 새해가 바뀌는 한밤중에 갑자甲子도 벌써 한 바퀴를 돌아 더 이상 늘일 수 없게 되었으니, 가련하게 느껴지는 심정이 피차 같을 것이라는 말씀이 또 핍절하기만 합니다. 60년 전의 일을 돌이켜 생각해 보면 한바탕 꿈처럼 순식간에 지나갔으니, 섭섭하고 안타까운 심정을 금할 수 없습니다.

나는 머리에 눈이 내리고 마음이 재처럼 식어서 세상일에 대한 생각이 전혀 없이 연화세계蓮花世界로만 더욱 마음이 치달리는데, 존형尊兄께서도 그러하십니까. 여기에서는 실實을 논할 뿐 허虛는 논하지 않습니다. 천종千鍾과 사마駟馬[81]도 필경은 무익한 것이니, 모쪼록 몽환夢幻과 같은 부생浮生에 절대로 뜻을 두지 마시고 극락에 마음을 기울이십시오. 이것이 내가 바라는 바입니다.

말씀하신 질환은 나도 예전에 걸려 본 것인데, 이와 같이 시간이 가면서 저절로 나았으니, 너무 걱정하지 마십시오. 단지 괴이한 것은 나이도 같고 기질도 같은 데다 이런 질환도 똑같이 났다는 것입니다. 말씀하신 바 '높은 산에서 돌 굴리기'를 두 선자禪子를 불러서 한번 시험해 보았습니다. 수십 년 동안 화두를 잊고 지내다가 자신도 모르게 가섭迦葉의 춤추는 소매(舞袖)[82]를 들게 되었으니, 이것도 선가禪家의 일단一段의 기사奇事라고 하겠습니다. 껄껄껄. 삼가 이렇게 절하며 감사드립니다.

경진년(1580, 선조 13) 설날에 경진생 청허자淸虛子는 경진생 옥계자玉溪子에게 올립니다.

上玉溪子[1)]

苦思苦思之至。一幅情書。六種珍味。忽至于雪山中。老眼忽明。枯腸忽充。其惠出於故人之心。念及於此。喜淚悲淚遆相交頤。自不能禁也。一噐貴餠。供養滿堂衲僧。衲僧各各增壽福。祝願無盡無盡。以此想迓新。益增壽山福海也。深賀深賀。向蒙恩渥。已洽於骨髓。尙不報萬一。常自感荷。又況綿綿疊疊。曲至於此。言窮意絕。難可下筆。新舊半夜。已換星甲。無復可延。可憐可憐。[2)] 彼此應同之。示切又切也。返思六十年前事。倏若一夢也。不堪依依。走雪髮灰心。了無世念。爲蓮花世界。益自着忙。尊庚其亦如此耶。此中論實不論虛。千鍾駟馬。畢竟無益。須夢幻浮生。萬莫留意。傾心極樂。是余所望。所示之疾。走曾經也。若此久而自消。勿以爲慮。只怪年同氣同。出此疾之同也。所惠高山放石。招二禪子。一試之。忘却數十年話頭。不覺擧迦葉舞袖。亦禪家一段奇事也。呵呵。謹此謝拜。庚辰元日。[3)] 庚辰淸虛子。進庚辰玉溪子。

1) [원] 이 글은 갑본·을본·병본·정본에는 없다. 2) [원] '憐'은 '怜'으로 되어 있다.(무본·기본·경본·신본) 3) [원] '日'은 '月'로 되어 있다.(무본·기본·경본·신본)

이암頤庵에게 올린 글

　오래도록 소식이 끊겨서 항상 궁금한 마음뿐입니다. 나는 쇠하고 병든 상황이 날로 더해지며 몸뚱이도 보전하지 못할 형편이라서 갈수록 처량한 심정이 들기만 합니다.

　이런 가운데 나의 80세 된 노형老兄이 항상 나의 시를 보고 싶어 한 지가 오래되었으므로 지금 소폭小幅의 8첩첩帖을 보내게 되었습니다. 간절히 청하여 마지않으니, 의리상으로도 감히 거절할 수 없고, 정리상情理上으로도 차마 그만둘 수가 없습니다.

　내가 사방을 돌아다닐 때 읊은 절구絶句 여덟 수가 있긴 합니다만, 졸필이니 어떻게 합니까. 그래서 종이와 시를 좌우에게 아울러 바치게 되었으니, 삼가 바라건대 붓을 한번 휘두르는 것을 아끼지 않으신다면 정말 영광이겠습니다. 이 졸시拙詩가 건필健筆의 가호加護에 힘입어 노안老眼이 뜨이게 하고 청흥淸興을 일으키게 한다면, 이 또한 큰 사랑을 베푸시는 하나의 일이 될 것입니다. 거듭 양해를 바랍니다.

上頤庵[1]

久絶音信。常常欝欝。某衰病日增。勢不保血裏。益用悽感。此中某有八十老兄。常欲見某詩者久矣。今送小幅八帖。勤勤不已。義不敢拒。情不可忍。某雖有遊方時。所咏八絶。而其如拙筆何。兹以右幅左詩。并呈于左右。伏乞令毋惜一揮。生光生光。此拙詩。必因健[2]筆加持之力。之動老眼。之發淸興。則亦令之一大仁也。更須曲恕。

1) ㉮ 이 글은 갑본·을본·병본·정본에는 없다.　2) ㉮ '健'은 '健'으로 되어 있다.(무본·기본·경본·신본) ㉡ 번역은 '健'을 따랐다.

행 대사行大師에게 답한 글

마음의 벗은 얼굴에 있지 않으니, 어찌 겉모양이 필요하겠습니까. 시혼詩魂과 학골鶴骨은 송죽松竹의 위에서 늙는 것이 당연합니다. 그러나 한 몸이 남방의 뭇 구멍이 부르짖는 바람 앞의 잎사귀[83]와 같으니, 아무리 소리가 나지 않게 하려 한들 어떻게 그것이 가능하겠습니까. 이 때문에 서산西山에 자취를 감추고서 백운白雲과 추수秋水의 흥취를 도우려 하는 것입니다.

答行大師
心朋非面。何假外㨾。詩魂鶴骨。宜老於松竹之上。然一身如葉當南方衆竅之風。雖欲泯聲。其可得乎。因此欲泯迹西山。助白雲秋水之興。

융 선자融禪子에게 답한 글

대저 가고 안 가는 것은 사람의 힘으로 할 수 있는 일이 아닐세. 송인의 송아지(宋犢)[84]와 새옹의 말(塞馬)처럼 길흉화복은 기필期必하기 어렵다네. 남으로 가든 북으로 가든 그 일은 그때 가서 결정하는 것이 좋겠네.

옛날에 주자郈子가 깨끗한 것을 좋아하고,[85] 예형禰衡이 지팡이를 손에 쥐고,[86] 원언도袁彦道가 주사위를 집어던지고,[87] 왕남전王藍田이 계란을 밟은 것[88]도 모두 이런 종류이니, 살피지 않으면 안 될 것이네. 청산과 백운은 어디서나 여일하나니, 대장부의 행락行樂도 이와 같을 뿐일세.

答融禪子

大抵行止。非人力可及。宋犢塞馬。禍福難必。南北之行。臨時可決。昔郈[1]子好潔。禰[2]衡持桄。[3] 袁彦道擲樗蒲。王籃田踐雞子。亦類是也。不可不察。靑山白雲。處處如一。大丈夫行樂。只此而已。

---

1) ㉿ '郈'는 '邪'로 되어 있다.(갑본·을본·병본·정본) 2) ㉣ 『한국불교전서』에 '禰'로 되어 있으나 저본에 따라 '禰'로 정정한다. 3) ㉣ '桄'은 '梲'의 오자인 듯하다.

숭정 3년 경오(1630) 정월 일 경기도 삭령지 용복사에서 간행하다.

崇禎三年。庚午正月日。刊板于京畿道。朔寧地。龍腹寺。[1]

1) ㉠『한국불교전서』『청허집』제4권~제7권의 저본은 동국대학교 중앙도서관 소장 『청허집』이다. 소장 자료(D22682)를 확인한 결과 마지막 장에 간기와 시주질이 있음을 확인하였다. 기존『한국불교전서』에 누락되어 있는 간기와 시주질을 여기에 소개한다.(문헌의 상태가 좋지 않아 판독에 어려움이 있다. 해독하기 어려운 글자는 □로, 추정되는 글자는 [ ]로 표시하고, 인명 중 이두로 된 것은 음가를 복원하여 한글로 달았으나 일부는 추정되는 음가를 제시하였음을 밝힌다.)

□□[시]주후록

대시주大施主 김용산金竜山, 이대성李大成 영가靈駕, 김경룡金敬竜, 장응명張應明, 이수환李水還, 이근민李仅民, 차허왕대車許王大 · 여女 봄가시(春加屎), 원세종元世終, 엄춘걸嚴春乞, 이언향李彦香, 송망룡宋望竜 · 여 장생長生 · 여 □매□梅, 최[수]고리崔[數]古里 · 여 금[춘]今[春].

간자刊字 현여玄如, 장원종張元宗, 비구 □□比丘□□, 희월希月, 신복년申卜年, 최실구지崔失九知, 작가시(솟가시)(小叱加屎), 박애충朴挨忠 · 여 용씨竜氏, 변응룡边應竜, 변수림边水林, 박중진朴仲進, 조련趙連, 방인진方仁進, 양춘년梁春年, 이숙남李淑男, 김언춘金彦春, □언수□彦水.

비구 지인智仁, 이인국李仁國, 김응수金應水, 김춘량金春良 · 여 난가시亂加屎, 안명근安命根, 안헌년安軒年, 안[서]수安[書]水, 박수웅朴水雄, 신장수申長水 · 여 생화生花, 김연수金連水 · 여 원가시元加屎 영가, 김득상金得祥 영가 · 여 [풍]악[風]樂 · 여 입가시葉加屎, 주후재周后才, 최희수崔希水 · 여 매화梅化, 홍언화洪彦化 · 여 연학年鶴 · 여 인개仁介 · 여 막금莫今, 임거저리(林巨其里) · 여 연가시年加屎, 오종산吳從山, 복이卜伊, 김응춘金應春 · 여 막개莫介 · 여 경합敬合·여 춘화春化, 전대춘田大春·여 용합竜合, 손인수孫仁水, 장남이張男伊·여 명옥命玉, 한 장수韓長水, 박춘산朴春山·여 언금彦今, 변덕개迲德介·여 막합莫合, 손순걸孫順乞, 양덕춘梁德春, 오감걸吳甘乞, 서[언]충徐[彦]忠, 김인수金仁水, 심응춘沈應春, 김청년金靑年·여 금학今鶴, 김응춘金應春, 이□[복]李□[卜].

□□□, 문[싁]지(文[叱]谷之), □□□, 피낸종(皮內終), 김옥상金玉祥, 이순필李順必, 김낸필(金內必)·여 옥승玉承·여 기매덕其梅德, 이향로李香老, 김명金明, 조팽세趙彭世, 이향립李香立, 박춘걸朴春乞.

□□□·여 송월松月·여 잉ㅅ□(仍叱□)·여 춘둔春屯, 장소방張素方, 장□□張□□, 김억일金億一, 한□보韓□甫, 김우수金祐水, 이찬李贊, 이응지李應之, 지송□池頌□, □□□, □□□.

□□□·여 영금永今, 박한걸朴汗乞·여 후덕後德, 안천우安天祐, 최대수崔大水·여 감덕甘德, □천합□天合·여 명춘命春, 변소리쇠(迲音金), 변□□迲□□, □□□, □□□·여 □합□合·여 막씨莫氏.

□□[施]主后錄

大施主金竜山。李大成靈駕。金敬竜。張應明。李水還。李仅民。車許王大。
女春加屎。元世終。嚴春乞。李彦香。宋望竜。女長生。女□梅。崔[數]古里。
女今[春]。

刊字玄如。張元宗。比丘□□。希月。申卜年。崔失九知。小叱加屎。朴挨忠。
女竜氏。过應竜。过水林。朴仲進。趙連。方仁進。梁春年。李淑男。金彦春。
□彦水。

比丘智仁。李仁國。金應水。金春良。女亂加屎。安命根。安軒年。安□水。
朴水雄。申長水。女生花。金連水。女元加屎靈駕。金得祥靈駕。女[鼠]樂。
女葉加屎。周后才。崔希水。

女梅化。洪彦化。女年鶴。女仁介。女莫今。林巨其里。女年加屎。吳從山。

卜伊。金應春。女莫介。女敬合。女春化。田大春。女竜合。孫仁水。
張男伊。女命玉。韓長水。朴春山。女彦今。过德介。女莫合。孫順乞。梁德春。吳甘乞。徐[彦]忠。金仁水。沈應春。金靑年。女今鶴。金應春。李□[卜]□□□。文(叱)谷之。□□□。皮內終。金玉祥。李順必。金內必。女玉承。女其梅德。李香老。金明。趙彭世。李香立。朴春乞。
□□□。女松月。女仍叱□。女春屯。張素方。張□□。金億一。韓□甫。金祐水。李贊。李應之。池頌□。□□□。□□□。
□□□。女永今。朴汗乞。女後德。安天祐。崔大水。女甘德。□天合。女命春。过音金。过□□。□□□。女□合。女莫氏。

주

1 **두 수의 게송** : 이른바 서산의 오도송悟道頌이다. "머리가 희지" 운운의 고사에 대해서는 제2권 498면 주 65 참조.
2 **한단邯鄲의 화서객華胥客** : 꿈과 같은 허무한 인생이라는 말이다. 한단에 대해서는 제3권 658면 주 42 참조. 화서華胥는 황제黃帝가 낮잠을 자다가 꿈속에서 보았다는 이상 국가의 이름이다.
3 **자모慈母께서 홀연히~날개에 올라타시고** : 춘추시대 진 목공秦穆公의 딸인 농옥弄玉이 피리의 명인인 남편 소사蕭史와 함께 난봉을 타고 하늘로 올라갔다는 전설을 인용한 것으로, 모친이 세상을 떠난 것을 가리킨다.(『列仙傳』권상 「蕭史」참조)
4 **엄부嚴父께서 잇따라~앉으셨단 말입니까** : 은 고종殷高宗의 재상 부열傅說이 죽은 뒤에 기미성箕尾星을 타고 앉아 부열성傅說星이 되었다는 전설을 인용한 것으로, 부친이 세상을 떠난 것을 가리킨다.(『莊子』「大宗師」참조)
5 **소자가 뜰에서~가르쳐 주겠으며** : 『논어論語』「계씨季氏」에 공자孔子의 아들인 백어伯魚가 뜰을 지나가자, 공자가 불러 세우고서 시詩와 예禮를 배워야 한다고 가르쳐 준 일화가 나온다.
6 **문에서 절을~베를 자르겠습니까** : 맹자孟子가 어려서 공부를 중단하고 집에 돌아오자, 맹자의 어머니가 베틀에서 짜던 베를 칼로 자르고는, "네가 공부를 중단한 것은, 내가 이 베를 자른 것과 같다.(子之廢學。若吾斷斯織也。)"라고 하였는데, 맹자가 이 말을 듣고 분발하여 대유大儒가 되었다는 이야기가 전한다.(『列女傳』「鄒孟軻母」참조)
7 **화서禾黍** : 벼와 기장이라는 뜻으로, 고향 혹은 고국을 추억할 때 쓰는 말이다. 『사기史記』「미자세가微子世家」에 "기자箕子가 주周나라에 조회하는 길에 은殷나라의 옛 도읍을 지나다가 궁실은 무너지고 화서禾黍만 우거진 것을 보고는……맥수의 시를 지어 노래하였다.(箕子朝周。過故殷墟。感宮室毀壞。生禾黍。……乃作麥秀之詩以歌詠之。)"라는 말이 나오는 데에서 유래한 것이다.
8 **송추松楸** : 소나무와 가래나무라는 뜻으로, 묘소의 별칭이다. 그곳에 이 두 나무를 많이 심었던 데에서 기인한 것이다.
9 **운유雲腴와 옥지玉枝** : 운유는 차의 별명이고, 옥지는 지팡이를 가리킨다.
10 **갈피葛陂의 변變** : 지팡이가 용으로 변한 전설을 말한다. 갈피는 칡덩굴 우거진 언덕이라는 뜻으로, 갈파葛坡라고도 한다. 선인仙人 비장방費長房이 호공壺公에게서 얻은 대나무 지팡이를 타고 하늘을 날아 고향에 돌아온 뒤에 호공이 말한 대로 그 지팡이를 갈피에 던졌더니 순식간에 용으로 변해 사라졌다는 전설이 전한다.(『後漢書』「方術傳」하 '費長房' 참조)

11 구화九華 : 부채의 별칭이다. 고대에 구화선九華扇이라는 유명한 부채가 있었다. 삼국시대 위魏나라 조식曹植의 「구화선부九華扇賦」가 전한다.

12 관성管城 : 붓의 별칭이다. 한유韓愈가 『사기史記』의 필법을 모방하여 붓을 소재로 「모영전毛穎傳」을 지으면서 붓을 관성자管城子로 의인화하였다.

13 이천黟川 : 먹의 별칭이다. 중국 강남 이천 지역에서 이정규李廷珪가 명품의 묵墨을 만들어낸 데에서 유래한 것이다. 참고로 송宋나라 황정견黃庭堅의 시에 "이천의 점칠의 먹을 그대에게 주면서, 양관의 타루의 소리로 그대를 보내노라.(贈君以黟川點漆之墨, 送君以陽關墮淚之聲.)"라는 표현이 나온다.(『山谷集』 권2 〈送王郎〉 참조)

14 인풍仁風과 편월片月 : 부채를 비유한 말이다. 인풍은 진晉나라 원굉袁宏이 동양 군수東陽郡守로 부임할 적에 사안謝安이 부채 하나를 선물로 주자, 원굉이 "인애의 바람을 불러 일으켜 저 백성들을 위로하겠다.(當奉揚仁風, 慰彼黎庶.)"라고 대답한 고사에서 나온 것이다.(『世說新語』 「言語」 참조) 또 둥근 부채인 단선團扇을 명월明月로 표현하는 것을 감안하면, 여기의 편월은 접었다 폈다 할 수 있는 합죽선合竹扇을 가리키는 것으로 보인다. 한 성제漢成帝의 궁인宮人 반첩여班婕妤가 시가詩歌에 능하여 총애를 받다가 허 태후許太后와 함께 조비연趙飛燕의 참소를 받고는 물러나 장신궁長信宮에서 폐위된 태후를 모시고 시부詩賦를 읊으며 슬픈 나날을 보냈는데, 〈단선시團扇詩〉를 지어서 여름철에는 사랑을 받다가 가을이 되면 버려지는 부채에 자신의 처지를 비유한 추선秋扇의 고사가 있다.(『漢書』 권97 「外戚傳」 하) 『문선文選』 권27에는 〈원가행怨歌行〉이라는 제목으로 이 시가 수록되어 있는데, 그중에 "새로 자른 제나라의 하얀 비단, 희고 깨끗하기가 상설과 같네. 재단하여 만든 합환의 부채, 둥글고 둥글어 명월 같아라.(新裂齊紈素, 皎潔如霜雪. 裁爲合歡扇, 團團似明月.)"라는 말이 나온다.

15 생화生花 : 생화필生花筆의 준말이다. 이태백李太白이 소싯적에 꿈을 꾸니 붓끝에서 꽃이 피어나고 있었는데, 그 뒤로 천재성이 유감없이 발휘되어 천하에 이름을 떨치게 되었다는 '생화몽필生花夢筆'의 고사가 전한다.(『開元天寶遺事』 「夢筆頭生花」 참조)

16 조양朝陽의 문족門族 : 조정에서 간언을 하며 임금을 보좌하는 청관淸官의 집안 출신이라는 말인데, 『시경詩經』 「대아大雅」 〈권아卷阿〉의 "봉황새가 우네. 저 높은 언덕에서. 오동나무 자라네. 해 뜨는 저 동산에서. 무성한 오동나무 숲과 봉황새 소리 어울리네.(鳳凰鳴矣. 于彼高岡. 梧桐生矣. 于彼朝陽. 菶菶萋萋. 雝雝喈喈.)"라는 말에서 나온 것이다.

17 입설立雪의 연분 : 사제師弟의 인연을 말한다. 중국 선종禪宗의 제2조인 혜가慧可가 달마達磨에게 법을 구할 때, 그리고 북송北宋의 유생인 양시楊時가 정이程頤를 찾아갔을 때, 눈이 무릎에 차도록 그 자리를 떠나지 않고 가르침을 청한 '입설立雪'의 고사에서 유래한 것이다.(『景德傳燈錄』 「慧可大師」, 『宋史』 「道學傳」 2 '楊時' 참조)

18 변소邊韶 : 후한後漢 때의 문인文人으로, 자는 효선이며, 일찍이 수백 인의 문도門徒를 교수敎授하였다. 한번은 낮잠을 자는데 한 제자가 조롱하기를, "변효선은 풍풍한 배로, 글 읽기는 싫어하고 잠만 자려고 한다.(邊孝先。便便腹。懶讀書。但欲眠。)"라고 하자, 변소가 그 말을 듣고는 즉시, "배가 풍풍한 것은 오경이 들어서이고, 잠을 자려 하는 것은 오경을 생각하기 위함이다.(腹便便。五經笥。但欲眠。思經事。)"라고 대꾸했던 고사가 전한다.(『後漢書』「文苑傳」상 '邊韶' 참조)

19 기창紀昌 : 고대의 활의 명수인데, 그의 일화에 대해서는 제3권 659면 주 49 참조.

20 무언無言 : 『논어論語』「양화陽貨」에 공자가 "나는 말을 하지 않으려 한다.(予欲無言)"라고 하자, 자공子貢이 "말씀을 하지 않으시면 저희가 어떻게 도를 전하겠습니까?"라고 하니, 공자가 "하늘이 무슨 말을 하던가. 그럼에도 불구하고 사시는 운행하고 만물은 자라난다.(天何言哉。四時行焉。百物生焉。)"라고 대답한 말이 나온다.

21 부동不動 : 『맹자』「공손추상公孫丑」상에 맹자가 "나는 40세에 마음이 이미 흔들리지 않았다.(我四十不動心)"라고 하고, 호연지기浩然之氣에 대해서 설명한 대목이 나온다.

22 덕린德隣 : 가깝게 지내는 덕인德人을 말한다. 『논어論語』「이인里仁」의 "덕이 있는 사람은 외롭지 않고 반드시 이웃이 있다.(德不孤。必有隣。)"라는 말에서 나온 것이다.

23 송독宋犢 : 송나라 사람의 송아지라는 말로, 새옹지마塞翁之馬와 같은 뜻으로 쓰이는 말이다. 『회남자淮南子』「인간훈人間訓」에 송나라 사람의 검은 소(黑牛)가 흰 송아지(白犢)를 낳자 상서롭다고 해서 제사까지 지냈는데, 그 부친의 눈이 멀었다. 검은 소가 또 흰 송아지를 낳자 이번에도 제사를 지냈는데, 그 아들의 눈이 멀었다. 그 뒤에 초楚나라가 송나라를 공격하여 장정들 태반이 전사戰死하였는데, 이 집의 부자父子는 실명한 덕분에 목숨을 건졌음은 물론 전쟁이 끝나고 나서 다시 시력을 되찾았다는 이야기가 나온다.

24 새마塞馬 : 새옹지마塞翁之馬의 준말이다.

25 하늘을 원망하거나~될 것입니다 : 참고로 『논어』「헌문憲問」에 "나는 하늘을 원망하지도 않고 사람을 탓하지도 않는다. 아래로는 사람의 일을 배우고 위로는 하늘의 이치를 터득하려고 노력하는데, 나를 알아주는 분은 아마도 하늘뿐일 것이다.(不怨天。不尤人。下學而上達。知我者。其天乎。)"라는 공자의 말이 나온다.

26 모운暮雲과 춘수春樹 : 멀리 떨어진 친지를 생각할 때 쓰는 비유인데, 제2권 493면 주 17 참조.

27 호계虎溪의 연분은~않았다고 하겠습니다 : 유자儒者와 불승佛僧의 친교를 비유하는 말인데, 제2권 495면 주 41 참조.

28 한유韓愈와 태전太顚의~호초浩初의 관계 : 「여맹상서서與孟尙書書」에 당唐나라 한유가 조주 자사潮州刺史로 있을 적에 노승 태전太顚과 사적私的으로 친하게 지내면서 그와 작별할 적에 자신의 의복을 남겨 주기까지 했던 이야기가 실려 있다. 또 「송승호

초서送僧浩初序」에 유종원柳宗元이 공적公的으로 불교를 배척하는 한유와 달리 불교를 변호하면서 호초 상인浩初上人과 친하게 지낸 내용이 실려 있다.

29 백의白衣 창구蒼狗 : 인간 세상의 변화가 무상함을 비유한 말인데, 두보杜甫의 "하늘의 뜬구름 백의 같더니, 어느새 푸른 개로 모습 바꿨네.(天上浮雲似白衣。斯須改變如蒼狗。)"라는 시구에서 유래한 것이다.(『杜少陵詩集』 권21 〈可歎〉 참조)

30 시루는 이미 깨어졌으니 : 후한後漢 맹민孟敏이 시루를 시장에 팔려고 등에 지고 가다가 땅에 떨어져 깨졌는데도, 그가 거들떠보지 않고 미련 없이 떠나가는 모습을 보고 곽태郭泰가 그 이유를 묻자, "시루는 이미 깨어졌으니, 다시 돌아본들 무슨 소용이겠는가.(甑以破矣。視之何益。)"라고 대답한 내용이 『후한서後漢書』 권68 「맹민전孟敏傳」에 보인다.

31 귀여歸歟의 흥취 : 세상일을 버리고 전원田園으로 돌아가는 것을 말한다. 귀여는 공자가 진陳나라에 있으면서 "돌아가자, 돌아가자. 우리 고향의 소자들이 뜻만 컸지 행동은 허술해서 찬란하게 문채만 이루었을 뿐 스스로 재단할 줄은 모르고 있다.(歸歟歸歟。吾黨之小子狂簡。斐然成章。不知所以裁之。)"라고 말한 고사에서 나온 것이다.(『論語』 「公冶長」)

32 여안呂安처럼 천 리 길을 달려가고도 싶습니다만 : 진晉나라 여안이 친구인 혜강嵇康이 생각날 적마다 문득 천 리 길을 달려가서 만나곤 했던 고사가 전한다.(『晉書』 「嵇康傳」)

33 증점曾點의 거문고 : 공자의 제자 증점曾點이 거문고를 연주하다가 공자의 물음을 받고는 "늦은 봄에 봄옷이 만들어지면 관을 쓴 벗 대여섯 명과 아이들 육칠 명을 데리고 기수에 가서 목욕을 하고 기우제 드리는 곳에서 바람을 쏘인 뒤에 노래하며 돌아오겠다.(暮春者。春服旣成。冠者五六人。童子六七人。浴乎沂。風乎舞雩。詠而歸。)"라고 자신의 뜻을 밝히자, 공자가 감탄하며 허여한 고사를 인용한 것인데, 여기서는 유교儒敎를 뜻하는 말로 쓰였다.(『論語』 「先進」)

34 서래西來의 노래 : 달마達磨가 서쪽 인도에서 가져온 노래라는 뜻으로, 선불교禪佛敎를 가리킨다.

35 지주砥柱 : 중국 삼협三峽의 지주산砥柱山을 말하는데, 탁한 황하黃河의 급류 속에 우뚝 버티고 서서 거센 물결을 혼자 감당하고 있다는 지주중류砥柱中流의 고사에서 유래하여 흔히 한 몸에 중책을 지고 난국을 수습하는 사람의 비유로 쓰인다.

36 육씨陸氏 : 당 덕종唐德宗 때 한림학사翰林學士로 내상內相이라고 일컬어졌던 육지陸贄를 가리킨다. 그가 건의한 글을 모아 놓은 『육선공주의陸宣公奏議』는 당 태종唐太宗의 『정관정요貞觀政要』와 함께 정치가의 필독서必讀書로 꼽혀 왔는데, 거기에 "왕업을 일으키는 유능한 신하들은 모두 말세에 버려진 인재들이다.(興王之良佐。皆在季代之棄才。)"라는 말이 나온다. 선공宣公은 육지의 시호諡號이다.

37 『홍보鴻寶』 : 선인仙人이 되기 위해 연단鍊丹하는 방법을 기술한 도교道教의 서책 이름이다.

38 벽계碧雞 : 전설상의 신물神物 이름이다. 촉蜀 땅 익주益州에 금마金馬와 벽계碧雞의 신물이 있는데, 제사를 지내 그들을 불러올 수 있다는 방사方士의 말을 듣고, 한 선제漢宣帝가 간의대부諫議大夫 왕포王褒를 그곳에 사신으로 보낸 고사가 전한다.(『漢書』 「王褒傳」, 『漢書』 「郊祀志」 하 참조)

39 10선十仙 : 열 종류의 선인仙人이라는 말로, 10행선十行仙이라고도 한다. 정각正覺을 따르지 않고 심신心身을 단련하여 천만 세歲의 수명을 누리지만 결국에는 윤회를 벗어나지 못한 채 중생으로 전락한다고 하는데, 『능엄경楞嚴經』 권8에 지행선地行仙·비행선飛行仙·유행선遊行仙·공행선空行仙·천행선天行仙·통행선通行仙·도행선道行仙·조행선照行仙·정행선精行仙·절행선絶行仙 등 열 명의 선인에 대한 설명이 나온다.

40 사호四皓 : 상산사호商山四皓를 가리키는데, 제1권 159면 주 32 참조.

41 야간野干 : 개라야간掐癩野干의 준말이다. 옴 병에 걸린 야호野狐라는 말인데, 『살차니건경薩遮尼犍經』 권9에 이 말이 나온다.

42 삼함三緘 : 입을 세 겹으로 꿰맸다는 뜻으로, 말조심을 비유하는 말이다. 공자가 주周나라 태묘太廟에 갔을 적에 입을 세 겹으로 꿰맨(三緘其口) 금인金人을 보았는데, 그 등 뒤에 새긴 명문銘文을 보니, "옛날에 말조심을 하던 사람이다. 경계하여 많은 말을 하지 말지어다. 말이 많으면 실패가 또한 많으니라.(古之慎言人也。戒之哉。無多言。多言多敗。)"라고 되어 있더라는 고사가 전한다.(『孔子家語』 「觀周」 참조)

43 사실어四實語 : 정직어正直語·유연어柔軟語·화합어和合語·여실어如實語를 말하는데, 『선종영가집禪宗永嘉集』 권1 「정수삼업淨修三業」 제3에 자세한 설명이 나온다.(T48, 0388b12)

44 옛날 마~라고 하였다 : 마 복파馬伏波는 후한後漢의 복파장군伏波將軍 마원馬援을 가리킨다. 그가 자제들을 훈계한 고사가 『후한서後漢書』 권54 「마원전馬援傳」에 나오는데, 본문과 대략 비슷한 내용으로 되어 있다.

45 순운郇雲 : 타인의 서찰을 높여 부르는 말이다. 당唐나라의 순국공郇國公 위척韋陟이 항상 시첩侍妾에게 척독尺牘을 주관하게 하고 자기는 서명署名만 하면서 자신이 쓴 척陟 자가 오타운五朶雲 같다고 자랑하였는데, 당시 사람들이 이를 사모하여 그의 서체書體를 순공오운체郇公五雲體라고 불렀던 고사에서 유래한 것이다. 타운朶雲 혹은 순전郇箋이라고도 한다.(『新唐書』 「韋陟傳」 참조)

46 호계虎溪 : 호계삼소虎溪三笑의 고사를 인용한 것인데, 제2권 495면 주 41 참조.

47 산인이 비록~생각하고 있습니다 : 여산廬山의 사람은 동진東晉의 고승 혜원慧遠을 가리키고, 팽택彭澤의 원님은 도잠陶潛을 가리킨다.

48 퇴휴 상국退休相國 : 호가 퇴휴당退休堂인 소세양蘇世讓을 가리킨다.
49 태전太顚 : 한유와 친하게 지낸 노승의 이름인데, 제7권 주 28 참조.
50 단금斷金 : 쇠도 자를 수 있다는 말로, 진정한 우정을 비유하는 말이다.『주역周易』「계사전繫辭傳」상의 "두 사람이 마음을 같이하면 쇠도 자를 수 있고, 그런 사람들의 말에서는 난초 향기가 풍겨 나온다.(二人同心。其利斷金。同心之言。其臭如蘭。)"라는 말에서 나온 것이다.
51 유부兪柎 : 황제黃帝 때의 양의良醫로 전해지는 인물의 이름인데, 보통 의원醫員의 대명사로 쓰인다. '兪附' 혹은 '兪跗'라고도 한다.
52 순운郇雲 : 편지의 별칭인데, 제7권 주 45 참조.
53 표범이 남산南山의~수 없듯이 : 남산의 검은 표범은 무우霧雨가 계속된 일주일 동안 먹을 것이 없어도 가만히 머물러 있을 뿐, 산 아래로 내려가서 먹을 것을 구하려 하지 않는데, 이는 자신의 털 무늬를 아름답게 보존하기 위해서라는 남산현표南山玄豹의 고사를 인용한 것이다.(『列女傳』권2「陶答子妻」참조)
54 참학參學 : 조선 시대에 승과僧科의 소과小科에 입격한 승려에게 내린 칭호이다. 대과大科에 급제하면 대선大禪이라는 초급 법계法階를 주었다.
55 월면月面 : 선종禪宗의 공안公案인 일면불 월면불日面佛月面佛에서 나온 말로, 선사의 안부를 물을 때 쓰는 말이다. 당唐나라 마조 도일馬祖道一 선사가 몸이 불편했는데, 원주院主가 "요즘 건강이 어떠십니까?(近日尊候如何)"라고 물으니, 선사가 "일면불 월면불."이라고 대답한 내용이『벽암록碧巖錄』제3칙에 나온다.(T48, 0142c10)
56 오탁五濁 : 사바세계娑婆世界에 존재하는 다섯 가지 악한 현상을 뜻하는 불교 용어로, 겁탁劫濁·번뇌탁煩惱濁·중생탁衆生濁·견탁見濁·명탁命濁을 말하는데, 여기에서 유래하여 보통 말세末世를 오탁악세五濁惡世라고도 한다.
57 사위의四威儀 : 행行·주住·좌坐·와臥 등 네 종류 신체의 자태가 법도에 그대로 들어맞는 것을 뜻하는 불교 용어이다.
58 59년 동안의 잘못을 깨닫는 나이 : 60세를 말한다.『회남자淮南子』「원도훈原道訓」에 춘추시대 위衛나라 현대부賢大夫 거백옥蘧伯玉의 "나이 오십에 49년 동안의 잘못을 깨달았다.(年五十而知四十九年非)"라는 말이 나온다.
59 이미 깨진 시루 : 후회해도 소용없는 과거의 일이라는 뜻인데, 제7권 주 30 참조.
60 노산魯山 : 태산泰山의 별칭이다. 옛날 노나라 지역인 산동山東 지방에 있기 때문에 붙여진 이름이다.
61 태화太華 : 서악西嶽 화산華山을 가리킨다. 사방이 깎아지른 듯하며, 높이가 5천 길이나 되기 때문에 조수鳥獸가 살지 못한다고 한다.(『山海經』「西山經」참조)
62 망매望梅 : 망매지갈望梅止渴, 즉 신 매실을 생각하며 갈증을 달랜다는 뜻이다. 조조曹操가 원소袁紹와 싸우다가 패하여 달아날 적에 부하 군사들이 갈증을 견디지 못하

자, 조조가 "앞에 큰 매화나무 숲이 있으니, 그 매실을 실컷 따먹으면 달고 시어서 목마름을 해소할 수 있을 것이다.(前有大梅林。饒子。甘酸可以解渴。)"라고 말하니, 군사들이 그 말을 듣고는 입에 침이 돌아 위기를 면했다는 고사에서 유래한 것이다.(『世說新語』「假譎」참조)

63 경규傾葵 : 해바라기가 해가 가는 대로 기울어지는 것처럼, 아랫사람이 마음을 기울여 윗사람을 사모하는 것을 가리킨다.

64 계주髻珠 : 상투 속의 구슬이라는 말로, 최고의 진리를 뜻하는 불교 용어이다. 국왕이 상투 속의 구슬을 꺼내어 공신功臣에게 수여하는 『법화경法華經』「안락행품安樂行品」의 비유에서 유래한 것이다. 상투는 이승二乘의 권교權敎를 뜻하고, 구슬은 일승一乘의 실리實理를 뜻하는바, 법화회상法華會上의 개권현실開權顯實을 비유하는 말이다. 이른바 법화칠유法華七喩의 하나인데, 정주유頂珠喩라고도 한다.

65 풍소風騷 : 『시경詩經』의 「국풍國風」과 『초사楚辭』의 「이소離騷」를 합칭한 말로, 뛰어난 시문을 뜻한다.

66 시호市虎 : 저잣거리의 호랑이라는 말로, 거듭 언급이 되면서 사실처럼 믿어지게 된 허무맹랑한 참소讒訴를 가리킨다. 저잣거리에는 호랑이가 나오지 않는 것을 뻔히 알면서도, 사람들이 세 차례나 호랑이가 나타났다고 하면 모두들 그렇게 믿게 된다는 삼인성호三人成虎의 고사에서 나온 것이다.(『戰國策』「魏策」 2 참조)

67 군봉裙蜂 : 치마의 벌이라는 말로, 참소를 하여 이간하는 것을 가리킨다. 주周나라 윤길보尹吉甫의 효성스러운 아들 백기伯奇가 계모의 옷에 붙은 독벌(毒蜂)을 떼어내려다가 무례하게 군다고 참소를 받은 '철봉掇蜂'의 고사에서 나온 것이다.(『呂氏春秋』권17 「審分覽」'任數', 『琴操』 상 〈履霜操〉 참조)

68 등화燈花 : 등잔불이나 촛불의 심지 끝이 타서 불똥이 맺히는 것을 말하는데, 옛날에는 이 현상을 길조吉兆로 여겼다. 진晉나라 갈홍葛洪이 지은 『서경잡기西京雜記』 권3에 "눈을 자꾸 깜짝거리면 술을 얻어먹고, 등불에 불똥이 맺히면 돈이 생기고, 까치가 지저귀면 길 떠난 사람이 돌아오고, 거미가 집을 지으면 모든 일이 잘된다.(目瞬得酒食。燈火華得錢財。乾鵲噪而行人至。蜘蛛集而百事喜。)"라는 말이 나온다.

69 물여우 : 물속에 사는 독충毒蟲으로, 사람 몰래 그림자를 보고서 독기를 쏘아 병들게 한다는데, 보통 음모를 꾸며 남을 해치는 자를 비유한다. 단호短狐라고도 한다. 『시경詩經』「소아小雅」〈하인사何人斯〉에 "귀신이나 물여우는 볼 수나 없다고 하지만, 너는 뻔뻔스럽게 얼굴을 들고서 끝없이 사람을 보는구나.(爲鬼爲蜮。則不可得。有靦面目。視人罔極。)"라는 말이 나온다.

70 육침陸沈 : 육지에 물이 없는데도 그 속에 빠졌다는 말로, 은거隱居하는 것을 비유하는 말인데, 매몰되어 불우한 처지에 떨어진 인재를 가리키는 말로 쓰이기도 한다.

71 임씨林氏가~맺은 것입니다 : 『장자莊子』「제물론齊物論」첫 장에 "지금 내가 나를 잃

없는데, 네가 그것을 알았단 말이냐.(吾喪我。汝知之乎。)"라는 구절이 나온다. 이에 대해서 송宋나라 임희일林希逸이 "오상아 세 글자로 표현한 것이 지극히 좋다.(吾喪我三字下得極好)"라고 하면서, "동산이 '그는 지금 내가 아니나, 나는 지금 바로 그이다'라고 말한 것도, 바로 이와 같은 맥락이다.(洞山曰。渠今不是我。我今正是渠。便是此等關竅。)"라고 해설한 내용이 그가 지은 『장자구의莊子口義』에 나온다. 이 책은 『장자』의 해설서 중에서 조선 시대에 가장 많이 읽혔다. 동산洞山은 조동종曹洞宗의 개조開祖 당唐나라 동산 양개洞山良价 선사를 가리킨다. '거금불시아' 운운은 그가 징검다리를 건너다가 물에 비친 자기의 그림자를 보고 크게 깨닫고 나서 읊은 〈과수게過水偈〉 속에 나오는 내용이다.

72 일관一貫 : 일이관지一以貫之의 준말이다. 『논어論語』 「이인里仁」에 공자가 제자 증삼曾參을 불러서 "나의 도는 하나의 이치로써 모든 일을 꿰뚫고 있다.(吾道一以貫之)"라고 하자, 증삼이 "네, 그렇습니다.(唯)"라고 곧장 대답하고는, 다른 문인에게 "부자의 도는 바로 충서이다.(夫子之道。忠恕而已矣。)"라고 설명해 준 내용이 나온다.

73 원개元凱 : 진晉나라 두예杜預의 자이다. 그가 항상 왕제王濟는 마벽馬癖이 있고, 화교和嶠는 전벽錢癖이 있다고 말하자, 무제武帝가 듣고는 "경은 무슨 벽이 있는가?(卿有何癖)"라고 물으니, "신은 좌전벽이 있습니다.(臣有左傳癖)"라고 대답한 고사가 전한다.(『晉書』「杜預傳」 참조)

74 상여相如 : 전한前漢의 문장가 사마상여司馬相如를 말한다.

75 심재心齋 : 제사 지낼 때의 재계齋戒가 아니라 마음속의 재계라는 뜻으로, 마음을 비워서 잡념이 없게 하는 것을 이르는데, 『장자莊子』 「인간세人間世」에 공자의 제자 안회顔回가 심재의 경지를 터득한 이야기가 실려 있다.

76 배우기를 싫어하지~인仁이라고 하였으며 : 공자가 "나는 배우기를 싫어하지 않고 가르치기를 게을리 하지 않는다.(我學不厭而敎不倦也)"라고 하자, 자공子貢이 "배우기 싫어하지 않음은 지智요, 가르치기를 게을리 하지 않음은 인仁이다."라고 말한 기록이 나온다.(『孟子』「公孫丑」 상 참조)

77 먼저 깨달은~한다고 하였는데 : 『맹자孟子』「만장萬章」 상에 이윤伊尹이 은殷나라 탕왕湯王의 부름을 받고 나아갈 적에 자신의 포부를 토로하면서 "하늘이 사람을 이 세상에 낼 적에 먼저 안 사람이 늦게 아는 사람을 알게끔 하고, 먼저 깨달은 자가 늦게 깨닫는 자를 깨우치게끔 하였다. 나는 하늘이 낸 사람들 가운데 먼저 깨달은 사람이다. 따라서 내가 이 도를 가지고 이 사람들을 깨우쳐야 할 것이니, 내가 깨우치지 않는다면 그 누가 하겠는가.(天之生此民也。使先知覺後知。使先覺覺後覺也。予天民之先覺者也。予將以斯道覺斯民也。非予覺之而誰也。)"라고 말한 대목이 나온다.

78 스승을 찾아가~있기도 하고 : 제7권 주 17 참조.

79 빈 몸으로~채워 돌아가면서 : 참고로 『장자莊子』「덕충부德充符」에 왕태王駘라는 사

람이 "서서 가르치지도 않고 앉아서 의논하지도 않는데, 사람들이 빈 몸으로 찾아갔다가 가득 채워 돌아갔다.(立不教。坐不議。虛而往。實而歸。)"라는 말이 나온다.

80 비보神補 : 산천의 기氣가 부족한 곳을 도와서 보강한다는 산천 비보山川神補의 준말로, 국가가 계속 번창하도록 풍수와 지세를 살펴 각처에 절을 세움으로써 지덕地德이 쇠하는 것을 막고 부처의 가호를 빌어야 한다는 주장을 가리킨다. 고려 초에 도참설圖讖說을 주장한 도선道詵의 밀기密記에 비보소神補所로 지정된 곳이 전국적으로 3천8백 군데나 되었으며, 신종神宗 원년(1198)에는 아예 산천비보도감山川神補都監을 설치하여 이에 대한 일을 관장하게까지 하였다.(『高麗史』권18 「毅宗世家」, 『高麗史』권77 「百官志」〈諸司都監各色〉참조)

81 천종千鍾과 사마駟馬 : 부귀영화를 뜻하는 말이다. 천종의 종은 용량의 단위로, 1종은 6곡斛 4두斗에 해당한다. 사마는 네 마리의 말이 끄는 높은 수레라는 뜻으로 고관高官을 가리킨다.

82 가섭迦葉의 춤추는 소매 : 건달바왕乾闥婆王이 세존世尊에게 음악을 바치자 산하대지가 모두 악기 소리를 내는 가운데 가섭이 일어나서 덩실덩실 춤을 추었다. 가섭은 아라한阿羅漢인데 어째서 여습餘習이 있어서 춤을 추느냐고 건달바왕이 묻자, 세존이 "가섭이 춤을 춘 것은 산하대지가 모두 악기 소리를 내는 것과 같으니, 사실은 춤을 춘 것이 아니다."라고 말한 가섭작무迦葉作舞의 고사가 전한다.(『五燈會元』권1 「釋迦牟尼佛」(X80, 0028b23) 참조]

83 뭇 구멍이~앞의 잎사귀 : 참고로『장자莊子』「제물론齊物論」에 "거대한 땅덩어리가 기운을 내뿜으면 그 이름을 바람이라고 한다. 바람이 불지 않으면 그만이지만, 일단 불었다 하면 온갖 구멍들이 여기에 응해서 성내며 부르짖기 시작한다.(夫大塊噫氣。其名爲風。是唯無作。作則萬竅怒號。)"라고 하고는, 각종 바람소리와 나무가 흔들리는 모습 등을 묘사한 대목이 나온다.

84 송인宋人의 송아지 : 제7권 주 23 참조.

85 주자邾子가 깨끗한 것을 좋아하고 : 『춘추좌씨전春秋左氏傳』「정공定公 3년」조에 주邾나라 군주가 궁문의 누대에 올라 내려다보니 문지기가 항아리의 물을 궁정에 쏟고 있었으므로 그 까닭을 물어보니 이역고夷射姑가 소변을 보았다는 것이었다. 이에 그를 체포하라고 명했으나 잡지 못하자 스스로 분에 못 이긴 나머지 방바닥에 굴러 떨어져서 화로의 숯불에 화상을 입어 결국 세상을 떠났다. 이와 관련하여 "주나라 장공은 성질이 조급하고 깨끗한 것을 좋아해서 이런 꼴을 당했다.(莊公卞急而好潔。故及是。)"라는 평이 나온다.

86 예형禰衡이 지팡이를 손에 쥐고 : 대본에는 '禰衡持枕'으로 되어 있으나, '枕'은 '杖'의 잘못이기에 바로잡아 번역하였다.『후한서後漢書』권80 하「예형전禰衡傳」에 후한後漢의 예형이 나체裸體로 조조曹操를 모욕한 뒤에 조조에게 사과하라는 공융孔融의

충고를 받아들여 다시 찾아갈 적에, "베 홑옷에 거친 두건을 착용하고 손에는 3척의 지팡이를 쥐고서 영문 앞에 앉아 지팡이로 땅을 두드리며 매도했다.(著布單衣疏巾。手持三尺桄杖。坐大營門。以杖捶地大罵。)"라는 말이 나온다.

87 원언도袁彦道가 주사위를 집어던지고 : 언도는 진晉나라 원탐袁耽의 자字이다. 그가 환온桓溫과 노름을 하며 던진 주사위의 패가 마음에 들지 않자, 성낸 얼굴로 주사위를 집어던지고 나가니, 온태진溫太眞이 "원생이 화풀이를 하는 것을 보니, 안자가 대단하다는 것을 새삼 알겠다.(見袁生遷怒。知顏子爲貴。)"라고 말한 일화가 전한다.(『世說新語』「忿肩」) 태진은 온교溫嶠의 자이다. 안자는 공자의 제자 안회顏回의 존칭이다. 『논어論語』「옹야雍也」에 공자가 "그는 배우기를 좋아해서 다른 사람에게 화풀이하지 않았고, 같은 잘못을 반복하지 않았다.(有顏回者。好學。不遷怒。不貳過。)"라고 안회를 칭찬한 말이 나온다.(『世說新語』「忿肩」 참조)

88 왕남전王藍田이 계란을 밟은 것 : 진晉나라의 남전후藍田侯 왕술王述이 달걀을 젓가락으로 집으려다가 잘 안 되자 화를 내며 땅에 던졌는데, 달걀이 멈추지 않고 계속 굴러가자 나막신으로 밟았지만 뜻대로 안 되니, 이번에는 또 입 속에 집어넣고 이로 깨뜨렸다가 토해냈다는 일화가 전한다.(『世說新語』「忿狷」 참조)

청허집 보유[*]

| 淸虛集 補遺 |

---

[*] 「보유」편에 실린 글은 저본(7권본)에 없으나 2권본(갑본·을본·병본·정본)과 4권본(무본·기본·경본·신본)에 있는 것을 모아서 실은 것이다.

시
詩

김 거사의 딸을 곡하다
哭金居士女1)

햇빛이 하늘과 바다 온통 사무칠 때　　日色通天海
들려오는 방 옹[1]의 외마디 호곡 소리　　龐翁哭一聲
꺼풀 벗고 부친보다 먼저 떠났으니　　蛻形先父去
누구와 더불어 무생을 이야기할까　　誰與說無生

1) [원] 〈김 거사의 딸을 곡하다(哭金居士女)〉·〈천옥 선자天玉禪子〉·〈성운 장로에게 보이다(示性雲長老)〉·〈벽천 선자에게 보이다(示碧泉禪子)〉(3수)·〈성눌 선자에게 주다(贈性訥禪子)〉(3수)·〈낙산의 회해 선자에게 주다(贈落山懷海禪子)〉 총 10수는 갑본·을본·병본·정본·무본·기본·경본·신본에 수록되어 있다.

천옥 선자
天玉禪子

낮에는 한 잔의 차	晝來一椀茶
밤에는 한바탕의 잠	夜來一場睡
청산에 백운이 찾아와서	靑山與白雲
무생의 일을 함께 얘기하네	共說無生事

성운 장로에게 보이다
示性雲長老

소리 이전에 서로 보았으니	聲前相見了
구태여 주정州亭을 볼 것까지야	何必望州亭
한번 웃고 말이 없는 곳	一笑無言處
하늘가에 산이 줄지어 푸르네	天邊列嶽靑

벽천 선자에게 보이다 [3수]
示碧泉禪子【三首】

[1]
번쩍이는 번갯불 속에 앉아	閃電光中坐
사람을 대해 능히 죽이고 살린다	對人能殺活
머리도 꼬리도 없는 몽둥이로	無頭無尾棒
허공의 뼈다귀를 쳐부수노라	打破虛空骨

[2]
10년 동안 밤 가시를 삼켰건만	十年吞栗棘
아직도 여전히 야호정[2]이로세	猶是野狐精
만약 생사를 대적하고 싶다면	若欲敵生死
식은 재에서 한 소리 터뜨려야지	寒灰爆一聲

[3]
불법을 머리로 이해하려 하지 말고	莫要會佛法
삼조연 아래[3]에 대자大字로 누워라	大臥三條椽
도인은 응당 아둔해야 한다는	道人宜痴鈍
남전의 말이 새삼 떠오르누나[4]	令我憶南泉

성눌 선자性訥禪子에게 주다【3수】
贈性訥禪子【三首】

[1]

삼악도의 고해에서 헤어나려면	要免三途海
육조 대사의 선을 참구해야지	須叅六祖禪
광음을 참으로 아낄 것이니	光陰眞可惜
부디 등한히 보지 말기를	愼勿等閑眼

[2]

슬프다 달빛만 실은 선자여⁵	載月悲船子
중을 심문한 목차에 부끄럽도다	勘僧愧木杈[1)
묘향산 속을 흐르는 물이여	妙香山裏水
얼마나 많은 강모래를 일었던가	淘盡幾江沙

[3]

염불하거나 참선하거나	念佛叅禪法
성취하는 도리는 다르지 않나니	功成理不差
몸과 마음을 내려놓으면	身心如放下
고목에 정녕 꽃이 피리라	枯木定生花

---

1) ㉔ '杈'은 '杈'로 되어 있다.(정본)

낙산의 회해 선자에게 주다
贈洛山懷海禪子

일생에 기특한 일은	一生奇特事
대웅봉에 홀로 앉아 있는 것[6]	獨坐大雄峰
당장 창해를 마르게 하면	立敎滄海渴
어룡을 몇이나 건져 올릴까	攪動幾魚龍

감호대에 제하다

題鑑湖臺[1)]

냇가 바위에 남은 기이한 필적	澗石留奇筆
산 꽃 홀로 보내는 봄날	山花獨送春
달도 밝은 감호의 이 밤에	鑑湖明月夜
원숭이와 학이 사람 없다 원망하네[7]	猿鶴怨無人

1) [원] 이 시는 갑본·을본·병본·정본에만 있다.

선조대왕이 서산 대사에게 하사한 묵죽시
宣祖大王賜西山大師墨竹詩[1]

잎사귀가 붓끝에서 나오고　葉自毫端出
뿌리가 땅 위에서 나오지 않아　根非地面生
달이 떠도 그림자 보이지 않고　月來無見影
바람 일어도 소리가 들리지 않네　風動不聞聲

1) [원] 이 시는 무본·기본·경본·신본에만 있다.

휘원 부천 도인
輝遠扶天道人[1]

조사서래의의 물음과	祖師西來意
정전백수자의 대답이여[8]	庭前栢樹子
문답이 매우 분명하나니	問答甚分明
대장경에는 들어 있지 않도다	龍藏未有底
억	咄
있는 힘껏 의심하다 보면	盡力起疑處
얼음 녹고 기와 깨지듯 하리라	氷消瓦解去

---

1) ㉮ 이 시는 무본·기본·경본·신본에만 있다.

장벽송

墻壁頌[1]

그대 선화에게 장벽의 뜻을 묻노니　問爾禪和墻壁意
마음도 아니고 도도 아닌 이것은 무엇이냐　非心非道是什麽
빈틈없이 자세히 참구해야만　直須蜜蜜叅詳去
모든 인연 쉬고서 달마를 보리로다　始息諸緣見達摩

1) [원] 이 시는 무본·기본·경본·신본에만 있다.

가정을 지나며 느낌을 적다[9]
過柯亭有感[1)]

그리워도 만나지 못하는 수천 리 먼 길	相思不見幾千里
그대와 나의 나이 똑같이 쉰셋	君我年同五十三
몸은 북산에서 죽침 베고 잠들어도	身在北山眠竹枕
마음은 명월 따라 강남에 가 있다오	心隨明月到江南

---

1) ㉿ 이 시는 무본·기본·경본·신본에만 있다.

사바교주娑婆敎主 석가세존 금골사리金骨舍利 부도비浮圖碑

금강산 퇴은退隱 국일도대선사國一都大禪師 선교도총섭禪敎都摠攝 사자賜紫 부종수교扶宗樹敎 겸 등계보제대사登階普濟大師 병로病老 휴정休靜은 삼가 짓고 쓰다.

삼가 생각건대 우리 현겁賢劫[10]의 존귀한 석가모니불은 바로 천축국 정반왕淨飯王의 태자로서, 과거세에 성도成道하여 진상眞常의 법신을 증득한 지 오래이다. 결訣에 이르기를, "석가는 성姓인데 여기에서는 능인能仁이라고 번역하니, 자비로 만물을 이롭게 한다는 뜻이다. 모니는 자字인데 여기에서는 적묵寂黙이라고 번역하니, 지혜로 진리를 명합冥合한다는 뜻이다."라고 하였다.

이처럼 자비와 지혜를 아울러 운용하기 때문에 생사와 열반에 모두 머물지 않는다. 그러나 부처는 오로지 만물을 이롭게 하는 것을 자기의 임무로 삼기 때문에 시방세계에 수월水月과 같은 응신應身을 나투어 겁劫이 다하도록 중생을 제도濟度하면서 싫어함이 없었다. 그리고 보처補處의 지위에 올라 도솔천兜率天에 태어나서는 호명 대사護明大士라는 이름으로 천중天衆을 제도하고 있었다.

『보요경普耀經』에서 이르기를, "석가가 도솔천에서 왕궁으로 내려올 적에[11] 몸은 광명을 발하고 발은 연화蓮花를 밟으면서 사방으로 일곱 걸음을 걸으며 천지를 가리켜 사자후獅子吼를 토하고, 세 가지 방편을 보였다."라고 하였는데, 이때가 바로 주 소왕周昭王 24년 갑인년이었다.

태자의 이름은 실달悉達인데, 여기에서는 길吉이라고 번역한다. 문무文武에 능하고 음양에 통해서 모든 인천人天의 사법事法을 익히지 않고도 저절로 빠짐없이 통달하였으므로 부왕父王이 너무도 사랑한 나머지 7일 기한으로 왕위王位를 전하려고까지 하였다.

태자가 하루는 사문四門에 노닐면서 희비의 일을 목격하고는 출가할 마음을 내었다. 부왕이 이 말을 듣고 놀라서 국인國人으로 하여금 더욱 호위하게 하며 출입을 엄금하고 단지 정거淨居 천인天人만 통하게 하였다. 그러나 어느 날 밤중에 성을 넘어 출가하였으니, 이때 태자의 나이 19세였다.

처음에는 단특산檀特山에 들어가서 세 종류의 선정禪定을 닦았으나 이를 버리고, 마침내 상두산象頭山에 들어가 6년 동안 앉아서 고행하다가 명성明星을 보고 오도悟道하여 천인사天人師의 이름을 얻었으니, 이때 나이 30세였다.

이윽고 녹야원鹿野苑에서 교진여憍陳如 등 5인을 위해 도과道果를 논하고, 영취산靈鷲山에 나아가 대법大法을 설하였으며, 49년 동안 세상에 머물면서 설법하였다. 그리고는 미묘한 정법안장正法眼藏을 대가섭大迦葉에게 부촉하는 동시에 아난阿難에게 보좌하여 교화를 전하도록 당부하여 단절됨이 없게 하고 각각 법게法偈를 전하였다.

그 뒤에 구시라拘尸羅 희련熙蓮의 쌍수雙樹 아래에서 오른쪽으로 누워 발을 포개고 조용히 입적하였다. 그리고는 다시 관棺 속에서 일어나 모친을 위해 설법하며 "일체의 행은 무상하니, 이는 생하고 멸하는 법이다. 생하고 멸하는 이것을 멸한, 적멸이 바로 극락이다.(諸行無常。是生滅法。生滅滅已。寂滅爲樂。)"라는 내용의 무상게無常偈를 읊었다. 얼마 뒤에 금관金棺이 자리에서 떠오르며 삼매三昧의 불길로 자신의 몸을 태우니, 공중에서 사리舍利가 비 오듯 쏟아져서 여덟 섬 네 말이나 되었다. 이때가 바로 목왕穆王 53년 임신년이었다.

아, 지금도 부처는 세상에 머물면서 중생에게 감응할 때에는 만덕萬德의 몸을 나투어 보여 주고, 감응하지 않을 때에는 삼매의 선정에 들 뿐이니, 가고 오는 것과는 원래 상관이 없다. 처음에 강생降生하고 출가하고 성도成道하고 설법한 이런 일은 노파가 나뭇잎을 가지고 아이의 울음을

보유 • 917

그치게 한 것¹²과 같다고 할 것이요, 나중에 염화拈花¹³하고 분좌分座하고 열반하고 시부示趺한 이런 일은 노부老父가 실성한 아들을 다스리고 의사가 타향으로 떠나며 약을 남겨 둔 것¹⁴과 같다고 할 것이다.

당시에 사리는 회상會上의 보살·연각緣覺 등 성중聖衆 및 인천人天의 팔부八部 신중神衆이 각각 나누어 수지受持하였다. 그리하여 미진수微塵數의 제찰諸刹에 흩어져 들어가 탑을 세우고 석종石鍾에 봉안하여 공양한 것이 얼마나 되는지 모른다. 그러나 애석하게도 인연이 없는 국토의 사람들은 이때를 당하여 듣지도 못하고 보지도 못하였으니, 예컨대 사위성舍衛城의 3억 가호家戶¹⁵와 지나支那의 한 모퉁이와 같은 곳이 바로 그러하였다.

다만 중국의 경우는 천년이 지난 후한後漢 영평永平 8년에 이르러 명제明帝가 하나의 꿈을 꾸고는 신하를 시켜서 불교를 전하게 하였을 뿐인데, 오직 우리나라의 경우는 영남嶺南 통도사通度寺의 신승神僧 자장慈藏이 일찍이 봉안한 석가세존의 금골사리金骨舍利 부도浮屠에 자못 신기한 효험이 많아서 마침내 천 문門으로 하여금 선善에 들게 하고, 일국一國으로 하여금 인仁을 일으키게 하였으니, 세상의 존귀한 보배라고 이를 만하다.

그런데 불행히도 만력萬曆 20년에 일본 해병이 우리나라 남방에 침입하여 분탕질을 하는 바람에 억조창생이 어육魚肉이 되었다. 그때 재앙이 부도에까지 미쳐서 그 보배를 잃을 위기에 처했으므로 안타깝게 여기고 있던 차에, 마침 승군僧軍 대장인 유정惟政이 수천 군사를 이끌고 와서 진심으로 수호한 덕분에 온전할 수 있었다. 그러나 유정은 후환이 없지 않으리라고 여겼으므로 금골사리 2함函을 금강산에 봉안하는 것이 좋겠다면서 병로病老에게 이 일을 부탁하였다.

이에 병로가 감격하여 받아들이고 봉안하려 하였으나, 나름대로 생각해 보건대 금강산은 수로水路와 가까운 만큼 뒷날에 필시 이런 환란을 또 당할 것이니, 금강산에 봉안하는 것은 장구한 계책이 못 된다고 여겼다. 그리고 전에 일본 해병이 부도를 파헤친 것은 전적으로 금보金寶 때문이지 사리舍利에는 관심이 없어서 보물을 취한 뒤에는 사리를 흙처럼 여겼으니, 이렇게 본다면 차라리 옛터를 보수하여 그곳에 봉안하는 것이 낫다는 생각이 들었다.

그래서 1함函을 유정에게 돌려주었더니, 유정도 그 계책에 동의하여 함을 받아들고 즉시 옛터로 돌아가서 석종石鍾에 봉안하였다. 그리고 나머지 1함은 병로病老 자신이 수지하고 삼가 태백산으로 들어가서 부도를 새로 세우려고 하였으나 혼자의 힘으로는 어떻게 할 수가 없었다. 이에 문인 지정智正과 법란法蘭의 무리에게 명하여 그 일을 주관해서 석종에 봉안하게 하였더니, 두 선자禪子가 지성으로 널리 모금한 결과 몇 달이 지나지 않아서 부도를 세우고 봉안하기에 이르렀다. 이 아름다운 공덕에 대해서는 『법화경』「여래수량품如來壽量品」중에 나열되어 있으니, 내가 췌언贅言할 것이 뭐가 있겠는가.

우리 동방은 처음에 군장君長이 없었고 제후諸侯도 서 있지 않았는데, 신인神人인 단군檀君이 태백산 신단수神檀樹 아래에서 일어나 시조왕始祖王이 되어 요堯와 나란히 섰다. 그러고 보면 태백산은 처음에는 일국의 임금을 배태胚胎함으로써 조선 국민으로 하여금 동이東夷라는 이름에서 길이 벗어나게 하였고, 마침내는 삼계의 스승을 봉안함으로써 동방의 백성으로 하여금 성불成佛의 인연을 잃지 않게 하였으니, 이 어찌 산의 영험 덕분이라고 해야 하지 않겠는가.

위대하도다. 산만 중해진 것이 아니라 나라도 또한 중해졌고, 나라만 중해진 것이 아니라 사람도 또한 중해졌으니, 그 품질을 논한다면 유정 선자惟政禪子는 자장慈藏 법사에 못지 않다고 할 것이요, 태백산은 영취산靈鷲山보다 못하지 않다고 할 것이다.

이튿날 지정과 법란 두 선자가 부도를 낙성落成하는 대재大齋를 개설하였다. 이에 병로病老가 법석에 올라 제인諸人에게 말하기를, "오늘 이 회상의 사람 가운데 우리 세존이 탑묘 안에 들어가 있지 않음을 아는 장부가 있는가. 만약 부처가 탑묘 안에 있지 않음을 안다면, 인천人天의 공양을 받을 자격이 있다."라고 하였다.

옛사람이 견고한 법신에 대해서 묻자, 조사는 산꽃(山花)과 시냇물(澗水)이라고 대답하였다.[16] 오늘 병로는 한 소리 외치고 붓을 들어 다음과 같이 말한다.

청컨대 대중이여, 이곳에 와서 세존에게 참례할지어다. 만약 석가의 진신眞身을 거론한다면, 지극히 적요하면서도 지극히 오묘하며, 지극히 크면서도 지극히 작으며, 함이 없으면서도 하지 않음이 없으니, 백억 성중聖衆의 찬탄도 허공을 헤아리는 것과 같고, 8만 마군魔軍의 훼방도 바람을 잡아 묶는 것과 같다. 그렇긴 하지만 오늘의 회상에는 이익도 있고 손해도 있다는 것을 아는가. 신자信者는 부처를 공경하기 때문에 결단코 극락의 언덕에 오르겠지만, 불신자不信者는 불법을 비방하기 때문에 분명히 고통의 바다에 떨어질 것이니, 이는 유가儒家의 경전에서 말한바, "너에게서 나온 것은 너에게로 돌아간다."[17]라는 것이다. 억! 각자 빛을 돌이켜 살펴볼지어다.

옛날에 공부자孔夫子가 상商나라 태재太宰의 물음에 답하기를, "서방의 대성인大聖人은 다스리지 않아도 어지럽지 않으니, 지극히 광대해서 사람들이 뭐라고 이름 붙일 수가 없다."라고 하였다.[18] 그리고 보면 오직 성인이라야 성인을 알아본다고 말할 수 있겠다.

휴정休靜은 지금 나이가 84세라서 정신은 혼미하고 눈은 어두우며 손은 떨리는데, 외인外人의 간청에 못 이겨 비문碑文을 짓고 쓰게 되었으나, 문자가 모두 거칠어서 후세의 기롱을 면하지 못하게 되었으니, 부끄럽기 그지없다. 모쪼록 통달通達하신 군자君子들은 양해해 주시기 바란다.

娑婆敎主釋迦世尊金骨舍利浮圖碑[1)]
金剛山退隱國一都大禪師禪敎都摠攝賜紫扶宗樹敎兼登階普濟大師病

老休靜謹撰幷書

恭惟我賢刼尊釋迦牟尼佛。乃天竺國淨飯王太子也。徃世成道。證眞常法身已久矣。訣曰釋迦姓也。此云能仁。慈悲利物義。牟尼字也。此云寂默。智慧冥理義。悲智並運。故生死涅槃俱不住。然佛專以利物爲已任。故於十方界。現水月應身。窮刼度生無厭爾。旣位登補處。生兜率天。名護明大士。方度天衆。普耀經云。釋迦從兜率降王宮。身放光明。足踏蓮花。四方行七步。指天地作獅子吼。示三方便云云。乃周昭王二十四年甲寅歲也。太子號悉達。此云吉也。能文武善陰陽。凡及人天事法。不習而自然一一神解。父王愛極。限七日欲傳位于。太子一日遊四門。見悲喜事。生出家心。父王聞而駭之。令國人尤加衛護。洞禁出入。只與淨居天人通焉。一夜逾城而出。時年十九也。初入檀特山。捨三種之。遂入象頭山。坐六年示苦行。見明星悟道。號天人師。時年三十也。旣而鹿野苑中。爲矯[2]陳五人輩。論道果。俄就靈鷲山。說大法。因住世四十九年。以微妙正法眼藏。付大迦葉。幷勅阿難副貳傳化。無令斷絕。各付法偈。後至拘尸羅熙蓮雙樹下。右脇累足。泊然而寂。復從棺起。爲母說法。因說無常偈。諸行無常。是生滅法。生滅滅已。寂滅爲樂。已而金棺從座而擧。以三昧火自焚身。空中舍利如雨。數至八斛四斗。乃穆王五十三年壬申歲也。吁。今佛之住世。群生有感則應萬德身。無感則入三昧之而已。非干徃來也。其前際。降生也。出家也。成道也。說法也。此等法老婆將葉止兒啼耶。其後際。拈花也。分座也。涅槃也。示趺也。此等法。老父治狂子耶。醫師留藥去他鄕耶。當時舍利則會上菩薩緣覺聖衆及人天八部神衆。各分受持。散入微塵諸刹。建塔安鍾供養者。不知其幾。可惜無緣國土人則當此時。不聞不見。如舍衛三億家及支那一隅類是也。但支那則過千年至後漢永平八年。帝感一夢。使臣傳敎而已。唯嶺南通度寺神僧慈藏。古所安釋迦世尊金骨舍利浮圖。頗多神驗。竟使千門入善。又令一國興仁。可謂世之尊寶也。不幸至萬曆二十年。日本海兵入國之南。焚之蕩之。億兆爲魚肉。禍及浮圖。其寶將爲散失。悶欝之際。適蒙僧大將惟政。領兵數千。盡心守護得完全。然政不無後慮。故以金骨舍利二函。密似乎金剛。使病老安焉。病老感受欲安之。然病老竊念金剛近水路。後必有此患。安金剛非長久計也。向海兵之撥浮圖。全在金寶。不在舍利也。取寶後視舍利如土也。然則不若寧修古基而安焉云云。即以一函。還付于政。政然其計。受函即還古基而安鍾焉。其一函則病老自受持。謹入太白山。創建浮圖。靜獨力無何。命門人智正法蘭之輩。幹其事使安鍾。二禪子至誠廣募。不數月。鍊浮圖而安之。美矣其功德。蓮經壽量品中已開列。余何贅焉。且我東方初無君長。不列諸侯。神人檀君。出興於太白山神檀樹下。爲始祖王。與堯幷立也。然則太白[3]始胎于一國王。使朝鮮國民。永脫東夷之號。終安于三界師。亦使東方羣氓。不失成佛之因。此非山之靈也耶。偉哉。非徒山重。國亦重也。非徒國重。人亦重也。論諸品秩則惟政禪子。不下慈藏法師也。太白山不下靈鷲山也。翌日正蘭二禪子。開設浮圖落成大齋。病老陞座法席。謂諸人曰。今日會中。其有丈夫。還知我世尊不入塔廟中者麼。若知佛不在塔廟中。則堪受人天供爾。古人問堅固法身。祖師答曰。山花澗水。今日病老咄。學筆[4]曰。請大衆。祭禮世尊。若擧釋迦眞身。則至寂至妙。至大至小。無爲無不爲。百億聖衆之讚歎如量空也。八萬魔軍之毁謗如繫風也。雖然今日會中。有益有損。還知麼。信者敬佛故。決登樂岸。不信者謗法故。必落苦海。如儒典所謂出乎爾者反乎爾。咄。各回光斷看。昔孔夫子答商太宰問曰。西方大聖人。不治不亂。蕩蕩乎民無能名焉云。則可謂唯聖能知聖也。休靜今年八十四歲。精神恍惚。眼昏手戰。拘於外人之懇。撰文書石。文字俱荒。不免後譏。惶愧惶愧。惟通達君子。幸垂恕。

---

1) ㉮ 이 글은 무본·기본·경본·신본에만 있다. 2) ㉯ '矯'는 '憍'의 오자인 듯하다.
3) ㉰ 『한국불교전서』와 저본에는 '太白'이 두 번 반복되어 있으나 이는 오류로서 삭제한다. 4) ㉱ '筆'은 '筆'과 통용된다.(편자)

금강산 퇴은退隱 국일도대선사 선교도총섭 사자賜紫부종수교扶宗樹敎 겸 등계보제대사登階普濟大師 청허당의 행장行狀

대사의 휘諱는 휴정休靜이요, 호는 청허淸虛이다. 오래도록 향산香山에 머물렀기 때문에 서산西山이라고 칭한다. 속성은 최씨崔氏이니, 완산인完山人이다.

부친 세창世昌은 기자전감箕子殿監을 사직하였으나 끝내 향관鄕官을 맡았다. 증고조가 태종조太宗朝에 용호방龍虎榜에 급제하여 창화昌化로 이주했으므로 역시 창화를 고향으로 삼았다. 외조外祖인 현윤縣尹 김우金禹가 연산군燕山君에게 죄를 얻어 안릉安陵으로 유배당했으므로 마침내 서관西關의 백성이 되었다.

대사는 정덕正德 경진년(1520, 중종 15)에 태어났다. 이에 앞서 기묘년에 모친 김씨金氏의 꿈에, 한 노파가 읍揖하면서 "장부인 남자를 배태胚胎하였기에 축하하러 왔습니다."라고 말하였는데, 그 일이 있고 나서 임신을 하였다.

대사는 태어나면서부터 기골이 청철하고 기신機神이 비범하였다. 나이 겨우 9세 때에 벌써 사장辭章을 잘 지었으므로 고을 수령인 이 공李公이 경사京師로 데리고 가서 반궁泮宮에 입학시켰다. 3년 동안 성균관成均館에서 기예를 겨루었으나 두 번이나 사람들에게 밀려 낙제하였다.

이에 발분하여 남쪽으로 지리산을 유람하며 두루 산천을 돌아다니다가 석씨釋氏의 글을 보던 중에 심공급제心空及第를 해야 대장부가 된다는 글을 접하고는, 종전에 배운 것은 그저 하나의 허명虛名을 위한 것임을 깨달았다. 그리하여 능인 장자能仁長者에게 나아가 삭발을 하고, 영관靈觀 대사에게 법문을 들었다.

나이 30세에 선과禪科에 합격하여 선교禪敎 양종兩宗의 판사判事를 겸

했다. 하루는 탄식하기를, "내가 출가한 본래의 뜻이 어찌 여기에 있겠는가."라고 하고는, 금강산으로 들어가서 미륵봉彌勒峯 아래에 홀로 거하였다. 이때 산월山月이 공중에 떠올라 천지가 밝게 빛나는 것을 보고 희열에 잠겨 투기시投機詩를 지었는데, 그중에 "발이 셋인 금 까마귀가 한밤중에 날아오른다.(三足金烏半夜飛)"라는 시구가 있었다.

기축년(1589, 선조 22)에 역적을 도왔다는 누명을 쓰고 잡혀 왔으나, 상上이 초사招辭에 털끝만큼도 죄가 없음을 보고서 이르기를, "상인上人이 어찌 운림雲林의 객의 신분으로 이와 같은 요망한 일을 행하겠는가."라고 하였다. 그리고 시집詩集을 가져다가 친히 열람하고는 어필御筆로 죽묵竹墨을 하사하며 위로하였다.

임진년(1592, 선조 25)에 왜적이 삼경三京을 함락하자, 대가大駕가 서쪽 용만龍灣(義州)으로 거둥하였다. 상이 홀연히 대사를 떠올리며 좌우에게 하문하기를, "모某 상인上人은 지금 어디에 있느냐? 그가 어찌 나를 잊겠는가. 얼른 불러서 오게 하라."라고 하였다. 대사가 도착하자 주렴 밖에 앉히고서 "지금 상황이 이처럼 위급하니 얼른 국난 극복을 도와주면 좋겠다."라고 하고는 즉시 팔도십육종선교도총섭八道十六宗禪敎都摠攝에 임명하였다.

대사가 울면서 하직하고 물러나온 뒤에 역마驛馬를 치달려 순안順安 법흥사法興寺에 이르러서 승도僧徒를 모아 천병天兵(중국 군대)과 왕사王師(관군)를 도와 서경西京(평양)을 수복하게 하였다. 왜적이 남쪽으로 달아나자 송도松都까지 추격하며 성세聲勢를 도왔고, 남쪽으로 한강漢江 나루를 건너 안성安城에 진을 쳤다.

이때 자신이 연로하여 민첩하게 대처하지 못할 것을 염려한 나머지, 문도인 유정惟政과 처영處英 등을 불러 도중徒衆을 맡기며 "나의 마음은 나라를 위해서라면 시석矢石 속에서 죽더라도 여한이 없다. 다만 나이가 80에 가까우니 어떻게 군대를 거느릴 수 있겠는가. 그래서 그대들에게 대신 지휘를 맡기는 바이니, 모쪼록 있는 힘을 다해 노력하라."라고 부탁하였다. 그리고 총섭摠攝의 인印을 봉하여 상납上納한 뒤에 향산香山의 옛 은거지로 물러나 들어갔다. 국난을 평정하고 공을 논할 적에 조정에서 의논하기를, "비록 산인山人이지만, 공이 있으니 상을 주지 않을 수 없다."라고 하고는 국일도대선사國一都大禪師 선교도총섭禪敎都摠攝 부종수교보제등계扶宗樹敎普濟登階의 호를 내렸다.

대사가 사람들에게 언구言句를 보일 때에는 임제臨濟의 종풍을 잃지 않았으니, 이는 본원本原이 있기 때문이었다. 우리 동방의 태고太古 화상이 중국 하무산霞霧山에 들어가서 석옥石屋의 법사法嗣가 된 뒤에 이를 환암幻庵에게 전하였고, 환암은 귀곡龜谷에게 전하였고, 귀곡은 등계 정심登階正心에게 전하였고, 등계 정심은 벽송 지엄碧松智嚴에게 전하였고, 벽송 지엄은 부용 영관芙蓉靈觀에게 전하였고, 부용 영관은 서산 등계西山登階에게 전하였는데, 석옥은 바로 임제의 적손이었다.

이 8대代 중에서 오직 서산西山이 미친 물결을 잠재우고 무너진 기강을 바로잡는 힘을 발휘하였으니, 이는 이른바 뼈대를 바꾸는(換骨) 영방靈方이요, 눈의 백태를 긁어내는(刮膜) 금비金鎞라고 할 만하였다. 선교禪敎가 어수선하게 뒤섞임에 옥석을 구분하여 가르고, 보검을 휘둘러서 칼날을 감히 범하지 못하게 하고, 입을 다물고 정관靜觀하며 불 꺼진 재처럼 되지 않게 한 것은 그 누구의 공인가. 살활殺活의 겸추鉗鎚를 손에 쥐고서 많은 영재英材를 길러내고, 불조佛祖의 광명을 새로 밝혀 인천人天의 안목을 열어 준 것이 이처럼 성대한 때는 있지 않았다.

대사가 지은 글로는, 「석가여래비문釋迦如來碑文」 1통統과 『선가귀감禪家龜鑑』 1권과 『선교석禪敎釋』 1권과 『운수단雲水壇』 1권과 『선교결禪敎訣』 3지紙와 시영詩詠 및 제소기문祭疏記文 도합 3권이 세상에 전해진다.

아, 왕실을 안전하게 보호하고 불조를 거듭해서 빛낸 이 공로를, 개국이래로 그 누가 미칠 수 있겠는가. 나이 85세에 향산에서 입적하니, 갑진년(1604, 선조 37) 정월 23일이었다. 입실 제자인 원준元俊과 인영印英 등이 다비를 행하여 유골 몇 조각을 수습하였다. 한 조각은 원준 등이 금강金剛의 사리 두 개를 청하여 부도를 세우고 보현사普賢寺 서쪽 안심사安心寺의 왕사王師 나옹懶翁의 위차位次에 봉안하였으며, 한 조각은 자휴自休 등이 금강산으로 가져와 분향하고 간절히 기도하면서 역시 신주神珠 몇 매枚와 함께 유점사楡岾寺 북쪽의 석종石鍾에 봉안하였다.

문인 편양 언기鞭羊彦機는 몸을 씻고 삼가 쓰다.

金剛山退隱國一都大禪師禪敎都摠攝賜紫扶宗樹敎兼登階普濟大師淸虛堂行狀[1]

師諱休靜。號淸虛。久住香山。故稱西山。俗姓崔氏。完山人。父世昌。辭箕子殿監。卒任鄕官。曾高祖得龍虎榜於太宗朝。移居昌化故。亦以昌化爲鄕。外祖金縣尹禹。得罪燕山。謫居安陵。遂爲西關之氓。師生於正德庚辰。先是己卯。母金氏。夢一老婆。揖曰胚胎丈夫男子。故來賀。因以有娠。及生。肌骨淸徹。機神異常。年纔九歲。能爲辭章。邑倅李公。携住京師。就泮宮居三年。戰藝于舘下。再屈於人。發憤南遊智異。窮盡山川。因覽釋氏書。至心空及第者。須大丈夫漢。乃覺從前所學。徒一虛名。於是削髮於能仁長者。聽法於靈觀大師。年三十。中禪科。兼判禪敎兩宗事。一日歎曰。吾出家本志。豈在於此乎。去入金剛山。獨居彌勒峯下。見山月昇空。天地晃然。怡然自得。作投機詩。有三足金烏半夜飛之句。歲在己丑。誤被賊援。旣至。上見招辭無毫毛罪。曰上人豈以雲林之客。爲此妖妄事乎。取詩集親覽。御筆賜竹以慰之。際壬辰倭賊陷三京。大駕西幸龍灣。上忽自憶。問左右曰。某上人今在何處。豈忘我耶。亟使召來。來則坐簾外傳諭。時危如此。幸相急難。卽拜八道十六宗禪敎都摠攝。師泣而辭退。馳傳至順安法興寺。聚僧徒。助天兵王師復西京。及賊南走。追進松都。聲勢相助。南渡漢津陣安城。自思年老。不能乘銳。召其徒惟政處英輩。付以徒衆曰。吾爲國之心。雖死矢石。無所恨。但年將八十。豈可任將。故代將而輩。須戮力爲之。乃封捴攝印上納。退入香山舊隱。旣平難論功。朝廷議曰。雖山人。有功。不可無賞。賜䎸號國一都大禪師禪敎都捴攝扶宗樹敎普濟登階。凡示人言句。不失臨濟宗風者。有本有原。吾東方太古和尙入中國霞霧山。嗣石屋而傳之幻庵。幻庵傳之龜谷。龜谷傳之登階正心。登階正心傳之碧松智嚴。碧松智嚴傳之芙蓉靈觀。芙蓉靈觀傳之西山登階。石屋乃臨濟嫡孫也。此八代中。唯西山大有回狂瀾正頹綱之力。所謂換骨靈方。刮膜金鎞。而禪敎混雜。剖分玉石者。寶釼當揮不犯鋒鋩者。杜口靜觀。不落寒灰者。其誰之功歟。秉殺活鉗鎚。陶鑄群英。洗佛祖光明。開人天眼目。無如此之盛也。其所作制釋迦如來碑文一統。禪家龜鑑一卷。禪敎釋一卷。雲水壇一卷。禪敎訣三紙。詩詠及祭䟽記文并三卷。行于世。吁。保安王室。重輝佛祖者。自開國以來。誰能及之。年八十五入寂于香山。甲辰正月二十三日也。入室弟子元俊印英等。闍維奉骨數片。一片則元俊等乞得金剛舍利二介。樹浮圖。安之普賢西安心寺王師懶翁之級。一片則自休等取來金剛山。焚香懇禱。亦以神珠數枚應之。窆石于楡岾之北焉。門人鞭羊彦機。盥沐謹狀。

1) [원] 이 글은 무본·기본·경본·신본에만 있다.

정종대왕正宗大王이 지은 서산 대사 화상당畫像堂의 명문銘文【병서并序】

석가를 일반적으로 사미沙彌라고 칭하는데, 사미는 식자息慈라는 뜻이니, 자비의 땅에서 안식함을 의미한다. 그러므로 불교의 삼장三藏 중에서는 수다라修多羅(經藏)가 으뜸이 되고, 불교의 10회향十回向 중에서는 중생을 구하는 것이 으뜸이 된다. 대개 계율과 선정과 지혜 역시 구경究竟에는 자비 아닌 것이 하나도 없다. 법계의 공덕이 여기에 있고, 항사恒沙의 복전福田이 여기에 있으니, 자비의 가르침보다 더 높은 것은 없다고 하겠다.

후세의 사미는 그렇지 않아서 운천雲天과 수병水瓶으로 실상實相의 밖에서 마음을 노닐고,[19] 취죽翠竹과 황화黃花로 무정無情의 물체에 몸을 비긴다.[20] 그래서 우리 유자儒者가 마침내 고목枯木 사회死灰라고 기롱하게 되었으니, 이는 우리 유자가 기롱하려 해서가 아니요, 후세의 사미가 그런 기롱을 자초한 것이라고 하겠다.

그런데 서산 대사 휴정休靜과 같은 사미로 말하면, 역시 식자息慈의 뜻에 부끄러운 점이 없다고 할 것이다. 처음에는 바랑과 석장錫杖 차림으로 제방을 두루 참례하며 법당法幢을 세워 인천人天의 안목이 되었다. 그리하여 운장雲章과 보묵寶墨을 하사하는 제왕의 은총이 우악優渥하였으니, 도솔兜率과 난야蘭若 사이[21]에서 지금 정관貞觀과 영락永樂의 서序[22]와 함께 영광을 다투고 있는 터이다.

중간에는 종풍을 발현하고 국난을 구제하며 의병을 일으켜 근왕勤王의 원훈元勳이 되었다. 그리하여 비린내 나는 요기妖氣가 그의 손을 따라서 말끔히 없어졌으니, 세상을 구제한 그 공을 지금 염부제閻浮提에서 무량 겁토록 길이 의지하게 되었다.

마지막에는 인연을 따라 몸을 나투었다가 인연이 다함에 몸을 거두어 인과의 원리대로 상승上乘의 교주敎主가 되었다. 그리하여 매실이 익고[23]

연꽃이 피어나면서 홀연히 피안에 이르렀으므로 멀리서 바라보면 엄숙하고, 가까이 나아가면 온화한(望儼卽溫)[24] 그의 초상화가 지금 서쪽과 남쪽의 영당影堂에서 정례頂禮를 받고 있는 터이다.

이 정도는 되어야만 대천세계大千世界를 구제하고 속진俗塵의 세상에 은혜를 베풀었다고 할 수 있을 것이다. 벽을 마주하고서 염주를 굴리거나[25] 벽돌을 갈아서 거울을 만드는 것[26]을 어떻게 자비라고 할 수 있겠으며, 탑묘塔廟나 널리 세우고 경률經律이나 많이 베끼는 것을 어떻게 자비라고 할 수 있겠는가.

내가 서쪽과 남쪽 도신道臣의 요청에 따라 그 영당影堂에 편액扁額을 내리되, 남쪽은 표충表忠이라 하고 서쪽은 수충酬忠이라고 하는 한편, 관원에게 명하여 제수祭需를 지급해서 매년 제사 지내도록 하였다. 금년이 갑인년(1794, 정조 18)이므로 홍무洪武 갑인년(1374, 공민왕 23)에 선세善世 선사[27]에게 시를 하사한 고사를 추억하며 서序와 명銘을 지어서 영당에 걸게 하는 바이다.

내가 비록 불가佛家의 진제眞諦를 익히지는 않았으나, 일찍이 『법화경』의 의해義解를 들어 보건대, "게偈의 뜻은 중국에서 서序 뒤에 붙이는 명銘과 같은 것이다."라고 하였다. 그러고 보면 이 명銘은 실로 서축西竺의 게偈인 셈이다. 명은 다음과 같다.

불일이 처음 비침에
자비가 바로 경이었네.
오랜 세월 단전單傳[28]을 하며
부촉함이 정녕하였나니
그 서원을 물으면
누군들 보시가 아니라 하랴.
의리의 바다가 망망해서

건너는 이들이 드물었는데
복된 나라를 하늘이 보우하사
고승이 때맞춰 출현하였네.
석장을 세우고 한 소리 외치니
마귀의 군졸이 흩어져 사라지고
하늘 맑고 달 밝은 가운데
거센 물결이 조용히 가라앉았네.
우담바라 꽃이
동해에 피어났다가
경사는 적현[29]으로 돌려주고
진신眞身은 연화세계로 돌아갔다오.
숙연하도다 쇠북과 목어여,
고적孤寂하여라 선찰의 등불이여.
이름은 죽간에 전하고
도는 패엽에 남기고서
적막한 시골의 발사鉢寺[30]에
그 모습 어리비치나니[31]
보은의 제사 어떻게 할까.
관에서 보찬[32]을 지급하리라.
신령스러운 복을 내리면
길이 전단[33]을 비호하리니
마치 마도죽위[34]처럼
온 나라가 번성하여
부유했던 주나라를 짝하고[35]
경착의 당나라와 견주면서[36]
8만 4천 세 동안

자자손손 함께 즐기게 해주시라.

내가 즉위한 지 18년째 되는 갑인년 4월 초파일에 표충사와 수충사에 봉안하노라.

正宗大王御製西山大師畵像堂銘【并序】[1)]

釋家之通稱曰沙彌。沙彌者。息慈也。謂安息於慈悲之地也。故佛有三藏。而修多羅爲首。佛有十回向。而救衆生爲首。盖戒律也。禪之也。智慧也。無一不慈悲乎究乘。而法界之功德在此。恒沙之福田在此。無上哉慈悲之爲敎也。後世之沙彌則不然。雲天水瓶。遊心於實相之外。翠竹黃花。比身於無情之物。而吾儒遂以枯木死灰譏之。非吾儒譏之也。即後世沙彌。自詒其譏也。若西山大師休靜之爲沙彌也。其亦不愧夫息慈之義乎。始焉。腰包杖錫。徧叅諸方。樹法幢爲人天眼目。則雲章寶墨寵賚優異。至今與貞觀永樂之序。爭耀於兜率蘭若間。中焉。顯發宗風。弘濟國難。倡義旅爲勤王元勳。則腥羶妖氛應手廓淸。至今使方便度世之功。永賴於閻浮提無量刼。終焉。隨緣現身。緣過攝身。尋因果爲上乘敎主。則梅熟蓮香。條到彼岸。至今有望儼即溫之像。受頂禮於西南香火之所。如此然後。方庶幾乎濟大千而惠塵境。曾面壁數珠磨磚作鏡之。謂慈悲乎。曾廣建塔廟多寫經律之。謂慈悲乎。予因西南道臣之請其影堂額。賜南曰表忠。西曰酬忠。命官結祭需。歲祀之。以今歲甲寅。追洪武甲寅賜詩善世禪師之故事。爲之序若銘。俾揭諸堂。予雖未習佛諦。而嘗聞法華之義解矣。曰偈之義如此方之序後銘。則此之銘。固梵之偈也。銘曰。

佛日初照 慈雲爲經

浩刼單傳 囑付丁寧

問其誓願 孰非施捨

義海茫茫 津逮者寡

福國多祐 高僧應期

卓錫一喝 魔軍離披

天晶月朗 波恬浪平

優曇鉢華 涌現東瀛

歸慶赤縣 返眞靑蓮

肅穆鍾魚 禪燈孤懸

名流竹簡 道存貝葉

寂鄕鉢寺 交暎看[2]睫

報祀伊何 蒲饌自官

倘布靈貺 長蔭旃檀

厤稻竹葦 匝域蓊若

四周富康[3] 熄唐耕鑿

八萬四千 子孫同樂

予即阼之。十有八年甲寅四月八日。安于表忠酬忠之祠中。[4]

---

1) [원] 이 글은 무본·기본·경본·신본에만 있다. 2) [역] '看'은 '眉'의 오자인 듯하다. 3) [역] '康'은 '庶'의 오자인 듯하다. 4) [원] 이 아래에 무본·기본·경본·신본에는 '國一大師淸虛堂像'이 있으나, 편자가 싣지 않았다.

수충사酬忠祠 사제문賜祭文

건륭乾隆 59년(1794, 정조 18) 갑인년 4월 초파일에 국왕은 공조정랑工曹正郎 겸 춘추관기주관春秋館記注官 승응조承膺祚를 보내 국일도대선사國一都大禪師 선교도총섭禪敎都摠攝 부종수교보제등계존자扶宗樹敎普濟登階尊者 증표충선사贈表忠禪師 휴정休靜의 영령英靈에 제사하노라.

집에 있으면 충효요
출가해서는 자비라.
만나는 인연은 혹 달라도
뿌리야 어찌 다른 갈래리오.
선사는 영기를 한 몸에 받아
자질이 특별히 뛰어났나니
청허하면서도 세상일에 응하며
중생을 저버리지 않았도다.
윤장과 묵화를 내려
성조가 총애하였나니
산문에 돌아가 거해도
어찌 감히 은혜를 잊겠는가.
세간을 위해 몸을 나투어
의로운 깃발을 떨치니
요기가 말끔히 사라지고
하늘의 해가 다시 빛났네.
종사에 공을 세우며
대국에 이름을 날렸는데도
스스로 돌이켜 반성하며

적막 무위의 경지를 보였나니
당나라 업후[37]와 같은
그 자취 얼마나 또 기이한고.
제자가 석장을 날려
거친 바다를 건너감에
오랑캐 추장이 겁을 내어
국운이 다시 안정되었네.
의발을 전하며
정의를 펴고 시대를 바로잡았으니
실로 선종에 힘입어
우리의 윤리를 세웠기에
처음에 내가 감동하여
먼 남쪽 지방의 사당에
고명誥命을 내려
현판이 빛나게 하였어라.
우뚝 솟은 묘향산에
초상화 고이 모셨는데
더구나 이 서쪽 지방은
나고 자라고 늙고 입적한 곳임에랴.
즉시 여기에 사당을 세우도록
유사에게 명령하여
건물도 새롭게 하고
비도 크게 새겼어라.
두 글자 아름다운 호는
위대한 공적을 추모함이니
장차 풍성風聲을 세우려 함에

어찌 거듭 베풂을 꺼리리오.
지금은 갑인년
관불灌佛하는 4월 초파일
금화에 태양이 빛나고
보개에 구름이 흘러가네.
오늘 향을 내려
황조의 의식을 본받나니
길이 인간 세상에서
그 명성 환히 전해지리.
신령은 물과 같으니[38]
부디 와서 흠향하시라.

酬忠祠賜祭文[1)]

維乾隆五十九年。歲次甲寅四月初八日。國王遣臣工曹正郞兼春秋館記注官承膺祚。諭祭于國一都大禪師禪敎都摠攝扶宗樹敎普濟登階尊者贈表忠禪師休靜之靈。

在家忠孝 出世慈悲
緣或異遇 根豈殊歧
師惟鍾靈 拔類之姿
淸猶跡應 虛不倫遺
雲章墨畫 聖祖寵之
歸鎭山門 敢忘洪私
現我世法 奮我義旗
氛祲斯廓 天日昭披
宗社功存 大邦名馳
返照回光 寂若無爲

如唐鄴侯 迹又何奇
弟子飛錫 鯨海之湄
蠻酋旣讋 國步再綏
衣鉢之傳 仗義匡時
寔賴禪宗 光我民彝
始予曠感 南紀之祠
貤以華誥 有煌扁楣
岹嶤香岳 遺像聯帷
生長老寂 舠在西陲
卽祠于是 爰命有司
載新棟宇 載琢豊碑
二字嘉號 偉績是追
將以樹風 豈嫌疊施
太歲維甲 浴佛屆期
金花日暎 寶蓋雲移
是日降香 倣皇朝儀
茫茫幻劫 聲烈昭垂
靈之如水 彷佛來思

1) ㉮ 이 글은 무본·기본·경본·신본에만 있다.

자찬

自贊[1]

80년 전에는 그가 나이더니	八十年前渠是我
80년 후에는 내가 그로구나	八十年後我是渠[2]

1) [원] 이 〈자찬自贊〉은 무본·기본·경본·신본의 권두에만 있는데, 편자가 권말로 옮겨 실었다.

2) [원] 정본의 간기는 다음과 같다.

"禪師三忍。明元智云。

刻手惟性。應全。守仁。勝悅。大暎。一元。普熏。

三綱法機。

施主秩。金斗挨兩主。通政大夫李允己。崔夢亨兩主。通政大夫崔係男。孫得帝。宋貴希。曺大興。曺敬興。趙廷漢。呂仁录。金應生。金命生。思學。趙廷录。權以衡。尙希。崔長命。義行。金秋男。金史惠。惠倫。哲卞。戒訥。通政大夫吳順生。戒林。

助緣者。丁勒比丘。尙希。印奇。坦寶。德彛。彦玄。淸允。宊濕。坦海。隱梅。德孤。省傳。明海。印玉。禪哲。

康熙五年丙午。仲夏。日。桐裡山泰安寺開板。"

주

1 **방 옹龐翁** : 당대唐代의 저명한 재가在家 선자禪者인 방온龐蘊을 가리킨다. 후세에 양양襄陽의 방 대사龐大士 혹은 방 거사龐居士로 칭해지고, 동토東土의 유마維摩로 일컬어졌으며, 양대梁代의 부 대사傅大士와 병칭되었다. 강서江西의 마조 도일馬祖道一을 참알하여 "만법과 벗이 되지 않는 자는 어떤 사람이냐?(不與萬法爲侶者。是甚麽人。)"라고 물었다가, "네가 한 입으로 서강의 물을 다 마시면 말해 주겠다.(待汝一口吸盡西江水。即向汝道。)"라는 대답을 듣고 대오大悟하여 "시방에서 다 함께 모여들어 낱낱이 무위를 배우누나. 여기가 바로 선불장이라, 심공급제하여 돌아가노라.(十方同聚會。箇箇學無爲。此是選佛場。心空及第歸。)"라는 게송을 읊었다. 그의 처와 1남 1녀도 모두 깨달음을 얻었으며, 특히 딸 영조靈照는 죽기竹器를 팔아서 조석朝夕을 공양하였는데, 그의 게에 "아들은 장가를 가지 않고, 딸은 시집을 가지 않네. 온 가족이 단란히 모여 함께 무생의 이야기를 나눈다네.(有男不婚。有女不嫁。大家團圞頭。共說無生話。)"라는 말이 나온다. 그가 입적할 즈음에 딸 영조에게 시간이 얼마나 됐는지 알아보고 오라고 하니, 영조가 돌아와서 "해가 벌써 중천에 떴는데, 일식이 있습니다.(日已中矣。而有蝕也。)"라고 하였다. 이에 방온이 나가서 살펴보는 사이에 영조가 아버지의 자리에 올라가 앉아서 합장하고 먼저 세상을 떠났는데, 방온이 이를 보고 웃으며 "내 딸의 기봉이 예리하구나.(我女鋒捷矣)"라고 감탄하고는 다시 날짜를 미뤄 7일 뒤에 입적했다고 한다.(『佛祖綱目』 권32 「馬祖道一傳法龐蘊」(X85, 0627a13), 『景德傳燈錄』 권8 「襄州居士龐蘊」(T51, 0263b03), 『居士傳』 권17(X88, 0214c11), 『碧巖錄』 제42칙 (T48, 0179b15) 참조)

2 **야호정野狐精** : 야호野狐의 정매精魅가 변환하여 사람을 잘 속이는 것처럼, 진정으로 깨닫지 못했으면서 깨달은 것처럼 행세하는 사이비 선승禪僧을 말한다.

3 **삼조연三條椽 아래** : 선방禪房에서 좌선하는 상위床位를 말한다. 그 상床의 너비가 3척이고, 그 위에 세 개의 서까래(三條椽)가 있는 데에서 유래한 것이다. 그래서 좌선하는 자를 삼조연하객三條椽下客이라고 칭하기도 한다.(『碧巖錄』 「제25칙」(T48, 0165c08) 참조)

4 **도인은 응당~새삼 떠오르누나** : 『불조강목佛祖綱目』 권32 「보원선사개법남전조普願禪師開法南泉條」에 당唐나라 남전 보원南泉普願이 "요즈음 선사가 무척 많기도 하다마는, 그중에 아둔한 사람은 찾아볼 수가 없다.(近日禪師太多。覓箇癡鈍人不可得。)"라고 탄식한 말이 나온다.(X85, 0630c23)

5 **슬프다 달빛만 실은 선자船子여** : 이 시 3수는 이미 앞에 나왔다. 이 대목의 주석은 제2권 499면 주 81과 82를 참조하기 바란다.

6 일생에 기특한~있는 것 : 당唐나라 백장 회해百丈懷海 선사에게 어떤 중이 "무엇이 기특한 일입니까?(如何是奇特事)"라고 묻자, 백장이 "대웅봉에 홀로 앉아 있는 것.(獨坐大雄峰)"이라고 답변한 '백장독좌대웅봉百丈獨坐大雄峰'의 선종禪宗 공안公案이 전한다. 대웅봉은 강서江西 백장산百丈山의 이칭異稱이다. 회해가 이 산에서 선풍禪風을 떨쳤기 때문에 세상에서 백장 회해라고 칭하였다.『五燈會元』권3(X80, 0071a09), 『碧巖錄』제26칙(T48, 0166c26) 참조].

7 원숭이와 학이 사람 없다 원망하네 : 이 시도 이미 앞에 나와 있다. 이 대목의 주석에 대해서는 제2권 503면 주 118을 참조하기 바란다.

8 조사서래의祖師西來意의 물음과 정전백수자의 대답이여 : 제1권 161면 주 49 참조.

9 가정을 지나며 느낌을 적다 : 이 시는 〈임신년 가을에 정 동경을 생각하며(壬申秋憶鄭同庚)〉라는 제목으로 이미 앞에 나와 있다.

10 현겁賢劫 : 석가불釋迦佛 등 1천 부처가 세상에 출현하는 현재겁이라는 뜻의 불교 용어이다. 과거장엄겁過去莊嚴劫·미래성수겁未來星宿劫과 합쳐서 삼대겁三大劫이라고 한다.

11 석가가 도솔천에서~내려올 적에 :『불본행경佛本行經』권1에 호명護明보살이 상아 여섯 개의 흰 코끼리를 타고 도솔천兜率天에서 내려와 오른쪽 옆구리로 들어오는 꿈을 마야부인摩耶夫人이 꾸고서 석가를 잉태했다는 이야기가 나온다.(T03, 0676b10)

12 노파가 나뭇잎을~한 것 : 선종禪宗에서는 부처의 8만 4천 법문이 모두 중생을 인도하기 위한 일시적인 방편 설법으로서,『북본대열반경北本大般涅槃經』권20「영아행품嬰兒行品」과『종용록從容錄』제7칙(T48, 0231c12)에 마치 어린아이가 울 적에 부모가 나무의 누런 잎사귀를 황금이라고 속여서 울음을 그치게 하는 것(黃葉止啼)과 같다고 주장하는 내용이 나온다.

13 염화拈花 : 석가모니가 수제자 가섭迦葉에게 세 곳에서 마음을 전해 주었다는 선종禪宗 전설의 이른바 삼처전심三處傳心 중 하나이다. 참고로 삼처전심은 영산靈山에서의 이 염화미소拈花微笑와 다자탑多子塔에서 자리의 반을 나누어 앉게 했다는 분반좌分半座와 쌍림수하雙林樹下의 관 속에서 두 발을 내밀었다는 곽시쌍부槨示雙趺 혹은 관중출족棺中出足을 말한다. 본문의 시부示趺는 곽시쌍부의 준말이다.

14 노부老父가 실성한~둔 것 : 법화法華 칠유七喩의 하나인 의자유醫子喩에 나오는 이야기이다.『법화경法華經』「여래수량품如來壽量品」에 어떤 양의良醫가 타국에 간 사이에 여러 아들이 독약을 잘못 먹었는데, 그 아비가 돌아와서 양약良藥을 주니 모두 먹고 나았으나 실성한 아들만은 거부하고 복용하지 않았다. 이에 그 아비가 타국으로 다시 떠나며 거짓으로 죽었다고 말하니, 그 아들이 지극히 슬퍼하다가 정신이 깨어 약을 먹고 낫게 되었다는 내용이 나온다. (T09, 0043a07)

15 사위성舍衛城의 3억 가호家戶 :『대지도론大智度論』권9에 사위성의 9억 민중 가운데

3억은 부처가 출세出世한 시대에도 인연이 없어서 불법을 전연 알지 못했다는 이야기가 실려 있다.(T25, 0125c05)

16 옛사람이 견고한~시냇물(澗水)이라고 대답하였다 : 송宋나라 대룡 지홍大龍智洪 선사에게 어떤 중이 "색신이 무너지고 난 뒤에 어떤 것이 견고한 법신입니까?(色身敗壞, 如何是堅固法身。)"라고 물으니, "산꽃은 비단처럼 울긋불긋 피어 있고, 시냇물은 쪽빛처럼 푸르게 고여 있다.(山花開似錦, 澗水湛如藍。)"라고 대답한 일화가 전한다. 선종禪宗에서 견고법신堅固法身 혹은 대룡패괴법신大龍敗壞法身의 공안으로 칭해진다.[『碧巖錄』제82칙(T48, 0208a26), 『五燈會元』권8(X80, 0178b19) 참조]

17 너에게서 나온 것은 너에게로 돌아간다 : 제6권 789면 주 63 참조.

18 옛날에 공부자孔夫子가~라고 하였다 : 상商나라 태재太宰 비嚭가 공자에게 "선생님은 성자聖者이십니까?"라고 물으니, 대답하기를 "나는 박학강기博學強記할 뿐 성인이 아닙니다."라고 하였다. 또 삼왕三王과 오제五帝와 삼황三皇이 성자인지 물었으나, 각각 잘한 점이 있긴 하나 성인인지는 모르겠다고 대답하였다. 이에 태재가 크게 놀라면서 그렇다면 누가 성인이냐고 묻자, 공자가 "내가 듣기에 서방에 대성인이 계시는데, 그분은 다스리지 않아도 어지럽지 않고, 말하지 않아도 절로 퍼지고, 교화하지 않아도 절로 행해지니, 지극히 광대해서 사람들이 뭐라고 이름 붙일 수가 없습니다.(丘聞西方有大聖焉. 不治而不亂. 不言而自信. 不化而自行. 蕩蕩乎人無能名焉。)"라고 대답했다는 고사가 전한다.[『佛祖綱目』권10「震旦國孔丘示寂」(X85, 0575a16) 참조]

19 운천雲天과 수병水瓶으로~마음을 노닐고 : 당唐나라 이고李翺가 약산 유엄藥山惟儼 선사에게 도를 묻자, 유엄이 "구름은 푸른 하늘에 있고, 물은 병 속에 있다.(雲在青天水在瓶)"라고 대답하니, 이고가 흔연히 계오契悟했다는 고사가 전한다.[『佛祖綱目』권32「李翺居士參惟儼禪師」(X85, 0630b02) 참조]

20 취죽翠竹과 황화黃花로~몸을 비긴다 : 남조南朝의 도생道生이 무정물에도 불성이 있다고 주장하면서 "푸르게 우거진 대나무 숲도 모두 진여요, 누렇게 피어난 국화꽃도 반야 아닌 것이 없다.(青青翠竹. 盡是眞如. 鬱鬱黃花. 無非般若。)"라고 말한 고사가 전한다.[『祖庭事苑』권5(X64, 0387b13) 참조]

21 도솔兜率과 난야蘭若 사이 : 도솔천과 사찰 사이, 즉 하늘과 땅 사이라는 말이다.

22 정관貞觀과 영락永樂의 서序 : 불교의 고승을 우대한 중국 황제의 글이라는 말이다. 정관은 당 태종唐太宗의 연호이고, 영락은 명 성조明成祖의 연호이다. 정관 19년(645) 정월에 현장玄奘이 서역 천축에서 귀국하자 그에게 삼장법사三藏法師의 호를 하사하고, 조서詔書를 내려 그의 역경譯經 작업을 적극적으로 돕게 한 고사가 있다.(「大唐三藏聖教序」,「大唐西域記序」,『續高僧傳』卷4,『佛祖統紀』권39) 또 영락 5년(1407) 3월에 서장西藏의 라마교喇嘛敎 고승高僧인 갈리마오사噶里麻烏斯를 대보법왕大寶法王에 봉하고, 종산鍾山 영곡사靈谷寺에서 7일 동안 보도대재普度大齋를 열며 성조 자신이

친히 분향한 고사가 있다. 갈리마오사는 합리마哈里麻·합립마哈立麻·갈리마葛哩麻 등으로 줄여서 부르기도 한다.(『釋鑑稽古略續集』 권3, 『補續高僧傳』 권19 참조)

23 매실이 익고 : 당 덕종唐德宗 때 마조 도일馬祖道一 선사가 그의 법사法嗣인 대매 법상大梅法常을 인가하면서 "매실이 익었다.(梅子熟也)"라고 말한 고사를 인용한 것 이다. 법상이 대매산大梅山에 거했기 때문에 이렇게 말한 것이다.(『景德傳燈錄』 권 7(T51, 0254c14)) 그런데 『송고승전宋高僧傳』 권11(T50, 0776a14)과 『조당집祖堂集』 권15에는 이 말을 법상의 동문인 염관 제안鹽官齊安이 평한 말로 기록하고 있다.

24 멀리서 바라보면~나아가면 온화한 : 『논어』「자장子張」의 "멀리서 바라보면 엄숙하 고 가까이 나아가면 온화하고 그 말을 들어 보면 명확하다.(望之儼然, 卽之也溫, 聽其 言也厲。)"라는 말을 발췌한 것이다. 이는 자하子夏가 군자에 빗대어 공자의 덕을 표현 한 말이다.

25 벽을 마주하고서 염주를 굴리거나 : 제5권 719면 주 30 참조.

26 벽돌을 갈아서 거울을 만드는 것 : 당唐나라 마조 도일馬祖道一이 형악衡嶽에서 좌선 을 할 적에 남악 회양南嶽懷讓이 그의 법기法器를 알아보고는 그를 찾아가서 좌선하 는 목적을 물어보니, 부처가 되기 위해서라고 하였다. 이에 남악이 그의 암자 앞에 벽 돌 하나를 가지고 와서 갈기 시작하였는데, 도일이 그 이유를 묻자 거울을 만들려 한 다고 하였다. 도일이 "벽돌을 갈아서 어떻게 거울을 만들 수 있느냐?(磨磚豈得成鏡 耶)"라고 묻자, 회양이 "벽돌을 갈아서 거울을 만들 수 없다면 좌선을 해서 어떻게 부 처가 될 수 있느냐?(磨磚旣不得成鏡, 坐禪豈得作佛。)"라고 반문하고는 그를 깨달음의 길로 이끈 마전磨磚의 고사가 전한다.(『佛祖綱目』 권30 「懷讓禪師傳法馬祖道一」(X85, 0615c09) 참조)

27 선세善世 선사 : 명明나라 초기의 인도印度 선승禪僧이다. 범명은 Sahajaśrī로, 음역은 살갈찰실리薩曷拶室哩이고, 구생길상具生吉祥으로 의역된다. 명 태조 홍무 7년(1374) 에 도성에 들어오자 태조가 봉천문奉天門에서 소견召見하고 선세 선사라는 호를 내 렸으며, 특별히 은장銀章을 반포하여 천하의 석교釋敎를 총령摠領하게 하였다.(『補續 高僧傳』 권1(X77, 0373a22), 『新續高僧傳』 권18(X77, 0373a22) 참조)

28 단전單傳 : 선종禪宗의 용어로, 교외별전敎外別傳·불립문자不立文字·견성성불見性 成佛의 심인心印을 불조佛祖끼리만 서로 전해 온 것을 가리킨다.

29 적현赤縣 : 전국시대 제齊나라 사람 추연鄒衍이 화하華夏의 땅을 적현신주赤縣神州 라고 칭한 고사에서 나온 말로, 보통 중국을 가리키는데, 여기서는 인간 세상의 뜻으 로 쓰였다.(『史記』「孟子荀卿列傳」 참조)

30 발사鉢寺 : 고승이 입적한 사원을 가리키는데, 여기서는 서산의 영당影堂의 뜻으로 쓰였다. 송宋나라 중원 문혜重元文慧 선사가 노국공潞國公 문언박文彦博에게 떠나겠 다고 하자, 문언박이 늙은 몸으로 또 어디를 가려느냐고 웃으면서 물었는데, 잠시 뒤

에 알아보니 천발사天鉢寺에 앉아서 입멸하였으며, 무더위 속에서도 향기가 진동하고 사리가 무수히 쏟아져 나왔다는 고사가 전한다. 천발사는 불발사佛鉢寺라고도 한다(『佛祖綱目』권36「契嵩禪師進傳法正宗記」(X85, 0721c12) 참조].

31　그 모습 어리비치나니 : 대본의 원문은 '交暎看睫'으로 되어 있으나, 정조正祖의 문집인 『홍재전서弘齋全書』권53의 원문에 의거하여 '看'을 '眉'로 바꿔 번역하였다.

32　보찬蒲饌 : 이보새伊蒲塞의 찬수饌需, 즉 이보찬伊蒲饌의 준말로, 재齋를 올릴 때 바치는 음식 등을 말한다. 이보새는 범어 upāsaka의 음역으로, 오계五戒를 받은 재가 남자 불교 신도를 말한다. 우바새優婆塞라고도 하며, 근사남近事男·근선남近善男·청신남淸信男·청신사淸信士 등으로 의역된다. 여자 신도는 우바이優婆夷라고 한다.

33　전단栴檀 : 전단서상栴檀瑞像의 준말로, 전단의 향나무로 조각한 불상佛像을 가리키는데, 여기서는 서산의 초상肖像을 뜻하는 말로 쓰였다.

34　마도죽위麻稻竹葦 : 만물이 번창하는 것을 비유하는 말이다. 『법화경』「방편품」의 "마치 벼와 삼과 대와 갈대처럼 시방세계에 가득 차기를.(如稻麻竹葦。充滿十方刹。)"이라는 말에서 나온 것이다.(T09, 0005c14)

35　부유했던 주나라를 짝하고 : 대본의 원문은 '匹周富康'으로 되어 있으나, 『홍재전서』의 원문에 의거하여 '康'을 '庶'로 바로잡아 번역하였다.

36　경착耕鑿의 당唐나라와 견주면서 : 태평 시대를 가리킨다. 당나라는 도당씨陶唐氏, 즉 요堯임금의 시대를 뜻한다. 경착은 밭 갈고 샘을 판다는 뜻인데, 요임금 때에 노인이 지었다는 격양가擊壤歌에 "해가 뜨면 일어나고 해가 지면 쉬면서 내 샘을 파서 물마시고 내 밭을 갈아서 밥 먹을 뿐이니, 임금님의 힘이 도대체 나에게 무슨 상관이랴.(日出而作。日入而息。鑿井而飮。耕田而食。帝力於我何有哉。)"라는 말이 나오는 데에서 유래한 것이다.

37　업후鄴侯 : 업현후鄴縣侯에 봉해진 당唐나라 이필李泌을 가리킨다. 당 숙종唐肅宗으로부터 빈우賓友의 대우를 받으면서 들어와서는 국사國事를 의논하고, 나가서는 대가大駕를 호종하면서 중흥의 방략方略을 논의하였으며, 덕종德宗이 봉천奉天의 행재소行在所에 있을 당시에 사태를 원만히 수습하여 사직을 안정시킨 공이 많다. 그가 스스로 산인山人이라고 칭하며 관직을 고사하고 은청광록대부銀靑光祿大夫를 사양하며 화禍를 피해 형악衡嶽에 은거한 고사가 있기 때문에 그를 서산에 비유한 것이다.(『舊唐書』권130「李泌傳」참조)

38　신령은 물과 같으니 : 송宋나라 소식蘇軾이 지은 「조주한문공묘비潮州韓文公廟碑」에 "공의 신령이 천하에 있는 것은 마치 물이 땅속에 있는 것과 같아서 어디에 간들 있지 않은 곳이 없을 것이다.(公之神在天下者。如水之在地中。無所往而不在也。)"라는 말이 나온다. 한문공은 당唐나라 한유韓愈를 가리킨다.

| 부록 |

저본底本(7권본)에 수록된 내용과 차례는 2권본(갑본·을본·병본·정본)과 4권본(무본·기본·경본·신본)과 매우 다르다. 이에 편자가 2권본과 4권본의 목차를 작성하여 부기해 둔다.

2권본(갑본·을본·병본·정본) 목차

권상

사辭 3편

「淸夜辭」「林下辭」「山中辭」

오언五言 118편 137수

〈四仙亭〉〈西都懷古〉〈東湖夜泊〉〈南溟夜泊〉(4수)〈驪江晚泊〉〈草屋〉〈過東都〉〈杜鵑〉〈哭征北將〉(2수)〈過王將軍墓〉(2수)〈宿加平灘〉〈過故宅〉〈憶友〉〈聞笛〉〈關東有所思〉〈西湖〉〈春日詠懷〉〈登鐵城城樓有感〉〈崇義禪子訪淸虛〉〈感興〉(2수)〈哭陳碁子〉(2수)〈俊禪子〉〈過蓼川〉〈讀史〉(2수)〈漁翁〉〈遊塞北〉(2수)〈花開洞〉〈過古寺〉(2수)〈上玉溪〉〈會友〉〈一巖〉〈送願禪子之關東〉〈途中有感〉〈過金將軍墓〉〈登樓〉〈東原俘〉〈宿蔡邕亭〉〈登檀君臺〉〈靑海白沙行〉〈浮休子〉〈示行珠禪子〉(3수)〈書南華卷〉〈歎逝〉〈賞春〉〈傷春〉〈失母鳥〉〈晚秋〉〈哭康陵〉〈望高臺〉〈佛日庵〉〈遊伽倻〉〈書大慧錄〉〈訪祖室〉〈靑鶴洞瀑布〉〈榮城北村〉〈遊西山〉〈過扶餘〉〈老病有感吟〉〈寄蓬萊子〉(2수)〈贈一禪子〉(2수)〈秋江別友〉〈次蘇仙韻〉〈紅流洞〉(2수)〈鐵峯〉〈贈密雲禪子〉〈題牧庵〉〈集孤雲字〉〈戱次李竹馬韻〉〈重陽上南樓〉〈探密峯〉〈襄陽途中〉〈有約君不來〉〈洛中即事〉〈贈志彦大選之歸寧〉(2수)〈心鏡庵〉〈送芝大師〉〈過華嚴寺〉〈過古都〉〈答行禪子〉〈答南海翁〉〈次李方伯拭〉〈贈李秀才〉〈遊武陵洞〉〈冠灘即事〉〈惜春〉〈惠嵓禪子〉〈洛山佛事〉〈省坽途中〉〈次尹方伯〉〈聞鵑〉〈山居〉〈過法光寺〉〈送處英禪子出山〉〈贈李竹馬〉〈通決〉〈杏院〉〈聞鵑〉〈贈別慧機長老〉(2수)〈荊楚圖〉〈登高賞秋〉〈偶吟〉〈哭河氏〉〈蓬萊即事〉〈過邸舍聞琴〉〈次許學士遊石門韻〉〈題淸涼影帖〉

〈有懷〉〈上郭戎帥〉〈過古戰場〉〈與趙學士遊靑鶴洞〉〈題伯牙圖〉〈過尹上舍舊宅〉〈題桃源圖〉〈隱夫〉〈過河西墓〉〈草堂〉〈松巖道人〉(2수)〈送鑑禪子之雲遊〉(3수)

오칠언 고풍과 율시 五七言古風幷律 85편

〈內隱寂〉〈遊香峯〉〈宿元曉庵〉〈過峴山花村〉〈詠月 藥山茅亭〉〈秋懷〉〈次李方伯韻別〉〈立春〉〈呂洞賓過洞庭圖〉〈贈敏禪子〉〈寄松竹軒主人〉〈送李竹馬之京洛〉〈遊漢江〉〈送靑蓮禪子之楓嶽〉〈花開洞〉〈金陵途中〉(2수)〈題崔孤雲石〉〈宿江陵鎭〉〈栽松菊〉〈雪嶽山花巖寺〉〈夢過李白墓〉〈寄湖仙〉〈別柳子〉〈還鄕〉(2수)〈蓬萊草堂〉〈呼犢鳥〉〈病懷〉〈題洛山東軒〉〈送慧聰禪子〉〈行脚僧〉〈贈別李竹馬〉〈送應沙彌之楓嶽〉〈送人赴京〉〈戲次老秀才韻〉〈寄天吼山年兄〉〈誠心禪子入誠〉〈謝李竹馬來訪〉〈別小師〉〈花村午憩〉〈次林石泉韻〉(2수)〈哭朴上舍〉(2수)〈登楓嶽〉〈漢濱送朴學士〉〈李竹隱上南溟處士〉〈敬次〉〈自嘲〉〈賽成方伯求頌〉〈登天王峯〉〈謝鑑禪子來訪〉〈登海松臺〉〈贈白雲處士〉〈賞秋〉〈朴上舍草堂〉〈寄趙葆眞〉〈題鷦鷯過海圖〉〈因事有感〉〈題鑑湖臺〉(2수)〈送普願上人〉〈感興集古詩〉〈戰場行〉〈贈昱禪子〉〈上鑑湖主人〉(2수)〈贈別麟壽禪子〉〈此君樓〉〈題頭流山淩波閣〉〈次金剛山山映樓板上韻〉〈上熙川邑宰〉〈次李監司拭韻〉〈南行卽事〉〈過柯亭有感〉〈壬申秋憶鄭同庚〉〈江月軒〉〈懷舊〉〈草屋〉〈訪謫客〉〈贈無相居士〉〈嘆世〉〈登嶺憶頭流〉〈寄應禪子兼示神秀沙彌〉〈浮休子〉〈哭兒〉〈詠懷示永貞禪子〉〈讚栽松道者〉〈題檜巖方丈示住持〉(2수)

선어 禪語 103편

「禪敎訣」(別冊收錄)「又示別紙」「賽義玄禪子求語」「贈碧泉禪和子」「贈白蓮禪和子」「示明鑑尙珠彦和諸門輩」(2수)「賽印悟禪子求偈」「贈行脚禪子」「贈惟政大師」「示義天禪子」(2수)「示法玄禪子」「賽志徽求頌」「次李方伯韻」「贈印徽禪子」「傳道吟」「天鑑禪子求我於一言懃懃懇懇我先噴自己以及於師師亦自責可也」「贈遊方禪子」「金剛山彌勒峯求偶吟」「嘆世」「淸夜卽事」「贈一庵道人」「人境俱奪」「四也亭」「念佛僧」「罷講日示行大師」「贈熙長老」「過鳳城聞午雞」(2수)「贈德義禪子」「法藏大師」「講圓覺」「草堂詠栢」「內隱寂」「古意」「還鄕曲」「靈芝禪子」「心禪子行脚」「道雲禪子」「應和禪子」「太熙沙彌歸寧」「智海禪子索禪偈以斷頭話報之」「德仁禪子」「太顚禪子」「德

峻禪子」「性宗禪子」「誡霅印小師」「圓徹大師」「元惠長老」「示圓密二禪子」「答座主問」(2수)「贈洛山懷海禪子」「哭金居士女」「敬次芙蓉尊宿韻」「草允禪德」「覺行大師」(2수)「天玉禪子」「示性雲長老」「詠懷」「示碧泉禪子」(3수)「贈性訥禪子」(3수)「贈道能禪子」「賽仁禪子求偈」「次申上舍韻」「又贈眞機幷序」「警求陶泓之禪子」「讚佛」(2수)「讚儒道」「贊達摩眞」「達摩渡江圖」「贊先師眞」「頭流內隱寂」「贈離幻禪子」「登白雲山吟」「哭亡僧」「楞嚴一章」「題一禪庵壁」「送別張萬戶」「癸丑秋遊鳴沙」「詠懷」「賈島」「關東行」「上滄海」「寄鑑湖」「登望海亭」「送南遷客」「宿瀛洲」「送人之南海」「霅溪方丈」「淸虛歌」「花山隱者」「尋雲溪洞」「惜春」「別山友」「遇龍城金樂士宿星院」「雨晴集句」「觀東海」「夜坐」「宿栢巓」「登東海秘仙亭有感」「途中有感」「逆旅」「書退溪卷」「贈元敏禪子」「次黃進士汝一韻」(2수)

잡저雜著 65편

「送一晶禪子」「靑海白沙行」「宿雙溪方丈見故人詩」「謝白雲子來訪戲別」「登南山望都歌」「望鄕」「遊四仙亭」「哭喬山」「戲贈白衣僧」「示寶大師」「夢覺」「寄玄禪子」「夏日」「自嘲」「賽西山老人求懷」「春暮宿龍城野寺戲贈鄭秀才」「走次李鳳城老倖韻」(2수)「偶吟」「漁翁」「次李秀才韻」「題鑑湖臺」(2수)「走次姜措大詠雪韻」「亡友嘆」「題淳師卷」「贈別圓上人」「寄邊帥」「贈眞禪和」「送梅大選歸山」「次隱溪韻」「送僧湖南」「次尹方伯韻」「寄湛熙禪子」「秋夜」「次別張柳二遊子」「萬瀑洞次古栢韻」「宿圓巖驛」「淸潤亭」「王師菊」「紅流洞」「顧影有感」「書懷」「贈玉山人」「三夢詞」「杜鵑」「嘲休糧僧」「楓嶽山」「題釋王寺李龍眠所畫千佛幀」「送芝師」「曲池」「送英庵主出山」「與朴學士宿漢寺梅花堂」「謝金信士來訪」「贈李秀才」「崔孤雲圖」「庭梧」「雜興」「過古寺」「因事有感」「一禪子」「松軒」「西來曲」「遊東海」「妙峯」「書潘帖」「頓教頌」

권하

문文 47편

「智異山霅溪寺重創記」「奉恩寺記」「妙香山元曉庵記」「金剛山長安寺新鑄鍾銘幷序」「新刊蓮經跋」「祭父母文」「上朴左相淳」「上朴判書啓賢」「答門人李秀才書」「上盧大憲大孝廬所」「招學禪子」「上鐵瓮尹書」「答李誠齋書」「招敬熙長老」「上佛日老」「上

「采松子」「寄全師」「答信道友書」「答敎師書」「答行大師」「答融禪子」「答頭流子」「遠奠盧察訪靈几文」「招道人」「寄太常禪子書」「謝屛巖主人書」「答愼郵官書」「上退休相國書」「答行禪子書」「答頭流諸師書」「代智軒叅學啓」「七佛庵盖瓦落成詩」「蔡氏薦夫伽陁」「圓覺經重刊募緣偈」「妙香山普賢寺新鑄鍾銘」「禪門龜鑑序」「普賢寺普光殿改瓦慶讚疏」「薦師疏」「明寂庵慶讚疏」「募緣文」「頭流山內隱寂新構募緣文」「智異山黃嶺庵記」「答敏禪子書」「招禪子二篇」「答離幻禪子書」「答印悟禪子書」「幀跋」

4권본(무본·기본·경본·신본) 목차

권수卷首

〈宣祖大王賜西山大師墨竹詩〉「正宗大王御製西山大師畫像堂銘幷序」「酬忠祠賜祭文」

권1

시詩 370편

〈敬次宣祖大王御賜墨竹詩韻〉〈四仙亭〉〈西都懷古〉〈東湖夜泊〉〈南溟夜泊〉(4수)〈驪江晩泊〉〈草屋〉〈過東都〉〈杜鵑〉〈哭征北將〉(2수)〈過王將軍墓〉(2수)〈宿加平灘〉〈過故宅〉〈憶友〉〈聞笛〉〈關東有所思〉〈西湖〉〈雨晴集句〉〈觀東海〉〈夜坐〉〈崇義禪子訪淸虛〉〈感興〉(2수)〈哭陳碁子〉〈俊禪子〉〈過蔘川〉〈讀史〉(2수)〈漁翁〉〈遊塞北〉(2수)〈花開洞〉〈過古寺〉(2수)〈上玉溪〉〈會友〉〈一巖〉〈送願禪子之關東〉〈送中有感〉〈過金將軍墓〉〈登樓〉〈東原倅〉〈宿蔡邕亭〉〈登檀君臺〉〈靑海白沙行〉〈浮休子〉〈示行珠禪子〉(3수)〈書南華卷〉〈歎逝〉〈賞春〉〈傷春〉〈失母鳥〉〈晩秋〉〈哭庚陵〉〈望高臺〉〈佛日庵〉〈遊伽倻〉〈書大慧錄〉〈訪祖室〉〈靑鶴洞瀑布〉〈滎城北村〉〈遊西山〉〈過扶餘〉〈老病有感吟〉〈寄蓬萊子〉(2수)

〈贈一禪子〉(2수)〈秋江別友〉〈次蘇仙韻待友〉〈紅流洞〉(2수)〈鐵峯〉〈贈密雲禪子〉〈題牧庵〉〈集孤雲字〉〈戱次李竹馬韻〉〈重陽上南樓〉〈探密峯〉〈襄陽途中〉〈有約君不來〉〈洛中卽事〉〈贈志彦大選之歸寧〉(2수)〈心鏡庵〉〈送芝大師〉〈過華嚴寺〉〈過古都〉〈答行禪子〉〈答南海翁〉〈次李方伯拭〉〈贈李秀才〉〈遊武陵洞〉〈冠灘卽事〉〈惜春〉〈惠崑禪子〉〈洛山佛事〉〈省塢途中〉〈次尹方伯〉〈聞鵑〉〈山居〉〈過法光寺〉〈送處英禪子出山〉〈贈李竹馬〉〈通決〉〈杏院〉〈聞鵑〉〈贈別慧機長老〉〈荊楚圖〉〈登高賞秋〉〈偶吟〉〈哭河氏〉〈蓬萊卽事〉〈過邸舍聞琴〉〈次許學士遊石門韻〉〈題淸凉影帖〉〈有懷〉〈上郭戎帥〉〈過古戰場〉〈與趙學士遊靑鶴洞〉〈題伯牙圖〉〈過尹上舍舊宅〉〈題桃源圖〉〈隱夫〉〈過河西墓〉〈草堂〉〈松巖道人〉(2수)〈送鑑禪子之雲遊〉(3수)〈南行卽事〉〈江月軒〉〈懷舊〉〈草屋〉〈訪謫客尹公〉〈贈無相居士〉〈嘆世〉〈登嶺憶頭流〉〈浮休子〉〈哭兒〉〈詠懷示永貞禪子〉〈讚栽松道者〉〈嘆世〉〈淸夜卽事〉〈贈一庵道人〉〈人境俱奪〉〈四也亭〉〈念佛僧〉〈罷講日示行大師〉〈贈熙長老〉〈過鳳城聞午鷄〉(2수)〈贈德義禪子〉〈法藏大師〉〈講圓覺〉〈草堂詠栢〉〈內隱寂〉〈古意〉〈心禪子行脚〉〈道雲禪子〉〈應和禪子〉〈太熙沙彌歸寧〉〈圓徹大師〉〈示圓密二禪子〉〈答座主問〉(2수)〈贈洛山懷海禪子〉〈哭金居士女〉〈天玉禪子〉〈示性雲長老〉〈贈道能禪子〉〈賽仁禪子求偈〉〈次申上舍韻〉〈警求陶泓之禪子〉〈讚佛〉〈讚儒道〉〈贊達摩眞〉〈達摩渡江圖〉〈贊先師眞〉〈登白雲山吟〉〈哭亡僧〉〈楞嚴一章〉〈題一禪庵壁〉〈送別張萬戶應壁〉〈癸丑秋遊鳴沙詠懷〉〈賈島〉〈關東行〉〈上滄海〉〈送南遷客〉〈宿瀛洲〉〈送人之南海〉〈霅溪方丈〉〈花山隱者〉〈尋雲溪洞〉〈惜春〉〈別山友〉〈遇龍城金樂士宿星院〉〈宿栢巓〉〈途中有感〉〈贈元敏禪子〉〈送一晶禪子〉〈淸海白沙行〉〈宿雙溪方丈見故人詩〉〈哭喬山〉〈夢覺〉〈夏日〉〈漁翁〉〈次李秀才韻〉〈題鑑湖臺〉〈走次姜措大詠雪韻〉〈亡友嘆〉〈題淳師卷〉〈贈眞禪和〉〈次隱溪韻〉〈次尹方伯韻〉〈秋夜〉〈宿圓巖驛淸澗亭〉〈王師菊〉〈紅流洞〉〈顧影有感〉〈三夢詞〉〈嘲休糧僧〉〈送芝師〉〈曲池送英庵去出山〉〈與朴學士宿漢寺梅花堂〉〈謝金信士來訪〉〈贈李秀才〉〈崔孤雲圖〉〈庭梧〉〈雜興〉〈過古寺〉〈因事有感〉〈一禪子〉〈松軒〉〈西來曲〉〈遊東海〉〈妙峯〉〈書潘幅〉〈臨終偈〉〈過峴山花村〉〈詠月〉〈藥山茅亭〉〈秋懷〉〈次李方伯韻別〉〈立春〉〈呂洞賓過洞庭圖〉〈贈敏禪子〉〈次李監司拭韻〉〈贈碧泉禪和子〉〈贈白蓮禪和子〉〈贈行脚禪子〉〈贈惟政大師〉〈賽志徽求頌〉〈贈遊方禪子〉〈又贈眞機幷序〉〈讚佛〉〈頭流內隱寂〉〈春日詠懷〉〈登鐵城城樓有感〉〈次黃進士汝一

韻〉(2수)〈遊四仙亭〉〈示碧泉禪子〉(3수)〈贈性訥禪子〉(3수)〈內隱寂〉〈遊香峯〉〈宿元曉庵〉〈寄應禪子兼示神秀沙彌〉〈輝遠扶天道人〉〈題檜巖方丈〉〈示明鑑尙珠彥和諸門輩〉〈賽印悟禪子求偈〉〈傳道吟〉〈天鑑禪子求我於一言懇懇懇懇我先嘖自己以及於師師亦自責可也〉〈詠懷〉〈靈芝禪子〉〈登望海亭〉〈示寶大師〉〈賽西山老人求懷〉〈楓嶽山〉〈送李竹馬之京洛〉〈遊漢江〉〈送靑蓮禪子之楓嶽〉〈花開洞〉〈金陵途中〉(2수)〈題崔孤雲石〉〈宿江陵鎭〉〈栽松菊〉〈雪嶽山花嚴寺〉〈夢過李白墓〉〈寄湖仙〉〈別柳子〉〈還鄕〉(2수)〈蓬萊草堂〉〈呼犢鳥〉〈病懷〉〈題洛山東軒〉〈送慧聰禪子〉〈行脚僧〉〈贈別李竹馬〉〈送應沙彌之楓嶽〉〈送人赴京〉〈戱次老秀才韻〉〈寄天吼山年兄〉〈誠心禪子入城〉〈謝李竹馬來訪〉〈別小師〉〈花村午憩〉〈次林石泉韻〉(2수)〈哭朴上舍〉(2수)〈登楓嶽〉〈漢濱送朴學士〉〈敬次李竹隱上南溟處士〉〈自嘲〉〈賽成方伯求頌〉〈謝鑑禪子來訪〉〈登海松臺〉〈贈白雲處士〉〈賞秋〉〈朴上舍草堂〉〈寄趙葆眞〉〈題鴒鶴過海圖〉〈因事有感〉〈題鑑湖臺〉(2수)〈過柯亭有感〉(2수)〈示義天禪子〉(2수)〈還鄕曲〉〈誡雯印小師〉〈元惠長老〉〈敬次芙蓉尊宿韻〉〈草允禪德〉〈覺行大師〉(2수)〈贈離幻禪子〉〈登東海秘仙亭有感〉〈逆旅〉〈書退溪卷〉〈墻壁頌〉〈寄玄禪子〉〈自嘲〉〈春暮宿龍城野寺戱贈鄭秀才〉〈走次李鳳城老倅韻〉(2수)〈偶吟〉〈贈別圓上人〉〈寄邊帥〉〈送梅大選歸山〉〈贈熙長老〉〈送僧湖南〉〈寄湛熙禪子〉〈次別張柳二遊子〉〈萬瀑洞次古栢韻〉〈書懷〉〈贈玉山人〉〈杜鵑〉〈題釋王寺李龍眠所畵千佛幀〉〈送普願上人〉〈感興集古詩〉〈贈昱禪子〉〈上鑑湖主人〉(2수)〈贈別麟壽禪子〉〈此君樓〉〈題頭流山凌波閣〉〈次金剛山山映樓板上韻〉〈上熙川邑宰〉〈賽義玄禪子求語〉〈次李方伯韻〉〈金剛山彌勒峯喝吟〉〈戱贈白衣僧〉〈登天王峯〉〈戰場行〉〈七佛庵盖瓦落成詩〉「淸夜辭」「林下辭」〈寄松竹軒主人〉〈贈印徽禪子〉「山中辭」〈淸虛歌〉〈謝白雲子來訪戱別〉〈登南山望都歌〉〈頓敎頌〉〈蔡氏薦夫伽陁〉

권2

서書 33편

「上完山盧府尹書」「再答完山盧府尹書」「上朴左相淳」「上朴判書啓賢」「答門人李秀才書」「寄山海亭」「上盧大憲大孝廬所」「上盧上舍」「招學禪子」「上鐵瓮尹書」「上金

按廉」「答李誠齋書」「答蓬萊仙子書」「招敬熙長老」「上佛日老」「上采松子」「答敎師書」「謝白雲頭流諸法弟書」「招道人」「寄太常禪子書」「寄法雲禪子書」「寄碧泉道人書」「寄東湖禪子書」「謝屛巖主人書」「答敏禪子書」「上玉川子書」「上李兪拊書」「答行禪子書」「答頭流諸師書」「答尹上舍彦誠書」「寄默年侍」「寄五臺山一學長老」「答熙禪子書」

권3

서書 24편

「招道人」「上退溪相國書」「上南溟處士書」「上鄭玉溪書」「答師兄書」「寄珠山人」「寄鑑湖」「招禪子」「答離幻禪子書」「答印悟禪子書」「寄全師」「答愼郵官書」「上退休相國書」「答頭流子」「答玉溪書」「答朴學官書」「答朴秀才書」「答楊滄海書」「上玉溪子」「上頤庵」「答行大師」「答融禪子」「答信道友書」「上頤庵書」

기記 10편

「頭流山神興寺淩波閣記」「智異山憂磧寺重創記」「奉恩寺記」「妙香山元曉庵記」「金剛山兜率庵記二篇」「楓岳山頓道庵記」「龍頭山龍壽寺極樂殿記」「智異山黃嶺庵記」「妙香山法王臺金仙臺二庵記」「太白山上禪庵記」

비명碑銘 4편

「娑婆敎主釋迦世尊金骨舍利浮圖碑」「金剛山長安寺新鑄鍾銘幷序」「妙香山普賢寺新鑄鍾銘」「金剛山長安寺新鑄鍾銘幷序」

행적行蹟 3편

「碧松堂行蹟」「芙蓉堂行蹟」「敬聖堂行蹟」

권4

소疏 8편

「普賢寺慶讃疏」「普賢寺普光殿改瓦慶讃疏」「圓覺經慶讃疏」「明寂庵慶讃疏」「雙磎寺重瓪慶讃疏」「代沈大妃薦大王疏」「薦師疏」「代蔡氏薦夫疏」

모연문募緣文 5편

「募緣文」「頭流山內隱寂新搆募緣文」「太白山本寂庵修粧募緣文」「萬德山白蓮社重瓪募緣文」「內隱寂盖瓦募緣文」

선교게어禪教偈語 16편

「禪教訣」(別錄於本書)「又示別紙」「示法玄禪子」「贈印徽禪子」「慧安禪子」「智海禪子索禪偈以斷頭話報之」「德仁禪子」「太顚禪子」「性宗禪子」「義正禪子」「性熙禪子」「次蘇相世讓韻贈眞機大師三篇」「念佛門」「叅禪門」「庚戌秋住楓岳山香爐峯有一禪子來自妙香山訪余因問諸佛衆生與三途魔障緣起之由勤勤懇懇遂縷一偈因問以答云」「圓覺經重刊募緣偈」

잡저雜著 7편

「代智軒叅學啓」「禪門龜鑑序」(旣載於禪家龜鑑異本)「內隱寂淸虛堂上樑文」「自樂歌」「幀跋」「新刊蓮經跋」「祭父母文」

부록

「淸虛堂行狀」

찾아보기

가도賈島 / 385
가야伽耶 / 233
가정柯亭 / 571, 915
가평탄加平灘 / 182
각 선자覺禪子 / 330
각원 상좌覺圓上座 / 798
각행 대사覺行大師 / 583
감 선자鑑禪子 / 304, 365, 554
감호대鑑湖臺 / 430, 569, 603, 911
감호 주인鑑湖主人 / 131
강릉康陵 / 229
강릉진江陵鎭 / 518
강 수재姜秀才 / 564
강월헌江月軒 / 308
경선 선자敬先禪子 / 450, 621
경인 법사敬仁法師 / 143
경천 선자敬天禪子 / 407
경희 장로敬熙長老 / 824
고운孤雲(최치원) / 256
공 장로空長老 / 585
곽 융수郭戎帥 / 294
관동關東 / 188, 422
관동행關東行 / 72, 386
관탄冠灘 / 265
교사敎師 / 828
교산喬山 / 421
구정봉九井峯 / 128
금골사리金骨舍利 / 916

금릉金陵 / 515
금선대金仙臺 / 771
김 신사金信士 / 462
김 악사金樂士 / 401, 486
김 안렴金按廉 / 819
김억령金億齡 / 139
김 장군金將軍 / 209

낙산洛山 / 268
낙산사洛山寺 / 108
낙옹樂翁 / 51
남명南溟 / 174, 859
남해南海 / 261, 391
남화권南華卷 / 219
내은적암內隱寂庵 / 82, 88, 339, 460, 755, 767, 781, 798, 800
노 대헌盧大憲 / 814
노 부윤盧府尹 / 793, 804
노 상사盧上舍 / 816
노 수재老秀才 / 538
노 찰방盧察訪 / 869
『능엄경楞嚴經』 / 380, 825
능 장로能長老 / 144
능파각凌波閣 / 687

단군대檀君臺 / 215
달마達摩 / 97, 373
달마도강도達摩渡江圖 / 374
달홀達忽 / 289
담희 선자湛熙禪子 / 611
대성 선자大成禪子 / 78
대웅大雄 / 148
『대혜록大慧錄』 / 235
덕의 선자德義禪子 / 334, 576
덕인 선자德仁禪子 / 675
덕준 선자德峻禪子 / 633
도경 선자道冏禪子 / 478
도능 선자道能禪子 / 366
도솔암기 / 697
도운 선자道雲禪子 / 344
도원도桃源圖 / 299
도행 대사道行大師 / 95
돈도암기頓道庵記 / 703
동경東京 / 214
동도東都 / 178
동호東湖 / 173, 834
두류산頭流山 / 134, 137, 315, 687
두류자頭流子 / 868
『두시杜詩』 / 860

만경대萬景臺 / 517
만폭동萬瀑洞 / 615
망해정望海亭 / 83
매 대사梅大師(梅大選) / 145, 608

매화당梅花堂 / 461
명감明鑑 / 150
명 선자明禪子 / 278
명적암明寂庵 / 752
목암牧庵 / 255
무릉동武陵洞 / 264
무상 거사無相居士 / 312, 559
묵년 시자默年侍子 / 849
묵죽시 / 912
미타회彌陀會 탱화 / 697
민 선자敏禪子 / 106, 857
밀운 선자密雲禪子 / 254

박계현朴啓賢 / 810
박 상사朴上舍 / 548, 562
박 수재朴秀才 / 876
박순朴淳 / 809
박 운경朴雲卿 / 570
박 학관朴學官 / 146, 873
박 학록朴學錄 / 429
박 학사朴學士(朴啓賢) / 461, 550, 631
백련사白蓮社 / 457, 780
백련 선화자白蓮禪和子 / 79
백아도伯牙圖 / 297
백운산白雲山 / 377
백운자白雲子 / 66, 69, 619
백운 처사白雲處士 / 558
백전栢巓 / 406
백탑동百塔洞 / 420
법광사法光寺 / 274
법왕대法王臺 / 771

법왕봉法王峯 / 248
법운 선자法雲禪子 / 832
법장 대사法藏大師 / 335
법현 선자法玄禪子 / 671
『법화경』 / 929
벽천碧泉 / 109, 833, 908
병암 주인屛巖主人 / 836
병암초당屛巖草堂 / 411
보 대사寶大師 / 86
보원 상인普願上人 / 91
보진葆眞 / 45
보현사普賢寺 / 728, 735, 740
본적암本寂庵 / 757
봉래 선자蓬萊禪子 / 123, 821
봉래자蓬萊子 / 244, 642
봉래초당蓬萊草堂 / 526
봉성鳳城 / 332
봉은사奉恩寺 / 693
부여扶餘 / 242
부용 존숙芙蓉尊宿 / 581
부휴자浮休子 / 217, 316
불일암佛日庵 / 232
불일 장로佛日長老 / 825
불정암佛頂巖 / 223
비선정秘仙亭 / 588

사선정四仙亭 / 124, 171
사야정四也亭 / 327
산남행山南行 / 567
산중사山中辭 / 63
산해정山海亭 / 812

삼몽록三夢錄 / 793
삼몽사三夢詞 / 448
상선암기上禪庵記 / 774
상주尙珠 / 150
서도西都 / 172
서방구품회西方九品會 탱화 / 697
서산 대사 / 928
서호西湖 / 189
「석가여래비문釋迦如來碑文」 / 925
석왕사釋王寺 / 628
석희 법사釋熙法師 / 798
『선가귀감禪家龜鑑』 / 925
『선교결禪敎訣』 / 925
『선교석禪敎釋』 / 925
『선문귀감禪門龜鑑』 / 729
선수 선자善修禪子 / 416
선인봉仙人峯 / 622
선 장로禪長老 / 402
선조대왕宣祖大王 / 645, 912
설악산雪岳山 / 520
섬 선자蟾禪子 / 436, 607
성눌 선자性訥禪子 / 909
성 방백成方伯 / 553
성운 장로性雲長老 / 907
성종 선자性宗禪子 / 677
성희性熙 / 677, 697, 700
소동파蘇東坡 / 250
소세양蘇世讓 / 680
송경찬誦經贊 / 443
송석정松石亭 / 313
송암 도인松巖道人 / 303
송죽헌松竹軒 / 64
수 선사壽禪師 / 592
수충사酬忠祠 / 933

찾아보기 • 953

순사淳師 / 435
숭의 선자崇義禪子 / 190
신 도우信道友 / 871
신 상사申上舍 / 368
신수 사미神秀沙彌 / 75
신 우관愼郵官 / 839
신흥사神興寺 / 687
심경암心鏡庵 / 349
심공급제心空及第 / 797
심 대비沈大妃 / 747
심 선자心禪子 / 343, 540
쌍계사 / 392, 419, 689, 778
쌍인 소사雙印小師 / 579
쌍흘雙仡 / 45

안분당安分堂 / 395
약산藥山 / 101
양 창해楊滄海 / 880
어필묵죽御筆墨竹 / 645
언기彦機 / 45
언화彦和 / 150, 863
여강驪江 / 176
여동빈呂洞賓 / 105
『연경蓮經』(『법화경』) / 714
연화 도인蓮華道人 / 333
염불문念佛門 / 731
염불승念佛僧 / 328, 481, 627
영관 대사靈觀大師 / 798
영성 북촌榮城北村 / 239
영 암주英庵主 / 459
영정 선자永貞禪子 / 318

영주瀛洲 / 389
영지 선자靈芝禪子 / 342, 578
옥계玉溪 / 203, 870
옥계자玉溪子 / 885
옥계 주인玉溪主人 / 424
옥 대사玉大師 / 92
옥 산인玉山人 / 617
옥천자玉川子 / 839
왕반산王半山 / 544
왕 장군王將軍 / 181
요의 장로了義長老 / 94
요천蓼川 / 197
용문龍門 / 555
용미연龍尾硯 / 370
용수사龍壽寺 / 705
욱 선자昱禪子 / 130
운계동雲溪洞 / 397
『운수단雲水壇』 / 925
『원각경圓覺經』 / 337, 726, 750
원교송圓敎頌 / 155
원민 선자元敏禪子 / 408
원 상인圓上人 / 605
원 선자圓禪子 / 482
원 선자願禪子 / 207
원암 역圓巖驛 / 441
원준 대사圓俊大師 / 648
원철 대사圓徹大師 / 357
원추과해도鵷鶵過海圖 / 565
원혜 장로元惠長老 / 358, 580
원효사元曉寺 / 154
원효암元曉庵 / 707
유점사楡岾寺 / 697, 700
유정惟政 / 111
육공 장로六空長老 / 798

윤 대사允大師 / 587
윤 방백尹方伯 / 271, 439
윤 상사尹上舍(尹彦誠) / 298, 845
융 선자融禪子 / 889
은계隱溪 / 438
응 사미應沙彌 / 536
응 선자應禪子 / 75, 541
응화 선자應和禪子 / 345
의경義冏 / 398
의능義能 / 709
의정 선자義正禪子 / 676
의천 선자義天禪子 / 80, 634
의현 선자義玄禪子 / 140
이 방백李方伯 / 103, 141
이 방백李方伯(李拭) / 262
이 방백李方伯(李憲國) / 632
이백李白 / 521
이 성재李誠齋 / 820
이 수재李秀才 / 263, 428, 465, 810
이식李拭 / 106
이식李植 / 47
이암頤庵 / 872
이용면李龍眠 / 628
이 유부李俞拊 / 841
이 죽마李竹馬(李仁彦) / 257, 276, 511, 535, 542
이죽은李竹隱 / 551
이 충의李忠義 / 414
이환 선자離幻禪子 / 584, 866
인 선자仁禪子 / 367
인수 선자獜壽禪子 / 132
인영 대사印英大師 / 647
인오 선자印悟禪子 / 153, 867
인휘 선자印徽禪子 / 672

일령 선자一靈禪子 / 484
일선 대사一禪大師 / 798
일선암一禪庵 / 381
일암 도인一庵道人 / 324
일정 선자一晶禪子 / 417
일학 장로 一學長老 / 851
임 상인琳上人 / 557
임석천林石泉 / 547
임종게臨終偈 / 646
임하사林下辭 / 62

ㅈ

자락가自樂歌 / 770
장 대사藏大師 / 449, 620
장 만호張萬戶 / 382
장안사長安寺 / 709, 763
재송 도자栽松道者 / 319
전도음傳道吟 / 635
전사全師 / 827
전장행戰場行 / 93
정 동경鄭同庚 / 574
정 수재鄭秀才 / 598
정 옥계鄭玉溪 / 860
정종대왕正宗大王 / 928
정 취선鄭醉仙 / 602
정 학사鄭學士 / 609
조 보진趙葆眞 / 563
『조사심요祖師心要』/ 648
조 상사趙上舍 / 568
조 처사趙處士(趙昱) / 631
조 학사趙學士 / 296
주 산인珠山人 / 863

준 선자俊禪子 / 196
지 대사芝大師 / 350, 455, 626
지리산 / 689, 759
지언 대선志彦大選 / 348
지웅志雄 / 114
지해 선자智海禪子 / 674
지헌 참학智軒叅學 / 847
지휘志徽 / 112
진각 선화眞覺禪和 / 369
진감眞鑑 / 689
진기眞機 / 116, 680
진 기자陳碁子 / 192
진 선화眞禪和 / 437

차군루此君樓 / 133
참선문叅禪門 / 733
창해滄海 / 68, 629
채송자采松子 / 826
채옹정蔡邕亭 / 212
처민 선자處敏禪子 / 457
처사정處士亭 / 234
처영 선자處英禪子 / 275
천감天鑑 / 152
천민 선자天敏禪子 / 337
천불탱 / 628
천옥天玉 / 269, 906
천왕령天王嶺 / 572
천왕봉天王峯 / 74, 90
천우天雨 / 527
천후산天吼山 / 539
천희 선자天熙禪子 / 412

철봉鐵峯 / 253
철성鐵城 / 89
철옹 윤鐵瓮尹 / 818
청간정淸澗亭 / 442
청량淸凉 / 292
청련 선자靑蓮禪子 / 513
청야사淸夜辭 / 61
청평산淸平山 / 126, 265
청학동靑鶴洞 / 184, 238, 296
청허가淸虛歌 / 65
청허당淸虛堂 / 531, 767, 923
초윤 선덕草允禪德 / 582
최고운崔孤雲(최치원) / 467, 516, 689
칠불암七佛庵 / 723

탐밀봉探密峯 / 259
태백산太白山 / 543, 757, 774
태상 선자太常禪子 / 356, 831
태안 선자泰安禪子 / 323, 575
태전 선자太顚禪子 / 676
태희 사미太熙沙彌 / 355
통 장로通長老 / 532
퇴계退溪 / 590, 858
퇴휴 상국退休相國 / 838

판사判事 / 104
편양 언기鞭羊彦機 / 926
표훈사表訓寺 / 136

풍악산楓岳山 / 87, 144, 452
풍암楓巖 / 195

하서河西 / 301
학묵學默 대사 / 798
학 선자學禪子 / 817
해송대海松臺 / 556
행각승行脚僧 / 534
행 대사行大師 / 329, 888
행사行思 / 700
행 선자行禪子 / 354, 843
행운 선자行雲禪子 / 463
행장 / 923
행주 선자行珠禪子 / 218
향로봉香爐峯 / 73, 637, 667
허단보(허균) / 55
허 좨주許祭酒 / 432
허 학사許學士 / 290
현산峴山 / 99
현 선자玄禪子 / 596
현욱 선화玄昱禪和 / 147
현 장로玄長老 / 115
형초도荊楚圖 / 282

혜기 장로慧機長老 / 281
혜안 선자慧安禪子 / 673
혜은 선자惠嚚禪子 / 267
혜총 선자慧聰禪子 / 533
호사湖寺 / 291
호선湖仙 / 522
홍류동紅流洞 / 252, 445
화개동花開洞 / 201, 514
화산花山 / 394
화상당畫像堂 / 928
화암사 / 351, 520
『화엄경華嚴經』 / 860
화정 도인華亭道人 / 360
환암幻庵 / 353
환향還鄉 / 524
환향곡還鄉曲 / 85, 415, 577
황령암黃嶺庵 / 759
회암 방장檜巖方丈 / 320
회암사(檜巖) / 630
회해 선자懷海禪子 / 363, 910
휘원 부천輝遠扶天 / 913
휴운 선자休雲禪子 / 612
희 선자熙禪子 / 856
희 장로熙長老 / 331, 638
희천 읍재熙川邑宰 / 138

한글본 한국불교전서

조·선·출·간·본

조선 1 작법귀감
백파 긍선 | 김두재 옮김 | 신국판 | 336쪽 | 18,000원

조선 2 정토보서
백암 성총 | 김종진 옮김 | 4X6판 | 224쪽 | 12,000원

조선 3 백암정토찬
백암 성총 | 김종진 옮김 | 4X6판 | 156쪽 | 9,000원

조선 4 일본표해록
풍계 현정 | 김상현 옮김 | 4X6판 | 180쪽 | 10,000원

조선 5 기암집
기암 법견 | 이상현 옮김 | 신국판 | 320쪽 | 18,000원

조선 6 운봉선사심성론
운봉 대지 | 이종수 옮김 | 4X6판 | 200쪽 | 12,000원

조선 7 추파집·추파수간
추파 홍유 | 하혜정 옮김 | 신국판 | 340쪽 | 20,000원

조선 8 침굉집
침굉 현변 | 이상현 옮김 | 신국판 | 300쪽 | 17,000원

조선 9 염불보권문
명연 | 정우영·김종진 옮김 | 신국판 | 224쪽 | 13,000원

조선 10 천지명양수륙재의범음산보집
해동사문 지환 | 김두재 옮김 | 신국판 | 636쪽 | 28,000원

조선 11 삼봉집
화악 지탁 | 김재희 옮김 | 신국판 | 260쪽 | 15,000원

조선 12 선문수경
백파 긍선 | 신규탁 옮김 | 신국판 | 180쪽 | 12,000원

조선 13 선문사변만어
초의 의순 | 김영욱 옮김 | 4X6판 | 192쪽 | 11,000원

조선 14 부휴당대사집
부휴 선수 | 이상현 옮김 | 신국판 | 376쪽 | 22,000원

조선 15 무경집
무경 자수 | 김재희 옮김 | 신국판 | 516쪽 | 26,000원

조선 16 무경실중어록
무경 자수 | 성재헌 옮김 | 신국판 | 340쪽 | 20,000원

조선 17 불조진심선격초
무경 자수 | 성재헌 옮김 | 신국판 | 168쪽 | 11,000원

조선 18 선학입문
김대현 | 성재헌 옮김 | 신국판 | 240쪽 | 14,000원

조선 19 사명당대사집
사명 유정 | 이상현 옮김 | 신국판 | 508쪽 | 26,000원

조선 20 송운대사분충서난록
신유한 엮음 | 이상현 옮김 | 신국판 | 324쪽 | 20,000원

조선 21 의룡집
의룡 체훈 | 김석군 옮김 | 신국판 | 296쪽 | 17,000원

조선 22 응운공여대사유망록
응운 공여 | 이대형 옮김 | 신국판 | 350쪽 | 20,000원

조선 23 사경지험기
백암 성총 | 성재헌 옮김 | 신국판 | 248쪽 | 15,000원

조선 24 무용당유고
무용 수연 | 이상현 옮김 | 신국판 | 292쪽 | 17,000원

조선 25 설담집
설담 자우 | 윤찬호 옮김 | 신국판 | 200쪽 | 13,000원

조선 26 동사열전
범해 각안 | 김두재 옮김 | 신국판 | 652쪽 | 30,000원

신·라·출·간·본

신라 1 인왕경소
원측 | 백진순 옮김 | 신국판 | 800쪽 | 35,000원

신라 2 범망경술기
승장 | 한명숙 옮김 | 신국판 | 620쪽 | 28,000원

신라 3 대승기신론내의약탐기
태현 | 박인석 옮김 | 신국판 | 248쪽 | 15,000원

신라 4 해심밀경소 제1 서품
원측 | 백진순 옮김 | 신국판 | 448쪽 | 24,000원

신라 5 해심밀경소 제2 승의제상품
원측 | 백진순 옮김 | 신국판 | 508쪽 | 26,000원

신라 6 해심밀경소 제3 심의식상품 제4 일체법상품
원측 | 백진순 옮김 | 신국판 | 332쪽 | 20,000원

신라 12 무량수경연의술문찬
경흥 | 한명숙 옮김 | 신국판 | 800쪽 | 35,000원

신라 13 범망경보살계본사기 상권
원효 | 한명숙 옮김 | 신국판 | 근간

신라 14 화엄일승성불묘의
견등 | 김천학 옮김 | 신국판 | 근간

고·려·출·간·본

고려 1 일승법계도원통기
균여 | 최연식 옮김 | 신국판 | 216쪽 | 12,000원

고려 2 원감국사집
충지 | 이상현 옮김 | 신국판 | 480쪽 | 25,000원

고려 3 자비도량참법집해
조구 | 성재헌 옮김 | 신국판 | 696쪽 | 30,000원

고려 4 천태사교의
제관 | 최기표 옮김 | 4X6판 | 168쪽 | 10,000원

고려 5 대각국사집
의천 | 이상현 옮김 | 신국판 | 752쪽 | 32,000원

고려 6 법계도기총수록
저자 미상 | 해주 옮김 | 신국판 | 628쪽 | 30,000원

고려 7 보제본자삼종가
고봉 법장 | 하혜정 옮김 | 4X6판 | 216쪽 | 12,000원

※ 한글본 한국불교전서는 계속 출간됩니다.

청허 휴정淸虛休靜
(1520~1604)

속성은 최씨崔氏이며 본관은 완산完山. 자호는 청허淸虛이며 법명은 휴정休靜. 묘향산에 머물렀다 하여 서산 대사로 널리 알려졌다. 1550년(30세) 승과에 응시한 이래 중선과中選科, 대선과大選科를 거쳐 선교양종판사禪敎兩宗判事에까지 올랐으나, 37세에 직위를 반납하고 운수행각에 나섰다. 1592년 임진왜란이 발발하자 선조의 요청으로 승병을 규합하여 평양성 전투에 참여하여 공을 세우고 팔도선교도총섭八道禪敎都摠攝을 제수 받았으나 곧 사명四溟과 처영處英에게 군직을 물려주었다. 대사는 벽송 지엄碧松智嚴-부용 영관芙蓉靈觀의 법맥을 이었고, 제자는 1천여 명에 이르렀다고 한다. 사명 유정四溟惟政, 편양 언기鞭羊彦機, 소요 태능逍遙太能, 정관 일선靜觀一禪이 대표적인 제자로서 청허계의 4대 문파를 형성하고 있다. 저서로는 『청허당집』 외에 『선교석禪敎釋』・『선교결禪敎訣』・『운수단가사雲水壇歌詞』・『삼가귀감三家龜鑑』・『선가귀감禪家龜鑑』・『심법요초心法要抄』・『설선의說禪儀』 등이 전한다.

옮긴이 이상현

1949년 전주 출생. 서울대 종교학과 졸업, 동국대 불교대학원 석사 과정 수료. 민족문화추진회 국역연수원의 연수부, 상임연구원, 전문위원을 거친 뒤 한국고전번역원의 수석연구위원으로 재직하였다. 번역서로 『계곡집谿谷集』・『택당집澤堂集』・『간이집簡易集』・『포저집浦渚集』・『가정집稼亭集』・『목은집牧隱集』・『도은집陶隱集』・『고운집孤雲集』・『계원필경집桂苑筆耕集』・『원감국사집圓鑑國師集』・『사명당대사집四溟堂大師集』・『기암집奇巖集』・『침굉집枕肱集』・『무용당유고無用堂遺稿』 등이 있다.

증의 및 윤문
김승호(동국대학교 국어교육과 교수)